VD

Schriftenreihe der UFITA Heft 35 (gebunden)
Archiv für Urheber-, Film-, Funk- und Theaterrecht
Herausgegeben von Dr. jur. Georg Roeber, München

DAS STOCKHOLMER VERTRAGSWERK ZUM INTERNATIONALEN URHEBERRECHT

Herausgegeben von Dr. Georg Roeber

Mit einem Vorwort von
Ministerialrat Gerhard Schneider

Dokumentarischer Teil bearbeitet
von Regierungsdirektor Kurt Schiefler

VERLAG DOKUMENTATION MÜNCHEN

Druck: Karl M. Lipp, München
Verlagsnummer: 07035

Vorwort

In Artikel 24 der Berner Übereinkunft zum Schutz von Werken der Literatur und Kunst sind Revisionskonferenzen vorgesehen, in denen Verbesserungen der Übereinkunft beschlossen werden sollen, die geeignet sind, das System des Verbandes zu vervollkommnen. Solche Konferenzen sind in der Vergangenheit jeweils in Abständen von etwa zwanzig Jahren veranstaltet worden; sie haben zu einer ständigen Verbesserung des internationalen Schutzes der Urheber geführt. Durch die Revisionskonferenz von 1948 in Brüssel wurde das Niveau des internationalen Urheberrechtsschutzes auf einen so hohen Stand gebracht, daß man annehmen konnte, eine weitere Verbesserung dieses Schutzes werde in absehbarer Zeit nicht erforderlich sein. Gleichwohl ergaben sich im Laufe der Zeit einige Probleme, die eine erneute Revision angezeigt erscheinen ließen.

So war es bisher nicht gelungen, in der Berner Übereinkunft den Schutz des wichtigsten Rechts des Urhebers, des Vervielfältigungsrechts, zwingend vorzuschreiben, weil die Abgrenzung der notwendigen Ausnahmen von diesem Recht Schwierigkeiten bereitete. Auch war in Brüssel das Filmrecht durch Artikel 14 nur unvollkommen geregelt worden. Anlaß zu einer Neufassung dieser Bestimmung bot nicht nur der Wunsch, den Schutz des Urhebers auf diesem Gebiet zu verstärken, sondern hauptsächlich die Absicht, dem Filmhersteller den Erwerb der Rechte am Filmwerk und die Verfügung über diese Rechte zu erleichtern.

Außerdem wurden noch weitere Verbesserungen der Übereinkunft vorgeschlagen. Von besonderer Bedeutung ist hierbei die Forderung der Entwicklungsländer, ihnen im Rahmen der Übereinkunft den Zugang zu den Werken der Literatur und Kunst insbesondere zu Unterrichts- und Forschungszwecken zu erleichtern. Die Studiengruppe, die mit der Vorbereitung der Revisionskonferenz betraut war, arbeitete demgemäß den Entwurf eines „Protokolls betreffend die Entwicklungsländer" aus, das wesentlicher Bestandteil der Revisionsfassung werden sollte. Hierdurch sollte den Entwicklungsländern gestattet werden, für eine Übergangszeit gewisse Einschränkungen des in der Übereinkunft vorgesehenen Urheberrechtsschutzes in ihren Hoheitsgebieten vorzunehmen.

Neben diesen materiellen Revisionsfragen ergaben sich auch formelle Probleme, die allerdings nicht allein die Berner Übereinkunft,

sondern auch die Pariser Verbandsübereinkunft zum Schutz des gewerblichen Eigentums und ihre Nebenabkommen betrafen. Da die aus dem vorigen Jahrhundert stammende Organisationsstruktur der Abkommen überholt war, wurde vorgeschlagen, die Verwaltungsbestimmungen der Abkommen zu modernisieren und gleichzeitig durch eine neue Übereinkunft eine internationale Organisation für den Schutz des geistigen Eigentums zu gründen. Auch diese Vorschläge wurden in das Programm der Revisionskonferenz aufgenommen, die nunmehr die Bezeichnung „Stockholmer Konferenz für geistiges Eigentum" erhielt.

Die Stockholmer Konferenz fand vom 11. Juni bis 14. Juli 1967 statt. Dank der vorzüglichen Vorbereitung durch die schwedische Regierung und die Vereinigten Internationalen Büros zum Schutz des geistigen Eigentums sowie der beispielhaften Zusammenarbeit der Vertreter der beteiligten Staaten wurde sie ein voller Erfolg. Es wurden die Neufassungen der Berner Übereinkunft und der Pariser Verbandsübereinkunft nebst Nebenabkommen sowie das Übereinkommen zur Errichtung der Weltorganisation für geistiges Eigentum beschlossen.

Das Ergebnis der Stockholmer Konferenz ist allseits begrüßt worden. Nur gegen das Protokoll betreffend die Entwicklungsländer haben die Verbände der Urheber und Verleger Bedenken erhoben. Nach ihrer Meinung führt das Protokoll praktisch zu einer Aufhebung des Urheberrechtsschutzes in den Entwicklungsländern und zu einer wesentlichen Minderung ihrer Einnahmen aus der Verwertung der Werke der Literatur und Kunst. Diese Bedenken sind m. E. unbegründet. Da von den etwa 80 Entwicklungsländern nur ein knappes Drittel der Berner Übereinkunft angehört, wird der Urheberrechtsschutz nur in diesen letzten Ländern durch das Protokoll berührt. Aber auch dort wird der Schutz durch das Protokoll nicht aufgehoben, sondern nur in bestimmten Fällen gemindert, wobei aber das Schutzniveau immer noch höher liegt als das des Welturheberrechtsabkommens; im übrigen ist für die durch das Protokoll erlaubten Benutzungen der Werke die Zahlung einer angemessenen Vergütung an die Urheber vorgesehen. Da zu befürchten ist, daß die der Berner Übereinkunft angehörenden Entwicklungsländer aus dem Berner Verband austreten, wenn das Protokoll nicht von den urheberrechtlich hoch entwickelten Staaten ratifiziert wird — einige sind schon ausgetreten, andere haben dies ernsthaft angedroht —, dürfte es aus taktischen Gründen besser sein, den geminderten Schutz in Kauf zu nehmen, als gar keinen Schutz zu genießen, wenn die Entwicklungsländer ihre Drohung wahr machen. Im

übrigen soll das Protokoll nur für eine Übergangsfrist gelten. Die Entwicklungsländer sollen für den Gedanken eines umfassenden Urheberrechtsschutzes erst gewonnen werden. Gelingt dies, werden sich die Einnahmen der Urheber und Verleger dadurch erhöhen.

Von solchen Erwägungen ist auch die Bundesregierung ausgegangen, als sie die Stockholmer Texte einschließlich des Entwicklungsländerprotokolls den gesetzgebenden Körperschaften im Herbst 1968 zur Zustimmung vorgelegt hat. Obwohl der Bundesrat und der federführende Rechtsausschuß des Bundestages nach eingehender Vernehmung von Sachverständigen die Ratifizierung befürwortet haben, ist das Zustimmungsgesetz aus Zeitmangel in der 5. Wahlperiode leider nicht mehr abschließend behandelt worden. Hoffen wir, daß die Bundesregierung die Gesetzesvorlage in der nächsten Wahlperiode mit Erfolg wieder einbringt!

Gerhard Schneider, Ministerialrat a. D.

Bonn, im Juli 1969

INHALT:

Vorwort von Ministerialrat a. D. Gerhard Schneider . . . 5

ERSTER TEIL. TEXTE

I. Stockholmer Fassung der Berner Übereinkunft . . . 13

II. Protokoll betreffend die Entwicklungsländer 61

III. Empfehlungen auf dem Gebiete des Urheberrechts . . 73

IV. Übereinkommen zur Errichtung der Weltorganisation für geistiges Eigentum (WIPO/OMPI) 76

ZWEITER TEIL. ERLÄUTERUNGEN

I. Aufsätze

1. Bénigne Mentha: Die weltweite Organisierung des Urheberrechts. Ein Koexistenzproblem 109

2. Åke Lögdberg: Einige Überlegungen über die Konferenz zur Revision der Berner Übereinkunft in Stockholm 1967 . . 128

3. Demetrius S. Oekonomidis:

A) Zur Regelung des Filmrechts 135

B) Zum Protokoll betreffend die Entwicklungsländer . . 217

II. Denkschrift der deutschen Bundesregierung 256

DRITTER TEIL. VORARBEITEN

A. Die Programmvorschläge

I. Einführung 259

II. Revisionsvorschläge 274

III. Stellungnahme der deutschen Bundesregierung . . . 374

IV. Stellungnahme der österreichischen Bundesregierung . . 390

V. Stellungnahme der schweizerischen Bundesregierung . . 394

B. Die Kommissionsvorschläge

I. Bericht der Hauptkommission I. Von Svante Bergström . 399

II. Bericht der Hauptkommission II. Von Vojtech Strnad . . 460

III. Bericht der Hauptkommission IV. Von Valerio de Sanctis 467

VIERTER TEIL. RATIFIZIERUNGSABSICHTEN DER BUNDESREPUBLIK DEUTSCHLAND

I. Entwurf eines „Gesetzes über die am 14. Juli 1967 in Stockholm unterzeichneten Übereinkünfte auf dem Gebiet des geistigen Eigentums" 480

II. Schriftlicher Bericht des Rechtsausschusses über den von der Bundesregierung eingebrachten Gesetzesentwurf vom 27. Juni 1969 512

ERSTER TEIL. TEXTE

I. Stockholmer Fassung der Berner Übereinkunft . . . 13

II. Protokoll betreffend die Entwicklungsländer 61

III. Empfehlungen auf dem Gebiet des Urheberrechts . . . 73

IV. Übereinkommen zur Errichtung der Weltorganisation für geistiges Eigentum (WIPO/OMPI) 76

I. Stockholmer Fassung der Berner Übereinkunft

Berner Übereinkunft
zum Schutz von Werken der Literatur und Kunst
vom 9. September 1886
vervollständigt in Paris am 4. Mai 1896,
revidiert in Berlin am 13. November 1908,
vervollständigt in Bern am 20. März 1914,
revidiert in Rom am 2. Juni 1928,
revidiert in Brüssel am 26. Juni 1948
und revidiert in Stockholm am 14. Juli 1967

Convention de Berne
pour la protection des œuvres littéraires et artistiques
du 9 septembre 1886
complétée à Paris le 4 mai 1896,
revisée à Berlin le 13 novembre 1908,
complétée à Berne le 20 mars 1914,
revisée à Rome le 2 juin 1928,
revisée à Bruxelles le 26 juin 1948
et revisée à Stockholm le 14 juillet 1967

— Amtlicher deutscher Text gemäß Artikel 37 Absatz 1 Buchstabe b —

Les pays de l'Union, également animés du désir de protéger d'une manière aussi efficace et aussi uniforme que possible les droits des auteurs sur leurs œuvres littéraires et artistiques,

Ont résolu de reviser et de compléter l'Acte signé à Berne le 9 septembre 1886, complété à Paris le 4 mai 1896, revisé à Berlin le 13 novembre 1908, complété à Berne le 20 mars 1914, revisé à Rome le 2 juin 1928 et revisé à Bruxelles le 26 juin 1948.

En conséquence, les Plénipotentiaires soussignés, après présentation de leurs pleins pouvoirs, reconnus en

Die Verbandsländer, gleichermaßen vom Wunsch geleitet, die Rechte der Urheber an ihren Werken der Literatur und Kunst in möglichst wirksamer und gleichmäßiger Weise zu schützen,

haben beschlossen, die am 9. September 1886 in Bern unterzeichnete, am 4. Mai 1896 in Paris vervollständigte, am 13. November 1908 in Berlin revidierte, am 20. März 1914 in Bern vervollständigte, am 2. Juni 1928 in Rom revidierte und am 26. Juni 1948 in Brüssel revidierte Übereinkunft zu revidieren und zu vervollständigen.

Die unterzeichneten Bevollmächtigten haben daher nach Vorlage ihrer in guter und gehöriger Form befunde-

bonne et due forme, sont convenus de ce qui suit:

Article premier

Les pays auxquels s'applique la présente Convention sont constitués à l'état d'Union pour la protection des droits des auteurs sur leurs œuvres littéraires et artistiques.

Article 2

1) Les termes « œuvres littéraires et artistiques » comprennent toutes les productions du domaine littéraire, scientifique et artistique, quel qu'en soit le mode ou la forme d'expression, telles que: les livres, brochures et autres écrits; les conférences, allocutions, sermons et autres œuvres de même nature; les œuvres dramatiques ou dramatico-musicales; les œuvres chorégraphiques et les pantomimes; les compositions musicales avec ou sans paroles; les œuvres cinématographiques, auxquelles sont assimilées les œuvres exprimées par un procédé analogue à la cinématographie; les œuvres de dessin, de peinture, d'architecture, de sculpture, de gravure, de lithographie; les œuvres photographiques, auxquelles sont assimilées les œuvres exprimées par un procédé analogue à la photographie; les œuvres des arts appliqués; les illustrations, les cartes géographiques; les plans, croquis et ouvrages plastiques relatifs à la géographie, à la topographie, à l'architecture ou aux sciences.

2) Est toutefois réservée aux législations des pays de l'Union la faculté de prescrire que les œuvres littéraires et artistiques ou bien l'une ou plusieurs catégories d'entre elles ne sont pas protégées tant qu'elles n'ont pas été fixées sur un support matériel.

nen Vollmachten folgendes vereinbart:

Artikel 1

Die Länder, auf die diese Übereinkunft Anwendung findet, bilden einen Verband zum Schutz der Rechte der Urheber an ihren Werken der Literatur und Kunst.

Artikel 2

(1) Die Bezeichnung „Werke der Literatur und Kunst" umfaßt alle Erzeugnisse auf dem Gebiet der Literatur, Wissenschaft und Kunst, ohne Rücksicht auf die Art und Form des Ausdrucks, wie: Bücher, Broschüren und andere Schriftwerke; Vorträge, Ansprachen, Predigten und andere Werke gleicher Art; dramatische oder dramatisch-musikalische Werke; choreographische Werke und Pantomimen; musikalische Kompositionen mit oder ohne Text; Filmwerke einschließlich der Werke, die durch ein ähnliches Verfahren wie Filmwerke hervorgebracht sind; Werke der zeichnenden Kunst, der Malerei, der Baukunst, der Bildhauerei, Stiche und Lithographien; photographische Werke, denen Werke gleichgestellt sind, die durch ein der Photographie ähnliches Verfahren hervorgebracht sind; Werke der angewandten Kunst; Illustrationen, geographische Karten; Pläne, Skizzen und Darstellungen plastischer Art auf den Gebieten der Geographie, Topographie, Architektur oder Wissenschaft.

(2) Der Gesetzgebung der Verbandsländer bleibt jedoch vorbehalten, die Werke der Literatur und Kunst oder eine oder mehrere Arten davon nur zu schützen, wenn sie auf einem materiellen Träger festgelegt sind.

3) Sont protégées comme des œuvres originales, sans préjudice des droits de l'auteur de lœuvre originale, les traductions, adaptations, arrangements de musique et autres transformations d'une œuvre littéraire ou aristique.

4) Il est réservé aux législations des pays de l'Union de déterminer la protection à accorder aux textes officiels d'ordre législatif, administratif ou judiciaire, ainsi qu'aux traductions officielles de ces textes.

5) Les recueils d'œuvres litéraires ou artistiques tels que les encyclopédies et anthologies qui, par le choix ou la disposition des matières, constituent des créations intellectuelles sont protégés comme telles, sans préjudice des droits des auteurs sur chacune des œuvres qui font partie de ces recueils.

6) Les œuvres mentionnées di-dessus jouissent de la protection dans tous les pays de l'Union. Cette protection s'exerce au profit de l'auteur et de ses ayants droit.

7) Il est réservé aux législations des pays de l'Union de régler le champ d'application des lois concernant les œuvres des arts appliqués et les dessins et modèles industriels, ainsi que les conditions de protection de ces œuvres, dessins et modèles, compte tenu des dispositions de l'article 7.4) de la présente Convention. Pour les œuvres protégées uniquement comme dessins et modèles dans le pays d'origine, il ne peut être réclamé dans un autre pays de l'Union que la protection spéciale accordée dans ce pays aux dessins et modèles; toutefois, si une telle protection spéciale n'est pas accordée dans ce pays, ces œuvres

(3) Den gleichen Schutz wie Originalwerke genießen, unbeschadet der Rechte des Urhebers des Originalwerkes, die Übersetzungen, Bearbeitungen, musikalischen Arrangements und andere Umarbeitungen eines Werkes der Literatur oder Kunst.

(4) Der Gesetzgebung der Verbandsländer bleibt vorbehalten, den Schutz amtlicher Texte auf dem Gebiet der Gesetzgebung, Verwaltung und Rechtsprechung sowie der amtlichen Übersetzungen dieser Texte zu bestimmen.

(5) Sammlungen von Werken der Literatur oder Kunst, wie zum Beispiel Enzyklopädien und Anthologien, die wegen der Auswahl oder der Anordnung des Stoffes geistige Schöpfungen darstellen, sind als solche geschützt, unbeschadet der Rechte der Urheber an jedem einzelnen der Werke, die Bestandteile dieser Sammlungen sind.

(6) Die oben genannten Werke genießen Schutz in allen Verbandsländern. Dieser Schutz besteht zugunsten des Urhebers und seiner Rechtsnachfolger oder sonstiger Inhaber ausschließlicher Werknutzungsrechte.

(7) Unbeschadet des Artikels 7 Absatz 4 bleibt der Gesetzgebung der Verbandsländer vorbehalten, den Anwendungsbereich der Gesetze, die die Werke der angewandten Kunst und die gewerblichen Muster und Modelle betreffen, sowie die Voraussetzungen des Schutzes dieser Werke, Muster und Modelle festzulegen. Für Werke, die im Ursprungsland nur als Muster und Modelle geschützt werden, kann in einem anderen Verbandsland nur der besondere Schutz beansprucht werden, der in diesem Land den Mustern und Modellen gewährt wird; wird jedoch in diesem Land kein solcher besonderer Schutz gewährt,

seront protégées comme œuvres artistiques.

8) La protection de la présente Convention ne s'applique pas aux nouvelles du jour aux faits divers qui ont le caractère de simples informations de presse.

so sind diese Werke als Werke der Kunst zu schützen.

(8) Der Schutz dieser Übereinkunft besteht nicht für Tagesneuigkeiten oder vermischte Nachrichten, die einfache Zeitungsmitteilungen darstellen.

Article 2bis

1) Est réservée aux législations des pays de l'Union la faculté d'exclure partiellement ou totalement de la protection prévue à l'article précédent les discours politiques et les discours prononcés dans les débats judiciaires.

2) Est réservé également aux législations des pays de l'Union la faculté de statuer sur les conditions dans lesquelles les conférences, allocutions et autres œuvres de même nature, prononcées en public, pourront être reproduites par la presse, radiodiffusées, transmises par fil au public et faire l'objet des communications publiques visées à l'article 11bis.1) de la présente Convention, lorsqu'une telle utilisation est justifiée par le but d'information à atteindre.

3) Toutefois, l'auteur jouit du droit exclusif de réunir en recueil ses œuvres mentionnées aux alinéas précédents.

Artikel 2bis

(1) Der Gesetzgebung der Verbandsländer bleibt vorbehalten, politische Reden und Reden in Gerichtsverhandlungen teilweise oder ganz von dem in Artikel 2 vorgesehenen Schutz auszuschließen.

(2) Ebenso bleibt der Gesetzgebung der Verbandsländer vorbehalten zu bestimmen, unter welchen Voraussetzungen Vorträge, Ansprachen und andere in der Öffentlichkeit dargebotene Werke gleicher Art durch die Presse vervielfältigt, durch Rundfunk gesendet, mittels Draht an die Öffentlichkeit übertragen werden und in den Fällen des Artikels 11bis Absatz 1 öffentlich wiedergegeben werden dürfen, wenn eine solche Benützung durch den Informationszweck gerechtfertigt ist.

(3) Der Urheber genießt jedoch das ausschließliche Recht, seine in den Absätzen 1 und 2 genannten Werke in Sammlungen zu vereinigen.

Article 3

1) Sont protégés en vertu de la présente Convention:

a) les auteurs ressortissant à l'un des pays de l'Union, pour leurs œuvres, publiées ou non;

b) les auteurs ne ressortissant pas à l'un des pays de l'Union, pour les œuvres qu'ils publient pour la première fois dans l'un de ces pays ou

Artikel 3

(1) Auf Grund dieser Übereinkunft sind geschützt:

a) die einem Verbandsland angehörenden Urheber für ihre veröffentlichten und unveröffentlichten Werke;

b) die keinem Verbandsland angehörenden Urheber für die Werke, die sie zum ersten Mal in einem Verbandsland oder gleichzeitig in

simultanément dans un pays étranger à l'Union et dans un pays de l'Union.

2) Les auteurs ne ressortissant pas à l'un des pays de l'Union mais ayant leur résidence habituelle dans l'un de ceux-ci sont, pour l'application de la présente Convention, assimilés aux auteurs ressortissant audit pays.

3) Par « œuvres publiées », il faut entendre les œuvres éditées avec le consentement de leurs auteurs, quel que soit le mode de fabrication des exemplaires, pourvu que la mise à disposition de ces derniers ait été telle qu'elle satisfasse les besoins raisonnables du public, compte tenu de la nature de l'œuvre. Ne constituent pas une publication la représentation d'une œuvre dramatique, dramatico-musicale ou cinématographique, l'exécution d'une œuvre musicale, la récitation publique d'une œuvre littéraire, la transmission ou la radiodiffusion des œuvres littéraires ou artistiques, l'exposition d'une œuvre d'art et la construction d'une œuvre d'architecture.

4) Est considérée comme publiée simultanément dans plusieurs pays toute œuvre qui a paru dans deux ou plusieurs pays dans les trente jours de sa première publication.

Article 4

Sont protégés en vertu de la présente Convention, même si les conditions prévues à l'article 3 ne sont pas remplies,

a) les auteurs des œuvres cinématographiques dont le producteur a

einem verbandsfremden und in einem Verbandsland veröffentlichen.

(2) Die Urheber, die keinem Verbandsland angehören, jedoch ihren gewöhnlichen Aufenthalt in einem Verbandsland haben, sind für die Anwendung dieser Übereinkunft den Urhebern gleichgestellt, die diesem Land angehören.

(3) Unter „veröffentlichten Werken" sind die mit Zustimmung ihrer Urheber erschienenen Werke zu verstehen, ohne Rücksicht auf die Art der Herstellung der Werkstücke, die je nach der Natur des Werkes in einer Weise zur Verfügung der Öffentlichkeit gestellt sein müssen, die deren normalen Bedarf befriedigt. Eine Veröffentlichung stellen nicht dar: die Aufführung eines dramatischen, dramatisch-musikalischen oder musikalischen Werkes, die Vorführung eines Filmwerkes, der öffentliche Vortrag eines literarischen Werkes, die Übertragung oder die Rundfunksendung von Werken der Literatur oder Kunst, die Ausstellung eines Werkes der bildenden Künste und die Errichtung eines Werkes der Baukunst.

(4) Als gleichzeitig in mehreren Ländern veröffentlicht gilt jedes Werk, das innerhalb von dreißig Tagen seit der ersten Veröffentlichung in zwei oder mehreren Ländern erschienen ist.

Artikel 4

Auch wenn die Voraussetzungen des Artikels 3 nicht vorliegen, sind durch diese Übereinkunft geschützt:

a) die Urheber von Filmwerken, deren Hersteller seinen Sitz oder

son siège ou sa résidence habituelle dans l'un des pays de l'Union;

b) les auteurs des œuvres d'architecture édifiées dans un pays de l'Union ou des œuvres des arts graphiques et plastiques faisant corps avec un immeuble situé dans un pays de l'Union.

seinen gewöhnlichen Aufenthalt in einem Verbandsland hat;

b) die Urheber von Werken der Baukunst, die in einem Verbandsland errichtet sind, oder von Werken der graphischen und plastischen Künste, die Bestandteile eines in einem Verbandsland gelegenen Grundstücks sind.

Article 5

1) Les auteurs jouissent, en ce qui concerne les œuvres pour lesquelles ils sont protégés en vertu de la présente Convention, dans les pays de l'Union autres que le pays d'origine de l'œuvre, des droits que les lois respectives accordent actuellement ou accorderont par la suite aux nationaux, ainsi que des droits spécialement accordés par la présente Convention.

2) La jouissance et l'exercice de ces droits ne sont subordonnés à aucune formalité; cette jouissance et cet exercice sont indépendants de l'existence de la protection dans le pays d'origine de l'œuvre. Par suite, en dehors des stipulations de la présente Convention, l'étendue de la protection ainsi que les moyens de recours garantis à l'auteur pour sauvegarder ses droits se règlent exclusivement d'après la législation du pays où la protection est réclamée.

3) La protection dans le pays d'origine est réglée par la législation nationale. Toutefois, lorsque l'auteur ne ressortit pas au pays d'origine de l'œuvre pour laquelle il est protégé par la présente Convention, il aura, dans ce pays, les mêmes droits que les auteurs nationaux.

Artikel 5

(1) Die Urheber genießen für die Werke, für die sie durch diese Übereinkunft geschützt sind, in allen Verbandsländern mit Ausnahme des Ursprungslandes des Werkes die Rechte, die die einschlägigen Gesetze den inländischen Urhebern gegenwärtig gewähren oder in Zukunft gewähren werden, sowie die in dieser Übereinkunft besonders gewährten Rechte.

(2) Der Genuß und die Ausübung dieser Rechte sind nicht an die Erfüllung irgendwelcher Förmlichkeiten gebunden; dieser Genuß und diese Ausübung sind unabhängig vom Bestehen des Schutzes im Ursprungsland des Werkes. Infolgedessen richten sich der Umfang des Schutzes sowie die dem Urheber zur Wahrung seiner Rechte zustehenden Rechtsbehelfe ausschließlich nach den Rechtsvorschriften des Landes, in dem der Schutz beansprucht wird, soweit diese Übereinkunft nichts anderes bestimmt.

(3) Der Schutz im Ursprungsland richtet sich nach den innerstaatlichen Rechtsvorschriften. Gehört der Urheber eines auf Grund dieser Übereinkunft geschützten Werkes nicht dem Ursprungsland des Werkes an, so hat er in diesem Land die gleichen Rechte wie die inländischen Urheber.

4) Est considéré comme pays d'origine:

a) pour les œuvres publiées pour la première fois dans l'un des pays de l'Union, ce dernier pays; toutefois, s'il s'agit d'œuvres publiées simultanément dans plusieurs pays de l'Union admettant des durées de protection différentes, celui d'entre eux dont la législation accorde la durée de protection la moins longue;

b) pour les œuvres publiées simultanément dans un pays étranger à l'Union et dans un pays de l'Union, ce dernier pays;

c) pour les œuvres non publiées ou pour les œuvres publiées pour la première fois dans un pays étranger à l'Union, sans publication simultanée dans un pays de l'Union, le pays de l'Union dont l'auteur est ressortissant; toutefois,

i) s'il s'agit d'œuvres cinématographiques dont le producteur a son siège ou sa résidence habituelle dans un pays de l'Union, le pays d'origine sera ce dernier pays, et

ii) s'il s'agit d'œuvres d'architecture édifiées dans un pays de l'Union ou d'œuvres des arts graphiques et plastiques faisant corps avec un immeuble situé dans un pays de l'Union, le pays d'origine sera ce dernier pays.

(4) Als Ursprungsland gilt:

a) für die zum ersten Mal in einem Verbandsland veröffentlichten Werke dieses Land; handelt es sich jedoch um Werke, die gleichzeitig in mehreren Verbandsländern mit verschiedener Schutzdauer veröffentlicht wurden, das Land, dessen innerstaatliche Rechtsvorschriften die kürzeste Schutzdauer gewähren;

b) für die gleichzeitig in einem verbandsfremden Land und in einem Verbandsland veröffentlichten Werke dieses letzte Land;

c) für die nichtveröffentlichten oder die zum ersten Mal in einem verbandsfremden Land veröffentlichten Werke, die nicht gleichzeitig in einem Verbandsland veröffentlicht wurden, das Verbandsland, dem der Urheber angehört; jedoch ist Ursprungsland,

i) wenn es sich um Filmwerke handelt, deren Hersteller seinen Sitz oder seinen gewöhnlichen Aufenthalt in einem Verbandsland hat, dieses Land und,

ii) wenn es sich um Werke der Baukunst, die in einem Verbandsland errichtet sind, oder um Werke der graphischen und plastischen Künste handelt, die Bestandteile eines in einem Verbandsland gelegenen Grundstücks sind, dieses Land.

Article 6

1) Lorsqu'un pays étranger à l'Union ne protège pas d'une manière suffisante les œuvres des auteurs qui sont ressortissants de l'un des pays de l'Union, ce dernier pays pourra restreindre la protection des œuvres dont les

Artikel 6

(1) Wenn ein verbandsfremdes Land die Werke der einem Verbandsland angehörenden Urheber nicht genügend schützt, kann dieses letzte Land den Schutz der Werke einschränken, deren Urheber im Zeitpunkt der er-

auteurs sont, au moment de la première publication de ces œuvres, ressortissants de l'autre pays et n'ont pas leur résidence habituelle dans l'un des pays de l'Union. Si le pays de la première publication fait usage de cette faculté, les autres pays de l'Union ne seront pas tenus d'accorder aux œuvres ainsi soumises à un traitement spécial une protection plus large que celle qui leur est accordée dans le pays de la première publication.

2) Aucune restriction, établie en vertu de l'alinéa précédent, ne devra porter préjudice aux droits qu'un auteur aura acquis sur une œuvre publiée dans un pays de l'Union avant la mise à exécution de cette restriction.

3) Les pays de l'Union qui, en vertu du présent article, restreindront la protection des droits des auteurs, le notifieront au Directeur général de l'Organisation Mondiale de la Propriété Intellectuelle (ci-après désigné le «Directeur général») par une déclaration écrite, où seront indiqués les pays vis-à-vis desquels la protection est restreinte, de même que les restrictions auxquelles les droits des auteurs ressortissant à ces pays sont soumis. Le Directeur général communiquera aussitôt le fait à tous les pays de l'Union.

Article 6bis

1) Indépendamment des droits patrimoniaux d'auteur, et même après la cession desdits droits, l'auteur conserve le droit de revendiquer la paternité de l'œuvre et de s'opposer à toute déformation, mutilation ou autre modification de cette œuvre ou à toute autre atteinte à la même œuvre,

sten Veröffentlichung dieser Werke Angehörige des verbandsfremden Landes sind und ihren gewöhnlichen Aufenthalt nicht in einem Verbandsland haben. Wenn das Land der ersten Veröffentlichung von dieser Befugnis Gebrauch macht, sind die anderen Verbandsländer nicht gehalten, den Werken, die in dieser Weise einer besonderen Behandlung unterworfen sind, einen weitergehenden Schutz zu gewähren als das Land der ersten Veröffentlichung.

(2) Keine nach Absatz 1 festgesetzte Einschränkung darf die Rechte beeinträchtigen, die ein Urheber an einem Werk erworben hat, das in einem Verbandsland vor dem Inkrafttreten dieser Einschränkung veröffentlicht worden ist.

(3) Die Verbandsländer, die nach diesem Artikel den Schutz der Rechte der Urheber einschränken, notifizieren dies dem Generaldirektor der Weltorganisation für geistiges Eigentum (im folgenden als „der Generaldirektor" bezeichnet) durch eine schriftliche Erklärung; darin sind die Länder, denen gegenüber der Schutz eingeschränkt wird, und die Einschränkungen anzugeben, denen die Rechte der diesen Ländern angehörenden Urheber unterworfen werden. Der Generaldirektor teilt dies allen Verbandsländern unverzüglich mit.

Artikel 6bis

(1) Unabhängig von seinen vermögensrechtlichen Befugnissen und selbst nach deren Abtretung behält der Urheber das Recht, die Urheberschaft am Werk für sich in Anspruch zu nehmen und sich jeder Entstellung, Verstümmelung, sonstigen Änderung oder Beeinträchtigung des Werkes

préjudiciables à son honneur ou à sa réputation.

2) Les droits reconnus à l'auteur en vertu de l'alinéa 1) ci-dessus sont, après sa mort, maintenus au moins jusqu'à l'extinction des droits patrimoniaux et exercés par les personnes ou institutions auxquelles la législation nationale du pays où la protection est réclamée donne qualite. Toutefois, les pays dont la législation, en vigueur au moment de la ratification du présent Acte ou de l'adhésion à celui-ci, ne contient pas de dispositions assurant la protection après la mort de l'auteur de tous les droits reconnus en vertu de l'alinéa 1) ci-dessus, ont la faculté de prévoir que certains de ces droits ne sont pas maintenus après la mort de l'auteur.

3) Les moyens de recours pour sauvegarder les droits reconnus dans le présent article sont réglés par la législation du pays où la protection est réclamée.

zu widersetzen, die seiner Ehre oder seinem Ruf nachteilig sein könnten.

(2) Die dem Urheber nach Absatz 1 gewährten Rechte bleiben nach seinem Tod wenigstens bis zum Erlöschen der vermögensrechtlichen Befugnisse in Kraft und werden von den Personen oder Institutionen ausgeübt, die nach den Rechtsvorschriften des Landes, in dem der Schutz beansprucht wird, hierzu berufen sind. Die Länder, deren Rechtsvorschriften im Zeitpunkt der Ratifikation dieser Fassung der Übereinkunft oder des Beitritts zu ihr keine Bestimmungen zum Schutz aller nach Absatz 1 gewährten Rechte nach dem Tode des Urhebers enthalten, sind jedoch befugt vorzusehen, daß einzelne dieser Rechte nach dem Tode des Urhebers nicht aufrechterhalten bleiben.

(3) Die zur Wahrung der in diesem Artikel gewährten Rechte erforderlichen Rechtsbehelfe richten sich nach den Rechtsvorschriften des Landes, in dem der Schutz beansprucht wird.

Article 7

1) La durée de la protection accordée par la présente Convention comprend la vie de l'auteur et cinquante ans après sa mort.

2) Toutefois, pour les œuvres cinématographiques, les pays de l'Union ont la faculté de prévoir que la durée de la protection expire cinquante ans après que l'œuvre aura été rendue accessible au public avec le consentement de l'auteur, ou qu'à défaut d'un tel événement intervenu dans les cinquante ans à compter de la réalisation d'une telle œuvre, la durée de la protection expire cinquante ans après cette réalisation.

Artikel 7

(1) Die Dauer des durch diese Übereinkunft gewährten Schutzes umfaßt das Leben des Urhebers und fünfzig Jahre nach seinem Tode.

(2) Für Filmwerke sind die Verbandsländer jedoch befugt vorzusehen, daß die Schutzdauer fünfzig Jahre nach dem Zeitpunkt endet, in dem das Werk mit Zustimmung des Urhebers der Öffentlichkeit zugänglich gemacht worden ist, oder, wenn ein solches Ereignis nicht innerhalb von fünfzig Jahren nach der Herstellung eines solchen Werkes eintritt, fünfzig Jahre nach der Herstellung.

3) Pour les œuvres anonymes ou pseudonymes, la durée de la protection accordée par la présente Convention expire cinquante ans après que l'œuvre a été licitement rendue accessible au public. Toutefois, quand le pseudonyme adopté par l'auteur ne laisse aucun doute sur son identité, la durée de la protection est celle prévue à l'alinéa 1). Si l'auteur d'une œuvre anonyme ou pseudonyme révèle son identité pendant la période ci-dessus indiquée, le délai de protection applicable est celui prévu à l'alinéa 1). Les pays de l'Union ne sont pas tenus de protéger les œuvres anonymes ou pseudonymes pour lesquelles il y a tout lieu de présumer que leur auteur est mort depuis cinquante ans.

(3) Für anonyme und pseudonyme Werke endet die durch diese Übereinkunft gewährte Schutzdauer fünfzig Jahre, nachdem das Werk erlaubterweise der Öffentlichkeit zugänglich gemacht worden ist. Wenn jedoch das vom Urheber angenommene Pseudonym keinerlei Zweifel über die Identität des Urhebers zuläßt, richtet sich die Schutzdauer nach Absatz 1. Wenn der Urheber eines anonymen oder pseudonymen Werkes während der oben angegebenen Frist seine Identität offenbart, richtet sich die Schutzdauer gleichfalls nach Absatz 1. Die Verbandsländer sind nicht gehalten, anonyme oder pseudonyme Werke zu schützen, bei denen aller Grund zu der Annahme besteht, daß ihr Urheber seit fünfzig Jahren tot ist.

4) Est réservée aux législations des pays de l'Union la faculté de régler la durée de la protection des œuvres photographiques et celle des œuvres des arts appliqués protégées en tant qu'œuvres artistiques; toutefois, cette durée ne pourra être inférieure à une période de vingt-cinq ans à compter de la réalisation d'une telle œuvre.

(4) Der Gesetzgebung der Verbandsländer bleibt vorbehalten, die Schutzdauer für Werke der Photographie und für als Kunstwerke geschützte Werke der angewandten Kunst festzusetzen; diese Dauer darf jedoch nicht weniger als fünfundzwanzig Jahre seit der Herstellung eines solchen Werkes betragen.

5) Le délai de protection postèrieur à la mort de l'auteur et les délais prévus aux alinéas 2), 3) et 4) cidessus commencent à courir à compter de la mort ou de l'événement visé par ces alinéas, mais la durée de ces délais n'est calculée qu'à partir du 1er janvier de l'année qui suit la mort ou ledit événement.

(5) Die sich an den Tod des Urhebers anschließende Schutzfrist und die in den Absätzen 2, 3 und 4 vorgesehenen Fristen beginnen mit dem Tod oder dem in diesen Absätzen angegebenen Ereignis zu laufen, doch wird die Dauer dieser Fristen erst vom 1. Januar des Jahres an gerechnet, das auf den Tod oder das genannte Ereignis folgt.

6) Les pays de l'Union ont la faculté d'accorder une durée de protection supérieure à celles prévues aux alinéas précédents.

(6) Die Verbandsländer sind befugt, eine längere als die in den vorhergehenden Absätzen vorgesehene Schutzdauer zu gewähren.

7) Les pays de l'Union liés par l'Acte de Rome de la présente Convention et qui accordent, dans leur législation nationale en vigueur au moment de la signature du présent Acte, des durées inférieures à celles prévues aux alinéas précédents ont la faculté de les maintenir en adhérant au présent Acte ou en le ratifiant.

(7) Die Verbandsländer, die durch die Fassung von Rom dieser Übereinkunft gebunden sind und die in ihren bei der Unterzeichnung der vorliegenden Fassung der Übereinkunft geltenden Rechtsvorschriften kürzere Schutzfristen gewähren, als in den vorhergehenden Absätzen vorgesehen sind, sind befugt, sie beim Beitritt zu dieser Fassung oder bei deren Ratifikation beizubehalten.

8) Dans tous les cas, la durée sera réglée par la loi du pays où la protection sera réclamée; toutefois, à moins que la législation de ce dernier pays n'en décide autrement, elle n'excédera pas la durée fixée dans le pays d'origine de l'œuvre.

(8) In allen Fällen richtet sich die Dauer nach dem Gesetz des Landes, in dem der Schutz beansprucht wird; jedoch überschreitet sie, sofern die Rechtsvorschriften dieses Landes nichts anderes bestimmen, nicht die im Ursprungsland des Werkes festgesetzte Dauer.

Article 7bis

Les dispositions de l'article précédent sont également applicables lorsque le droit d'auteur appartient en commun aux collaborateurs d'une œuvre, sous réserve que les délais consécutifs à la mort de l'auteur soient calculés à partir de la mort du dernier survivant des collaborateurs.

Artikel 7bis

Die Bestimmungen des Artikels 7 sind ebenfalls anwendbar, wenn das Urheberrecht den Miturhebern eines Werkes gemeinschaftlich zusteht, wobei die an den Tod des Urhebers anknüpfenden Fristen vom Zeitpunkt des Todes des letzten überlebenden Miturhebers an gerechnet werden.

Article 8

Les auteurs d'œuvres littéraires et artistiques protégés par la présente Convention jouissent, pendant toute la durée de leurs droits sur l'œuvre originale, du droit exclusif de faire ou d'autoriser la traduction de leurs œuvres.

Artikel 8

Die Urheber von Werken der Literatur und Kunst, die durch diese Übereinkunft geschützt sind, genießen während der ganzen Dauer ihrer Rechte am Originalwerk das ausschließliche Recht, ihre Werke zu übersetzen oder deren Übersetzung zu erlauben.

Article 9

1) Les auteurs d'œuvres littéraires et artistiques protégés par la présente Convention jouissent du droit exclusif d'autoriser la reproduction de ces œuvres, de quelque manière

Artikel 9

(1) Die Urheber von Werken der Literatur und Kunst, die durch diese Übereinkunft geschützt sind, genießen das ausschließliche Recht, die Vervielfältigung dieser Werke zu er-

et sous quelque forme que ce soit.

2) Est réservé aux législations des pays de l'Union la faculté de permettre la reproduction desdites œuvres dans certains cas spèciaux, pourvu qu'une telle reproduction ne porte pas atteinte à l'exploitation normale de l'œuvre ni ne cause un préjudice injustifié aux intérêts légitimes de l'auteur.

3) Tout enregistrement sonore ou visuel est considéré comme une reproduction au sens de la présente Convention.

Article 10

1) Sont licites les citations tirées d'une œuvre, déjà rendue licitement accessible au public, à condition qu'elles soient conformes aux bons usages et dans la mesure justifiée par le but à atteindre, y compris les citations d'articles de journaux et recueils périodiques sous forme de revues de presse.

2) Est réservé l'effet de la législation des pays de l'Union et des arrangements particuliers existants ou à conclure entre eux, en ce qui concerne la faculté d'utiliser licitement, dans la mesure justifiée par le but à atteindre, des œuvres littéraires ou artistiques à titre d'illustration de l'enseignement par le moyen de publications, d'émissions de radiodiffusion ou d'enregistrements sonores ou visuels, sous réserve qu'une telle utilisation soit conforme aux bons usages.

3) Les citations et utilisations visées aux alinéas précédents devront faire mention de la source et du nom de l'auteur, si ce nom figure dans la source.

lauben, gleichviel, auf welche Art und in welcher Form sie vorgenommen wird.

(2) Der Gesetzgebung der Verbandsländer bleibt vorbehalten, die Vervielfältigung in gewissen Sonderfällen unter der Voraussetzung zu gestatten, daß eine solche Vervielfältigung weder die normale Auswertung des Werkes beeinträchtigt noch die berechtigten Interessen des Urhebers unzumutbar verletzt.

(3) Jede Aufnahme auf einen Bild- oder Tonträger gilt als Vervielfältigung im Sinne dieser Übereinkunft.

Artikel 10

(1) Zitate aus einem der Öffentlichkeit bereits erlaubterweise zugänglich gemachten Werk sind zulässig, sofern sie anständigen Gepflogenheiten entsprechen und in ihrem Umfang durch den Zweck gerechtfertigt sind, einschließlich der Zitate aus Zeitungs- und Zeitschriftenartikeln in Form von Presseübersichten.

(2) Der Gesetzgebung der Verbandsländer und den zwischen ihnen bestehenden oder in Zukunft abzuschließenden Sonderabkommen bleibt vorbehalten, die Benützung von Werken der Literatur oder Kunst in dem durch den Zweck gerechtfertigten Umfang zur Veranschaulichung des Unterrichts durch Veröffentlichungen, Rundfunksendungen oder Aufnahmen auf Bild- oder Tonträger zu gestatten, sofern eine solche Benützung anständigen Gepflogenheiten entspricht.

(3) Werden Werke nach den Absätzen 1 und 2 benützt, so ist die Quelle zu erwähnen sowie der Name des Urhebers, wenn dieser Name in der Quelle angegeben ist.

Article 10bis

1) Est réservée aux législations des pays de l'Union la faculté de permettre la reproduction par la presse, ou la radiodiffusion ou la transmission par fil au public, des articles d'actualité de discussion économique, politique ou religieuse, publiés dans des journaux ou recueils périodiques, ou des œuvres radiodiffusées ayant le même caractère, dans les cas où la reproduction, la radiodiffusion ou ladite transmission n'en est pas expressément réservée. Toutefois, la source doit toujours être clairement indiquée; la sanction de cette obligation est déterminée par la législation du pays où la protection est réclamée.

2) Il est également réservé aux législations des pays de l'Union de régler les conditions dans lesquelles, à l'occasion de comptes rendus des événements d'actualité par le moyen de la photographie ou de la cinématographie, ou par voie de radiodiffusion ou de transmission par fil au public, les œuvres littéraires ou artistiques vues ou entendues au cours de l'événement peuvent, dans la mesure justifiée par le but d'information à atteindre, être reproduites et rendues accessibles au public.

Atikel 10bis

(1) Der Gesetzgebung der Verbandsländer bleibt vorbehalten, die Vervielfältigung durch die Presse, die Rundfunksendung oder die Übertragung mittels Draht an die Öffentlichkeit von Artikeln über Tagesfragen wirtschaftlicher, politischer oder religiöser Natur, die in Zeitungen oder Zeitschriften veröffentlicht worden sind, oder von durch Rundfunk gesendeten Werken gleicher Art zu erlauben, falls die Vervielfältigung, die Rundfunksendung oder die genannte Übertragung nicht ausdrücklich vorbehalten ist. Jedoch muß die Quelle immer deutlich angegeben werden; die Rechtsfolgen der Unterlassung dieser Angabe werden durch die Rechtsvorschriften des Landes bestimmt, in dem der Schutz beansprucht wird.

(2) Ebenso bleibt der Gesetzgebung der Verbandsländer vorbehalten zu bestimmen, unter welchen Voraussetzungen anläßlich der Berichterstattung über Tagesereignisse durch Photographie oder Film oder im Wege der Rundfunksendung oder Übertragung mittels Draht an die Öffentlichkeit Werke der Literatur oder Kunst, die im Verlaufe des Ereignisses sichtbar oder hörbar werden, in dem durch den Informationszweck gerechtfertigten Umfang vervielfältigt und der Öffentlichkeit zugänglich gemacht werden dürfen.

Article 11

1) Les auteurs d'œuvres dramatiques, dramatico-musicales et musicales jouissent du droit exclusif d'autoriser:

1° la représentation et l'exécution publiques de leurs œuvres, y compris

Artikel 11

(1) Die Urheber von dramatischen, dramatisch-musikalischen und musikalischen Werken genießen das ausschließliche Recht, zu erlauben:

1. die öffentliche Aufführung ihrer Werke einschließlich der öffentli-

la représentation et l'exécution publiques par tous moyens ou procédés;

2° la transmission publique par tous moyens de la représentation et de l'exécution de leurs œuvres.

2) Les mêmes droits sont accordés aux auteurs d'œuvres dramatiques ou dramatico-musicales pendant toute la durée de leurs droits sur l'œuvre originale, en ce qui concerne la traduction de leurs œuvres.

chen Aufführung durch irgendein Mittel oder Verfahren,

2. die öffentliche Übertragung der Aufführung ihrer Werke durch irgendein Mittel.

(2) Die gleichen Rechte werden den Urhebern dramatischer oder dramatisch-musikalischer Werke während der ganzen Dauer ihrer Rechte am Originalwerk hinsichtlich der Übersetzung ihrer Werke gewährt.

Article 11bis

1) Les auteurs d'œuvres littéraires et artistiques jouissent du droit exclusif d'autoriser:

1° la radiodiffusion de leurs œuvres ou la communication publique de ces œuvres par tout autre moyen servant à diffuser sans fil les signes, les sons ou les images;

2° toute communication publique, soit par fil, soit sans fil, de l'œuvre radiodiffusée, lorsque cette communication est faite par un autre organisme que celui d'origine;

3° la communication publique, par haut-parleur ou par tout autre instrument analogue transmetteur de signes, de sons ou d'images, de l'œuvre radiodiffusée.

2) Il appartient aux législations des pays de l'Union de régler les conditions d'exercice des droits visés par l'alinéa 1) ci-dessus, mais ces conditions n'auront qu'un effet strictement limité au pays qui les aurait établies. Elles ne pourront en aucun cas porter atteinte au droit moral de l'auteur, ni au droit qui appartient à l'euteur d'obtenir une rémunération équitable, fi-

Artikel 11bis

(1) Die Urheber von Werken der Literatur und Kunst genießen das ausschließliche Recht, zu erlauben:

1. die Rundfunksendung ihrer Werke oder die öffentliche Wiedergabe der Werke durch irgendein anderes Mittel zur drahtlosen Verbreitung von Zeichen, Tönen oder Bildern,

2. jede öffentliche Wiedergabe des durch Rundfunk gesendeten Werkes mit oder ohne Draht, wenn diese Wiedergabe von einem anderen als dem ursprünglichen Sendeunternehmen vorgenommen wird,

3. die öffentliche Wiedergabe des durch Rundfunk gesendeten Werkes durch Lautsprecher oder irgendeine andere ähnliche Vorrichtung zur Übertragung von Zeichen, Tönen oder Bildern.

(2) Der Gesetzgebung der Verbandsländer bleibt vorbehalten, die Voraussetzungen für die Ausübung der in Absatz 1 erwähnten Rechte festzulegen; doch beschränkt sich die Wirkung dieser Voraussetzungen ausschließlich auf das Hoheitsgebiet des Landes, das sie festgelegt hat. Sie dürfen in keinem Fall das Urheberpersönlichkeitsrecht oder den An-

xée, à défaut d'accord amiable, par l'autorité compétente.

3) Sauf stipulation contraire, une autorisation accordée conformément à l'alinéa 1) du présent article n'implique pas l'autorisation d'enregistrer, au moyen d'instruments portant fixation des sons ou des images, l'œuvre radiodiffusée. Est toutefois réservé aux législations des pays de l'Union le régime des enregistrements éphémères effectués par un organisme de radiodiffusion par ses propres moyens et pour ses émissions. Ces législations pourront autoriser la conservation de ces enregistrements dans des archives officielles en raison de leur caractère exceptionnel de documentation.

Article 11ter

1) Les auteurs d'œuvres littéraires jouissent du droit exclusif d'autoriser:

1° la récitation publique de leurs œuvres, y compris la récitation publique par tous moyens ou procédés;
2° la transmission publique par tous moyens de la récitation de leurs œuvres.

2) Les mêmes droits sont accordés aux auteurs d'œuvres littéraires pendant toute la durée de leurs droits sur l'œuvre originale, en ce qui concerne la traduction de leurs œuvres.

Article 12

Les auteurs d'œuvres littéraires ou artistiques jouissent du droit exclusif d'autoriser les adaptations, arrange-

spruch des Urhebers auf eine angemessene Vergütung beeinträchtigen, die mangels gütlicher Einigung durch die zuständige Behörde festgesetzt wird.

(3) Sofern keine gegenteilige Vereinbarung vorliegt, schließt eine nach Absatz 1 gewährte Erlaubnis nicht die Erlaubnis ein, das durch Rundfunk gesendete Werk auf Bild- oder Tonträger aufzunehmen. Der Gesetzgebung der Verbandsländer bleibt jedoch vorbehalten, Bestimmungen über die von einem Sendeunternehmen mit seinen eigenen Mitteln und für seine eigenen Sendungen vorgenommenen ephemeren Aufnahmen auf Bild- oder Tonträger zu erlassen. Diese Gesetzgebung kann erlauben, daß die Bild- oder Tonträger auf Grund ihres außergewöhnlichen Dokumentationscharakters in amtlichen Archiven aufbewahrt werden.

Artikel 11ter

(1) Die Urheber von Werken der Literatur genießen das ausschließliche Recht, zu erlauben:

1. den öffentlichen Vortrag ihrer Werke einschließlich des öffentlichen Vortrags durch irgendein Mittel oder Verfahren,
2. die öffentliche Übertragung des Vortrags ihrer Werke durch irgendein Mittel.

(2) Die gleichen Rechte werden den Urhebern von Werken der Literatur während der ganzen Dauer ihrer Rechte am Originalwerk hinsichtlich der Übersetzung ihrer Werke gewährt.

Artikel 12

Die Urheber von Werken der Literatur oder Kunst genießen das ausschließliche Recht, Bearbeitungen, Ar-

ments et autres transformations de leurs œuvres.

rangements und andere Umarbeitungen ihrer Werke zu erlauben.

Article 13

1) Chaque pays de l'Union peut, pour ce qui le concerne, établir des réserves et conditions relatives au droit exclusif de l'auteur d'une œuvre musicale et de l'auteur des paroles, dont l'enregistrement avec l'œuvre musicale a déjà été autorisé par ce dernier, d'autoriser l'enregistrement sonore de ladite œuvre musicale, avec, le cas échéant, les paroles; mais toutes réserves et conditions de cette nature n'auront qu'un effet strictement limité au pays qui les aurait établies et ne pourront en aucun cas porter atteinte au droit qui appartient à l'auteur d'obtenir une rémunération équitable fixée, à défaut d'accord amiable, par l'autorité compétente.

2) Les enregistrements d'œuvres musicales qui auront été réalisés dans un pays de l'Union conformément à l'article 13.3) des Conventions signées à Rome le 2 juin 1928 et à Bruxelles le 26 juin 1948 pourront, dans ce pays, faire l'objet de reproductions sans le consentement de l'auteur de l'œuvre musicale jusqu'à l'expiration d'une période de deux années à partir de la date à laquelle ledit pays devient lié par le présent Acte.

3) Les enregistrements faits en vertu des alinéas 1) et 2) du présent article et importés, sans autorisation des parties intéressés, dans un pays où ils ne seraient pas licites, pourront y être saisis.

Artikel 13

(1) Jedes Verbandsland kann für seinen Bereich Vorbehalte und Voraussetzungen festlegen für das ausschließliche Recht des Urhebers eines musikalischen Werkes und des Urhebers eines Textes, dessen Aufnahme auf einen Tonträger zusammen mit dem musikalischen Werk dieser Urheber bereits gestattet hat, die Aufnahme des musikalischen Werkes und gegebenenfalls des Textes auf Tonträger zu erlauben; doch beschränkt sich die Wirkung aller derartigen Vorbehalte und Voraussetzungen ausschließlich auf das Hoheitsgebiet des Landes, das sie festgelegt hat; sie dürfen in keinem Fall den Anspruch des Urhebers auf eine angemessene Vergütung beeinträchtigen, die mangels gütlicher Einigung durch die zuständige Behörde festgesetzt wird.

(2) Tonträger, auf die musikalische Werke in einem Verbandsland nach Artikel 13 Absatz 3 der am 2. Juni 1928 in Rom und am 26. Juni 1948 in Brüssel unterzeichneten Fassungen dieser Übereinkunft aufgenommen worden sind, können in diesem Land bis zum Ablauf einer Frist von zwei Jahren seit dem Zeitpunkt, in dem dieses Land durch die vorliegende Fassung gebunden wird, ohne Zustimmung des Urhebers des musikalischen Werkes vervielfältigt werden.

(3) Tonträger, die nach den Absätzen 1 und 2 hergestellt und ohne Erlaubnis der Beteiligten in ein Land eingeführt worden sind, in dem sie nicht erlaubt sind, können dort beschlagnahmt werden.

Article 14

1) Les auteurs d'œuvres littéraires ou artistiques ont le droit exclusif d'autoriser:

1° l'adaptation et la reproduction cinématographiques de ces œuvres et la mise en circulation des œuvres ainsi adaptées ou reproduites;

2° la représentation et l'exécution publiques et la transmission par fil au public des œuvres ainsi adaptées ou reproduites.

2) L'adaptation sous toute autre forme artistique des réalisations cinématographiques tirées d'œuvres littéraires ou artistiques reste soumise, sans préjudice de l'autorisation de leurs auteurs, à l'autorisation des auteurs des œuvres originales.

3) Les dispositions de l'article 13.1) ne sont pas applicables.

Article 14bis

1) Sans préjudice des droits de l'auteur de toute œuvre qui pourrait avoir été adaptée ou reproduite, l'œuvre cinématographique est protégée comme une œuvre originale. Le titulaire du droit d'auteur sur l'œuvre cinématographique jouit des mêmes droits qu l'auteur d'une œuvre originale, y compris les droits visés à l'article précédent.

2) a) La détermination des titulaires du droit d'auteur sur l'œuvre cinématographique est réservée à la législation du pays où la protection est réclamée.

b) Toutefois, dans les pays de l'Union où la législation reconnaît parmi ces titulaires les auteurs des contributions

Artikel 14

(1) Die Urheber von Werken der Literatur oder Kunst haben das ausschließliche Recht, zu erlauben:

1. die filmische Bearbeitung und Vervielfältigung dieser Werke und das Inverkehrbringen der auf diese Weise bearbeiteten oder vervielfältigten Werke,
2. die öffentliche Vorführung und die Übertragung mittels Draht an die Öffentlichkeit der auf diese Weise bearbeiteten oder vervielfältigten Werke.

(2) Die Bearbeitung von Filmwerken, die auf Werken der Literatur oder Kunst beruhen, in irgendeine andere künstlerische Form bedarf, unbeschadet der Erlaubnis ihrer Urheber, der Erlaubnis der Urheber der Originalwerke.

(3) Artikel 13 Absatz 1 ist nicht anwendbar.

Artikel 14bis

(1) Unbeschadet der Rechte des Urhebers jedes etwa bearbeiteten oder vervielfältigten Werkes wird das Filmwerk wie ein Originalwerk geschützt. Der Inhaber des Urheberrechts am Filmwerk genießt die gleichen Rechte wie der Urheber eines Originalwerkes einschließlich der in Artikel 14 genannten Rechte.

(2) a) Der Gesetzgebung des Landes, in dem der Schutz beansprucht wird, bleibt vorbehalten, die Inhaber des Urheberrechts am Filmwerk zu bestimmen.

b) In den Verbandsländern jedoch, deren innerstaatliche Rechtsvorschriften als solche Inhaber auch Urheber aner-

apportées à la réalisation de l'œuvre cinématographique, ceux-ci, s'ils se sont engagés à apporter de telles contributions, ne pourront, sauf stipulation contraire ou particulière, s'opposer à la reproduction, la mise en circulation, la représentation et l'exécution publiques, la transmission par fil au public, la radiodiffusion, la communication au public, le sous-titrage et le doublage des textes, de l'œuvre cinématographique.

kennen, die Beiträge zur Herstellung des Filmwerkes geleistet haben, können sich diese, wenn sie sich zur Leistung solcher Beiträge verpflichtet haben, mangels gegenteiliger oder besonderer Vereinbarung der Vervielfältigung, dem Inverkehrbringen, der öffentlichen Vorführung, der Übertragung mittels Draht an die Öffentlichkeit, der Rundfunksendung, der öffentlichen Wiedergabe, dem Versehen mit Untertiteln und der Textsynchronisation des Filmwerkes nicht widersetzen.

c) La question de savoir si la forme de l'engagement visé ci-dessus doit, pour l'application du sous-alinéa b) précédent, être ou non un contrat écrit ou un acte écrit équivalent, est réglée par la législation du pays de l'Union où le producteur de l'œuvre cinématographique a son siège ou sa résidence habituelle. Est toutefois réservée à la législation du pays de l'Union où la protection est réclamée la faculté de prévoir que cet engagement doit être un contrat écrit ou un acte écrit équivalent. Les pays qui font usage de cette faculté devront le notifier au Directeur général par une déclaration écrite qui sera aussitôt communiquée par ce dernier à tous les autres pays de l'Union.

c) Die Frage, ob für die Anwendung des Buchstaben b die Form der dort genannten Verpflichtung in einem schriftlichen Vertrag oder in einem gleichwertigen Schriftstück bestehen muß, wird durch die Rechtsvorschriften des Verbandslandes geregelt, in dem der Hersteller des Filmwerkes seinen Sitz oder seinen gewöhnlichen Aufenthalt hat. Die Rechtsvorschriften des Verbandslandes, in dem der Schutz beansprucht wird, können jedoch vorsehen, daß diese Verpflichtung durch einen schriftlichen Vertrag oder durch ein gleichwertiges Schriftstück begründet sein muß. Die Länder, die von dieser Befugnis Gebrauch machen, müssen dies dem Generaldirektor durch eine schriftliche Erklärung notifizieren, der sie unverzüglich allen anderen Verbandsländern mitteilt.

d) Par « stipulation contraire ou particulière », il faut entendre toute condition restrictive dont peut être assorti ledit engagement.

d) Als „gegenteilige oder besondere Vereinbarung" gilt jede einschränkende Bestimmung, die in der vorgenannten Verpflichtung gegebenenfalls enthalten ist.

3) A moins que la législation nationale n'en décide autrement, les dispositions de l'alinéa 2) b) ci-dessus ne sont applicables ni aux auteurs des scénarios, des dialogues et des œuvres musicales, créés pour la réalisation de l'œuvre cinématographique, ni au réalisateur principal de celle-ci. Toutefois, les pays de l'Union dont la législation ne contient pas des dispositions prévoyant l'application de l'alinéa 2) b) précité audit réalisateur devront le notifier au Directeur général par une déclaration écrite qui sera aussitôt communiquée par ce dernier à tous les autres pays de l'Union.

(3) Sofern die innerstaatlichen Rechtsvorschriften nichts anderes vorsehen, ist Absatz 2 Buchstabe b weder auf die Urheber der Drehbücher, der Dialoge und der musikalischen Werke anwendbar, die für die Herstellung des Filmwerkes geschaffen worden sind, noch auf dessen Hauptregisseur. Die Verbandsländer jedoch, deren Rechtsvorschriften keine Bestimmungen über die Anwendung des Absatzes 2 Buchstabe b auf den Hauptregisseur vorsehen, müssen dies dem Generaldirektor durch eine schriftliche Erklärung notifizieren, der sie unverzüglich allen anderen Verbandsländern mitteilt.

Article 14ter

1) En ce qui concerne les œuvres d'art originales et les manuscrits originaux des écrivains et compositeurs, l'auteur — ou, après sa mort, les personnes ou institutions auxquelles la législation nationale donne qualité — jouit d'un droit inaliénable à être intéressé aux opérations de vente dont l'œuvre est l'objet après la première cession opérée par l'auteur.

2) La protection prévue à l'alinéa ci-dessus n'est exigible dans chaque pays de l'Union que si la législation nationale de l'auteur admet cette protection et dans la mesure où le permet la législation du pays où cette protection est réclamée.

Artikel 14ter

(1) Hinsichtlich der Originale von Werken der bildenden Künste und der Originalhandschriften der Schriftsteller und Komponisten genießt der Urheber — oder nach seinem Tode die von den innerstaatlichen Rechtsvorschriften dazu berufenen Personen oder Institutionen — ein unveräußerliches Recht auf Beteiligung am Erlös aus Verkäufen eines solchen Werkstückes nach der ersten Veräußerung durch den Urheber.

(2) Der in Artikel 1 vorgesehene Schutz kann in jedem Verbandsland nur beansprucht werden, sofern die Heimatgesetzgebung des Urhebers diesen Schutz anerkennt und soweit es die Rechtsvorschriften des Landes zulassen, in dem dieser Schutz beansprucht wird.

3) Les modalités et les taux de la perception sont déterminés par chaque législation nationale.

(3) Das Verfahren und das Ausmaß der Beteiligung werden von den Rechtsvorschriften der einzelnen Länder bestimmt.

Article 15

Artikel 15

1) Pour que les auteurs des œuvres littéraires et artistiques protégés par la présente Convention soient, sauf preuve contraire, considérés comme tels et admis en conséquence devant les tribunaux des pays de l'Union à exercer des poursuites contre les contrefacteurs, il suffit que le nom soit indiqué sur l'œuvre en la manière usitée. Le présent alinéa est applicable, même si ce nom est un pseudonyme, dès lors que le pseudonyme adopté par l'auteur ne laisse aucun doute sur son identité.

(1) Damit die Urheber der durch diese Übereinkunft geschützten Werke der Literatur und Kunst mangels Gegenbeweises als solche gelten und infolgedessen vor den Gerichten der Verbandsländer zur Verfolgung der unbefugten Vervielfältiger zugelassen werden, genügt es, daß der Name in der üblichen Weise auf dem Werkstück angegeben ist. Dieser Absatz ist anwendbar, selbst wenn dieser Name ein Pseudonym ist, sofern das vom Urheber angenommene Pseudonym keinen Zweifel über seine Identität aufkommen läßt.

2) Est présumé producteur de l'œuvre cinématographique, sauf preuve contraire, la personne physique ou morale dont le nom est indiqué sur ladite œuvre en la manière usitée.

(2) Als Hersteller des Filmwerkes gilt mangels Gegenbeweises die natürliche oder juristische Person, deren Name in der üblichen Weise auf dem Werkstück angegeben ist.

3) Pour les œuvres anonymes et pour les œuvres pseudonymes autres que celles dont il est fait mention à l'alinéa 1) ci-dessus, l'éditeur dont le nom est indiqué sur l'œuvre est, sans autre preuve, réputé représenter l'auteur; en cette qualité, il est fondé à sauvegarder et à faire valoir les droits de celui-ci. La disposition du présent alinéa cesse d'être applicable quand l'auteur a révélé son identité et justifié de sa qualité.

(3) Bei den anonymen Werken und bei den nicht unter Absatz 1 fallenden pseudonymen Werken gilt der Verleger, dessen Name auf dem Werkstück angegeben ist, ohne weiteren Beweis als berechtigt, den Urheber zu vertreten; in dieser Eigenschaft ist er befugt, dessen Rechte wahrzunehmen und geltend zu machen. Die Bestimmung dieses Absatzes ist nicht mehr anwendbar, sobald der Urheber seine Identität offenbart und seine Berechtigung nachgewiesen hat.

4) a) Pour les œuvres non publiées dont l'identité de l'auteur est inconnue, mais pour lesquelles il y a tout lieu de présumer que cet auteur est ressortissant d'un pays de l'Union,

(4) a) Für die nichtveröffentlichten Werke, deren Urheber unbekannt ist, bei denen jedoch aller Grund zu der Annahme besteht, daß ihr Urheber Angehöriger eines Verbandslan-

il est réservé à la législation de ce pays la faculté de désigner l'autorité compétente représentant cet auteur et fondée à sauvegarder et faire valoir les droits de celui-ci dans les pays de l'Union.

b) Les pays de l'Union qui, en vertu de cette disposition, procéderont à une telle désignation, le notifieront au Directeur général par une déclaration écrite où seront indiqués tous renseignements relatifs à l'autorité ainsi désignée. Le Directeur général communiquera aussitôt cette déclaration à tous les autres pays de l'Union.

des ist, kann die Gesetzgebung dieses Landes die zuständige Behörde bezeichnen, die diesen Urheber vertritt und berechtigt ist, dessen Rechte in den Verbandsländern wahrzunehmen und geltend zu machen.

b) Die Verbandsländer, die nach dieser Bestimmung eine solche Bezeichnung vornehmen, notifizieren dies dem Generaldirektor durch eine schriftliche Erklärung, in der alle Angaben über die bezeichnete Behörde enthalten sein müssen. Der Generaldirektor teilt diese Erklärung allen anderen Verbandsländern unverzüglich mit.

Article 16

1) Toute œuvre contrefaite peut être saisie dans les pays de l'Union où l'œuvre originale a droit à la protection légale.

2) Les dispositions de l'alinéa précédent sont également applicables aux reproductions provenant d'un pays où l'œuvre n'est pas protégée ou a cessé de l'être.

3) La saisie a lieu conformément à la législation de chaque pays.

Artikel 16

(1) Jedes unbefugt hergestellte Werkstück kann in den Verbandsländern, in denen das Originalwerk Anspruch auf gesetzlichen Schutz hat, beschlagnahmt werden.

(2) Die Bestimmungen des Absatzes 1 sind auch auf Vervielfältigungsstücke anwendbar, die aus einem Land stammen, in dem das Werk nicht oder nicht mehr geschützt ist.

(3) Die Beschlagnahme findet nach den Rechtsvorschriften jedes Landes statt.

Article 17

Les dispositions de la présente Convention ne peuvent porter préjudice, en quoi que ce soit, au droit qui appartient au Gouvernement de chacun des pays de l'Union de permettre, de surveiller ou d'interdire, par des mesures de législation ou de police in-

Artikel 17

Die Bestimmungen dieser Übereinkunft können in keiner Beziehung das der Regierung jedes Verbandslandes zustehende Recht beeinträchtigen, durch Maßnahmen der Gesetzgebung oder inneren Verwaltung die Verbreitung, die Aufführung oder das

térieure, la circulation, la représentation, l'exposition de tout ouvrage ou production à l'égard desquels l'autorité compétente aurait à exercer ce droit.

Ausstellen von Werken oder Erzeugnissen jeder Art zu gestatten, zu überwachen oder zu untersagen, für die die zuständige Behörde dieses Recht auszuüben hat.

Article 18

1) La présente Convention s'applique à toutes les œuvres qui, au moment de son entrée en vigueur, ne sont pas encore tombées dans le domaine public de leur pays d'origine par l'expiration de la durée de la protection.

2) Cependant, si une œuvre, par l'expiration de la durée de la protection qui lui était antérieurement reconnue, est tombée dans le domaine public du pays où la protection est réclamée, cette œuvre n'y sera pas protégée à nouveau.

3) L'application de ce principe aura lieu conformément aux stipulations contenues dans les conventions spéciales existantes ou à conclure à cet effet entre pays de l'Union. A défaut de semblables stipulations, les pays respectifs régleront, chacun pour ce qui le concerne, les modalités relatives à cette application.

4) Les dispositions qui précèdent s'appliquent également en cas de nouvelles accessions à l'Union et dans le cas où la protection serait étendue par applications de l'article 7 ou par abandon de réserves.

Artikel 18

(1) Diese Übereinkunft gilt für alle Werke, die bei ihrem Inkrafttreten noch nicht infolge Ablaufs der Schutzdauer im Ursprungsland Gemeingut geworden sind.

(2) Ist jedoch ein Werk infolge Ablaufs der Schutzfrist, die ihm vorher zustand, in dem Land, in dem der Schutz beansprucht wird, Gemeingut geworden, so erlangt es dort nicht von neuem Schutz.

(3) Die Anwendung dieses Grundsatzes richtet sich nach den Bestimmungen der zwischen Verbandsländern zu diesem Zweck abgeschlossenen oder abzuschließenden besonderen Übereinkünfte. Mangels solcher Bestimmungen legen die betreffenden Länder, jedes für sich, die Art und Weise dieser Anwendung fest.

(4) Die vorstehenden Bestimmungen gelten auch, wenn ein Land dem Verband neu beitritt, sowie für den Fall, daß der Schutz nach Artikel 7 oder durch Verzicht auf Vorbehalte ausgedehnt wird.

Article 19

Les dispositions de la présente Convention n'empêchent pas de revendiquer l'application de dispositions plus larges qui seraient édictées par la législation d'un pays de l'Union.

Artikel 19

Die Bestimmungen dieser Übereinkunft hindern nicht daran, die Anwendung von weitergehenden Bestimmungen zu beanspruchen, die durch die Gesetzgebung eines Verbandslandes etwa erlassen werden.

Article 20

Les Gouvernements des pays de l'Union se réservent le droit de prendre entre eux des arrangements particuliers, en tant que ces arrangements conféreraient aux auteurs des droits plus étendus que ceux accordés par la Convention, ou qu'ils renfermeraient d'autres stipulations non contraires à la présente Convention. Les dispositions des arrangements existants qui répondent aux conditions précitées restent applicables.

Artikel 20

Die Regierungen der Verbandsländer behalten sich das Recht vor, Sonderabkommen miteinander insoweit zu treffen, als diese den Urhebern Rechte verleihen, die über die ihnen durch diese Übereinkunft gewährten Rechte hinausgehen, oder andere Bestimmungen enthalten, die dieser Übereinkunft nicht zuwiderlaufen. Die Bestimmungen bestehender Abkommen, die den angegebenen Voraussetzungen entsprechen, bleiben anwendbar.

Article 21

1) Des dispositions particulières concernant les pays en voie de développement figurent dans un protocole intitulé « Protocole relatif aux pays en voie développement ».

2) Sous réserve des dispositions de l'article 28. 1) b) i) et c), le Protocole relatif aux pays en voie de développement forme partie intégrante du présent Acte.

Artikel 21

(1) Besondere Bestimmungen für die Entwicklungsländer sind in einem Protokoll mit dem Titel „Protokoll betreffend die Entwicklungsländer" enthalten.

(2) Vorbehaltlich des Artikels 28 Absatz 1 Buchstabe b Ziffer i und Buchstabe c ist das Protokoll betreffend die Entwicklungsländer Bestandteil dieser Übereinkunft.

Article 22

1) a) L'Union a une Assemblée composée des pays de l'Union liés par les articles 22 à 26.

b) Le Gouvernement de chaque pays est représenté par un délégué, qui peut être assisté de suppléants, de conseillers et d'experts.

c) Les dépenses de chaque délégation sont supportées par le Gouvernement qui l'a désignée.

2) a) L'Assemblée:

i) traite de toutes les ques-

Artikel 22

(1) a) Der Verband hat eine Versammlung, die sich aus den durch die Artikel 22 bis 26 gebundenen Verbandsländern zusammensetzt.

b) Die Regierung jedes Landes wird durch einen Delegierten vertreten, der von Stellvertretern, Beratern und Sachverständigen unterstützt werden kann.

c) Die Kosten jeder Delegation werden von der Regierung getragen, die sie entsandt hat.

(2) a) Die Versammlung

i) behandelt alle Fragen

tions concernant le maintien et le développement de l'Union et l'application de la présente Convention;

ii) donne au Bureau international de la propriété intellectuelle (ci-après dénommé « le Bureau international ») visé dans la Convention instituant l'Organisation Mondiale de la Propriété Intellectuelle (ci-après dénommé « l'Organisation ») des directives concernant la préparation des conférences de revision, compte étant dûment tenu des observations des pays de l'Union qui ne sont pas liés par les articles 22 à 26;

iii) examine et approuve les rapports et les activités du Directeur général de l'Organisation relatifs à l'Union et lui donne toutes directives utiles concernant les questions de la compétence de l'Union;

iv) élit les membres du Comité exécutif de l'Assemblée;

v) examine et approuve les rapports et les activités de son Comité exécutif et lui donne des directives;

vi) arrête le programme, adopte le budget triennal de l'Union et approuve

betreffend die Erhaltung und die Entwicklung des Verbandes sowie die Anwendung dieser Übereinkunft;

ii) erteilt dem Internationalen Büro für geistiges Eigentum (im folgenden als „das Internationale Büro" bezeichnet), das in dem Übereinkommen zur Errichtung der Weltorganisation für geistiges Eigentum (im folgenden als „die Organisation" bezeichnet) vorgesehen ist, Weisungen für die Vorbereitung der Revisionskonferenzen unter gebührender Berücksichtigung der Stellungnahmen der Verbandsländer, die durch die Artikel 22 bis 26 nicht gebunden sind;

iii) prüft und billigt die Berichte und die Tätigkeit des Generaldirektors der Organisation betreffend den Verband und erteilt ihm alle zweckdienlichen Weisungen in Fragen, die in die Zuständigkeit des Verbandes fallen;

iv) wählt die Mitglieder des Exekutivausschusses der Versammlung;

v) prüft und billigt die Berichte und die Tätigkeit ihres Exekutivausschusses und erteilt ihm Weisungen;

vi) legt das Programm fest, beschließt den Dreijahres-Haushaltsplan des

ses comptes de clôture;

vii) adopte le règlement financier de l'Union;

viii) crée les comités d'experts et groupes de travail qu'elle juge utiles à la réalisation des objectifs de l'Union;

ix) décide quels sont les pays non membres de l'Union et quelles sont les organisations intergouvernementales et internationales non-gouvernementales qui peuvent être admis à ses réunions en qualité d'observateurs;

x) adopte les modifications des articles 22 à 26;

xi) entreprend toute autre action appropriée en vue d'atteindre les objectifs de l'Union;

xii) s'acquitte de toutes autres tâches qu'implique la présente Convention;

xiii) exerce, sous réserve qu'elle les accepte, les droits qui lui sont conférés par la Convention instituant l'Organisation.

b) Sur les questions qui intéressent également d'autres Unions administrées par l'Organisation, l'Assemblée statue connaissance prise de l'avis du Comité de coordination de l'Organisation.

Verbandes und billigt seine Rechnungsabschlüsse;

vii) beschließt die Finanzvorschriften des Verbandes;

viii) bildet die Sachverständigenausschüsse und Arbeitsgruppen, die sie zur Verwirklichung der Ziele des Verbandes für zweckdienlich hält;

ix) bestimmt, welche Nichtmitgliedländer des Verbandes, welche zwischenstaatlichen und welche internationalen nichtstaatlichen Organisationen zu ihren Sitzungen als Beobachter zugelassen werden;

x) beschließt Änderungen der Artikel 22 bis 26;

xi) nimmt jede andere Handlung vor, die zur Erreichung der Ziele des Verbandes geeignet ist;

xii) nimmt alle anderen Aufgaben wahr, die sich aus dieser Übereinkunft ergeben;

xiii) übt vorbehaltlich ihres Einverständnisses die ihr durch das Übereinkommen zur Errichtung der Organisation übertragenen Rechte aus.

b) Über Fragen, die auch für andere von der Organisation verwaltete Verbände von Interesse sind, entscheidet die Versammlung nach Anhörung des Koordinierungsausschusses der Organisation.

3) a) Chaque pays membre de l'Assemblée dispose d'une voix.

b) La moitié des pays membres de l'Assemblée constitue le quorum.

c) Nonobstant les dispositions du sous-alinéa b) si, lors d'une session, le nombre des pays représentés est inférieur à la moitié mais égal ou supérieur au tiers des pays membres de l'Assemblée, celle-ci peut prendre des décisions; toutefois, les décisions de l'Assemblée, à l'exception de celles qui concernent sa procédure, ne deviennent exécutoires que lorsque les conditions énoncées ci-après sont remplies. Le Bureau international communique lesdites décisions aux pays membres de l'Assemblée qui n'étaient pas représentés, en les invitant à exprimer par écrit, dans un délai de trois mois à compter de la date de ladite communication, leur vote ou leur abstention. Si, à l'expiration de ce délai, le nombre des pays ayant ainsi exprimé leur vote ou leur abstention est au moins égal au nombre de pays qui faisait défaut pour que le quorum fût atteint lors de la session, lesdites décisions deviennent exécutoires, pourvu qu'en même temps la majorité nécessaire reste acquise.

(3) a) Jedes Mitgliedland der Versammlung verfügt über eine Stimme.

b) Die Hälfte der Mitgliedländer der Versammlung bildet das Quorum (die für die Beschlußfähigkeit erforderliche Mindestzahl).

c) Ungeachtet des Buchstaben b kann die Versammlung Beschlüsse fassen, wenn während einer Tagung die Zahl der vertretenen Länder zwar weniger als die Hälfte, aber mindestens ein Drittel der Mitgliedländer der Versammlung beträgt; jedoch werden diese Beschlüsse mit Ausnahme der Beschlüsse über das Verfahren der Versammlung nur dann wirksam, wenn die folgenden Bedingungen erfüllt sind: Das Internationale Büro teilt diese Beschlüsse den Mitgliedländern der Versammlung mit, die nicht vertreten waren, und lädt sie ein, innerhalb einer Frist von drei Monaten vom Zeitpunkt der Mitteilung an schriftlich ihre Stimme oder Stimmenthaltung bekanntzugeben. Entspricht nach Ablauf der Frist die Zahl der Länder, die auf diese Weise ihre Stimme oder Stimmenthaltung bekanntgegeben haben, mindestens der Zahl der Länder, die für die Erreichung des Quorums während der Tagung gefehlt hatte, so werden die Beschlüsse wirksam, sofern gleichzeitig die erforderliche Mehrheit noch vorhanden ist.

d) Sous réserve des dispositions de l'article 26.2), les décisions de l'Assemblée sont prises à la majorité des deux tiers des votes exprimés.

e) L'abstention n'est pas considérée comme un vote.

f) Un délégué ne peut représenter qu'un seul pays et ne peut voter qu'au nom de celui-ci.

g) Les pays de l'Union qui ne sont pas membres de l'Assemblée sont admis à ses réunions en qualité d'observateurs.

4) a) L'Assemblée se réunit une fois tous les trois ans en session ordinaire, sur convocation du Directeur général et, sauf cas exceptionnels, pendant la même période et au même lieu que l'Assemblée générale de l'Organisation.

b) L'Assemblée se réunit en session extraordinaire sur convocation adressée par le Directeur général, à la demande du Comité exécutif ou à la demande d'un quart des pays membres de l'Assemblée.

5) L'Assemblée adopte son réglement intérieur.

Article 23

1) L'Assemblée a un Comité exécutif.

2) a) Le Comité exécutif est composé des pays élus par l'Assemblée parmi les pays membres de celle-ci. En outre, le pays sur le territoire duquel l'Organisation a son siège dis-

d) Vorbehaltlich des Artikels 26 Absatz 2 faßt die Versammlung ihre Beschlüsse mit einer Mehrheit von zwei Dritteln der abgegebenen Stimmen.

e) Stimmenthaltung gilt nicht als Stimmabgabe.

f) Ein Delegierter kann nur ein Land vertreten und nur in dessen Namen abstimmen.

g) Die Verbandsländer, die nicht Mitglied der Versammlung sind, werden zu den Sitzungen der Versammlung als Beobachter zugelassen.

(4) a) Die Versammlung tritt nach Einberufung durch den Generaldirektor alle drei Jahre einmal zu einer ordentlichen Tagung zusammen, und zwar, abgesehen von außergewöhnlichen Fällen, zu derselben Zeit und an demselben Ort wie die Generalversammlung der Organisation.

b) Die Versammlung tritt nach Einberufung durch den Generaldirektor zu einer außerordentlichen Tagung zusammen, wenn der Exekutivausschuß oder ein Viertel der Mitgliedländer der Versammlung es verlangt.

(5) Die Versammlung gibt sich eine Geschäftsordnung.

Artikel 23

(1) Die Versammlung hat einen Exekutivausschuß.

(2) a) Der Exekutivausschuß setzt sich aus den von der Versammlung aus dem Kreis ihrer Mitgliedländer gewählten Ländern zusammen. Außerdem hat das Land, in dessen

pose, ex officio, d'un siège au Comité, sous réserve des dispositions de l'article 25.7) b).

b) Le Gouvernement de chaque pays membre du Comité exécutif est représenté par un délégué, qui peut être assisté de suppléants, de conseillers et d'experts.

c) Les dépenses de chaque délégation sont supportées par le Gouvernement qui l'a designée.

3) Le nombre des pays membres du Comité exécutif correspond au quart du nombre des pays membres de l'Assemblée. Dans le calcul des sièges à pourvoir, le reste subsistant après la division par quatre n'est pas pris en considération.

4) Lors de l'élection des membres du Comité exécutif, l'Assemblée tient compte d'une répartition géographique équitable et de la nécessité pour les pays parties aux Arrangements particuliers qui pourraient être établis en relation avec l'Union d'être parmi les pays constituant le Comité exécutif.

5) a) Les membres du Comité exécutif restent en fonctions à partir de la clôture de la session de l'Assemblée au cours de laquelle ils ont été élus jusqu'au terme de la session ordinaire suivante de l'Assemblée.

b) Les membres du Comité exécutif sont rééligibles dans la limite maximale des deux tiers d'entre eux.

c) L'Assemblée réglemente les modalités de l'élection et de

Hoheitsgebiet die Organisation ihren Sitz hat, vorbehaltlich des Artikels 25 Absatz 7 Buchstabe b ex officio einen Sitz im Ausschuß.

b) Die Regierung jedes Mitgliedlandes des Exekutivausschusses wird durch einen Delegierten vertreten, der von Stellvertretern, Beratern und Sachverständigen unterstützt werden kann.

c) Die Kosten jeder Delegation werden von der Regierung getragen, die sie entsandt hat.

(3) Die Zahl der Mitgliedländer des Exekutivausschusses entspricht einem Viertel der Zahl der Mitgliedländer der Versammlung. Bei der Berechnung der zu vergebenden Sitze wird der nach Teilung durch vier verbleibende Rest nicht berücksichtigt.

(4) Bei der Wahl der Mitglieder des Exekutivausschusses trägt die Versammlung einer angemessenen geographischen Verteilung und der Notwendigkeit Rechnung, daß unter den Ländern des Exekutivausschusses Vertragsländer der Sonderabkommen sind, die im Rahmen des Verbandes errichtet werden könnten.

(5) a) Die Mitglieder des Exekutivausschusses üben ihr Amt vom Schluß der Tagung der Versammlung, in deren Verlauf sie gewählt worden sind, bis zum Ende der darauffolgenden ordentlichen Tagung der Versammlung aus.

b) Höchstens zwei Drittel der Mitglieder des Exekutivausschusses können wiedergewählt werden.

c) Die Versammlung regelt die Einzelheiten der Wahl und

la réélection éventuelle des membres du Comité exécutif.

6) a) Le Comité exécutif:

i) prépare le projet d'ordre du jour de l'Assemblée;

ii) soumet à l'Assemblée des propositions relatives aux projets de programme et de budget triennal de l'Union préparés par le Directeur général;

iii) se prononce, dans les limites du programme et du budget triennal, sur les programmes et butgets annuels préparés par le Directeur général;

iv) soumet à l'Assemblée, avec les commentaires appropriés, les rapports périodiques du Directeur général et les rapports annuels de vérification des comptes;

v) prend toutes mesures utiles en vue de l'exécution du programme de l'Union par le Directeur général, conformément aux décisions de l'Assemblée et en tenant compte des circonstances survenant entre deux sessions ordinaires de ladite Assemblée;

vi) s'acquitte de toutes autres tâches qui lui sont attribuées dans le cadre de la présente Convention.

b) Sur les questions qui intéres-

der etwaigen Wiederwahl der Mitglieder des Exekutivausschusses.

(6) a) Der Exekutivausschuß

i) bereitet den Entwurf der Tagesordnung der Versammlung vor;

ii) unterbreitet der Versammlung Vorschläge zu den vom Generaldirektor vorbereiteten Entwürfen des Programms und des Dreijahres-Haushaltsplans des Verbandes;

iii) stellt im Rahmen des Programms und des Dreijahres-Haushaltsplans die vom Generaldirektor vorbereiteten Jahresprogramme und Jahreshaushaltspläne auf;

iv) unterbreitet der Versammlung mit entsprechenden Bemerkungen die periodischen Berichte des Generaldirektors und die jährlichen Berichte über die Rechnungsprüfung;

v) trifft alle zweckdienlichen Maßnahmen zur Durchführung des Programms des Verbandes durch den Generaldirektor in Übereinstimmung mit den Beschlüssen der Versammlung und unter Berücksichtigung der zwischen zwei ordentlichen Tagungen der Versammlung eintretenden Umstände;

vi) nimmt alle anderen Aufgaben wahr, die ihm im Rahmen dieser Übereinkunft übertragen werden.

b) Über Fragen, die auch für

sent également d'autres Unions administrées par l'Organisation, le Comité exécutif statue connaissance prise de l'avis du Comité de Coordination de l'Organisation.

andere von der Organisation verwaltete Verbände von Interesse sind, entscheidet der Exekutivausschuß nach Anhörung des Koordinierungsausschusses der Organisation.

7) a) Le Comité exécutif se réunit une fois par an en session ordinaire, sur convocation du Directeur général, autant que possible pendant la même période et au même lieu que le Comité de coordination de l'Organisation.

b) Le Comité exécutif se réunit en session extraordinaire sur convocation adressée par le Directeur général, soit à l'initiative de celui-ci, soit à la demande de son président ou d'un quart de ses membres.

(7) a) Der Exekutivausschuß tritt nach Einberufung durch den Generaldirektor jedes Jahr einmal zu einer ordentlichen Tagung zusammen, und zwar möglichst zu derselben Zeit und an demselben Ort wie der Koordinierungsausschuß der Organisation.

b) Der Exekutivausschuß tritt nach Einberufung durch den Generaldirektor zu einer außerordentlichen Tagung zusammen, entweder auf Initiative des Generaldirektors oder wenn der Vorsitzende oder ein Viertel der Mitglieder des Exekutivausschusses es verlangt.

8) a) Chaque pays membre du Comité exécutif dispose d'une voix.

b) La moitié des pays membres du Comité exécutif constitue le quorum.

c) Les décisions sont prices à la majorité simple des votes exprimés.

d) L'abstention n'est pas considérée comme un vote.

e) Un délégué ne peut représenter qu'un seul pays et ne peut voter qu'au nom de celui-ci.

(8) a) Jedes Mitgliedland des Exekutivausschusses verfügt über eine Stimme.

b) Die Hälfte der Mitgliedländer des Exekutivausschusses bildet das Quorum.

c) Die Beschlüsse werden mit einfacher Mehrheit der abgegebenen Stimmen gefaßt.

d) Stimmenthaltung gilt nicht als Stimmabgabe.

e) Ein Delegierter kann nur ein Land vertreten und nur in dessen Namen abstimmen.

9) Les pays de l'Union qui ne sont pas membres du Comité exécutif sont admis à ses réunions en qualité d'observateurs.

(9) Die Verbandsländer, die nicht Mitglied des Exekutivausschusses sind, werden zu dessen Sitzungen als Beobachter zugelassen.

10) Le Comité exécutif adopte son règlement intérieur.

(10) Der Exekutivausschuß gibt sich eine Geschäftsordnung.

Article 24

1) a) Les tâches administratives incombant à l'Union sont assurées par le Bureau international, qui succède au Bureau de l'Union réuni avec le Bureau de l'Union institué par la Convention internationale pour la protection de la propriété industrielle.

b) Le Bureau international assure notamment le secrétariat des divers organes de l'Union.

c) Le Directeur général de l'Organisation est le plus haut fonctionnaire de l'Union et la représente.

2) Le Bureau international rassemble et publie les informations concernant la protection du droit d'auteur. Chaque pays de l'Union communique aussitôt que possible au Bureau international le texte de toute nouvelle loi ainsi que tous textes officiels concernant la protection du droit d'auteur.

3) Le Bureau international publie un périodique mensuel.

4) Le Bureau international fournit, à tout pays de l'Union, sur sa demande, des renseignements sur les questions relatives à la protection du droit d'auteur.

5) Le Bureau international procède à des études et fournit des services destinés à faciliter la protection du droit d'auteur.

6) Le Directeur général et tout membre du personnel désigné par lui prennent part, sans droit de vote, à toutes les réunions de l'Assemblée, du Comité exécutif et de tout autre comité

Artikel 24

(1) a) Die Verwaltungsaufgaben des Verbandes werden vom Internationalen Büro wahrgenommen, das an die Stelle des mit dem Verbandsbüro der internationalen Übereinkunft zum Schutz des gewerblichen Eigentums vereinigten Büros des Verbandes tritt.

b) Das Internationale Büro besorgt insbesondere das Sekretariat der verschiedenen Organe des Verbandes.

c) Der Generaldirektor der Organisation ist der höchste Beamte des Verbandes und vertritt den Verband.

(2) Das Internationale Büro sammelt und veröffentlicht Informationen über den Schutz des Urheberrechts. Jedes Verbandsland teilt so bald wie möglich dem Internationalen Büro alle neuen Gesetze und anderen amtlichen Texte mit, die den Schutz des Urheberrechts betreffen.

(3) Das Internationale Büro gibt eine monatlich erscheinende Zeitschrift heraus.

(4) Das Internationale Büro erteilt jedem Verbandsland auf Verlangen Auskünfte über Fragen betreffend den Schutz des Urheberrechts.

(5) Das Internationale Büro unternimmt Untersuchungen und leistet Dienste zur Erleichterung des Schutzes des Urheberrechts.

(6) Der Generaldirektor und die von ihm bestimmten Mitglieder des Personals nehmen ohne Stimmrecht an allen Sitzungen der Versammlung, des Exekutivausschusses und

d'experts ou groupe de travail. Le Directeur général ou un membre du personnel désigné par lui est d'office secrétaire de ces organes.

7) a) Le Bureau international, selon les directives de l'Assemblée et en coopération avec le Comité exécutif, prépare les conférences de revision des dispositions de la Convention autres que les articles 22 à 26.

b) Le Bureau international peut consulter des organisations intergouvernementales et internationales non gouvernementales sur la préparation des conférences de revision.

c) Le Directeur général et les personnes désignées par lui prennent part, sans droit de vote, aux délibérations dans ces conférences.

8) Le Bureau international exécute toutes autres tâches qui lui sont attribuées.

Article 25

1) a) L'Union a un budget.

b) Le budget de l'Union comprend les recettes et les dépenses propres à l'Union, sa contribution au budget des dépenses communes aux Unions, ainsi que, le cas échéant, la somme mise à la disposition du budget de la Conférence de l'Organisation.

c) Sont considérées comme dépenses communes aux Unions

aller anderen Sachverständigenausschüsse oder Arbeitsgruppen teil. Der Generaldirektor oder ein von ihm bestimmtes Mitglied des Personals ist von Amts wegen Sekretär dieser Organe.

(7) a) Das Internationale Büro bereitet nach den Weisungen der Versammlung und in Zusammenarbeit mit dem Exekutivausschuß die Konferenzen zur Revision der Bestimmungen der Übereinkunft mit Ausnahme der Artikel 22 bis 26 vor.

b) Das Internationale Büro kann bei der Vorbereitung der Revisionskonferenzen zwischenstaatliche sowie internationale nichtstaatliche Organisationen konsultieren.

c) Der Generaldirektor und die von ihm bestimmten Personen nehmen ohne Stimmrecht an den Beratungen dieser Konferenzen teil.

(8) Das Internationale Büro nimmt alle anderen Aufgaben wahr, die ihm übertragen werden.

Artikel 25

(1) a) Der Verband hat einen Haushaltsplan.

b) Der Haushaltsplan des Verbandes umfaßt die eigenen Einnahmen und Ausgaben des Verbandes, dessen Beitrag zum Haushaltsplan der gemeinsamen Ausgaben der Verbände sowie gegebenenfalls den dem Haushaltsplan der Konferenz der Organisation zur Verfügung gestellten Betrag.

c) Als gemeinsame Ausgaben der Verbände gelten die Aus-

les dépenses qui ne sont pas attribuées exclusivement à l'Union mais également à une ou plusieurs autres Unions administrées par l'Organisation. La part de l'Union dans ces dépenses communes est proportionelle à l'intérêt que ces dépenses présentent pour elle.

2) Le budget de l'Union est arrêté compte tenu des exigences de coordination avec les budgets des autres Unions administrées par l'Organisation.

3) Le budget de l'Union est financé par les ressources suivantes:

i) les contributions des pays de l'Union;

ii) les taxes et sommes dues pour les services rendus par le Bureau international au titre de l'Union;

iii) le produit de la vente des publications du Bureau international concernant l'Union et les droits afférents à ces publications;

iv) les dons, legs et subventions;

v) les loyers, intérêts et autres revenus divers.

4) a) Pour déterminer sa part contributive dans le budget, chaque pays de l'Union est rangé dans une classe et paie ses contributions annuelles sur la base d'un nombre d'unités fixé comme suit:

Classe I	25
Classe II	20
Classe III	15
Classe IV	10
Classe V	5

gaben, die nicht ausschließsich dem Verband, sondern auch einem oder mehreren anderen von der Organisation verwalteten Verbänden zuzurechnen sind. Der Anteil des Verbandes an diesen gemeinsamen Ausgaben entspricht dem Interesse, das der Verband an ihnen hat.

(2) Der Haushaltsplan des Verbandes wird unter Berücksichtigung der Notwendigkeit seiner Abstimmung mit den Haushaltsplänen der anderen von der Organisation verwalteten Verbände aufgestellt.

(3) Der Haushaltsplan des Verbandes umfaßt folgende Einnahmen:

i) Beiträge der Verbandsländer;

ii) Gebühren und Beträge für Dienstleistungen des Internationalen Büros im Rahmen des Verbandes;

iii) Verkaufserlöse und andere Einkünfte aus Veröffentlichungen des Internationalen Büros, die den Verband betreffen;

iv) Schenkungen, Vermächtnisse und Zuwendungen;

v) Mieten, Zinsen und andere verschiedene Einkünfte.

(4) a) Jedes Verbandsland wird zur Bestimmung seines Beitrags zum Haushaltsplan in eine Klasse eingestuft und zahlt seine Jahresbeiträge auf der Grundlage einer Zahl von Einheiten, die wie folgt festgesetzt wird:

Klasse I	 25
Klasse II	 20
Klasse III	 15
Klasse IV	 10
Klasse V	 5

Classe VI 3
Classe VII 1

b) A moins qu'il ne l'ait fait précédemment, chaque pays indique, au moment du dépôt de son instrument de ratification ou d'adhésion, la classe dans laquelle il désire être rangé. Il peut changer de classe. S'il choisit une classe inférieure, le pays doit en faire part à l'Assemblée lors d'une de ses sessions ordinaires. Un tel changement prend effet au début de l'année civile suivant ladite session.

c) La contribution annuelle de chaque pays consiste en un montant dont le rapport à la somme totale des contributions annuelles au budget de l'Union de tous les pays est le même que le rapport entre le nombre des unités de la classe dans laquelle il est rangé et le nombre total des unités de l'ensemble des pays.

d) Les contributions sont dues au premier janvier de chaque année.

e) Un pays en retard dans le paiement de ses contributions ne peut exercer son droit de vote, dans aucun des organes de l'Union dont il est membre, si le montant de son arriéré est égal ou supérieur à celui des contributions dont il est redevable pour les deux années complètes écoulées. Cependant, un tel pays peut être autorisé à conserver l'exercice de son droit de

Klasse VI 3
Klasse VII 1

b) Falls es dies nicht schon früher getan hat, gibt jedes Land gleichzeitig mit der Hinterlegung seiner Ratifikations- oder Beitrittsurkunde die Klasse an, in die es eingestuft zu werden wünscht. Es kann die Klasse wechseln. Wählt es eine niedrigere Klasse, so hat es dies der Versammlung auf einer ihrer ordentlichen Tagungen mitzuteilen. Ein solcher Wechsel wird zu Beginn des auf diese Tagung folgenden Kalenderjahres wirksam.

c) Der Jahresbeitrag jedes Landes besteht aus einem Betrag, der in demselben Verhältnis zu der Summe der Jahresbeiträge aller Länder zum Haushaltsplan des Verbandes steht wie die Zahl der Einheiten der Klasse, in die das Land eingestuft ist, zur Summe der Einheiten aller Länder.

d) Die Beiträge werden am 1. Januar jedes Jahres fällig.

e) Ein Land, das mit der Zahlung seiner Beiträge im Rückstand ist, kann sein Stimmrecht in keinem der Organe des Verbandes, denen es als Mitglied angehört, ausüben, wenn der rückständige Betrag die Summe der von ihm für die zwei vorhergehenden vollen Jahre geschuldeten Beiträge erreicht oder übersteigt. Jedoch kann jedes dieser Organe einem solchen

vote au sein dudit organe aussi longtemps que ce dernier estime que le retard résulte de circonstances exceptionnelles et inévitables.

f) Dans le cas où le budget n'est pas adopté avant le début d'un nouvel exercice, le budget de l'année précédente est reconduit selon les modalités prévues par le règlement financier.

5) Le montant des taxes et sommes dues pour des services rendus par le Bureau international au titre de l'Union est fixé par le Directeur général, qui en fait rapport à l'Assemblée et au Comité exécutif.

6) a) L'Union possède un fonds de roulement constitué par un versement unique effectué par chaque pays de l'Union. Si le fonds devient insuffisant, l'Assemblée décide de son augmentation.

b) Le montant du versement initial de chaque pays au fonds précité ou de sa participation à l'augmentation de celui-ci est proportionnel à la contribution de ce pays pour l'année au cours de laquelle le fonds est constitué ou l'augmentation décidée.

c) La proportion et les modalités de versement sont arrêtées par l'Assemblée, sur proposition du Directeur général et après avis du Comité de coordination de l'Organisation.

Land gestatten, das Stimmrecht in diesem Organ weiter auszuüben, wenn und solange es überzeugt ist, daß der Zahlungsrückstand eine Folge außergewöhnlicher und unabwendbarer Umstände ist.

f) Wird der Haushaltsplan nicht vor Beginn eines neuen Rechnungsjahres beschlossen, so wird der Haushaltsplan des Vorjahres nach Maßgabe der Finanzvorschriften übernommen.

(5) Die Höhe der Gebühren und Beträge für Dienstleistungen des Internationalen Büros im Rahmen des Verbandes wird vom Generaldirektor festgesetzt, der der Versammlung und dem Exekutivausschuß darüber berichtet.

(6) a) Der Verband hat einen Betriebsmittelfonds, der durch eine einmalige Zahlung jedes Verbandslandes gebildet wird. Reicht der Fonds nicht mehr aus, so beschließt die Versammlung seine Erhöhung.

b) Die Höhe der erstmaligen Zahlung jedes Landes zu diesem Fonds oder sein Anteil an dessen Erhöhung ist proportional zu dem Beitrag dieses Landes für das Jahr, in dem der Fonds gebildet oder die Erhöhung beschlossen wird.

c) Dieses Verhältnis und die Zahlungsbedingungen werden von der Versammlung auf Vorschlag des Generaldirektors und nach Äußerung des Koordinierungsausschusses der Organisation festgesetzt.

7) a) L'Accord de siège conclu avec le pays sur le territoire duquel l'Organisation a son siége prévoit que, si le fonds de roulement est insuffisant, ce pays accorde des avances. Le montant de ces avances et es conditions dans lesquelles elles sont accordées font l'objet, dans chaque cas, d'accords séparés entre le pays en cause et l'Organisation. Aussi longtemps qu'il est tenu d'accorder des avances, ce pays dispose ex officio d'un siège au Comité exécutif.

b) Le pays visé au sous-alinéa a) et l'Organisation ont chacun le droit de dénoncer l'engagement d'accorder des avances moyennant notification par écrit. La dénonciation prend effet trois ans après la fin de l'année au cours de laquelle elle a été notifiée.

8) La vérification des comptes est assurée, selon les modalités prévues par le règlement financier, par un ou plusieurs pays de l'Union ou par des contrôleurs extérieurs, qui sont, avec leur consentement, désignés par l'Assemblée.

Article 26

1) Des propositions de modification des articles 22, 23, 24, 25 et du présent article peuvent être présentées par tout pays membre de l'Assemblée, par le Comité exécutif ou par le Directeur général. Ces propositions sont communiquées par ce dernier aux pays mem-

(7) a) Das Abkommen über den Sitz, das mit dem Land geschlossen wird, in dessen Hoheitsgebiet die Organisation ihren Sitz hat, sieht vor, daß dieses Land Vorschüsse gewährt, wenn der Betriebsmittelfonds nicht ausreicht. Die Höhe dieser Vorschüsse und die Bedingungen, unter denen sie gewährt werden, sind in jedem Fall Gegenstand besonderer Vereinbarungen zwischen diesem Land und der Organisation. Solange dieses Land verpflichtet ist, Vorschüsse zu gewähren, hat es ex officio einen Sitz im Exekutivausschuß.

b) Das unter Buchstabe a bezeichnete Land und die Organisation sind berechtigt, die Verpflichtung zur Gewährung von Vorschüssen durch schriftliche Notifikation zu kündigen. Die Kündigung wird drei Jahre nach Ablauf des Jahres wirksam, in dem sie notifiziert worden ist.

(8) Die Rechnungsprüfung wird nach Maßgabe der Finanzvorschriften von einem oder mehreren Verbandsländern oder von außenstehenden Rechnungsprüfern vorgenommen, die mit ihrer Zustimmung von der Versammlung bestimmt werden.

Artikel 26

(1) Vorschläge zur Änderung der Artikel 22, 23, 24, 25 und dieses Artikels können von jedem Mitgliedland der Versammlung, vom Exekutivausschuß oder vom Generaldirektor vorgelegt werden. Diese Vorschläge werden vom Generaldirektor

bres de l'Assemblée six mois au moins avant d'être soumises à l'examen de l'Assemblée.

2) Toute modification des articles visés à l'alinéa 1) est adoptée par l'Assemblée. L'adoption requiert les trois quarts des votes exprimés; toutefois, toute modification de l'article 22 et du present alinéa requiert les quatre cinquiemes des votes exprimés.

3) Toute modification des articles visés à l'alinéa 1) entre en vigueur un mois après la réception par le Directeur général des notifications écrites d'acceptation, effectuée en conformité avec leurs règles constitutionelles respectives, de la part des trois quarts des pays qui étaient membres de l'Assemblée au moment où la modification a été adoptée. Toute modification desdits articles ainsi acceptée lie tous les pays qui sont membres de l'Assemblée au moment où la modification entre en vigueur ou qui en deviennent membres à une date ultérieure; toutefois, toute modification qui augmente les obligations financières des pays de l'Union ne lie que ceux d'entre eux qui ont notifié leur acceptation de ladite modification.

mindestens sechs Monate, bevor sie in der Versammlung beraten werden, den Mitgliedländern der Versammlung mitgeteilt.

(2) Jede Änderung der in Absatz 1 bezeichneten Artikel wird von der Versammlung beschlossen. Der Beschluß erfordert drei Viertel der abgegebenen Stimmen; jede Änderung des Artikels 22 und dieses Absatzes erfordert jedoch vier Fünftel der abgegebenen Stimmen.

(3) Jede Änderung der in Absatz 1 bezeichneten Artikel tritt einen Monat nach dem Zeitpunkt in Kraft, zu dem die schriftlichen Notifikationen der verfassungsmäßig zustandegekommenen Annahme des Änderungsvorschlags von drei Vierteln der Länder, die im Zeitpunkt der Beschlußfassung über die Änderung Mitglied der Versammlung waren, beim Generaldirektor eingegangen sind. Jede auf diese Weise angenommene Änderung der genannten Artikel bindet alle Länder, die im Zeitpunkt des Inkrafttretens der Änderung Mitglied der Versammlung sind oder später Mitglied werden; jedoch bindet eine Änderung, die die finanziellen Verpflichtungen der Verbandsländer erweitert, nur die Länder, die die Annahme dieser Änderung notifiziert haben.

Article 27

1) La présente Convention sera soumise à des revisions en vue d'y introduire les améliorations de nature à perfectionner le système de l'Union.

2) A cet effet, des conférences auront lieu, successivement, dans l'un des pays de l'Union, entre les délégués desdits pays.

Artikel 27

(1) Diese Übereinkunft soll Revisionen unterzogen werden, um Verbesserungen herbeizuführen, die geeignet sind, das System des Verbandes zu vervollkommnen.

(2) Zu diesem Zweck werden der Reihe nach in einem der Verbandsländer Konferenzen zwischen den Delegierten dieser Länder stattfinden.

3) Sous réserve des dispositions de l'article 26 applicables à la modification des articles 22 à 26, toute revision de la présente Convention, y compris le Protocole relatif aux pays en voie de développement, requiert l'unanimite des votes exprimés.

Article 28

1) a) Chacun des pays de l'Union qui a signé le présent Acte peut le ratifier et, s'il ne l'a pas signé, peut y adhérer. Les instruments de ratification et d'adhésion sont déposés auprès du Directeur général.

b) Chacun des pays de l'Union peut déclarer, dans son instrument de ratification ou d'adhésion, que sa ratification ou son adhésion n'est pas applicable:

i) aux articles 1 à 21 et au Protocole relatif aux pays en voie de développement, ou

ii) aux articles 22 à 26.

c) Si un pays de l'Union a déjà séparément accepté le Protocole relatif aux pays en voie de développement conformément à l'article 5 dudit Protocole, sa déclaration faite selon le point i) du sous-alinéa précédent ne peut se rapporter qu'aux articles 1 à 20.

d) Chacun des pays de l'Union qui, conformément aux sous-alinéas b) et c), a exclu des effets de sa ratiffication ou de son adhésion l'un des deux groupes de dispositions visés dans lesdits sous-alinéas peut, à tout moment ultérieur, déc-

(3) Vorbehaltlich des für die Änderung der Artikel 22 bis 26 maßgebenden Artikels 26 bedarf jede Revision dieser Übereinkunft mit Einschluß des Protokolls betreffend die Entwicklungsländer der Einstimmigkeit.

Artikel 28

(1) a) Jedes Verbandsland kann diese Fassung der Übereinkunft ratifizieren, wenn es sie unterzeichnet hat, oder ihr beitreten, wenn es sie nicht unterzeichnet hat. Die Ratifikations- und Beitrittsurkunden werden beim Generaldirektor hinterlegt.

b) Jedes Verbandsland kann in seiner Ratifikations- oder Beitrittsurkunde erklären, daß sich seine Ratifikation oder sein Beitritt nicht erstreckt

i) auf die Artikel 1 bis 21 und das Protokoll betreffend die Entwicklungsländer oder

ii) auf die Artikel 22 bis 26.

c) Wenn ein Verbandsland das Protokoll betreffend die Entwicklungsländer schon gemäß Artikel 5 dieses Protokolls gesondert angenommen hat, kann sich seine gemäß Buchstabe b Ziffer i abgegebene Erklärung nur auf die Artikel 1 bis 20 beziehen.

d) Jedes Verbandsland, das gemäß Buchstaben b und c eine der dort bezeichneten beiden Gruppen von Bestimmungen von der Wirkung seiner Ratifikation oder seines Beitritts ausgeschlossen hat, kann zu jedem späteren

larer qu'il étend les effets de sa ratification ou de son adhésion à ce groupe de dispositions. Une telle déclaration est déposée auprès du Directeur général.

Zeitpunkt erklären, daß es die Wirkung seiner Ratifikation oder seines Beitritts auf diese Gruppe von Bestimmungen erstreckt. Eine solche Erklärung wird beim Generaldirektor hinterlegt.

2) a) Sous réserve des dispositions de l'article 5 du Protocole relatif aux pays en voie de développement, les articles 1 à 21 et ledit Protocole entrent en vigueur, à l'égard des cinq premiers pays de l'Union qui ont déposé des instruments de ratification ou d'adhésion sans faire une déclaration comme le permet l'alinéa 1) b) i), trois mois après le dépôt du cinquième de ces instruments de ratification ou d'adhésion.

(2) a) Vorbehaltlich des Artikels 5 des Protokolls betreffend die Entwicklungsländer treten die Artikel 1 bis 21 und das genannte Protokoll für die ersten fünf Verbandsländer, die Ratifikations- oder Beitrittsurkunden ohne Abgabe einer nach Absatz 1 Buchstabe b Ziffer i zulässigen Erklärung hinterlegt haben, drei Monate nach Hinterlegung der fünften solchen Ratifikations- oder Beitrittsurkunde in Kraft.

b) Les articles 22 à 26 entrent en vigueur, à l'égard des sept premiers pays de l'Union qui ont déposé des instruments de ratification ou d'adhésion sans faire une déclaration comme le permet l'alinéa 1) b) ii), trois mois après le dêpôt du septième de ces instruments de ratification ou d'adhésion.

b) Die Artikel 22 bis 26 treten für die ersten sieben Verbandsländer, die Ratifikations- oder Beitrittsurkunden ohne Abgabe einer nach Absatz 1 Buchstabe b Ziffer ii zulässigen Erklärung hinterlegt haben, drei Monate nach Hinterlegung der siebenten solchen Ratifikations- oder Beitrittsurkunde in Kraft.

c) Sous réserve de l'entrée en vigueur initiale, conformément aux dispositions des sous-alinéas a) et b), de chacun des deux groupes de dispositions visés à l'alinéa 1) b) i) et ii), et sous réserve des dispositions de l'alinéa 1) b), les articles 1 à 26 et le Protocole relatif aux pays en voie de développement entrent en vigueur à l'égard de tout pays

c) Vorbehaltlich des erstmaligen Inkrafttretens jeder der beiden in Absatz 1 Buchstabe b Ziffern i und ii bezeichneten Gruppen von Bestimmungen nach den Buchstaben a und b und vorbehaltlich des Absatzes 1 Buchstabe b treten die Artikel 1 bis 26 und das Protokoll betreffend die Entwicklungsländer für jedes nicht unter Buchstabe a oder

de l'Union autre que ceux visés aux sous-alinéas a) et b), qui dépose un instrument de ratification ou d'adhésion, ainsi qu'à l' égard de tout pays de l'Union qui dépose une déclaration en application de l'alinéa 1) d), trois mois après la date de la notification, par le Directeur général, d'un tel dépôt, à moins qu'une date postérieure n'ait été indiquée dans l'instrument ou la déclaration déposé. Dans ce dernier cas, le présent Acte entre en vigueur à l'égard de ce pays, à la date ainsi indiquée.

d) L'application du Protocole rélatif aux pays en voie de développement selon les termes de son article 5 est admise, avant l'entrée en vigueur du présent Acte, dès sa signature.

3) A l'égard de chaque pays de l'Union qui dépose un instrument de ratification ou d'adhésion, les articles 27 à 38 entrent en vigueur à la première date à laquelle l'un quelconque des groupes de dispositions visés à l'alinéa 1 b) entre en vigueur à l'égard de ce pays conformément à l'alinéa 2 a), b) ou c).

b fallende Verbandsland, das eine Ratifikations- oder Beitrittsurkunde hinterlegt, sowie für jedes Verbandsland, das eine Erklärung gemäß Absatz 1 Buchstabe d hinterlegt, drei Monate nach dem Zeitpunkt der Notifizierung einer solchen Hinterlegung durch den Generaldirektor in Kraft, sofern in der hinterlegten Urkunde oder Erklärung nicht ein späterer Zeitpunkt angegeben ist. In diesem Fall tritt diese Fassung der Übereinkunft für dieses Land zu dem angegebenen Zeitpunkt in Kraft.

d) Die Anwendung des Protokolls betreffend die Entwicklungsländer gemäß dessen Artikel 5 ist vor dem Inkrafttreten dieser Fassung der Übereinkunft vom Zeitpunkt ihrer Unterzeichnung an zulässig.

(3) Für jedes Verbandsland, das eine Ratifikations- oder Beitrittsurkunde hinterlegt, treten die Artikel 27 bis 38 in Kraft, sobald eine der beiden in Absatz 1 Buchstabe b bezeichneten Gruppen von Bestimmungen für dieses Land gemäß Absatz 2 Buchstabe a, b oder c in Kraft tritt.

Article 29

1) Tout pays étranger à l'Union peut adhérer au présent Acte et devenir, de ce fait, membre de l'Union. Les instruments d'adhésion sont déposés auprès du Directeur général.

2) a) A l'égard de tout pays étranger à l'Union qui a déposé

Artikel 29

(1) Jedes verbandsfremde Land kann dieser Fassung der Übereinkunft beitreten und dadurch Mitglied des Verbandes werden. Die Beitrittsurkunden werden beim Generaldirektor hinterlegt.

(2) a) Für jedes verbandsfremde Land, das seine Beitrittsur-

son instrument d'adhésion un mois ou plus avant la date d'entrée en vigueur des dispositions du présent Acte, celui-ci entre en vigueur à la date à laquelle les dispositions sont entrées en vigueur pour la première fois en application de l' article 28.2) a) ou b), à moins qu'une date postérieure n'ait été indiquée dans l'instrument d'adhésion; toutefois:

i) si les articles 1 à 21 ne sont pas entrés en vigueur à cette date, un tel pays sera lié, durant la période intérimaire avant l'entrée en vigueur de ces dispositions, et en remplacement de celles-ci, par les articles 1 à 20 de l'Acte de Bruxelles;

ii) si les articles 22 à 26 ne sont pas entrés en vigueur à cette date, un tel pays sera lié, durant la période intérimaire avant l'entrée en vigueur de ces dispositions, et en remplacement de celles-ci, par les articles 21 à 24 de l'Acte de Bruxelles.

Si un pays indique une date postérieure dans son instrument d'adhésion, le présent Acte entre en vigueur à l'égard de ce pays à la date ainsi indiquée.

b) A l'égard de tout pays étranger à l'Union qui a déposé son instrument d'adhésion à une date postérieure à l'entrée en vigueur d'un seul groupe de dispositions du pré-

kunde einen Monat vor dem Zeitpunkt des Inkrafttretens von Bestimmungen dieser Fassung der Übereinkunft oder früher hinterlegt hat, tritt diese, sofern nicht ein späterer Zeitpunkt in der Beitrittsurkunde angegeben ist, zu dem Zeitpunkt in Kraft, zu dem die Bestimmungen gemäß Artikel 28 Absatz 2 Buchstabe a oder b erstmals in Kraft treten; jedoch ist ein solches Land,

i) wenn die Artikel 1 bis 21 zu diesem Zeitpunkt noch nicht in Kraft getreten sind, während der Übergangszeit bis zu ihrem Inkrafttreten an ihrer Stelle durch die Artikel 1 bis 20 der Brüsseler Fassung der Übereinkunft gebunden;

ii) wenn die Artikel 22 bis 26 zu diesem Zeitpunkt noch nicht in Kraft getreten sind, während der Übergangszeit bis zu ihrem Inkrafttreten an ihrer Stelle durch die Artikel 21 bis 24 der Brüsseler Fassung der Übereinkunft gebunden.

Gibt ein Land in seiner Beitrittsurkunde einen späteren Zeitpunkt an, so tritt diese Fassung der Übereinkunft für dieses Land zu dem angegebenen Zeitpunkt in Kraft.

b) Für jedes verbandsfremde Land, das seine Beitrittsurkunde nach dem Inkrafttreten einer Gruppe von Bestimmungen dieser Fassung der Übereinkunft oder weniger

sent Acte à une date qui la précède de moins d'un mois, le présent Acte entre en vigueur, sous réserve de ce qui est prévu au sous-alinéa a), trois mois après la date à laquelle son adhésion a été notifiée par le Directeur général, à moins qu'une date postérieure n'ait été indiquée dans l'instrument d'adhésion. Dans ce dernier cas, le présent Acte entre en vigueur à l'égard de ce pays à la date ainsi indiquée.

3) A l'égard de tout pays étranger à l'Union qui a déposé son instrument d'adhésion aprés la date d'entrée en vigueur du présent Acte dans sa totalité, ou moins d'un mois avant cette date, le présent Acte entre en vigueur trois mois après la date à laquelle son adhésion a été notifiée par le Directeur général, à moins qu'une date postérieure n'ait été indiquée dans l'instrument d'adhésion. Dans ce dernier cas, le présent Acte entre en vigueur à l'égard de ce pays à la date ainsi indiquée

als einen Monat vor diesem Zeitpunkt hinterlegt hat, tritt diese Fassung der Übereinkunft vorbehaltlich des Buchstaben a drei Monate nach dem Zeitpunkt der Notifizierung seines Beitritts durch den Generaldirektor in Kraft, sofern nicht ein späterer Zeitpunkt in der Beitrittsurkunde angegeben ist. In diesem Fall tritt diese Fassung der Übereinkunft für dieses Land zu dem angegebenen Zeitpunkt in Kraft.

(3) Für jedes verbandsfremde Land, das seine Beitrittsurkunde nach dem Inkrafttreten dieser Fassung der Übereinkunft in ihrer Gesamtheit oder weniger als einen Monat vor diesem Zeitpunkt hinterlegt hat, tritt diese Fassung der Übereinkunft drei Monate nach dem Zeitpunkt der Notifizierung seines Beitritts durch den Generaldirektor in Kraft, sofern nicht ein späterer Zeitpunkt in der Beitrittsurkunde angegeben ist. In diesem Fall tritt diese Fassung der Übereinkunft für dieses Land zu dem angegebenen Zeitpunkt in Kraft.

Article 30

1) Sous réserve des exceptions possibles prévues à l'alinéa suivant et aux articles 28. 1) b) et 33.2), ainsi que dans le Protocole relatif aux pays en voie de développement, la ratification ou l'adhésion emporte de plein droit accession à toutes les clauses et admission à tous les avantages stipulés par le présent Acte.

2) a) Tout pays de 'Union ratifiant le présent Acte ou y adhérant peut conserver le béné-

Artikel 30

(1) Vorbehaltlich der gemäß dem folgenden Absatz, den Artikeln 28 Absatz 1 Buchstabe b und 33 Absatz 2 sowie dem Protokoll betreffend die Entwicklungsländer zulässigen Ausnahmen bewirkt die Ratifikation oder der Beitritt von Rechts wegen die Annahme aller Bestimmungen und die Zulassung zu allen Vorteilen dieser Fassung der Übereinkunft.

(2) a) Jedes Verbandsland, das diese Fassung der Übereinkunft ratifiziert oder ihr bei-

fice des réserves qu'il a formulées antérieurement, à la condition d'en faire la déclaration lors du dépôt de son instrument de ratification ou d'adhésion.

b) Tout pays étranger à l'Union peut, en adhérant au présent Acte, déclarer qu'il entend substituer, provisoirement au moins, à l'article 8, concernant le droit de traduction, les dispositions de l'article 5 de la Convention d'Union de 1886 revisée à Paris en 1896, étant bien entendu que ces dispositions ne visent que la traduction dans la ou les langues du pays. Tout pays de l'Union a la faculté d'appliquer en ce qui concerne le droit de traduction des œuvres ayant pour pays d'origine un pays faisant usage d'une telle réserve une protection équivalente à celle accordée par ce dernier pays.

c) Tout pays peut, à tout moment, retirer de telles réserves, par notification adressée au Directeur général.

tritt, kann die früher erklärten Vorbehalte aufrechterhalten, sofern es dies bei der Hinterlegung seiner Ratifikations- oder Beitrittsurkunde erklärt.

b) Jedes verbandsfremde Land kann beim Beitritt zu dieser Fassung der Übereinkunft erklären, daß es wenigstens vorläufig den Artikel 8 betreffend das Übersetzungsrecht durch die Bestimmungen des Artikels 5 der im Jahre 1896 in Paris revidierten Verbandsübereinkunft von 1886 ersetzen will, wobei Einverständnis darüber besteht, daß diese Bestimmungen nur die Übersetzung in die Landessprache oder die Landessprachen betreffen. Jedes Verbandsland kann hinsichtlich des Übersetzungsrechtes für Werke, deren Ursprungsland von einem solchen Vorbehalt Gebrauch macht, den Schutz anwenden, der dem vom Ursprungsland gewährten Schutz entspricht.

c) Jedes Land kann solche Vorbehalte jederzeit durch eine an den Generaldirektor gerichtete Notifikation zurückziehen.

Article 31

1) Tout pays peut déclarer dans son instrument de ratification ou d'adhésion, ou peut informer le Directeur général par écrit à tout moment ultérieur, que la présente Convention est applicable à tout ou partie des territoires, désignés dans la déclaration ou la notification, pour lesquels il

Artikel 31

(1) Jedes Land kann in seiner Ratifikations- oder Beitrittsurkunde erklären oder zu jedem späteren Zeitpunkt dem Generaldirektor schriftlich notifizieren, daß diese Übereinkunft auf alle oder einzelne in der Erklärung oder Notifikation bezeichnete Hoheitsgebiete anwendbar ist, für

assume la responsabilité des relations extérieures.

2) Tout pays qui a fait une telle déclaration ou effectué une telle notification peut, à tout moment, notifier au Directeur général que la présente Convention cesse d'être applicable à tout ou partie de ces territoires.

3) a) Toute déclaration faite en vertu de l'alinéa 1) prend effet à la même date que la ratification ou l'adhésion dans l'instrument de laquelle elle a été incluse, et toute notification effectuée en vertu de cet alinéa prend effet trois mois après sa notification par le Directeur général.

b) Toute notification effectuée en vertu de l'alinéa 2) prend effet douze mois après sa réception par le Directeur général.

deren auswärtige Beziehungen es verantwortlich ist.

(2) Jedes Land, das eine solche Erklärung oder eine solche Notifikation abgegeben hat, kann dem Generaldirektor jederzeit notifizieren, daß diese Übereinkunft auf alle oder einzelne dieser Hoheitsgebiete nicht mehr anwendbar ist.

(3) a) Jede in der Ratifikations- oder Beitrittsurkunde abgegebene Erklärung gemäß Absatz 1 wird gleichzeitig mit der Ratifikation oder dem Beitritt und jede Notifikation gemäß Absatz 1 wird drei Monate nach ihrer Notifizierung durch den Generaldirektor wirksam.

b) Jede Notifikation gemäß Absatz 2 wird zwölf Monate nach ihrem Eingang beim Generaldirektor wirksam.

Article 32

1) Le présent Acte remplace dans les rapports entre les pays de l'Union, et dans la mesure où il s'applique, la Convention de Berne du 9 septembre 1886 et les Actes de revision subséquents. Les Actes précédemment en vigueur conservent leur application, dans leur totalité ou dans la mesure où le présent Acte ne les remplace pas en vertu de la phrase précédente, dans les rapports avec les pays de l'Union qui ne ratifieraient pas le présent Acte ou n'y adhéreraient pas.

2) Les pays étrangers à l'Union qui deviennent parties au présent Acte l'appliquent, sous réserve des dispositions de l'alinéa 3), à l'égard de tout pays de l'Union qui n'est pas partie à

Artikel 32

(1) Diese Fassung der Übereinkunft ersetzt in den Beziehungen zwischen den Verbandsländern und in dem Umfang, in dem sie anwendbar ist, die Berner Übereinkunft vom 9. September 1886 und die folgenden revidierten Fassungen dieser Übereinkunft. Die früheren Fassungen bleiben in ihrer Gesamtheit oder in dem Umfang, in dem diese Fassung sie nicht gemäß Satz 1 ersetzt, unter den Verbandsländern anwendbar, die diese Fassung der Übereinkunft weder ratifizieren noch ihr beitreten.

(2) Die verbandsfremden Länder, die Vertragspartei dieser Fassung der Übereinkunft werden, wenden sie vorbehaltlich des Absatzes 3 im Verhältnis zu jedem Verbandsland an,

cet Acte ou qui, bien qu'y étant partie, a fait la déclaration prévue à l'article 28.1) b) i). Lesdits pays admettent que le pays de l'Union considéré, dans ses relations avec eux:

i) applique les dispositions de l'Acte le plus récent auquel il est partie et

ii) a la faculté d'adapter la protection au niveau prévu par le présent Acte.

3) Les pays qui, en ratifiant le présent Acte ou en y adhérant, ont fait l'une quelconque ou toutes les réserves autorisées par le Protocole relatif aux pays en voie de développement peuvent appliquer ces réserves dans leurs rapports avec les autres pays de l'Union qui ne sont pas parties à cet Acte ou qui, bien qu'y étant parties, ont fait une déclaration selon l'article 28.1) b) i), à condition que ces derniers pays aient accepté cette application.

das nicht Vertragspartei dieser Fassung oder das zwar Vertragspartei dieser Fassung ist, aber die in Artikel 28 Absatz 1 Buchstabe b Ziffer i vorgesehene Erklärung abgegeben hat. Diese Länder lassen es zu, daß ein solches Verbandsland in seinen Beziehungen zu ihnen

i) die Bestimmungen der jüngsten Fassung der Übereinkunft, deren Vertragspartei es ist, anwendet und

ii) befugt ist, den Schutz dem in dieser Fassung der Übereinkunft vorgesehenen Stand anzupassen.

(3) Die Länder, die bei der Ratifikation dieser Fassung der Übereinkunft oder bei ihrem Beitritt zu dieser Fassung einzelne oder alle der durch das Protokoll betreffend die Entwicklungsländer zugelassenen Vorbehalte gemacht haben, können diese Vorbehalte in ihren Beziehungen zu den anderen Verbandsländern anwenden, die nicht Vertragspartei dieser Fassung der Übereinkunft sind, oder die, obwohl sie Vertragspartei sind, eine Erklärung gemäß Artikel 28 Absatz 1 Buchstabe b Ziffer i abgegeben haben, vorausgesetzt, daß diese Länder die Anwendung der genannten Vorbehalte zugelassen haben.

Article 33

1) Tout différend entre deux ou plusieurs pays de l'Union concernant l'interprétation ou l'application de la présente Convention, qui ne sera pas réglé par voie de négociation, peut être porté par l'un quelconque des pays en cause devant la Cour internationale de Justice par voie de requête conforme au Statut de la Cour, à moins que les pays en cause ne conviennent d'un autre mode de règle-

Artikel 33

(1) Jede Streitigkeit zwischen zwei oder mehreren Verbandsländern über die Auslegung oder die Anwendung dieser Übereinkunft, die nicht auf dem Verhandlungsweg beigelegt wird, kann von jedem beteiligten Land durch eine Klage, die gemäß dem Statut des Internationalen Gerichtshofs zu erheben ist, vor den Internationalen Gerichtshof gebracht werden, sofern die beteiligten Länder

ment. Le Bureau international sera informé par le pays requérant du différend soumis à la Cour; il en donnera connaissance aux autres pays de l'Union.

2) Tout pays peut, au moment où il signe le présent Acte ou dépose son instrument de ratification ou d'adhésion, déclarer qu'il ne se considère pas lié par les dispositions de l'alinéa 1). En ce qui concerne tout différend entre un tel pays et tout autre pays de l'Union, les dispositions de l'alinéa 1) ne sont pas applicables.

3) Tout pays qui a fait une déclaration conformément aux dispositions de l'alinéa 2) peut, à tout moment, la retirer par une notification adressée au Directeur général.

Article 34

Après l'entrée en vigueur du présent Acte dans sa totalité, un pays ne peut adhérer à des Actes antérieurs de la présente Convention.

Article 35

1) La présente Convention demeure en vigueur sans limitation de durée.

2) Tout pays peut dénoncer le présent Acte par notification adressée au Directeur général. Cette dénonciation emporte aussi dénonciation de tous les Actes antérieurs et ne produit son effet qu'à l'égard du pays qui l'a faite, la Convention restant en vigueur et exécutoire à l'égard des autres pays de l'Union.

3) La dénonciation prend effet un an après le jour où le Directeur géné-

nicht eine andere Regelung vereinbaren. Das Land, das die Streitigkeit vor den Internationalen Gerichtshof bringt, hat dies dem Internationalen Büro mitzuteilen; dieses setzt die anderen Verbandsländer davon in Kenntnis.

(2) Jedes Land kann gleichzeitig mit der Unterzeichnung dieser Fassung der Übereinkunft oder mit der Hinterlegung seiner Ratifikations- oder Beitrittsurkunde erklären, daß es sich durch Absatz 1 nicht als gebunden betrachtet. Auf Streitigkeiten zwischen einem solchen Land und jedem anderen Verbandsland ist Absatz 1 nicht anwendbar.

(3) Jedes Land, das eine Erklärung gemäß Absatz 2 abgegeben hat, kann sie jederzeit durch eine an den Generaldirektor gerichtete Notifikation zurückziehen.

Artikel 34

Nach dem Inkrafttreten dieser Fassung der Übereinkunft in ihrer Gesamtheit kann ein Land früheren Fassungen der Übereinkunft nicht mehr beitreten.

Artikel 35

(1) Diese Übereinkunft bleibt ohne zeitliche Begrenzung in Kraft.

(2) Jedes Land kann diese Fassung der Übereinkunft durch eine an den Generaldirektor gerichtete Notifikation kündigen. Diese Kündigung bewirkt zugleich die Kündigung aller früheren Fassungen und hat nur Wirkung für das Land, das sie erklärt hat; für die übrigen Verbandsländer bleibt die Übereinkunft in Kraft und wirksam.

(3) Die Kündigung wird ein Jahr nach dem Tag wirksam, an dem die

ral a recu la notification.

4) La faculté de dénonciation prévue par le présent article ne peut être exercée par un pays avant l'expiration d'un délai de cinq ans à compter de la date à laquelle il est devenu membre de l'Union.

Notifikation beim Generaldirektor eingegangen ist.

(4) Das in diesem Artikel vorgesehene Kündigungsrecht kann von einem Land nicht vor Ablauf von fünf Jahren nach dem Zeitpunkt ausgeübt werden, zu dem es Mitglied des Verbandes geworden ist.

Article 36

1) Tout pays partie à la présente Convention s'engage à adopter, conformément à sa constitution, les mesures nécessaires pour assurer l'application de la présente Convention.

2) Il est entendu qu'au moment où un pays dépose son instrument de ratification ou d'adhésion, il sera en mesure, conformément à sa législation interne, de donner effet aux dispositions de la présente Convention.

Artikel 36

(1) Jedes Vertragsland dieser Übereinkunft verpflichtet sich, entsprechend seiner Verfassung die notwendigen Maßnahmen zu ergreifen, um die Anwendung dieser Übereinkunft zu gewährleisten.

(2) Es besteht Einverständnis darüber, daß jedes Land im Zeitpunkt der Hinterlegung seiner Ratifikations- oder Beitrittsurkunde gemäß seinen innerstaatlichen Rechtsvorschriften in der Lage sein muß, den Bestimmungen dieser Übereinkunft Wirkung zu verleihen.

Article 37

1) a) Le présent Acte est signé en un seul exemplaire dans les langues anglaise et française et déposé auprès du Gouvernement de la Suède.

b) Des textes officiels sont établis par le Directeur général, après consultation des Gouvernements intéressés, dans les langues allemande, espagnole, italienne et portugaise, et dans les autres langues que l'Assemblée pourra indiquer.

c) En cas de contestation sur l'interprétation des divers textes, le texte français fera foi.

Artikel 37

(1) a) Diese Fassung der Übereinkunft wird in einer Urschrift in englischer und französischer Sprache unterzeichnet und bei der schwedischen Regierung hinterlegt.

b) Amtliche Texte werden vom Generaldirektor nach Konsultierung der beteiligten Regierungen in deutscher, spanischer, italienischer und portugiesischer Sprache sowie in anderen Sprachen hergestellt, die die Versammlung bestimmen kann.

c) Bei Streitigkeiten über die Auslegung der verschiedenen Texte ist der französische Text maßgebend.

2) Le présent Acte reste ouvert à la signature, à Stockholm, jusqu'au 13 janvier 1968.

3) Le Directeur général transmet deux copies,certifiées conformes par le Gouvernement de la Suède, du texte signé du présent Acte aux Gouvernements de tous les pays de l'Union et, sur demande, au Gouvernement de tout autre pays.

4) Le Directeur général fait enregistrer le présent Acte auprès du Secrétariat de l'Organisation des Nations Unies.

5) Le Directeur général notifie aux Gouvernements de tous les pays de l'Union les signatures, les dépôts d'instruments de ratification ou d'adhésion et de déclarations comprises dans ces instruments ou faites en application de l'article 28.1 d), l'entrée en vigueur de toutes dispositions du présent Acte, les notifications de dénonciation et les notifications faites en application de l'article 31.

(2) Diese Fassung der Übereinkunft liegt bis zum 13. Januar 1968 in Stockholm zur Unterzeichnung auf.

(3) Der Generaldirektor übermittelt zwei von der schwedischen Regierung beglaubigte Abschriften des unterzeichneten Textes dieser Fassung der Übereinkunft den Regierungen aller Verbandsländer und der Regierung jedes anderen Landes, die es verlangt.

(4) Der Generaldirektor läßt diese Fassung der Übereinkunft beim Sekretariat der Vereinten Nationen registrieren.

(5) Der Generaldirektor notifiziert den Regierungen aller Verbandsländer die Unterzeichnungen, die Hinterlegungen von Ratifikations- oder Beitrittsurkunden sowie die in diesen Urkunden enthaltenen oder gemäß Artikel 28 Absatz 1 Buchstabe d abgegebenen Erklärungen, das Inkrafttreten aller Bestimmungen dieser Fassung der Übereinkunft, die Notifikationen von Kündigungen und die Notifikationen gemäß Artikel 31.

Article 38

1) Jusqu'à l'entrée en fonctions du premier Directeur général, les références, dans le présent Acte, au Bureau international de l'Organisation ou au Directeur général sont considérées comme se rapportant respectivement au Bureau de l'Union ou à son Directeur.

2) Les pays de l'Union qui ne sont pas liés par les articles 22 à 26 peuvent, pendant cinq ans après l'entrée en vigueur de la Convention instituant l'Organisation, exercer, s'ils le désirent, les droits prévus par les articles 22 à 26 du présent Acte, comme s'ils étaient liés par ces articles. Tout

Artikel 38

(1) Bis zur Amtsübernahme durch den ersten Generaldirektor gelten Bezugnahmen in dieser Fassung der Übereinkunft auf das Internationale Büro der Organisation oder den Generaldirektor als Bezugnahmen auf das Büro des Verbandes oder seinen Direktor.

(2) Verbandsländer, die nicht durch die Artikel 22 bis 26 gebunden sind, können, wenn sie dies wünschen, während eines Zeitraums von fünf Jahren, gerechnet vom Zeitpunkt des Inkrafttretens des Übereinkommens zur Errichtung der Organisation an, die in den Artikeln 22 bis 26 dieser

pays qui désire exercer lesdits droits dépose à cette fin auprès du Directeur général une notification écrite qui prend effet à la date de sa réception. De tels pays sont réputés être membres de l'Assemblée jusqu'à l'expiration de ladite période.

Fassung der Übereinkunft vorgesehenen Rechte so ausüben, als wären sie durch diese Artikel gebunden. Jedes Land, das diese Rechte auszuüben wünscht, hinterlegt zu diesem Zweck beim Generaldirektor eine schriftliche Notifikation, die im Zeitpunkt ihres Eingangs wirksam wird. Solche Länder gelten bis zum Ablauf der genannten Frist als Mitglied der Versammlung.

3) Aussi longtemps que tous les pays de l'Union ne sont pas devenus membres de l'Organisation, le Bureau international de l'Organisation agit également en tant que Bureau de l'Union, et le Directeur général en tant que Directeur de ce Bureau.

(3) Solange nicht alle Verbandsländer Mitglied der Organisation geworden sind, handelt das Internationale Büro der Organisation zugleich als Büro des Verbandes und der Generaldirektor als Direktor dieses Büros.

4) Lorsque tous les pays de l'Union sont devenus membres de l'Organisation, les droits, obligations et biens du Bureau de l'Union sont dévolus au Bureau international de l'Organisation.

(4) Sobald alle Verbandsländer Mitglied der Organisation geworden sind, gehen die Rechte und Verpflichtungen sowie das Vermögen des Büros des Verbandes auf das Internationale Büro der Organisation über.

II. Protokoll betreffend die Entwicklungsländer

Protocole relatif aux pays en voie de développement

Article premier

Tout pays, considéré comme pays en voie de développement conformément à la pratique établie de l'Assemblée générale des Nations unies, qui ratifie l'Acte de la présente Convention dont le présent Protocole forme partie intégrante ou qui y adhère et qui, eu égard à sa situation économique et à ses besoins sociaux ou culturels, ne s'estime pas en mesure dans l' immédiat de prendre les dispositions propres à assurer la protection de tous les droits tels que prévus dans cet Acte, peut, par une notification déposée auprès du Directeur général au moment de sa ratification ou

Artikel 1

Jedes Land, das nach der bestehenden Praxis der Generalversammlung der Vereinten Nationen als Entwicklungsland angesehen wird, das diese Fassung der Übereinkunft, deren Bestandteil dieses Protokoll ist, ratifiziert oder ihr beitritt und das sich auf Grund seiner wirtschaftlichen Lage und seiner sozialen oder kulturellen Bedürfnisse außerstande sieht, unverzüglich den Schutz aller in dieser Fassung vorgesehenen Rechte zu gewährleisten, kann durch eine bei der Ratifikation oder dem Beitritt mit Einschluß des Artikels 21 dieser Fassung beim Generaldirektor hinter-

de son adhésion comprenant l'article 21 dudit Acte, déclarer que, pendant les dix premières années durant lesquelles il est partie à celui-ci, il se prévaudra de l'une quelconque ou de toutes les réserves suivantes:

a) il substituera au délai de cinquante ans prévu aux alinéas 1), 2) et 3) de l'article 7 de la présente Convention un délai autre, qui ne pourra toutefois être inférieur à vingt-cinq ans, et au délai de vingt-cinq ans prévu à l'alinéa 4) dudit article un délai autre, qui ne pourra toutefois être inférieur à dix ans;

b) il substituera à l'article 8 de la présente Convention les dispositions suivantes:

i) les auteurs des œuvres littéraires et artistiques protégées par la présente Convention jouissent, dans les pays autres que le pays d'origine de leurs œuvres, du droit exclusif de faire ou d'autoriser la traduction de celles-ci pendant la durée de protection de leurs droits sur les œuvres originales. Toutefois, le droit exclusif de traduction cessera d'exister lorsque l'auteur n'en aura pas fait usage dans un délai de dix ans à partir de la première publication de l'œuvre originale, en publiant ou en faisant publier, dans un des pays de l'Union, une traduction dans la langue pour laquelle la protection sera réclamée;

legte Notifikation erklären, daß es während der ersten zehn Jahre, in denen es Vertragspartei dieser Fassung ist, einzelne oder alle der folgenden Vorbehalte in Anspruch nimmt:

a) Es ersetzt die in Artikel 7 Absätze 1, 2 und 3 dieser Übereinkunft vorgesehene Frist von fünfzig Jahren durch eine andere Frist, die jedoch nicht kürzer als fünfundzwanzig Jahre sein darf, und die in Absatz 4 des genannten Artikels vorgesehene Frist von fünfundzwanzig Jahren durch eine andere Frist, die jedoch nicht kürzer als zehn Jahre sein darf.

b) Es ersetzt Artikel 8 dieser Übereinkunft durch die folgenden Bestimmungen:

i) Die Urheber der durch diese Übereinkunft geschützten Werke der Literatur und Kunst genießen in den anderen Ländern als dem Ursprungsland ihrer Werke während der Dauer des Schutzes ihrer Originalwerke das ausschließliche Recht, diese zu übersetzen oder deren Übersetzung zu erlauben. Das ausschließliche Übersetzungsrecht erlischt jedoch, wenn der Urheber davon innerhalb einer Frist von zehn Jahren seit der ersten Veröffentlichung des Originalwerkes nicht Gebrauch gemacht hat, indem er in einem der Verbandsländer eine Übersetzung in die Sprache, für die der Schutz beansprucht wird, veröffentlicht hat oder hat veröffentlichen lassen.

ii) lorsque, à l'expiration d'une période de trois années à compter de la première publication d'une œuvre littéraire ou artistique, ou d'une période plus longue déterminée par la législation nationale du pays en voie développement intéressé, la traduction n'en a pas été publiée dans ce pays dans la ou l'une des langues nationales, officielles ou régionales de ce pays par le titulaire du droit de traduction ou avec son autorisation, tout ressortissant dudit pays pourra obtenir de l'autorité compétente une licence non exclusive pour traduire l'œuvre et publier l'œuvre ainsi traduite dans l'une des langues nationales, officielles ou régionales en laquelle elle n'a pas été publiée. Cette licence ne pourra être accordée que si le requérant, conformément aux dispositions en vigueur dans le pays où est introduite la demande, justifie avoir demandé au titulaire du droit de traduction l'autorisation de traduire et de publier la traduction et, après dues diligences de sa part, n'a pu atteindre le titulaire du droit d'auteur ou obtenir son autorisation. Aux mêmes conditions, la licence pourra également être accordée si, pour une traduction déjà publiée dans cette langue dans ce pays, les éditions sont épuisées;

ii) Wenn bis zum Ablauf von drei Jahren seit der ersten Veröffentlichung eines Werkes der Literatur oder Kunst oder einer längeren, durch die Rechtsvorschriften des betreffenden Entwicklungslandes bestimmten Frist in diesem Land keine Übersetzung des Werkes in die Landes-, Amts- oder Regionalsprache oder in eine dieser Sprachen dieses Landes durch den Inhaber des Übersetzungsrechts oder mit dessen Erlaubnis veröffentlicht worden ist, kann jeder Angehörige dieses Landes von der zuständigen Behörde eine nichtausschließliche Lizenz erhalten, das Werk in eine der Landes-, Amts- oder Regionalsprachen zu übersetzen, in der es noch nicht veröffentlicht worden ist, und diese Übersetzung zu veröffentlichen. Diese Lizenz kann nur erteilt werden, wenn der Antragsteller gemäß den Rechtsvorschriften des Landes, in dem der Antrag gestellt wird, nachweist, daß er die Erlaubnis des Inhabers des Übersetzungsrechts zur Übersetzung und zur Veröffentlichung der Übersetzung einzuholen versucht hat, daß er ihn aber trotz gehöriger Bemühungen nicht hat ermitteln oder seine Erlaubnis nicht hat erlangen können. Unter den gleichen Voraussetzungen kann die Lizenz auch erteilt werden, wenn eine Übersetzung in die betreffende Sprache in diesem Land zwar veröffentlicht wor-

iii) si le titulaire du droit de traduction n'a pu être atteint par le requérant, celui-ci doit adresser des copies de sa demande à l'éditeur dont le nom figure sur l'œuvre et au représentant diplomatique ou consulaire du pays dont le titulaire du droit de traduction est ressortissant, lorsque la nationalité du titulaire du droit de traduction est connue, ou à l'organisme qui peut avoir été désigné par la Gouvernement de ce pays. La licence ne pourra être accordée avant l'expiration d'un délai de deux mois à dater de l'envoi des copies de la demande;

iv) la législation nationale adoptera les dispositions appropriées pour assurer au titulaire du droit de traduction une rémunération équitable, ainsi que le paiement et le transfert de cette rémunération, sous réserve de la réglementation nationale en matière de devises, et pour garantir une traduction correcte de l'œuvre;

v) le titre et le nom de l'auteur de l'œuvre originale doivent être également imprimés sur tous les exemplaires de la traduction publiée. La licence ne sera valable que pour l'édition à l'intérieur du territoire du pays de l'Union où cette licence est demandée.

den ist, alle Ausgaben aber vergriffen sind.

iii) Hat der Antragsteller den Inhaber des Übersetzungsrechts nicht ermitteln können, so hat er Abschriften seines Antrags an den Verleger, dessen Name auf dem Werkstück angegeben ist, und, wenn die Staatsangehörigkeit des Inhabers des Übersetzungsrechts bekannt ist, an den diplomatischen oder konsularischen Vertreter des Landes zu senden, dem der Inhaber des Übersetzungsrechts angehört, oder an die gegebenenfalls von der Regierung dieses Landes bezeichnete Stelle. Die Lizenz kann nicht vor Ablauf von zwei Monaten nach Absendung der Abschriften des Antrags erteilt werden.

iv) Die innerstaatliche Gesetzgebung hat geeignete Vorschriften zu erlassen, um dem Inhaber des Übersetzungsrechts eine angemessene Vergütung sowie vorbehaltlich der innerstaatlichen Devisenbestimmungen die Zahlung und Überweisung dieser Vergütung sicherzustellen und eine einwandfreie Übersetzung des Werkes zu gewährleisten.

v) Der Titel des Originalwerkes und der Name seines Urhebers müssen auf allen Exemplaren der veröffentlichten Übersetzung abgedruckt sein. Die Lizenz berechtigt nur zur Herausgabe der Übersetzung innerhalb des Hoheitsgebietes des Verbandslandes, in

L'importation et la vente des exemplaires dans un autre pays de l'Union sont possibles si l'une des langues nationales, officielles ou régionales de cet autre pays est la même que celle dans laquelle l'œuvre a été traduite, si la loi nationale admet la licence et si aucune des dispositions en vigueur dans ce pays ne s'oppose à l'importation et à la vente; l'importation et la vente sur le territoire de tout pays de l'Union dans lequel les conditions précédentes n'existent pas sont réservées à la législation de ce pays et aux accords conclus par lui. La licence ne pourra être cédée par son bénéficiaire;

vi) la licence ne peut être accordée lorsque l'auteur a retiré de la circulation les exemplaires de l'œuvre;

vii) toutefois, si l'auteur se prévaut du droit conféré conformément au sous-alinéa i) ci-dessus dans le délai de dix ans à compter de la date de la première publication, la licence expirera à partir de la date à laquelle l'auteur publie ou fait publier sa traduction dans le pays où la licence a été accordée; il est entendu, cependant, que tout exemplaire de la traduction déjà prêt avant la date d'expiration de la licence pourra continuer à être vendu;

viii) si l'auteur ne se prévaut pas du droit conféré conformé-

dem die Lizenz beantragt worden ist. Die Einfuhr der Exemplare in ein anderes Verbandsland und ihr Verkauf in diesem Land sind zulässig, wenn die Sprache, in die das Werk übersetzt worden ist, eine der Landes-, Amts- oder Regionalsprachen dieses Landes ist, dessen innerstaatliche Rechtsvorschriften die Lizenz zulassen und keine Bestimmungen in diesem Land der Einfuhr und dem Verkauf entgegenstehen; in einem Verbandsland, in dem diese Voraussetzungen nicht vorliegen, sind für Einfuhr und Verkauf die Rechtsvorschriften dieses Landes und die von ihm geschlossenen Übereinkünfte maßgebend. Die Lizenz ist nicht übertragbar.

vi) Die Lizenz ist zu versagen, wenn der Urheber die Exemplare seines Werkes aus dem Verkehr gezogen hat.

vii) Macht jedoch der Urheber von dem nach Ziffer i gewährten Recht innerhalb der Frist von zehn Jahren seit der ersten Veröffentlichung selbst Gebrauch, so erlischt die Lizenz in dem Zeitpunkt, in dem der Urheber seine Übersetzung in dem Land, in dem die Lizenz erteilt worden ist, veröffentlicht oder veröffentlichen läßt; die vor dem Erlöschen der Lizenz bereits vorhandenen Exemplare der Übersetzung dürfen jedoch weiterhin verkauft werden.

viii) Macht der Urheber von dem ihm nach Ziffer i gewährten

ment au sous-alinéa i) ci-dessus dans le délai de dix ans, la rémunération prévue par la licence non exclusive dont il est question ci-dessus cesse d'être due pour toute utilisation postérieure à l'expiration de ce délai;

ix) si l'auteur bénéficie du droit exclusif de traduction dans un pays pour avoir publié ou fait publier une traduction de son œuvre dans ce pays dans un délai de dix ans à compter de la première publication, mais si, postérieurement et pendant la durée du droit de l'auteur sur cette œuvre toutes les éditions de cette traduction autorisée dans ce pays viennent à être épuisées, une licence non exclusive de traduction de l'œuvre pourrait alors être obtenue de l'autorité compétente de la même manière et dans les mêmes conditions que pour la licence non exclusive visée aux sous-alinéas ii) à vi) ci-dessus, mais sous réserve des dispositions du sous-alinéa vii) ci-dessus;

c) il appliquera les dispositions de l'article 9.1) de la présente Convention sous réserve des dispositions suivantes:

i) lorsque, à l'expiration d'une période de trois années à compter de la première publication d'une œuvre littéraire ou artistique, ou d'une période plus longue déterminée par la législation nationale du pays

Recht innerhalb der Frist von zehn Jahren keinen Gebrauch, so erlischt die für die nichtausschließliche Lizenz vorgesehene Vergütungspflicht für jede Benützung nach Ablauf dieser Frist.

ix) Genießt der Urheber in einem Land das ausschließliche Übersetzungsrecht, weil er dort eine Übersetzung seines Werkes innerhalb einer Frist von zehn Jahren seit der ersten Veröffentlichung veröffentlicht hat oder hat veröffentlichen lassen, sind jedoch später, aber noch während der Dauer des Urheberrechts an diesem Werk im betreffenden Land alle Ausgaben dieser erlaubten Übersetzung vergriffen, so kann eine nichtausschließliche Lizenz zur Übersetzung des Werkes von der zuständigen Behörde in gleicher Weise und unter den gleichen Voraussetzungen erlangt werden, wie sie für die in den Ziffern ii bis vi genannte nichtausschließliche Lizenz vorgesehen sind, jedoch vorbehaltlich der Ziffer vii.

c) Es wendet Artikel 9 Absatz 1 dieser Übereinkunft vorbehaltlich folgender Bestimmungen an:

i) Wenn bis zum Ablauf von drei Jahren seit der ersten Veröffentlichung eines Werkes der Literatur oder Kunst oder einer längeren, durch die Rechtsvorschriften des betreffenden Entwicklungslandes bestimmten

en voie de développement intéressé, cette œuvre n'a pas été publiée dans ce pays en la forme originale dans laquelle elle a été créée, par le titulaire du droit de reproduction ou avec son autorisation, tout ressortissant dudit pays pourra obtenir de l'autorité compétente une licence non exclsive pour reproduire et publier cette œuvre à des fins éducatives ou culturelles. Cette licence ne pourra être accordée que si le requérant, conformément aux dispositions en vigueur dans le pays où est introduite la demande, justifie avoir demandé au titulaire du droit l'autorisation de reproduire et de publier l'œuvre à des fins éducatives ou culturelles et, après dues diligences de sa part, n'a pu atteindre le titulaire du droit ou obtenir son autorisation. Aux mêmes conditions, la licence pourra également être accordée si, pour cette œuvre déjà publiée en ladite forme originale dans ce pays, les éditions sont épuisées;

ii) si le titulaire du droit de reproduction n'a pu être atteint par le requérant, celui-ci doit adresser des copies de sa demande à l'éditeur dont le nom figure sur l'œuvre et au représentant diplomatique ou consulaire du pays dont le titulaire du droit de reproduction est ressortissant, lorsque la nationalité du titulaire du droit

Frist das Werk in diesem Land nicht in der Originalfassung, in der es geschaffen wurde, durch den Inhaber des Vervielfältigungsrechts oder mit dessen Erlaubnis veröffentlicht worden ist, kann jeder Angehörige dieses Landes von der zuständigen Behörde eine nichtausschließliche Lizenz erhalten, das Werk zu erzieherischen oder kulturellen Zwekken zu vervielfältigen und zu veröffentlichen. Diese Lizenz kann nur erteilt werden, wenn der Antragsteller gemäß den Rechtsvorschriften des Landes, in dem der Antrag gestellt wird, nachweist, daß er die Erlaubnis des Inhabers des Rechts zur Vervielfältigung und Veröffentlichung des Werkes zu erzieherischen oder kulturellen Zwecken einzuholen versucht hat, daß er ihn aber trotz gehöriger Bemühungen nicht hat ermitteln oder seine Erlaubnis nicht hat erlangen können. Unter den gleichen Voraussetzungen kann die Lizenz auch erteilt werden, wenn das Werk in der Originalfassung in diesem Land zwar veröffentlicht worden ist, alle Ausgaben aber vergriffen sind.

ii) Hat der Antragsteller den Inhaber des Vervielfältigungsrechts nicht ermitteln können, so hat er Abschriften seines Antrags an den Verleger, dessen Name auf dem Werkstück angegeben ist, und, wenn die Staatsangehörigkeit des Inhabers des Vervielfältigungsrechts bekannt ist, an den diplomatischen oder konsula-

de reproduction est connue, ou à l'organisme qui peut avoir été désigné par le Gouvernement de ce pays. La licence ne pourra être accordée avant l'expiration d'un délai de deux mois à dater de l'envoi des copies de la demande;

rischen Vertreter des Landes zu senden, dem der Inhaber des Vervielfältigungsrechts angehört, oder an die gegebenenfalls von der Regierung dieses Landes bezeichnete Stelle. Die Lizenz kann nicht vor Ablauf von zwei Monaten nach Absendung der Abschriften des Antrags erteilt werden.

iii) la législation nationale adoptera les dispositions appropriées pour assurer au titulaire du droit de reproduction une rémunération équitable, ainsi que le paiement et le transfert de cette rémunération, sous réserve de la réglementation nationale en matière de devises, et pour garantir une reproduction correcte de l'œuvre;

iii) Die innerstaatliche Gesetzgebung hat geeignete Vorschriften zu erlassen, um dem Inhaber des Vervielfältigungsrechts eine angemessene Vergütung sowie vorbehaltlich der innerstaatlichen Devisenbestimmungen die Zahlung und Überweisung dieser Vergütung sicherzustellen und eine einwandfreie Vervielfältigung des Werkes zu gewährleisten.

iv) le titre original et le nom de l'auteur de l'œuvre doivent être également imprimés sur tous les exemplaires de la reproduction publiée. La licence ne sera valable que pour l'édition à l'intérieur du territoire du pays de l'Union où cette licence est demandée. L'importation et la vente des exemplaires dans un autre pays de l'Union sont possibles à des fins éducatives ou culturelles si sa loi nationale admet la licence et si aucune des dispositions en vigueur dans ce pays ne s'oppose à l'importation et à la vente; l'importation et la vente sur le territoire de tout pays de l'Union dans lequel les conditions précédentes n'existent pas sont réservées à la législation de ce pays et aux accords conclus

iv) Der Originaltitel und der Name des Urhebers des Werkes müssen auf allen veröffentlichten Vervielfältigungsstücken abgedruckt sein. Die Lizenz berechtigt nur zur Herausgabe innerhalb des Hoheitsgebietes des Verbandslandes, in dem die Lizenz beantragt worden ist. Die Einfuhr der Exemplare in ein anderes Verbandsland und ihr Verkauf in diesem Land sind zu erzieherischen oder kulturellen Zwecken zulässig, wenn dessen innerstaatliche Rechtsvorschriften die Lizenz zulassen und keine Bestimmungen in diesem Land der Einfuhr und dem Verkauf entgegenstehen; in einem Verbandsland, in dem diese Voraussetzungen nicht vorliegen, sind für Einfuhr und Verkauf die Rechtsvorschriften dieses

par lui. La licence ne pourra être cédée par son bénéficiaire;

v) la licence ne peut être accordée lorsque l'auteur a retiré de la circulation les exemplaires de l'œuvre;

vi) toutefois, si l'auteur se prévaut du droit de reproduire l'œuvre, la licence expirera à partir de la date à laguelle l'auteur publie ou fait publier son œuvre en sa dite forme originale dans le pays où la licence a été accordée, il est entendu, cependant, que tout exemplaire de l'œuvre déjà prêt avant la date d'expiration de la licence pourra continuer à être vendu;

vii) si l'auteur publie ou fait publier son œuvre en ladite forme originale dans un pays mais si, postérieurement et pendant la durée du droit de l'auteur sur cette œuvre toutes les éditions autorisées en ladite forme originale viennent à être épuisées dans ce pays, une licence non exclusive de reproduction et de publication de l'œuvre pourrait alors être obtenue de l'autorité compétente de la même manière et dans les mêmes conditions que pour la licence non exclusive visée aux sous-alinéas i) à v) ci-dessus, mais sous réserve des dispositions du sous-alinéa vi) ci-dessus;

d) il substituera aux alinéas 1) et 2) de l'article 11bis de la présente

Landes und die von ihm geschlossenen Übereinkünfte maßgebend. Die Lizenz ist nicht übertragbar.

v) Die Lizenz ist zu versagen, wenn der Urheber die Exemplare seines Werkes aus dem Verkehr gezogen hat.

vi) Macht jedoch der Urheber von dem Recht, sein Werk zu vervielfältigen, selbst Gebrauch, so erlischt die Lizenz in dem Zeitpunkt, in dem der Urheber sein Werk in der Originalfassung in dem Land, in dem die Lizenz erteilt worden ist, veröffentlicht oder veröffentlichen läßt; die vor dem Erlöschen der Lizenz bereits vorhandenen Exemplare des Werkes dürfen jedoch weiterhin verkauft werden.

vii) Wenn der Urheber sein Werk in einem Land in der Originalfassung veröffentlicht oder veröffentlichen läßt, jedoch später, aber noch während der Dauer des Urheberrechts an diesem Werk im betreffenden Land alle erlaubten Ausgaben in der Originalfassung vergriffen sind, kann eine nichtausschließliche Lizenz zur Vervielfältigung und Veröffentlichung des Werkes von der zuständigen Behörde in gleicher Weise und unter den gleichen Voraussetzungen erlangt werden, wie sie für die in den Ziffern i bis v genannte nichtausschließliche Lizenz vorgesehen sind, jedoch vorbehaltlich der Ziffer vi.

d) Es ersetzt Artikel 11bis Absätze 1 und 2 dieser Übereinkunft durch

Convention les dispositions suivantes:

i) Les auteurs d'œuvres littéraires et artistiques jouissent du droit exclusif d'autoriser la radiodiffusion de leurs œuvres et la communication publique de la radiodiffusion de ces œuvres si cette communication est faite à des fins lucratives;

ii) il appartient aux législations nationales des pays de l'Union de régler les conditions d'exercice du droit visé au sous-alinéa précédent, mais ces conditions n'auront qu'un effet strictement limité au pays qui les aurait établies. Elles ne pourront en aucun cas porter atteinte ni au droit moral de l'auteur, ni au droit qui appartient à l'auteur d'obtenir une rémunération équitable fixée, à défaut d'accord amiable, par l'autorité compétente;

e) il se réservera le droit, exclusivement à des fins d'enseignement, d'études et de recherches dans tous les domaines de l'éducation, de restreindre la protection des œuvres littéraires et artistiques pourvu que des dispositions appropriées soient adoptées par la législation nationale pour assurer à l'auteur une rémunération qui soit conforme aux normes de paiement applicables aux auteurs nationaux; le paiement et le transfert de cette rémunération seront soumis à la réglementation nationale en matière de devises. Les exemplaires d'une œuvre publiée en application des réserves faites en vertu du

die folgenden Bestimmungen:

i) Die Urheber von Werken der Literatur und Kunst genießen das ausschließliche Recht, die Rundfunksendung ihrer Werke sowie die öffentliche Wiedergabe von Rundfunksendungen dieser Werke zu erlauben, wenn diese Wiedergabe Erwerbszwekken dient.

ii) Der Gesetzgebung der Verbandsländer bleibt vorbehalten, die Voraussetzungen für die Ausübung der in Ziffer i erwähnten Rechte festzulegen; doch beschränkt sich die Wirkung dieser Voraussetzungen ausschließlich auf das Hoheitsgebiet des Landes, das sie festgelegt hat. Sie dürfen in keinem Fall das Urheberpersönlichkeitsrecht oder den Anspruch des Urhebers auf eine angemessene Vergütung beeinträchtigen, die mangels gütlicher Einigung durch die zuständige Behörde festgesetzt wird.

e) Es behält sich das Recht vor, ausschließlich zu Unterrichts-, Studien- und Forschungszwecken auf allen Gebieten der Erziehung den Schutz der Werke der Literatur und Kunst unter der Voraussetzung einzuschränken, daß durch die innerstaatliche Gesetzgebung geeignete Vorschriften erlassen werden, um dem Urheber eine Vergütung sicherzustellen, die den für inländische Urheber geltenden Grundsätzen entspricht; die Zahlung und Überweisung dieser Vergütung unterliegen den innerstaatlichen Devisenbestimmungen. Die Exemplare eines Werkes, das in Anwendung von Vorbehalten ver-

présent alinéa peuvent être importés et vendus dans un autre pays de l'Union aux fins déterminées ci-dessus si ce dernier pays s'est prévalu desdites réserves et n'interdit pas cette importation et cette vente. Lorsque les conditions précitées ne sont pas remplies, l'importation et la vente de ces exemplaires dans un pays de l'Union non bénéficiaire du présent Protocole sont interdites en l'absence d'accord de l'auteur, ou de ses ayants droit.

öffentlicht worden ist, die auf Grund dieses Absatzes in Anspruch genommen worden sind, dürfen zu den oben genannten Zwecken in ein anderes Verbandsland eingeführt und dort verkauft werden, sofern dieses Land gleichfalls von den erwähnten Vorbehalten Gebrauch gemacht hat und die Einfuhr und den Verkauf nicht verbietet. Liegen diese Voraussetzungen nicht vor, so sind die Einfuhr der Exemplare in ein nicht von diesem Protokoll begünstigtes Verbandsland und der Verkauf in diesem Verbandsland ohne Zustimmung des Urhebers oder seiner Rechtsnachfolger oder sonstiger Inhaber ausschließlicher Werknutzungsrechte verboten.

Article 2

Tout pays qui n'a plus besoin de maintenir l'une quelconque des réserves ou toutes les réserves faites conformément à l'article premier du présent Protocole, retirera cette ou ces réserves par notification déposée auprès du Directeur général.

Artikel 2

Jedes Land, das einzelne oder alle der nach Artikel 1 dieses Protokolls in Anspruch genommenen Vorbehalte nicht mehr aufrechtzuerhalten braucht, hat diese durch eine beim Generaldirektor hinterlegte Notifikation zurückzuziehen.

Article 3

Tout pays qui a fait des réserves conformément à l'article premier du présent Protocole et qui ne se considère pas encore, à la fin de la période de dix années prévues, eu égard à sa situation économique et à ses besoins sociaux ou culturels, en mesure de retirer les réserves faites conformément à cet article premier, peut maintenir l'une quelconque des réserves ou toutes les réserves jusqu'au moment où il ratifie l'Acte adopté par la prochaine conférence de révision de la présente Convention, ou y adhère.

Artikel 3

Jedes Land, das nach Artikel 1 dieses Protokolls Vorbehalte in Anspruch genommen hat und das sich bei Ablauf der vorgesehenen Frist von zehn Jahren auf Grund seiner wirtschaftlichen Lage und seiner sozialen oder kulturellen Bedürfnisse noch außerstande sieht, die nach Artikel 1 in Anspruch genommenen Vorbehalte zurückzuziehen, kann einzelne oder alle Vorbehalte bis zu dem Zeitpunkt aufrechterhalten, in dem es die von der nächsten Revisionskonferenz angenommene Fassung dieser Übereinkunft ratifiziert oder ihr beitritt.

Article 4

Si, conformément à la pratique établie de l'Assemblée générale des Nations Unies, un pays cesse d'être considéré comme pays en voie de développement, le Directeur général le notifiera au pays interessé et à tous les autres pays de l'Union. A l'expiration d'une période de six années, à compter de cette notification, ledit pays n'aura plus le droit de maintenir l'une quelconque des réserves faites en vertu du présent Protocole.

Article 5

1) Tout pays de l'Union peut déclarer, à partir de la signature de la présente Convention et à tout moment avant de devenir lié par les articles 1 à 21 de ladite Convention et par le présent Protocole,

a) s'il s'agit d'un pays visé à l'article premier du présent Protocole, qu'il entend appliquer les dispositions de ce Protocole aux œuvres dont le pays d'origine est un pays de l'Union qui accepte l'application des réserves du présent Protocole, ou

b) qu'il admet l'application des dispositions de ce Protocole aux œuvres dont il est le pays d'origine, par les pays qui, en devenant liés par les articles 1 à 21 de la présente Convention et par le présent Protocole ou en faisant une déclaration d'application du présent Protocole en vertu de la disposition du sous-alinéa a), ont fait les réserves permises selon ledit Protocole.

2) La déclaration doit être faite par écrit et déposée auprès du Directeur général. Elle prend effet à la date à laquelle elle a été déposée.

Artikel 4

Wird ein Land nach der bestehenden Praxis der Generalversammlung der Vereinten Nationen nicht mehr als Entwicklungsland angesehen, so notifiziert der Generaldirektor dies dem betreffenden Land und allen anderen Verbandsländern. Nach Ablauf einer Frist von sechs Jahren seit dieser Notifizierung ist das genannte Land nicht mehr berechtigt, irgendeinen nach diesem Protokoll in Anspruch genommenen Vorbehalt aufrechtzuerhalten.

Artikel 5

(1) Jedes Verbandsland kann nach der Unterzeichnung dieser Übereinkunft jederzeit, bevor es durch die Artikel 1 bis 21 dieser Übereinkunft und durch dieses Protokoll gebunden ist, erklären,

a) sofern es sich um ein unter Artikel 1 dieses Protokolls fallendes Land handelt, daß es die Bestimmungen dieses Protokolls auf Werke anzuwenden beabsichtigt, deren Ursprungsland ein Verbandsland ist, das die Anwendung der Vorbehalte dieses Protokolls zuläßt, oder

b) daß es die Anwendung dieses Protokolls auf Werke, deren Ursprungsland es ist, durch die Länder zuläßt, die in dem Zeitpunkt, in dem sie durch die Artikel 1 bis 21 dieser Übereinkunft und dieses Protokoll gebunden werden oder in dem sie eine Erklärung über die Anwendung dieses Protokolls nach Buchstabe a abgeben, nach diesem Protokoll erlaubte Vorbehalte in Anspruch nehmen.

(2) Die Erklärung muß schriftlich beim Generaldirektor hinterlegt werden. Sie wird im Zeitpunkt ihrer Hinterlegung wirksam.

Article 6

Tout pays qui est lié par les dispositions du présent Protocole et qui aura fait une déclaration ou une notification aux termes de l'article 31.1) de la présente Convention au sujet de territoires qui, à la date de la signature de la présente Convention, n'assurent pas leurs relations extérieures et dont la situation peut être considérée comme analogue à celle des pays visés à l'article premier du présent Protocole, peut notifier au Directeur général que les dispositions du présent Protocole s'appliqueront à tout ou partie desdits territoires et peut déclarer dans cette notification qu'un tel territoire se prévaudra de l'une quelconque ou de toutes les réserves autorisées par le présent Protocole.

Artikel 6

Jedes Land, das durch dieses Protokoll gebunden ist und das nach Artikel 31 Absatz 1 dieser Übereinkunft eine Erklärung oder eine Notifikation für Hoheitsgebiete abgegeben hat, die im Zeitpunkt der Unterzeichnung dieser Übereinkunft ihre auswärtigen Beziehungen nicht selbst wahrnehmen und die als in gleichen Verhältnissen befindlich zu betrachten sind wie die unter Artikel 1 dieses Protokolls fallenden Länder, kann dem Generaldirektor notifizieren, daß dieses Protokoll auf alle oder einzelne dieser Hoheitsgebiete anzuwenden ist, und es kann in dieser Notifikation erklären, daß ein solches Hoheitsgebiet einzelne oder alle der in diesem Protokoll zugelassenen Vorbehalte in Anspruch nimmt.

III. Empfehlungen auf dem Gebiet des Urheberrechts

Recommandations adoptées en matière de droit d'auteur

I.

Les pays membres de l'Union de Berne pour la Protection des Oeuvres littéraires et artistiques,

Réunis en Conférence à Stockholm, du 12 juin au 14 juillet 1967,

CONSIDÉRANT que certains pays ont exprimé le désir que la durée générale de protection des œuvres littéraires et artistiques soit prolongée,

que certains pays admettent déjà une durée excédant cinquante ans

I.

Die Mitgliedländer des Berner Verbandes zum Schutz von Werken der Literatur und Kunst,

Vereinigt in der Konferenz zu Stockholm vom 12. Juni bis 14. Juli 1967,

IN DER ERWÄGUNG, daß einige Länder den Wunsch nach einer Verlängerung der allgemeinen Schutzdauer für Werke der Literatur und Kunst geäußert haben,

daß einige Länder bereits eine über fünfzig Jahre nach dem Tod des Ur-

après la mort de l'auteur,

qu'en outre, plusieurs pays de l'Union ont prolongé la durée de protection, pour des raisons dues à des évéments de guerre,

que des négociations ont déjà eu lieu sur le plan international en vue de prévoir une prolongation de la durée de la protection par voie d'un arrangement particulier,

que, d'autre part, des accords bilatéraux ont déjà été conclus, entre certains pays, pour l'application réciproque des délais de prorogation intervenus en raison des événements de guerre,

EXPRIME LE VOEU que soient poursuivies entre les pays intéressés les négociations tendant à la conclusion d'un arrangement multilatéral sur la prolongation de la durée de protection dans les pays qui seront partie à cet arrangement.

hebers hinausgehende Schutzdauer gewähren,

daß außerdem mehrere Länder des Verbandes auf Grund der Kriegsereignisse die Schutzdauer verlängert haben,

daß Verhandlungen auf internationaler Ebene mit dem Ziel, die Verlängerung der Schutzdauer durch ein Sonderabkommen zu regeln, bereits stattgefunden haben,

daß andererseits zwischen einigen Ländern bereits zweiseitige Abkommen zur gegenseitigen Anwendung der auf Kriegsereignisse zurückzuführenden Schutzfristverlängerung geschlossen worden sind,

GEBEN DEM WUNSCHE AUSDRUCK, daß zwischen den interessierten Ländern Verhandlungen zum Abschluß eines mehrseitigen Übereinkommens zur Verlängerung der Schutzdauer in diesen Ländern aufgenommen werden.

II.

Les pays membres de l'Union de Berne pour la Protection des Oeuvres littéraires et artistiques,

Réunis en Conférence à Stockholm, du 12 juin au 14 juillet 1967,

SAISIE DE propositions tendant à insérer dans la Convention de Berne des dispositions selon lesquelles

i) serait imposée à l'éditeur d'une œuvre littéraire, dramatico-musicale ou musicale publiée dans un pays de l'Union l'obligation de déposer à la bibliothèque nationale de ce pays, ou dans tout autre établissement similaire, un facsimilé de l'exemplaire le plus an-

II.

Die Mitgliedländer des Berner Verbandes zum Schutz von Werken der Literatur und Kunst,

Vereinigt in der Konferenz zu Stockholm vom 12. Juni bis 14. Juli 1967,

NACH KENNTNISNAHME VON Vorschlägen, in die Berner Übereinkunft Bestimmungen aufzunehmen, nach denen

i) der Verleger eines literarischen, dramatisch-musikalischen oder musikalischen Werkes, das in einem Verbandsland veröffentlicht wird, verpflichtet ist, bei der Staatsbibliothek dieses Landes oder einer ähnlichen Stelle ein Faksimile des ersten, authentischsten Exemplars

cien et le plus authentique d'une telle œuvre en la forme approuvée par son auteur;

ii) serait réservée à la législation des pays de l'Union la faculté de prévoir que, dans le cas où une œuvre dramatico-musicale ou musicale a été rendue accessible au public avec le consentement de son auteur, les exemplaires graphiques de ladite œuvre soient également rendus accessibles au public sans restrictions contraires aux bons usages,

CONSIDERE, avec sympathie, l'esprit et le but de ces propositions, sous la réserve que soient sauvegardés les droits des auteurs desdites œuvres; et

EXPRIME LE VOEU que le Bureau international de l'Union de Berne procède à l'étude des questions ainsi soulevées, afin que puisse être envisagée la possibilité d'inclure dans une prochaine revision de la Convention des dispositions s'y rapportant.

dieses Werkes in einer vom Urheber gebilligten Form zu hinterlegen;

ii) es der Gesetzgebung der einzelnen Mitgliedländer des Verbandes vorbehalten ist, dafür zu sorgen, daß in Fällen, in denen ein dramatisch-musikalisches oder musikalisches Werk mit Erlaubnis des Urhebers der Öffentlichkeit zugänglich gemacht wird, auch gedruckte Exemplare dieses Werkes ohne Einschränkungen, die gegen anständige Gepflogenheiten verstoßen, der Öffentlichkeit zugänglich gemacht werden,

STIMMEN dem Geist und dem Zweck dieser Vorschläge vorbehaltlich der Wahrung der Rechte der Urheber solcher Werke zu; und

GEBEN DEM WUNSCHE AUSDRUCK, daß das Internationale Büro die vorgenannten Fragen prüft, mit dem Ziel, die Möglichkeit der Aufnahme entsprechender Bestimmungen bei einer künftigen Revision der Übereinkunft zu erwägen.

III.

Les pays membres de l'Union de Berne pour la Protection des Oeuvres littéraires et artistiques,

Réunis en Conférence à Stockholm, du 12 juin au 14 juillet 1967,

RECONNAISSANT les besoins économiques et culturels particuliers des pays en voie développement,

DÉSIREUX de leur permettre d'avoir accès, pour leurs besoins d'éducation, aux œuvres protégées par le droit d'auteur,

III.

Die Mitgliedländer des Berner Verbandes zum Schutz von Werken der Literatur und Kunst,

Vereinigt in der Konferenz zu Stockholm vom 12. Juni bis 14. Juli 1967,

IN DER ERKENNTNIS der besonderen wirtschaftlichen und kulturellen Bedürfnisse der Entwicklungsländer,

IN DER ABSICHT, den Entwicklungsländern den Zugang zu urheberrechtlich geschützten Werken für Erziehungszwecke zu ermöglichen,

AYANT ADOPTÉ à cet effet le Protocole relatif aux pays en voie de développement,

RECOMMANDENT au Bureau international d'entreprendre, en association avec d'autres organisations gouvernementales et non gouvernementales, une étude des voies et moyens en vue de créer les rouages financiers permettant d'assurer aux auteurs une équitable et juste rémunération.

NACH ANNAHME eines Protokolls betreffend die Entwicklungsländer zu diesem Zweck,

EMPFEHLEN dem Internationalen Büro, zusammen mit anderen staatlichen und nichtstaatlichen Organisationen Mittel und Wege zur Schaffung eines Systems zur Gewährleistung einer angemessenen und gerechten Vergütung für die Urheber zu prüfen.

IV. Übereinkommen zur Errichtung der Weltorganisation für geistiges Eigentum (WIPO / OMPI)

unterzeichnet in Stockholm am 14. Juli 1967

Convention
instituant l'Organisation Mondiale de la Propriété Intellectuelle
signée à Stockholm le 14 juillet 1967

— Amtlicher deutscher Text gemäß Artikel 20 Absatz 2 —

Les Parties Contractantes,

Animées du désir de contribuer à une meilleure compréhension et collaboration entre les Etats, pour leur profit mutuel et sur la base du respect de leur souveraineté et égalité,

Désirant, afin d'encourager l'activité créatrice, promouvoir la protection de la propriété intellectuelle à travers le monde,

Désirant moderniser et rendre plus efficace l'administration des Unions instituées dans les domaines de la protection de la propriété industrielle et de la protection des œuvres litté-

Die Vertragsparteien —

in dem Wunsch, zu einem besseren Verständnis und einer besseren Zusammenarbeit zwischen den Staaten zu ihrem gegenseitigen Nutzen und auf der Grundlage der Wahrung ihrer Souveränität und Gleichheit beizutragen,

in dem Wunsch, zur Ermutigung der schöpferischen Tätigkeit den Schutz des geistigen Eigentums weltweit zu fördern,

in dem Wunsch, die Verwaltung der Verbände, die auf den Gebieten des Schutzes des gewerblichen Eigentums und des Schutzes von Werken der Literatur und Kunst errichtet sind, zu

raires et artistiques, tout en respectant pleinement l'autonomie de chacune des Unions,

Sont convenues de ce qui suit:

Article 1

Institution de l'Organisation

L'Organisation Mondiale de la Propriété Intellectuelle est instituée par la présente Convention.

Article 2

Définitions

Au sens de la présente Convention,

il faut entendre par:

i) « Organisation », l'Organisation Mondiale de la Propriété Intellectuelle (O.M.P.I.);

ii) « Bureau international », le Bureau international de la propriété intellectuelle;

iii) « Convention de Paris », la Convention pour la protection de la propriété industrielle signée le 20 mars 1883, y compris chacun de ses Actes revisés;

iv) « Convention de Berne », la Convention pour la protection des œuvres littéraires et artistiques, signée le 9 septembre 1886, y compris chacun de ses Actes revisés;

v) « Union de Paris », l'Union internationale créée par la Convention de Paris;

vi) « Union de Berne », l'Union internationale créée par la Convention de Berne;

vii) « Unions », l'Union de Paris, les Unions particulières et les Arrangements particuliers établis en relation avec cette Union, l'U-

modernisieren und wirksamer zu gestalten, unter voller Wahrung der Unabhängigkeit jedes Verbandes —

haben folgendes vereinbart:

Artikel 1

Errichtung der Organisation

Die Weltorganisation für geistiges Eigentum wird durch dieses Übereinkommen errichtet.

Artikel 2

Begriffsbestimmungen

Im Sinne dieses Übereinkommens bedeutet:

i) „Organisation" die Weltorganisation für geistiges Eigentum (WIPO/OMPI);

ii) „Internationales Büro" das Internationale Büro für geistiges Eigentum;

iii) „Pariser Verbandsübereinkunft" die Verbandsübereinkunft zum Schutz des gewerblichen Eigentums vom 20. März 1883 einschließlich aller revidierten Fassungen;

iv) „Berner Übereinkunft" die Übereinkunft zum Schutz von Werken der Literatur und Kunst vom 9. September 1886 einschließlich aller revidierten Fassungen;

v) „Pariser Verband" der durch die Pariser Verbandsübereinkunft errichtete internationale Verband;

vi) „Berner Verband" der durch die Berner Übereinkunft errichtete internationale Verband;

vii) „Verbände" der Pariser Verband, die im Rahmen dieses Verbandes errichteten besonderen Verbände und Sonderabkommen,

nion de Berne, ainsi que tout autre engagement international tendant à promouvoir la protection de la propriété intellectuelle dont l'administration est assurée par l'Organisation en vertu de l'article 4.iii);

viii) «propriété intellectuelle», les droits relatifs:
- aux œuvres littéraires, artistiques et scientifiques,
- aux interprétations des artistes interprètes et aux exécutions des artistes exécutants, aux phonogrammes et aux émissions de radiodiffusion,
- aux inventions dans tous les domaines de l'activité humaine,
- aux découvertes scientifiques,
- aux dessins et modèles industriels,
- aux marques de fabrique, de commerce et de service, ainsi qu'aux noms commerciaux et dénominations commerciales,
- à la protection contre la concurrence déloyale;

et tous les autres droits afférents à l'activité intellectuelle dans les domaines industriel, scientifique, littéraire et artistique.

der Berner Verband sowie jede andere internationale Vereinbarung zur Förderung des Schutzes des geistigen Eigentums, deren Verwaltung durch die Organisation nach Artikel 4 Ziffer iii übernommen wird;

viii) „geistiges Eigentum" die Rechte betreffend
- die Werke der Literatur, Kunst und Wissenschaft,
- die Leistungen der ausübenden Künstler, die Tonträger und Funksendungen,
- die Erfindungen auf allen Gebieten der menschlichen Tätigkeit,
- die wissenschaftlichen Entdeckungen,
- die gewerblichen Muster und Modelle,
- die Fabrik-, Handels- und Dienstleistungsmarken sowie die Handelsnamen und Geschäftsbezeichnungen,
- den Schutz gegen unlauteren Wettbewerb

und alle anderen Rechte, die sich aus der geistigen Tätigkeit auf gewerblichem, wissenschaftlichem, literarischem oder künstlerischem Gebiet ergeben.

Article 3

But de l'Organisation

L'Organisation a pour but:

i) de promouvoir la protection de la propriété intellectuelle à travers le monde par la coopération des Etats, en collaboration, s'il y a lieu, avec toute autre organisation internationale,

Artikel 3

Zweck der Organisation

Zweck der Organisation ist es,

i) den Schutz des geistigen Eigentums durch Zusammenarbeit der Staaten weltweit zu fördern, gegebenenfalls im Zusammenwirken mit jeder anderen internationalen Organisation,

ii) d'assurer la coopération administrative entre les Unions.

Article 4
Fonctions

Aux fins d'atteindre le but défini à l'article 3, l'Organisation, par ses organes compétents et sous réserve de la compétence de chacune des Unions:

i) s'emploie à promouvoir l'adoption de mesures destinées à améliorer la protection de la propriété intellectuelle à travers le monde et à mettre en harmonie les législations nationales dans ce domaine;

ii) assure les services administratifs de l'Union de Paris, des Unions particulières établies en relation avec cette Union et de l'Union de Berne;

iii) peut accepter d'assumer l'administration qu'implique la mise en œuvre de tout autre engagement international tendant à promouvoir la protection de la propriété intellectuelle ou de participer à une telle administration;

iv) encourage la conclusion de tout engagement international tendant à promouvoir la protection de la propriété intellectuelle;

v) offre sa coopération aux Etats qui lui demandent une assistance technico-juridique dans le domaine de la propriété intellectuelle;

vi) rassemble et diffuse toutes informations relatives à la protection de la propriété intellectuelle, effectue et encourage des études

ii) die verwaltungsmäßige Zusammenarbeit zwischen den Verbänden zu gewährleisten.

Artikel 4
Aufgaben

Zur Erreichung des in Artikel 3 bezeichneten Zwecks nimmt die Organisation durch ihre zuständigen Organe und vorbehaltlich der Zuständigkeit der einzelnen Verbände folgende Aufgaben wahr:

i) Sie fördert Maßnahmen zur weltweiten Verbesserung des Schutzes des geistigen Eigentums und zur Angleichung der innerstaatlichen Rechtsvorschriften auf diesem Gebiet;

ii) sie erfüllt die Verwaltungsaufgaben des Pariser Verbandes, der im Rahmen dieses Verbandes errichteten besonderen Verbände und des Berner Verbandes;

iii) sie kann sich damit einverstanden erklären, die Verwaltung jeder anderen internationalen Vereinbarung zur Förderung des Schutzes des geistigen Eigentums zu übernehmen oder sich an einer solchen Verwaltung zu beteiligen;

iv) sie unterstützt das Zustandekommen internationaler Vereinbarungen zur Förderung des Schutzes des geistigen Eigentums;

v) sie bietet den Staaten, die sie um juristisch-technische Hilfe auf dem Gebiet des geistigen Eigentums ersuchen, ihre Mitarbeit an;

vi) sie sammelt und verbreitet alle Informationen über den Schutz des geistigen Eigentums, unternimmt und fördert Untersuchun-

dans ce domaine et en publie les résultats;

vii) assure les services facilitant la protection internationale de la propriété intellectuelle et, le cas échéant, procède à des enregistrements en la matière et publie les indications relatives à ces enregistrements;

viii) prend toutes autres mesures appropriées.

Article 5

Membres

1) Peut devenir membre de l'Organisation tout Etat qui est membre de l'une des Unions telles qu'elles sont définies à l'article 2.vii).

2) Peut également devenir membre de l'Organisation tout Etat qui n'est pas membre de l'une des Unions, à la condition:

i) qu'il soit membre de l'Organisation des Nations Unies, de l'une des institutions spécialisées qui sont reliées à l'Organisation des Nations Unies ou de l'Agence internationale de l'Energie atomique, ou partie au statut de la Cour Internationale de Justice, ou

ii) qu'il soit invité par l'Assemblée générale à devenir partie à la présente Convention.

Article 6

Assemblée générale

1) a) Il est établi une Assemblée générale comprenant les Etats parties à la présente Convention qui sont membres de l'une au moins des Unions.

b) Le Gouvernement de chaque Etat membre est représenté par un délégué, qui peut être

gen auf diesem Gebiet und veröffentlicht deren Ergebnisse;

vii) sie unterhält Einrichtungen zur Erleichterung des internationalen Schutzes des geistigen Eigentums, nimmt gegebenenfalls Registrierungen auf diesem Gebiet vor und veröffentlicht Angaben über diese Registrierungen;

viii) sie trifft alle anderen geeigneten Maßnahmen.

Artikel 5

Mitgliedschaft

(1) Mitglied der Organisation kann jeder Staat werden, der Mitglied eines der in Artikel 2 Ziffer vii bezeichneten Verbände ist.

(2) Mitglied der Organisation kann ferner jeder Staat werden, der nicht Mitglied eines der Verbände ist, sofern er

i) Mitglied der Vereinten Nationen, einer der mit den Vereinten Nationen in Beziehung gebrachten Sonderorganisationen oder der Internationalen Atomenergie-Organisation oder Vertragspartei des Statuts des Internationalen Gerichtshofs ist oder

ii) von der Generalversammlung eingeladen wird, Vertragspartei dieses Übereinkommens zu werden.

Artikel 6

Generalversammlung

(1) a) Es wird eine Generalversammlung gebildet, bestehend aus den Vertragsstaaten dieses Übereinkommens, die Mitglied mindestens eines der Verbände sind.

b) Die Regierung jedes Staates wird durch einen Delegierten vertreten, der von Stell-

assisté de suppléants, de conseillers et d' experts.

c) Les dépenses de chaque délégation sont supportées par le Gouvernement qui l'a désignée.

2) L'Assemblée générale:

i) nomme le Directeur général sur présentation du Comité de coordination;

ii) examine et approuve les rapports du Directeur général relatifs à l'Organisation et lui donne toutes directives nécessaires;

iii) examine et approuve les rapports et les activités du Comité de coordination et lui donne des directives;

iv) adopte le budget triennal des dépenses communes aux Unions;

v) approuve les dispositions proposées par le Directeur général concernant l'administration relative à la mise en œuvre des engagements internationaux visés à l'article 4. iii);

vi) adopte le règlement financier de l'Organisation;

vii) détermine les langues de travail du Secrétariat, compte tenu de la pratique des Nations Unies;

viii) invite à devenir parties à la présente Convention les Etats visés à l'article 5.2) ii);

ix) décide quels sont les Etats non membres de l'Organisation et quelles sont les organisations intergouvernementales et internationales non gouvernementales qui peuvent être admis à ses réunions en qualité d'observateurs;

vertretern, Beratern und Sachverständigen unterstützt werden kann.

c) Die Kosten jeder Delegation werden von der Regierung getragen, die sie entsandt hat.

(2) Die Generalversammlung

i) ernennt den Generaldirektor auf Vorschlag des Koordinierungsausschusses;

ii) prüft und billigt die Berichte des Generaldirektors betreffend die Organisation und erteilt ihm alle erforderlichen Weisungen;

iii) prüft und billigt die Berichte und die Tätigkeit des Koordinierungsausschusses und erteilt ihm Weisungen;

iv) beschließt den Dreijahres-Haushaltsplan für die gemeinsamen Ausgaben der Verbände;

v) billigt die vom Generaldirektor vorgeschlagenen Maßnahmen betreffend die Verwaltung der in Artikel 4 Ziffer iii vorgesehenen internationalen Vereinbarungen;

vi) beschließt die Finanzvorschriften der Organisation;

vii) bestimmt die Arbeitssprachen des Sekretariats unter Berücksichtigung der Praxis der Vereinten Nationen;

viii) lädt die in Artikel 5 Absatz 2 Ziffer ii bezeichneten Staaten ein, Vertragspartei dieses Übereinkommens zu werden;

ix) bestimmt, welche Nichtmitgliedstaaten der Organisation, welche zwischenstaatlichen und welche internationalen nichtstaatlichen Organisationen zu ihren Sitzungen als Beobachter zugelassen werden;

x) s'acquitte de toutes autres tâches utiles dans le cadre de la présente Convention.

3) a) Chaque Etat, qu'il soit membre d'une ou de plusieurs Unions, dispose d'une voix à l'Assemblée générale.

b) La moitié des Etats membres de l'Assemblée générale constitue le quorum.

c) Nonobstant les dispositions du sous-alinéa b), si, lors d'une session, le nombre des Etats représentés est inférieur à la moitié mais égal ou supérieur au tiers des Etats membres de l'Assemblée générale, celle-ci peut prendre des décisions; toutefois, les décisions de l'Assemblée générale, à l'exception de celles qui concernent sa procédure, ne deviennent exécutoires que lorsque les conditions énoncées ci-après sont remplies. Le Bureau international communique lesdites décisions aux Etats membres de l'Assemblée générale qui n'étaient pas représentés, en les invitant à exprimer par écrit, dans un délai de trois mois à compter de la date de ladite communication, leur vote ou leur abstention. Si, à l'expiration de ce délai, le nombre des Etats ayant ainsi exprimé leur vote ou leur abstention est au moins égal au nombre d'Etats qui faisait défaut pour que le quorum fût atteint lors de la session, lesdites déci-

x) nimmt alle anderen im Rahmen dieses Übereinkommens zweckdienlichen Aufgaben wahr.

(3) a) Jeder Staat, gleichgültig ob er Mitglied eines oder mehrerer Verbände ist, verfügt in der Generalversammlung über eine Stimme.

b) Die Hälfte der Mitgliedstaaten der Generalversammlung bildet das Quorum (die für die Beschlußfähigkeit erforderliche Mindestzahl).

c) Ungeachtet des Buchstaben b kann die Generalversammlung Beschlüsse fassen, wenn während einer Tagung die Zahl der vertretenen Staaten zwar weniger als die Hälfte, aber mindestens ein Drittel der Mitgliedstaaten der Generalversammlung beträgt; jedoch werden diese Beschlüsse mit Ausnahme der Beschlüsse über das Verfahren der Generalversammlung nur dann wirksam, wenn die folgenden Bedingungen erfüllt sind: Das Internationale Büro teilt diese Beschlüsse den Mitgliedstaaten der Generalversammlung mit, die nicht vertreten waren, und lädt sie ein, innerhalb einer Frist von drei Monaten vom Zeitpunkt dieser Mitteilung an schriftlich ihre Stimme oder Stimmenthaltung bekanntzugeben. Entspricht nach Ablauf der Frist die Zahl der Staaten, die auf diese Weise ihre Stimme oder Stimmenthaltung bekanntgegeben haben, mindestens der Zahl der Staaten, die für die Errei-

sions deviennent exécutoires, pourvu qu'en même temps la majorité nécessaire reste acquise.

d) Sous réserve des dispositions des sous-alinéas e) et f), l'Assemblée générale prend ses décisions à la majorité des deux tiers des votes exprimés.

e) L'acceptation des dispositions concernant l'administration relative à la mise en œuvre des engagements internationaux visés à l'article 4.iii) requiert la majorité des trois quarts des votes exprimés.

f) L'approbation d'un accord avec l'Organisation des Nations Unies en conformité avec les dispositions des articles 57 et 63 de la Charte des Nations Unies requiert la majorité des neufs dixièmes des votes exprimés.

g) La nomination du Directeur général [alinéa 2) i)], l'approbation des dispositions proposées par le Directeur général concernant l'administration relative à la mise en œuvre des engagements internationaux [alinéa 2) v)] et le transfert du siège (article 10) requièrent la majorité prévue, non seulement dans l'Assemblée générale, mais également dans l'Assemblée de l'Union de Paris et dans l'Assemblée de l'Union de Berne.

h) L'abstention n'est pas considérée comme un vote.

chung des Quorums während der Tagung gefehlt hatte, so werden die Beschlüsse wirksam, sofern gleichzeitig die erforderliche Mehrheit noch vorhanden ist.

d) Vorbehaltlich der Buchstaben e und f faßt die Generalversammlung ihre Beschlüsse mit einer Mehrheit von zwei Dritteln der abgegebenen Stimmen.

e) Die Billigung von Maßnahmen betreffend die Verwaltung der in Artikel 4 Ziffer iii bezeichneten internationalen Vereinbarungen bedarf der Mehrheit von drei Vierteln der abgegebenen Stimmen.

f) Die Billigung eines Abkommens mit den Vereinten Nationen nach den Artikeln 57 und 63 der Charta der Vereinten Nationen bedarf einer Mehrheit von neun Zehnteln der abgegebenen Stimmen.

g) Für die Ernennung des Generaldirektors (Absatz 2 Ziffer i), die Billigung der vom Generaldirektor vorgeschlagenen Maßnahmen betreffend die Verwaltung der internationalen Vereinbarungen (Absatz 2 Ziffer v) und für die Verlegung des Sitzes (Artikel 10) ist die vorgesehene Mehrheit nicht nur in der Generalversammlung, sondern auch in der Versammlung des Pariser Verbandes und in der Versammlung des Berner Verbandes erforderlich.

h) Stimmenthaltung gilt nicht als Stimmabgabe.

i) Un délégué ne peut représenter qu'un seul Etat et ne peut voter qu'au nom de celui-ci.

4) a) L'Assemblée générale se réunit une fois tous les trois ans en session ordinaire, sur convocation du Directeur général.

b) L'Assemblée générale se réunit en session extraordinaire sur convocation du Directeur général à la demande du Comité de coordination ou à la demande d'un quart des Etats membres de l'Assemblée générale.

c) Les réunions se tiennent au siège de l'Organisation.

5) Les Etats parties à la présente Convention qui ne sont pas membres de l'une des Unions sont admis aux réunions de l'Assemblée générale en qualité d'observateurs.

6) L'Assemblée générale établit son règlement intérieur.

Article 7

Conférence

1) a) Il est établi une Conférence comprenant les Etats parties à la présente Convention, qu'ils soient ou non membres de l'une des Unions.

b) Le Gouvernement de chaque Etat est représenté par un délégué, qui peut être assisté de suppléants, de conseillers et d'experts.

c) Les dépenses de chaque délégation sont supportées par le

i) Ein Delegierter kann nur einen Staat vertreten und nur in dessen Namen abstimmen.

(4) a) Die Generalversammlung tritt nach Einberufung durch den Generaldirektor alle drei Jahre einmal zu einer ordentlichen Tagung zusammen.

b) Die Generalversammlung tritt nach Einberufung durch den Generaldirektor zu einer außerordentlichen Tagung zusammen, wenn der Koordinierungsausschuß oder ein Viertel der Mitgliedstaaten der Generalversammlung es verlangt.

c) Die Sitzungen finden am Sitz der Organisation statt.

(5) Die Mitgliedstaaten dieses Übereinkommens, die nicht Mitglied eines Verbandes sind, werden zu den Sitzungen der Generalversammlung als Beobachter zugelassen.

(6) Die Generalversammlung gibt sich eine Geschäftsordnung.

Artikel 7

Konferenz

(1) a) Es wird eine Konferenz gebildet, bestehend aus den Vertragsstaaten dieses Übereinkommens, gleichgültig ob sie Mitglied eines der Verbände sind oder nicht.

b) Die Regierung jedes Staates wird durch einen Delegierten vertreten, der von Stellvertretern, Beratern und Sachverständigen unterstützt werden kann.

c) Die Kosten jeder Delegation werden von der Regierung

Gouvernement qui l'a désignée.

2) La Conférence:

i) discute des questions d'intérêt général dans le domaine de la propriété intellectuelle et peut adopter des recommandations relativement à ces questions, tout en respectant la compétence et l'autonomie des Unions;

ii) adopte le budget triennal de la Conférence;

iii) établit, dans les limites de ce budget, le programme triennal d'assistance technico-juridique;

iv) adopte les modifications à la présente Convention selon la procédure définie à l'article 17;

v) décide quels sont les Etats non membres de l'Organisation et quelles sont les organisations intergouvernementales et internationales non gouvernementales qui peuvent être admis à ses réunions en qualité d'observateurs;

vi) s'acquitte de toutes autres tâches utiles dans le cadre de la présente Convention.

3) a) Chaque Etat membre dispose d'une voix à la Conférence.

b) Le tiers des Etats membres constitue le quorum.

c) Sous réserve des dispositions de l'article 17, la Conférence prend ses décisions à la majorité des deux tiers des votes exprimés.

d) Le montant des contributions des Etats parties à la présente Convention qui ne sont pas membres de l'une des Unions est fixé par un vote auquel seuls les délégués de ces

getragen, die sie entsandt hat.

(2) Die Konferenz

i) erörtert Fragen von allgemeinem Interesse auf dem Gebiet des geistigen Eigentums und kann Empfehlungen zu diesen Fragen beschließen, wobei die Zuständigkeit und die Unabhängigkeit der Verbände zu wahren sind;

ii) beschließt den Dreijahres-Haushaltsplan der Konferenz;

iii) stellt im Rahmen dieses Haushaltsplans das Dreijahres-Programm für die juristisch-technische Hilfe auf;

iv) beschließt Änderungen dieses Übereinkommens nach dem in Artikel 17 vorgesehenen Verfahren;

v) bestimmt, welche Nichtmitgliedstaaten der Organisation, welche zwischenstaatlichen und welche internationalen nichtstaatlichen Organisationen zu ihren Sitzungen als Beobachter zugelassen werden;

vi) nimmt alle anderen im Rahmen dieses Übereinkommens zweckdienlichen Aufgaben wahr.

(3) a) Jeder Mitgliedstaat verfügt in der Konferenz über eine Stimme.

b) Ein Drittel der Mitgliedstaaten bildet das Quorum.

c) Vorbehaltlich des Artikels 17 faßt die Konferenz ihre Beschlüsse mit einer Mehrheit von zwei Dritteln der abgegebenen Stimmen.

d) Die Höhe der Beiträge der Vertragsstaaten dieses Übereinkommens, die nicht Mitglied eines Verbandes sind, wird durch eine Abstimmung festgesetzt, an der teilzuneh-

Etats ont le droit de participer.

e) L'abstention n'est pas considérée comme un vote.

f) Un délégué ne peut représenter qu'un seul Etat et ne peut voter qu'au nom de celui-ci.

4) a) La Conférence se réunit en session ordinaire sur convocation du Directeur général pendant la même période et au même lieu que l'Assemblée générale.

b) La Conférence se réunit en session extraordinaire sur convocation du Directeur général à la demande de la majorité des Etats membres.

5) La Conférence établit son règlement intérieur.

Article 8

Comité de coordination

1) a) Il est établi un Comité de coordination comprenant les Etats parties à la présente Convention qui sont membres du Comité exécutif de l'Union de Paris, du Comité exécutif de l'Union de Berne ou de l'un et l'autre de ces deux Comités exécutifs. Toutefois, si l'un de ces Comités exécutifs comprend plus du quart des pays membres de l'Assemblée qui l'a élu, ledit Comité désigne, parmi ses membres, les Etats qui seront membres du Comité de coordination, de telle sorte que leur nombre n'excède pas le quart susvisé, étant entendu

men nur die Delegierten dieser Staaten berechtigt sind.

e) Stimmenthaltung gilt nicht als Stimmabgabe.

f) Ein Delegierter kann nur einen Staat vertreten und nur in dessen Namen abstimmen.

(4) a) Die Konferenz tritt nach Einberufung durch den Generaldirektor zu derselben Zeit und an demselben Ort wie die Generalversammlung zu einer ordentlichen Tagung zusammen.

b) Die Konferenz tritt nach Einberufung durch den Generaldirektor zu einer außerordentlichen Tagung zusammen, wenn die Mehrheit der Mitgliedstaaten es verlangt.

(5) Die Konferenz gibt sich eine Geschäftsordnung.

Artikel 8

Koordinierungsausschuß

(1) a) Es wird ein Koordinierungsausschuß gebildet, bestehend aus den Vertragsstaaten dieses Übereinkommens, die Mitglied des Exekutivausschusses des Pariser Verbandes, des Exekutivausschusses des Berner Verbandes oder beider Ausschüsse sind. Besteht jedoch einer dieser Exekutivausschüsse aus mehr als einem Viertel der Mitgliedländer der Versammlung, die ihn gewählt hat, so bestimmt dieser Ausschuß aus dem Kreis seiner Mitglieder die Staaten, die Mitglied des Koordinierungsausschusses sein sollen, in der Weise, daß ihre Zahl

que le pays sur le territoire duquel l'Organisation a son siège n'entre pas en ligne de compte pour le calcul de ce quart.

b) Le Gouvernement de chaque Etat membre du Comité de coordination est représenté par un délégué, qui peut être assisté de suppléants, de conseillers et d'experts.

c) Lorsque le Comité de coordination examine soit des questions intéressant directement le programme ou le budget de la Conférence et son ordre du jour, soit des propositions de modification de la présente Convention de nature à affecter les droits ou obligations des Etats parties à la présente Convention qui ne sont pas membres de l'une des Unions, un quart de ces Etats participent aux réunions du Comité de coordination avec les mêmes droits que les membres de ce Comité. La Conférence élit à chaque session ordinaire les Etats appelés à participer à de telles réunions.

d) Les dépenses de chaque délégation sont supportées par le Gouvernement qui l'a désignée.

2) Si les autres Unions administrées par l'Organisation désirent être représentées en tant que telles au sein du Comité de coordination, leurs représentants doivent être désignés

dieses Viertel nicht übersteigt; das Land, in dessen Hoheitsgebiet die Organisation ihren Sitz hat, bleibt bei der Berechnung dieses Viertels außer Betracht.

b) Die Regierung jedes Mitgliedstaates des Koordinierungsausschusses wird durch einen Delegierten vertreten, der von Stellvertretern, Beratern und Sachverständigen unterstützt werden kann.

c) Behandelt der Koordinierungsausschuß Fragen, die unmittelbar das Programm oder den Haushaltsplan der Konferenz und ihre Tagesordnung betreffen, oder behandelt er Vorschläge zur Änderung dieses Übereinkommens, die die Rechte oder Verpflichtungen der Vertragsstaaten dieses Übereinkommens berühren, die nicht Mitglied eines der Verbände sind, so nimmt ein Viertel dieser Staaten an den Sitzungen des Koordinierungsausschusses mit den gleichen Rechten teil, wie sie den Mitgliedern dieses Ausschusses zustehen. Die Konferenz bestimmt bei jeder ordentlichen Tagung die Staaten, die zur Teilnahme an solchen Sitzungen einzuladen sind.

d) Die Kosten jeder Delegation werden von der Regierung getragen, die sie entsandt hat.

(2) Wünschen die anderen Verbände, die von der Organisation verwaltet werden, als solche im Koordinierungsausschuß vertreten zu sein, so sind ihre Vertreter aus dem Kreis

parmi les Etats membres du Comité de coordination.

3) Le Comité de coordination:

i) donne des avis aux organes des Unions, à l'Assemblée générale, à la Conférence et au Directeur général sur toutes les questions administratives et financières et sur toutes autres questions d'intérêt commun soit à deux ou plusieurs Unions, soit à une ou plusieurs Unions et à l'Organisation, et notamment sur le budget des dépenses communes aux Unions;

ii) prépare le projet d'ordre du jour de l'Assemblée générale;

iii) prépare le projet d'ordre du jour et les projets de programme et de budget de la Conférence;

iv) se prononce, sur la base du budget triennal des dépenses communes des Unions et du budget triennal de la Conférence, ainsi que sur la base du programme triennal d'assistance technico-juridique, sur les budgets et programmes annuels correspondants;

v) à l'expiration des fonctions du Directeur général, ou en cas de vacance de ce poste, propose le nom d'un candidat en vue de sa nomination à ce poste par l'Assemblée générale; si l'Assemblée générale ne nomme pas le candidat qu'il a pésenté, le Comité de coordination présente un autre candidat; la même procédure est reprise jusqu'à la nomination par l'Assemblée générale du dernier

der Mitgliedstaaten des Koordinierungsausschusses zu bestimmen.

(3) Der Koordinierungsausschuß

i) äußert sich den Organen der Verbände, der Generalversammlung, der Konferenz und dem Generaldirektor gegenüber zu allen Verwaltungs- und Finanzfragen und zu allen anderen Fragen, die entweder für zwei oder mehrere Verbände oder für einen oder mehrere Verbände und die Organisation von gemeinsamen Interesse sind, und insbesondere zu Fragen des Haushaltsplans für die gemeinsamen Ausgaben der Verbände;

ii) bereitet den Entwurf der Tagesordnung der Generalversammlung vor;

iii) bereitet die Entwürfe der Tagesordnung, des Programms und des Haushaltsplans der Konferenz vor;

iv) stellt auf der Grundlage des Dreijahres-Haushaltsplans für die gemeinsamen Ausgaben der Verbände und des Dreijahres-Haushaltsplans der Konferenz sowie auf der Grundlage des Dreijahres-Programms für die juristisch-technische Hilfe die entsprechenden Jahreshaushaltspläne und Jahresprogramme auf;

v) schlägt der Generalversammlung einen Kandidaten für das Amt des Generaldirektors vor, wenn die Amtszeit des Generaldirektors abläuft oder dessen Posten nicht besetzt ist; ernennt die Generalversammlung den vorgeschlagenen Kandidaten nicht, so schlägt der Koordinierungsausschuß einen anderen Kandidaten vor; dieses Verfahren wird wiederholt, bis der zuletzt vorgeschlagene Kan-

candidat présenté;

vi) si une vacance du poste de Directeur général survient entre deux sessions de l'Assemblée générale, nomme un Directeur général par interim pour la durée précédant l'entreé en fonctions du nouveau Directeur général;

vii) s'acquitte de toutes autres tâches qui lui sont attribuées dans le cadre de la présente Convention.

4) a) Le Comité de coordination se réunit une fois par an en session ordinaire sur convocation du Directeur général. Il se réunit en principe au siège de l'Organisation

b) Le Comité de coordination se réunit en session extraordinaire, sur convocation adressée par le Directeur général, soit à l'initiative de celui-ci, soit à la demande de son président ou d'un quart de ses membres.

5) a) Chaque Etat, qu'il soit membre de l'un seulement des deux Comités exécutifs mentionnés à l'alinéa 1) ou de ces deux Comités, dispose d'une seule voix au Comité de coordination.

b) La moitié des membres du Comité de coordination constitue le quorum.

c) Un délégué ne peut representer qu'un seul Etat et ne peut voter qu'au nom de celui-ci.

6) a) Le Comité de coordination exprime ses avis et prend ses

didat von der Generalversammlung ernannt ist;

vi) ernennt einen geschäftsführenden Generaldirektor für die Zeit bis zur Amtsübernahme durch den neuen Generaldirektor, wenn der Posten des Generaldirektors zwischen zwei Tagungen der Generalversammlung frei wird;

vii) nimmt alle anderen Aufgaben wahr, die ihm im Rahmen dieses Übereinkommens übertragen werden.

(4) a) Der Koordinierungsausschuß tritt nach Einberufung durch den Generaldirektor jedes Jahr einmal zu einer ordentlichen Tagung zusammen. Er tritt in der Regel am Sitz der Organisation zusammen.

b) Der Koordinierungsausschuß tritt nach Einberufung durch den Generaldirektor zu einer außerordentlichen Tagung zusammen, entweder auf Initiative des Generaldirektors oder wenn der Vorsitzende oder ein Viertel der Mitglieder des Koordinierungsausschusses es verlangt.

(5) a) Jeder Staat, gleichgültig ob er Mitglied eines oder beider in Absatz 1 Buchstabe a bezeichneten Exekutivausschüsse ist, verfügt im Koordinierungsausschuß über eine Stimme.

b) Die Hälfte der Mitglieder des Koordinierungsausschusses bildet das Quorum.

c) Ein Delegierter kann nur einen Staat vertreten und nur in dessen Namen abstimmen.

(6) a) Der Koordinierungsausschuß nimmt Stellung und faßt sei-

décisions à la majorité simple des votes exprimés. L'abstention n'est pas considérée comme un vote.

b) Même si une majorité simple est obtenue, tout membre du Comité de coordination peut, immédiatement après le vote, demander qu'il soit procédé de la manière suivante à un décompte spécial des votes: deux listes distinetes seront établies, sur lesquelles figurent respectivement les noms des Etats mebres du Comité exécutif de l'Union de Paris et ceux des Etats membres du Comité exécutif de l'Union de Berne; le vote de chaque Etat sera inscrit en regard de son nom sur chacune des listes où il figure. Dans le cas où ce décompte spécial indiquerait que la majorité simple n'est pas obtenue dans chacune de ces listes, la proposition ne serait pas considérée comme adoptée.

ne Beschlüsse mit einfacher Mehrheit der abgegebenen Stimmen. Stimmenthaltung gilt nicht als Stimmabgabe.

b) Selbst wenn eine einfache Mehrheit erreicht ist, kann jedes Mitglied des Koordinierungsausschusses unmittelbar nach der Abstimmung verlangen, daß eine besondere Stimmenzählung nach folgendem Verfahren stattfindet: Es werden zwei getrennte Listen angelegt, von denen eine die Namen der Mitgliedstaaten des Exekutivausschusses des Pariser Verbandes und die andere die Namen der Mitgliedstaaten des Exekutivausschusses des Berner Verbandes enthält; die Stimmabgabe jedes Staates wird in jeder Liste, in der er aufgeführt ist, neben seinem Namen eingetragen. Ergibt diese besondere Zählung, daß eine einfache Mehrheit nicht auf jeder dieser Listen erreicht worden ist, so gilt der Vorschlag nicht als angenommen.

7) Tout Etat membre de l'Organisation qui n'est pas membre du Comité de coordination peut être représenté aux réunions de ce Comité par des observateurs, avec le droit de participer aux délibérations, mais sans droit de vote.

(7) Jeder Mitgliedstaat der Organisation, der nicht Mitglied des Koordinierungsausschusses ist, kann bei den Sitzungen dieses Ausschusses durch Beobachter vertreten sein; diese sind berechtigt, an den Beratungen teilzunehmen, haben jedoch kein Stimmrecht.

8) Le Comité de coordination établit son règlement intérieur.

(8) Der Koordinierungsauschuß gibt sich eine Geschäftsordnung.

Article 9

Bureau international

1) Le Bureau international consti-

Artikel 9

Internationales Büro

(1) Das Internationale Büro ist das

tue le secrétariat de l'Organisation.

2) Le Bureau international est dirigé par le Directeur général assisté de deux ou plusieurs Vice-directeurs généraux.

3) Le Directeur général est nommé pour une période déterminée, qui ne peut être inférieure à six ans. Sa nomination peut être renouvelée pour des périodes déterminées. La durée de la première période et celle des période suivantes éventuelles, ainsi que toutes autres conditions de sa nomination, sont fixées par l'Assemblée générale.

4) a) Le Directeur général est le plus haut fonctionnaire de l'Organisation.
b) Il représente l'Organisation.
c) Il rend compte à l'Assemblée générale et se conforme à ses directives en ce qui concerne les affaires intérieures et extérieures de l'Organisation.

5) Le Directeur général prépare les projets de budget et de programme ainsi que les rapports périodiques d'activité. Il les transmet aux Gouvernements des Etats intéressés ainsi qu'aux organes compétents des Unions et de l'Organisation.

6) Le Directeur général et tout membre du personnel désigné par lui prennent part, sans droit de vote, à toutes les réunions de l'Assemblée générale, de la Conférence, du Comité de coordination, ainsi que de tout autre comité ou groupe de travail. Le Directeur général ou un membre du personnel désigné par lui est d'office secrétaire de ces organes.

Sekretariat der Organisation.

(2) Das Internationale Büro wird von dem Generaldirektor geleitet, der von zwei oder mehreren Stellvertretenden Generaldirektoren unterstützt wird.

(3) Der Generaldirektor wird für einen bestimmten Zeitabschnitt von nicht weniger als sechs Jahren ernannt. Seine Ernennung kann für bestimmte Zeitabschnitte wiederholt werden. Die Dauer des ersten Zeitabschnitts und der etwa folgenden Zeitabschnitte sowie alle anderen Bedingungen der Ernennung werden von der Generalversammlung festgesetzt.

(4) a) Der Generaldirektor ist der höchste Beamte der Organisation.
b) Er vertritt die Organisation.
c) Er legt der Generalversammlung Rechenschaft ab und befolgt ihre Weisungen in den inneren und äußeren Angelegenheiten der Organisation.

(5) Der Generaldirektor bereitet die Entwürfe der Haushaltspläne und der Programme sowie periodische Tätigkeitsberichte vor. Er übermittelt sie den Regierungen der beteiligten Staaten sowie den zuständigen Organen der Verbände und der Organisation.

(6) Der Generaldirektor und die von ihm bestimmten Mitglieder des Personals nehmen ohne Stimmrecht an allen Sitzungen der Generalversammlung, der Konferenz, des Koordinierungsausschusses sowie aller anderen Ausschüsse oder Arbeitsgruppen teil. Der Generaldirektor oder ein von ihm bestimmtes Mitglied des Personals ist von Amts wegen Sekretär dieser Organe.

7) Le Directeur général nomme le personnel nécessaire au bon fonctionnement du Bureau international. Il nomme les Vice-directeurs généraux après approbation du Comité de coordination. Les conditions d'emploi sont fixées par le Statut du personnel qui doit être approuvé par le Comité de coordination, sur proposition du Directeur général. La nécessité de s'assurer les services d'agents éminemment qualifiés en raison de leur efficience, de leur compétence et de leur intégrité doit être la considération dominante dans le recrutement et la détermination des conditions d'emploi des membres du personnel. Il sera dûment tenu compte de l'importance d'assurer ce recrutement sur une base géographique aussi large que possible.

(7) Der Generaldirektor ernennt das für die ordnungsgemäße Erfüllung der Aufgaben des Internationalen Büros erforderliche Personal. Er ernennt nach Billigung durch den Koordinierungsausschuß die Stellvertretenden Generaldirektoren. Die Anstellungsbedingungen werden durch das Personalstatut festgelegt, das vom Generaldirektor vorgeschlagen wird und der Billigung durch den Koordinierungsausschuß bedarf. Der entscheidende Gesichtspunkt bei der Auswahl des Personals und der Festlegung der Anstellungsbedingungen ist die Notwendigkeit, Personal zu gewinnen, das hinsichtlich seiner Leistungsfähigkeit, Fachkenntnis und persönlichen Integrität hervorragend qualifiziert ist. Die Bedeutung, die einer Auswahl des Personals auf möglichst breiter geographischer Grundlage zukommt, ist dabei gebührend zu berücksichtigen.

8) Les fonctions du Directeur général et des membres du personnel sont de caractère strictement international. Dans l'exercice de leurs fonctions, ceux-ci ne doivent solliciter ou recevoir d'instructions d'aucun Gouvernement ou d'aucune autorité étrangère à l'Organisation. Ils doivent s'abstenir de tout acte de nature à compromettre leur situation de fonctionnaires internationaux. Chaque Etat membre s'engage à respecter le caractère exclusivement international des fonctions du Directeur général et des membres du personnel et à ne pas chercher à influencer ceux-ci dans l'exécution de leurs fonctions.

(8) Die Stellung des Generaldirektors und der Mitglieder des Personals hat ausschließlich internationalen Charakter. Sie dürfen bei der Ausübung ihrer Dienstobliegenheiten Weisungen von einer Regierung oder einer Behörde außerhalb der Organisation weder einholen noch annehmen. Sie haben sich aller Handlungen zu enthalten, die ihre Stellung als internationale Beamte beeinträchtigen könnten. Jeder Mitgliedstaat verpflichtet sich, den ausschließlich internationalen Charakter der Stellung des Generaldirektors und der Mitglieder des Personals zu achten und von jedem Versuch abzusehen, sie bei der Ausübung ihrer Dienstobliegenheiten zu beeinflussen.

Article 10
Siège

1) Le siège de l'Organisation est fixé à Genève.

2) Son transfert peut être décidé dans les conditions prévues à l'article 6.3) d) et g).

Article 11
Finances

1) L'Organisation a deux budgets distincts: le budget des dépenses communes aux Unions et le budget de la Conférence.

2) a) Le budget des dépenses communes aux Unions contient les prévisions de dépenses présentant un intérêt pour plusieurs Unions.

b) Ce budget est financé par les ressources suivantes:

i) les contributions des Unions, étant entendu que le montant de la contribution de chaque Union est fixé par l'Assemblée de cette Union, compte tenu de la mesure dans laquelle les dépenses communes sont effectuées dans l'intérêt de ladite Union;

ii) les taxes et sommes dues pour les services rendus par le Bureau international qui ne sont pas en rapport direct avec l'une des Unions ou qui ne sont pas perçues pour des services rendus par le Bureau international dans le domaine de l'assistance technico-juridique;

Artikel 10
Sitz

(1) Die Organisation hat ihren Sitz in Genf.

(2) Die Verlegung des Sitzes kann nach den Bestimmungen des Artikels 6 Absatz 3 Buchstaben d und g beschlossen werden.

Artikel 11
Finanzen

(1) Die Organisation hat zwei getrennte Haushaltspläne: den Haushaltsplan für die gemeinsamen Ausgaben der Verbände und den Haushaltsplan der Konferenz.

(2) a) Der Haushaltsplan für die gemeinsamen Ausgaben der Verbände enthält Voranschläge für die Ausgaben, die für mehrere Verbände von Interesse sind.

b) Dieser Haushaltsplan umfaßt folgende Einnahmen:

i) Beiträge der Verbände mit der Maßgabe, daß die Höhe des Beitrages jedes Verbandes von seiner Versammlung unter Berücksichtigung des Interesses festgesetzt wird, das der Verband an den gemeinsamen Ausgaben hat;

ii) Gebühren und Beträge für Dienstleistungen des Internationalen Büros, die weder in unmittelbarem Zusammenhang mit einem der Verbände stehen noch auf dem Gebiet der juristisch-technischen Hilfe liegen;

iii) le produit de la vente des publications du Bureau international qui ne concernent pas directement l'une des Unions, et les droits afférents à ces publications;

iv) les dons, legs et subventions dont bénéficie l'Organisation, à l'exception de ceux visés à l'alinéa 3) b) iv);

v) les loyers, intérêts et autres revenus divers de l'Organisation.

3) a) Le budget de la Conférence contient les prévisions de dépenses pour la tenue des sessions de la Conférence et pour le programme d'assistance technico-juridique.

b) Ce budget est financé par les ressources suivantes:

i) les contributions des Etats parties à la présente Convention qui ne sont pas membres de l'une des Unions;

ii) les sommes éventuellement mises à la disposition de ce budget par les Unions, étant entendu que le montant de la somme mise à disposition par chaque Union est fixé par l'Assemblée de cette Union et que chaque Union est libre de ne pas contribuer à ce budget;

iii) Verkaufserlöse und andere Einkünfte aus Veröffentlichungen des Internationalen Büros, die nicht unmittelbar einen der Verbände betreffen;

iv) Schenkungen, Vermächtnisse und Zuwendungen an die Organisation, soweit sie nicht in Absatz 3 Buchstabe b Ziffer iv bezeichnet sind;

v) Mieten, Zinsen und andere verschiedene Einkünfte der Organisation.

(3) a) Der Haushaltsplan der Konferenz enthält Ausgabenvoranschläge für die Durchführung der Tagungen der Konferenz und für das Programm der juristisch-technischen Hilfe.

b) Dieser Haushaltsplan umfaßt folgende Einnahmen:

i) Beiträge der Vertragsstaaten dieses Übereinkommens, die nicht Mitglied eines der Verbände sind;

ii) Beträge, die von den Verbänden für diesen Haushaltsplan zur Verfügung gestellt werden, mit der Maßgabe, daß die Höhe des von jedem Verband zur Verfügung gestellten Betrages von der Versammlung dieses Verbandes festgesetzt wird und es jedem Verband freisteht, zu diesem Haushaltsplan keine solchen Beträge zu leisten;

iii) les sommes perçues pour des services rendus par le Bureau international dans le domaine de l'assistance technico-juridique;

iv) les dons, legs et subventions dont bénéficie l'Organisation aux fins visées au sous-alinéa a).

4) a) Pour déterminer sa part contributive dans le budget de la Conférence, chacun des Etats parties à la présente Convention qui n'est pas membre de l'une des Unions est rangé dans une classe et paie ses contributions annuelles sur la base d'un nombre d'unités fixé comme suit:

Classe A 10
Classe B 3
Classe C 1

b) Chacun de ces Etats, au moment où il accomplit l'un des actes prévus à l'article 14.1), indique la classe dans laquelle il désire être rangé. Il peut changer de classe. S'il choisit une classe inférieure, l'Etat doit en faire part à la Conférence lors d'une de ses sessions ordinaires. Un tel changement prend effet au début de l'année civile suivant ladite session.

c) La contribution annuelle de chacun de ces Etats consiste en un montant dont le rapport à la somme totale des

iii) Beträge, die das Internationale Büro für Dienstleistungen auf dem Gebiet der juristisch-technischen Hilfe erhält;

iv) Schenkungen, Vermächtnisse und Zuwendungen, die der Organisation für die unter Buchstabe a bezeichneten Zwecke gewährt werden.

(4) a) Jeder Vertragsstaat dieses Übereinkommens, der nicht Mitglied eines der Verbände ist, wird zur Bestimmung seines Beitrags zum Haushaltsplan der Konferenz in eine Klasse eingestuft und zahlt seine Jahresbeiträge auf der Grundlage einer Zahl von Einheiten, die wie folgt festgesetzt wird:

Klasse A 10
Klasse B 3
Klasse C 1

b) Jeder dieser Staaten gibt, wenn er eine der in Artikel 14 Absatz 1 bezeichneten Handlungen vornimmt, gleichzeitig die Klasse an, in die er eingestuft zu werden wünscht. Er kann die Klasse wechseln. Wählt er eine niedrigere Klasse, so hat er dies der Konferenz auf einer ihrer ordentlichen Tagungen mitzuteilen. Ein solcher Wechsel wird zu Beginn des auf diese Tagung folgenden Kalenderjahres wirksam.

c) Der Jahresbeitrag jedes dieser Staaten besteht aus einem Betrag, der in demselben Verhältnis zu der Summe

contributions au budget de la Conférence de tous ces Etats est le même que le rapport entre le nombre des unités de la classe dans laquelle il est rangé et le nombre total des unités de l'ensemble de ces Etats.

d) Les contributions sont dues au 1er janvier de chaque année.

e) Dans le cas où le budget n'est pas adopté avant le début d'un nouvel exercise, le budget de l'année précédente est reconduit selon les modalités prévues par le règlement financier.

5) Tout Etat partie à la présente Convention qui n'est membre d'aucune des Unions et qui est en retard dans le paiement de ses contributions compte tenu des dispositions du présent article, de même que tout Etat partie à la présente Convention qui est membre de l'une des Unions et qui est en retard dans le paiement de ses contributions au titre de cette Union, ne peut exercer son droit de vote, dans aucun des organes de l'Organisation dont il est membre, si le montant de son arriéré est égal ou supérieur à celui des contributions dont il est redevable pour les deux années complètes écoulées. Cependant, un tel Etat peut être autorisé à conserver l'exercice de son droit de vote au sein dudit organe aussi longtemps que ce dernier estime que le retard résulte de circonstances exceptionnelles et inévitables.

6) Le montant des taxes et sommes dues pour des services rendus par le Bureau international dans le domaine

der Beiträge aller dieser Staaten zum Haushaltsplan der Konferenz steht wie die Zahl der Einheiten der Klasse, in die der Staat eingestuft ist, zur Summe der Einheiten aller dieser Staaten.

d) Die Beiträge werden am 1. Januar jedes Jahres fällig.

e) Wird der Haushaltsplan nicht vor Beginn eines neuen Rechnungsjahres beschlossen, so wird der Haushaltsplan des Vorjahres nach Maßgabe der Finanzvorschriften übernommen.

(5) Jeder Vertragsstaat dieses Übereinkommens, der nicht Mitglied eines der Verbände ist und der mit der Zahlung seiner nach diesem Artikel zu leistenden Beiträge im Rückstand ist, sowie jeder Vertragsstaat dieses Übereinkommens, der Mitglied eines der Verbände ist und mit der Zahlung seiner Beiträge an diesen Verband im Rückstand ist, kann sein Stimmrecht in keinem der Organe der Organisation, denen er als Mitglied angehört, ausüben, wenn der rückständige Betrag die Summe der von ihm für die zwei vorhergehenden vollen Jahre geschuldeten Beiträge erreicht oder übersteigt. Jedoch kann jedes dieser Organe einem solchen Staat gestatten, das Stimmrecht in diesem Organ weiter auszuüben, wenn und solange es überzeugt ist, daß der Zahlungsrückstand eine Folge außergewöhnlicher und unabwendbarer Umstände ist.

(6) Die Höhe der Gebühren und Beträge für Dienstleistungen des Internationalen Büros auf dem Gebiet

de l'assistance technico-juridique est fixé par le Directeur général, qui fait rapport au Comité de coordination.

der juristisch-technischen Hilfe wird vom Generaldirektor festgesetzt, der dem Koordinierungsausschuß darüber berichtet.

7) L'Organisation peut, avec l'approbation du Comité de coordination, recevoir tous dons, legs et subventions provenant directement de gouvernements, d'institutions publiques ou privées, d'associations ou de particuliers.

(7) Die Organisation kann mit Billigung des Koordinierungsausschusses alle Schenkungen, Vermächtnisse und Zuwendungen annehmen, die unmittelbar von Regierungen, öffentlichen oder privaten Einrichtungen, Vereinigungen oder Privatpersonen stammen.

8) a) L'Organisation possède un fonds de roulement constitué par un versement unique effectué par les Unions et par chaque Etat partie à la présente Convention qui n'est pas membre de l'une des Unions. Si le fonds devient insuffisant, son augmentation est décidée.

b) Le montant du versement unique de chaque Union et sa participation éventuelle à toute augmentation sont décidés par son Assemblée.

c) Le montant du versement unique de chaque Etat partie à la présente Convention qui n'est pas membre d'une Union, et sa participation à toute augmentation, sont proportionnels à la contribution de cet Etat pour l'année au cours de laquelle le fonds est constitué ou l'augmentation décidée. La proportion et les modalités de versement sont arrêtées par la Conférence, sur proposition du Directeur général et après avis du Comité de coordination.

(8) a) Die Organisation hat einen Betriebsmittelfonds, der durch eine einmalige Zahlung der Verbände und jedes Vertragsstaates dieses Übereinkommens, der nicht Mitglied eines der Verbände ist, gebildet wird. Reicht der Fonds nicht mehr aus, so wird er erhöht.

b) Die Höhe der einmaligen Zahlung jedes Verbandes und gegebenenfalls sein Anteil an jeder Erhöhung werden von der Versammlung dieses Verbandes beschlossen.

c) Die Höhe der einmaligen Zahlung jedes Vertragsstaates dieses Übereinkommens, der nicht Mitglied eines der Verbände ist, und sein Anteil an jeder Erhöhung sind proportional zu dem Beitrag dieses Staates für das Jahr, in dem der Fonds gebildet oder die Erhöhung beschlossen wird. Dieses Verhältnis und die Zahlungsbedingungen werden von der Konferenz auf Vorschlag des Generaldirektors und nach Äußerung des Koordinierungsausschusses festgesetzt.

9) a) L'accord de siège conclu avec l'Etat sur le territoire duquel l'Organisation a son siège prévoit que, si le fonds de roulement est insuffisant, cet Etat accorde des avances. Le montant de ces avances et les conditions dans lesquelles elles sont accordées font l'objet, dans chaque cas, d'accords séparés entre l'Etat en cause et l'Organisation. Aussi longtemps qu'il est tenu d'accorder des avances, cet Etat dispose ex officio d'un siège au Comité de coordination.

b) L'Etat visé au sous-alinéa a) et l'Organisation ont chacun le droit de dénoncer l' engagement d'accorder des avances, moyennant notification par écrit. La dénonciation prend effet trois ans après la fin de l'année au cours de laquelle elle a été notifiée.

10) La vérification des comptes est assurée, selon les modalités prévues dans le règlement financier, par un ou plusieurs Etats membres ou par des contrôleurs extérieurs, qui sont, avec leur consentement, désignés par l'Assemblée générale.

Article 12

Capacité juridique; privilèges et immunités

1) L'Organisation jouit, sur le territoire de chaque Etat membre, conformément aux lois de cet Etat, de la

(9) a) Das Abkommen über den Sitz der Organisation, das mit dem Staat geschlossen wird, in dessen Hoheitsgebiet die Organisation ihren Sitz hat, sieht vor, daß dieser Staat Vorschüsse gewährt, wenn der Betriebsmittelfonds nicht ausreicht. Die Höhe dieser Vorschüsse und die Bedingungen, unter denen sie gewährt werden, sind in jedem Fall Gegenstand besonderer Vereinbarungen zwischen diesem Staat und der Organisation. Solange dieser Staat verpflichtet ist, Vorschüsse zu gewähren, hat er ex officio einen Sitz im Koordinierungsausschuß.

b) Der unter Buchstabe a bezeichnete Staat und die Organisation sind berechtigt, die Verpflichtung zur Gewährung von Vorschüssen durch schriftliche Notifikation zu kündigen. Die Kündigung wird drei Jahre nach Ablauf des Jahres wirksam, in dem sie notifiziert worden ist.

(10) Die Rechnungsprüfung wird nach Maßgabe der Finanzvorschriften von einem oder mehreren Mitgliedstaaten oder von außenstehenden Rechnungsprüfern vorgenommen, die mit ihrer Zustimmung von der Generalversammlung bestimmt werden.

Artikel 12

Rechtsfähigkeit, Vorrechte und Immunitäten

(1) Die Organisation genießt im Hoheitsgebiet jedes Mitgliedstaates gemäß den Gesetzen dieses Staates

capacité juridique nécessaire pour atteindre son but et exercer ses fonctions.

2) L'Organisation conclut un accord de siège avec la Confédération suisse et avec tout autre Etat où le siège pourrait être fixé par la suite.

3) L'Organisation peut conclure des accords bilatéraux ou multilatéraux avec les autres Etats membres pour s'assurer, ainsi qu'à ses fonctionnaires et aux représentants de tous les Etats membres, la jouissance des privilèges et immunités nécessaires pour atteindre son but et exercer ses fonctions.

4) Le Directeur général peut négocier, et après approbation du Comité de coordination, conclut et signe au nom de l'Organisation les accords visés aux alinéas 2) et 3).

die zur Erreichung ihres Zwecks und zur Wahrnehmung ihrer Aufgaben erforderliche Rechtsfähigkeit.

(2) Die Organisation schließt mit der Schweizerischen Eidgenossenschaft und mit jedem anderen Staat, in den der Sitz gegebenenfalls verlegt wird, ein Abkommen über den Sitz.

(3) Die Organisation kann mit den anderen Mitgliedstaaten zwei- oder mehrseitige Übereinkünfte schließen, um sich sowie ihren Beamten und den Vertretern aller Mitgliedstaaten die zur Erreichung des Zwecks und zur Wahrnehmung der Aufgaben der Organisation erforderlichen Vorrechte und Immunitäten zu sichern.

(4) Der Generaldirektor kann Verhandlungen über die in den Absätzen 2 und 3 bezeichneten Übereinkünfte führen; nach Billigung durch den Koordinierungsausschuß schließt und unterzeichnet er sie im Namen der Organisation.

Article 13

Relations avec d'autres organisations

1) L'Organisation, si elle l'estime opportun, établit des relations de travail et coopère avec d'autres organisations intergouvernementales. Tout accord général passé à cet effet avec ces organisations est conclu par le Directeur général, après approbation du Comité de coordination.

2) L'Organisation peut prendre, pour les questions de sa compétence, toutes dispositions appropriées en vue de la consultation des organisations internationales non gouvernementales

Artikel 13

Beziehungen zu anderen Organisationen

(1) Die Organisation stellt, wenn sie es für zweckmäßig hält, Beziehungen zur Zusammenarbeit mit anderen zwischenstaatlichen Organisationen her und arbeitet mit ihnen zusammen. Jedes zu diesem Zweck mit diesen Organisationen vereinbarte allgemeine Abkommen wird vom Generaldirektor nach Billigung durch den Koordinierungsausschuß geschlossen.

(2) Die Organisation kann für die in ihre Zuständigkeit fallenden Fragen alle geeigneten Maßnahmen für eine Konsultation und Zusammenarbeit mit internationalen nichtstaat-

et, sous réserve du consentement des Gouvernements intéressés, des organisations nationales gouvernementales ou non gouvernementales, ainsi qu'en vue de toute coopération avec lesdites organisations. De telles dispositions sont prises par le Directeur général, aprés approbation du Comité de coordination.

Article 14

Modalités selon lesquelles les Etats peuvent devenir parties à la Convention

1) Les Etats visés à l'article 5 peuvent devenir parties à la présente Convention et membres de l'Organisation par:

i) leur signature sans réserve de ratification, ou

ii) leur signature sous réserve de ratification, suivie du dépôt de l'instrument de ratification, ou

iii) le dépôt d'un instrument d'adhésion.

2) Nonobstant toute autre disposition de la présente Convention, un Etat partie à la Convention de Paris, à la Convention de Berne ou à ces deux Conventions, ne peut devenir partie à la présente Convention qu'en devenant simultanément partie, ou qu'après être devenu partie antérieurement, par ratification ou adhésion

soit à l'Acte de Stockholm de la Convention de Paris dans sa totalité ou avec la seule limitation prévue par l'article 20.1) b) i) dudit Acte,

soit à l'Acte de Stockholm de la Convention de Berne dans sa totalité ou avec la seule limitation pré-

lichen Organisationen und, sofern die beteiligten Regierungen zustimmen, mit nationalen staatlichen oder nichtstaatlichen Organisationen treffen. Solche Maßnahmen werden vom Generaldirektor nach Billigung durch den Koordinierungsausschuß getroffen.

Artikel 14

Möglichkeiten, Vertragspartei zu werden

(1) Die in Artikel 5 bezeichneten Staaten können Vertragspartei dieses Übereinkommens und Mitglied der Organisation werden durch

i) Unterzeichnung ohne Vorbehalt der Ratifikation oder

ii) Unterzeichnung unter Vorbehalt der Ratifikation und nachfolgende Hinterlegung der Ratifikationsurkunde oder

iii) Hinterlegung einer Beitrittsurkunde.

(2) Ungeachtet aller anderen Bestimmungen dieses Übereinkommens kann ein Vertragsstaat der Pariser Verbandsübereinkunft, der Berner Übereinkunft oder beider Übereinkünfte nur dann Vertragspartei dieses Übereinkommens werden, wenn er durch Ratifikation oder Beitritt gleichzeitig oder vorher Vertragspartei

entweder der Stockholmer Fassung der Pariser Verbandsübereinkunft in ihrer Gesamtheit oder mit der in Artikel 20 Absatz 1 Buchstabe b Ziffer i dieser Fassung vorgesehenen Einschränkung

oder der Stockholmer Fassung der Berner Übereinkunft in ihrer Gesamtheit oder mit der in Artikel 28

vue par l'article 28.1) b) i) dudit Acte.

3) Les instruments de ratification ou d'adhésion sont déposés auprès du Directeur général.

Article 15

Entrée en vigueur de la Convention

1) La présente Convention entre en vigueur trois mois après que dix Etats membres de l'Union de Paris et sept Etats membres de l'Union de Berne ont accompli l'un des actes prévus à l'article 14.1), étant entendu que tout Etat membre des deux Unions est compté dans les deux groupes. A cette date, la présente Convention entre également en vigueur à l'égard des Etats qui, n'étant membres d'aucune des deux Unions, ont accompli, trois mois ou plus avant ladite date, l'un des actes prévus à l'article 14.1).

2) A l'égard de tout autre Etat, la présente Convention entre en vigueur trois mois après la date à laquelle cet Etat a accompli l'un des actes prévus à l'article 14.1).

Article 16

Réserves

Aucune réserve n'est admise à la présente Convention.

Article 17

Modifications

1) Des propositions de modification à la présente Convention peuvent être présentées par tout Etat membre, par le Comité de coordination ou par le

Absatz 1 Buchstabe b Ziffer i dieser Fassung vorgesehenen Einschränkung

wird oder geworden ist.

(3) Die Ratifikations- oder Beitrittsurkunden werden beim Generaldirektor hinterlegt.

Artikel 15

Inkrafttreten des Übereinkommens

(1) Dieses Übereinkommen tritt drei Monate, nachdem zehn Mitgliedstaaten des Pariser Verbandes und sieben Mitgliedstaaten des Berner Verbandes eine der in Artikel 14 Absatz 1 vorgesehenen Handlungen vorgenommen haben, in Kraft, wobei ein Staat, der Mitglied beider Verbände ist, in beiden Gruppen gezählt wird. Zu diesem Zeitpunkt tritt dieses Übereinkommen auch für die Staaten in Kraft, die, ohne Mitglied eines der beiden Verbände zu sein, drei Monate vor diesem Zeitpunkt oder früher eine der in Artikel 14 Absatz 1 vorgesehenen Handlungen vorgenommen haben.

(2) Für jeden anderen Staat tritt dieses Übereinkommen drei Monate nach dem Zeitpunkt in Kraft, zu dem dieser Staat eine der in Artikel 14 Absatz 1 vorgesehenen Handlungen vorgenommen hat.

Artikel 16

Vorbehalte

Vorbehalte zu diesem Übereinkommen sind nicht zulässig.

Artikel 17

Änderungen

(1) Vorschläge zur Änderung dieses Übereinkommens können von jedem Mitgliedstaat, vom Koordinierungsausschuß oder vom Generaldirektor

Directeur général. Ces propositions sont communiquées par ce dernier aux Etats membres six mois au moins avant d'être soumises à l'examen de la Conférence.

2) Toute modification est adoptée par la Conférence. S'il s'agit de modifications de nature à affecter les droits et obligations des Etats parties à la présente Convention qui ne sont membres d'aucune des Unions, ces Etats participent également au scrutin. Les Etats parties à la présente Convention qui sont membres de l'une au moins des Unions sont seuls habilités à voter sur toutes propositions relatives à d'autres modifications. Les modifications sont adoptées à la majorité simple des votes exprimés, étant entendu que la Conférence ne vote que sur les propositions de modification adoptées au préalable par l'Assemblée de l'Union de Paris et l'Assemblée de l'Union de Berne selon les règles applicables dans chacune d'elles à la modification des dispositions administratives de leurs Conventions respectives.

3) Toute modification entre en vigueur un mois après la réception par le Directeur général des notifications écrites d'acceptation, effectuée en conformité avec leurs règles constitutionnelles respectives, de la part des trois quarts des Etats qui étaient membres de l'Organisation, et avaient le droit de vote sur la modification proposée aux termes de l'alinéa 2), au moment où la modification a été adoptée par la Conférence. Toute modification ainsi acceptée lie tous les Etats qui sont membres de l'Organisation au moment où la modification entre en vigueur ou qui en deviennent membres à une date ultérieure; toutefois,

vorgelegt werden. Diese Vorschläge werden vom Gerneraldirektor mindestens sechs Monate, bevor sie in der Konferenz beraten werden, den Mitgliedstaaten mitgeteilt.

(2) Jede Änderung wird von der Konferenz beschlossen. Berühren die Änderungen die Rechte und Verpflichtungen der Vertragsstaaten dieses Übereinkommens, die nicht Mitglied eines der Verbände sind, so nehmen diese Staaten auch an der Abstimmung teil. Über alle anderen Änderungsvorschläge stimmen nur die Vertragsstaaten dieses Übereinkommens ab, die Mitglied mindestens eines der Verbände sind. Die Änderungen werden mit einfacher Mehrheit der abgegebenen Stimmen beschlossen unter der Voraussetzung, daß die Konferenz nur über solche Änderungsvorschläge abstimmt, die vorher von der Versammlung des Pariser Verbandes und von der Versammlung des Berner Verbandes nach den Bestimmungen beschlossen worden sind, die diese Übereinkünfte für die Änderung ihrer Verwaltungsvorschriften vorsehen.

(3) Jede Änderung tritt einen Monat nach dem Zeitpunkt in Kraft, zu dem die schriftlichen Notifikationen der verfassungsmäßig zustandegekommenen Annahme des Änderungsvorschlags von drei Vierteln der Mitgliedstaaten der Organisation, die im Zeitpunkt der Beschlußfassung der Konferenz über die Änderung nach Absatz 2 stimmberechtigt waren, beim Generaldirektor eingegangen sind. Jede auf diese Weise angenommene Änderung bindet alle Staaten, die im Zeipunkt des Inkrafttretens der Änderung Mitglied der Organisation sind oder später Mitglied

toute modification qui accroît les obligations financières des Etats membres ne lie que ceux d'entre eux qui ont notifié leur acceptation de ladite modification.

werden; jedoch bindet eine Änderung, die die finanziellen Verpflichtungen der Mitgliedstaaten erweitert, nur die Staaten, die die Annahme dieser Änderung notifiziert haben.

Article 18

Dénonciation

1) Tout Etat membre peut dénoncer la présente Convention par notification adressée au Directeur général.

2) La dénonciation prend effet six mois après la date à laquelle le Directeur général a reçu la notification.

Artikel 18

Kündigung

(1) Jeder Mitgliedstaat kann dieses Übereinkommen durch eine an den Generaldirektor gerichtete Notifikation kündigen.

(2) Die Kündigung wird sechs Monate nach dem Zeitpunkt wirksam, zu dem die Notifikation beim Generaldirektor eingegangen ist.

Article 19

Notifications

Le Directeur général notifie aux Gouvernements de tous les Etats membres:

i) la date d'entrée en vigueur de la Convention;
ii) les signatures et dépôts d'instruments de ratification ou d'adhésion;
iii) les acceptations de modifications de la présente Convention et la date à laquelle ces modifications entrent en vigueur;
iv) les dénonciations de la présente Convention.

Artikel 19

Notifikationen

Der Generaldirektor notifiziert den Regierungen aller Mitgliedstaaten

i) den Zeitpunkt des Inkrafttretens des Übereinkommens,
ii) die Unterzeichnung und die Hinterlegung von Ratifikations- oder Beitrittsurkunden,
iii) die Annahmen von Änderungen dieses Übereinkommens und den Zeitpunkt, zu dem diese Änderungen in Kraft treten,
vi) die Kündigungen dieses Übereinkommens.

Article 20

Dispositions Protocolaires

1) a) La présente Convention est signée en un seul exemplaire en langues anglaise, espagnole, française et russe, ces textes faisant également foi; elle est déposée auprès du Gouvernement de la Suède.

Artikel 20

Schlußbestimmungen

(1) a) Dieses Übereinkommen wird in einer Urschrift in englischer, französischer, russischer und spanischer Sprache unterzeichnet, wobei jeder Wortlaut gleichermaßen verbindlich ist, und bei der schwedischen Regierung hinterlegt.

b) La présente Convention reste ouverte à la signature à Stockholm jusqu'au 13 janvier 1968.

2) Des textes officiels sont établis par le Directeur général, après consultation des Gouvernements intéressés, dans les langues allemande, italienne et portugaise et dans les autres langues que la Conférence pourra indiquer.

3) Le Directeur général transmet deux copies certifiées conformes de la présente Convention et de toute modification adoptée par la Conférence aux Gouvernements des Etats membres des Unions de Paris ou de Berne, au Gouvernement de tout autre Etat lorsqu'il adhère à la présente Convention et au Gouvernement de tout autre Etat qui en fait la demande. Les copies du texte signé de la Convention qui sont transmises aux Gouvernements sont certifiées conformes par le Gouvernement de la Suède.

4) Le Directeur général fait enregistrer la présente Convention auprès du Secrétariat de l'Organisation des Nations Unies.

b) Dieses Übereinkommen liegt bis zum 13. Januar 1968 in Stockholm zur Unterzeichnung auf.

(2) Amtliche Texte werden vom Generaldirektor nach Konsultierung der beteiligten Regierungen in deutscher, italienischer und portugiesischer Sprache sowie in anderen Sprachen hergestellt, die die Konferenz bestimmen kann.

(3) Der Generaldirektor übermittelt zwei beglaubigte Abschriften dieses Übereinkommens und jeder von der Konferenz beschlossenen Änderung den Regierungen der Mitgliedstaaten des Pariser Verbandes und des Berner Verbandes sowie der Regierung jedes anderen Staates, wenn er diesem Übereinkommen beitritt, und der Regierung jedes anderen Staates, die es verlangt. Die Abschriften des unterzeichneten Textes des Übereinkommens, die den Regierungen übermittelt werden, werden von der schwedischen Regierung beglaubigt.

(4) Der Generaldirektor läßt dieses Übereinkommen beim Sekretariat der Vereinten Nationen registrieren.

Article 21

Clauses transitoires

1) Jusqu'à l'entrée en fonctions du premier Directeur général, les références, dans la présente Convention, au Bureau international ou au Directeur général sont considérées comme se rapportant respectivement aux Bureaux internationaux réunis pour la protection de la propriété industrielle, littéraire et artistique (également dénommés Bureaux internationaux ré-

Artikel 21

Übergangsbestimmungen

(1) Bis zur Amtsübernahme durch den ersten Generaldirektor gelten Bezugnahmen in diesem Übereinkommen auf das Internationale Büro oder den Generaldirektor als Bezugnahmen auf die Vereinigten Internationalen Büros zum Schutz des gewerblichen, literarischen und künstlerischen Eigentums (auch Vereinigte Internationale Büros zum Schutz des

unis pour la protection de la propriété intellectuelle [BIRPI]), ou à leur Directeur.

2) a) Les Etats qui sont membres de l'une des Unions, mais qui ne sont pas encore devenus parties à la présente Convention, peuvent, pendant cinq ans à compter de la date de son entrée en vigueur, exercer, s'ils le désirent, les mêmes droits que s'ils y étaient parties. Tout Etat qui désire exercer lesdits droits dépose à cette fin auprès du Directeur général une notification écrite qui prend effet à la date de sa réception. De tels Etats sont réputés être membres de l'Assemblée générale et de la Conférence jusqu'à l'expiration de ladite période.

b) A l'expiration de la période de cinq ans, ces Etats n'ont plus le droit de vote à l'Assemblée générale, à la Conférence ou au Comité de coordination.

c) Dès qu'ils sont devenus parties à la présente Convention, lesdits Etats peuvent exercer à nouveau le droit de vote.

3) a) Aussi longtemps que tous les Etats membres des Unions de Paris ou de Berne ne sont pas devenus parties à la présente Convention, le Bureau international et le Directeur général exercent également les fonctions dévolues respectivement aux Bureaux internatio-

geistigen Eigentums — BIRPI — genannt) oder ihren Direktor.

(2) a) Staaten, die Mitglied eines der Verbände sind, aber noch nicht Vertragspartei dieses Übereinkommens geworden sind, können, wenn sie dies wünschen, während eines Zeitraums von fünf Jahren, gerechnet vom Zeitpunkt des Inkrafttretens dieses Übereinkommens an, die gleichen Rechte ausüben, die sie als Vertragspartei dieses Übereinkommens hätten. Jeder Staat, der diese Rechte auszuüben wünscht, hinterlegt zu diesen Zweck beim Generaldirektor eine schriftliche Notifikation, die im Zeitpunkt ihres Eingangs wirksam wird. Solche Staaten gelten bis zum Ablauf der genannten Frist als Mitglied der Generalversammlung und der Konferenz.

b) Mit Ablauf der fünfjährigen Frist sind diese Staaten in der Generalversammlung, in der Konferenz und im Koordinierungsausschuß nicht mehr stimmberechtigt.

c) Werden diese Staaten Vertragspartei dieses Übereinkommens, so sind sie wieder stimmberechtigt.

(3) a) Solange nicht alle Mitgliedstaaten des Pariser und des Berner Verbandes Vertragspartei dieses Übereinkommens geworden sind, nehmen das Internationale Büro und der Generaldirektor auch die Aufgaben der Vereinigten Internationalen Büros zum

naux réunis pour la protection de la propriété industrielle, littéraire et artistique, et à leur Directeur.

b) Le personnel en fonctions aux Bureaux susvisés à la date d'entrée en vigueur de la présente Convention est, durant la période transitoire visée au sous-alinéa a), considéré comme également en fonctions au Bureau international.

4) a) Lorsque tous les Etats membres de l'Union de Paris sont devenus membres de l'Organisation, les droits, obligations et biens du Bureau de cette Union sont dévolus au Bureau international de l'Organisation.

b) Lorsque tous les Etats membres de l'Union de Berne sont devenus membres de l'Organisation, les droits, obligations et biens du Bureau de cette Union sont dévolus au Bureau international de l'Organisation.

Schutz des gewerblichen, literarischen und künstlerischen Eigentums und ihres Direktors wahr.

b) Das bei den genannten Büros im Zeitpunkt des Inkrafttretens dieses Übereinkommens beschäftigte Personal gilt während der unter Buchstabe a bezeichneten Übergangszeit auch als beim Internationalen Büro beschäftigt.

(4) a) Sobald alle Mitgliedstaaten des Pariser Verbandes Mitglied der Organisation geworden sind, gehen die Rechte und Verpflichtungen sowie das Vermögen des Büros dieses Verbandes auf das Internationale Büro der Organisation über.

b) Sobald alle Mitgliedstaaten des Berner Verbandes Mitglied der Organisation geworden sind, gehen die Rechte und Verpflichtungen sowie das Vermögen des Büros dieses Verbandes auf das Internationale Büro der Organisation über.

ZWEITER TEIL. ERLÄUTERUNGEN

I. Aufsätze

1. Dr. h. c. Dr. h. c. **Bénigne Mentha**, ehemals Direktor der Vereinigten Internationalen Büros zum Schutz des geistigen Eigentums:

Die weltweite Organisierung des Urheberrechts. Ein Koexistenzproblem 109

2. Professor Dr. **Åke Lögdberg**, Universität Lund:

Einige Überlegungen über die Konferenz zur Revision der Berner Übereinkunft in Stockholm 1967 128

3. Rechtsanwalt Dr. **Demetrius S. Oekonomidis**, Athen/München:

A. Zur Regelung des Filmrechts 135

B. Zum Protokoll betreffend die Entwicklungsländer . 217

II. Denkschrift der deutschen Bundesregierung 256

I. Aufsätze

1. Die weltweite Organisierung des Urheberrechts Ein Koexistenzproblem

Von Dr. h. c. Dr. h. c. **Bénigne Mentha**, Thun (Schweiz)

ehemals Direktor der Vereinigten Internationalen Büros zum Schutz des geistigen Eigentums*)

1. Die internationale, ja universelle Etablierung des Urheberrechts steht auf der Tagesordnung, seitdem die Urheberrechtskonferenz von Stockholm 1967 die OMPI geschaffen hat, d. h. den Vertrag über die Errichtung einer Weltorganisation für geistiges Eigentum, der am 14. Juli 1967 von einer bedeutenden Zahl (über 40) von Ländern unterzeichnet wurde. Dieses Datum steht am Ende einer Entwicklung, die in großen Zügen nachzuzeichnen vielleicht nützlich ist.

2. Zu Beginn des Jahrhunderts (1914) warf die zwischenstaatliche Organisierung des Urheberrechts keine Fragen auf. Europa stand auf dem Gipfel seiner materiellen und geistigen Macht. Es hatte 1886 die Internationale Union zum Schutze der Werke der Literatur und Kunst geschaffen, deren Charta, die Berner Übereinkunft, sich unter dem Einfluß der damaligen Kolonialmächte Großbritannien, Frankreich, Deutschland, Niederlande, Belgien, Spanien, Portugal und Italien auf weite Gebiete außerhalb Europas erstreckte. Das in Bern unterzeichnete Vertragswerk hatte taktisch einen bemerkenswerten Teil der Erde für sich gewonnen. Die Vereinigten Staaten von Amerika, Rußland und China blieben beiseite; das war ein im Verborgenen wirkendes Handicap. Zahlreiche bilaterale, auf Gegenseitigkeit beruhende Verträge schützten jedoch die europäischen Urheber in den USA, was den Mißerfolg der Übereinkunft bezüglich Amerika beseitigte. Die Distanz Rußlands und Chinas blieb bis zum heutigen Tage voll erhalten. Sei's drum. Die Berner Übereinkunft war während ziemlich langer Zeit der wichtigste, fast der einzige Anziehungspunkt für alle die individuellen und kollektiven Kräfte, die das internationale Urheberrecht umgaben. Sie war zu diesem Zweck geschaffen worden; einen Augenblick lang konnte sie glauben, kurz vor der Vollendung ihres ehrgeizigen Zieles zu stehen. Die übrigen mehrseitigen Verträge, die neben der Berner

*) Deutsche Übersetzung aus Revue Internationale du Droit d'auteur (R.I.D.A.), LIX. Janvier 1969 p. 3 squ. Der R.I.D.A. und M. Roger Fernay, Paris, sei auch an dieser Stelle für die Erlaubnis gedankt, von dem französisch-englisch-spanisch erschienenen Aufsatz eine deutschsprachige Fassung zu veröffentlichen. — D. H.

Übereinkunft entstanden waren, betrafen (mit Ausnahme des Vertrages von Montevideo) ausschließlich den amerikanischen Kontinent und besaßen bei weitem nicht das Ansehen der Übereinkunft von Bern mit ihrer von Anfang an interkontinentalen Reichweite.

3. Dieses Prestige war in erster Linie dem Gewicht der auf dem Gebiet der geistigen Schöpfungen bedeutenden Vertragstaaten (Deutschland, Frankreich, Großbritannien, Italien) zuzuschreiben. Auch ist der Gedanke nicht verfehlt, daß die Berner Übereinkunft sich mit der Einrichtung eines ständigen Büros mit dem Auftrage, die mit dem Schutz des Urheberrechts zusammenhängenden Probleme in einer Spezialzeitschrift zu untersuchen, die Möglichkeit einer ständigen und wirksamen Ausstrahlung geschaffen hatte; vorausgesetzt freilich, die Zeitschrift mit dem Namen Le Droit d'Auteur — ein nicht unangebrachter Titel — würde gut redigiert. Sie wurde es während der entscheidenden Jahre des Beginns dank einem außergewöhnlichen Mann, der zusammen mit dem Unternehmen, das die Schweizer Regierung von Anfang an ihm aufgetragen hatte, Größe gewonnen hatte: *Ernst Röthlisberger* (1858 bis 1926). Als junger Schweizer, zurückgekehrt von einer Aufgabe in Kolumbien, besaß Röthlisberger in sehr hohem Maße Begeisterungskraft. Leidenschaftlich setzte er sich für die ihm übertragene Aufgabe ein, wobei er sich, der Ausbildung nach Philologe, die volle juristische Meisterschaft im Urheberrecht erwarb. Internationales Ansehen als Experte erlangte er zur Zeit der Berliner Konferenz (1908); er war deren Generalsekretär und in mancher Hinsicht ihr wissenschaftlicher Ratgeber in seiner Eigenschaft als Kommentator der ursprünglichen Berner Übereinkunft, aus der die revidierte Berner Übereinkunft entstehen sollte. (Sein Werk, das im Augenblick der Eröffnung der Konferenz erschien, ist auch heute noch nach 60 Jahren unübertroffen geblieben in der Fülle und Verläßlichkeit seiner Informationen.)

4. Ein berechtigtes Bewußtsein von seinem Wert wußte Röthlisberger zu verbinden mit der genauen Kenntnis der jeder menschlichen Intelligenz gesetzten Grenzen: Das Werk, dem er sich widmete, konnte ihn völlig in Anspruch nehmen, aber umgekehrt wurde es nicht von ihm aufgesogen. Klugerweise ging er eine fruchtbare Zusammenarbeit mit der Association littéraire et artistique internationale (ALAI) ein, die bei der Übereinkunft Pate gestanden hatte und eine Art Club von Eingeweihten bildete, bei dem sich unter französischer Führung die wichtigsten europäischen Meister des Urheberrechts trafen. Die Association war das erste supranationale Parlament, wo die Fragen, auf die die Berner Übereinkunft nur zeitlich beschränkte Antworten gab (wie es

alle juristischen Regelungen tun) debattiert wurden. Röthlisberger war es zur Gewohnheit geworden, vor diesem Forum alle Ereignisse von einiger Bedeutung aus dem Leben der Urheberrechtsunion darzustellen. Zwischen dem Vertreter des internationalen Büros und denjenigen, die gleichzeitig seine Ratgeber und seine Freunde waren, entstand ein echter Dialog. So erlebte die Berner Übereinkunft die erste Phase ihrer Existenz, vielleicht die glücklichste, gekennzeichnet durch eine harmonische, von den Härten der Konkurrenz freie Entwicklung. Man kann sagen, daß bis hinein in die Zeit nach dem ersten Weltkrieg das System des Urheberrechts im zwischenstaatlichen Bereich einfach war: Ein geschäftsführendes Organ, das sogenannte Berner Büro, wo Röthlisberger den wissenschaftlichen Elan personifizierte, handelte in engem Einvernehmen mit der ALAI, einem kleinen Parlament, das sich auf jährlichen Kongressen versammelte und die Politik der Union in ihren großen Linien festlegte. Verbindungen knüpften sich an; das Welturheberrecht wurde nach und nach Angelegenheit einiger Experten, die sich gegenseitig schätzten und sich über die Grenzen hinweg kannten; der Franzose Maillard und der Deutsche Osterrieth gaben ein Beispiel von Verbundenheit, das der Schweizer Röthlisberger ständig ermutigte und dadurch doppelt unterstützte, wobei er Entgegenkommen und Objektivität glücklich vereinte.

5. Die Lage war fast ideal. Dies erklärt den Erfolg der Berliner Konferenz, der in der Union bisher einzigartig blieb. Man brauchte nur durchzuhalten und die Männer zur rechten Zeit zu ersetzen, eine im übrigen nutzlose Sorge: Der Wechsel ist das große unvermeidliche Gesetz des Lebens, und die Erfahrung der Vergangenheit, so sprechend sie sein mag, wird die Gegenwart nie daran hindern, den Weg, den die Zukunft ihr weist, zu gehen. Wann ist die Richtungsänderung des internationalen Urheberrechts eingetreten? Ich kann es nicht genau sagen. Mir scheint, es war zu der Zeit, als in Paris im Rahmen des Völkerbunds zwischen den zwei Kriegen das von Frankreich finanzierte Institut für geistige Zusammenarbeit (Institut de coopération intellectuelle) bestand. Dieses Institut, Vorläufer oder erste Auflage der UNESCO, wandte sich von Anfang an dem internationalen Schutz der Werke der Literatur und Kunst zu. Muß man sagen, daß diese Mühe überflüssig war, verfolgte doch die Berner Übereinkunft das selbe Ziel? Zunächst scheint der Einwand berechtigt. Dennoch glaube ich es nicht, denn das Urheberrecht darf und kann nicht monopolisiert werden. Es ist kein öffentlicher Dienst wie Post, Telegraphie, Ernährungskontrolle, Eisenbahn und manchmal auch Luftfahrt. Es ist unumgänglich und vernünftig, daß die Probleme auf dem Gebiet des Urheberrechts an den

Geistesschöpfungen dem Studium all derjenigen offenstehen, deren Interessen und Engagement sie finden. Sie enthalten ein Ferment von Leidenschaft, das jeder offiziellen Approbierung entzogen ist.

6. Der juristische Berater des Instituts, *Raymond Weiss* — gerne gedenke ich seiner an dieser Stelle —, empfand eine wohlwollende Neigung für Fragen, denen die Berner Union und ihr Büro auf den Grund zu gehen hatten. Er betrachtete es als eine Ehre, dazu einen persönlichen Beitrag zu leisten, und zwar in Form eines Heftes über das geistige Eigentum, in dem verschiedene Gegenstände mit Geschick dargestellt waren, die später nur aufgegriffen zu werden brauchten (Jurisdiktionsklausel, droit de suite). Dieses kleine Werk trug keinen Urhebernamen, aber sein Ursprung war außer Zweifel. Es war zu der Zeit, als das Berner Büro, oder genauer gesagt sein neuer Direktor, *Fritz Ostertag*, der ehemalige Präsident des Schweizer Obersten Gerichtshofs, die Tagung vorbereitete, die nach dem ersten Weltkrieg die Tradition der Unionskonferenzen wieder aufnehmen sollte. Die Broschüre von Weiss nimmt unter den Vorstudien, die die Romkonferenz (1928) ausgelöst hat, einen Ehrenplatz ein. Noch mehr, mit dem Ablauf der Zeit glaube ich immer mehr, daß diese Veröffentlichung in der Geschichte der Berner Union einen Wendepunkt darstellt: Die Phase des Beginns, wo sich die Übereinkunft in gewisser Weise *motu proprio*, ohne weiteres Beratungsorgan und Durchsetzungsinstrument als die ALAI, entwickelte, ist abgeschlossen. Von nun an ist der internationale Schutz der Werke der Literatur und Kunst auch und beständig eine Angelegenheit der intellektuellen Zusammenarbeit in der Welt, ein Unternehmen, das das Urheberrecht in sein umfassendes Programm einschloß.

7. Der Elan des Instituts und nach dem zweiten Weltkrieg der Elan der UNESCO, die als Phönix aus der Asche ihrer Vorgängerin hervorgegangen war, hat sich auf eine, wie ich glaube, definitive Weise manifestiert. Fast zur gleichen Zeit sah die ALAI ihre Tätigkeit unterstützt und mehr oder weniger verdoppelt durch die Confédération Internationale des Sociétés d'Auteurs et Compositeurs (CISAC), die 1927 gegründet wurde und deren Gesetzgebungskommission es übernommen hatte, die gesetzgeberischen Bestrebungen auf dem Urheberrechtsgebiet in der ganzen Welt zu verfolgen. Bei mancher Gelegenheit spielte diese Kommission eine offiziöse Rolle: Die zahlreichen Verbindungen, über die sie verfügt, erlauben es ihr, in die Breite und in die Tiefe zu wirken. (Vor der Stockholmer Konferenz 1967 beispielsweise hatte das Sekretariat der CISAC zwei umfangreich dokumentierte Denk-

schriften von bleibendem Wert veröffentlicht.) In Deutschland gibt die Internationale Gesellschaft für Urheberrecht e. V. (INTERGU), die nach dem Konflikt 1939/1945 gegründet worden war, eine Schriftensammlung heraus, die aktuellen Problemen des Urheberrechts gewidmet ist. Bisher sind 39 Bände [1]) erschienen; der letzte behandelt die Stockholmer Konferenz und enthält eine sehr nützliche Konkordanz der Konventionstexte von 1948 (Brüssel) und 1967. Man sieht also, das Berner Büro (seit einigen Jahren nach Genf umgezogen), das 1888 allein begonnen hatte, hat nach und nach wertvolle Unterstützung erhalten.

8. Ist der Ausdruck Rivalität hier am Platze? Wenn ich mich nicht täusche, ist er mit Blick auf die UNESCO aus einer ein wenig beunruhigten Feder geflossen. Rivalität, Konkurrenz? Zu fürchten oder zu tadeln sind weder die Worte noch die dahinterstehende Idee. Was allein zu tun ist, ist die Vermeidung von Doppelarbeit und nutzloser Vergeudung von Kräften. Es kommt auf die Nuance an. Hier ist eine nähere Erklärung notwendig. Die Berner Union hat vor 82 Jahren einen bescheidenen Anfang genommen, was kennzeichnend ist für Schöpfungen, denen Erfolg winkt. Zu Beginn hatten 10 Länder die Übereinkunft unterzeichnet und 9 Ratifizierungsländer haben sie seit dem Tag ihres Inkrafttretens am 5. Dezember 1887 angewandt. Am 1. Januar 1951 betrug die Zahl der Verbandsländer 41 (man vergleiche die Liste in den *Dokumenten* der Brüsseler Konferenz); hinzu kam eine Reihe von Territorien, die man unter der allgemeinen Bezeichnung Kolonien zusammenfaßt und die an folgende Länder angeschlossen waren: Australien, Belgien, Spanien, Frankreich, Großbritannien, Neuseeland, Niederlande, Portugal, Südafrikanische Union. Denkt man an die Ausdehnung der früheren britischen, französischen, niederländischen und belgischen Kolonialreiche, dann kann man sich den bedeutenden territorialen Umfang, den die Union besaß, vorstellen. Dennoch hat sich der ehrgeizige, wenn auch unausgesprochene Traum der Gründer nicht verwirklichen lassen: Die im Keim weltumspannende Konvention wurde es niemals wirklich. Sie hatte, wiederholen wir es, weder die USA, noch die UdSSR, noch China, die drei größten Staaten der Erde, gewonnen. Seit einigen Jahren war sie von einer gewissen Starre befallen. Zwischen 1935 und 1951 hatte es nur zwei neue Mitgliedstaaten von beschränktem materiellen Gewicht gegeben: der Vatikanstaat und Island. Darüber hinaus bereitete sich der irreversible Prozeß der Entkolonialisierung vor; das allgemeine Weltklima ließ das Wachstum dessen nicht

[1]) Nach Abschluß dieser Arbeit ist der 40. erschienen.

zu, was man mit ein wenig Pessimismus ein sklerotisches Gebilde zu nennen wagen konnte.

9. Die Brüsseler Konferenz hatte die Verbindung zwischen den Mitgliedstaaten wieder hergestellt; dies war das erste Ziel der Erneuerung, das man anstreben mußte. Wo aber blieb der Fortschritt? Wer nicht vorwärtsschreitet, bleibt zurück: Stagnation ist gefährlich. Den für das internationale Urheberrecht Verantwortlichen eröffneten sich zwei Möglichkeiten: Eine im Zeichen der Quantität, die andere im Zeichen der Qualität. Es konnte zunächst nicht davon die Rede sein, über die 1948 in Brüssel erreichten Ergebnisse hinauszugehen, die, gestehen wir es, bezüglich der Verstärkung des Schutzes nicht gerade spektakulär waren. Als praktische Möglichkeit blieb der Weg in Richtung auf eine räumliche Ausdehnung des Verbandes. Dies bedeutete eine verstärkte Werbung um die Vereinigten Staaten, ein Land, das man schon mehrere Male angegangen war, das aber in Wartestellung verharrte. Der Beitritt der USA zur Berner Union scheiterte an verschiedenen Hindernissen, die der amerikanische Gesetzgeber sich weigerte abzubauen, und die auszuräumen die Berner Übereinkunft ihrerseits nicht die Freiheit hatte. Die Lage war vorläufig ausweglos.

10. Die UNESCO aber gab aufmerksam acht. Sie besaß eine Urheberrechtsabteilung unter dem hervorragenden Fachmann *François Hepp*, dem Cousin des verstorbenen Raymond Weiss; er wußte die ihm gebotene Chance zu nutzen. In zweifacher Weise war er frei: gegenüber den USA, dem Gegenstand seines Ehrgeizes, hatte er die Hände nicht gebunden; von Seiten der UNESCO gab es keine Behinderung: eine großzügige Finanzierung der Dokumentations- und Reisekosten. Das große Verdienst von Hepp, der kurz nach seiner Pensionierung gestorben ist, war es, seine Trümpfe in voller Loyalität auszuspielen. Ich wiederhole, was ich weiter oben gesagt habe: der Dienst am Urheberrecht hat nichts Exklusives an sich; jeder kann sich in die Reihe der Dienenden einfügen. Da die Umstände für einen Beitritt der USA in den Urheberschutzverband nicht günstig waren, warum sollte man ihnen nicht eine Ersatzlösung vorschlagen, d. h. eine neue, ihrem Gesetz besser angepaßte Übereinkunft, die noch dazu möglicherweise so beschaffen sein könnte, daß sie die von dem hohen Schutzniveau der Berner Konvention abgeschreckten Länder anziehen könnte. Die Mittel und die Popularität der UNESCO erlaubten es Hepp, mit den zuständigen amerikanischen Kreisen, sei es, daß er sie nach Paris einlud, sei es daß er sie besuchte, Kontakt aufzunehmen. Diese Vorbereitungsarbeit wurde mit Meisterhand erledigt. Hepp war so geschickt,

sich aus Gründen der Vorsicht und als Berater einen der einflußreichsten Delegierten der vorausgegangenen Brüsseler Konferenz, den ehemaligen Präsidenten des Schweizer Bundesgerichts *Plinio Bolla*, an die Seite zu holen, den zu verdächtigen, er könnte je die Berner Union auch nur im geringsten angreifen wollen, sich niemand hergeben würde.

11. Es liegt mir daran, die volle Korrektheit von Bolla, der heute wie Hepp bereits verstorben ist, zu unterstreichen. Manche Erscheinungen hätten gegen sie ausgelegt werden können. Bedeutete nicht die Ausarbeitung einer zweiten weltweiten Urheberrechtskonvention, daß man der Versuchung einer sicherlich nicht unerlaubten — ich habe bereits gesagt, daß das nicht in Betracht kam —, aber ein wenig störenden und nicht unbedingt freundlichen Konkurrenz nachgab? Der normale Gebrauch des Rechts verletzt manchmal die feineren Regeln der Kollegialität. Nichts von alledem im vorliegenden Falle. Das Berner Büro wurde ohne Einschränkung an den Vorbereitungsarbeiten des neuen diplomatischen Instruments beteiligt. Wenn Hepp einige Erkundungsreisen allein machte, so fanden doch die Tagungen und Ausschußsitzungen, die der Genfer Konferenz von 1952 vorausgingen, nicht ohne die Anwesenheit eines Vertreters des Berner Büros statt, wie dies auch während der Unterzeichnung des als Welturheberrechtsabkommen bezeichneten Vertrages vom 5. September 1952 der Fall war. Ja noch mehr: die Redaktoren dieses Abkommens gaben sich Mühe, jede Rivalitätswirkung zwischen den beiden Instrumenten sorgfältig zu vermeiden. Das Welturheberrechtsabkommen enthielt zugunsten der Berner Konvention Vorschriften mit dem Ziel, ein mögliches „dumping" auszuschließen, das das jüngere und geschmeidigere Abkommen gegenüber dem älteren und für die Urheber günstigeren begehen könnte. Wenn ein Mitgliedsland der Berner Union diese nach dem 1. Januar 1951 verlassen sollte, um dem Welturheberrechtsabkommen beizutreten, dann wären die aus diesem Lande stammenden Werke durch letzteres Abkommen in den Mitgliedstaaten der verlassenen Konvention nicht geschützt. Unnütz also der Versuch, allzu hart empfundene Lasten abzuschütteln, indem man sie durch leichtere Verpflichtungen ersetzt: Solche Überlegungen von Seiten eines Verbandsstaates sind von vornherein zum Scheitern verurteilt. Zum anderen ist das Welturheberrechtsabkommen zwischen zwei durch die Berner Übereinkunft gebundenen Staaten nicht anwendbar, wenn eines von ihnen das Ursprungsland und das andere das Land ist, in das das Werk eingeführt wurde. Mit anderen Worten, die Berner Übereinkunft fixiert endgültig den Status derjenigen Werke, die sie einmal unter ihre Fittiche genom-

men hat, ohne daß der Beitritt des Ursprungslandes oder des Einfuhrlandes zum Welturheberrechtsabkommen im nachhinein irgend etwas am Unionsstatut, *ne varietur*, des Werkes ändern könnte. (Ich hoffe meine Auslegung ist korrekt; sie stützt sich auf einen etwas umständlich redigierten Text.) Man sieht also, das Welturheberrechtsabkommen hat nach der Berner Übereinkunft bestehende Rechte respektiert und sein Anwendungsgebiet freiwillig auf die Beziehungen zwischen außerhalb letzterer gebliebenen Staaten oder zwischen Staaten, die diese Übereinkunft vor dem 1. Januar 1951 verlassen haben, oder schließlich zwischen solchen Staaten beschränkt, von denen eines Mitglied der Übereinkunft ist und das andere nicht. Schon immer hat diese komplexe Regelung (ich hoffe, sie nicht ungenau dargestellt zu haben) den Namen „Vorbehaltsklausel" („clause de sauvegarde") erhalten. Sie zeugt bei denen, die sie aufgestellt haben, von einer richtigen Sicht der Dinge im Jahre 1952.

12. Was war zu dieser Zeit die Hauptsorge der internationalen urheberrechtlichen Kreise? Den Anschluß der USA an ein zwischenstaatliches Schutzsystem für Werke der Literatur und Kunst zu erreichen. Das Welturheberrechtsabkommen wurde zunächst zu diesem Zweck konzipiert und dann auch, um Länder an sich zu binden, die zwei Ziele verfolgten: einmal, eine Sprosse in der intellektuellen Stufenleiter zu erklimmen, und zum anderen, sich diesen Schutz mit möglichst geringen Kosten zu verschaffen. Es waren sehr weitgespannte Absichten, wo sich die verschiedensten, fast entgegengesetzten Vorstellungen vermengten, die sich aber auf der Ebene des Legitimen ausglichen. Dabei wurde es etwas Natürliches, zu versuchen, alles miteinander zu verbinden. Damit hatte das Welturheberrechtsabkommen Erfolg. Das Prestige der UNESCO verbindet sich mit dem Abkommen als solchem und strahlt teilweise auch auf die Mitgliedstaaten aus, die für die Mitgliedschaft an der Genfer Internationale des Urheberrechts, die den Benutzern von Werken der Literatur und Kunst mehr entgegenkommt als die Berner Internationale, nicht allzu teuer bezahlen müssen.

13. Am 16. September 1955 in Kraft getreten, hat die Genfer Übereinkunft bis 1968 eine bemerkenswerte Entwicklung genommen. Die USA waren unter den Unterzeichnerstaaten; am 6. Dezember 1954 hinterlegten sie die Ratifikationsurkunde, also noch vor dem Inkrafttreten. Eine Reihe von Mitgliedstaaten der Berner Union stellten sich ebenfalls unter das Banner des Genfer Abkommens: Die Bundesrepublik Deutschland, Österreich, Belgien, Brasilien, Kanada, Dänemark, Spa-

nien, Frankreich, Griechenland, Indien, Irland, Italien, Japan, Norwegen, Neuseeland, die Niederlande, Portugal, das Vereinigte Königreich (ich behaupte nicht, daß meine Aufzählung vollständig ist). Dieser Erfolg in der Breite liegt gewissermaßen *ultra petita*, denn er umfaßt mehrere fortgeschrittene und industrialisierte Länder (Deutschland, Frankreich, Italien, das Vereinigte Königreich usw. . . .). Andere dagegen, obwohl Mitglieder der Berner Union, werden heute entsprechend der öffentlichen Meinung und der Konzeption der Vereinten Nationen der Kategorie der Entwicklungsländer zugerechnet (Brasilien, Indien). Genau für diese zwei Unionsstaaten, die bereits vor 1951 Mitglieder waren, ist die oben dargelegte Vorbehaltsklausel von Bedeutung: Sie hätten versucht sein können, die Berner Konvention zu verlassen, weil sie dem Genfer Abkommen angehören. Diese Politik hätte sich nicht ausgezahlt: sie hätte sie dem Verlust ihrer Position in den Ländern der Urheberrechtsübereinkunft ausgesetzt. Dies war in der Erklärung zu Art. 17 des Welturheberrechtsabkommens vorgesehen. Der Vorbehalt zugunsten der Berner Konvention hat sich voll ausgewirkt, und die für sie Verantwortlichen hatten vollen Anlaß, sich zu beglückwünschen.

14. Dennoch blieb eine gewisse Beunruhigung oder genauer, sie entstand aus dem Prozeß der Entkolonialisierung, der bereits 1952 begonnen und in den folgenden Jahren seine volle Entfaltung erlangt hatte. Man befürchtete, die Unabhängigkeitserklärungen der Kolonien zögen den Abbruch der Beziehungen mit der Berner Konvention nach sich, die auf den früheren Verbindungen mit dem Mutterland beruhten. Es bildete sich eine Mehrzahl neuer Staaten, die rechtlich frei von jeder Bindung auf dem Gebiet des Urheberrechts waren. Man konnte nicht sagen, daß sie die Berner Konvention nach dem 1. Januar 1951 verlassen hatten: Sie waren in ihrer Eigenschaft als unabhängige Länder niemals Mitglied gewesen. Die Vorbehaltsklausel blieb hier wirkungslos, und die Berner Übereinkunft war in Gefahr, ansehnliche territoriale Abstriche machen zu müssen. Zweifellos konnte die eine oder andere autonom gewordene Kolonie durch eine Fortsetzungserklärung feststellen, daß sie beabsichtige, die Berner Konvention ohne Unterbrechung wie zur Zeit ihres früheren Status einer Kolonie des Vertragstaates anzuwenden. Aber gerade die Tatsache einer solchen Erklärung bewies den vollen Abbruch, wenn nicht eine ausdrückliche Willenserklärung im gegenläufigen Sinn vorhanden war. Konnte die Berner Union leichten Herzens das Risiko des Verlustes vielleicht beträchtlichen Territoriums eingehen? (Das britische, französische und das niederländische Kolonialreich überstiegen bei weitem die Ausmaße des

jeweiligen Mutterlandes. Raymond Recouly stellt in seinem Buch „De Bismarck à Poincarré" fest, daß das französische Kolonialreich 1919 10.241.000 km^2 umfaßte, während die Fläche Frankreichs nach der Rückkehr von Elsaß-Lothringen 551.000 km^2 umfaßt.) Die Antwort auf unsere Frage kann entgegengesetzte Überlegungen auslösen.

15. Das 1868 zum Besten der Urheber gegründete Schutzinstrument hat ein Ziel im Auge, dem es sich im Lauf der Revisionen von Paris (1896), Berlin (1908), Rom (1928) und Brüssel (1948) beständig näherte. Der *jure conventionis* gewährte Schutz wurde verstärkt; das rechtliche Niveau erhöht; der Qualitätsfaktor nahm zu. Wenn man daran denkt, daß die Gründerstaaten der Berner Union im wesentlichen große Produzenten von Werken der Literatur und Kunst waren (Deutschland, Spanien, Frankreich, Großbritannien, Italien), ist man versucht, daraus den Schluß zu ziehen, daß dieser Marsch zu den Sternen eines vollkommenen Urheberrechts wirklich das erste Ziel der Berner Konvention darstellt und daß, wenn sich die Wahl stellt, der Erfolg in der Tiefe und nicht der Erfolg in der Breite den Ausschlag geben muß. Wenn also die alten englischen, französischen, niederländischen usw. . . . Kolonien nach Erlangung der Unabhängigkeit mit ihrer Unionsvergangenheit brechen sollten, dann wäre das sicherlich zu bedauern, ohne daß man darüber die Klage des Jeremias anstimmen müßte. Ein Land, das die Gewährung des strengen und wirksamen Schutzes der Berner Übereinkunft an die Urheber als gegen seine Interessen gerichtet betrachtet, solle mit Gleichmut seinem Schicksal überlassen werden. Wir jedenfalls wollen einen aristrokratischen Club bilden, wo das Genie und das Talent die ihnen zustehende Weihe ihres kulturellen Wertes erhalten. Diese Überlegung verrät einen entschiedenen Stolz, der mich gefangen nimmt.

16. Indessen, sie bleibt nicht ohne Einwand. Die Übereinkunft sollte nach den Vorstellungen ihrer Väter nicht den Charakter einer mehr oder weniger geschlossenen Gesellschaft annehmen; sie sahen in ihr den Keim einer weltweiten Organisation. Man war sich bewußt, daß das äußerste (formell nicht fixierte) Ziel in sehr weiter Zukunft lag, ja sogar *ad calendas graecas* verschoben werden wußte, aber man nahm nicht mittels einer kategorischen Erklärung davon Abstand. Der ursprüngliche Text sah vor, daß die Unterzeichnerstaaten der Übereinkunft für ihre Kolonien angehören konnten, was Frankreich, Großbritannien und Spanien taten. Die Konferenz, aus der die erste Fassung der Berner Übereinkunft entstand, war keineswegs gleichgültig gegenüber der territorialen Ausweitung. In der Folge warben das Interna-

tionale Büro, die ALAI und die CISAC regelmäßig für den Beitritt neuer Länder in die Union. Die dabei besonders anvisierten Länder waren die Argentinische Republik und die USA. Diese Beispiele zeigen, daß es keine grundsätzliche Unvereinbarkeit gibt zwischen dem Ziel, das Anwendungsgebiet des Urheberrechts räumlich auszuweiten, und dem Wunsch, Länder mit einer auf dem Gebiet des Urheberrechts entwickelten Gesetzgebung zu erreichen. Die Argentinische Republik und die USA sind nicht nur große Staaten, sondern auch solide Stützen für die Prinzipien des Urheberrechts[1]). Beim Versuch, sie an sich anzuschließen — erfolgreich im Falle Argentinien — erfüllte die Berner Union ihre, ich wiederhole es, von Natur komplexe Aufgabe.

17. Heute stellt sich die Frage, ob neben der Genfer Konvention, die sich kühn von Anfang an als universell bezeichnete, eine andere Übereinkunft ähnlicher Zielsetzung vernünftig funktionieren kann. Logischerweise sollten zwei diplomatische Konventionen von gleicher weltweiter Zielsetzung und gleicher rechtlicher Substanz nicht nebeneinander bestehen. Sie schaffen schwierige Situationen, wenn es um zwei Länder geht, die beide beiden internationalen Übereinkünften angehören. Das nicht zu bezweifelnde Verdienst des in das Welturheberrechtsabkommen eingefügten Systems des Vorbehalts liegt darin, von vornherein dieser Mißlichkeit abgeholfen zu haben. Ich würde es für sehr schlecht halten, wenn man diese Vorschriften insgesamt aufheben würde. Die UNESCO interpretiert sie als Hindernisse für die freie Entfaltung ihrer Übereinkunft. Gut, ich würde ihr zugestehen, daß sie aus einer gewissen psychologischen Unzufriedenheit heraus eine Änderung wünscht. Aber ich bitte darum, daß man wirklich auf die beteiligten Interessen, auf die Rechtssicherheit im allgemeinen und im besonderen auf die Zukunft der Berner Konvention achtet, deren Verdienste die Aufmerksamkeit rechtfertigen, die man ihr 1952 in Genf geschenkt hat. Wenigstens sollte man, wenn das Vorbehaltssystem im Zuge einer Revision des Welturheberrechtsabkommens überprüft werden sollte, festlegen, daß in der obenerwähnten Fallgestaltung die Berner und nicht die Genfer Konvention anzuwenden ist.

18. Warum diese Bevorzugung? Das Argument des höheren Alters erscheint mir nicht durchschlagend. Auf dem Gebiet des Rechts ist grundsätzlich der jüngere Text maßgebend *(lex posterior derogat priori)*.

---

[1]) Trotz seiner schöpferischen Vitalität wird Argentinien von der UNO zu den Entwicklungsländern gezählt. Vielleicht, weil diese diskriminierende Zuordnung auch bei den anderen südamerikanischen Staaten besteht.

Nichtsdestoweniger würde ich auch das auf die Maßgeblichkeit des jüngeren Textes gegenüber dem älteren gestützte Argument beiseite schieben. Ich glaube, daß man im vorliegenden Falle auf teleologische Überlegungen zurückgreifen muß. Was ist das primäre Ziel der Berner und der Genfer Konvention? Der Schutz der Urheber. Zweifellos wollen sie — besonders die zweite — auch die Verbreitung von Werken der Literatur und Kunst fördern und damit zum Fortschritt der Zivilisation beitragen. Dies ist jedoch nur eine ergänzende Zielsetzung im Vergleich zu dem Willen, die Rechte der geistigen Schöpfer zu wahren. Bevor man etwas verbreiten will, muß man etwas haben, was man verbreiten kann. Besser ausgerüstet aber zur Förderung der Geistestätigkeit als das Welturheberrechtsabkommen ist die Berner Konvention. Deshalb weisen wir ihr — obwohl sie die ältere ist — die Aufgabe zu, die Werke zu schützen, auf die auch die Regeln des Genfer Abkommens anwendbar wären. Dem Welturheberrechtsabkommen fiele die Aufgabe zu, unter den Unionsländern diejenigen zusammenzufassen, die die Absicht haben, Werke der Literatur und Kunst weniger zu schaffen, als zu nutzen.

19. Würde das im Ergebnis auf die geläufige Unterscheidung zwischen entwickelten und Entwicklungsländern hinauslaufen? Das wäre zu schön. Zunächst einmal: ist ein „entwickeltes Land" unvermeidlich auch reich an Schriftstellern, Musikern und Künstlern? Das Kriterium industrieller Potenz führt eher zur Vermutung *juris tantum* als zu endgültiger Sicherheit. Darüber hinaus ist der Stand der Dinge heute so, daß die Unionsländer nicht alle „entwickelt" und die Nicht-Unionsländer nicht alle „Entwicklungsländer" sind. Es gibt die Fälle Brasilien, Indien, Argentinien, die Unionsländer und Entwicklungsländer sind. Schließlich ergibt sich ein schwerwiegender Einwand auch aus der Vergangenheit der Urheberrechtsunion. Zahlreiche britische, französische, niederländische Kolonien, die zu den Entwicklungsregionen zählen, sind unabhängig geworden. Beim Bruch mit dem Mutterland haben sie auch mit der Union gebrochen. Wenn man meine Einteilungsmethode übernehmen würde, wäre die Konsequenz, daß die Berner Konvention die ehemaligen Kolonien, die sie einstmals umfaßte, verlieren würde (mit Ausnahme derjenigen, die ausdrücklich erklären, daß sie die frühere Zugehörigkeit beibehalten oder wieder aufnehmen, wie z. B. Zypern, Kongo-Brazzaville, Elfenbeinkünste, Dahome, Obervolta, Mali usw. . . .). Würden die für die Urheberrechtsunion Verantwortlichen das Risiko der Abnahme auf sich nehmen, das meine Theorie mit sich brächte? Das ist mehr als zweifelhaft.

20. Ich werde mich erklären. Die Stockholmer Konferenz hat der Berner Konvention ein „Protokoll betreffend die Entwicklungsländer" einverleibt, dessen Vorschriften den Beitritt dieser Länder zur Stockholmer Fassung der genannten Konvention erleichtern sollen. Ein ganzer Komplex von Ausnahmevorschriften wurde in die Union aufgenommen, die einen Teil der Anstrengungen auf der Romkonferenz zur Einschränkung der von der Berliner Fassung zugestandenen Ausnahmen zunichtemachten. Verzichten wir auf eine Detailanalyse; das würde unsere Arbeit nutzlos belasten. Es genügt darauf hinzuweisen, daß nach dem Protokoll alle Entwicklungsländer die neuen Ausnahmevorschriften für sich in Anspruch nehmen können, wenn sie die Stockholmer Fassung entweder ratifizieren, oder ihr beitreten. Folglich haben Brasilien und Indien, dazu die ehemaligen, selbständig gewordenen Kolonien, die kraft einer Kontinuitätserklärung Unterzeichnerländer waren, dazu die ehemaligen Kolonien, die nach ihrem Ausscheiden als Folge des Entkolonialisierungsprozesses dann in die Union wieder eingetreten waren, mit einem Wort alle nach Bestimmung der UNO sogenannten „Entwicklungsländer" die Möglichkeit, sich auf das Protokoll von dem Augenblick an zu berufen, in dem sie die Stockholmer Fassung akzeptieren.

21. Dies öffnet einem Rückgang des Schutzes bezüglich des rechtlichen Inhalts wie der territorialen Ausdehnung geradezu Tür und Tor. Die Stockholmer Konferenz hat es so gewollt; es erscheint mir nunmehr unmöglich, jene Art von „Teilung" zwischen den etwas gefilterten Wassern der Berner Konvention und den etwas weniger klaren Fluten des Welturheberrechtsabkommens vorzunehmen. (Die Wahl der Adjektive beinhaltet ein Werturteil, das besonders hervorzuheben unelegant und ungerecht wäre.) Praktisch schafft die Tendenz von Kreisen des Welturheberrechtsabkommens, das Vorbehaltssystem abzuschwächen, wenn nicht ganz abzuschaffen, und andererseits der Wunsch der Stockholmer Konferenz, die Anziehungskraft der Berner Konvention mit Hilfe des Protokolls zu steigern, zwischen den beiden Instrumenten eine offensichtliche Rivalität. Stellen wir einfach die Tatsache fest; die Umstände haben sie herbeigeführt, ohne daß man gegen irgendjemand eine Anschuldigung erheben könnte. Rivalität muß nicht Feindschaft bedeuten! Die Berner und die Genfer Konvention, beide mit weltweiter Zielsetzung, verfolgen ein Ideal, das, wenn es einmal erreicht ist, sie beide ineinander aufgehen ließe. Sie gleichen zwei Parallelen, die nach der Definition der Geometer sich im Unendlichen treffen sollen. Wir haben also Zeit vor uns, um den *modus vivendi* oder die friedliche Koexistenz zu organisieren.

22. Die Kreise der UNESCO und diejenigen der Urheberrechtsunion haben die feste Absicht, ihre jeweiligen Kompetenzen zu behalten. Die UNESCO möchte sogar noch weiter gehen und die Vorbehaltsklauseln ganz abschaffen, was ich bedauern würde (vgl. oben Nr. 17). Ich frage mich dennoch, ob gewisse Glättungen nicht da und dort nützlich wären. Zum Beispiel würde ich mich, wenn die UNESCO die erwähnten Klauseln unbedingt antasten will, dazu verstehen, daß die Länder, die nach dem 1. Januar 1951 Unionsländer geworden sind, von der Berner Konvention auf die Genfer Konvention übergehen können, ohne verpflichtet zu sein, auf die Vorteile letzterer in den Ländern der Berner Union zu verzichten. Diese Demissionäre wären fast mit Sicherheit Entwicklungsländer, mit anderen Worten Länder mit einem Schutzniveau, das näher bei dem Welturheberrechtsabkommen als bei der Berner Konvention liegt. Die durchaus vorhandene Gefahr ist die, daß Brasilien und Indien der Versuchung erliegen, Bern zugunsten von Genf aufzugeben. Das Protokoll könnte jedoch wenigstens auf Indien einwirken, das in Stockholm der Vorkämpfer dieser Neuerung war. Insgesamt dreht sich mein Vorschlag eines Handels zwischen Berner Union und UNESCO um die Vorbehaltsklauseln. Damit ich recht verstanden werde, ich würde es vorziehen, daß sie überhaupt nicht geändert würden. Aber ich würde die Opferung der Garantie A akzeptieren (vgl. Welturheberrechtsabkommen Zusatzerklärung zu Art. 17). Alles in allem, man soll nicht versuchen, die Partner mit Gewalt zu halten, die sich woanders engagieren wollen. Das Prinzip der Freiheit, das zu Beginn dieser Ausführungen angerufen wurde, ist auch hier am Platze. Demgegenüber würde ich es doch für wesentlich halten, daß die Berner Konvention nach wie vor dann maßgebend ist, wenn es um zwei Länder geht, die beide sowohl dieser Konvention als auch dem Welturheberrechtsabkommen angehören. (Zusatzerklärung Garantie B; vgl. dazu auch oben Nr. 17 und 18.)

Man wird nun sagen: Sehr gut. Sie veranlassen die Berner Union zu einer wahrhaft bemerkenswerten Konzession zugunsten der UNESCO. Was wäre die Gegenleistung? Ich muß meine Verlegenheit eingestehen. Auf rechtlicher Ebene sehe ich nichts, was zu bieten wäre. Sind andere Möglichkeiten oder Zugeständnisse psychologischer oder moralischer Natur auszumachen? Die UNESCO könnte dank ihrer vielseitigen Kontakte die Werbung des Berner Büros in den USA und in der UdSSR unterstützen. Diese Art von Dienst wäre wichtig und würde den allgemeinen, meiner Ansicht nach noch wertvolleren Vorteil der Begründung einer auf Vertrauen und Unparteilichkeit basierenden Zu-

sammenarbeit zwischen der UNESCO und der Urheberrechtsunion mit sich bringen. Unsere Epoche hätte ein solches Beispiel nötig. Sollten zwei von einem gemeinsamen kulturellen Ideal bestimmte Institutionen, freilich mit gewissen Unterschieden der Methoden und der Mittel, nicht mit vereinten Kräften arbeiten?

24. Der Rahmen für die Koordinierung ihrer Wünsche ist vorgesehen. Es handelt sich um das Forum, das die Mitgliedstaaten des OMPI-Vertrages (organisation mondiale de la propriété intellectuelle) darstellen würden. Eine Konferenz seiner Mitgliedstaaten, seien sie nun Mitglieder der UNESCO oder der Berner Union oder nicht, soll in ordentlicher Sitzung einmal innerhalb von drei Jahren einberufen werden, um Fragen allgemeinen Interesses bezüglich des geistigen Eigentums zu diskutieren. Dieses allen Initiativen auf unserem Gebiet offene Podium ist eine sehr glückliche Neuerung. Bei vernünftigem Gebrauch würde es eine juristische Neuschöpfung rechtfertigen, und niemand wäre geneigt, darin einen gewissen Verwaltungsbyzantinismus zu erblicken.

25. Insgesamt läßt das Nebeneinanderbestehen der Übereinkünfte von Bern und Genf den unparteiischen Beobachter folgendes feststellen:

1. Vollständige Übereinstimmung der langfristigen Zielsetzungen (Beitritt aller Länder der Erde);

2. Bezüglich kurzfristiger Zielsetzungen die Möglichkeit, eine Abgrenzung der Einflußzonen herbeizuführen, und zwar theoretisch sauber getrennt, praktisch mit einer gewissen Elastizität, wobei die Industrieländer der Berner Konvention, die übrigen Länder dem Welturheberrechtsabkommen zugeteilt werden. Indien, Brasilien, Argentinien, die sich von Anfang an in die Berner Konvention eingereiht hatten, sollten ihre ursprüngliche Position als Ausnahmefälle beibehalten. Diese Art der Verteilung ist nicht neu; ich fand sie bereits unter den Aufzeichnungen von Blinio Bolla, dem Präsidenten der Genfer Konferenz, aus der 1952 das Welturheberrechtsabkommen hervorging.

26. In den Augen der Nachwelt wird das große Ereignis unserer Zeit vielleicht die Entkolonialisierung sein. Dieser Rückzug verschiedener Staaten auf ihre europäische Basis ging unter einem gleichsam elementaren Druck vonstatten. Die tieferen Gründe hierfür gereichen der Menschheit zur Ehre: Die Idee der Freiheit geht von den Individuen auf die Völker über. Die Stockholmer Konferenz wollte zu dieser Entwicklung ihren respektvollen Beitrag leisten. Das Protokoll bezüglich der Entwicklungsländer (vgl. Nr. 20) bietet diesen große Möglichkeiten.

wenn sie es verstehen, die Werke der Literatur und Kunst der entwikkelten Länder zu nutzen und die Verbreitung und Aufnahme kultureller Güter nach dem Programm der UNESCO zu intensivieren. Die Absicht ist ausgezeichnet; fragt sich nur, ob die gewählten Mittel den Umständen angemessen sind. Die Unterstützung der unterentwickelten Länder ist eine sehr notwendige Angelegenheit, und es ist erfreulich, daß die „reichen" Länder sich dessen bewußt wurden. Eine gewisse psychologische Vorsicht ist jedoch am Platze, vorausgesetzt, man will wirklich die Freiheit der Begünstigten respektieren. Vermeiden wir es, unsere Taten mit dem Weihrauch der Uneigennützigkeit zu umgeben. Die Hilfe, so lobenswert sie sein mag, soll nicht einseitig bleiben: Opfer für den einen, Vorteil für den anderen. Keine menschliche Beziehung ist fruchtbar, wenn die Interessen und die Würde der beiden beteiligten Partner nicht angemessen berücksichtigt werden.

27. In dieser Hinsicht ist, so scheint mir, das Protokoll zu kritisieren. Es ist fast nur ein Instrument mit dem die reichen Länder den armen Ländern umsonst gewisse Möglichkeiten eröffnen. Ich sage: umsonst, weil die zugestandenen Einschränkungen des Schutzes (verkürzte Schutzdauer, verringerter Schutzumfang) ohne Gegenleistung erfolgt sind. Das stimmt sosehr, daß die Konferenz selbst, als ob sie von der zu einseitigen Art ihrer Handlungsweise betroffen gewesen wäre, eine Erklärung abgegeben hat, in der sie das Internationale Büro bittet, „zusammen mit anderen staatlichen und nicht-staatlichen Organisationen Mittel und Wege zur Schaffung eines Systems zur Gewährleistung einer angemessenen und gerechten Vergütung für die Urheber zu prüfen". Eine in Genf im März 1968 versammelte Arbeitsgruppe (vgl. Droit d'Auteur, April 1968) ist zu dem Schluß gelangt, abzuwarten. Man kennt noch nicht auf genügend breiter Grundlage die Entscheidungen der Regierungen über die Anwendung des Protokolls. Die Arbeitsgruppe hat darüber hinaus erklärt, nicht die Aufgabe zu haben, die „Opportunität" des genannten Protokolls zu prüfen.

28. Dieses letztere Eingeständnis ist charakteristisch. Sollte also eine Prüfung der Opportunität zu einem negativen Resultat führen? Ich gestehe, daß ich nichts dagegen hätte! Das Protokoll zeugt von Großzügigkeit, aber von einer gewissen Kurzsichtigkeit. Die Entwicklungsländer haben kein wirkliches und tiefes Bedürfnis für das Geschenk, das ihnen die Stockholmer Konferenz zugedacht hat. Gewisse Phrasen über kulturelle Absichten ermuntern hier wenig begründete Forderungen. In Wirklichkeit sind die gemeinfreien Werke heute so zahlreich, daß sich niemand mehr darüber beklagen kann, daß er seine intellektuellen

oder künstlerischen Gelüste zügeln müsse. Das Urheberrecht schützt einzig und allein Werke aus jüngerer Zeit, unter denen sich sicherlich Werke von hohem Werte befinden. Die Länder indessen, die danach dürsten, die Wasser der Zivilisation zu trinken, können ihren Durst leicht an dem breiten Fluß, der die Werke der Klassik und der Romantik treibt, stillen. Wenn sie ihre Neugierde weiter treiben wollen, dann geben sie einer sehr akzeptablen, ja sympathischen Phantasie Raum, das muß aber keineswegs unbedingt mit Ausverkaufsware geschehen. Der normale Preis entspricht sehr gut den Forderungen der Billigkeit. Die Anwendungsfälle des Protokolls liegen außerhalb der Sphäre, wo der „Kulturbedarf" seinen Imperativ setzt. Man beginnt also zu zweifeln, ob das der Stockholmer Fassung, dessen integraler Bestandteil es ist, angefügte Verlängerungsstück gerechtfertigt ist. Ich vergesse dabei nicht, daß es sich darum handelt, die Union zu erhalten und verschiedene Entwicklungsländer an sie heranzuziehen. Dieser pragmatischen Zielsetzung gelingt es aber nicht, meinen Augen die schwerwiegende Bresche zu verschleiern, die der Mauer des Unionsschutzes beigebracht worden ist. Eine quantitative Zunahme könnte mich nicht über den Verlust an Qualität hinwegtrösten. Die Richtung, die die Union eingeschlagen hat, unterstreicht die Konkurrenz mit der UNESCO, wo es doch im Gegenteil darauf ankäme, die Zusammenarbeit zwischen den beiden Organisationen und die Unterstützung, die sie sich gegenseitig leisten könnten, zu suchen.

29. Wenn die Dinge so liegen, wie soll es dann in Zukunft weitergehen? Die Stockholmer Fassung kann nicht aufgeteilt werden. Es ist nicht vorgesehen, daß ein Land nur den Grundvorschriften (die man auch Vorschriften des materiellen Rechts nennt) beitritt, nicht aber dem Protokoll. Auf den ersten Blick ist man versucht, dies zu bedauern. Das wäre aber nicht richtig. Wenn es schon ein Protokoll gibt, dann muß man sein normales Funktionieren gewährleisten. Ein wenig industrialisiertes Land, das sich auf das Protokoll berufen würde, wäre lahmgelegt, wenn sein Anspruch ein Werk zum Gegenstand hätte, dessen Ursprung in einem entwickelten Land liegt, das die Stockholmer Fassung ohne das Protokoll angenommen hätte. Wollte man es andererseits Ländern mit Macht auferlegen, die es nicht wollen, dann würde dies die Aufgabe einer bisher ständig verfolgten juristischen Tradition bedeuten, die mit Recht auch den Art. 5 bei der Regelung des vorzeitigen Inkrafttretens des Protokolls beeinflußt hat. Wenn man einen etwas zu lebhaften Erfolg der in Stockholm in die Konvention eingefügten Neuerung befürchtet — ich gestehe, daß ich diesem Gefühl zu-

neige —, dann muß man sich erinnern, daß die „protokollarischen" Ausnahmen nur Erlaubnischarakter besitzen. Die Länder können auch auf die ihnen angebotene Großzügigkeit verzichten. Ich wünschte, sie ließen sich von einer Politik der Enthaltsamkeit oder jedenfalls großer Vorsicht leiten.

30. Dies wäre nicht vollkommen undenkbar. Im Dezember 1967 bemerkte Georges Straschnov während einer gemeinsamen Sitzung des Regierungsausschusses des Welturheberrechtsabkommens und des ständigen Ausschusses der Berner Union, daß der einzig wirklich wesentliche Unterschied zwischen dem Stockholmer Protokoll und dem Welturheberrechtsabkommen beim Übersetzungsrecht liege (vgl. Bulletin du droit d'auteur der UNESCO, 1968, S. 15). Diese Feststellung eines hervorragenden Sachkenners verdient Beachtung. Die Entwicklungsländer hätten demnach, wenn sie an das Welturheberrechtsabkommen gebunden sind, kein größeres Interesse, den Vorteil des Protokolls zu erlangen. Wenn diese Länder dagegen nicht Mitglieder dieses Abkommens wären, jedoch Mitglieder der Berner Konvention, dann würde ich sie dem Welturheberrechtsabkommen beitreten lassen, und zwar in voller Freiheit und ohne einschränkende Klausel, in diesem Punkte in Übereinstimmung mit Straschnov, der heute den Vorbehaltsmaßnahmen nicht mehr die frühere Bedeutung zumißt. Ihre teilweise oder volle Streichung (man sollte meines Erachtens nicht die Extremlösung wählen) würde für die Berner Union, die beim Fehlen eines einigermaßen ausgeglichenen Schutzes zwischen den beiden Konventionen daran gehindert wäre, auf rechtlicher Ebene Gegenseitigkeit zu verlangen, ein Opfer bedeuten. Deshalb habe ich die UNESCO um ihre Unterstützung bei der durch die Berner Union zu führenden Werbeaktion zur Gewinnung der noch nicht mit ihr verbundenen entwickelten Länder gebeten. Ein paralleler Einfluß würde sich in sehr nützlicher Weise durch das Mittel der Weltorganisation für geistiges Eigentum ergeben, wenn die sogenannte OMPI-Konvention in Kraft ist. Auf diese Weise entstünde zwischen der UNESCO und dem Büro der Urheberrechtsunion ein Austausch vernünftigen Vorgehens zugunsten der Urheber und Verwerter.

31. Bei der Frage des Übersetzungsrechts selbst ergibt der Vergleich des Welturheberrechtsabkommens und des Stockholmer Protokolls einen offenkundigen Unterschied. Nach Ablauf des dritten Jahres seit der ersten Veröffentlichung (dem ersten Erscheinen) des Werkes kann jeder interessierte Angehörige des Entwicklungslandes eine nicht ausschließliche Lizenz zur Übersetzung und zur Veröffentlichung der Übersetzung erhalten, unter der Bedingung, daß er trotz gehöriger Bemü-

hungen die Erlaubnis des Rechtsinhabers nicht hat erlangen können (Protokoll Art. 5). Die gleiche Frist beträgt im Welturheberrechtsabkommen sieben Jahre (die Einzelheiten des Verfahrens übergehe ich dabei). In dem Moment, in dem die Dauer des Übersetzungsrechts nicht identisch ist mit der Dauer des allgemeinen Vervielfältigungsrechts, ist es untunlich, mit Nachdruck die Frist von sieben Jahren derjenigen von drei Jahren vorzuziehen oder umgekehrt.

Ne soyons pas trop difficiles, les plus accomodants ce sont les plus habiles.

Wenn schon eine Revision des Welturheberrechtsabkommens in Frage steht, dann würde ich nicht gegen eine mehr oder weniger weitgehende Anpassung des Art. V an die das Übersetzungsrecht regelnde Vorschrift im Stockholmer Protokoll (Art. 1, Buchst. b, ii) protestieren.

32. Ich stehe am Ende meiner Ausführungen! Ich versuche zusammenzufassen, indem ich einige der niedergelegten Ideen und Thesen noch einmal aufgreife.

A priori sollte die internationale Organisierung des Urheberrechts nicht eine Monopolangelegenheit sein. In der Praxis stellen wir das Bestehen zweier Organe mit weltweiter Zielsetzung fest: Die Berner Konvention und das Genfer Welturheberrechtsabkommen. Noch während langer Zeit werden sie Seite an Seite ihre parallelen Ziele verfolgen. Wenn sie eines Tages beide ihr Ziel erreicht haben, wird man *a posteriori* durch die Fusion der beiden Konventionen das Monopol verwirklicht sehen. Unsere Nachfolger mögen dann entscheiden, welcher von beiden Verträgen den Inhalt des Urheberrechts bestimmen soll. Vorläufig sollte man eine Art stillschweigende Gewaltenteilung fördern, wobei die Berner Konvention ihr Augenmerk mehr auf die entwickelten Länder, das Welturheberrechtsabkommen mehr auf die Entwicklungsländer richtet. Um die Gewinnung der letzteren für die Reihen des Welturheberrechtsabkommens zu begünstigen, könnte man das Vorbehaltssystem zugunsten der Berner Konvention anläßlich einer Revision des Welturheberrechtsabkommens weniger streng machen, unter der Bedingung, daß die Verantwortlichen des WUA diejenigen der Berner Konvention in ihrer Werbung um die großen Nicht-Mitgliedsländer (USA, UdSSR, China) unterstützen. Ein Gentleman-Agreement dieser Art könnte der Welt zeigen, wie es gelingt, eine natürliche Rivalität in eine vernünftige und dauernde Zusammenarbeit zu verwandeln*).

---

*) Die Beigabe fremdsprachiger Resumees erübrigt sich im Hinblick auf die französische und englische Fassung in R.I.D.A., siehe Anm. S. 55. — D. Schr.

2. Einige Überlegungen über die Konferenz zur Revision der Berner Übereinkunft in Stockholm

Von Professor Dr. **Åke Lögdberg**, Lund (Schweden)

Bei einer Diskussion, die im Frühjahr 1968 in einem der nordischen Länder über die in der Überschrift dieses Artikels erwähnte Konferenz stattfand, behauptete der erste Redner — selbst einer der Abgeordneten dieser Konferenz —, daß man das Ergebnis von der Arbeit dieser Konferenz soweit es die Lösung der mit dem Film verbundenen Fragen des Urheberrechts betraf, „als eine ungewöhnlich kleine und totgeborene Maus" bezeichnen könnte. Vielerseits wurde jedoch mehr Kritik gegen die Vorschläge der Programmverfasser für die Lösung dieser Fragen sowie gegen die Arbeitsmethoden der Konferenz vorgebracht als gegen den schließlich angenommenen Text*). Auch nach meiner Meinung ließ dieser endgültige Text erheblich zu wünschen übrig, aber er enthielt doch einen bedeutenden Fortschritt im Verhältnis zu dem im Konferenzprogramm vorgeschlagenen Text.

Wenn man auf die Zeit von einigen Jahren vor der Konferenz von 1967 zurückblickt, so hatten die Veranstalter der Konferenz sich gedacht, daß eines der wichtigsten Ergebnisse der Konferenz eine tatsächliche Lösung gewisser schwieriger mit dem Film verbundener urheberrechtlicher Probleme bringen sollte. Ein solches Problem, das die Filmproduzenten seit langem als wichtig ansahen, betrifft das Verhältnis zwischen den Filmproduzenten und dem droit moral der sog. „intellektuellen" Urheber (ebenso wie auch in gewissen Ländern dem Recht der sog. ausübenden Künstler). Als eine andere wichtige Frage wurde angesehen, wie die Vertretung der mit dem Film verknüpften urheberrechtlichen Interessen gegenüber Dritten geordnet werden soll. Einige andere hiermit zusammenhängende Probleme sind: die nähere Begriffsbestimmung, wer als Filmproduzent anzusehen und was als kinematographisches Werk oder desgleichen zu betrachten ist. Ziemlich umfangreiche Vorarbeiten wurden durch kleinere offiziell eingesetzte Ausschüsse durchgeführt.

Was zunächst die für die Filmindustrie so außerordentlich wichtige und interessante droit moral-Frage angeht, so wurde während der

---

*) Vgl. z. Bsp. J.-L. Tournier in Revue internationale de droit d'auteur 1968, S. 663 bis 737.

Vorarbeiten eine Anzahl von Vorschlägen vorgelegt, die jedoch im großen und ganzen schon ausgesondert wurden, bevor der endgültige Vorschlag für die Konferenz festgelegt wurde. Im Programm verblieb nur die Reformanregung, daß die durch die Berner Übereinkunft in der Fassung von 1948 bestimmte Mindestzeit für den Schutz des droit moral — Lebenszeit des Urhebers — dahin ausgedehnt wurde, daß sie ebenso lange dauert wie der Schutz des vermögenrechtlichen Teils des Urheberrechts. Dieser Vorschlag wurde von der Konferenz angenommen.

Die Programmverfasser machten auch einen Versuch, in der Übereinkunft genau festzulegen, welche natürliche oder juristische Person als Produzent des Filmwerks anzusehen wäre („producteur", „maker"). Als solchen wollten sie den ansehen, der die Initiative zu dem Filmwerk ergriffen und die Verantwortung für seine Fertigstellung übernommen hatte. Von den Vorarbeiten hat man den Eindruck, daß bei der Abfassung des Vorschlags für diese Definition die Umstände bei der Herstellung von Fernsehfilmen besonders beachtet wurden. Es dürften auch die Fernsehunternehmen sein, die das größte Interesse daran hätten, daß der Vorschlag für diese Definition angenommen wurde. Indessen wurde er nicht angenommen. In diesem Zusammenhang mag bemerkt werden, daß die Programmverfasser wohl überhaupt mehr Interesse dafür gehabt haben, die Fernsehunternehmen zufriedenzustellen als die von diesen unabhängigen Filmproduzenten.

Der größte Gegensatz in der Konferenz scheint jedoch, soweit es das eigentliche Filmrecht angeht, bei der Diskussion über einen anderen von den Programmverfassern vorgelegten Vorschlag aufgetreten zu sein, der sich darauf bezog, wer die mit dem Film verbundenen urheberrechtlichen Interessen Dritten gegenüber wahrnehmen sollte. Während der Vorbereitung der Konferenz wurde anfänglich die Einführung einer Vermutung vorgeschlagen, wonach der Filmproduzent befugt sein sollte, das Filmwerk wirtschaftlich auszunutzen, sofern nichts anders vereinbart wäre. Das würde dann eine Regel sein, die nahezu mit einer Bestimmung des schwedischen Gesetzes von 1960 über das Urheberrecht an literarischen und künstlerischen Werken übereinstimmte. Auch bezweckte sie wie diese, sowohl für sog. vorbestehende Werke zu gelten, wie für direkte Beiträge zu dem Filmwerk selbst. So wie die schwedische Bestimmung enthielt auch die vorgeschlagene Regel eine Ausnahme für musikalische Werke. Es ist wirklich erstaunlich, daß die Programmverfasser derart in einer internationalen Übereinkunft den Komponisten eine bevorzugte Stellung im Verhältnis zu

den anderen Urhebern einzuräumen bestrebt waren, deren Leistungen bei der Herstellung des Films benutzt werden. Allem Anschein nach geschah dies wohl hauptsächlich deshalb, weil die Komponisten seit langem stärker als andere Urheber organisiert sind. Das muß bei großen Gruppen von Urhebern leicht den Eindruck erwecken, daß die Antragsteller ebenso wie die schwedischen Gesetzgeber von 1960 geneigt waren, die Hauptprinzipien, auf denen die Berner Übereinkunft beruhen, zugunsten kurzsichtiger, taktischer Gesichtspunkte preiszugeben. Ferner mag vermerkt werden, daß die Verquickung von sog. vorbestehenden Werken und Beiträgen zum Filmwerk selbst, die in diesem ursprünglichen Vorschlag erfolgte, an die unglückseligen Motive zur schwedischen Gesetzgebung auf dem Gebiete des Film-Urheberrechts erinnert. Dort unterscheidet man nicht zwischen sog. vorbestehenden Werken und Beiträgen zum Film selbst, soweit es sich um die Frage handelt, mit welchen Kategorien von sog. „intellektuellen" Urhebern des Filmwerks man zu rechnen hat.

Dieser ursprüngliche Vorschlag wurde einer erheblichen Kritik unterzogen, u. a. weil man verschiedentlich der Ansicht war, es überschritte die Zuständigkeit einer internationalen Konvention, derartige Regeln für das Gebiet der privatrechtlichen Verträge aufzustellen. Auf Grund dieser Kritik wurde während der Vorbereitungsarbeiten dieser Vorschlag für eine Vermutungsregel zugunsten des Filmproduzenten durch einen Vorschlag für eine Auslegungsregel zugunsten des Filmproduzenten ersetzt. Diese Auslegungsregel sollte jedoch nicht — wie die Vermutungsregel — einheitlich für sog. vorbestehende Werke und für direkte literarische oder künstlerische Beiträge zum Film selbst gelten, sondern in den Staaten, die es so wollten, nur für diese letztere Kategorie der unmittelbaren Mitwirkung. Dagegen aber machte man weiterhin eine Ausnahme für musikalische Werke. Auch dieser Kompromißvorschlag führte indessen nicht zum Erfolg, unter anderem kam es zu einer kräftigen Reaktion dagegen, daß die Komponisten eine bevorrechtigte Stellung im Verhältnis zu anderen Urhebern erhalten sollten, deren Leistungen bei der Dreharbeit benutzt werden. Das Merkwürdige trat nun in der Konferenz ein, daß nicht nur die Urheberorganisationen — die Organisationen der Urheber hatten sich konsequenterweise den wechselnden Vorschlägen für das Recht des Filmproduzenten widersetzt, die Urheber gegenüber Dritten zu vertreten, wie dies während der Vorbereitung der Konferenz und übrigens auch vorher vorgebracht wurde —, sondern auch die Vertreter der Filmproduzenten sich ablehnend zu diesem Vorschlag der Programmverfasser verhielten. Nach besonders dramatischen und hitzigen Verhandlungen

wurde ein Vorschlag angenommen, der wohl mancherseits als „Kompromißvorschlag" bezeichnet wurde. Hierin wurde vorgeschrieben, daß in den Ländern, in denen ein Miturheberrecht am Filmwerk auch den Urhebern von Einzelleistungen zuerkannt wird, solche Urheber — nicht aber Urheber von sog. vorbestehenden Werken —, wenn sie sich zur Mitwirkung verpflichtet haben, *in dubio* sich nicht der Auswertung des Films widersetzen dürfen. Es kommt auf die Gesetzgebung des Landes an, in dem „the maker" des Films „headquarters" oder „habitual residence" hat, oder in dem Schutz verlangt wird, ob der Vertrag zwischen dem betreffenden Urheber und dem Filmproduzenten schriftlich abgeschlossen sein muß, um diese Vermutungsregel auszulösen. Das wirklich Neue in diesem Zusammenhang war jedoch die Bestimmung, daß, wenn nichts anderes in der nationalen Gesetzgebung bestimmt ist, die Vermutungsregel doch nicht für Urheber des Drehbuchs, des Dialogs oder der Musik gilt, und auch nicht für den Regisseur.

Die zentrale Frage, welche Personen oder Kategorien von Personen als Urheber eines Films anzusehen sind, wurde nicht gelöst, sondern es wurde nur bestimmt, daß über dieses Problem im Gesetz von dem Lande entschieden werden sollte, wo der Schutz verlangt wird. Im Programm der Konferenz war ferner als eine Art von Entschädigung für die durch die Auslegungsregeln zugunsten der Filmproduzenten betroffenen Urheber vorgeschlagen, daß die Gesetzgeber in den Ländern der Berner Übereinkunft bestimmen könnten, daß diese Urheber einen Anteil von den Einnahmen bekommen, die die Auswertung des Films erbringt. Dieser Vorschlag, kann man wohl sagen, war deshalb von geringer Bedeutung, weil eine solche Maßnahme den Mitgliedstaaten freistehen dürfte, ohne Rücksicht darauf, ob diese Regel in die Berner Übereinkunft einbezogen wurde oder nicht. Vielleicht kann dies jedoch als Zeichen dafür gedeutet werden, daß auch die Programmverfasser es als unbefriedigend angesehen haben, wenn von allen Urhebern, die zur Gestaltung des Filmwerks beitragen, in der Regel nur den Komponisten eine solche Vergünstigung eingeräumt wird.

Der Konferenz wurde auch ein Vorschlag zur Präzisierung des Begriffes Filmwerk vorgelegt, sowie eine neue Regel über das Ursprungsland eines Filmwerks.

Man könnte sagen, daß, soweit Urheberrecht und Film in Frage standen, mehrere der im Verlaufe der Konferenz erfolgten Änderungen der ursprünglichen Programmvorschläge wesentliche Verbesserungen darstellten. Man kann also die von der oben erwähnten Ver-

mutungsregel zugunsten der Filmproduzenten gemachten Ausnahmen als einen Hinweis dafür auffassen, welche Kategorien regelmäßig in erster Linie als Urheber des Filmwerks selbst anzusehen sind, also die Urheber des Drehbuchs, Dialogs, der Musik und Regie. Es war zugleich ein Fortschritt, daß man während der Vorbereitungen den ursprünglichen Gedanken fallen ließ, daß man, soweit es das Urheberrecht am Film betraf, nicht klar zwischen dem Urheberrecht für die direkten Beitraggeber zum Filmwerk selbst einerseits, und dem Urheberrecht am sog. vorbestehenden Werk andererseits unterschied. Von außerordentlich hohem Werte ist, daß das vorgeschlagene Privilegium für die Komponisten im Vergleich zu den übrigen Urhebern, soweit es die Ausnahmen von der genannten Vermutungsregel betraf, abgelehnt wurde. Leider besteht ein solches antiquiertes Privilegium noch weiter in der schwedischen Gesetzgebung, aber man darf wohl hoffen, daß es möglichst schnell verschwindet. Man kann es auch als wohlbedacht ansehen, daß der in der heutigen Situation wenig glückliche Vorschlag für eine Begriffsbestimmung, wer als Filmproduzent anzusehen ist, nicht in den Konventionstext gebracht wurde (vgl. jedoch die Vermutungsregel in Art. 15 Abs. 2).

Ich möchte hier nicht näher auf die übrigen Fragen eingehen, die Gegenstand der Aufmerksamkeit der Revisionskonferenz wurden. Erwähnt mag jedoch werden, daß die neu hinzugekommenen speziellen Regeln für die sog. Entwicklungsländer Raum für weit verschiedene Ansichten in Schweden bieten.

Im großen und ganzen hinterläßt jedoch ein näheres Studium der Revisionskonferenz und besonders ihrer Vorarbeiten einen recht niederdrückenden Eindruck. Ich meine damit nicht den Umstand, daß die wichtigsten der Fragen, die bei der Konferenz aktuell waren, keine eigentliche Lösung fanden. Es kann vielleicht als wertvoll betrachtet werden, daß die Ereignisse während der Konferenz und ihrer Vorarbeiten wohl klar dartun, daß man nicht damit rechnen kann, so komplizierte Fragen, wie die mit dem Film verbundenen urheberrechtlichen Probleme, in absehbarer Zeit zufriedenstellend in der Berner Übereinkunft zu lösen. Es dürfte also nicht weiterhin angebracht sein, so wie in Schweden bei der Fertigstellung der Gesetzgebung von 1960 über das Urheberrecht, diese Probleme im ganzen gesehen in Erwartung einer internationalen Regelung durch die Berner Übereinkunft aufzuschieben. Es dürfte statt dessen notwendig sein, diese Fragen durch die innere Gesetzgebung jedes einzelnen, zur Berner Übereinkunft gehörenden Landes zu regeln.

Was ernster ist, ist die gesamte Ausgestaltung der Vorbereitungen für die fragliche Konferenz. Als einen Kardinalfehler muß man die Anwendung des Systems ansehen, daß der Staat, in dem die Konferenz stattfinden sollte, also in diesem Fall Schweden, einen unverhältnismäßig großen Einfluß während der Vorarbeiten erhielt. Das brachte unter anderem mit sich, daß unangebrachte Gesichtspunkte von nationalem Prestige sehr große Bedeutung erhielten. Dadurch scheinen u. a. den wenig ausführlichen und außerdem zum Teil weniger geglückten schwedischen Bestimmungen über Urheberrecht und Film eine übertrieben große Bedeutung als Modell für Änderungsvorschläge zugemessen worden zu sein.

Ein anderer Umstand, der bei einem Rückblick auf die Vorbereitungen der Konferenz Unbehagen erregt, ist die Rolle der Interessentengruppen. Schon aus dem, was oben erwähnt wurde, dürfte hervorgehen, daß während der Vorarbeiten für das Programm die großenteils staatlich verankerten Radio- und Fernsehinteressen und die international stark organisierten Komponisten zum Nachteil der schwächer organisierten oder weniger einflußreichen Interessenvereinigungen anderer Urhebergruppen und — merkwürdigerweise — auch der Gruppe der Filmproduzenten begünstigt wurden. Das beruht anscheinend auf der teilweise sehr einseitigen Personenwahl bei der Durchführung der Vorbereitungen für die Konferenz. Es mag im übrigen erwähnt werden, daß vielleicht sogar ein Teil der Delegierten für die eigentliche Konferenz weniger mit Rücksicht auf ihre sachliche Befähigung als mit Rücksicht auf ihre zu erwartende Fügsamkeit gegenüber den Programmverfassern gewählt wurden.

Kein Zweifel dürfte darüber herrschen, daß sich die Berner Übereinkunft zur Zeit in einer Krise befindet. Die Vorbereitungen der Stockholmer Konferenz und ihr dramatischer Verlauf beleuchten hervorragend das dringende Bedürfnis für eine eingehende Forschung über das Zustandekommen, die Änderungen und Deutung von internationalen Konventionen. Bei einer solchen Forschung sollten zweckmäßig ebenso Rechtswissenschaftler, Rechtssoziologen, Staatswissenschaftler wie andere Forscher teilnehmen. In gewissem Ausmaß wurde eine solche Forschung in letzter Zeit in der Regie der sog. Nordischen Sommeruniversität begonnen. Die Nordische Sommeruniversität ist eine gemeinsame nordische Organisation, die sich vor allem auf neue Aufgaben der Wissenschaften einstellt und besonders auf solche querwissenschaftlicher Art. In gewissen wissenschaftlichen Bereichen kann

man wohl sagen, daß diese Organisation die nordische Avantgarde darstellt.

Es ist zu hoffen, daß eine gründliche Forschung auf dem Gebiet der Konventionen in gewissem Maße dazu beitragen kann, daß die internationale Vertrauenskrise, die in unseren Tagen so offensichtlich ist, aufhört oder wenigstens dadurch gedämpft werden kann, daß die Menschheit Lehren aus den früher begangenen Irrtümern in diesem Bereich zieht.

A. Zur Regelung des Filmrechts

Von Dr. **Demetrius S. Oekonomidis**, Rechtsanwalt, Athen/München

I. Einleitung

A. Allgemeines

1. Die Erfindung des Films und seine Weiterentwicklung hat im Bereiche des Urheberrechts eine Reihe grundsätzlich neuer Fragen aufgeworfen. Hierzu gehörten und gehören die Definition des Begriffs des Filmwerkes und seine Abgrenzung von anderen verwandten Ausdrucksformen, die Bestimmung des Filmurhebers und sein Schutz, die Begriffsbestimmung und der Schutz von Werken, die Gegenstand späterer Verfilmung sind und ihre Trennung von dem später auf ihrer Grundlage geschaffenen Filmwerk sowie der Schutz der in einem Film mitwirkenden Personen, um einige der wichtigsten Probleme zu nennen.

Der Film brachte in der Tat gegenüber den geistigen Schöpfungen im traditionellen Sinne, den Werken der Literatur und der Kunst in allen Formen der Festlegung, entscheidende Neuerungen[1]).

Ursprünglich erlangte der Film Bedeutung nur als Mittel „zur Registrierung von Straßenszenen aus dem täglichen Leben"[2]) bzw. als Mittel zur mechanischen Wiedergabe von belebten Bildern. Im Laufe der Zeit entwickelte er sich jedoch zu einer von den übrigen unterschiedlichen neuartigen Kunstform[3]), die auch unter volkswirtschaftlichen Aspekten umso rascher Bedeutung erlangte, als mit ihrer Entwicklung der Aufbau eines neuen Industriezweiges, der Filmindustrie, verbunden war.

---

[1]) So weist Mentha in seiner Abhandlung „Film und Fernsehen in der Berner Übereinkunft", UFITA Bd. 35 (1961) S. 3, auf die erstaunliche Tatsache hin, daß die bis dahin verwandten Mittel, um Gedanken und Empfindungen zum Ausdruck zu bringen, bereits in der Antike bekannt waren, und daß erst nach Jahrhunderten eine grundsätzlich neue Mitteilungsform — diejenige des Films — zu den längst vorhandenen getreten ist.

[2]) So die Brüder Lumière, vgl. Spaic, Das Urheberrecht und der Film, in Bd. 26 der Schriftenreihe der Internationalen Gesellschaft für Urheberrecht (1962) S. 32.

[3]) Vgl. Gérard, Les auteurs de l'œuvre cinématographique et leurs droits, S. 27 f. nach dessen Meinung der Film, insbesondere im technischen Bereich, eine von den bekannten absolut unabhängige Kunstform ist.

2. An diesen Gegebenheiten konnte die Rechtswissenschaft nicht vorübergehen. Für sie galt es, sich mit dem kinematographischen Werk als einem von den bisher bekannten grundsätzlich verschiedenen Ausdrucksmittel auseinanderzusetzen, mit einer Werkgattung, die zu Beginn der Geschichte des urheberrechtlichen Schutzes von Geistesschöpfungen nicht bestanden hatte. Dementsprechend ist auch der Schutz der neuen Werkgattung stufenweise, beginnend auf nationaler und schließlich auch auf internationaler Ebene, erwachsen.

Unter der Herrschaft der ersten, im Jahre 1886 angenommenen Fassung der Berner Übereinkunft waren filmische Darstellungen mangels eines besonderen Schutzes unter die Werke der Literatur, der Wissenschaft oder der Kunst einzureihen (Art. 4); erstmals in der Geschichte des internationalen Urheberrechts erwähnt Art. 14 der Berliner Fassung der RBÜ (1908) die Filmwerke: zum einen wird der Urheber eines vorbestehenden Werkes gegen die Bearbeitung, Wiedergabe und Aufführung des Werkes durch kinematographische Werke geschützt, zum anderen werden die Rechte der Urheber kinematographischer Werke, soweit diese als persönliche Originalwerke anzusehen sind, gewährleistet. Die Revision der Berner Übereinkunft auf der Rom-Konferenz im Jahre 1928 brachte eine Erweiterung des Schutzes des Urhebers gegen die Adaption seines Werkes durch kinematographische Werke. Ferner wurde bestimmt, daß nur Filmwerke von eigentümlichem Charakter (caractère original) geschützt werden.

Mit der Brüsseler Fassung der RBÜ (1948) wurden die Werke der Kinematographie und die durch ein ähnliches Verfahren hergestellten Werke in den Werkkatalog des Art. 2 aufgenommen und damit auch bezüglich des Schutzes der Originalfilmwerke Klarheit geschaffen. Demnach steht dem kinematographischen Werk, unbeschadet der Rechte der Urheber der adaptierten[4]) oder wiedergegebenen Werke, der gleiche urheberrechtliche Schutz zu, wie ihn Originalwerke genießen (Art. 14 Abs. 2 in Verbindung mit Art. 2 Brüsseler Fassung; vgl. im einzelnen zu den Änderungen der Schutzvorschriften in den verschiedenen Fassungen der RBÜ *Mentha* in UFITA Bd. 35 [1961] S. 1 ff.).

3. In den Jahren, die auf die Brüsseler Revisionskonferenz folgten, wurden die Bemühungen um eine Lösung der sich im Zusammenhang

---

[4]) Die Revisionskonferenz hat sich hierbei in erster Linie mit Begriff und Umfang der Adaptation vorbestehender Werke beschäftigt; vgl. hierzu Lyon-Caen, Le cinéma dans la Convention de Berne, BIRPI 1960, S. 5 f.

mit dem Schutz kinematographischer Werke ergebenden Probleme weiter verstärkt. Wenn sich auch eine Annäherung der Standpunkte abzeichnete, so blieben doch bezüglich des Schutzes des Films noch wesentliche Fragen offen.

Hierbei ging es in erster Linie um die Frage nach dem Inhaber des Urheberrechts am Filmwerk, für die eine fortschrittliche Regelung nicht gefunden werden konnte. Man hat sich hier auf den Schutz des Werkes beschränkt, wobei Art. 2 Abs. 4 RBÜ bestimmt, daß der Schutz der Werke zugunsten des Urhebers und seiner Rechtsnachfolger besteht. Aus dieser Vorschrift läßt sich jedoch nicht entnehmen, wer zur Geltendmachung der Rechte — einschließlich der Persönlichkeitsrechte — gegenüber Dritten befugt ist, und welche Rechte bei der weiteren Verwertung des Werkes im Spiel sind. Es geht hierbei um die Frage einer klaren Bestimmung des kinematographischen Werkes und seiner Urheber, die seit Jahrzehnten auf nationaler und internationaler Ebene häufig diskutiert worden ist, ohne daß die Auseinandersetzung zu einer allgemein gültigen Lösung geführt hätte.

Keine Klärung haben auch die Beziehungen zwischen den Filmurhebern, soweit sie bestimmbar sind, und dem Filmproduzenten erfahren. Dies hatte zur Folge, daß auch für eine Anzahl weiterer Probleme keine Regelung gefunden wurde. So stand zur Diskussion, ob den geltenden Schutzfristen alle oder nur bestimmte Rechte unterworfen sind und wie sich der Beginn der Schutzfrist berechnet[5]). Von wachsender Bedeutung war in den letzten Jahren insbesondere auch die Frage einer Gleichstellung der Fernsehwerke mit den Filmwerken.

4. Die Schwierigkeiten bei der Findung einer einheitlichen Lösung erklären sich in erster Linie aus den grundsätzlichen Unterschieden zwischen den in den einzelnen Ländern geltenden Systemen. Auf der einen Seite steht bekanntlich das britische System des film-copyright, das das Urheberrecht am Film dem Unternehmer zuerkennt, gleichgültig ob er eine natürliche oder juristische Person ist, das aber von film-copyright nicht nur die Rechte der Urheber vorbestehender Werke, sondern auch die Rechte der Urheber des Drehbuchs und der Komponisten der Filmmusik unterscheidet. Außer Großbritannien und den Ländern des britischen Commonwealth folgen Südafrika, Israel, Japan, u. a., darunter auch einige Ostblockstaaten in ihrer filmrechtlichen Regelung dem System des film-copyright.

---

[5]) Vgl. hierzu **Ulmer**, Kinematographie und Urheberrecht, in GRUR 1935, 182 ff.

In den kontinentaleuropäischen und lateinamerikanischen Ländern besteht überwiegend das System des Urheberrechts der geistigen Schöpfer, wobei neuere Gesetzgebungen, so neben anderen die französische, die skandinavische und die deutsche, Vermutungen dahin vorsehen, daß die Urheber dem Filmproduzenten in den mit ihm geschlossenen Verträgen bestimmte Rechte zur Verwertung des Films übertragen haben. Als eine Fortführung dieses Gedankens sind die Regelungen Italiens und Österreichs zu verstehen, die davon ausgehen, daß das Urheberrecht grundsätzlich in der Person des geistigen Schöpfers entsteht, die Verwertungsrechte jedoch kraft Gesetzes auf den Filmproduzenten übertragen werden (System der cessio legis).

Der Unterschied zwischen den Systemen des Urheberrechts der geistigen Schöpfer und des film-copyright liegt, wie *Lyon-Caen* in seinem bereits angeführten Bericht über „Le cinéma dans la Convention de Berne" ausführt, darin, daß das erstere das Schwergewicht auf das Erfordernis der gewerblichen Verwertbarkeit legt, zu deren Gunsten eine Beeinträchtigung der Rechte der Urheber in Kauf genommen wird, während das kontinentaleuropäische System in seinen verschiedenen Ausprägungen den Grundsatz weiterführt, daß das Urheberrecht in der Person der geistigen Schöpfer entsteht, wenn dies auch ein wesentlich komplizierteres System der rechtlichen Regelung zur Folge hat[6]).

B. Die filmrechtliche Regelung in der Stockholmer Fassung der RBÜ

1. Die Vorgeschichte der Revision des gesamten Konzepts der filmrechtlichen Regelung auf internationaler Ebene ist bekannt. Über die chronologische Entwicklung seit der Sitzung des Ständigen Ausschusses der Berner Union im Jahre 1952 in Neuchâtel, ihre Ziele und Ergebnisse, ist wiederholt eingehend berichtet worden[7]). Auf eine Darstellung der Vorbereitungsarbeiten für die Stockholmer Konferenz kann daher an dieser Stelle zugunsten einer unmittelbaren Auseinandersetzung mit ihren Ergebnissen verzichtet werden.

---

[6]) Vgl. Ulmer, Rechtsvergleichung und Grundlagenforschung im Urheberrecht und gewerblichen Rechtsschutz, Mitteilungen aus der Max-Planck-Gesellschaft (1967), Heft 6, S. 353 ff.

[7]) Vgl. Ulmer, Kinematographie und Urheberrecht, in GRUR Int. 1953, 182 ff.; Ulmer, Ergänzender Bericht über Kinematographie und Urheberrecht, in GRUR Int. 1954, 206 ff.; Lyon-Caen, Le chinéma dans la Convention de Berne, aaO.; Desbois, Der internationale Schutz der kinematographischen Werke, im Bericht der von der Berner Union und der UNESCO einberufenen Studiengruppe, in GRUR Int. 1961, 608 ff. und UFITA Bd. 36 (1962) S. 463 ff.; Vorbereitende Dokumente zur Stockholmer Konferenz für geistiges Eigentum, in GRUR Int. 1967, Sonderheft und in UFITA Bd. 49 (1967) S. 179 ff.

2. Die Regelung in Art. 14 und 14bis RBÜ über das Urheberrecht an Filmwerken bringt wesentliche Neuerungen. Zunächst übernimmt Art. 14 über die Rechte der Urheber vorbestehender Werke mit wenigen Änderungen den Wortlaut des ersten Paragraphen desselben Artikels der Brüsseler Fassung; danach steht den Urhebern von Werken der Literatur, der Wissenschaft und der Kunst das ausschließliche Recht zu, die filmische Bearbeitung und Vervielfältigung ihrer Werke, das Inverkehrbringen der auf diese Weise bearbeiteten oder vervielfältigten Werke sowie die öffentliche Vorführung und die Übertragung mittels Draht an die Öffentlichkeit der auf diese Weise bearbeiteten oder vervielfältigten Werke zu erlauben. Die einzige Änderung in Absatz 1 gegenüber der älteren Fassung liegt in der Einführung einer Unterscheidung zwischen Draht- und sonstiger Rundfunksendung, wobei das Senderecht auch weiterhin durch Art. 11bis geregelt wird. In Art. 14 Abs. 2 wird der Wortlaut des früheren Absatzes 3 desselben Artikels übernommen, der bestimmt, daß die Erlaubnis der Urheber vorbestehender Werke auch für die Bearbeitung der auf ihren Schöpfungen beruhenden Filmwerke in irgend eine andere künstlerische Form erforderlich ist. Art. 14 Abs. 3 schließt die Anwendung der Regel des Art. 13 RBÜ auf die filmische Wiedergabe aus; diese ist den Bestimmungen, die die Einführung von gesetzlichen Lizenzen durch die Verbandsländer vorsehen, nicht unterworfen.

Mit dem neu eingeführten Art. 14bis ist eine Klärung der Rechte der Urheber von Filmwerken unternommen worden, wobei die bestehenden Vorschriften beibehalten wurden. Art. 14bis Abs. 1 schützt das Filmwerk als Originalwerk. Dabei bleiben die Rechte der Urheber von Werken, die Gegenstand der Bearbeitung oder Vervielfältigung sein können, in jedem Fall unangetastet (Art. 14bis Abs. 1 Satz 1). Auf der anderen Seite werden aber auch die Rechte der als Filmurheber anerkannten Personen gewährleistet (Art. 14bis Abs. 1 Satz 2): das Übersetzungsrecht (Art. 8), das Vervielfältigungsrecht (Art. 9), das Bearbeitungsrecht (Art. 12), das Senderecht (Art. 11bis), das Recht zur Übertragung mittels Draht an die Öffentlichkeit (Art. 14) sowie das Recht zur öffentlichen Vorführung (Art. 14) und das Verbreitungsrecht (Art. 14). Dem Urheber stehen darüber hinaus alle Rechte zu, die die nationalen Gesetzgebungen inländischen Urhebern einräumen oder in Zukunft einräumen werden.

Die Regelung stellt ausdrücklich klar, welche Rechte der Schutz umfaßt; man ist hier zu einem folgerichtigen Ergebnis bezüglich des Schutzes des Films als Originalwerk gelangt. Zwar führte bereits die

2. In Verbindung mit der Definition des Filmes erhob sich auch die Frage nach einer präzisen Bestimmung der Gleichstellung von Filmwerken und Fernsehwerken. Auf der Brüsseler Revisionskonferenz war in diesem Bereich bereits ein beachtlicher Fortschritt mit der einheitlichen Regelung für Werke der Kinematographie und durch ein der Kinematographie ähnliches Verfahren hergestellte Werke in Art. 2 RBÜ gelungen. Diese Formulierung ist in Stockholm verbessert worden und lautet nunmehr: Filmwerke einschließlich der Werke, die durch ein ähnliches Verfahren wie Filmwerke hervorgebracht sind[16]). Die Ähnlichkeit in der Aufnahmetechnik als Ausgangspunkt der Formulierung hatte sich als unbefriedigend erwiesen. Demgegenüber war es angemessener, wenn nicht, wie die Arbeitsgruppe Filmrecht vorgeschlagen hatte[17]), auf die Bildwirkungen, die durch ein ähnliches Verfahren erzeugt werden, so doch auf das Verfahren abzustellen, mit dem das Werk zum Ausdruck gebracht wird. Es kommt also nicht auf die Ähnlichkeiten in der angewandten Technik (elektromagnetisches Verfahren u. a.), sondern etwa auf solche in der Herstellungsmethode (z. B. Montage) an. Eine nähere Bestimmung des Verfahrens kann an dieser Stelle nicht vorgenommen werden. Jedenfalls ist aber davon auszugehen, daß das Verfahren den filmischen Gegebenheiten zu entsprechen hat und das dadurch hergestellte Fernsehwerk durch die ihm eigene Geschlossenheit Originalität im urheberrechtlichen Sinn aufweisen muß[18]). Von Interesse wäre freilich eine Auslegung der neuen Formulierung seitens der Hauptkommission gewesen, wie sie von der italienischen Delegation angeregt worden war[19]). In der Tat wäre angesichts der großen Verbreitung der Fernsehfilme eine uneingeschränkte Gleichstellung nach der italienischen Regelung der cessio legis mit erheblichen Nachteilen verbunden gewesen: Dokumentarfilmen und Wochenschauen bliebe der urheberrechtliche Schutz versagt. Die bekannten Unterschiede in der filmrechtlichen Regelung der Verbandsländer (Gegenstand des Schutzes, Inhaber des Urheberrechts) hatten aber zur Folge, daß eine solche Auslegung nicht auf der Konferenz vorgenommen, sondern den Verbandsländern überlassen wurde.

3. In unmittelbarem Zusammenhang steht auch das Problem der körperlichen Festlegung als weitere Voraussetzung des Schutzes. Diese

---

[16]) ... les œuvres cinématographiques auxquelles sont assimilés les œuvres exprimés par un procédé analogue à la cinématographie.

[17]) Vgl. hierzu Ulmer, Die Stockholmer Konferenz für geistiges Eigentum in NJW 1968, S. 1012.

[18]) Vgl. Documents de la Conférence de Stockholm S/161, S/190.

[19]) Vgl. Documents de la Conférence de Stockholm, S/161.

des Verbandslandes, in dem der Schutz in Anspruch genommen wird, bleibt aber vorbehalten zu bestimmen, ob ein schriftlicher Vertrag oder ein gleichwertiges Schriftstück vorliegen muß. Verbandsländer, die von dieser Möglichkeit Gebrauch machen, haben davon den Generaldirektor der BIRPI schriftlich zu benachrichtigen, der seinerseits diese Mitteilung allen Verbandsländern unverzüglich weiterleitet. Absatz 2 (d) stellt klar, daß als gegenteilige oder besondere Vereinbarung jede einschränkende Bedingung zu verstehen ist, die dem erwähnten Vertrag angefügt ist.

Absatz 3 sieht Ausnahmen von der Vermutung zugunsten bestimmter Urheber von Filmbeiträgen vor. Demnach sind die Regeln über die Vermutung, falls die nationale Gesetzgebung nichts anderes vorschreibt, auf die Rechte der Urheber des Drehbuchs und des Dialogs, des Filmkomponisten und des Hauptregisseurs nicht anwendbar. Bezüglich des Hauptregisseurs wird weiter bestimmt, daß die Verbandsländer, die in ihrer Gesetzgebung die Vermutung nicht auf die Rechte des Hauptregisseurs erstrecken, den Generaldirektor von BIRPI durch schriftliche Erklärung zu benachrichtigen haben, der seinerseits die Verbandsländer unverzüglich davon in Kenntnis setzt.

II. Die Regelung im einzelnen

Die Stockholmer Revision der Berner Übereinkunft gab den Anlaß, die sich bei der Schaffung von Filmwerken stellenden Probleme erneut zu durchdenken und sich in Verbindung mit dem Versuch einer Vereinheitlichung der Regelungen um eine Lösung zu bemühen. Die besonderen Schwierigkeiten hierbei lagen bekanntlich darin, daß es sich bei dem Filmwerk nicht mehr allein um ein Werk der Kunst oder ein Sprachwerk handelt, das Gegenstand der Wiedergabe sein kann; vielmehr geht es um eine vielschichtige schöpferische Leistung, die überdies von überragender wirtschaftlicher Bedeutung auch auf internationaler Ebene ist. Auch darf der Wert des Films als Verbreitungsmittel der Zivilisation und Übermittler von Nachrichten und gedanklichen Gehalten nicht unterschätzt werden. Bei der Erarbeitung einer angemessenen Lösung waren daher neben rein juristischen Problemen auch wirtschaftliche Interessen in Rechnung zu stellen. Es standen sich hier Interessengruppen gegenüber. Im Rahmen der RBÜ war man stets bemüht, den Urhebern ein Minimum an Rechten zu gewähren, das durch die inländische Regelung nicht beeinträchtigt werden konnte. Auf der anderen Seite stand das Interesse der Filmhersteller, in der internationalen Aus-

wertung der von ihnen hergestellten Filme nicht durch ein mögliches Verbot von seiten der Autoren behindert zu werden[9]). Erschwerend ist in dieser Hinsicht zusätzlich die Verschiedenheit der Systeme, die auch wenn sie sich grundsätzlich auf die Frage nach der Bestimmung des Urhebers des Filmwerkes beschränkt, ihre Auswirkung auch auf andere Probleme nicht verfehlt.

Den Anregungen des Programms zufolge sollte auf der Konferenz der Versuch unternommen werden, eine Konzeption zu finden, die die sich aus den Regeln der einzelnen Verbandsländer ergebenden gemeinsamen Elemente umfassen und an den Grundsätzen der Entwicklung internationaler Regelungen im Bereich des Urheberrechts orientiert sein sollte. Dieser Bestrebung lag nicht zuletzt die Absicht zugrunde, unter Wahrung der berechtigten Interessen der Urheber den Austausch der Filme im Rahmen der Berner Union zu erleichtern.

A. Der Begriff des Films

Trotz bedeutender Fortschritte ist es auch auf der Stockholmer Konferenz nicht gelungen, den Begriff des Films zu definieren.

1. Eine Definition des Begriffs des Films hätte entschieden dazu beigetragen, Mißverständnisse zu vermeiden; dabei hätte die Frage nach der Urheberschaft am Film zunächst zugunsten einer Untersuchung des Filmbegriffs zurückgestellt werden können. Die aus Vertretern Schwedens und der BIRPI zusammengesetze Studiengruppe hatte jedoch die Aufnahme einer Definition in die RBÜ abgelehnt und auf wichtige redaktionelle Gründe verwiesen, die ihr entgegenstehen[10]). Diese Auffassung hat sich auf der Konferenz schließlich durchgesetzt.

In diesem Zusammenhang erscheint es notwendig, die Frage nach der Definition des zu schützenden Werkes noch einmal zu stellen. Eine Definition muß jedenfalls dem geltenden System des Schutzes und damit den unterschiedlichen Konzeptionen in den nationalen Regelungen

---

[9]) In diesem Zusammenhang ist zu bemerken, daß ein solches Verbot häufiger aus persönlichkeitsrechtlichen Gründen als aus vermögensrechtlichen Gründen ausgesprochen zu werden pflegt, da die vermögensrechtlichen Befugnisse in aller Regel dem Produzenten auf vertraglichem Wege für die ganze Welt abgetreten werden; vgl. hierzu Roger Fernay, Oeuvres cinématographiques et télévisuelles, in RIDA, Numéro spécial 1967, S. 321.

[10]) Einige Mitglieder der Studiengruppe Schweden/BIRPI hatten vorgeschlagen, eine Definition des Begriffs des Filmwerkes in den Konventionstext aufzunehmen; vgl. hierzu Troller, Das Urheberrecht an Filmwerken und die Revision der RBÜ, in GRUR Int. 1963, 598.

Rechnung tragen. So ist beispielsweise nach dem System des film-copyright der Film als körperlicher Filmstreifen zu verstehen, auf dem Bilder und Töne fixiert sind[11]), während nach dem System des Urheberrechts der geistigen Schöpfer der Film als Geisteswerk eigener Art anzusehen ist.

Diese Unterschiede in der Bestimmung des Begriffs des Filmwerkes wirken sich auch auf die Beurteilung der verschiedenen weiteren Probleme des Filmrechts aus. So liegt es bei der genannten Definition des Filmes im englischen Copyright Act nahe, das Recht an diesem körperlichen Filmstreifen dem Hersteller unabhängig von den in den Film einbezogenen geistigen Schöpfungen zuzusprechen[12]). Sieht man dagegen in dem Film eine geistige Schöpfung, wenn auch eine solche eigener Art, so kann auf das Urheberrecht des geistigen Schöpfers nicht verzichtet werden.

Wie aber beurteilt sich die Frage der Originalität im Zusammenhang mit dem Begriff des Filmes? Im Sinne der bereits genannten Art. 2 Abs. 1 und 14 RBÜ sind nur originale Werke als Filmwerke anzusehen. Dieser Ausgangspunkt ist bei allen Überlegungen zu beachten, wenn auch für die Beurteilung der Originalität die spezifischen Besonderheiten des Films zu berücksichtigen sind.

In den einzelnen nationalen Gesetzgebungen der Verbandsländer besteht über diese Frage keine Einigkeit; vielmehr ist auch hier auf internationaler Ebene mit divergierenden Meinungen zu rechnen. So schließt beispielsweise das italienische Urheberrechtsgesetz vom 22. April 1941 Dokumentarfilme und Wochenschauen vom Urheberrechtsschutz aus und unterscheidet die österreichische Regelung zwischen Filmwerken und bloßen Laufbildern. Ebenso genießen nach belgischem Recht bloße Filmberichte keinen urheberrechtlichen Schutz. Zusätzlich sind die von den einzelnen Systemen der filmrechtlichen Regelung ausgehenden Einflüsse auf alle Fragen des Filmrechts und damit auch auf die Bestimmung der Originalität von Bedeutung. Wenn z. B. nach der britischen Konzeption der Filmstreifen als das Wesentliche angesehen und das Recht an diesem dem Hersteller zugesprochen wird, so bestehen diese Rechte unabhängig von der Originalität der geistigen Leistung. Anders ist die Rechtslage dann, wenn man vom

---

[11]) Sec. 13 (10) Copyright Act, 1956.

[12]) Vgl. hierzu D. Reimer in seinem Bericht auf dem Athener Kongreß der Internationalen Vereinigung für Urheberrecht (ALAI) im September 1959, in GRUR Int. 1959, 639.

Urheberrecht der geistigen Schöpfer ausgeht und damit die Originalität des Werkes zur Schutzvoraussetzung macht.

Eine Bestimmung der Originalität als Schutzvoraussetzung des Filmwerkes kann freilich mit einiger Verbindlichkeit nur dann unternommen werden, wenn eine allgemein gültige Definition des Filmes gefunden ist.

Zunächst ist davon auszugehen, daß der Film auch als Originalwerk ein Werk eigener Art ist. Mit dem Film liegt in der Tat kein Geisteswerk im traditionellen Sinne vor; denn es manifestieren sich hier nicht nur die absoluten Merkmale der geistigen Schöpfung, sondern auch künstlerisch-technische Merkmale. Diese Richtung wurde von *Ulmer* aufgezeigt und hat sich in der Folge auch in der Lehre weitgehend Anerkennung verschafft[13]). Insoweit kann unter Berücksichtigung der Tatsache, daß die schöpferische Leistung beim Film auf die Schaffung einer Folge von Bildern und Tönen gerichtet ist, eine Begriffsbestimmung des Films dahin vorgenommen werden, daß der Film ein Werk besonderer Art ist, nämlich die künstlerische realisierte geistige Schöpfung einer Bild- und Tonfolge. Eine Begriffsbestimmung auf dieser Grundlage erscheint auch zur Aufnahme in den Konventionstext als geeignet.

Dementsprechend hätte freilich auch eine konventionsrechtliche Regelung der verschiedenen Rechte zu erfolgen, die aus den Schöpfungen und Leistungen, die beim Film erbracht werden, fließen; dies würde allerdings wohl zu der Einwendung Anlaß geben, daß die Konvention nur Urheberrechte, nicht aber verwandte Schutzrechte zum Gegenstand hat[14]).

Die vorgeschlagene Definition würde in Verbindung mit der Bestimmung der Art. 2 und 14 RBÜ alle Arten von Filmen (also Kulturfilme, Lehrfilme, Dokumentarfilme u. a.) umfassen, ohne bestimmte Filmtypen auszuschließen. In jedem Fall muß ein originales Werk vorliegen. Diese Voraussetzung gilt auch für das Filmwerk; an die Werkschöpfung können indessen, der Natur des Filmwerkes entsprechend, keine hohen Anforderungen gestellt werden; es genügt, daß der Film — also die typische Bild- und Tonfolge — eine besondere Geschlossenheit oder einen eigenartigen Rhythmus aufweist[15]).

---

[13]) Ulmer, Kinematographie und Urheberrecht, in GRUR Int. 1953, 182 ff.

[14]) Siehe 191 f. und Desbois, op. cit., in GRUR 1961, 608 ff. = UFITA Bd. 36 (1962) S. 463 ff.

[15]) So z. B. Ulmer, Urheber- und Verlagsrecht, 2. Aufl., S. 136 f. Hier ist zu bemerken, daß bei der vorgeschlagenen Definition, derzufolge die Rechte den Urhebern und den Leistenden getrennt zuzusprechen sind, die Originalität auch nicht eine absolute Schutzvoraussetzung bildet, da die Filme ohne Rücksicht auf ihre Originalität zumindest kraft des Leistungsschutzrechtes des Produzenten geschützt werden.

frühere Fassung der RBÜ zu denselben Grundsätzen, doch erschien eine ausdrückliche Bestimmung in der Konvention auch aus redaktionellen Gründen als angebracht[8]).

Ungelöst bleibt dabei freilich die wesentliche Frage, wer als Urheber des Filmwerkes anzusehen ist; sie stellt sich gleichermaßen in allen Verbandsländern. Ihre Lösung konnte jedoch, da die Rechtsauffassungen der einzelnen Staaten zu sehr voneinander abweichen, keine einheitliche sein, wenn sie sich auch an allgemein anerkannten Grundsätzen orientiert.

Art. 14bis Abs. 2 (a) überläßt die Bestimmung des Urhebers der nationalen Gesetzgebung des Verbandslandes, in dem der Schutz in Anspruch genommen wird. Eine solche Regelung bietet Raum sowohl für das System des Urheberrechts der geistigen Schöpfer, das System des film-copyright wie auch — in Auslegung des Gedankens, daß die Regel auch diejenigen Fälle umfaßt, in denen nur einzelne Elemente des Urheberrechts von der nationalen Regelung bestimmten Personen zuerkannt werden — das System der cessio legis. Die in Art. 14bis Abs. 2 (a) gefundene Regel gestattet den Verbandsländern die weitere Anwendung ihrer Systeme, wie dies vor der konventionsrechtlichen Regelung bereits der Fall war.

Neu sind auch die weiteren Vorschriften des Absatzes 2. In diesen wurden Vermutungen für die Legitimation des Herstellers einbezogen.

In jenen Verbandsländern, die zu den Rechtsinhabern auch die Schöpfer einzelner Beiträge des Films rechnen, können sich diese Beitragsurheber gemäß der Vorschrift des Art. 14bis Abs. 2 (b) mangels anderweitiger Vereinbarung der Vervielfältigung, Verbreitung, öffentlichen Vorführung, Drahtfunksendung, Rundfunksendung, öffentlichen Wiedergabe sowie dem Versehen mit Untertiteln und der Textsynchronisierung des kinematographischen Werkes nicht widersetzen.

Die Absätze 2 (c) und 2 (d) desselben Artikels enthalten erläuternde Vorschriften: Absatz 2 (c) bringt solche für die Form des Vertrages, der die Vermutung begründet, wobei vorgesehen ist, daß darüber, ob der Vertrag der Schriftform bedarf, nach der Gesetzgebung des Verbandslandes, in dem der Filmhersteller seiner Niederlassung oder seinen gewöhnlichen Aufenthalt hat, zu entscheiden ist. Der Gesetzgebung

---

[8]) In diesem Sinne hatten sich auch die Studiengruppe Schweden/BIRPI und der Sachverständigenausschuß ausgesprochen; vgl. Vorbereitende Dokumente zur Stockholmer Konferenz für geistiges Eigentum 1967, Sonderheft GRUR Int. 1967, 155 ff.

Frage hat insbesondere auch aus dem Grunde an Bedeutung gewonnen, da im Gegensatz zu den Filmwerken, bei denen sich die körperliche Festlegung von selbst verstand, Fernsehproduktionen (z. B. Live-Sendungen) einer solchen Festlegung nicht bedürfen. Bei der Diskussion um den Begriff des dem Filmwerk ähnlichen Verfahrens waren diese Unterschiede zu berücksichtigen. Eine Grenze zwischen geschützten und nicht zu schützenden Verfahren läßt sich freilich nicht ziehen; es hat sich vielmehr gezeigt, daß auch im herkömmlichen Sinne nicht der Kinematographie zuzurechnende Verfahren — wie das elektromagnetische — nach ihrer Anwendung bei der Herstellung von Fernsehwerken auch Eingang in die Kinematographie gefunden haben. Auch hier behält der Grundsatz Gültigkeit, daß der Schutz des Werkes unabhängig von seiner Bestimmung ist (hier käme die Aufführung in Kinosälen oder die Ausstrahlung über Wellen in Betracht). So läßt sich nicht mit Sicherheit feststellen, ob ein zur Sendung bestimmtes Werk nicht später in einem Filmtheater zur Aufführung gelangt und umgekehrt. Ein Zusammenhang zwischen Werk und Substrat besteht in dieser Hinsicht nicht; ebensowenig fällt die Art und Weise der Fixierung als Schutzvoraussetzung dieser Werkgattung ins Gewicht. Ein allen Erzeugnissen dieser Kategorie gemeinsames Merkmal, das auch als Schutzvoraussetzung gelten kann, ist die Schaffung einer Bild- und Tonfolge. Stellt man das Substrat nicht mit dem Werk gleich, so bleibt, unabhängig von Festlegung und Bestimmung als einziges Merkmal eben die Übereinstimmung in diesem Ziel[20]). Soweit aber einzelne Verbandsländer der Berner Union eine anderweitige Regelung vorsehen und eine bestimmte Art der Festlegung zur Schutzvoraussetzung machen, steht dem die konventionsrechtliche Regelung nicht entgegen, die die Festlegung weder verlangt noch ausschließt[21]).

B. Filmwerke und vorbestehende Werke — Filmbeiträge

Die Frage nach der Begriffsbestimmung des Films geht Hand in Hand mit einer Abgrenzung des Filmwerkes von den vorbestehenden Werken, die ihm als Grundlage dienen. Auch wenn das Filmwerk als Schöp-

---

[20]) Insoweit ist es durchaus zu begrüßen, daß die Vorschrift so weit gefaßt wurde. — Vgl. auch Desbois, Der internationale Schutz der kinematographischen Werke, in GRUR Int. 1961, 608 ff. = UFITA Bd. 36 (1962) S. 463 ff.; Lyon-Caen, Nouvelles Observations au sujet de la protection internationale des œuvres cinématographiques, in DdA 1962, 153 ff.

[21]) So ist z. B. in Großbritannien (und den USA, die jedoch kein Verbandsland der RBÜ sind) die Fixierung Voraussetzung des Schutzes. Vgl. hierzu Art. 2 Abs. 2 RBÜ Stockholmer Fassung; Copinger-Skone James, On Copyright, 10. Aufl., S. 64 ff.; Derenberg, Lettre d'Etats-unies in DdA 1967, S. 104 f.

fung eigener Art bezeichnet wird, muß es doch gegenüber den bei seiner Erstellung verwendeten Schöpfungen ein selbständiges Werk sein.

1. Art. 14 RBÜ, der die Rechte der Urheber vorbestehender Werke bestimmt, enthält bekanntlich keine deutliche Abgrenzung dieser Werke gegenüber den Filmbeiträgen. Der nunmehrige Wortlaut der Vorschrift weist gegenüber dem früheren nur geringfügige Änderungen auf. Nach wie vor bleibt indessen die Frage von Bedeutung, die bereits der Brüsseler Revisionskonferenz zur Untersuchung vorlag, ob die Regel, soweit sie von filmisch „bearbeiteten und vervielfältigten Werken" spricht, ausschließlich auf vorbestehende Werke abstelle, ob die Vorschrift also nur auf Werke anzuwenden sei, die unabhängig von einem Film geschaffen worden sind, oder auch auf solche Beiträge, die für die Herstellung des Films bestellt und geschaffen wurden. Die hierzu vertretenen Meinungen sind bekannt[22]). Für das Problem der Abgrenzung dieser Werkkategorien, die insbesondere hinsichtlich der Bestimmung des Filmwerkes Schwierigkeiten bedingt hat, sind die in den einzelnen Systemen der filmischen Regelung enthaltenen Lösungsrichtlinien anzuwenden.

(1) Das britische System des film-copyright erkennt zwar das Urheberrecht am Filmwerk dem Unternehmer zu, nimmt aber eine genaue Abgrenzung zu den Rechten der Urheber bestimmter Beiträge vor. Diese Rechte werden dem Urheber des Drehbuchs, des Dialogs und dem Komponisten der Filmmusik ebenso gewährleistet wie dem Urheber vorbestehender Werke. Auch im britischen System besteht also ein klarer Unterschied zwischen vorbestehenden Werken und bestimmten literarischen, dramatischen, musikalischen und künstlerischen Beiträgen, die beim Film verwendet werden, und dem Film als solchem, für den dieselbe Regelung gilt wie die für Originalwerke vorgesehene[23]).

(2) Auch das tschechoslowakische Recht nimmt eine Trennung zwischen dem Urheberrecht am Filmwerk und demjenigen an den Komponenten (literarischer Vorlage, Filmroman, Drehbuch und an den literarischen, musikalischen und künstlerischen Beiträgen) des Filmwerkes

---

[22]) Vgl. Ulmer, in GRUR Int. 1953, 190 f. Diese Abhandlung gibt auch Aufschluß darüber, daß die herrschende Meinung, wonach die Urheber der Filmbeiträge von denen vorbestehender Werke klar zu trennen sind, in Inhalt und Motivierung auf die Einführung des Art. 14 RBÜ auf der Berliner Konferenz (1908) zurückgeht, die ihrerseits mit dem Ziele erfolgte, die Urheber von Romanen, Dramen und anderen nicht für den Film geschaffenen Werken gegen eine ohne ihre Zustimmung stattfindende Verfilmung zu schützen.

[23]) Vgl. für die auf Tonstreifen übertragene Filmmusik Art. 13 Abs. 7 Copyright Act

vor (Art. 6 des tschechoslowakischen Urheberrechtsgesetzes von 1965). Die Rechte an diesen Filmbeiträgen verbleiben bei den Urhebern, die über sie getrennt verfügen können (Art. 6 des Gesetzes). Diese Rechte unterscheiden sich nicht von den den Urhebern im allgemeinen zuerkannten.

(3) Das bulgarische Urheberrechtsgesetz unterscheidet zwischen den Werken, die zur Herstellung des Filmes benutzt werden können, und dem Film als ganzem und läßt gemäß § 16 Abs. 2 die Rechte an ersteren (vorbestehende Werke, Drehbücher, Musikkompositionen) unberührt.

(4) Von demselben Grundsatz ist auch für das polnische Urheberrecht auszugehen, das in Art. 13 des Gesetzes das Urheberrecht am Film als Ganzem von demjenigen an den getrennten Beiträgen unterscheidet.

(5) Das Urheberrecht der Vereinigten Staaten[24]) differenziert, wie noch darzulegen sein wird, zwischen Urhebern und Darstellern, die zur Herstellung des Films angestellt werden, und freischaffenden Urhebern. Zu den Werken freischaffender Urheber rechnen ebenso die vorbestehenden Werke wie die Filmbeiträge, die nicht von angestellten Urhebern erstellt wurden[25]).

(6) Auch das schweizerische Urheberrecht unterscheidet nicht ausdrücklich zwischen den Werkgruppen der vorbestehenden Werke, der Filmbeiträge und der Filme als solchen. Man nimmt jedoch eine Trennung von Filmbeiträgen, vorbestehenden Werken und ihren Bearbeitungen von dem Film vor, indem dem Urheber des vorbestehenden Werkes das Verfilmungsrecht eingeräumt wird (Art. 13 Abs. 3 des schweizerischen Urheberrechtsgesetzes)[26]). Darüber hinaus wird der Urheber eines Originalwerkes nach schweizerischem Recht nicht als Miturheber des Filmwerkes geschützt. Man geht davon aus, daß es sich um Beiträge eines verbundenen Werkes handelt, über die jeder der

---

[24]) Die Vereinigten Staaten von Amerika sind der RBÜ bekanntlich bisher nicht beigetreten, haben sich jedoch an den Arbeiten zur Vereinheitlichung des internationalen Urheberrechts aktiv beteiligt; im übrigen sieht das am Entwurf vorliegende neue Urheberrechtsgesetz eine Anpassung an die Grundsätze des kontinentaleuropäischen Urheberrechts vor. Im Rahmen dieser Untersuchung wird daher wiederholt auf die Rechtslage in den USA eingegangen werden.

[25]) Vgl. auch Berthold-Hartlieb, Filmrecht S. 689 f.

[26]) Für die Wiedergabe von musikalischen Werken durch Film und zur Aufführung durch Film vgl. Art. 12 Ziff. 3. — Art. 13 Ziff 3; siehe auch Streuli, Urheberrecht in der Schweiz, S. 25 Anm. 32, 33, S. 28.

Urheber getrennt verfügen kann[27]). Für die getrennten Beiträge gelten demnach dieselben Rechte wie für alle übrigen Werke[28]).

(7) Nach dem System Belgiens werden die Urheberrechte am Film ebenfalls den geistigen Schöpfern zuerkannt (vgl. unten S. 158). Die vorbestehenden Werke werden auch hier von den übrigen Beiträgen unterschieden[29]). Für die einzelnen getrennten Filmbeiträge gelten die allgemeinen Regeln des Urheberrechtsgesetzes[30]).

(8) Für Deutschland (BRD) hat das neue Urheberrechtsgesetz weitgehend Klarheit geschaffen. Die vorbestehenden Werke — sie werden auch als vorbenutzte Werke bezeichnet — wie Romane u. a. werden von den Filmbeiträgen deutlich getrennt, ihre Urheber nicht zu den Filmurhebern gerechnet[31]). Nicht zu den Urhebern des Films zählen auch die Urheber derjenigen Beiträge, die für den Film geschaffen werden (Drehbuchautor, Filmkomponist u. a.)[32]).

(9) Das französische Recht, das, wie das deutsche, an das System des Urheberrechts der geistigen Schöpfer anknüpft, nimmt ebenfalls eine Trennung zwischen vorbestehenden Werken, für den Film geschaffenen Beiträgen und sonstigen Filmbeiträgen vor (Art. 14 Abs. 2 und 3 des Gesetzes). Art. 14 Abs. 3 bestimmt, daß die Urheber der vorbestehenden Werke — also der nicht für den Film geschaffenen Werke — in Bezug auf die Urheberschaftsvermutung den Urhebern der übrigen für den Film geschaffenen Beiträge, die, soweit jene getrennt verwertbar sind, hierfür den vollen rechtlichen Schutz genießen, gleichzustellen sind. Sowohl für die vorbestehenden Werke wie für diese Beiträge gelten dieselben Regeln[33]). Daneben ist zu beachten, daß das französische Recht zwar die Urheberschaft am Film als Miturheberschaft wertet, ein getrenntes Inverkehrbringen der Beiträge, wenn diese als selbständige Werke anzusehen sind, aber gestattet[34]).

---

[27]) BGE 16. März 1948 in GRUR 1949, 200 ff. = UFITA Bd. 19 (1955) S. 365 ff.

[28]) Bezüglich der Filmmusik vgl. auch Mitteilung des Bundesrates an die Bundesversammlung zu dem Entwurf eines Urheberrechtsgesetzes vom 9. Juli 1918, S. 20 Ziff. 4 und 5, S. 17 Abs. 1; dazu auch Sutermeister, Das Urheberrecht am Film, 1955, S. 29; Streicher, Grundfragen des Urheberrechts am Filmwerk, S. 197 ff.

[29]) Vgl. Recht, Le droit d'auteur en Belgique Nr. 31 S.

[30]) Poirier, in Pinner, World Copyright, Bd. I, S. 1413; Recht, aaO. S. 20, 35.

[31]) Vgl. § 88 Abs. 1 UG.

[32]) Vgl. § 89 Abs. 3 UG und BGH vom 19. Okt. 1962 in GRUR 1963, 41 = UFITA Bd. 38 (1962) S. 340; Hubmann, Urheber- und Verlagsrecht, 2. Aufl., S. 118; so ist z. B. ebenso wie für die Benutzung eines vorbestehenden Musikwerkes auch für diejenige eines für den Film geschaffenen Musikwerkes die Zustimmung des Komponisten erforderlich (§ 88 Abs. 1 i. V. mit § 89 Abs. 3 UG); vgl. auch Ulmer, Urheber- und Verlagsrecht, S. 177; Berthold-Hartlieb, Filmrecht, S. 10 ff.; Roeber, Der Film im neuen Urheberrecht, in FILM und RECHT Nr. 11/1965, S. 224.

[33]) Vgl. Art. 14 des Gesetzes.

[34]) Siehe auch unten S. 160 f.

(10) Im schwedischen Gesetz findet sich keine ausdrückliche Regelung dieser Frage. Es kann aber von dem Grundsatz ausgegangen werden, daß sich die Frage der Urheberschaft nach dem System des Urheberrechts der geistigen Schöpfer beurteilt. Unter diesem Gesichtspunkt wäre den vorbestehenden Werken derselbe urheberrechtliche Schutz zuzuerkennen wie den einzelnen schöpferischen Filmbeiträgen und dem Film als solchem, da kein Anhaltspunkt dafür besteht, daß nicht auch nach schwedischem Recht einzelne Beiträge, die mit dem Film nicht eng verbunden sind, als selbständige Werke in Erscheinung treten können.

(11) Das österreichische Urheberrecht nimmt die Trennung zwischen vorbestehenden, zur Schaffung des Films benutzten Werken und den übrigen Beiträgen vor, die von an der Herstellung des Films schöpferisch mitwirkenden Personen erbracht werden (Art. 38 Abs. 1 Satz 2 des Urheberrechtsgesetz und unten S. 162)[35]). Für diese vorbestehenden Werke wie für die getrennt verwertbaren Filmbeiträge gilt die allgemeine Regel des österreichischen Urheberrechtsgesetzes über Originalwerke, da auch nach österreichischem Recht nicht Miturheberschaft, sondern Teilurheberschaft besteht[36]). Zweifelhaft bleibt freilich die Frage, welche der Beiträge als vorbenutzte Werke zu werten sind. Hier wird für das österreichische Recht eine dem deutschen Recht ähnliche Lösung zugrunde zu legen sein; so werden neben den vorbestehenden Werken (wie Gemälden u. a.) auch die für die Herstellung des Films geschaffenen Werke von den übrigen Filmbeiträgen, die in enger Verbindung mit dem Film erbracht werden, zu unterscheiden sein[37]).

(12) Eine ähnliche Regelung besteht in Italien. Auch hier wird zwischen vorbestehenden und für den Film geschaffenen schöpferischen Beiträgen differenziert. Für die letzteren gelten die Regeln über Miturheberschaft. Die für den Film geschaffenen Beiträge genießen aber, wie im französischen Recht, eine unabhängige Existenzmöglichkeit[38]).

(13) Das griechische Recht sieht zugunsten der Urheber von Sprachwerken die ausschließliche Befugnis vor, das Werk mittels der Kine-

---

[35]) Vgl. hierzu Dittrich, Die Stockholmer Fassung der Berner Übereinkunft, INTERGU Bd. 40 S. 45 und Anm. 51 ff.

[36]) Vgl. Wilhelm Peter, Das österreichische Urheberrecht, § 4 S. 45 f.; Rintelen, Urheberrecht und Urhebervertragsrecht, S. 72 f.

[37]) Vgl. Erläuternde Bemerkungen zu §§ 28 bis 40 österr. URG, abgedruckt bei Peter, aaO. S. 552 ff.; Dittrich, aaO. S. 46 ff.

[38]) Vgl. im allgemeinen hierüber Bentivoglio, Bemerkungen zum Filmrecht im neuen italienischen Urheberrechtsgesetz, in UFITA Bd. 42 (1942) S. 93 ff.

matographie wiederzugeben und unterscheidet damit zwischen vorbestehenden Werken und für den Film geschaffenen Beiträgen[39]).

2. Insoweit ist demnach festzuhalten, daß neben den Urhebern vorbestehender Werke ersichtlich eine weitere Gruppe der Urheber von Filmbeiträgen besteht. Eine genaue Grenzziehung zwischen den einzelnen Gruppen von Schöpfungen, die im Zusammenhang mit dem Film gegeben sind, erweist sich als notwendig, da für sie jeweils verschiedene Regeln (bezüglich z. B. der dem Urheber zugesprochenen Rechte, der Anwendung des Art. 14 RBÜ, der Unterscheidung der Urheber vorbestehender Werke und der Filmbeiträge, der getrennten Verfügung über die Filmbeiträge u. a.) in Betracht kommen können. Die Konvention enthält keine speziell auf diesen Sachverhalt zugeschnittene Regel; die nationalen Regelungen weichen erheblich voneinander ab[40]).

Die Probleme und Überschneidungen werden durch einige von *Ulmer* angeführte Beispiele verdeutlicht: Das Drehbuch, das im Auftrag des Produzenten geschaffen wird, ist ein Filmbeitrag. Wie aber steht es mit dem Drehbuch, das selbständig geschaffen worden ist und erst nach seiner Fertigstellung als Sprachwerk angeboten wird? Beide Male unterscheidet sich das Drehbuch vom Sprachwerk, das nicht im Hinblick auf eine spätere Verfilmung geschaffen wurde. Welche Rechte stehen dem Urheber in beiden Fällen jeweils zu? Die gleiche Frage kann sich auch bezüglich der Filmmusik stellen. Inwieweit ist eine Abgrenzung zwischen vorbestehenden Kompositionen und solchen, die für den Film geschaffen wurden[41]), möglich?

Diese Beispiele, die bei weitem nicht die einzig denkbaren sind, zeigen die Schwierigkeit der Unterscheidung auf; ohne Zweifel sind aber auch Merkmale für die Abgrenzung gegeben. So wird im Schrifttum (und z. B. auch im Referenten-Entwurf 1954 zum neuen deutschen Urheberrechtsgesetz)[42]) gelegentlich der Versuch unternommen, die Grenzen zeitlich zu bestimmen: demnach wären alle vor Beginn der Dreharbeiten geschaffenen Werke als vorbestehende Werke, die nach diesem Zeitpunkt entstandenen Werke als Filmbeiträge zu bezeichnen. Ein weiteres und wohl das entscheidende Kriterium, über das bereits

---

[39]) Vgl. Koumantos, Pneumatiki idioktissia (Das geistige Eigentum) S. 133; Zepos bei Pinner, World Copyright, Bd. I S. 1474.

[40]) Vgl. auch oben S. 147 ff.

[41]) Vgl. die zur Anerkennung der Rechte des Filmkomponisten fast durchwegs anerkannte Regelung; es wäre freilich unbillig, z. B. den Filmkomponisten gegenüber dem Komponisten einer vorbestehenden Schöpfung durch eine unterschiedliche Behandlung zu benachteiligen.

[42]) Vgl. hierzu Berthold-Hartlieb, aaO. S. 32 f., 56 f.

gesprochen wurde, stellt darauf ab, ob das als Filmbeitrag zu schützende Werk oder die Leistung im Hinblick auf ein geplantes Filmwerk entstanden ist. Dieses Kriterium entspricht der bereits bekannten Gruppierung der für den Film zu benutzenden Werke, die von dem Zweck der Schöpfung ausgeht[43]). Demnach wäre z. B. das für den Film geschaffene Drehbuch in der Regel Filmbeitrag bzw. Bestandteil des Films und sein Urheber einer der Filmurheber. Zu den Filmurhebern rechnen selbstverständlich die Urheber von Schöpfungen oder Leistungen, die in engem Zusammenhang mit der Schöpfung des Films erbracht werden.

Für eine vorzunehmende Abgrenzung sind, da die Konvention keine kasuistische Regelung treffen kann, einerseits die Werke zu berücksichtigen, deren Schöpfung in keiner Zweckverbindung mit dem Film steht[44]); auf der anderen Seite stehen diejenigen Werke, die im Hinblick auf die filmische Benutzung geschaffen werden; als Untergruppierung sind hierher auch diejenigen Werke zu rechnen, die im Laufe der Filmarbeiten entstehen und also eng mit dem Film verbunden sind. Eine solche Abgrenzung entspricht freilich nur zum Teil der sich aus der Stockholmer Fassung der RBÜ ergebenden: Danach besteht nur eine allgemeine Gruppierung einerseits der vorbestehenden Werke im engeren Sinn und andererseits der Beiträge (Schöpfungen und Leistungen), die zum Zweck der Filmherstellung erbracht wurden[45]).

Abschließend zeigt sich, wenn man die Rechte an den genannten Gruppen von Werken und Beiträgen (unter dem Vorbehalt ihrer selbständigen Verwertbarkeit) unabhängig vom Filmwerk als solchem untersucht, daß zwar, wie bereits erwähnt wurde, die Unterschiede zwischen beiden Gruppen unverkennbar sind, es aber dennoch gerechtfertigt wäre, denselben Schutz, wie ihn die Urheber vorbestehender Werke genießen, auch den Urhebern von Filmbeiträgen zu gewährleisten. Denn es wäre nicht angemessen, dem Urheber eines selbständig verwertbaren Beitrags diesen Schutz allein deshalb zu versagen, weil der Beitrag dem Film inkorporiert wurde. Es sind in der Hauptsache diese Billigkeitsgründe, die für die Meinung sprechen, daß die Regeln über vorbestehende Werke — also die des Art. 14 RBÜ — auch auf Beiträge, soweit sie vom Filmwerk getrennt sind, Anwendung finden könnten. Diese Rechte sollen im folgenden erörtert werden.

---

[43]) Vgl. v. Gamm, Grundfragen des Urheberrechts, 1957, S. 18. Vgl. hierzu aber Ulmer, Filmurheberrecht in der Reform der Berner Übereinkunft, in Festschrift Hallstein S. 551 ff.

[44]) Diese Werke werden von Ulmer (Filmurheberrecht in der Reform der Berner Übereinkunft, in Festschrift Hallstein S. 551) als vorbestehende Werke im engeren Sinne bezeichnet.

[45]) Vgl. Die Stockholmer Konferenz für geistiges Eigentum 1967, in GRUR Int. 1967, 449.

C. Der Rechtsinhaber

Die Verfügungsmacht über das Filmwerk berührt sowohl materielle wie ideelle Interessen. Hier ist die Gefahr eines Konflikts der beiden bereits aufgezeigten Interessengruppen unmittelbar gegeben. So haben sich die Autoren immer darauf berufen, daß den geistigen Schöpfern das Verfügungsrecht über das Filmwerk zustehe und auf dem Vertragswege festzulegen sei, welche Befugnisse auf den Filmproduzenten übergehen. Letztere machten dagegen geltend, daß sie auf Grund ihrer hohen Qualifikation an der Gestaltung des Filmwerkes mitwirken, daß sie weiter den Apparat zur Verfügung stellen, der zur Filmarbeit unerläßlich ist, und daß sie schließlich das finanzielle Risiko für den Erfolg des Filmes tragen. Sie beanspruchen daher das Verfügungsrecht über das Filmwerk, wobei es gleich bleibt, ob es um ein originäres oder ein durch cessio legis übertragenes Recht geht. Hinsichtlich des droit moral könnten freilich ihre Ansprüche sich nur darauf richten, daß ihre Verfügungsrechte durch dieses Recht nicht eingeengt werden sollen.

Das Problem steht in seiner Gesamtheit in enger Berührung mit der Bestimmung des Inhabers des Urheberrechts oder der sonstigen in Frage kommenden Rechte. Die Stockholmer Fassung der RBÜ ist zu diesem Punkt wenig aufschlußreich; es empfiehlt sich daher eine eingehendere Untersuchung der einzelnen Elemente dieser Regelung. Für das Verständnis der Stockholmer Fassung der RBÜ und insbesondere des Umfangs der Regelung ist jedenfalls zunächst erforderlich, Klarheit darüber zu gewinnen, bei welchen Beiträgen, die zusammen den Film bilden, die Urheber ein Urheberrecht in Anspruch nehmen können. Insoweit ist stets zwischen den Urheberrechten an vorbestehenden Werken und den Rechtsinhabern des Films zu trennen.

1. Die Urheber vorbestehender Werke

Als erstes ist festzuhalten, daß die Urheber vorbestehender Werke an den Rechten am Filmwerk nicht teilhaben[46]), vielmehr wird eine durchaus sachentsprechende Abgrenzung zwischen ihren Rechten und denjenigen der Filmurheber vorgenommen. Der Filmproduzent hat kein Verdienst am Zustandekommen der vorbestehenden Werke, die

---

[46]) Anders ist die Rechtslage dann, wenn die nationale Regelung den Urheber vorbestehender Werke zu den Filmurhebern rechnet (vgl. Art. 14 Abs. 2 des französischen Gesetzes).

vom Urheber allein oder in Zusammenarbeit mit anderen Autoren ohne geistige und unternehmensmäßige Mitwirkung des Produzenten geschaffen wurden.

Problematisch wird die Rechtslage freilich, soweit es um Beiträge geht, die, wie bereits gezeigt wurde, nicht deutlich als von dem Film unabhängige vorbestehende Werke identifiziert werden können. Auch hier kann die oben vorgenommene Abgrenzung Anwendung finden.

Danach sind neben den Urhebern von Romanen, Dramen und vorbestehenden Musikkompositionen, deren Werke nicht als Filmbeiträge, sondern eindeutig als vorbestehende Werke anzusehen sind, auch diejenigen als Urheber vorbestehender Werke zu behandeln, deren Schöpfungen nicht im Hinblick auf die Eingliederung in den Film geschaffen wurden. Die Konvention regelt diese Frage nicht, überläßt es vielmehr den nationalen Regelungen, hier eine Abgrenzung vorzunehmen.

2. Die Filmurheber

a) Für die wichtige Frage nach dem Inhaber der Rechte am Filmwerk enthält die Stockholmer Fassung der RBÜ keine klare Antwort. Art. 14bis RBÜ bestimmt zwar, wie bekannt, daß das Filmwerk als Originalwerk zu schützen ist und daß der Inhaber des Urheberrechts dieselben Rechte genießt wie der Urheber jeden Originalwerkes; die Bestimmung des Urhebers als solchem wird aber der Gesetzgebung des Landes überlassen, in dem der Schutz in Anspruch genommen wird. Art. 14bis RBÜ klärt daher nicht das vordringlichste Problem: die Frage nach dem Urheber des Films.

Eben diese Frage war seit Beginn der vorbereitenden Arbeiten zur Vereinheitlichung des Filmrechts auf internationaler Ebene der Hauptgegenstand der Diskussion. Die hierzu geltenden wichtigsten Systeme, das des Urheberrechts der geistigen Schöpfer und des film-copyright, sind hinlänglich bekannt. Auch ist ein Eingehen auf die hier ins Spiel kommenden rechtspolitischen Ideen und Zielsetzungen nur insoweit möglich, als zu prüfen ist, ob die in der Stockholmer Fassung der RBÜ gefundene Lösung als für das heutige Filmrecht und seinen gesamten Wirkungsbereich positiv zu beurteilen ist.

Die Urheberschaft am Filmwerk ist eng verbunden mit der weiteren umstrittenen Frage nach der Natur des Filmwerkes, auf die im vorliegenden Zusammenhang ebenfalls einzugehen sein wird.

Die Stockholmer Revisionskonferenz hatte sich die Aufgabe gestellt, eine Annäherung der herrschenden Konzeptionen und einen Ausgleich der vielfachen, zu berücksichtigenden Interessen zu erreichen. Die Verschiedenheit der Konzeptionen ist nicht ohne Grund erwachsen. Die Besonderheiten des Films bedingten auf lange hinaus eine Unschlüssigkeit in der Beurteilung der neuen Probleme. Die ständigen technischen Verbesserungen führten zu einer immer komplizierteren Verflechtung, der die bisherigen urheberrechtlichen Regeln nicht mehr entsprachen. Das Filmwerk ist kein einfaches Geisteswerk, sondern ein Werk, das bis zu seiner Vollendung viele Stufen der künstlerischen Bearbeitung durchläuft. Diese Vielschichtigkeit hat zur Folge, daß es für die rechtliche Beurteilung um ein Werk geht, das aus dem Zusammenwirken einer Anzahl von Personen, sei es als geistige Schöpfer, als beratend oder organisatorisch — also nicht schöpferisch Tätigen, sei es als nur wirtschaftlich Mitwirkenden hervorgeht, deren Rechte zu berücksichtigen sind.

b) Für die Frage nach der Urheberschaft am Filmwerk erscheint zunächst eine Auseinandersetzung mit den wesentlichen, in den Verbandsländern geltenden Systemen erforderlich, die als Vorbild oder Anregung herangezogen werden können. Eine solche Auseinandersetzung könnte zum Ziel haben, eine deutlichere Differenzierung zwischen den einzelnen Länderregelungen bezüglich der Bezeichnung nicht nur der Filmurheber als solche, sondern auch der Beziehung zwischen den in Betracht kommenden Urhebern oder Inhabern von Rechten vorzunehmen.

Die Länder, deren Regelungen hier erörtert werden, zeigen die auf internationaler Ebene zutage tretenden Verschiedenheiten der Standpunkte. Die Wahl dieser Länder ist auch repräsentativ für die bestehenden Systeme des film-copyright und des Urheberrechts der geistigen Schöpfer mit der Untergruppe des Systems der cessio legis. Daneben wird auch auf die Rechtslage in den Vereinigten Staaten einzugehen sein, wo mit der in Aussicht genommenen Urheberrechtsreform auch die Voraussetzungen zu einem Beitritt der USA zur Berner Union geschaffen werden sollen.

(1) Großbritannien[47])

Nach britischer Auffassung stehen die Rechte am Film — also das copyright am Film —, der hier als das körperliche Substrat verstanden

---

[47]) **Eine gleichartige Regelung besteht in Japan und der Türkei.**

wird, auf dem Bilder und Töne fixiert sind (vgl. oben S. 143), dem Unternehmer zu, auch wenn dieser eine juristische Person ist. Der Unternehmer ist Inhaber der Vermögensrechte des copyright. Vom film-copyright [48]) unterscheidet das englische Urheberrecht die Rechte der Schöpfer von Originalwerken, z. B. von Drehbuch, Filmmanuskript und Filmmusik, die zur Herstellung des Filmes benutzt werden (vgl. hierzu auch oben S. 147).

(2) Tschechoslowakei

Für das tschechoslowakische Recht hat das Filmwerk den Charakter eines Sammelwerkes [49]), wobei das Urheberrecht denjenigen Personen zusteht, die das Filmwerk geschaffen haben. Das Problem der Urheberschaft beurteilt sich hier also von Fall zu Fall. Die Urheber sind aber verpflichtet, ihre Rechte auf dem Vertragswege dem Hersteller zu übertragen [50]). Um die weiteren Rechte des Herstellers sicherzustellen, gestattet ihm § 6 Abs. 2 des Gesetzes ausdrücklich die Ausübung der Urheberrechte an dem Film. Unberührt bleiben dabei wiederum die Rechte der Urheber an den einzelnen Beiträgen, so z. B. der literarischen, musikalischen, photographischen und künstlerischen Komponente eines Filmwerkes im Sinne des früheren tschechoslowakischen Urheberrechtsgesetzes [51]). Die persönlichkeitsrechtlichen Befugnisse unterliegen vertraglicher Regelung. Eine Vorschrift, die diese Rechte zugunsten derjenigen der Unternehmer einschränken würde, besteht nicht. Gegenstand ausführlicher Regelung im tschechoslowakischen Urheberrechtsgesetz ist der Inszenierungsvertrag — der Vertrag über die Übertragung von Verfilmungsrechten der Urheber.

(3) Bulgarien

Das bulgarische Gesetz unterscheidet ebenfalls zwischen den vorbestehenden Werken und den Filmwerken als solchen; am Film als Ganzem steht das Urheberrecht dem Hersteller, also der Obersten Filmdirektion zu (§ 16 des Gesetzes von 1951). Die Rechte der Urheber der vorbenutzten Werke, in einem weiten Sinne verstanden, werden davon nicht berührt. Von diesen Urhebern hat der Filmhersteller die Rechte vertraglich zu erwerben.

---

[48]) Im eigentlichen Sinne liegt hier nicht ein copyright in original works, sondern ein ancillary right vor; vgl. hierzu Ulmer, Urheber- und Verlagsrecht S. 176 f.

[49]) Vgl. in Zusammenhang mit dem früheren Urheberrechtsgesetz Knap, Das neue Urheberrechtsgesetz der Tschechoslowakei, in UFITA Bd. 21 (1956) S. 294.

[50]) § 6 des Gesetzes; vgl. auch Knap, Neue Urheberrechtsgesetze in der Tschechoslowakei, in FILM UND RECHT Nr. 7/1965 S. 142.

[51]) § 6 Abs. 1 des Gesetzes von 1965, § 9 Abs. 2 des früheren Gesetzes.

(4) Polen

Das Urheberrecht am Filmwerk — zu dem auch die Szenendarstellungen gerechnet werden — wird nach polnischem Recht dem Unternehmen zugesprochen, das den Film herstellt (Art. 13 des Urheberrechtsgesetzes von 1951). Auch hier wird die Unterscheidung zwischen Filmwerken und für die Herstellung des Werkes benutzten Werken getroffen; die Rechte an letzteren bleiben von der Regelung in Art. 13 des Urheberrechtsgesetzes unberührt.

(5) USA

Im Recht der Vereinigten Staaten von Amerika werden die Filmwerke dem weit gefaßten Begriff der „writings" zugeordnet[52]). Eine gesetzliche Regelung ist bisher freilich nicht erfolgt. Nach dem allgemeinen Grundsatz wird ein copyright demjenigen erteilt, der das Werk zur Anmeldung bringt, hier also dem Filmproduzenten.

Beim Filmwerk, das auch nach der herrschenden Meinung als zusammengesetztes Werk anzusehen ist, wird zwischen den Beiträgen, die von angestellten Urhebern erbracht werden und an denen das Recht dem Dienstherrn zusteht, und denjenigen freischaffender Urheber unterschieden, bei denen die Rechte dem Urheber zuzusprechen sind[53]).

(6) Schweiz

Das schweizerische Urheberrechtsgesetz enthält keine Regel über die Urheberschaft am Filmwerk. Im Schrifttum ist die Frage nach dem Inhaber des Urheberrechts am Tonfilm umstritten. Zugunsten juristischer Personen kann eine Urheberschaft nicht angenommen werden, da das Urheberrecht nur natürlichen Personen zuzuerkennen ist[54]). Von Interesse ist die Entscheidung des Schweizerischen Bundesgerichts vom 16. März 1948[55]), die ein originäres Urheberrecht des Unternehmers mit der Begründung verneint hatte, daß das Urheberrecht in der Person der geistigen Schöpfer entstehe. In derselben Entscheidung hat sich das Bundesgericht für ein selbständiges Urheberrecht des Komponisten aus-

---

[52]) In der Klassifikation von Section 5 Copyright Act werden die Filme unter 1) und m) aufgeführt.

[53]) A. A. Böhmer-Reitz, Der Filmhersteller im ausländischen Recht, in UFITA Bd. 10 (1937) S. 69, die die Auffassung vertreten, daß das Urheberrecht der Urhebergemeinschaft insgesamt zuzusprechen ist. Die Stellungnahme der Rechtsprechung ist zu diesem Punkt nicht einheitlich.

[54]) Vgl. Du Pasquier, Kinematographie und Geistiges Eigentum, JK 4 ff.

[55]) BGE 74 II S. 106 ff. = Droit d'Auteur 1949, 6 = UFITA Bd. 19 (1955 S. 365 ff.; zitiert auch bei Ulmer, Kinematographie und Urheberrecht, in GRUR Int. 1953, 187.

gesprochen und hierzu angeführt, daß bei der Regelung keine Miturheberschaft vorliege, diese vielmehr nur dann angenommen werden können, wenn sich die Beiträge voneinander trennen lassen.

(7) Belgien

Das belgische Gesetz vom 22. März 1886 enthält keine speziell die Urheberschaft am Filmwerk betreffende Bestimmung. Insoweit ist die allgemeine Vorschrift über den Schutz der eigentümlichen Schöpfungen auch auf die Filmwerke anzuwenden. Ergänzend greifen gegebenenfalls Art. 13 URG über die Übertragung von Werken auf Instrumente, die zu ihrer mechanischen Wiedergabe dienen, und Art. 14 über die Kinematographie ein. In jedem Fall ist aber nach diesen Vorschriften als Urheber nur anzusehen, wer einen individuellen schöpferischen Beitrag zum Filmwerk erbracht hat[56]). Nach der allgemeinen Regel entsteht, wenn die Beiträge der einzelnen Mitarbeiter voneinander trennbar sind, eine lose Interessengemeinschaft (die über ein Sammelwerk verfügt[57]), in deren Rahmen jedem Miturheber das ausschließliche Recht an seinem Beitrag verbleibt. Komponisten, Drehbuchautoren, Regisseure und andere Personen, die einen eigenständigen schöpferischen Beitrag zur Entstehung des Filmwerkes leisten, sind Miturheber eines teilbaren Werkes. Dieser Theorie hat sich auch die Rechtsprechung bei der Beurteilung der Frage angeschlossen, ob die Aufführung der Filmmusik in Filmtheatern einer besonderen Erlaubnis des Komponisten bedarf[58]). Ein Recht des Produzenten wird weder in der Rechtsprechung noch in der Lehre bejaht[59]).

(8) Deutschland

Das Urheberrechtsgesetz der Bundesrepublik Deutschland vom 9. September 1965 nimmt zur Frage der Urheberschaft bei Filmwerken nicht Stellung; es lehnt jedoch im allgemeinen ein Urheberrecht des Filmherstellers ab, ohne daß dieser jedoch ganz aus dem Kreise der Urheber auszuschließen wäre, wenn seine Leistung den Voraussetzungen der Urheberschaft entspricht, wenn er also an der Gestaltung des Film-

---

[56]) Werhahn, Der Filmurheber im ausländischen Recht, in UFITA Bd. 18 (1954) S. 181 vertritt als einziger die Auffassung, daß auch dem Filmschauspieler ein Urheberrecht zustehe.

[57]) Vgl. Poirier, in Pinner, World Copyright, Bd. I S. 1413.

[58]) Cass. 13. 12. 1941, Pas. Belge 1941 1. 1940; Cass. 11. 11. 1943, Pas. Belge 1944 1.1947 siehe auch Cour de Bruxelles 10. 3. 1949, DdA 1949, 47.

[59]) Vgl. Poirier in Pinner, World Copyright, Bd. 1 S. 1414.

werkes mitgewirkt hat[60]). Auch im Bereich des Filmrechts behält der Grundsatz Gültigkeit, daß als Filmurheber derjenige anzusehen ist, der bei der Herstellung des Werkes schöpferisch mitgewirkt hat (§ 89 UG). Das Gesetz unterscheidet ausdrücklich zwischen Filmurhebern und Urhebern vorbestehender Werke (§§ 88/f. UG; siehe auch oben S. 149 sowie den Urhebern von einzelnen, für den Film erstellten Beiträgen (z. B. dem Drehbuchverfasser, dem Verfasser des Filmmanuskripts, dem Filmkomponisten). Hiervon zu trennen sind wiederum die Mitwirkenden, die keine schöpferische Leistung erbringen (so z. B. Kameramänner, auch wenn ihre Werke nur als Lichtbild, nicht als Bildwerk angesehen werden können, ausübende Künstler wie Filmschauspieler und Musiker). Den Filmurhebern zuzurechnen ist der Regisseur[61]), wobei freilich immer auf Art und Grad der von ihm erbrachten Leistungen abzustellen ist. Das gleiche kann für den Architekten der erstellten Bauwerke gelten sowie für den Schnittmeister[62]). Dem Filmhersteller wird nach dieser Regelung kein originäres Urheberrecht zugewiesen. Er verfügt nur über abgeleitete Rechte insoweit, als er die Rechte an den filmisch benutzten Werken und an den filmisch erbrachten Leistungen auf dem Vertragswege erwirbt. Zusätzlich gelten aber Vermutungen zu seinen Gunsten, wonach davon auszugehen ist, daß je nach Sachlage ihm bestimmte Rechte durch den Urheber vertraglich eingeräumt werden. Solche Vermutungen gelten hinsichtlich der Rechte an benutzten Werken (§ 88 UG) und der Rechte am Filmwerk (§ 89 UG). Bezüglich der Lichtbilder sieht § 91 UG eine cessio legis vor; die Rechte der ausübenden Künstler fallen für die Verwertung des Filmwerks nicht ins Gewicht (§ 92 UG)[63]). Das System der Vermutungen enthält eine Auslegungsregel, die in Zweifelsfällen zu einer Klärung beitragen kann.

Das neue Urheberrechtsgesetz regelt in § 89 Abs. 2 auch den Fall, in dem nach der früher geltenden Bestimmung der Filmhersteller die Rechte am Filmwerk nicht erwerben konnte, weil bereits eine Vorwegübertragung dieser Rechte an einen Dritten stattgefunden hatte. Die Rechtsprechung war in der Tat bei dieser Frage zu dem Ergebnis gelangt, daß der Filmhersteller im Hinblick auf die von ihm in Auftrag gegebene Filmmusik nicht auch das für die Vorführung erforderliche

---

[60]) Vgl. Begründung des Entwurfs, BT.-Drucksache IV/270 S. 100 = UFITA Bd. 45 (1965) S. 318.

[61]) Vgl. Ulmer, Urheber- und Verlagsrecht S. 178 ff.; Hubmann, Urheber- und Verlagsrecht S. 99 ff.

[62]) Vgl. hierzu Berthold-Hartlieb, aaO. S. 52 ff., die fälschlicherweise den Regisseur als den Hauptautor bezeichnen.

[63]) Zur kritischen Auseinandersetzung vgl. Roeber in FILM UND RECHT Nr. 11/1965 S. 232 f.

Aufführungsrecht mit erwirbt, da sich das Aufführungsrecht an dem Musikwerk von dem Vorführungsrecht am Film trennen läßt und, soweit es von der GEMA wahrgenommen wird, tantiemepflichtig ist[64]).

Nach der nunmehrigen Regelung hat der Filmurheber die Möglichkeit zur Einräumung von Nutzungsrechten auch dann, wenn er diese früher einem Dritten beschränkt oder unbeschränkt eingeräumt hat. Die Vorschrift des § 89 Abs. 2 UG bezieht sich nur auf die Rechte der Urheber des Filmwerkes, nicht auf solche an vorbestehenden Werken. In diesen Fällen schließt die Vorwegübertragung an eine Verwertungsgesellschaft eine weitere Übertragung aus, da der Wille des Urhebers zu solcher Übertragung unzweifelhaft zum Ausdruck gekommen ist.

Das Gesetz räumt dem Hersteller zwar, anders als im Referentenentwurf vorgesehen, kein Urheberrecht ein, weist ihm aber ein originäres Leistungsschutzrecht an dem Bildträger oder Bild- und Tonträger zu, auf dem das Werk fixiert ist (§ 94 Abs. 1 Satz 1).

(9) Frankreich

Auch das französische System gehört zu jenen, die die Urheberrechte am Filmwerk grundsätzlich dem Schöpfer zuerkennen (Art. 14 Abs. 1 des Gesetzes vom 11. März 1957). Da Urheber des Filmwerkes nicht ein einzelner ist, sondern mehrere zusammenwirken, reiht das französische Urheberrechtsgesetz die Filmwerke unter den Begriff der gemeinschaftlich geschaffenen Werke (œuvres de collaboration) ein[65]). Die getrennte Verwertbarkeit schließt nach französischem Recht die Miturheberschaft und das Vorliegen einer œuvre de collaboration nicht aus. Dementsprechend sind im französischen Urheberrecht als Filmurheber alle diejenigen Personen anzusehen, die an der Schöpfung des Werkes mitgewirkt haben. Auch besteht eine Vermutung dahin, daß zum Kreis der Filmurheber die Urheber des Drehbuchs, der Adaptation, des gesprochenen Textes und der Filmmusik (mit oder ohne Text) rechnen (Art. 14 Abs. 2 des Gesetzes; vgl. auch Trib.civ.Seine 9. April 1949, Gaz.Pal. 1949. 1. 249). Diese Urheber sind, wie bereits gesagt wurde, den Urhebern der vorbestehenden, bei der Gestaltung des Filmwerks benutzten Werke gleichzustellen (Art. 14 Abs. 2 Satz 2 des Gesetzes). Der

---

[64]) Vgl. RG Urteil vom 5. April 1933 in RGZ 140, 231 ff.; Ulmer, Urheber- und Verlagsrecht, 2. Aufl., S. 180; Roeber in FILM UND RECHT Nr. 11/1965 S. 230 ff.

[65]) Ulmer weist im Zusammenhang mit dem Begriff des gemeinschaftlich geschaffenen Werkes zutreffend darauf hin, daß nach deutschem österreichischem und schweizerischem Recht Miturheberschaft nur dann gegeben ist, wenn die Teile miteinander verbunden sind, nicht jedoch dann, wenn sie sich gesondert verwerten lassen. In diesem Sinne ist auch die joint authorship zu verstehen.

Filmhersteller ist nur dann Urheber oder Miturheber, wenn er eine geistige Schöpfung im Sinne des Art. 14 erbracht hat. Auch in Frankreich haben sich freilich Bestrebungen gezeigt, den Filmhersteller als Urheber des Filmwerkes zu behandeln[66]). Die vertragliche Übertragung der Rechte der Urheber ist dahin geregelt, daß mangels anderweitiger Vereinbarung die Urheber in dem mit dem Hersteller geschlossenen Vertrag diesem die ausschließlichen Verwertungsrechte einräumen[67]).

Die Urheber der Filmmusik mit oder ohne Text unterliegen dieser Regel nicht; auch betrifft sie nicht die Rechte der Urheber vorbestehender Werke zur Vervielfältigung und öffentlichen Aufführung (Art. 26 des Gesetzes) sowie die Befugnis, über diese Rechte teilweise oder im ganzen weiter zu verfügen (Art. 35 des Gesetzes)[68]). Damit zeigt sich ein wesentliches Merkmal des französischen Rechts: Die Verwertung vorbestehender Werke durch den Urheber kann getrennt vorgenommen werden, während die Verwertung der für das Filmwerk geschaffenen Beiträge gemeinschaftlich zu erfolgen hat (Art. 15 des Gesetzes; vgl. auch *Ulmer*, Kinematographie und Urheberrecht in GRUR 1953, 185 ff. Hier ist freilich zu beachten, daß nach französischem Recht die Urheber der Filmbeiträge in der Regel frei über diese verfügen können). Diese Bestimmung bedingt gewisse Schwierigkeiten im Hinblick auf die Übertragung der Rechte des Komponisten der Filmmusik an Verwertungsgesellschaften. Die Berechtigung hierzu besteht nach Art. 35 des Gesetzes eindeutig zugunsten der Urheber vorbestehender Werke (daher auch eines vorbestehenden Musikwerkes); gleiches hat aber auch für die Filmurheber zu gelten, also für die Urheber der Filmbeiträge, die für solche Verwertung in Betracht kommen. Hier greift die Vorschrift des Art. 17 ergänzend ein.

(10) Schweden

Wie die übrigen skandinavischen Länder, anerkennt auch Schweden das System des Urheberrechts der geistigen Schöpfer. Insoweit sind alle am Filmwerk beteiligten Urheber als Filmurheber anzusehen[69]). Dem Hersteller wird ein Urheberrecht nicht zuerkannt; für die Koordinie-

---

[66]) Vgl. hierzu auch Ruszkowski, Les œuvres cinématographiques et les droits d'auteur (Paris, 1936) und „Der Urheber des Filmwerkes" in UFITA Bd. 9 (1936) S. 168 ff. siehe auch die Besprechung der Schrift von Ruszkowski durch Willy Hoffmann in UFITA Bd. 9 (1936) S. 219 f.; Trib.civ. Orléansville 12. 5. 1949, Gaz. Pal. 1949 2. 290; Cour de Paris 19. 3. 1935, aufgehoben durch Cass. 10. 11. 1947, D. 1947, 328.

[67]) Vgl. hierzu Art. 17 Abs. 3 des Gesetzes.

[68]) Vgl. Art. 17 Abs. 3 des Gesetzes.

[69]) Von ihnen sind die Urheber vorbestehender Werke zu trennen.

rung der Filmarbeiten und für die Verwertung des Filmwerkes werden ihm freilich die Rechte am Filmwerk übertragen, doch hat diese Übertragung auf dem Vertragswege zu erfolgen. Es besteht Vertragsfreiheit. Zu beachten ist die Vorschrift des Art. 3 des Urheberrechtsgesetzes, wonach bei der öffentlichen Zugänglichmachung eines Werkes die Persönlichkeitsrechte des Urhebers nicht beeinträchtigt werden dürfen.

(11) Österreich

Das österreichische Gesetz (URG) rechnet zu den Filmwerken nur Werke mit eigenschöpferischem Charakter, während es Werke, die dieser Eigenschaft ermangeln, als Lichtbilder schützt. Die Filmurheberschaft wird denjenigen Urhebern zuerkannt, die an der Erstellung des Filmwerkes so mitgewirkt haben, daß der Gesamtgestaltung des Werkes die Eigenschaft einer eigentümlichen geistigen Schöpfung zukommt[70]), und hierbei eine schöpferische Leistung erbracht haben (§ 39 des Gesetzes; vgl. auch *Rintelen*, Urheber- und Urheberverlagsrecht, S. 73). Nach österreichischem Recht verbleiben beim Urheber nur die Persönlichkeitsrechte; die Verwertungsrechte an einem gewerbsmäßig hergestellten Filmwerk (mit Ausnahme des Rechts zur Übertragung in Fremdsprachen und sonstiger Bearbeitung[71]) werden dagegen mit Rücksicht auf das ganz erhebliche wirtschaftliche Risiko bei der Herstellung des Filmwerkes dem Produzenten zugewiesen[72]). Bei dieser Regelung — der cessio legis — ließ sich der Gesetzgeber von dem Gedanken leiten, daß der Vertrag (Dienst- oder Werkvertrag), den die Mitwirkenden mit dem Filmhersteller schließen, eine Überlassung der wirtschaftlichen Ausnutzung des Films an den Produzenten beinhaltet[73]). In der Praxis hat der Hersteller keinen Nachweis für die Übertragung zu erbringen, diese erfolgt vielmehr kraft Gesetzes. Wie bereits erwähnt wurde, betrifft diese Regelung nicht die Rechte an Werken, die zur Herstellung des Films geschaffen wurden, wobei der Hersteller diese Rechte vertraglich zu erwerben hat[74]).

---

70) Demnach sind nicht alle Urheber von Beiträgen als Filmurheber zu werten; vgl. Dittrich, aaO. S. 45 Anm. 51.

71) Vgl. § 39 Abs. 4 URG; zu diesen Rechten siehe unten S. 71 und Erläuternde Bemerkungen zu §§ 38 bis 40, abgedruckt bei Peter, aaO. S. 555.

72) Vgl. § 39 Abs. 1 URG.

73) Vgl. Rintelen, aaO. S. 73 f.

74) Vgl. oben S. 150 und § 38 Abs. 1 Satz 2 URG.

(12) Italien

Die Regelung Italiens ist der österreichischen verwandt. Auch hier wird grundsätzlich zwischen Filmwerken und z. B. Dokumentarfilmen unterschieden, für die die Bestimmungen über den Schutz der Photographie zur Anwendung kommen (diritti connessi). Desgleichen wird auch im italienischen Gesetz der Kreis der Filmurheber (die als Miturheber angesehen werden) genau bestimmt. Den Interessen der Unternehmer wird durch Zuerkennung eines besonderen Rechtes Rechnung getragen. Dieses Recht entspricht im Grunde den Verwertungsrechten der Miturheber, die diesen entzogen und gemäß Art. 45 Abs. 1 des Gesetzes dem Unternehmer zugewiesen werden.

Als Urheber des Filmwerkes nennt Art. 44 des Gesetzes die Urheber des Filmstoffs, des Drehbuchs, der Filmmusik sowie den Regisseur. Das Recht zur filmischen Verwertung wird dem Filmproduzenten zuerkannt, wobei das italienische Gesetz auch eine Vermutung enthält, wonach derjenige als Filmhersteller anzusehen ist, der als Filmhersteller auf dem Filmstreifen oder im Register für Filmwerke genannt wird (Art. 45 Abs. 2). Dieses Verwertungsrecht bezieht sich allerdings nur auf den Film im ganzen. Soweit es sich um einzelne Beiträge handelt, beispielsweise um literarische oder musikalische Werke, so verbleibt dem Urheber das Recht zu getrennter Verwertung. Solche Verwertung, so der Vorbehalt des Art. 49, darf freilich nicht die Verwertung des Filmwerkes beeinträchtigen. Die einzige Möglichkeit zur Einflußnahme, die den Filmurhebern gegenüber dem Filmhersteller offensteht, liegt darin, daß der Hersteller zur Vornahme von Bearbeitungen, Umarbeitungen und Übersetzungen des Filmwerkes der Zustimmung der Filmurheber bedarf (Art. 46 Abs. 2).

Schließlich billigt das italienische Gesetz dem Komponisten für die öffentliche Vorführung des Filmwerkes einen Vergütungsanspruch gegenüber den Filmtheaterbesitzern zu; den übrigen Urhebern gewährt das Gesetz einen Vergütungsanspruch nur dann, wenn die Einspielsummen eine bestimmte Höhe überschreiten (Art. 46 Abs. 4).

(13) Griechenland[75])

Für die Bestimmung des Filmurhebers besagt Art. 14 Abs. 2 des Gesetzes 2387/1920, ergänzt durch Art. 1 des Gesetzes 763/1949, daß „die Urheber der einzelnen künstlerischen Beiträge, wie Sprach-, Musik-

[75]) Die Erörterung der Rechtslage in Griechenland wird etwas ausführlicher sein. Siehe jüngstens die Veröffentlichung von Constantinos Asprogerakas-Grivas, Das Urheberrecht in Griechenland, in UFITA Bd. 51 (1968) S. 127 ff. und Bd. 52 (1969) S. 3 ff. = Heft 34 der Schriftenreihe der UFITA (erschienen nach Fertigstellung der vorliegenden Arbeit).

und Lichtbildwerke, aus denen die Filmwerke bestehen — also die Schriftsteller, Musiker, Komponisten, Regisseure und Schauspieler — dieselben Rechte genießen wie die in Art. 1 des Gesetzes genannten Urheber". Bei der Auslegung dieser Vorschrift ist man in Literatur und Rechtsprechung zu unterschiedlichen Ergebnissen gelangt. In der Lehre[76]) wird zum Teil die Ansicht vertreten, daß Gegenstand der diesem Personenkreis zugewiesenen Rechte nur der jeweils von dem betreffenden Urheber geschaffene Beitrag im einzelnen und daß die Vorschrift des Art. 14 Abs. 2 nur als ergänzende Erläuterung des Art. 1 dahin zu verstehen sei, daß die Urheber der einzelnen Beiträge ihr Recht zu getrennter Verwertung ihrer Schöpfungen nicht auf Grund einer Zusammenfassung der Beiträge zu einem Werk verlieren. Eine abweichende Meinung geht dahin, daß die Vorschrift des Art. 14 ausschließlich diejenigen Personen betrifft, die als Miturheber des kinematographischen Werkes anzusehen sind[77]). Die Schwäche dieser Argumentation liegt darin, daß sie eine Reihe von Beiträgen, so z. B. diejenigen des Photographen und des Bühnenbildners, ausschließt.

Nach einer weiteren Stellungnahme[78]) hat die Vorschrift nicht den Charakter der Ausschließlichkeit und besagt, daß alle diejenigen, die einen schöpferischen Beitrag zum Filmwerk erbracht haben, als Urheber des Filmwerkes anzusehen sind, da sie an der Schöpfung des Werkes mitgearbeitet haben. Nach dieser Auffassung ist die Aufzählung in Art. 1 nur exemplarisch zu verstehen.

Unserer Meinung nach spricht jedoch die später eingefügte Vorschrift des Art. 14 Abs. 2 dafür, daß eine Annäherung an die Systeme erreicht werden soll, die die Urheber der geistigen Schöpfungen auch als Urheber des Filmwerkes anerkennen. Als Beispiele hierfür nennt das Gesetz die Urheber der künstlerischen, literarischen und musikalischen Komponente sowie die Photographien. Diese Aufzählung ist nicht abschließend. Es fällt auf, daß die Vorschrift des Art. 14 Abs. 2 auch die ausübenden Künstler zu den Urhebern rechnet, die ja in der Regel keine echte schöpferische Leistung erbringen. Das griechische Urheberrechtsgesetz reiht das Filmwerk keiner bestimmten Werkgattung ein.

---

[76]) Vgl. Michaélidès-Nouaros in Copyright and Industrial Property Law Review Bd. I (1962) S. 13 f.

[77]) Vgl. Ioanou, Pneumatiki Idioktissia ta kinematographika erga (Geistiges Eigentum an Filmwerken), Vorträge vor der Athener Anwaltskammer, 2. Reihe, Athen 1964, S. 113 bis 134.

[78]) Koumantos, Sichrona prowlimata tis pneumatikis idioktissias (Aktuelle Probleme des geistigen Eigentums), Vorträge vor der Athener Anwaltskammer, 2. Reihe, Athen 1964, S. 23 bis 37.

Fraglich erscheint eine Zuordnung zu den Sammelwerken[79]) oder zu den auf Bestellung geschaffenen Werken, die aus mehreren einzelnen Beiträgen bestehen, oder auch zu den gemeinschaftlich geschaffenen Werken. Vielmehr handelt es sich unserer Auffassung nach um ein verbundenes Werk. Für solche Werke kennt das griechische Recht bezüglich des Innenverhältnisses der Urheber untereinander keine einschlägigen Vorschriften; es ist daher die Möglichkeit einer analogen Anwendung der Vorschriften über die Gesellschaft in Betracht zu ziehen (Art. 785 des griechischen BGB). Ungeachtet der Übereinstimmung im Erscheinungsbild sind aber die Urheber der einzelnen Beiträge keine Miturheber, für die eventuell die Vorschriften über die Gemeinschaft analog anwendbar wären. Die auch nach griechischem Recht unbestrittene Möglichkeit zu getrennter Verfügung über die Beiträge (die in Art. 14 Abs. 2 genannten Urheber genießen bekanntlich dieselben Rechte wie die in Art. 1 genannten Urheber; vgl. auch oben S. 150f.) schließt die Miturheberschaft aus. Die Vorschrift des griechischen BGB sieht jedoch den Fall der Gemeinschaft nach Bruchteilen vor (ideellen Anteilen), die für die Regelung bezüglich verbundener Werke Anwendung finden könnte. Zu dem Vermögen einer derartigen Interessengemeinschaft würden nach der gesellschaftsrechtlichen Regelung auch die Verwertungsrechte gehören, und zwar insoweit, als sie zur gemeinsamen Verwertung erforderlich sind. Der Urheber des einzelnen Beitrages kann diesen in jeder beliebigen Weise ohne Zustimmung der anderen Urheber-Gesellschafter verwerten, solange damit nicht die gemeinschaftliche Verwertung des verbundenen Werkes beeinträchtigt wird[80]). Für die Verwaltung der Gesellschaft gelten die entsprechenden Vorschriften des griechischen BGB (Art. 748 ff.).

Schwierigkeiten könnten sich freilich im Fall der Auflösung der Werkverbindung ergeben. Die Verbindung ist bei Filmwerken eindeutig zu dauernder gemeinsamer Verwertung gedacht. Dieser Zweck gilt für die ganze Dauer des Urheberrechtsschutzes. Hier stellt sich die Frage nach der Möglichkeit einer Kündigung bei Filmwerken. Kann der Urheber eines Beitrages nach Belieben kündigen und seinen Beitrag zurückziehen? Für die Kündigung muß nach der gesetzlichen Bestimmung ein wichtiger Grund vorliegen (Art. 766 BGB); dies wäre etwa dann der Fall, wenn die gemeinschaftliche Verwertung entweder unmöglich oder erheblich erschwert ist. Hier wäre beispielsweise an einen

---

79) So z.B. Präsident des Landgerichts Athen 5606/1963, Copyright and Industrial Property Law Review, Bd. II (1963) S. 64 f.

80) Vgl. auch die ähnliche Begründung des Entwurfs des neuen bundesdeutschen Urheberrechtsgesetzes, BT.-Drucksache IV 270 S. 42 = UFITA Bd. 45 (1965) S. 256.

politisch engagierten Film zu denken, der nach Änderung der politischen Verhältnisse als solcher nicht mehr tragbar erscheint, während die getrennte Verwertung der Filmmusik durchaus möglich wäre.

Auch im griechischen Recht ist freilich zu beachten, daß von den Urhebern der einzelnen Beiträge, aus denen sich der Film zusammensetzt, die Urheber der vorbestehenden Werke zu unterscheiden sind, die nicht als Filmurheber im Sinne des Art. 14 Abs. 2 anzusehen sind und deren Rechte gem. Art. 1 unberührt bleiben.

Für die Zuerkennung der Filmurheberschaft an den Filmhersteller fehlt im griechischen Gesetz jeglicher Hinweis. Daher ist auch die Entscheidung des Präsidenten des Landgerichts Athen[81]) unbegründet, derzufolge das Urheberrecht am Film demjenigen zusteht, der Initiator des Werkes ist und die Filmarbeiten geleitet hat, also der Filmproduzent. Vielmehr gilt auch für die griechische Regelung, daß dem Hersteller nur diejenigen Rechte zustehen, die ihm in den mit den Urhebern vorbestehender Werke und der Filmbeiträge geschlossenen Verträgen übertragen werden. Eine gewisse Gefahr des Mißbrauchs ist angesichts des Fehlens einer gesetzlichen Vermutung zugunsten des Herstellers zwar nicht zu leugnen, doch wird sie für die Praxis nicht sehr hoch einzuschätzen sein.

Die einzige im griechischen Recht einschlägige Vorschrift ist diejenige des Art. 281 BGB, wonach die Ausübung eines Rechts dann unzulässig ist, wenn sie dem Grundsatz von Treu und Glauben zuwiderläuft oder die dem Recht von den guten Sitten, vom sozialen oder wirtschaftlichen Zweck gezogenen Grenzen überschreitet (Art. 242, 226 BGB). Mit Recht unterstreicht Koumantos die große Bedeutung des Urheberrechts; mit Zurückhaltung ist dagegen seiner Auffassung zu begegnen, daß es sich um ein unbegrenztes und ausschließliches Recht handele und daß zugunsten dieses Rechts ein absoluter Schutz vorgesehen werden müsse. Hier erscheint vielmehr eine eng umrissene Auslegung des Begriffs der sozialen und wirtschaftlichen Zwecke, deren Grenzen nicht überschritten werden sollen, angebracht. Es kann keinem Zweifel unterliegen, daß jede Einschränkung der Möglichkeiten zur weiteren Verbreitung und des Anreizes zu neuer Schöpfung einen Mißbrauch des Rechts darstellen würde und damit rechtswidrig ist. Daher läge auch dann ein Mißbrauch des Rechts der Urheber vor, wenn diese die dem Hersteller zustehenden Rechte beeinträchtigen und ihn in der Verwertung des Filmwerkes behindern würden.

---

[81]) Copyright and Industrial Property Law Review 1963 S. 64 bis 65; vgl. auch oben S. 165.

c) Der Überblick über die griechische Regelung beschließt die Darstellung der einzelnen Systeme filmrechtlicher Regelung. Die Erörterung hat gezeigt, daß die Unterschiede in den einzelnen Systemen keineswegs unüberbrückbar sind, wenn sie auch in erster Linie auf dogmatischen Strukturen beruhen und die rechtliche Wertung beeinflussen.

Im Schrifttum hat insbesondere *Ulmer* klargestellt, daß der Unterschied zwischen dem System des film-copyright und demjenigen des Urheberrechts der geistigen Schöpfer letztlich in der Frage liegt, welchen von den nach dem kontinentaleuropäischen Recht als Urheber anerkannten Schöpfern im System des film-copyright das Urheberrecht abgesprochen wird[82]. *Ulmer* hebt weiter hervor, daß dort, wo nach dem kontinentaleuropäischen System keine Sicherheit darüber besteht, ob neben dem Regisseur auch anderen Mitwirkenden, z. B. Kameramännern, ausübenden Künstlern u. a. ein Urheberrecht zu gewähren sei, das System des film-copyright für ein copyright des Herstellers eintritt und damit die Frage nach den Urheberrechten beendet.

Um aber die Ergebnisse der Gegenüberstellung der Systeme noch einmal kurz zu rekapitulieren, ist festzuhalten: Auf der einen Seite steht das System des film-copyright, das das Urheberrecht am Filmwerk dem Hersteller, oder, besser gesagt, dem Filmproduktionsunternehmen einräumt. Für die Frage, ob einem Unternehmen ein Urheberrecht zugesprochen werden kann — eine Frage, die unter der Herrschaft der anderen Systeme nicht in Betracht kommt —, sind folgende Erwägungen zu berücksichtigen: Für diejenigen Verbandsländer der RBÜ, deren nationale Gesetzgebung das System des film-copyright anerkennt, ist der Film als ein auf Bestellung geschaffenes Werk anzusehen, wobei das Recht an dem Werk nur dem Unternehmen zustehen kann, von dem die Bestellung ausgeht (bzw. das Recht steht dem Inhaber des Negativs zu; in diesem Fall bilden Inhaber und Besteller ein einziges Unternehmen). Dieses Recht ist freilich, zumindest nach deutscher Rechtsauffassung, kein echtes Urheberrecht; sondern das copyright entspricht mehr einem angrenzenden Recht im Sinne der kontinentaleuropäischen Konzeption[83]. Dagegen wird es im System der Tschechoslowakei, Jugoslawiens und der übrigen Oststaaten unter dem Einfluß der Vorrangstellung der Interessen der Allgemeinheit — wobei die wirtschaft-

---

[82]) Ulmer, Rechtsvergleichung und Grundlagenforschung im Urheberrecht und gewerblichen Rechtsschutz, Mitteilungen aus der Max-Planck-Gesellschaft, Heft 6 (1967), S. 363 ff.; vgl. auch Lyon-Caen, in Le cinéma dans la Convention de Berne, BIRPI 1960, S. 10 ff.

[83]) Vgl. zum Begriff des copyright Ulmer, Urheber- und Verlagsrecht S. 63.

lichen Interessen an erster Stelle stehen — zu den abgeleiteten Rechten gezählt. Der Schutz solcher Interessen und ihre Ausübung (Tschechoslowakei) liegt (unter strenger staatlicher Kontrolle) am besten in der Hand der Unternehmungen.

Auf der anderen Seite geht man im System des Urheberrechts der geistigen Schöpfer davon aus, daß nur diese eine urheberrechtlich schutzfähige Leistung erbringen. Hierbei könnte es sich auch um mehrere Schöpfer handeln, die in Miturheberschaft stehen; juristische Personen sind aber vom Kreis der Urheber ausgeschlossen. Dies ist das System der Mehrzahl der kontinentaleuropäischen und lateinamerikanischen Länder. Hier wurde darauf hingewiesen, daß die Bestimmung des Werkes eine bedeutsame Rolle spielt: man spricht, wie im französischen und belgischen Recht, von einem gemeinschaftlich geschaffenen Werk, das aber auch als solches nicht die getrennte Verfügung über die einzelnen Beiträge ausschließt (dies setzt, wenn es um ein gemeinschaftlich geschaffenes Werk geht, eine sehr einfache Notion des Begriffs voraus; vgl. hierzu oben S. 160 f.); auch wird es als verbundenes Werk angesehen oder man gelangt zu einer anderen Bezeichnung, die der Zusammenarbeit bei der Schöpfung des Werkes mit den Besonderheiten solcher Arbeit bei Filmwerken Rechnung trägt. Nach dieser Auffassung kommt ein Schutz des Herstellers als solchem und der weiteren Personen, die zur Schaffung des Films andere als schöpferische Leistungen erbringen, nicht in Betracht. Freilich bleiben hier, auch wenn der Versuch unternommen wurde, die geistigen Schöpfer durch gesetzliche Vermutungen zu bestimmen (so die Regelung in Frankreich und Italien; vgl. oben S. 160 f. und 163); erhebliche Zweifel über die Filmurheber bestehen.

Eine weitere Lösung, die im Rahmen des Systems des Urheberrechts der geistigen Schöpfer gefunden wurde, besteht in dem Versuch, durch eine gesetzliche Fiktion die Rechte der bereits anerkannten geistigen Schöpfer einem anderen — dem Unternehmer — zuzuerkennen.

Von diesen Ausgangspunkten her war es klar, daß ein einheitliches System anstelle der verschiedenen Konzeptionen durch die Vorschriften der RBÜ nicht erreicht werden konnte. Dagegen lag eine Annäherung der Standpunkte im Bereich des Möglichen. Ist aber in dieser Beziehung tatsächlich ein Fortschritt gelungen? Hier ist an erster Stelle der Versuch zu nennen, durch die Verweisung des Art. 14bis Abs. 2 (a) alle Regelungen zu erfassen. Freilich sind die Unterschiede hier nicht unüberbrückbar, wenn es auch richtig ist, daß den einzelnen Konzeptionen grundsätzlich verschiedene Ausgangspunkte zugrunde liegen.

Auf der einen Seite steht der Gedanke des Schutzes der Interessen des Gestalters eines neuen Gegenstandes im Vordergrund; auf der anderen Seite soll in erster Linie der Schöpfer eines neuen Werkes für seine Leistung belohnt werden. In der Praxis verringern sich aber diese Unterschiede schon deshalb, weil beide Systeme durch gesetzliche Auslegungsvorschriften und Ausnahmen mit Ergänzungsregeln ausgestattet sind.

Welches sind aber nach den verschiedenen Konzeptionen die Inhaber der Rechte, die auf Grund der Verweisung der RBÜ auch auf internationaler Ebene in Betracht kommen? Hier geht es in erster Linie um die geistigen Schöpfer[84]). Zunächst ist der Verfasser des Drehbuchs zu nennen; ihm wird ohne Zweifel ein Urheberrecht einzuräumen sein, sei es ein Filmurheberrecht, ein Recht an seinem Beitrag für die Schaffung des Films (wie dies in Frankreich und Italien durch Vermutungen geschieht) oder ein selbständiges Urheberrecht an seinem Werk als solchem, wie es die britische Regelung vorsieht[85]). Zu den Filmurhebern gehört weiter der Komponist der Filmmusik, dessen Rechte in allen genannten Systemen gewährleistet werden. Urheberrechte stehen auch den Urhebern der Filmbeiträge im Bereich der bildenden Künste (Bauwerke, Zeichnungen, graphische Darstellungen), der Choreographie und der Photographie (soweit es sich um Bildwerke handelt) zu. In keiner der angeführten nationalen Regelungen wird bestritten, daß es sich bei den Urhebern dieser Beiträge um geistige Schöpfer und damit um Inhaber von Urheberrechten handelt. Auch durch das film-copyright (dieses ancillary right) werden die Rechte dieser Urheber nicht beeinträchtigt. Unterschiedlich wird dagegen die Rechtsstellung des Regisseurs beurteilt. Die Diskussion über die Frage, ob der Regisseur als Urheber anzusehen ist oder nicht, ist noch im Gange. Die Regelungen der Verbandsländer weichen hier voneinander ab: Nach französischem Recht ist der Regisseur als Filmurheber anzusehen, wenn er zu den geistigen Schöpfern rechnet; die italienische Regelung zählt ihn zu den Miturhebern des Filmwerkes. Die deutsche Gesetzgebung enthält, wie die Mehrzahl der übrigen Verbandsländer, keine ausdrückliche Vorschrift über die Stellung des Regisseurs. Großbritannien schließt ihn vom Kreis der Inhaber des film-copyright aus. Im allgemeinen kann

---

84) Die Urheber vorbestehender Werke werden von der RBÜ bekanntlich nicht zu den Filmurhebern gerechnet.

85) Die verschiedenen Phasen der Drehbuchgestaltung (Exposé, Treatment, Rohdrehbuch und endgültige drehreife Fassung) können hier nicht untersucht werden; es geht vielmehr allein um die Frage, ob der Verfasser des Drehbuchs als Inhaber von Filmurheberrechten anzusehen ist.

gelten, daß der Regisseur Filmurheber ist, soweit er eine geistige Leistung erbringt. Ob es sich bei seiner Leistung um eine schöpferische handelt, wird von Fall zu Fall zu beurteilen sein[86].

Neben diesen Schaffenden, die unter der Voraussetzung der Eigentümlichkeit ihrer geistigen Schöpfung als Urheber zu werten sein werden, sind noch weitere Personen an der Herstellung des Filmwerkes beteiligt. Dies ist der Fall bei den ausübenden Künstlern, den Kameramännern, Schnittmeistern und bei anderen technisch-künstlerisch Leistenden, die bei der Ton- und Bildaufnahme, der Montage usw. (Photographen, Beleuchter, Tonmeister, Dekorateure, Bauhandwerker u. a.) mitwirken. Schließlich ist auch der Filmhersteller zu nennen, der durch seine organisatorisch-technische Leistung am Zustandekommen des Filmes maßgeblich beteiligt ist.

Die Erwägungen, die einer Qualifizierung der Tätigkeit dieser Mitwirkenden als schöpferisch und damit ihrer Bezeichnung als Urheber entgegenstehen, sind bekannt. Einzelne der Länderregelungen sprechen ihnen dennoch ein Urheberrecht am Film zu[87]. In der Mehrzahl der Verbandsländer sind aber zugunsten dieses Personenkreises nur angrenzende Rechte oder analoge Anwendung der Urheberrechte durch Gesetzgebung[88] oder Rechtsprechung[89] vorgesehen. Das System des film-copyright weist dem Hersteller in Ansehung aller dieser künstlerisch-schöpferischen darstellerischen Leistungen, die im Zuge der Dreharbeiten erbracht werden, das copyright zu[90].

---

[86] Nach Ulmer, Urheber- und Verlagsrecht S. 178 ist der Regisseur jedenfalls dann als Urheber anzusehen, wenn er an dem Gestaltungsplan des Werkes (etwa bei der Gestaltung des Drehbuchs als Filmvorlage) mitwirkt; vgl. hierzu auch Mentha, Film und Fernsehen in der Berner Übereinkunft, in UFITA Bd. 35 (1961) S. 12 f.

[87] So Art. 14 Abs. 2 (c) des griechischen Gesetzes von 1920, geändert und ergänzt durch Art. 1 des Gesetzes 763/1943; Art. 12 Abs. 1 des jugoslawischen Gesetzes über die Rechte des Photographieleiters. Andere Regelungen erkennen ihnen eine analoge Anwendung der urheberrechtlichen Bestimmungen zu.

[88] So z. B. Art. 45 des schwedischen Urheberrechtsgesetzes; Art. 36 f. des tschechoslowakischen Urheberrechtsgesetzes; vgl. auch §§ 73 ff. des bundesdeutschen UG sowie dessen § 92. Angrenzende Rechte sehen auch das österreichische (§§ 66 ff.) und das italienische Gesetz (Art. 80 ff.) vor.

[89] Für das französische Recht siehe Trab. de la Seine 23. April 1937, S. 1938, 2, 57; Trib. de la Seine 7. Juli 1938, S. 1940, 2, 47; vgl. hierzu auch das Zitat Proust bei Vergoleux, Droit d'Auteur 1946, 15 f.

[90] Damit wird auch dem Grundsatz des favor auctoris der Berner Übereinkunft entsprochen, dem freilich zugunsten der Öffentlichkeit bzw. der Benutzer des zu schützenden Werkes bestimmte Grenzen gezogen werden müssen. Diesem Prinzip läuft, wie bereits erwähnt wurde, auch das System des film-copyright nicht zuwider. In den Systemen der cessio legis und der durch Vermutungen vorgesehenen Übertragung der Rechte der Urheber an den Hersteller findet er volle Anerkennung.

In der Tat wäre es juristisch fehlerhaft, diesen Mitwirkenden die Rechtsstellung von Urhebern einzuräumen. Denn auch die Tatsache, daß der Film erst durch die Interpretation dieser Mitwirkenden verständlich wird oder maßgeblich dank ihrer Mitwirkung zustande kommt[91]), macht sie nicht zu Mitschöpfern bzw. Urhebern des Films[92]). Fehlt die entscheidende schöpferische Anstrengung, die dem Beitrag seine Einmaligkeit verleiht, so kann von Urheberschaft nicht gesprochen werden. Diesem Kreis von Mitwirkenden sind daher angrenzende Schutzrechte einzuräumen. Hier stellt sich von selbst die Frage, in welchem Zusammenhang diese Rechtsinhaber mit der Regelung der Schutzrechte bei Filmwerken stehen. Eine allgemein gültige Antwort hierauf ist nicht möglich. Bei der Erörterung der internationalen Regelung wird auf die Abgrenzung zwischen den eigentlichen Urhebern, die eine schöpferische Leistung erbracht haben, und den ausübenden Künstlern einzugehen sein, für die in der Konvention keine Rechte vorgesehen sind (gerade dies kann Anlaß zu Kritik geben, denn diese Rechte, die sehr häufig mit den von der Konvention geschützten Objekten gekoppelt sind, hätten ohne Zweifel einer Berücksichtigung, sei es durch Übernahme der einschlägigen Regeln des Rom-Abkommens, sei es durch Einfügung eines Anhangs zur Konvention bedurft), und deren Regelung daher allein den nationalen Gesetzgebungen anheimgestellt wird[93]). Eine ausdrückliche Vorschrift hierüber wäre auch nach der neuen Fassung der RBÜ nicht erforderlich.

Die vorstehenden Darlegungen machen noch einmal deutlich, daß die einzelnen Regelungen in erster Linie auch in der Beurteilung der im Rahmen der Dreharbeiten erbrachten Leistungen abweichen.

Zu den am Filmschaffen maßgeblich Beteiligten rechnet grundsätzlich aber auch der Produzent (der im Einzelfall natürliche oder juristische Person sein kann). Eine Definition des Produzenten ist durch die Stockholmer Fassung der RBÜ nicht gegeben worden. Art. 15 RBÜ besagt insoweit nur, daß als Produzent des Werkes der Kinematographie vorbehaltlich gegenteiligen Beweises die natürliche oder juristische Person gilt, deren Name in der üblichen Weise auf dem Werk angegeben ist (Art. 15 Abs. 2)[94]). Die Aufgabe des Produzenten besteht vor allem

---

[91]) Vgl. in diesem Sinne G i a n n i n i, zit. bei Ogliati, Film sonoro e radiodiffunione, S. 94; G o l d b a u m, Urheberrecht und Urhebervertragsrecht, 2. Aufl. S. 43 ff.

[92]) Vgl. hierzu S u t e r m e i s t e r, Das Urheberrecht am Film, S. 42.

[93]) Wie bereits erwähnt wurde, werden die Mitwirkenden von einzelnen nationalen Regelungen zu den Urheber gezählt; vgl. hierzu oben S. 170 Anm. 87.

[94]) Verbandsländer, deren Gesetzgebungen keine solche Bestimmung enthalten, haben insoweit eine Angleichung vorzunehmen.

darin, den Filmstoff auszuwählen und die organisatorischen Voraussetzungen für die technische und künstlerische Produktion (Engagement der Mitwirkenden, Koordinierung ihrer Tätigkeit, Finanzierung) zu schaffen. Ohne seine Initiative ist die Herstellung des Films nicht denkbar. Mit wenigen Ausnahmen erbringt der Produzent aber keine echte schöpferische Leistung; daher wäre es nicht sachentsprechend, ihm auf internationaler Ebene ein Urheberrecht zuzuerkennen. Bekanntlich weichen auch in der Beurteilung dieser Frage die Auffassungen erheblich voneinander ab: in einigen Ländern wird der Produzent als Urheber (und zwar nicht nur als Inhaber von Urheber- oder angrenzenden Rechten) anerkannt[95]). Übereinstimmend zeigt sich aber in der Mehrzahl der nationalen Regelungen die Bestrebung, in Anbetracht der erbrachten gewerblichen technisch-künstlerischen Leistung und unter Berücksichtigung der Eigenart des Films als einem Werk, das künstlerische und technische Leistungen in sich vereinigt, dem Produzenten, wenn ihm auch keine Urheberschaft zuerkannt wird (die ihm die Ausübung der Rechte ohne weiteres gestatten würde), für die Verwertung des Filmes weitgehend freie Hand zu schaffen.

Auf dieser Linie liegt auch das System der Vermutungen dahin, daß die Urheber ihre Rechte zur Verwertung an den Filmproduzenten übertragen; ihm stehen weder die Regelungen Großbritanniens und der Ostblockländer noch das System der cessio legis entgegen. Gerade diese Erwägung macht die Vermutungsregel zur Aufnahme in die Konvention besonders geeignet (wobei freilich starke Interessengegensätze bestehen bleiben, die aber besser durch zweiseitige Vereinbarungen überbrückt werden).

Eine Regelung mit internationaler Wirkung hat aber auch eine genaue Grenzziehung vorzunehmen. Hier stellt sich also die Frage, inwieweit die auf Grund der Vermutung zu beurteilenden Beziehungen zwischen Urhebern und Unternehmer abzugrenzen sind.

Bezüglich der Rechtsstellung des Herstellers und der übrigen Schaffenden hatte sich jedenfalls gezeigt, daß, auch wenn eine Vermutung für die Annahme einer Rechtsübertragung besteht, der Hersteller dennoch in der Regel auf dem Vertragsweg die Legitimation zur Verwertung des Filmwerkes zu erwerben versucht.

---

[95]) Vgl. hierzu Goldbaum, Urheberrecht und Urhebervertragsrecht, S. 43 ff.; Ruszkowski, Les œuvres cinématograpiques et les droits d'auteur, siehe obige Anm. 66.

d) Dem System der Vermutungen in der Stockholmer Fassung der Berner Übereinkunft, das die Beziehungen zwischen Filmhersteller und Filmurheber regelt, liegen folgende allgemeine Prinzipien zugrunde [96]):

(1) Die Vermutungen gelten nur für diejenigen Länder, die die Urheberschaft der geistigen Schöpfer der Beiträge anerkennen, wobei Voraussetzung ist, daß eine Verpflichtung dieser Schöpfer besteht, einen Beitrag zu leisten.

(2) Die Geltung der Vermutung bezüglich bestimmter Urheberrechte beschränkt sich im Grunde auf die Filmbeiträge (und zwar die schöpferischen Leistungen), die zur Herstellung des Werkes erbracht werden [97]).

(3) In ihrem Inhalt sind die Vermutungen darauf gerichtet zu verhindern, daß die Urheber der Filmbeiträge die Vervielfältigung, Verbreitung, öffentliche Vorführung, Drahtfunksendung, Rundfunksendung, die öffentliche Wiedergabe und das Versehen mit Untertiteln unterbinden können; demnach besagt die Vermutung (mangels anderweitiger ausdrücklicher Vereinbarung), daß der Filmhersteller zur Ausübung dieser Rechte legitimiert ist.

(4) Die Vermutungen gelten nicht für die Rechte der Urheber des Drehbuchs und des Dialogs, der musikalischen Werkbeiträge und für die Rechte des Regisseurs; für die Rechte des Regisseurs wird zusätz-

---

96) Hervorzuheben ist, daß diese Regelung von der während der Vorbereitungsarbeiten in Aussicht genommenen weitgehend abweicht. So wurde z. B. die vorgesehene Ermächtigung der nationalen Gesetzgebungen, die vorbestehenden Werke von der Regel auszunehmen, und die zugunsten der Verbandsländer vorgesehene Möglichkeit, die Form der Vereinbarungen, durch die die Urheber die Verpflichtung zur Erstellung bestimmter Schöpfungen übernehmen, festzulegen, nicht übernommen; vgl. aber die vorgeschlagene Regelung in GRUR Int. 1967, 156 ff.

97) Die Vermutungen betreffen daher nicht die Rechte der Urheber vorbestehender Werke; zu diesen rechnen auch musikalische Werke, die nicht für den Film geschaffen wurden. Diese Regelung entspricht der Praxis der Geltendmachung der Tantieme durch die Verwertungsgesellschaften bei der Vorführung der Filme. Zwischen diesen Urhebern und dem Filmhersteller bestehen nur vertraglich festgelegte Beziehungen; hierbei handelt es sich um eine allgemeine Regel, die in allen Systemen zur Anwendung kommt. Einige der nationalen Regelungen sehen Auslegungsregeln für diese vertraglichen Vereinbarungen vor, durch die die Vermutungen zugunsten des Herstellers begründet werden; so z. B. die deutsche und die skandinavische Urheberrechtsregelung. Im Gegensatz hierzu werden derartige Auslegungsregeln von den Systemen des film-copyright abgelehnt; vgl. hierzu Ulmer, Die Stockholmer Konferenz für geistiges Eigentum, in NJW 1968, 1012 ff. Hier ist noch einmal hervorzuheben, daß für die Abgrenzung in der Konvention nicht die Dreiergruppierung gilt, wie sie in einigen Verbandsländern vorgenommen wird (vgl. oben S. 152 und wonach die Vermutung nur die Urheber von Beiträgen betreffen würde, die in enger Verbindung mit der Herstellung des Filmes stehen In Anbetracht der Ausnahmen des Art. 14bis Abs. 3 gelangt man freilich praktisch zu denselben Ergebnissen (vgl. unten S. 178 f.).

lich bestimmt, daß diejenigen Länder, die ihm keine Urheberschaft zuerkennen, dies dem Generaldirektor der BIRPI schriftlich mitzuteilen haben[98]).

(5) Für die Form der Verträge, auf die die Vermutungen anzuwenden sind, ist auf die Verweisung des Art. 14bis Abs. 2 (c) zurückzukommen, der die Regelung der Formfrage der nationalen Gesetzgebung des Landes überläßt, in dem der Hersteller des Filmwerkes seinen Wohnsitz oder seinen gewöhnlichen Aufenthaltsort hat. Der Gesetzgebung des Verbandslandes, in dem der Schutz beansprucht wird, bleibt in jedem Fall die Befugnis vorbehalten, die Form des Vertrages zu bestimmen (wobei die Ausübung dieser Befugnis innerhalb einer bestimmten Frist dem Generaldirektor mitzuteilen ist)[99]).

Mit diesen fünf Punkten sind die wesentlichen Grundsätze der filmrechtlichen Regelung in der Stockholmer Fassung der RBÜ umrissen. Hier stellt sich nun die Frage, welche die Fortschritte gegenüber der früheren Regelung sind und ob nicht die bisherige Fassung mit der vorgesehenen Vertragsfreiheit den Rechten der verschiedenen am Filmwerk mitwirkenden Urheber besser entsprochen hat.

Ohne Zweifel mußte eine konventionsrechtliche Regel gefunden werden, die Klarheit darüber schafft, wer unbeschadet der Rechte des oder der Urheber befugt ist, das Recht wahrzunehmen, einen Film zu verwerten (und dies notfalls auch gegen den Willen der Urheber einzelner Beiträge) und gegebenenfalls auch möglichen Verstümmelungen des Filmwerkes entgegenzutreten. Damit wird, wie hervorzuheben ist, nicht eine neue Urheberschaft begründet, sondern eine Erleichterung und Sicherung der Verwertung des Filmes in engem Zusammenhang mit der Schaffung der Voraussetzungen für einen reibungslosen Umlauf der Filme. Die Wichtigkeit dieser Frage ergab sich stets daraus, daß der Urheber eines Beitrages, der in den Film einbezogen wird, in die Lage versetzt werden könnte, die Verwertung des Films zu verhindern, indem er diejenige seines Beitrages als Teil des Filmes untersagt. Ohne Ausnahme steht selbstverständlich das ausschließliche Recht für die Schöpfung eines literarischen oder musikalischen Werkes oder eines Werkes der Kunst dem Urheber zu; dieses Recht wird indessen nicht immer uneingeschränkt wirksam, wenn die Vollendung der geistigen Schöpfung zusätzlich von anderen Faktoren abhängig ist: Jedem

[98]) Diese Vorschrift geht auf einen entsprechenden Antrag Großbritanniens zurück, nach dessen Rechtskonzeption der Regisseur nur als Techniker anzusehen ist.

[99]) Der Vertragsschluß kann entweder mündlich oder schriftlich oder durch einen gleichwertigen schriftlichen Akt erfolgen.

der am Zustandekommen eines Werkes — hier des Filmwerkes — Beteiligten ist für die erbrachte Leistung der ihm gebührende Anteil an den Urheberrechten einzuräumen, auch wenn dies nicht direkt durch das Urheberrecht anerkannt wird.

Derjenige, dem in erster Linie ein solches Recht zu gewähren wäre, das ihm die Verwertung des Filmes gestattet, ist unstreitig der Filmhersteller. Zwar zählt er nicht zu den eigentlichen Urhebern des Films. Zu seinen Gunsten kann nur ein originäres Recht am Filmstreifen entstehen, das seiner wirtschaftlich-technischen Leistung entspricht; abgesehen von diesem Recht und im Hinblick auf seine organisatorische und wirtschaftliche Leistung und das, in erster Linie finanzielle Risiko, das er trägt, ist er aber in jedem Fall an den Rechten am Filmwerk zu beteiligen. Sowohl unter rechtspolitischen wie auch unter allgemeinen Gesichtspunkten erscheint es sachentsprechend, dem Filmproduzenten die Möglichkeit zu geben, die ihm erreichbaren Rechte an sich zu ziehen. Bereits mit der Einräumung der Rechte zur filmischen Benutzung eines Werkes, aus dem das Filmwerk hervorgehen soll, ergibt sich die Notwendigkeit, dem Hersteller auch die Auswertung des auf diese Weise hergestellten Werkes zu ermöglichen.

Der Einwand der Urheber gegen eine solche Lösung, daß nämlich der Filmproduzent seine Beziehungen zu den Filmurhebern auch vertraglich regeln könne, stößt auf das Bedenken gegen eine internationale Anwendung solcher Regelung. Denn in diesem Rahmen ist die für alle Beteiligten günstigste Lösung zu bevorzugen.

In einigen Verbandsländern der Berner Union sieht die nationale Gesetzgebung für die Beziehung zwischen Filmproduzent und Filmurheber Vertragsfreiheit vor[100]). Diese Verträge sind nicht nur urheberrechtlicher, sondern häufig auch arbeitsrechtlicher Art. Damit wird die Tragweite der Regelung weitgehend von den Vertragspartnern — insbesondere von den Urhebern bestimmt. So können die Urheber den Erwerb seitens des Filmherstellers auf einige wenige Verwertungsrechte begrenzen (also etwa nur das Vervielfältigungsrecht, nicht aber das Aufführungsrecht übertragen) und die Übertragung von ausschließlichen Rechten unterbinden. Auch die Berufung auf den Grundsatz von Treu und Glauben und die Folge des Vertragszwecks vermag gegen mögliche Forderungen der Urheber keine Gewähr zu bieten. Hierbei kommen für die Beurteilung der Sachlage auch finanzielle Risiken ins

---

[100]) Vgl. oben z. B. S. 157 f. zur Rechtslage in der Schweiz und in Belgien.

Spiel, denn der Filmhersteller, der mit dem Filmurheber verhandelt, wird, um Verbote abzuwenden, nicht selten erhebliche Kosten in Kauf nehmen müssen.

Darüber hinaus ist auch der Fall zu berücksichtigen, daß zwischen Urheber und Filmhersteller häufig ein Vertrag geschlossen wird, während das Werk, über das in dem Vertrag verfügt wird, noch nicht entstanden ist. Diese Praktiken werden durch die nationale Gesetzgebung in einer Reihe von Verbandsländern ausgeschlossen (so z. B. die niederländische Regelung, die eine Abtretung von erst in der Zukunft entstehenden Rechten nicht gestattet).

Außerdem werden die Verträge zwischen Urheber und Unternehmer in aller Regel mit dem Zweck geschlossen, daß der Unternehmer den Urheber durch seine speziellen Leistungen bei der Vollendung seines Werkes unterstützt. Im weiteren Verlauf der Filmarbeiten werden dann Hersteller und Urheber gemeinsam tätig. Eine weitere Sicherung der Anerkennung seiner Leistungen durch die Festsetzung seiner Rechte liegt daher im Interesse des Filmherstellers. Die Urheber können die Gesamtbelohnung nicht allein deshalb für sich in Anspruch nehmen, weil sie die Filmbeiträge, die der Herstellung des Filmes zugrunde liegen, geschaffen haben; ihnen kann ohnedies in jedem Fall auf anderem Wege eine Vergütung für die Beiträge gesichert werden[101]). Auch hierbei geht es freilich um eine Frage, die durch die nationalen Gesetzgebungen geregelt werden kann[102]).

Allerdings erweist sich auf der anderen Seite zur Sicherung der Rechtsstellung des Filmproduzenten als bei der Erstellung des Filmwerkes Mitwirkendem das System der gesetzlichen Übertragung von Urheberrechten[103]) oder von Leistungsschutzrechten[104]) als ungeeignet für eine Regelung der Beziehungen zwischen Urheber und Filmhersteller auf internationaler Ebene. Es ist vielmehr die Unbilligkeit zu berücksichtigen, die in einer Benachteiligung der Urheber zugunsten der Filmhersteller läge. Dem Urheber stehen ohne Zweifel die Rechte an seinem Geisteswerk zu, auch wenn davon auszugehen ist, daß der Filmhersteller ein originäres Recht an dem Filmstreifen (Bild- und Tonträger) erwirbt. Daher kann eine Fiktion, die gegen wesentliche Grund-

---

[101]) Vgl. hierzu auch Rapport de la Fédération Internationale des Auteurs de Film sur la cinématographie et le droit d'auteur, in DdA 1954, 45 ff.

[102]) Vgl. z. B. Art. 17 Abs. 3 und Art. 35 des französischen Urheberrechtsgesetzes.

[103]) Vgl. oben die Untersuchung der Rechtslage in Österreich S. 162 und Italien, S. 163.

[104]) Vgl. Art. 58 f. der skandinavischen Regelung.

sätze des Urheberrechts verstößt und eine Benachteiligung der Stellung des Urhebers zur Folge haben könnte[105]), nicht in eine konventionsrechtliche Regelung aufgenommen werden[106]). Mit der Ausschaltung der Vertragsfreiheit bleiben außerdem viele Fragen, die einer Lösung bedürfen, unbeantwortet; hier ist man dann auf Auslegungsversuche oder — nicht immer adäquate — vertragliche Abmachungen angewiesen. Diese ist beispielsweise der Fall bei der bereits genannten Frage der Tantieme für einzelne Filmbeiträge, in erster Linie für die Filmmusik; auch geht es um das Problem, welche Rechte der Filmhersteller, auch im System der cessio legis, an Filmen erwirbt, die keine Filmwerke sind[107]) und bei denen eine Rechtsübertragung daher nicht möglich ist. Auf der anderen Seite wird damit die Möglichkeit ausgeschlossen, daß die Vertragsparteien die Art und Weise der Übertragung nach ihrem Gutdünken bestimmen.

Gegenüber den Schwächen dieser Systeme stellt das System der Vermutungen einen Mittelweg dar, auf Grund dessen Erschwerungen von seiten der Urheber, wie sie aus der Vertragsfreiheit bei der Verwertung des Films erwachsen können, begegnet werden kann, ohne daß den Vertragspartnern indessen die Möglichkeit genommen wird, eine andere, der Interessenlage entsprechende Lösung vertraglich zu vereinbaren. In jedem Fall findet eine Übertragung der Rechte an den Filmhersteller statt. Mangels der Vermutung wäre es für den Hersteller erforderlich, sich vorsorglich alle Rechte, also auch möglicherweise nicht originäre Rechte, von denjenigen übertragen zu lassen, die als Urheber gelten können. Von seiten der Urheber-Autoren wurden freilich Einwände insbesondere dahin geltend gemacht, daß eine konventionsrechtliche Regelung auf dem Gebiet des Vertragsrechts undenkbar sei[108]). Des weiteren befürchtete man ein Ungültigwerden der Verträge durch die Abänderung der Beweisregeln, wonach beim Urheber die Beweislast für die bei ihm verblie-

---

105) Man könnte hier von einer Zwangsenteignung sprechen. Es fehlt an der einstimmigen Willenserklärung, die hier zur Übertragung subjektiver Rechte nötig wäre. Auch wenn man der Vertragsfreiheit bestimmte Grenzen zieht (vgl. Raiser, Vertragsfreiheit heute, in JZ 1958, 51), kann nicht angenommen werden, daß sämtliche Rechte der Urheber allein kraft Gesetzes — also unter Ausschluß des Parteiwillens — übertragen werden können.

106) Für die nationale Regelung kann ein Interessenausgleich durch Sonderbestimmungen erzielt werden und darüber hinaus besteht für die Rechtsprechung die Möglichkeit, zu solchem Ausgleich beizutragen. Vgl. auch Lyon-Caen - Lavigne, Traité théorique et pratique du droit de cinéma, Bd. I S. 272.

107) So z. B. die Wochenschauen im italienischen Recht.

108) Vgl. Stellungnahmen der CISAC, IWG, ALAI u. a. in Le Cinéma dans la Convention de Berne, BIRPI-Veröffentlichung, S. 28 ff.; siehe auch Ulmer, Ergänzender Bericht über Kinematographie und Urheberrecht, in GRUR Int. 1954, 206 ff.

benen Rechte und nicht beim Hersteller diejenige für die von ihm erworbenen Rechte liegt. Neben Privatinteressen standen einer solchen Regelung auch die Interessen von Ländern mit abweichender Konzeption entgegen; so erübrigt sich beispielsweise nach der britischen Konzeption eine derartige Regel, da die eventuell verbleibende Lücke ohne weiteres durch die mit dem Hersteller geschlossenen Verträge behoben werden kann.

Es ist freilich zu fragen, ob mit der Vermutungsregel tatsächlich die bestmögliche Lösung gefunden wurde.

Zunächst ist hier zu beachten, daß es sich bei der Bestimmung der Berner Übereinkunft nicht um eine Vermutung für die Übertragung von Verwertungsrechten des Urhebers auf den Filmproduzenten handelt, sondern um eine Vermutung für die Legitimation des Filmproduzenten. Der Vermutung über die Übertragung von Urheberrechten wurde damit eine Regelung des Außenverhältnisses des Filmherstellers vorgezogen. Die Urheber, die verpflichtet sind, Beiträge zur Herstellung des Filmwerkes zu bringen, können die Ausübung der wichtigsten Verwertungsrechte nicht verbieten; zu deren Geltendmachung ist nunmehr der Filmhersteller legitimiert. Unberührt davon bleibt das Recht des Urhebers auf angemessene Vergütung[109]). Die Verbandsländer können in ihren nationalen Gesetzgebungen das anzuwendende System der Vergütung bestimmen. Auch werden vertragliche Abmachungen zwischen den Parteien nicht ausgeschlossen.

Ein weiterer Punkt, der Anlaß zur Kritik geben könnte, sind die Ausnahmen von den Vermutungen. Daß im endgültigen Text der Stockholmer Fassung der RBÜ keine Vermutung für eine Abtretung der Rechte der Urheber vorbestehender Werke vorgesehen ist, ist berechtigt. Damit wird jedenfalls der Regelung in der überwiegenden Mehrzahl der Verbandsländer entsprochen. Dies gilt auch für die Systeme des film-copyright, in denen der Filmproduzent die Rechte an vorbestehenden Werken vertraglich erwerben muß, wobei unter vorbestehenden Werken hier diejenigen verstanden werden, die nicht mit dem Film verbunden sind.

In der Tat erweist es sich, wenn man in der Frage nach den vorbestehenden Werken zu dem Ergebnis gelangt, daß es diejenigen Werke sind, die unabhängig von der Herstellung des Films erstellt werden

---

109) Diese Lösung wurde auf Antrag der französischen Delegation bereits bei den Vorbereitungen getroffen. Vgl. hierzu Ulmer, Die Stockholmer Konferenz für geistiges Eigentum, in NJW 1968, 1012; Dittrich, aaO. S. 50.

oder, anders ausgedrückt, jene Werke „dont l'œuvre cinématographique est tirée" [110]), als der Sache durchaus entsprechend, diese Werkkategorie von der Vermutung auszunehmen. Von praktischem Wert ist dieser Ausschluß, wenn man an die Gleichstellung von Film- und Fernsehwerken denkt; bei vorbestehenden Werken bezieht sich die Genehmigung, die der Urheber zur Benutzung des Werkes im Fernsehen erteilt, nur auf bestimmte Fernsehsendungen oder Fernsehwerke; eine Einwilligung zur weiteren Verbreitung ist darin, auch auf Grund von Vermutungen, nicht zu sehen [111]).

Auf der anderen Seite wäre es indessen nicht angemessen gewesen, in einer internationalen Regelung Vorschriften vorzusehen, durch die Beziehungen, die ihrer praktischen Bedeutung nach ausschließlich vertraglichen Vereinbarungen unterliegen, normiert würden. Die Unterschiede in den nationalen Regelungen durch eine internationale Regelung zu beheben, hätte darüber hinaus schwerwiegende Probleme aufgeworfen. Im internationalen Bereich, wo die Arbeiten auf eine Annäherung der Konzeptionen abzielen, hat man sich an dem Grundsatz zu orientieren, daß die internationale Regelung zugunsten bestimmter Interessen nicht höhere Maßstäbe festlegen darf als das System, in dem sie die weitestgehende Berücksichtigung erfahren (hier das britische System) [112]). Für die Aufnahme in eine konventionsrechtliche Regelung solcher Konzepte wären daher allein Auslegungsregeln in Betracht gekommen.

Ein anderer Weg zur Lösung der Frage hätte darin bestanden, den Verbandsländern die Entscheidung darüber zu überlassen, ob sie eine von der RBÜ vorgesehene diesbezügliche Vorschrift zur Anwendung bringen oder nicht. Ein dahingehender Vorschlag war in dem von der Studiengruppe Schweden/BIRPI vorgelegten Programm enthalten. Aber auch eine solche Lösung hätte unserer Ansicht nach in Anbetracht der Verschiedenheit der Regelungen noch wesentliche Schwierigkeiten bedingt. Nach Auffassung der Verbandsländer war dem absoluten Ausschluß als der adäquateren Lösung der Vorzug gegeben [113]).

---

[110]) So z. B. der Text der Europäischen Vereinbarung über Fernsehfilme, in GRUR Int. 1959, 294 und in UFITA Bd. 27 (1959) S. 232.

[111]) Vgl. hierzu Ulmer, Das Filmurheberrecht in den Plänen zur Reform der Berner Übereinkunft, in Festschrift Hallstein, S. 552 f.

[112]) Vgl. auch Ulmer, Das Filmurheberrecht in den Plänen zur Reform der Berner Übereinkunft, in Festschrift für Hallstein, S. 553.

[113]) Wie zu erwarten war, nahmen die Hersteller gegen die Ausnahme der vorbestehenden Werke von den Vermutungsregeln Stellung.

Die Berner Übereinkunft in ihrer nunmehrigen Fassung nimmt aber nicht allein die Urheber vorbestehender Werke von der Vermutungsregel aus. Nach der nationalen Regelung einiger Verbandsländer, der (im Falle der Inanspruchnahme des Schutzes) gemäß Art. 14bis Abs. 2 (a) die Bestimmung des Inhabers der Rechte an einem Filmwerk vorbehalten bleibt, sind zu diesen Rechtsinhabern auch die Urheber von zur Herstellung des Filmwerkes geleisteten Beiträgen zu zählen; bei einer allgemeinen Geltung der Vermutungsregel könnten diese (vorbehaltlich gegenteiliger oder besonderer Vereinbarung)[114]) die Vervielfältigung und Verbreitung des Werkes nicht verhindern. Ausgenommen von dieser Regel sind aber die folgenden, als Filmurheber anzusehenden Personen: die Urheber des Drehbuchs (zu denen selbstverständlich auch die Verfasser von Exposé und Treatment zu rechnen sind) und der Dialoge, der Komponist der Filmmusik sowie der Hauptregisseur, wenn auch die Stellung des Hauptregisseurs als Filmurheber als Besonderheit der filmrechtlichen Regelung erscheint und Gegenstand spezieller Vorschriften ist. Ein absoluter Schutz der Urheber in der Konvention erscheint nicht angemessen. Dies gilt auch für die Länder, deren nationale Gesetzgebung an den Grundsatz der Filmurheberschaft der geistigen Schöpfer anknüpft, für die diese Regelung zwingend anzuwenden ist. Bereits die Ausnahme der vorbestehenden Werke von den Vermutungsregeln hat ihren Urhebern eine günstige Position geschaffen. Den Urhebern der literarischen und musikalischen Teile des Filmwerkes wie auch dem Filmregisseur, soweit er als Urheber bezeichnet werden kann, kommen (zusammen mit den Urhebern vorbestehender Werke) in erster Linie die Rechte am Filmwerk zu. Daher war für diese Urheber die Verpflichtung festzulegen, die Übertragung ihrer Rechte an den Hersteller vorzunehmen, wenn auch diese Übertragung nur dann in vollem Umfange stattfindet, wenn keine anderen einschränkenden Bedingungen vorgesehen sind. Es wäre wenig sinnvoll gewesen, eine Regelung zu treffen, die denjenigen, die durch ihre Vereinbarungen mit dem Filmhersteller diesem die Werknutzung gestattet haben, die Möglichkeit belassen hätte, die Verwertung des Filmwerkes zu behindern. Unklar bleibt freilich, wie der Urheber veranlaßt werden kann, mit dem Hersteller für den Umlauf des Filmes günstige privatrechtliche Vereinbarungen zu treffen[115]).

---

[114]) Unter gegenteiliger oder besonderer Vereinbarung ist jede diese Verpflichtung einschränkende Bedingung zu verstehen; vgl. Art. 14bis Abs. 2 (d).

[115]) Im System des film-copyright werden die Rechte der meisten dieser Urheber nicht gesetzlich auf den Hersteller übertragen; er muß sie vielmehr auf dem Vertragswege erwerben.

Auf der anderen Seite gilt die Verpflichtung, die Verwertung des Films nicht zu behindern — also die Vermutungsregel — mit Ausnahme der oben genannten Urheber für alle übrigen in den einzelnen nationalen Regelungen anerkannten Filmurheber. (In Betracht kommen hierbei z.B. die Regisseure, die nicht als Hauptregisseure bezeichnet werden können, die Schöpfer der für den Film geschaffenen Werke der bildenden Künste [zu deren Gunsten ebenfalls eine Ausnahmebestimmung zu erwarten gewesen wäre], die Filmschauspieler, Kameramänner, Beleuchter, Schnittmeister, Tonmeister, Photographen, Dekorateure u. a.) Mit dem Vermutungssystem der Stockholmer Fassung der RBÜ lassen sich demnach die Urheber „zweiter Klasse" bestimmen[116]), deren Stellung eine schwächere ist als die der Urheber „erster Klasse". Diese Untergruppierung an sich ist nicht als störend anzusehen. Ein Nachteil der neuen Regelung liegt aber darin, daß diejenigen, die den freien Umlauf der Filme nicht mehr verhindern können (die also der Vermutungsregel unterworfen sind), eben jene sind, die bereits bisher mit Rücksicht auch auf die Besonderheiten ihrer Rechte keine Veranlassung zur Unterbindung der Verwertung oder des Umlaufs der Filme gegeben hatten[117]). Zu berücksichtigen ist freilich auch, daß gerade diese Urheber oder Leistungserbringer, soweit die nationale Regelung nichts Gegenteiliges bestimmt, in der Regel private Vereinbarungen mit dem Hersteller treffen, durch die die Beziehungen festgelegt werden, und daß sie stets unter der Leitung des Hauptregisseurs tätig werden. Aus diesem Grunde war es auch nicht unbedingt erforderlich, die Vermutung einzuschränken.

Mit dieser Regel wird den Filmherstellern weitgehend freie Hand gelassen, denn gegenteilige Vereinbarungen, die möglicherweise diesen Autoren einen stärkeren Schutz gegenüber den Filmherstellern sichern würden, werden in der Praxis, auch wegen der Besonderheiten der Rechte dieser Darstellenden, nicht häufig sein[118]). Mit dieser Vorschrift ist, obwohl die Interessen aller Beteiligten berücksichtigt werden sollten, doch eine Maßnahme getroffen worden, die sich gegen diejenigen Urheber richtet, auf die sie allein anwendbar ist, während auf der anderen Seite ein starker Schutz für die Gruppe der Urheber erster

---

[116]) Ulmer, Die Stockholmer Konferenz für geistiges Eigentum 1967, in GRUR Int. 1967, 450, verwendet zu ihrer Bezeichnung den Begriff der Nebenurheber; im gleichen Sinne nimmt auch das italienische Gesetz eine Unterscheidung vor.

[117]) Die gegenteilige Behauptung, daß eine Behinderung in der Verwertung des Films durch Personen, deren Beteiligung an den Urheberrechten nicht festgestellt ist, vermieden wird, vermag nicht zu überzeugen.

[118]) Vgl. auch Chesnais, Stockholm et les Artistes, in RIDA LVII S. 145 ff.

Klasse gewährleistet wird, und dies obwohl, wie wir glauben, der Gedanke eines Minimumschutzes im Grunde für die Verfasser des Konventionstextes im Vordergrund stand; dies ergibt sich darüber hinaus auch aus Art. 19 RBÜ, in dem es heißt: „Die Bestimmungen der vorliegenden Übereinkunft hindern nicht daran, die Anwendung von weitergehenden Bestimmungen zu beanspruchen, welche durch die Gesetzgebung eines Verbandslandes etwa erlassen werden." Es entspricht daher nicht dem Geist der Konvention, wenn nun doch ein maximaler Schutz für eine bestimmte Kategorie von Urhebern konventionsrechtlich vorgesehen wird, wie dies mit Art. 14bis der Fall ist. Probleme werden sich hierbei auch im Bereich der Auslegung von Völkerrechtsverträgen ergeben. Wie wäre z. B. der Fall zu beurteilen, wenn ein Land im Hinblick auf seine Bindung an das Vermutungsprinzip auf internationaler Ebene dieses zwar auf Werke ausländischer Verbandsmitglieder anwendet, nicht aber auf Werke von Inländern, für die eine günstigere Regelung besteht?[119]). Hier ist freilich zu berücksichtigen, daß die Verbandsländer, die die Urheber der Filmbeiträge zu den Filmurhebern rechnen, verpflichtet sind, nach der Ratifizierung der neuen Fassung der RBÜ die genannte Vermutung in ihre nationale Gesetzgebung aufzunehmen.

Aber auch die für die Vertragsform vorgesehene Regelung, durch die der Urheber diese Verpflichtung zur Betragsleistung übernimmt, kann nicht uneingeschränkte Zustimmung finden. Die Voraussetzungen, die zur Aufnahme dieser Kompromißvorschrift geführt haben, sind bekannt. Insonderheit sind hier die Schwierigkeiten zu nennen, die aus der Unterschiedlichkeit der Rechtsprinzipien (insbesondere hinsichtlich des Erfordernisses der Schriftform des Vertrages) erwachsen sind. Bereits die Diskussion darüber, welches Recht als Basis für den ersten Kompromiß heranzuziehen war, durch den die Meinungsverschiedenheiten ausgeglichen werden sollten, hatte erhebliche Probleme aufgeworfen[120]).

Schwierigkeiten zeigen sich auch, sobald man die praktische Anwendung der Vorschrift untersucht. So wird beispielsweise bei einem schwedischen Film für die Beurteilung der Rechtsübertragung die Vermutung gelten, ohne daß über die Verfilmung schriftliche Vereinbarungen erforderlich sind, da die Schriftform nach schwedischem Recht

[119]) Dies käme beispielsweise nach jugoslawischem Recht bei Lichtbildwerken in Betracht; vgl. oben S. 170 Anm. 87.

[120]) Vgl. hierzu Die Stockholmer Konferenz für geistiges Eigentum 1967, in GRUR Int. 1967, 451 f.

nicht gesetzliches Erfordernis ist. Wird derselbe Film nach Deutschland exportiert, so ändert sich die Rechtslage nicht: auch in Deutschland bedarf es der Schriftform nicht; die Rechtsvermutung gilt nach denselben Grundsätzen. Gleiches trifft für die Niederlande zu. Anders wäre aber die Beurteilung nach französischem Recht, wo im Falle eines Exports nach Frankreich der Vertrag in Deutschland schriftlich niedergelegt werden müßte, um der Vermutung in Frankreich Geltung zu verschaffen.

Die Regel ist also, wie man sieht, keineswegs unproblematisch und erscheint daher nur in den Ansätzen dazu geeignet, den reibungslosen Umlauf der Filme auf internationaler Ebene zu fördern. Berücksichtigt man weiter die Vorschrift, daß die Bestimmung derjenigen Personen, die als Filmurheber zu bezeichnen sind, der Regelung des Landes überlassen bleibt, in dem der Schutz beansprucht wird, so werden die Schwierigkeiten deutlich, denen die Filmhersteller gegenüberstehen.

Die vorstehenden Überlegungen zeigen, daß die in der Stockholmer Fassung der RBÜ vorgesehenen Vermutungen zumindest für ihre praktische Anwendung nicht geringe Probleme mit sich bringen.

Demgegenüber sprach manches für die Vorschläge des Programms hinsichtlich der Regelung der Vermutungen, auch wenn die Urheber vorbestehender Werke ausgeschlossen bleiben sollten und, wie bereits erwähnt, aus praktischen Gründen die Anwendung von vertraglichen Vereinbarungen auf internationaler Ebene (auch bei Fehlen von Auslegungsregeln mit internationaler Wirkung in der Berner Übereinkunft) zu empfehlen wäre. Das Programm sah dagegen die Geltung der Vermutung auch für die Filmbeiträge literarischer, musikalischer und künstlerischer Art vor. Zum Ausgleich für eine eventuelle Benachteiligung der Urheber auf Grund einer solchen Bestimmung hätte (auch im Falle eines Vorbehalts bezüglich der Aufnahme solcher Vorschriften zugunsten der nationalen Regelungen) eine materielle Entschädigung vorgesehen werden können[121]).

Die Vermutungsregel betrifft nur diejenigen Länder, in denen das System der geistigen Schöpfer als Urheber des Filmwerkes gilt. Die Länder, die das System des film-copyright oder das der cessio legis anerkennen, bleiben hiervon ausgeschlossen. Hier wäre diese Regel

---

[121]) Ein diesbezüglicher Vorschlag ist allerdings auch in dem Bericht der I. Hauptkommission als Präzisierung vorgesehen; vgl. Rapports sur les travaux de la Commission Principale No. 1, von Bergström, in DdA 1967, 214 deutschsprachig oben S. 399 ff.

nur von theoretischer Bedeutung, da man in der Praxis dieser Systeme im Grunde zu denselben Ergebnissen gelangt, nämlich zur Legitimation des Filmherstellers (auch soweit er Inhaber des film-copyright ist) zur Verwertung des Films.

Im Bericht der I. Hauptkommission wird auch darauf hingewiesen, daß diese Vermutungsregel ebenfalls für Werke eines Landes gelten kann, in dem das System des film-copyright oder der cessio legis zur Anwendung kommt; würde beispielsweise ein in Großbritannien (in dessen System die Vermutungsregeln keine Anwendung finden) hergestelltes Werk nach Frankreich exportiert, so könnte es, wenn die Voraussetzungen erfüllt sind, der französischen Regelung unterliegen[122]).

Die Regelung, die die Form der Verpflichtungsvereinbarung erfahren hat, vermag ebenfalls nicht alle Zweifel zu bereinigen. Es wäre überflüssig, hier die Vorteile einer Lösung zu wiederholen, die die Beurteilung der Vertragsform der Regelung des Landes unterstellt, in dem der Hersteller seine Niederlassung oder seinen gewöhnlichen Wohnsitz hat. Niederlassungen oder gewöhnlicher Wohnsitz ist Anknüpfungspunkt auch für die Übertragung solcher Rechte wie das Urheberrecht oder das Urhebervertragsrecht, wo das Axiom locus regit actum nicht unbedingt das zutreffendste ist. Der entschiedene Widerspruch, wie er auf der Konferenz vorgetragen wurde, hat indessen gezeigt, daß die Unterschiede in den Rechtskonzeptionen durch solche Lösung nicht zu überbrücken sind.

Von diesen Schwächen abgesehen, ist das System der Vermutungen nicht ungeeignet, einer Annäherung der verschiedenen Systeme in der Regelung der Beziehungen zwischen den verschiedenen Inhabern der Rechte am Filmwerk den Weg zu bahnen. Mit der Vermutungsregel werden jedenfalls bestimmte Sachverhalte ausgeschlossen, die der Entstehung von Filmen abträglich sein könnten.

Daneben ist durch das Vermutungssystem eine annehmbare Lösung des bekannten Problems der Bestimmung der Rechtsinhaber bei Filmwerken gefunden worden.

---

[122]) Vgl. Rapports sur les travaux de la Commission Principale No. 1, von S. Bergström, DdA 1967, 213, deutschsprachig oben S. 399 ff. Einer nochmaligen Hervorhebung, daß der französische (wie der deutsche oder skandinavische) Filmhersteller sich in Großbritannien auf das film-copyright des Produzenten und in Italien oder Österreich auf die zu seinen Gunsten stattfindende cessio legis berufen kann, bedarf es nicht; vgl. hierzu auch Die Stockholmer Konferenz für geistiges Eigentum 1967, in GRUR 1967, 452.

Wer Verwertungsrechte in Anspruch nimmt, hat den Beweis zu führen, daß er eine schöpferische Leistung erbracht und sich die daraus erwachsenen Rechte vorbehalten hat. Ist ihm dies nicht möglich, so ist der Filmhersteller zumindest hinsichtlich der Rechte, der der Vermutungsregel unterliegenden Urheber der zur Ausübung allein Berechtigte.

Es kommt hinzu, daß eine Regelung der Vermutungen auf internationaler Ebene den durch das Problem gestellten Anforderungen am besten gerecht zu werden vermag: Für den nationalen Gesetzgeber hätte sich, um der Regelung der Verfügungsrechte über das Filmwerk internationale Durchsetzung zu verschaffen, die Notwendigkeit ergeben, zunächst auf den originären Erwerb abzustellen. Würde man daher die Regelung der nationalen Gesetzgebung unterstellen, so würde dies einem Verzicht auf die Möglichkeit von Vermutungsregeln und damit auf die internationale Geltung der Regelung gleichkommen. Für die internationale Regelung der Vermutung wären entweder die urheberrechtlichen Bestimmungen des Landes heranzuziehen, nach dessen Recht die Beziehung zwischen den Vertragspartnern nach dem internationalen Privatrecht geregelt werden, oder das Urheberrecht jenes Landes, nach dessen Prozeßrecht der strittige Tatbestand zu beurteilen ist. Aus diesen Gründen ist die Regelung in der RBÜ von großer praktischer Bedeutung.

Ungeachtet gewisser Bedenken, bedeutet die nunmehrige Regelung gegenüber der Brüsseler Fassung der RBÜ einen wesentlichen Fortschritt für die Bestimmung der Filmurheber und die Beziehungen zwischen Unternehmer und Urheber. Es wurden in jedem Fall die Voraussetzungen dafür geschaffen, die Verwertung und den reibungslosen Umlauf der Filme zu erleichtern, wenn sich auch (insbesondere im Hinblick auf den Kreis der Urheber, die der Vermutungsregel unterliegen) Schwierigkeiten ergeben werden. Denn die nunmehrige Fassung der Berner Übereinkunft bringt es mit sich, daß der Produzent den Urhebern nicht nur verantwortlich, sondern von ihnen auch weitgehend abhängig ist.

Eine andere Frage ist freilich, ob die Beziehung zwischen Unternehmer und Urhebern tatsächlich der konventionsrechtlichen Regelung bedarf. Was sich als erforderlich erwiesen hatte, war eine grundsätzliche Vervollständigung und Verbesserung der diese Beziehungen betreffenden Vorschriften auf der Grundlage der Vertragsfreiheit (die Beziehungen der Filmurheber untereinander können grundsätzlich nur durch Vertrag geregelt werden); hierbei war eine Einschränkung dieser Vertragsfreiheit notwendig geworden, um ihre Durchsetzung zu gewährleisten. Für die nationalen Gesetzgebungen, denen die Regelung der

Beziehungen zwischen Hersteller und Unternehmer im einzelnen vorbehalten bleibt, sind die Einschränkungen zusätzlich ein Anhaltspunkt für die Regelung und Bestimmungen der jeweiligen Rechte und Pflichten. Die internationale Regelung hatte jedoch zwei Aufgaben zu erfüllen: einerseits waren die Rechte (auch die persönlichkeitsrechtlichen Befugnisse) der Urheber sicherzustellen, während auf der anderen Seite dem Unternehmer möglichst freie Hand für die Verwertung der Filme gelassen werden sollte.

D. Die Rechte im Zusammenhang mit Filmwerken

1. Die Rechte an vorbestehenden Werken

Mit der Stockholmer Fassung der RBÜ wird klargestellt, daß die Rechte an vorbestehenden Werken getrennt von jenen an dem eigentlichen Filmwerk zu berücksichtigen sind. Sie stehen bekanntlich demjenigen zu, der diese Werke allein und ohne Inanspruchnahme eines Filmproduktionsunternehmens erbracht hat. Den Urhebern der vorbestehenden Werke kommt das ausschließliche Recht zur Adaptation, Vervielfältigung, Verbreitung, öffentlichen Vorführung und Drahtfunksendung zu. Art. 14 Abs. 1 RBÜ bestätigt damit die Urheber vorbestehender Werke in ihren ausschließlichen Rechten; einer eingehenderen Untersuchung des Inhalts dieser Rechte bedarf es hier nicht. Es mag der nochmalige Hinweis darauf genügen, daß zu den Verwertungsrechten nunmehr ausdrücklich auch das Recht zur Drahtfunksendung („Übertragung mittels Draht an die Öffentlichkeit") gerechnet wird. Das Senderecht wird in Art. 11bis geregelt und ist insoweit in Art. 14 RBÜ nicht einbezogen worden.

Aus dieser ausschließlichen Regel des Art. 14 Abs. 1 folgt, daß neben der Bearbeitung auch die Vervielfältigung, Verbreitung, Vorführung und Drahtfunksendung des Werkes zwingend der Erlaubnis des Urhebers bedarf.

Auf der anderen Seite wird jedoch zwischen Bearbeitung und Vervielfältigung nicht unterschieden. Dies hat z. B. zur Folge, daß der Musikkomponist dieselbe Rechtsstellung einnimmt wie der Urheber eines literarischen Werkes; das System der Zwangslizenzen ist auf den Fall der Wiedergabe durch Tonstreifen nicht anwendbar.

Die Erörterung dieser Rechte und unter Berücksichtigung der revidierten Fassung ergibt sich des weiteren, daß die Erlaubnis zur Vervielfältigung von derjenigen zur Verbreitung und zur öffentlichen Vor-

führung unabhängig ist. Die Verfügung über diese Rechte kann getrennt erfolgen. Dies heißt (und dafür sprechen auch die Vertragsfreiheit und der Mangel diesbezüglicher Vermutungen), daß der (oder die) Urheber dem Produzenten zwar die Befugnis zur Verbreitung, nicht aber diejenige zur Vorführung einräumen kann[123]). Diese, bereits seit der Brüsseler Revisionskonferenz bekannte Sachlage hat auch durch die neue Stockholmer Fassung keine Änderung erfahren; vielmehr bleibt es im Ermessen der Parteien, welche Rechte Gegenstand der Übertragung und welche hiervon ausgeschlossen sein sollen[124]). Eine Zwangsregelung auf internationaler Ebene kam in diesem Gebiet wegen der divergierenden nationalen Konzeptionen nicht in Betracht. Eine tragbare Lösung wäre möglicherweise die Aufnahme von Auslegungsvorschriften in die nationalen Gesetzgebungen, mit denen Richtlinien für solche Verträge aufgestellt werden könnten[125]).

Schließlich ist in diesem Zusammenhang noch von Bedeutung, daß derselbe Grundsatz — das Erfordernis der Zustimmung des Urhebers eines vorbestehenden Werkes zur Adaptation — auch dann Gültigkeit hat, wenn die auf der Adaptation des Werkes beruhenden Filmwerke in irgend einer anderen Form weiter bearbeitet werden[126]).

Mit der Adaptation wird auch das bereits erwähnte Problem der Bezeichnung der Urheber adaptierter Werke als Miturheber des Filmwerkes berührt. Es geht hier um die Frage, ob der Urheber, der seine Einwilligung zur Adaptation gegeben, an dieser jedoch selbst nicht mitgewirkt hat, als Urheber und Inhaber der Rechte am Filmwerk angesehen werden kann. Auch hier greift die Verweisung des Art. 14bis

---

[123]) Das Problem steht in enger Berührung mit der Frage, ob die Urheber vorbestehender Werke an den Einspielerlösen zu beteiligen oder mit einer einmaligen Vergütung abzufinden sind. Im Grunde ging es immer darum, ob die Komponisten mit ihrer Einwilligung zur Einbeziehung des Musikwerkes in den Film auch den Anspruch auf Zahlung einer Tantieme seitens der Filmtheater verlieren, da nach Auffassung der Verwerter die beiden Rechte (zur Adaptation und zur Aufführung) untrennbar sind. Diese Streitfrage wurde zugunsten der Komponisten entschieden, eine Entscheidung, der sich die Verbandsländer in der Praxis übereinstimmend angeschlossen haben. Vgl. hierzu für Deutschland RG vom 4. Mai 1933 in RGZ 140, 231 ff.; für die Schweiz DGE vom 16. März 1948, in GRUR 1949, 200 ff. = UFITA Bd. 19 (1955) S. 365 ff.

[124]) Dieser Fall ist auch auf internationaler Ebene von Bedeutung: Wird vom Urheber ein beschränktes Recht übertragen (z. B. nur zur Verbreitung in Frankreich), so ist es rechtsverletzend, wenn der Unternehmer den Film auch in der Schweiz in Verleih gibt; vgl. hierzu auch Documents de la Conférence de Bruxelles (1948) S. 346.

[125]) Bezüglich einer praktisch durchfürbaren Lösung des Konflikts vgl. Ulmer, Kinematographie und Urheberrecht, in GRUR Int. 1953, 191; Lyon-Caen, Le cinéma dans la Convention de Berne, BIRPI, S. 5.

[126]) Vgl Art. 14 Abs. 2 der Stockholmer Fassung der RBÜ und Die Stockholmer Konferenz für geistiges Eigentum 1967, in GRUR Int. 1967, 449; vgl. auch Bappert-Wagner, Internationales Urheberrecht (1956) S. 147.

Abs. 2 a) RBÜ ein, der die Bestimmung der Filmurheber den nationalen Gesetzgebungen überläßt; diese werden sich freilich an dem Grundsatz orientieren, daß das zur Erstellung des Filmes benutzte vorbestehende Werk vom Film unabhängig und damit eine getrennte Regelung der jeweiligen Rechte erforderlich ist.

Die Wahrnehmung der Rechte der Urheber vorbestehender Werke beurteilt sich nach den in den einzelnen Verbandsländern für die übrigen Urheber geltenden Vorschriften. Eine konventionsrechtliche Regelung ist nicht vorgesehen.

Die Anwendung der oben genannten Vorschriften in den Verbandsländern der RBÜ wird sich ohne Zweifel reibungslos gestalten, da die Regelung in vollem Umfang den verschiedenen nationalen Systemen entspricht; auch in den Systemen des film-copyright und der cessio legis zeigen sich für die Rechte der Urheber vorbestehender Werke keine Abweichungen[127]). Für den Rechtserwerb durch den Filmhersteller gelten nur die Bestimmungen der nationalen Gesetzgebung, die (auch im System des film-copyright und der cessio legis) grundsätzlich von der Vertragsfreiheit ausgehen. Bei der Übertragung von Rechten auf den Hersteller kann der Urheber einzeln über die ihm zustehenden Befugnisse verfügen; die Verfügung umfaßt nur solche Befugnisse, die Gegenstand vertraglicher Vereinbarung sind. Vermutungen zugunsten des Filmproduzenten oder Auslegungsregeln sind nicht vorgesehen worden, womit der Haltung, insbesondere der Länder des film-copyright, Rechnung getragen wurde[128]).

Als letzter Grundsatz, der für die Rechte der Urheber vorbestehender Werke von Bedeutung ist, ist die Bestimmung in Art. 14 Abs. 3 zu nennen. Art. 14 Abs. 3 RBÜ erklärt, wie bereits erwähnt wurde, daß auf diese Rechte die Vorbehalte und Beschränkungen des Art. 13 RBÜ — die Beschränkung des ausschließlichen Rechts der filmischen Bearbeitung und Vervielfältigung von Musikwerken durch Zwangslizenzen — keine Anwendung finden[129]). Die Ausnahmestellung, die dieser Ur-

---

[127]) Vgl. für Großbritannien oben S. 155 f., Tschechoslowakei S. 156, Österreich (dessen Regelung den Begriff der vorbestehenden Werke nicht näher definiert) S. 162, Italien S. 163.

[128]) Vgl. Ulmer, Die Stockholmer Konferenz für geistiges Eigentum, in NJW 1968; 1012 f.

[129]) Trotz der gegenteiligen Forderungen einiger (darunter auch der deutschen) Delegationen, die dafür eingetreten waren, den Filmurhebern zu gestatten, sich das Recht zur Rundfunksendung vorzubehalten, ist auf der Stockholmer Konferenz die Zwangslizenz zugunsten des Rundfunks für Filmwerke als konventionsrechtliche Regel beibehalten worden; vgl. hierzu Die Stockholmer Konferenz für geistiges Eigentum, in GRUR Int. 1967, 447 und 449.

hebergruppe eingeräumt wird, erklärt sich daraus, daß die Rechte beispielsweise an musikalischen Werken, die wesentlicher Bestandteil des Filmwerkes sind, nicht auf Grund der Zustimmung des Urhebers zur Einbeziehung in ein Filmwerk weiteren Beschränkungen unterworfen werden sollen. Bezüglich des mechanischen Vervielfältigungsrechts (für musikalische Werke) wäre sogar an eine Aufhebung zu denken, was freilich in einer Reihe von Verbandsländern einen Widerspruch zur nationalen Regelung bedeuten würde.

In der Ausübung ihrer Befugnisse unterliegen die Urheber vorbestehender Werke — auch bei Ausschluß der Zwangslizenz — einer Reihe von Beschränkungen durch die nationale Gesetzgebung, die denjenigen der Art. 10, 10bis und 11bis RBÜ entsprechen: es geht hier um Beschränkungen zugunsten der Allgemeinheit (z. B. Zitierfreiheit), für die Zwecke der Berichterstattung (Filmreportagen) oder für die innerbetrieblichen Zwecke der Sendegesellschaften (ephemere Aufnahme von Hörfunk- und Rundfunksendungen) u. a.[130]).

2. Die Rechte der Filmurheber

a) Filmwerke werden bekanntlich nach den Vorschriften des Art. 2 Abs. 1 und Art. 14bis Abs. 1 RBÜ als originale Werke geschützt[131]). Gemäß Art. 14 Abs. 1 Satz 2 stehen den Urhebern von Filmwerken dieselben Rechte wie den Urhebern von Originalwerken zu[132]). Diesen Rechten stehen des weiteren die in Art. 14 Abs. 1 und 2 und in Art. 11bis geregelten Rechte zur Seite[133]).

Die Rechte des Urhebers umfassen demnach insbesondere das Recht, das Filmwerk zu vervielfältigen und zu verbreiten, es zu übersetzen oder sonstwie zu bearbeiten, es öffentlich vorzuführen und mittels Draht an die Öffentlichkeit zu übertragen, es zu senden und das gesendete Filmwerk öffentlich wiederzugeben. Der Schutz des droit moral wird an anderer Stelle zu erörtern sein (nachstehend Ziffer 3).

---

130) Der Versuch einer Begrenzung dieser Einschränkungen auf der Stockholmer Konferenz ist gescheitert; vgl. Die Stockholmer Konferenz für geistiges Eigentum 1967, in GRUR Int. 1967, 447.

131) Vgl. oben S. 135 und Art. 2 in Verb. mit Art. 14bis Abs. 1 RBÜ.

132) Die ausdrückliche Hervorhebung dieser Rechte ist aus redaktionellen Gründen erfolgt, da durch die Gleichstellung der Filmwerke mit den geschützten Originalwerken auch die Anerkennung gleicher Rechte verbunden und eine zusätzliche Bestätigung nicht erforderlich ist; vgl. auch Sonderheft GRUR Int. 1967, 156 f.

133) Vgl. oben S. 186 ff.

Nach den neuen Bestimmungen der RBÜ ist davon auszugehen, daß der Schutz der Filmurheber nach dem Grundsatz der Inländerbehandlung gewährleistet wird, diese aber zusätzlich die den Urhebern originaler Werke durch die Konvention zugesprochenen Rechte genießen. Die praktische Bedeutung dieser Regelung liegt auf der Hand: Sieht die nationale Regelung zugunsten der Urheber ein höheres Schutzniveau vor, so können die Urheber dieses für sich in Anspruch nehmen. Ist dagegen das Schutzniveau ein geringeres als das vom Berner Verband garantierte, so können sie sich auf das höhere Schutzniveau der Konvention berufen.

Die bedeutsamsten der Verwertungsrechte — Vervielfältigungsrecht und Recht zur öffentlichen Wiedergabe — werden in der Konvention nicht definiert; man hat sich vielmehr darauf beschränkt, ihr Bestehen, wie in den nationalen Regelungen, zu bestätigen. In Übereinstimmung mit den nationalen Regelungen der Verbandsländer sieht auch die Berner Übereinkunft die Unabhängigkeit beider Befugnisse vor[134]).

Die Frage, ob den Filmurhebern (den Urhebern der für die Herstellung des Films erbrachten Beiträgen) hinsichtlich des Filmwerkes dieselben Rechte gewährt werden sollen, wie sie ihnen auf Grund ihrer Beiträge zustehen, wurde bereits behandelt. Praktische Erwägungen sprechen hier für eine Einräumung derselben Rechte, die die Urheber vorbestehender Werke genießen; da eine ausdrückliche Vorschrift hierüber fehlt, wird auf die nationale Regelung des Landes abzustellen sein, in dem der Schutz in Anspruch genommen wird.

Soweit es um die Rechte des Drehbuchverfassers, des Verfassers des Dialogs und des Komponisten der Filmmusik geht, müssen diese vom Filmproduzenten auf dem Vertragswege erworben werden. Für die Gesetzgebung derjenigen Verbandsländer, die die geistigen Schöpfer als Filmurheber anerkennen, zeigen sich hierbei Übereinstimmungen, die mitunter bis zu einer Ähnlichkeit im Wortlaut der einschlägigen Bestimmungen gehen. In Detailfragen wird den nationalen Regelungen genügend Spielraum belassen; so sieht z. B. das französische Gesetz eine Vermutung zugunsten des Herstellers vor (von der die Urheber von Werken der Tonkunst allerdings nicht betroffen werden)[135]). Auch

---

[134]) Vgl. oben S. 186 f.; die angeführten Grundsätze gelten auch für die Filmbeiträge: so kann der Musikkomponist durch die Verwertungsgesellschaften die Zahlung von Tantiemen nicht nur für das vorbestehende Werk geltend machen, sondern auch für die von ihm geschaffene Filmmusik.

[135]) Vgl. Art. 17 Abs. 2 des Gesetzes von 1957.

in den Systemen des film-copyright ist die Rechtslage im Hinblick auf diese Urhebergruppe eindeutig: die Urheber verfügen auf dem Vertragswege über ihre Rechte. Im Recht derjenigen Länder, die die cessio legis vorsehen, besteht freilich nur die Möglichkeit abweichender Vereinbarungen zwischen den Parteien, durch die die Verwertung der Filmbeiträge durch den Hersteller in anderer Weise geregelt wird.

Anders gilt für den Regisseur: in den Systemen des film-copyright wird er von dem Kreis der Filmurheber ausgeschlossen; die Wahrnehmung seiner Rechte steht dem Inhaber des film-copyright zu. Bei der Übertragung seiner Rechte durch Vertrag geht es in jedem Fall auf Grund der spezifischen Besonderheiten um eine Übertragung sämtlicher Rechte.

Von den übrigen am Filmwerk Mitwirkenden, soweit sie von den nationalen Gesetzgebungen zu den Urheber gezählt werden, hat der Unternehmer die Rechte vertraglich abzuleiten; bei Fehlen vertraglicher Vereinbarungen greifen die von den Verbandsländern hierfür vorgesehenen Vermutungsregeln ein[136]).

Problematisch ist die Rechtslage dann, wenn diesen übrigen Mitwirkenden durch die nationale Regelung keine Urheberschaft zuerkannt wird[137]). Eine konventionsrechtliche Regelung dieses Sachverhalts ist mit der Begründung abgelehnt worden, die Konvention behandle nur Urheberrechte, nicht aber angrenzende Rechte. Hier wird daher nur von der Möglichkeit ausgegangen werden können, daß die Sicherstellung der vermögensrechtlichen Befugnisse der ausübenden Künstler u. a. durch die Verträge erfolgt, die sie mit dem Unternehmer schließen, wobei die Vergütung in der Regel in der Weise gehandhabt wird, daß dem Mitwirkenden ein festes Honorar zur Abgeltung der erbrachten Leistung gewährt wird. In den Systemen des film-copyright schließt die Anerkennung des copyright zugunsten des Unternehmers die Entstehung anderer Urheberrechte oder angrenzender Rechte aus. Diese Mitwirkenden gelten als Techniker, mit denen Dienst- oder Arbeitsverträge abzuschließen sind.

b) Für diejenigen Verbandsländer, die in ihrer Gesetzgebung den ausübenden Künstlern angrenzende Rechte einräumen (so z. B. Deutschland und Italien)[138]), ist keine konventionsrechtliche Regelung vor-

---

[136]) Vgl. hierzu oben S. 172 ff.

[137]) So z. B. die britische und die deutsche Regelung.

[138]) §§ 73 ff. des bundesdeutschen Urheberrechtsgesetzes allgemein, für ausübende Künstler beim Film § 92 (Filmwerk), § 95 (Laufbilder); Art. 80 des italienischen Urheberrechtsgesetzes.

gesehen; auch hier ist also davon auszugehen, daß diese Mitwirkenden ihre Einwilligung zur Einbeziehung ihrer Beiträge in den Film gegen eine vertraglich festgelegte Abfindung oder Beteiligung an den Einspielerlösen erteilen. Derselbe Grundsatz gilt auch für die Stellung des Regisseurs, soweit er nicht als Urheber anerkannt wird. Gemeinsam ist dieser Gruppe von an der Entstehung des Filmwerkes beteiligten Personen, daß sie sich ausschließliche Rechte nicht vorbehalten und ihre Geltendmachung nicht behindern können.

In diesem Zusammenhang könnte man freilich die Frage stellen, ob es nicht sachentsprechend gewesen wäre, dem Konventionstext, gegebenenfalls in einem Anhang, Vorschriften einzufügen, die die Wahrnehmung der Rechte der ausübenden Künstler und anderer Beteiligter — also anderer als Urheberrechte — regeln[139]). Das Filmwerk als urheberrechtlich schutzfähiges Werk hat in der RBÜ volle Anerkennung gefunden; mit ihm in enger Verbindung stehen indes auch rechtliche Befugnisse, die sich von den urheberrechtlichen unterscheiden. Dieser Sachverhalt sollte auch in der Konvention durch eine Regelung dieser Befugnisse neben den Urheberrechten berücksichtigt werden.

c) Für die Rechte des Filmherstellers ist zu bemerken, daß ihm die Berner Übereinkunft ein Urheberrecht nur insoweit zuspricht, als dies durch die nationale Regelung vorgesehen ist[140]); in diesem Fall kommt er in den Genuß aller oben genannten Rechte. Dies könnte für die Praxis als tragbare Lösung erscheinen, wenn auch ihre rechtliche Begründung nicht zu überzeugen vermag: bei Fehlen des Erfordernisses einer schöpferischen Leistung kann der Unternehmer grundsätzlich nicht als Urheber angesehen werden. Freilich wäre auch eine solche Lösung nicht unproblematisch; dies wäre insbesondere dann der Fall, wenn der Unternehmer nicht alleiniger Urheber, sondern von anderen Urhebern abhängig und zur Herstellung des Films auf eine Übertragung ihrer Rechte angewiesen wäre.

Das britische System weist dem Hersteller ein copyright zu, wobei freilich dieses copyright nicht als ausschließliches Urheberrecht zu deuten ist; der Filmhersteller ist daher nicht Urheber, es kommen ihm vielmehr nur die Rechte an der durch den Film (Bild- und Tonträger) gebil-

---

139) A. A. Ulmer, Kinematographie und Urheberrecht, GRUR Int. 1953, 193. Hierbei fällt ins Gewicht, daß die Rechte, die im Zuge der Herstellung des Films entstehen, im Rom-Abkommen nicht berücksichtigt werden.

140) Als Urheber angesehen wird er z. B. in der Türkei (Art. 8 Abs. 4 des Gesetzes von 1951) und in Polen (Art. 13 des Gesetzes von 1952). Vgl. hierzu Art. 14bis Abs. 2 (a) RBÜ.

deten Einheit zu, zu dessen Herstellung er als „makler" die erforderlichen Maßnahmen getroffen hat[141]). Die Abweichung in der Deutung der Begriffe Urheberrecht und copyright in den einzelnen Ländersystemen fällt indessen für die Wahrnehmung der Rechte nicht ins Gewicht. Der Inhaber des copyright kommt in den Genuß aller im Zusammenhang mit dem Filmwerk entstehenden Vermögensrechte, die von den nationalen Regelungen bzw. der Berner Übereinkunft garantiert werden[142]).

Die weiteren Rechte des Unternehmers wurden bereits erörtert. Die Rechte der Urheber vorbestehender Werke und der Urheber von Filmbeiträgen bleiben unberührt; der Hersteller muß sich diese vertraglich sichern. In bestimmten Fällen und namentlich bezüglich der Rechte der ausübenden Künstler und anderer an der Herstellung des Filmwerkes mitwirkender Personen, wenn sie als Urheber anzusehen sind[143]), findet jedoch auf Grund von Vermutungsregeln, falls vertraglich nichts anderes vereinbart wurde, eine Übertragung auf den Unternehmer statt.

Die Rechte der Unternehmer umfassen demnach die ihnen vertraglich übertragenen oder in bestimmten Fällen durch die Vermutungsregeln zu ihren Gunsten vorgesehenen Rechte (also das Recht zur Vervielfältigung, Verbreitung, öffentlichen Vorführung, Übertragung mittels Draht an die Öffentlichkeit sowie das Senderecht der öffentlichen Wiedergabe der Sendung, das Recht zum Anbringen von Untertiteln und der textlichen Synchronisation). Erfolgt der Rechtserwerb durch Übertragung, so stehen dem Unternehmer im Zweifel auch die Rechte zur Weiterverfilmung zu.

Bezüglich der Befugnisse der Unternehmer ist mit der gefundenen Kompromißlösung der Weg für eine Annäherung der Konzeptionen geebnet worden, wobei freilich für die reibungslose Verwertung der Filme wesentliche Schwierigkeiten bestehen bleiben. Eine Möglichkeit zur Ausräumung dieser Schwierigkeiten läge darin, dem Hersteller als der unter wirtschaftlichen und organisatorischen Gesichtspunkten für die Herstellung des Filmes maßgeblichen Person[144]) *iure conventionis* zwar nicht ein Urheberrecht, wohl aber ein verwandtes Schutzrecht einzuräumen, das mit Bezug auf den Bild- und Tonstreifen das ausschließliche Recht zur Vervielfältigung und Verbreitung, zur

---

[141]) Sec. 13 ss. 7, 9, 10 Copyright Act.

[142]) Sec. 13 ss. 4, 5, 10 Copyright Act.

[143]) Vgl. oben S. 172 ff.

[144]) Vgl. Roeber in FILM UND RECHT Nr. 11/1965 S. 236.

öffentlichen Vorführung und zur Sendung des Filmes beinhalten könnte. Diese Lösung würde im Einklang mit der Natur des Filmes stehen, die Rechte der Urheber der Filmbeiträge unberührt lassen und diesen, unter gleichzeitiger Sicherstellung des Umlaufs der Filme, bei etwaigen Interessenkollisionen den Vorrang gegenüber dem Filmhersteller einräumen.

3. Die Urheberpersönlichkeitsrechte

a) Für die persönlichkeitsrechtlichen Befugnisse sowohl der Urheber vorbestehender Werke als auch der als Filmurheber angesehenen und der übrigen an der Herstellung des Filmes mitwirkenden Personen enthält die Konvention in ihren das Filmrecht betreffenden Bestimmungen keine ausdrückliche Vorschrift.

Gerade auch die persönlichkeitsrechtlichen Befugnisse sind für die Filmurheber und die Urheber jener Werke, die Grundlage des Filmes sind, von besonderer Bedeutung. Dementsprechend war bereits im Zuge der vorbereitenden Arbeiten und später auf der Konferenz selbst die Frage einer Bestimmung des droit moral der Rechtsinhaber beim Filmwerk in der Konvention eingehend erörtert worden. Die Auseinandersetzungen führten jedoch zu dem Ergebnis, daß eine Änderung des Art. 6bis RBÜ oder eine Neuregelung des droit moral im Rahmen der filmrechtlichen Bestimmungen nicht für erforderlich gehalten wurde[145]). Es wurde in diesem Zusammenhang hervorgehoben, daß nicht in Betracht gezogen werden könne, in die Konvention Bestimmungen aufzunehmen, durch die die allgemeine Regel des Art. 6bis RBÜ über die Konzeption des droit moral in der Berner Übereinkunft abgeändert oder ihr Anwendungsbereich eingeschränkt werden könnte.

Art. 6bis RBÜ besagt, daß dem Urheber, unabhängig von seinen vermögensrechtlichen Befugnissen, das Recht verbleibt, als Urheber genannt zu werden und sich jeder Entstellung, Verstümmelung und sonstigen Änderung seines Werkes sowie jeder anderen Beeinträchtigung seines Werkes, die seiner Ehre oder seinem Ruf nachteilig sein könnte, zu widersetzen. Eine solche Regelung kann ohne Zweifel bei Filmwerken Anlaß zu Konflikten geben: diese werden vor allem dann entstehen, wenn eine Mehrheit schöpferischer Leistungen zusammengefaßt werden, und andererseits, wenn der Urheber einem Dritten die Befugnis zur Werknutzung überträgt. Beide Sachverhalte treffen auf

---

[145]) Vgl. auch: Der internationale Schutz der kinematographischen Werke, Bericht von Prof. Desbois in GRUR Int. 1961, 610 = UFITA Bd. 36 (1962) S. 471.

das Filmwerk zu. Dazu kommt, daß das Filmwerk nicht selten auch als Bearbeitung eines vorbestehenden Werkes erscheint, wobei sich die Frage stellt, inwieweit die im Laufe der Bearbeitung vorgenommenen Änderungen statthaft sind und keine Verletzung des droit moral darstellen. Darüber hinaus werden die Schwierigkeiten einer internationalen Regelung und einer Annäherung der, namentlich hier sehr unterschiedlichen Konzeptionen gerade im Bereich des Urheberpersönlichkeitsrechts deutlich, denn die Bestimmungen der Konvention müssen den Besonderheiten der nationalen Regelungen, denen die Wahrung der Befugnisse im einzelnen überlassen bleibt [146]), gerecht werden.

Eine spezielle Filmrechtsregelung hätte sich selbstverständlich an dem Grundsatz zu orientieren, daß bezüglich der Geltendmachung des droit moral bei Filmwerken die Interessen beider Parteien gebührend zu berücksichtigen sind. Daher sind für die Beurteilung, ob die ideellen Belange der Urheber (vorbestehender Werke oder von Filmbeiträgen) durch Maßnahmen des Herstellers beeinträchtigt werden, andere Maßstäbe anzulegen, als sie in den übrigen Fällen gelten, denn hier fällt die Befugnis zur Bearbeitung, die mit dem Rechtserwerb durch den Hersteller verbunden ist, entscheidend ins Gewicht.

Angesichts der bekannten Unterschiede in der Auffassung der einzelnen Rechtskreise mußte in der Konvention darauf verzichtet werden, Richtlinien auf internationaler Ebene aufzustellen; die Regelung der einschlägigen Fragen fällt daher in den Bereich der nationalen Gesetzgebungen der Verbandsländer.

b) Eine diesbezügliche Prüfung einiger repräsentativer nationaler Regelungen ergibt eine nahezu allgemeine Anerkennung der Schutzwürdigkeit des Urheberpersönlichkeitsrechts, wenn sich auch hinsichtlich des Schutzumfanges Abweichungen zeigen.

(1) In Belgien, wo das droit moral erst seit der Annahme der konventionsrechtlichen Bestimmungen Eingang gefunden hat, wird der Schutz in vollem Umfang sichergestellt; nur in Einzelfällen hat die Rechtsprechung Änderungen des Werkes zugelassen, die durch den beabsichtigten Zweck bedingt waren [147]).

(2) Das schweizerische Gesetz behandelt das Persönlichkeitsrecht beim Filmwerk nicht ausdrücklich. Es ist aber davon auszugehen, daß, ungeachtet des Fehlens persönlichkeitsrechtlicher Bestimmungen im

---

146) Vgl. Art. 6bis Abs. 2 RBÜ.

147) Vgl. Droit moral in P i n n e r, World Copyright Bd. I S. 997.

Urheberrechtsgesetz, das droit moral auf Grund des allgemeinen Persönlichkeitsrechts[148]) und der Annahme des Art. 6bis RBÜ sowie gemäß Art. 68bis der Urheberrechtsgesetzgebung auch für den Bereich des Filmrechts Anerkennung findet; die Grundsätze der Namensnennung sowie der Unversehrtheit und Werktreue (gemäß Art. 12, 13 des Urheberrechtsgesetzes in Verbindung mit Art. 6bis RBÜ) gelten also auch hier. Das Schwergewicht in der Ausübung dieser Befugnis liegt in dem Erfordernis der Genehmigung durch den Urheber. Im Falle von Bearbeitungen, die er selbst gestattet hat, wird der Urheber indessen Änderungen dulden müssen, soweit seine ideellen Belange nicht schwerwiegend beeinträchtigt werden[149]).

(3) Das bundesdeutsche Urheberrechtsgesetz, das die persönlichkeitsrechtlichen Befugnisse der Urheber in §§ 11 ff. regelt, enthält speziell auf das droit moral beim Filmwerk zugeschnittene Bestimmungen[150]), die dem Recht der Urheber bestimmte Grenzen ziehen: Die Urheber des Filmwerkes und der zu seiner Herstellung benutzten Beiträge können mit Rücksicht auf den Hersteller nur gröbliche Entstellungen verbieten. Die Ergebnisse der Rechtsprechung lassen auch den Schluß zu, daß mit der Einräumung der Rechte zur Herstellung des Films an den Produzenten mangels anderweitiger Vereinbarung die übrigen zur Auswertung des Films erforderlichen Befugnisse mit eingeräumt werden[151]).

(4) In Frankreich, wo das droit moral seit jeher eine Vorzugstellung genießt und als nicht übertragbares und nicht vererbbares Recht gewertet wird, bestehen im Hinblick auf den Film das droit moral begrenzende Vorschriften: Art. 15 und 16 des Gesetzes schließen die Verweigerung oder Verhinderung der Benutzung eines Beitrags durch den Urheber aus, der für die Fertigstellung des Films erforderlich ist, und anerkennen die Geltung des droit moral nur in Bezug auf das vollendete Filmwerk, es sei denn, daß die Bestimmung des Art. 1382 Code civil anwendbar ist, die sich gegen denjenigen richtet, der durch sein Verschulden die Vollendung des Films behindert. Die Rechtsprechung

---

148) Art. 27, 28 ZGB i. V. mit Art. 49 OR; vgl. auch Art. 44 des schweizerischen Urheberrechtsgesetzes; Tuor, Das Schweizerische Zivilgesetzbuch, 6. Aufl. S. 70 ff.

149) A. A. Streicher, aaO. S. 148.

150) §§ 90, 92, 93 UG.

151) Vgl. Runge, Schranken des Urheberpersönlichkeitsrechts, in UFITA Bd. 23 (1957) S. 16 ff.; Troller, Das Urheberpersönlichkeitsrecht, in UFITA Bd. 29 (1959) S. 156. Aus der Rechtsprechung vgl. BGH vom 8. Febr. 1957 in UFITA Bd. 24 (1957) S. 399.

hat sich dieser Linie uneingeschränkt angeschlossen[152]), sich gelegentlich aber dahin ausgesprochen, daß Änderungen keine Verstümmelung darstellen[153]).

(5) Das schwedische Gesetz, das das droit moral in Art. 93 regelt, beläßt dem Urheber die Verfügung über diese Befugnisse; dies gilt jedoch nur dann, wenn es sich um eine begrenzte Benutzung des Werkes handelt[154]).

(6) Für Griechenland, das das Persönlichkeitsrecht grundsätzlich anerkennt und schützt, ist davon auszugehen, daß es auch um Falle der Übertragung der Verfilmungsrechte an den Hersteller beim Urheber verbleibt[155]). In der Lehre wird, zumindest im Hinblick auf Sprachwerke, für Änderungen, die zum Zweck der Verwertung vorgenommen werden, die Zustimmung des Urhebers verlangt[156]).

(7) Art. 20 i. V. mit Art. 47 Abs. 2 und Art. 48 des italienischen Gesetzes schützt das droit moral des Urhebers, das als unübertragbares Recht verstanden wird, im Sinne von Art. 6bis RBÜ; Änderungen des Werkes bedürfen der Billigung des Urhebers, die allerdings auch stillschweigend erfolgen kann[157]). Art. 47 Abs. 2 des Gesetzes sieht für Sonderfälle auch die Bestellung eines Schiedsausschusses vor, der über die Berechtigung der vorgenommenen Änderungen entscheidet[158]).

(8) Wie in Italien, so ist auch nach § 39 des österreichischen Gesetzes das droit moral als unübertragbares Recht ausgestattet. Änderungen des Werkes bedürfen der Zustimmung des Urhebers.

(9) Das tschechoslowakische Urheberrechtsgesetz, das den Urheber grundsätzlich in allen seinen geistigen und persönlichen Beziehungen

---

152) Vgl. Trib. de grande instance Seine, 30. Nov. 1961, in Droit d'auteur 1962, 173 f.; zur Rechtsprechung vor Erlaß des Gesetzes vgl. Trib. civ. Bordeaux 15. Jan. 1951, in Gaz. Pal. 1951 I 372; Cour de Paris 18. April 1956, in Droit d'auteur 1957, 108 f.; A. Desbois, Le droit d'auteur en France, 2. Aufl. S. 726 ff., der sich gegen diese Einschränkungen wendet; ausführlich hierzu auch Strömholm, Le droit moral des auteurs d'une œuvre cinématographique selon la loi française du 11. März 1957, Droit d'Auteur 1964, 132 ff.

153) Vgl. Trib. civ. Seine 7. April 1949, in Droit d'Auteur 1950, 591.

154) Vgl. Berthold-Hartlieb, aaO. S. 720 f.

155) Art. 57 des griechischen BGB.

156) Vgl. Zepos in Pinner, World Copyright Bd. I, 1474; Art. 15 des Gesetzes Nr. 2387/1920.

157) Zur Rechtsprechung vgl. Beschluß des Amtsrichters von Rom 3. Juni 1954, in Dir. Aut. 1954, S. 279 ff.; ferner Grassetti, Parere sul punto si constituisca di per se violazione del diritto morale del autore l'utilizzazione di musiche di una opera lirica nella colonna sonora di un film, in Riv. Dir. Ind. 1954, I, S. 37 ff.

158) Caselli, Codice del diritto di autore, S. 391.

zum Werk schützt, enthält eine nicht abschließende Aufzählung urheberpersönlichkeitsrechtlicher Befugnisse[159]). Gem. § 6 Abs. 1 Satz 1 (siehe auch § 12 Abs. 2) des Gesetzes bleiben die Urheberpersönlichkeitsrechte der Urheber von Roman, literarischem Drehbuch und anderen Komponenten, die zur Herstellung des Filmes erbracht wurden, unberührt. Das Urheberpersönlichkeitsrecht an dem Film als Ganzem wird dem Hersteller zugewiesen. Änderungen des Werkes bedürfen offenbar der Einwilligung des Urhebers[160]).

(10) Das bulgarische Urheberrechtsgesetz gewährleistet in § 3 des Urheberpersönlichkeitsrecht, das auch durch die Verfilmung nicht berührt werden darf. Damit ergibt sich, daß Änderungen nicht gestattet sind und in der Praxis mit dem Urheber vereinbart werden müssen.

(11) In Polen werden die Persönlichkeitsrechte des Urhebers gem. Art. 15 Abs. 1 Ziff. 1 geschützt. Änderungen, die einen Eingriff in diese Rechte bedeuten, sind nicht zulässig. Durch Vereinbarungen zwischen den Parteien lassen sich auch hier abweichende Regelungen treffen.

(12) Großbritannien kennt keine gesetzliche Anerkennung des droit moral. Auf dem Gebiet des Filmrechts ist davon auszugehen, daß der Urheber, der seine Zustimmung zur Verfilmung des Werkes erteilt, auch die für die filmische Verwertung erforderlichen Änderungen in Kauf nehmen muß, die freilich nicht über das notwendige Maß hinausgehen dürfen. Der Schutz wird gegebenenfalls durch die Regeln über den Schutz der Intimsphäre (right of privacy) und gegen Beleidigung (Label Act) gewährleistet.

Diese kurze Gegenüberstellung der nationalen Regelungen ergibt eine weitgehende Übereinstimmung der Verbandsländer der Berner Union im Schutz der persönlichkeitsrechtlichen Befugnisse der Urheber. Für die Ausübung des droit moral, insbesondere die Anerkennung der Urheberschaft und die Nennung des Urhebernamens bei der Vorführung des Films, kann zwischen den Rechten der Urheber vorbestehender Werke und der Urheber der übrigen Filmbeiträge kein Unterschied bestehen. Diese aus dem droit moral fließenden Befugnisse, die unmittelbar im Dienst der ideellen Belange der Urheber stehen, werden in der Regel dem Urheber allein vorbehalten und als nicht übertragbar gewertet[161]).

---

159) § 12 Abs. 1 a), b).

160) Vgl. § 12 Abs. 1 b) des Gesetzes und Knap, Die neue tschechoslowakische Urheberrechtsgesetzgebung, in UFITA 1965 S. 319 f.

c) Es gilt in diesem Zusammenhang in erster Linie das Problem zu klären, wann Änderungen oder Bearbeitungen zu einer Verstümmelung, Entstellung oder sonstigen Beeinträchtigungen des Werkes führen und damit der Achtung, die dem Urheber von der Umwelt entgegengebracht wird, Abbruch tun können[162]). Hiermit in enger Berührung steht im Hinblick insbesondere auf den Film die Frage, ob die Urheber von Werken, die zur Herstellung des Films dienen, bei der Übertragung ihrer Verwertungsrechte an den Hersteller nicht auch über ihre Persönlichkeitsrechte (oder Teile davon) verfügen und ob und in welchem Umfang sie daher mit einer Beeinträchtigung dieser Rechte rechnen müssen.

Eine nähere Prüfung dieser Fragen zeigt, daß ihnen eine Kollision der Interessen zugrunde liegt, die beim Film im Spiel sind: einerseits sind die Urheber daran interessiert, sich, gegebenenfalls auch auf Grund ihrer persönlichkeitsrechtlichen Befugnisse, gegen ungünstige vertragliche Abmachungen zu schützen und die Wahrung des werkmäßigen Anteils zumindest in den vom Urheberpersönlichkeitsrecht gezogenen Grenzen durchzusetzen. Diesem Interesse steht das Bedürfnis der Unternehmer gegenüber, sich gegen eine beliebige Anwendung des Art. 6bis RBÜ, die bis zum Rechtsmißbrauch gehen könnte, abzusichern.

Das Persönlichkeitsrecht ist ein mit Einschränkungen übertragbares Recht; keine der persönlichkeitsrechtlichen Befugnisse läßt zugunsten des Urhebers ein unverzichtbares Recht entstehen[163]). Damit erweist sich, daß diese Befugnisse vertraglicher Gestaltung zugänglich sind. Auch ist daran zu erinnern, daß die Verfügung über materielle Interessen notwendigerweise auch bestimmte ideelle Belange treffen wird, die diese beinhalten. Eine absolute Gefährdung der ideellen Interessen muß aber stets vermieden werden.

---

[161]) Ulmer, Kinematographie und Urheberrecht, in GRUR Int. 1953, 194 f., hatte die Aufnahme einer entsprechenden Vorschrift in die RBÜ vorgeschlagen.

[162]) Vgl. hierzu Wilhelm Peter, Das allgemeine Persönlichkeitsrecht und das droit moral des Urhebers und des Leistungsschutzberechtigten in den Beziehungen zum Film, in UFITA Bd. 36 (1962) S. 297 ff.

[163]) Selbstverständlich schwankt dieser Grundsatz in seinem Umfang und hat iure conventionis keine Geltung; die Bestimmung, welche Bestandteile des droit moral übertragbar und welche nicht übertragbar sind, ist in den einzelnen nationalen Regelungen verschieden. Vgl. oben S. 195 f.); Berthold-Hartlieb, Filmrecht S. 735; De Boor, Übertragbarkeit des droit moral, in Rabel's Zeitschrift für ausländische und internationales Privatrecht 1950, S. 122; ders. mit etwas abweichender Auffassung in: La notion du droit moral et son évolution en Allemagne, in Droit d'Auteur 1950, 87 f.; Bappert-Wagner, Internationales Urheberrecht S. 89; a. A. Sutermeister, Das Urheberrecht am Film S. 62; Spaic, aaO. S. 45.

Wie die angeführten Grundsätze zeigen, ist eine gewisse Gefahr von Mißbräuchen in der Ausübung persönlichkeitsrechtlicher Befugnisse sehr wohl gegeben. Der Gesetzgebung und Rechtsprechung der Verbandsländer stehen indessen in jedem Fall die notwendigen Handhaben zur Verfügung, um die Gefahr eines Mißbrauchs in der Art, daß dem Unternehmer die weitere Verwertung des von ihm unter erheblichen wirtschaftlichen Risiken hergestellten Films untersagt wird, auszuschließen.

Unter diesen Gegebenheiten ist speziell für die Frage der im Zuge der Bearbeitung für die filmische Gestaltung erfolgenden Verstümmelung oder Entstellung von Werken von vornherein in Rechnung zu stellen, daß sowohl bei der Adaptation vorbestehender Werke wie bei der Übernahme von ausschließlich für den Film geschaffenen Beiträgen Änderungen unumgänglich und (auch nach der neuen Fassung der RBÜ) statthaft sind. Die Urheber werden sich daher nicht in jedem Fall darauf berufen können, daß die Änderung ihrer Werke eine Entstellung oder Verstümmelung bedeute. Der Grundsatz der Zustimmung der Urheber behält auch hier seine Gültigkeit. Freilich kann der Urheber auch dann, wenn er seine Genehmigung zur Vornahme von Änderungen erteilt hat, durchaus gegen solche Entstellungen und Änderungen einschreiten, die eine schwere Beeinträchtigung seiner ideellen Belange darstellen. Es handelt sich hier um ein Abwehrverbot, das auch im Falle erteilter Genehmigung wirksam wird. Die Bestimmung der Grenzen der Genehmigung hat von Fall zu Fall zu erfolgen und ist Sache der Rechtsprechung.

Auf der anderen Seite können aber auch nicht genehmigte Änderungen statthaft sein, die nach Treu und Glauben vorgenommen werden [164]). So könnte der Urheber seine Zustimmung z. B. nicht verweigern, wenn im Laufe der Dreharbeiten sich die Notwendigkeit ergeben würde, einige Sätze des Dialogs abzuändern und damit der Regieführung besser anzupassen [165]). Die Beurteilung hängt, wie bereits gesagt wurde, vom Einzelfall ab; grundsätzlich wird man aber annehmen können, daß bei vorbestehenden Werken häufiger Änderungen erforderlich sein werden als bei Beiträgen, die speziell im Hinblick auf ihre filmische Verwertung geschaffen wurden [166]).

---

[164]) Der Gesichtspunkt von Treu und Glauben als Beschränkung der Urheberrechte ist im internationalen Urheberrecht seit langem bekannt; vgl. z. B. Art. 10 RBÜ und § 39 Abs. 2 des bundesdeutschen Urheberrechtsgesetzes.

[165]) Vgl. die hierzu von Strömholm, aaO. S. 134 angeführten aufschlußreichen Beispiele.

[166]) Der Vorschlag, dem Hersteller gegenüber dem Urheber vorbestehender Werke volle Freiheit für die Änderung zu gewähren, hat sich nicht durchzusetzen vermocht.

Auch nach der Fertigstellung des Films kann sich aber die Notwendigkeit zu Änderungen (wie sie z. B. Behörden verlangen können) ergeben. Hierbei muß besonders behutsam vorgegangen werden; als Grundsatz kann gelten, daß Änderungen nur in dem durch die Zwecke der Verbreitung gebotenen Maße statthaft sind. Zu diesem Zeitpunkt werden auch die Urheber die für die Herstellung des Filmes erteilte Genehmigung zu Änderungen nur unter erheblichen Schwierigkeiten rückgängig machen können; die vertraglichen Vereinbarungen haben hier den Vorrang vor späteren Entscheidungen der Urheber[167]). Dem Unternehmer muß endgültig die Möglichkeit gegeben werden, das Filmwerk in den genehmigten Fassungen (also auch in Übersetzungen) der Öffentlichkeit in den Verbandsländern vorzuführen, ohne mit nachträglichen Behinderungen seitens der Urheber rechnen zu müssen.

Auf die Vielfalt der Beziehungen, die bei der Schöpfung eines Filmwerkes vorliegen, wurde bereits hingewiesen. Es geht hier zunächst um diejenigen zwischen den Urhebern vorbestehender Werke und den Urhebern von Filmbeiträgen einerseits und dem Filmhersteller andererseits. Für die Geltung der Urheberpersönlichkeitsrechte ist auf die allgemeine Erörterung der Rechtslage zu verweisen. Eine eingehende Darstellung der einschlägigen Sachverhalte bei veröffentlichten und unveröffentlichten Werken würde den Rahmen dieser Untersuchung sprengen[168]).

Allgemeine Regeln bestehen bekanntlich nicht; es ist vielmehr in Einzelfragen auf die Regelungen der Verbandsländer abzustellen.

Wie ist aber die Rechtslage bezüglich der persönlichkeitsrechtlichen Befugnisse der ausübenden Künstler und anderer Mitwirkender? Soweit ihnen eine Urheberschaft am Film zuerkannt wird, können sie auch die persönlichkeitsrechtlichen Befugnisse der Urheber für sich in Anspruch nehmen. Die Verfügung über ihre Rechte zugunsten des Herstellers wird aber nach den oben angeführten Erwägungen in diesem Fall die persönlichkeitsrechtlichen Befugnisse nicht vollkommen ausklammern. Zu beachten ist, daß die Vermutungsregeln sich nicht auf das droit moral der Urheber beziehen; es gelten daher die bereits bekannten Grundsätze.

Soweit es um Mitwirkende geht, die nicht zu den Urhebern rechnen (wie dies auch für den Regisseur der Fall sein kann), sind für ihre

---

167) Vgl. ausführlich hierzu Wilhelm Peter, aaO. S. 330 ff.

168) Vgl. hierzu Wilhelm Peter, aaO. S. 330 ff.

Rechtsstellung und ihren persönlichkeitsrechtlichen Schutz ausschließlich die nationalen Regelungen der Verbandsländer maßgebend[169]). Diese Lösung findet auf beide in Art. 6bis geregelten Gruppen persönlichkeitsrechtlicher Befugnisse Anwendung.

Sowohl die Mitwirkenden, die zu den Urhebern zählen, wie diejenigen, denen dieser Schutz versagt bleibt, haben die Möglichkeit (und zwar auch auf Grund ihres allgemeinen Persönlichkeitsrechts), sich gegen die Gefahr abzusichern, daß ihre Person oder ihre Leistungen in rufschädigender Weise verunglimpft werden.

Ein droit moral zugunsten des Filmherstellers entsteht nur dann, wenn er Filmurheber ist und damit dieselben Rechte wie die übrigen Urheber in Anspruch nehmen kann. Hier wird ein erheblicher Mangel deutlich, denn im Hinblick auf das Filmwerk wäre es nur sachentsprechend, dem Unternehmer die Möglichkeit zu geben, Entstellungen und Verstümmelungen des Werkes zu verbieten[169a]).

Die Ausübung des droit moral steht den Urhebern, also auch den Filmurhebern und den im Zusammenhang mit dem Filmwerk als Urheber angesehenen Personen zu. Soweit die Filmhersteller zur Ausübung der Filmurheberrechte berechtigt sind, ist davon auszugehen, daß sie auch zur Wahrnehmung der Urheberpersönlichkeitsrechte befugt sind. Die Persönlichkeitsrechte dürfen den Urhebern auch durch die Gesetzgebung der Verbandsländer nicht entzogen werden. Darüber hinaus erkennt Art. 6bis Abs. 2 RBÜ für die Verbandsländer die Vererblichkeit der Urheberpersönlichkeitsrechte an[170]). Die Ausübung der Rechte nach dem Tod des Urhebers ist denjenigen Personen oder Institutionen vorbehalten, die von der nationalen Gesetzgebung des Landes, in dem der Schutz beansprucht wird, dazu berufen werden. Nach dem Recht dieses Landes beurteilen sich auch die zur Durchsetzung bestehenden Rechtsbehelfe. Demnach besteht also, wenn in diesem Land kein Schutz des droit moral nach dem Tode des Urhebers gewährt wird, auch kein Schutz persönlichkeitsrechtlicher Befugnisse verbandsangehöriger Urheber.

---

[169]) Dabei werden in der Mehrzahl der Verbandsländer diese Beziehungen nach dem Grundsatz der Vertragsfreiheit geregelt.

[169a]) § 94 (Abs. 1 Satz 2) des bundesdeutschen Urheberrechtsgesetzes gibt dem Filmhersteller ein Quasi-droit moral aus dem Leistungsschutzrecht am Filmband.

[170]) Vgl. hierzu § 28 des bundesdeutschen Urheberrechtsgesetzes, § 23 des österreichischen URG sowie zur Rechtslage in Frankreich, das keine Vererblichkeit des droit moral kenn, oben S. 128. Auch im schweizerischen Recht gehen die persönlichkeitsrechtlichen Befugnisse nicht auf die Urheber über, doch ist diesen eine Klage wegen Verstümmelung oder Entstellung des Werkes möglich.

Wie die vorstehende Untersuchung zeigt, lag in der gegenwärtigen Situation die Aufstellung von Konventionsregeln über das droit moral bei Filmwerken nicht im Bereich des Möglichen. Eine Entwicklung im Sinne einer Annäherung der nationalen Gesetzgebungen muß der Zukunft überlassen bleiben.

E. Voraussetzungen des Schutzes bei Filmwerken [171])

1. Gegenstand des Verbandsschutzes können sowohl veröffentlichte wie unveröffentlichte Werke sein [172]).

Unter veröffentlichten Werken versteht die Konvention mit Zustimmung des Urhebers (die auch nachträglich erteilt werden kann) erschienene Werke ohne Rücksicht auf die Art der Herstellung der Vervielfältigungsstücke. Es geht also um ein öffentliches Zugänglichmachen von Werken in einem weiten Sinn, wobei Voraussetzung ist, daß das Werk, unter Berücksichtigung seiner Natur, dazu geeignet ist, die Bedürfnisse der Öffentlichkeit zu befriedigen [173]). Für Filmwerke besagt dies, daß sie dann als veröffentlicht anzusehen sind, wenn Kopien in genügender Anzahl [174]) dem Publikum zur Verfügung gestellt werden.

Diese Bestimmung bedeutet gegenüber der Brüsseler Fassung der RBÜ ohne Zweifel einen wesentlichen Fortschritt, denn sie sieht das Erscheinen mit Zustimmung des Urhebers vor und stellt, was insbesondere für den Film bedeutsam ist, darauf ab, daß die Werkexemplare (hier: die Filmkopien) unter Berücksichtigung der Natur des Werkes der Öffentlichkeit in einer Weise zugänglich gemacht werden müssen, die deren Bedürfnisse befriedigt; der Öffentlichkeit zugänglich zu machen ist also bezüglich des Films eine so bemessene Anzahl von Filmkopien, daß dem Publikum der Werkgenuß ermöglicht wird.

Für Filmwerke ist weiter festzuhalten, daß die Vorführung keine Veröffentlichung darstellt [175]).

2. Für den Schutz der veröffentlichten oder unveröffentlichten Werke ist Voraussetzung, daß deren Urheber entweder einem Verbandsland

---

[171]) Die Neugliederung der Anknüpfungspunkte und des Ursprungslandes, wie sie in Art. 3 bis 6 der Stockholmer Fassung der RBÜ vorgenommen worden ist, soll hier nicht Gegenstand der Erörterung sein.

[172]) Art. 3 Abs. 1 (a) RBÜ.

[173]) Art. 3 Abs. 3 RBÜ.

[174]) Berthold-Hartlieb, aaO. S. 738, sprechen hier von der brancheüblichen Anzahl.

[175]) Stellt der Verleih also eine Kopie einer karitativen Anstalt zur Verfügung, so ist dies nicht als Veröffentlichung anzusehen vgl. Art. 3 Abs. 3 RBÜ.

angehören oder (und dies gilt nur für veröffentlichte Werke) daß, wenn dies nicht der Fall ist, die Erstveröffentlichung des Werkes in einem Verbandsland oder gleichzeitig (d. h. innerhalb von 30 Tagen seit der ersten Veröffentlichung) in einem Verbandsland und einem verbandsfremden Land erfolgt. Den Urhebern, die Angehörige eines Verbandslandes sind, werden diejenigen Urheber gleichgestellt, die in dem betreffenden Verbandsland ihren gewöhnlichen Wohnsitz (Aufenthaltsort) haben[176]).

Speziell für Filmwerke ist ein weiterer Anknüpfungspunkt vorgesehen, wonach bei Fehlen der obigen Voraussetzungen auch die Urheber von Filmwerken geschützt werden, deren Hersteller in einem Verbandsland seinen gewöhnlichen Wohnsitz (Aufenthaltsort) oder seine Niederlassung hat[177]). Der Vorschlag des Programms, auch auf die Staatsangehörigkeit des Herstellers abzustellen, ist zu Recht zurückgewiesen worden, da es sich bei derartigen Unternehmen in aller Regel um juristische Personen handelt.

Darüber hinaus bestimmt die RBÜ in Art. 5 Abs. 1, daß alle Urheber im Hinblick auf ihre auf Grund der Konvention geschützten Werke in allen Verbandsländern mit Ausnahme des Ursprungslandes sowohl die Rechte genießen, die die einschlägigen Gesetze jedes Land den inländischen Urhebern gewähren, als auch die durch die Konvention besonders gewährten Rechte.

3. Neben den allgemeinen gelten für Filmwerke hinsichtlich des Ursprungslandes auch besondere Bestimmungen: Wird ein Filmwerk erstmals in einem Verbandsland veröffentlicht, so gilt dieses als Ursprungsland (Art. 5 Abs. 4 [a]). Das Verbandsland wird auch dann als Ursprungsland gewertet, wenn das Werk gleichzeitig in einem Verbandsland und in einem verbandsfremden Land veröffentlicht worden ist. Wird ein Werk in mehreren Verbandsländern mit unterschiedlichen Schutzfristen veröffentlicht, so gilt, ohne Rücksicht auf das Land der ersten Veröffentlichung, dasjenige Land als Ursprungsland, das die kürzeste Schutzfrist vorsieht. Soweit es um nicht veröffentlichte oder erstmals in einem verbandsfremden Land veröffentlichte Werke geht, so ist bei Filmwerken das Land als Ursprungsland anzusehen, in dem

---

176) Art. 3 Abs. 1, 2, 4 RBÜ.

177) Art. 4 a) RBÜ; nach Auffassung des Präsidenten der I. Hauptkommission reicht es für den Fall der Coproduktion aus, daß einer der Coproduzenten seine Niederlassung oder seinen gewöhnlichen Wohnsitz in einem Verbandsland hat.

der Produzent seine Niederlassung oder seinen gewöhnlichen Wohnsitz (Aufenthaltsort) hat (Art. 5 Abs. 4c) [i])[178]). Trifft diese Bestimmung nicht zu, so ist stets auf die Staatsangehörigkeit des Urhebers abzustellen (Art. 5 Abs. 3 [c]).

Problematisch ist die Beurteilung der Sachlage freilich, wenn, wie in der Regel beim Filmwerk, mehrere Urheber an der Schaffung des Werkes mitgewirkt haben. Dieser Fall hat bislang keine Klärung erfahren. Bei Werken, die in Miturheberschaft geschaffen werden, wäre die Möglichkeit gegeben, an die Staatsangehörigkeit eines der Miturheber anzuknüpfen. Die herrschende Meinung tritt solcher Handhabung freilich entgegen und befürwortet eine Anknüpfung an die Staatsangehörigkeit jedes einzelnen Filmurhebers. Dies ist sicherlich eine theoretisch einwandfreie, für die Praxis aber etwas schwerfällige Regelung. Auch wird in Betracht gezogen, an die Staatsangehörigkeit eines als Haupturheber zu bezeichnenden Urhebers anzuknüpfen, wobei sich aber die Schwierigkeit ergibt, zwischen Drehbuchverfasser, Regisseur, Hersteller u. a. eine Unterscheidung treffen zu müssen und einem davon eine absolute Vorrangstellung einzuräumen. Es ist daher zu fragen, ob es nicht empfehlenswert gewesen wäre, auf die erstgenannte Lösung zurückzukommen, wobei sich die Urheber nach der Regelung jenes Landes bestimmen, in dem der Schutz beansprucht wird.

Für den Schutz im Ursprungsland selbst ist die nationale Gesetzgebung maßgeblich. Die Auswirkungen der neuen Regelung zeigt ein praktisches Beispiel: Wird der Film eines deutschen Urhebers erstmals in Frankreich veröffentlicht, so ist Frankreich Ursprungsland: der Film wird nach französischem Recht geschützt, wobei der deutsche Urheber dieselben Rechte genießt, die dem französischen Urheber gewährt werden. Der Urheber kann aber in Frankreich als dem Ursprungsland nicht den konventionsrechtlichen Schutz, sondern allein den von der nationalen Gesetzgebung vorgesehenen in Anspruch nehmen. Ergibt sich ein Zusammentreffen von nationalem und konventionsrechtlichem Schutz, so wird im Einzelfall die günstigere Regelung heranzuziehen sein[179]).

Zu beachten ist ferner, daß nach der neuen Fassung der RBÜ der Schutz der Konvention auch zugunsten von Werken verbandsfremder

---

[178]) Die neue Bestimmung des Ursprungslands für Filmwerke trägt der Neuregelung der Anknüpfungspunkte also voll Rechnung; vgl. hierzu auch oben S. 203 f.

[179]) Vgl. hierzu B a p p e r t - W a g n e r, aaO. S. 82.

Urheber unter der Voraussetzung gewährt wird, daß die erste Veröffentlichung der Werke in einem Verbandslande erfolgt[180]). Diese Vorschrift wird speziell für Werke von Urhebern aus den Vereinigten Staaten — die unter den Filmproduktionsländern mit an erster Stelle stehen — stark ins Gewicht fallen, die sich den Konventionsschutz durch die in einem Verbandsland der RBÜ vorgenommene Erstveröffentlichung sichern können.

Auch nach der neuen Fassung der RBÜ bedarf die Gewährung des Konventionsschutzes keiner Förmlichkeiten (Registrierung u. a.). Selbst wenn die nationale Regelung diesbezügliche Vorschriften enthält, gelten diese nur für Inländer, nicht aber für den Schutz auf Verbandsebene[181]). Diese Regel kann nicht öffentlich-rechtlichen Vorschriften entgegengehalten werden, von deren Erfüllung die Zensur- oder Kontrollorgane der Verbandsländer die Vorführung abhängig machen[182]).

4. Die Stockholmer Fassung der Berner Übereinkunft hat an dem bekannten Grundsatz der Inländerbehandlung nichts geändert. Mit Ausnahme des Ursprungslandes werden die verbandsangehörigen Filmurheber den inländischen Urhebern, die verbandseigenen Werke den inländischen Werken gleichgestellt.

Die Geltung des Assimilationsprinzips macht im Ergebnis deutlich, daß es nicht gelungen ist, ein einheitliches Verbandsrecht zu schaffen. Im Schutz ergeben sich Unterschiede; er ist von dem im Ursprungsland gewährten in jedem Falle unabhängig[183]). Die praktischen Vorteile des Grundsatzes der Inländerbehandlung zeigen sich darin, daß die Filmurheber, deren Werke im Ursprungsland einen geringeren Schutz genießen, diese dem Schutz der übrigen Verbandsländer unterstellen können. Neben dem Inländerschutz kommen aber die Filmurheber, wie noch einmal hervorzuheben ist, auch in den Genuß der durch die Konvention gewährleisteten Sonderrechte[184]), also des Rechts zur Vervielfältigung, Bearbeitung und Übersetzung.

---

180) Art. 3 Abs. 1 (b) RBÜ.

181) Vgl. Art. 5 Abs. 2 RBÜ.

182) Diese Vorschriften betreffen nicht das Urheberrecht, sondern den Bereich der öffentlichen Ordnung. Nichtsdestoweniger erscheint es sachentsprechend, ihre Auswirkungen von Fall zu Fall zu überprüfen.

183) Vgl. Berthold-Hartlieb, aaO. S. 741, die von dem Grundsatz der formellen Reziprozität ausgehen.

184) Vgl. oben S. 189 f.

F. Die Schutzdauer bei Filmwerken

1. Im Gegensatz zu den Vorschriften über die Dauer des durch die RBÜ gewährten Schutzes im allgemeinen, enthielt die Übereinkunft nach ihrer Brüsseler Fassung keine für die Verbandsländer zwingenden konventionsrechtlichen Bestimmungen über die Schutzdauer bei Filmwerken[185]; es wurde vielmehr auf die Gesetzgebung der Verbandsländer abgestellt. Dies hatte zur Folge, daß zwar für vorbestehende Werke, die im Zuge der Verfilmung adaptiert wurden, wie für alle Geisteswerke iure conventionis eine Mindestschutzfrist von 50 Jahren galt, während für die originalen Filmwerke keine konventionsrechtliche Schutzfrist vorgesehen war. Daß eine solche Regelung unbefriedigend bleiben mußte, liegt auf der Hand; eine sachentsprechendere Lösung wurde in dem Maße dringlicher, als der Film auf internationaler Ebene an Bedeutung gewann.

Zunächst ergaben sich zwischenstaatliche Probleme: Ein in Deutschland hergestellter und nach der deutschen Schutzdauer geschützter Film hätte z. B. in Österreich gemäß § 62 des Urheberrechtsgesetzes nur die 30jährige Schutzfrist seit der Aufnahme oder, falls er während dieser Frist veröffentlicht worden wäre, seit der Erstveröffentlichung genossen, da die Schutzdauer der Regelung desjenigen Landes unterlag, in dem der Schutz in Anspruch genommen wurde. Auf der anderen Seite wäre einem italienischen Film in Deutschland nur die 30jährige Schutzfrist zu gewähren gewesen[186].

Aber auch abgesehen von diesen zwischenstaatlichen Problemen sind die Unterschiede in der Bemessung der Schutzfrist bei Filmwerken (die häufig auch von der üblichen Schutzfrist abweicht) offenkundig. Von einer einheitlichen Regelung ist man weit entfernt. Nach den bereits angeführten Regelungen ergibt eine weitere Prüfung folgendes Bild: In der Tschechoslowakei beträgt die Schutzdauer gemäß § 60 des Gesetzes bei Filmwerken 25 Jahre seit der ersten Veröffentlichung des Werkes. Das bulgarische Gesetz beschränkt in § 19 Abs. 3 ebenso wie das polnische Gesetz in Art. 27 Ziff. 2 die Schutzdauer bei Filmwerken auf 10 Jahre seit der ersten öffentlichen Vorführung. In Großbritannien ist die Schutzdauer auf 50 Jahre nach dem Jahr der Eintragung oder

---

[185]) Vgl. auch Berthold-Hartlieb, Filmrecht S. 744.

[186]) Nach italienischem Recht beträgt die Schutzdauer 30 Jahre seit der ersten Vorführung, sofern diese nicht später als 5 Jahre nach Ablauf des Jahres erfolgt, in dem das Werk hergestellt wurde. Wird diese Frist überschritten, so ist als Beginn der Schutzfrist von dem auf das Herstellungsjahr folgenden Jahr auszugehen, da gem. Art. 7 Abs. 3 RBÜ in der Brüsseler Fassung die im Ursprungsland vorgesehene Schutzfrist in einem anderen Verbandsland nicht überschritten werden durfte.

Veröffentlichung[187]), nach belgischem Recht auf 50 Jahre post mortem auctoris bemessen[188]). Dieselbe Regel ist in Art. 30 des schweizerischen Urheberrechtsgesetzes enthalten. In Deutschland gilt die allgemeine Schutzdauer von 70 Jahren auch für Filmwerke, jedoch wird das dem Filmhersteller zustehende Recht auf 25 Jahre nach dem Erscheinen des Bildträgers oder des Bild- und Tonträgers, bei Nichtveröffentlichung des Werkes auf 25 Jahre nach der Herstellung begrenzt[189]). Frankreich sieht eine 50jährige Schutzfrist vor, die sich bei den œuvres de collaboration vom Tode des letztverstorbenen Urhebers an berechnet[190]). Gleiches gilt für die schwedische Regelung[191]). Eine 50jährige Schutzfrist post mortem auctoris oder des letztverstorbenen Urhebers sieht auch das griechische Gesetz vor[192]).

Darüber hinaus war vor allen Dingen auch der Ausgangspunkt für die Berechnung der Schutzdauer umstritten: Nach belgischem, deutschem, französischem, jugoslawischem und schwedischem Recht, um einige Länderregelungen zu nennen, ist der Zeitpunkt des Todes des Urhebers, bei gemeinschaftlich geschaffenen Werken der Zeitpunkt des Todes des letztverstorbenen Urhebers maßgebend; in anderen Verbandsländern (so z. B. für die Ostblockländer in der Tschechoslowakei, Bulgarien, Polen u. a.) berechnet sich die Schutzdauer vom Zeitpunkt der ersten öffentlichen Vorführung bzw. (wie in Großbritannien, Italien und Österreich) vom Zeitpunkt der ersten Veröffentlichung an.

2. Die neue Regelung ist zu begrüßen, denn sie bringt eine grundsätzliche Klarstellung der für die Schutzdauer geltenden Regeln und für eine Reihe von Sachverhalten eine Lösung bestehender Probleme.

An erster Stelle ist die Einführung der Mindestschutzfrist von 50 Jahren zu nennen[193]). Diese Neuerung erscheint im Hinblick auf die bekannten Abweichungen in der Konzeption der Verbandsländer als ein wesentlicher Fortschritt. Maßgeblich bleibt selbstverständlich immer die Gesetzgebung des Landes, in dem der Schutz beansprucht wird, eine geringere als die 50jährige Schutzfrist kann aber nicht durchgesetzt werden[194]). Die Festsetzung der Mindestschutzfrist auf 50 Jahre ist

---

187) Section 13 (3) Copyright Act.

188) Art. 2 des Gesetzes von 1886.

189) Vgl. §§ 64, 94 Abs. 3 UG.

190) Art. 21 Abs. 1, 2, 3 des Gesetzes.

191) § 43 Abs. 1 des schwedischen Urheberrechtsgesetzes.

192) Art. 2 und 3 des griechischen Urheberrechtsgesetzes.

193) Art. 7 Abs. 1 und 2 RBÜ.

194) Vgl. auch Art. 7 Abs. 8 i. V. mit Abs. 7 RBÜ. Speziell für bestimmte Länder (wie Polen, Bulgarien und Rumänien) ist die Möglichkeit vorgesehen, bei ihrem Beitritt zur RBÜ die geringere nationale Schutzfrist beizubehalten: vgl. Art. 7 Abs. 7 RBÜ.

in Anbetracht der durchschnittlichen Schutzdauer der Verbandsländer durchaus gerechtfertigt. Zieht man die Geltung und Anziehungskraft bestimmter älterer Filme in Betracht, so können sich keine Gründe dafür ergeben, daß den Urhebern von Filmwerken die wirtschaftliche Verwertung ihrer Schöpfungen früher entzogen werden sollte als den Urhebern anderer Originalwerke.

Soweit es um den Beginn der Schutzdauer geht, könnte die als Ausgangspunkt herangezogene (mit Zustimmung des Urhebers erfolgende) öffentliche Zugänglichmachung des Werkes auf das Bedenken stoßen, daß damit Werke, die erst geraume Zeit nach ihrer Schöpfung der Öffentlichkeit zugänglich gemacht werden, in den Genuß einer ungewöhnlich langen Schutzdauer seit ihrer Herstellung gelangen würden; gleiches würde freilich auch dann zutreffen, wenn man an den Zeitpunkt der ersten öffentlichen Vorführung oder der ersten Veröffentlichung anknüpft. Diesen Erwägungen gegenüber erweist es sich als durchaus positiv und sachentsprechend, auf den Zeitpunkt der Herstellung abzustellen[195]).

2. Die Frage, welche Rechte der Schutzdauer unterliegen, ist ebenfalls geklärt worden: die Bestimmungen über die Schutzdauer gelten für alle in Art. 14 und 14bis RBÜ genannten Rechte und damit sowohl für die Rechte der Filmurheber, die der nationalen Regelung unterstehen, als auch für die Rechte der Urheber vorbestehender Werke. Da für den Filmhersteller bisher kein Sonderrecht vorgesehen, ihm aber durch die Vermutungsregeln die Wahrnehmung bestimmter Rechte gesichert ist, ist die Geltung der Schutzdauer auch hinsichtlich dieser Rechte anzunehmen. Eine unterschiedliche Bemessung der Schutzfrist für Urheber und Unternehmer wäre jedenfalls abzulehnen, denn sie würde die Gefahr mit sich bringen, daß mit dem Erlöschen des Schutzes des Unternehmers auch die übrigen Rechte des Schutzes verlustig gehen[196]).

3. In diesem Zusammenhang ist von Bedeutung, daß die neue Vorschrift keine Unterscheidung zwischen den verschiedenen Arten von Filmen beinhaltet: Soweit Filme nach den Konventionsregeln als Werke geschützt sind, gilt für sie dieselbe Schutzdauer[197]).

---

[195]) Vgl. auch Art. 7 Abs. 2 RBÜ.

[196]) Nach britischem Recht stellt die öffentliche Vorführung des Films auch nach Erlöschen des Copyright am Film keine Verletzung der Rechte an den für den Film benutzten Werken dar (Section 13 ss. f).

[197]) Demgegenüber war die Schutzdauer je nach Art des Filmes: ob Filmwerke oder aber Filme, die keine Schöpfungen sind (filmische Erzeugnisse), früher unterschiedlich gehandhabt worden (Art. 14 Abs. 5 in Verb. m. Art. 7 Abs. 3 Brüsseler Fassung).

III. Ergebnisse

1. Der Film ist, wie sich gezeigt hat, ein vielschichtiges Werk: er ist sowohl gewerbliches Erzeugnis wie Ergebnis schöpferischer Leistung. Ein Schutz auf internationaler Ebene stößt auf Schwierigkeiten, die sich in erster Linie aus der Eigenart dieser Werke selbst ergeben: es geht hier um die Bestimmung des Werkes und seiner Urheber sowie um die Definition der Rechte, die in diesem Zusammenhang ins Spiel kommen. Die Konzeption der einzelnen nationalen Regelungen in der Beurteilung der Fragen weichen erheblich voneinander ab und erschweren damit die Gewährleistung des Schutzes durch eine internationale Regelung.

Für einen internationalen Schutz spricht aber, neben rein urheberrechtlichen Gesichtspunkten, auch der Gedanke an die Sicherung eines möglichst reibungslosen Umlaufs der Filme. Dies bedeutet, daß für die am Film wirtschaftlich Beteiligten, für diejenigen Personen, die den Film weiter verbreiten, ihn vermieten und in Verleih bringen, für die Rundfunkanstalten und andere Verwerter Klarheit über Voraussetzungen, Umfang und Elemente des Schutzes Klarheit geschaffen werden muß.

Die Zielsetzung bei der Revision der Berner Übereinkunft in Stockholm war von diesem Grundgedanken getragen und schloß eine möglichst weitgehende Durchsetzung aller diesbezüglichen Regeln ein.

2. Der Ausgangspunkt war bereits in der Brüsseler Fassung der RBÜ mit der Regel geschaffen worden, daß der Film als originales Werk zu schützen ist, und daß — daraus folgend — die Urheber der Filmwerke dieselben Rechte wie die Urheber von Originalwerken genießen. Die vorbereitenden Arbeiten für die Stockholmer Konferenz gaben auch den Regierungen der Verbandsländer und den Experten des internationalen Urheberrechts Gelegenheit zur Stellungnahme zu dem einschlägigen Fragenkreis. Bereits in dem der Konferenz vorliegenden Programm war dann der Versuch unternommen worden, einen Mittelweg zu finden, der den einzelnen Rechtssystemen eine Identifizierung mit einer konventionsrechtlich günstigen Lösung erleichtern sollte. Hierbei war es freilich nicht zu vermeiden, daß bei den Diskussionen vorwiegend die traditionellen urheberrechtlichen Prinzipien im Mittelpunkt standen, die den spezifischen Besonderheiten des Films nicht immer voll gerecht zu werden vermögen. Denn von den bekannten Geisteswerken unterscheiden den Film nicht nur die Methode seiner

Schöpfung, die Art der Aufführung und der Wiedergabe der schöpferischen Elemente, sondern auch seine hohe wirtschaftliche und soziale Bedeutung.

3. Auf der Stockholmer Konferenz forderten auf der einen Seite die Autoren und zum Teil die leistenden Künstler — vertreten durch ihre Verbände — die Beibehaltung des Grundsatzes, daß eine internationale diplomatische Regelung keine Auswirkungen auf die Interpretation der Ergebnisse der Vertragsfreiheit haben dürfe; ferner machten sie geltend, daß eine Änderung der Beweisregelung, derzufolge die Beweislast generell bei den Autoren und sonstigen Urhebern von Filmbeiträgen liegt, die Beziehungen zwischen den Vertragspartnern empfindlich stören würde.

Demgegenüber waren die Hersteller bestrebt, in die Vermutungsregeln auch die vorbestehenden Werke — und damit alle in Betracht kommenden Werke — einzubeziehen und in der Frage des droit moral eine für sie günstige Lösung herbeizuführen.

Einig waren sich dagegen Urheber und Unternehmer darüber, daß der Bestimmung der Brüsseler Fassung der Übereinkunft über die Gleichstellung der Fernsehwerke und der Filmwerke der Vorzug zu geben und sie daher beizubehalten ist[198]).

Aufgabe der Stockholmer Arbeiten war es, zwischen diesen Interessengegensätzen zu vermitteln: Der die Konvention beherrschende Grundsatz der favor auctoris war mit der gebührenden Berücksichtigung wirtschaftlich-industrieller Interessen und internationaler Handelsbeziehungen in Einklang zu bringen.

4. Die allgemeinen Regeln über die Schutzvoraussetzungen soweit sie die Anknüpfungspunkte und den Begriff der veröffentlichten und unveröffentlichten Werke betreffen, waren in ihren Grundsätzen bekannt, haben aber wichtige Verbesserungen erfahren. Eine entscheidende Verbesserung sachlicher und systematischer Art bringt bereits generell die Neugliederung der Art. 3 bis 6 RBÜ. Damit wird nunmehr von der Reihenfolge ausgegangen, in der die Probleme sich stellen: zunächst wird die Frage geklärt, ob das Werk den Schutz der Konvention genießt, und im Anschluß daran wird das Ursprungsland bestimmt, dessen Regelung für Inhalt und Dauer des Schutzes von Bedeutung ist.

---

[198]) Vgl. auch Fernay, Oeuvres cinématographiques, in RIDA, Numéro spécial 1967/1968, LIV-LV S. 334 ff.

Den Besonderheiten der Filmwerke wird, unter Anerkennung der Bedeutung des Herstellers für die Bestimmung dieser Begriffe, in der neuen Fassung des Konventionstextes in vollem Umfange Rechnung getragen.

5. Der bereits in der Brüsseler Fassung enthaltene Hinweis für die Bestimmung des Filmwerkes als original geschütztes Werk ist beibehalten worden; es bestand kein Anlaß zu einer Änderung, denn abgegesehen von der vorzunehmenden Untergruppierung ist der Film als solcher unstreitig Schutzgegenstand. Die Gleichstellung der Fernsehwerke mit den Filmwerken ist sachentsprechend: für die Verwandtschaft zwischen beiden Werkgruppen kann nicht in erster Linie auf die Art der Herstellung, es muß vielmehr auf den bei ihrer Wiedergabe erzeugten Eindruck einer endgültigen Ton- und Bildfolge, also den den filmischen Besonderheiten entsprechenden Werkcharakter abgestellt werden. Darüber hinaus sichert diese Regelung den Schutz allen Filmwerken und bezieht auch Wochenschauen, Filmreportagen u. a. mit ein.

6. Die Frage nach einer grundsätzlichen Bestimmung der Filmwerke hat in der neuen Fassung der RBÜ keine Antwort gefunden. Hier konnte eine Einigung auf der Konferenz nicht erzielt werden. Die bereits hinlänglich bekannten Schwierigkeiten bleiben daher auch für die Zukunft bestehen.

7. Neben der Bestimmung des Filmwerkes fehlt auch eine Abgrenzung zwischen dem Filmwerk und den ihm zugrunde liegenden Werken, also den vorbestehenden Werken und den für die Filme geschaffenen Beiträgen. Eine solche Abgrenzung wäre in erster Linie für die Beurteilung von Bedeutung gewesen, wer Inhaber der im Zusammenhang mit den Filmwerken entstehenden Rechte ist; als Anknüpfungspunkt hätte hier das Merkmal der Zweckbestimmung der Werke herangezogen werden können. Das Fehlen einer Abgrenzung ist indessen kein schwerwiegender Nachteil, denn die Rechte sowohl der Urheber vorbestehender Werke als auch der Urheber der für den Film geschaffenen Beiträge weichen nur in einzelnen Punkten voneinander ab.

8. Die bedeutsamste Frage des gesamten Komplexes ist ohne Zweifel die Bestimmung derjenigen Personen, denen die Rechte am Film zustehen. Diese Frage steht in enger Berührung mit der Natur des zu schützenden Werkes. Wenn auch in diesem Gebiet keine endgültig befriedigende Regel gefunden wurde, so ist man doch der Lösung einen großen Schritt nähergekommen. Eine Schwäche zeigt sich freilich schon

darin, daß die Bestimmung der Filmurheber der Regelung des Landes vorbehalten wird, in dem der Schutz in Anspruch genommen wird, denn gerade hier sind die Unterschiede in den Konzeptionen sehr ausgeprägt: dem britischen Unternehmer steht in Großbritannien das copyright an dem von ihm hergestellten Film zu; nach belgischem oder schweizerischem Recht zählt er indessen nicht zu den Filmurhebern. Die Beurteilung weicht also, wenn er in der Schweiz oder Belgien den Schutz beansprucht, entscheidend von derjenigen der britischen Regelung ab. Hier wird klar, daß das angestrebte Ziel, eine für alle Systeme befriedigende Lösung zu finden, nicht erreicht werden konnte. Freilich bleibt gerade hier die Möglichkeit, etwaigen Schwächen auf dem Vertragswege abzuhelfen.

Andererseits würde, wenn die Bestimmung der Gesetzgebung des Landes des Herstellers überlassen bliebe, zwar möglicherweise der bereits bei der Bestimmung der Anknüpfungspunkte zum Ausdruck gekommenen Tendenz entsprochen werden, auf die Regelung des Landes abzustellen, in dem der Hersteller seinen Wohnsitz hat; dies würde aber beachtliche Komplikationen nach sich ziehen. Hier erschiene es angemessener und der Natur des Filmwerkes besser entsprechend, im wesentlichen zwei Kategorien von Rechtsinhabern zu bestimmen: einerseits die Filmurheber, wobei freilich die bereits bekannten Schwierigkeiten bezüglich der Beziehung der Urheber untereinander — einer Frage, die mit der Natur des Werkes (also der Art der Mitarbeit und der Frage, ob ein zusammengesetztes Werk, ein verbundenes Werk u. a. vorliegt) eng verbunden ist — bestehen bleiben; auf der anderen Seite wäre die Stellung der Unternehmer zu klären, was, da sie nicht zu den eigentlichen Urhebern gehören, etwa in einem der Konvention beizugebenden Abkommen erfolgen könnte. Für die ausübenden Künstler, die ebenfalls nicht zu den Urhebern rechnen, kommen, entsprechend der in einer Reihe von Verbandsländern geübten Praxis, gleichfalls Leistungsschutzrechte in Betracht. Die Regelung ihrer Rechte kann bei Fehlen internationaler Abkommen ohne weiteres den nationalen Gesetzgebungen überlassen werden (die in diesem Punkt allerdings erhebliche Abweichungen zeigen). In einer diesbezüglichen Regelung könnte sowohl den praktischen Erfordernissen wie der dominierenden Stellung des Herstellers bei der Produktion der Filme entsprochen werden.

9. Ein weiteres Kernproblem ist die Regelung der Beziehungen zwischen Filmurheber und Filmhersteller. Die bisher erreichten Lösungen bleiben hier in manchen Punkten lückenhaft. Sie sind aber dessen unge-

achtet als Interims von Wert. Insbesondere wird die Möglichkeit zu einer Anwendung auch unter den divergierenden Konzeptionen der Verbandsländer geschaffen.

Mit der Aufstellung der Regel, daß vorbehaltlich abweichender Vereinbarungen, eine Vermutung für die Übertragung der Rechte der Urheber, die nicht Haupturheber sind, auf den Hersteller besteht, wird die Position der Autoren zwar insoweit gestärkt, als ihnen für den Regelfall die Möglichkeit gegeben wird, sich den Vermutungsregeln auf dem Vertragswege zu entziehen. Im ganzen gesehen werden die Autoren aber das System der Vermutungen doch als Gefährdung ihrer Interessen empfinden.

Auch für die Unternehmer bringen die Vermutungsregeln die Gefahr von Unsicherheiten in ihren vertraglichen Beziehungen mit sich; angesichts ihrer wirtschaftlich starken Position sollte diese Gefahr aber nicht überschätzt werden.

Die Vermutungsregeln bedeuten eine Zurücksetzung derjenigen Urheber, die ihnen unterworfen sind. Zu ihren Gunsten kann freilich die nationale Regelung eingreifen, wenn diese für vertragliche Abmachungen die Schriftform oder einen gleichwertigen schriftlichen Akt verlangt. Hier wäre etwa an einen Arbeitssammelvertrag zu denken[199]).

Für die Fernsehunternehmer bringt die neue Regelung keine nennenswerten Vorteile. Im Einzelfall sind hier allein vertragliche Abmachungen maßgebend.

Weiterhin ist festzustellen, daß auch die mit der Vermutungsregel erfolgte Änderung der Beweislage zugunsten der Unternehmer eindeutig zu Lasten der Urheber geht. Die Regel ist freilich nicht mehr als Beweis für die Übertragung der Rechte anzusehen, sondern als Legitimation des Unternehmers als Inhaber der Verwertungsrechte.

An dieser Stelle ist nochmals auf die Dringlichkeit eines internationalen Abkommens über die Regelung der Beziehungen zwischen Filmhersteller hinzuweisen, auch wenn zu ihrer Hilfe auf Auslegungsregeln in den nationalen Gesetzgebungen zurückgegriffen werden muß.

10. Die konventionsrechtliche Regelung der Rechte der Urheber vorbestehender Werke und der Urheber der Filmbeiträge folgt im großen

---

[199]) Vgl. Chesnais, Stockholm et les Artistes, in RIDA LVII S. 14.

und ganzen den in der Mehrzahl der Länderregelungen geltenden Bestimmungen. Der Inländerbehandlung wird — unter gleichzeitiger Gewährleistung der durch die Konvention garantierten Mindestrechte — der Vorzug gegeben. In jedem Fall sind die Rechte getrennt verwertbar.

11. Demgegenüber können in Bezug auf die Ausübung des droit moral durch die Urheber Probleme entstehen. Den Urhebern ist hiermit eine Möglichkeit zur Durchsetzung ihrer Interessen auch gegenüber den wirtschaftlich stärkeren Unternehmen oder Unternehmensverbänden gegeben. Im Grunde geht es dabei um die bereits bekannten Probleme. Die Prüfung, wann berechtigte Interessen der Unternehmer durch willkürliche Verbote der Urheber beeinträchtigt werden, hat von Fall zu Fall zu erfolgen.

12. Bezüglich der Schutzdauer wurde bereits auf die Frage des Beginns ihrer Laufzeit hingewiesen; die Einheitlichkeit der Lösung in diesem Bereich ist aber im übrigen sehr zu begrüßen. Die Regelung entspricht in vollem Umfange den gegenwärtigen Erfordernissen.

Bei dem durch die Stockholmer Fassung der Berner Übereinkunft garantierten Schutzniveau handelt es sich bekanntlich um einen Mindestschutz, der Raum läßt für die Einräumung eines weitergehenden Schutzes durch die Gesetzgebungen der Verbandsländer (Art. 19 RBÜ). Durch eine solche Regel wird aber auch im Sinne einer Rechtsvereinheitlichung eine Anpassung der nationalen Gesetzgebungen an den Mindestschutz der Konvention nahegelegt. Eine Verwirklichung dieses Gedankens erweist sich freilich angesichts der wesentlichen Unterschiede, die in den einzelnen Systemen, wenn nicht in den Grundfragen des Urheberrechts, so doch in der Beurteilung des rechtlichen Schutzes bestehen (so z. B. in den Systemen der Länder des Ostens), als überaus schwierig. Besonders deutlich wird dies am Beispiel der Schutzdauer. Hier hat sich gezeigt, daß eine ganze Reihe von Ländern die in der RBÜ vorgesehene Mindestschutzfrist unterschreiten. Der Versuch einer Annäherung hat in diesem Bereich nur zu minimalen Resultaten geführt.

13. Mit der Lösung einiger wesentlicher Probleme ist der Weg zu einer Vereinheitlichung beschritten worden; bestehen bleiben freilich noch wichtige Unterschiede, die einer Angleichung der nationalen Gesetzgebungen entgegenstehen.

14. Die Stockholmer Konferenz hat, wie wir gesehen haben, ungeachtet der Kompromisse, die geschlossen werden mußten, beachtliche Fortschritte gebracht, wenn auch die Bemerkung des Vorsitzenden der I. Hauptkommission, Professor *Ulmers*, in dem Bericht über die Konferenz[200]), daß das Ergebnis bescheidener war als ursprünglich beabsichtigt, kennzeichnend für die Situation nach Abschluß der Konferenz ist. Erinnert man sich jedoch der Empfehlung Bénigne *Menthas*[201]), in Anbetracht der Schwierigkeiten nicht mit „trop de zèle" an die Lösung der Probleme heranzugehen, so werden die positiven Ergebnisse, die erzielt wurden, besonders deutlich.

---

200) Die Stockholmer Konferenz für geistiges Eigentum 1967, in GRUR Int. 1967, 452.
201) Film und Fernsehen in der Berner Übereinkunft, in UFITA Bd. 35 (1961) S. 1.

B. Zum Protokoll betreffend die Entwicklungsländer

Von Dr. **Demetrius S. Oekonomidis**, Rechtsanwalt, Athen/München

I. Einleitung

Betrachtet man das Urheberrecht im Hinblick auf seine beiden Elemente, nämlich die ungestörte Verwertung des Werkes oder der Schöpfung durch den Urheber oder seine Rechtsnachfolger, sowie die Unantastbarkeit seiner Persönlichkeit, die sich gerade in dieser Schöpfung widerspiegelt, so kann man zu dem Ergebnis gelangen, daß diese Begriffe nur auf solche Rechtsregelungen Anwendung finden können, deren Adressaten durch ein gewisses hohes Kulturniveau, entsprechend einer sozialpolitischen und wirtschaftlichen Situation, geprägt sind. Wirft man dabei einen Blick auf die Vielzahl der Länder, die bis zu Anfang der fünfziger Jahre solche Schutzregelungen aufwiesen, so findet man diesen Gedanken grundsätzlich bestätigt.

In ihrer Mehrheit gehörten diese Länder[1]), die als eine ihrer Hauptaufgabe die Pflege der geistigen Tätigkeit und deren Ergebnisse sahen, der Berner Union an.

Im Jahre 1951 zählten die Verbandsländer der Berner Union bereits über 40 Mitglieder.

Der Gedanke, der die Union bei ihrer Zusammensetzung leitete, war, daß in Anbetracht des zunehmenden internationalen Kulturaustausches, den Schöpfern eines geistigen Werkes in allen Ländern ein gewisser minimaler Schutz auf internationaler Ebene gewährleistet werden müsse.

Zu den Gründerstaaten zählten einige, die nicht nur durch ihre Geistesprodukte, sondern auch in ihrer ganzen Weltpolitik beträchtliches Gewicht hatten, so z. B. Großbritannien, Frankreich, Deutschland, Italien u. a. Dagegen fehlten von den Großmächten die Vereinigten Staaten, die Sowjetunion und China. Dadurch entbehrte die Konvention bereits von Anfang an eines absolut internationalen Charakters, der ihr eigentlich zukommen sollte. Besonders schwierig gestaltete

---

[1]) Es gab natürlich auch Länder, die trotz ihrer niedrigen Entwicklungsstufe auf allen diesen Gebieten, einen hohen Grad urheberrechtlichen Schutzes erreicht hatten, entweder durch die Schaffung eigener auf diesem Niveau stehender Gesetze oder durch ihren Beitritt zur Berner Union.

sich die Lage für die Sowjetunion, die bis vor kurzem kein bilaterales Abkommen getroffen hatte; heute ist die Sowjetunion nur mit Ungarn durch ein solches verbunden[2]). Das Verhalten der Volksrepublik China gibt keinerlei Anhaltspunkte für ihren Willen zur Zusammenarbeit.

Aber selbst wenn noch mehrere Länder, die auf dem Gebiet des kulturellen Lebens sowie der wirtschaftlichen Entwicklung keinen großen Anspruch stellen konnten, als führende Länder anerkannt zu werden, der Union als Gründerstaaten angehörten, so fehlt der Konvention doch noch eine beträchtliche Anzahl von Ländern; die Bemühungen neue Länder zu gewinnen, waren daher groß.

Die Lage verschlechterte sich in den Jahren nach 1951. Diese Jahre sind gekennzeichnet durch die rasche Neubildung vieler Staaten-welche das Ergebnis der in den letzten Jahren weitgehend stattgefundenen Entkolonisierung sind. Die Mutterländer hatten ihren ehemaligen Kolonien absolute Freiheit in ihrer Entwicklung zugestanden. So ist bekannt, daß England und die Niederlande ihren Kolonien nach dem Zweiten Weltkrieg, Frankreich erst nach 1951 und hauptsächlich nach 1960, sowie Spanien und Belgien fast uneingeschränkte Autonomie gewährten[3]).

Welchen Einfluß könnte diese Neubildung nun auf den Schutz der Urheberrechte ausüben? Die Lage kann so geschildert werden: Die Mutterländer unterlagen in ihrer Mehrheit einem strengen nationalen Schutz, den sie entsprechend den Regeln der Berner Union auf internationaler Ebene allen Staatsangehörigen der Verbandsländer gewährleisten konnten. Nach Art. 26 der Berner Union konnten sie diesen Schutz auch auf ihre Kolonien bzw. Protektorate u. a. ausdehnen und sie übten dieses Recht in der Mehrheit aus. Nach der Entkolonisierung traten diese Länder nun entweder als Mitglieder der Berner Union bei, oder sie kündigten an, sich im Zusammenhang mit dem Ur-

---

[2]) Vgl. hierzu Ulmer, Urheberrechtsfragen in den Beziehungen zwischen Westen und Osten, in GRUR Int. 1968, 407 f. Das Fehlen solcher Verbindungen wirkte sich auch auf die nationalen Gesetzgebungen aus, wobei festzustellen ist, daß die urheberrechtlichen Regeln in den Ostblockstaaten, die der Berner Union angeschlossen sind, den Konzeptionen der westlichen Mitgliedsländer näherstehen als dem Urheberrecht der Sowjetunion, wo viele Abweichungen vom starken urheberrechtlichen Schutz zu bemerken sind.

[3]) In Afrika erlangten schon früher Marokko und Tunesien, dann Kamerun, Kongo (Brazzaville), Kongo (demokratische Republik), Dahome, Gabun, Elfenbeinkünste, Madagaskar, Mali, Niger, Senegal, Obervolta, Lesotho, Malawi, Botsuana, Gambia, Ghana, Ruanda, Sambia, Tansania, Kenya, Sierra Leone, Uganda, Zentralafrikanische Republik u. a., in Asien Thailand, Ceylon, Malaysia, Pakistan, Birma, Indien, Vietnam, Laos, Kambodscha u. a., in Europa Zypern, in Amerika Trinidad und Tobago usw. ihre Unabhängigkeit.

heberrecht an die Regeln ihres früheren Mutterlandes gebunden zu fühlen. Selbstverständlich stand es diesen Ländern aber auch frei, aus der Union auszuscheiden. So hatte z. B. Indonesien (hier hatten früher die Niederlande dem Berner Büro angekündigt, daß nach der von ihr ratifizierten Romfassung der RBÜ, die Konvention auch auf ihre Kolonien (Niederländisch Indien, Surinam, Curaçao) anzuwenden sei[4])) zunächst nach Gewinnung seiner Unabhängigkeit erklärt, es werde alle auf internationale Abkommen beruhenden Verpflichtungen der Niederlande übernehmen[5]). Insoweit war auch Indonesien mit der Berner Union verbunden. Später, auf Grund der bereits bei der Unabhängigkeitserklärung gemachten Vorbehalte und des Art. 26 der Konvention, kündigte es seine Mitgliedschaft[6]). Auch Indien gehörte bereits als Kolonie Großbritanniens der Berner Union seit 1886 an[7]). 1928 erteilte Großbritannien Indien die Genehmigung zum Beitritt der Berner Union und seitdem fungierte es als Verbandsland[8]), der es seit seiner Unabhängigkeitserklärung als unabhängiger Staat angehört[9]). Dagegen war Pakistan zunächst nur als Teil von Indien dem Verband angeschlossen und ist erst 1948 als selbstständiges Mitglied der Konvention beigetreten[10]).

Die Gewährung der Unabhängigkeit der französischen Kolonien hat weitere Probleme aufgeworfen. Einige dieser neuen Staaten traten der Union bei, so die Elfenbeinküste am 1. Januar 1962[11]), der Senegal am 25. August 1962[21])und Gabun am 26. März 1962[13]), andere gaben Kontinuitätserklärungen ab, die den Fortbestand ihrer bereits als Kolonie bestehenden Verbindung mit der Berner Union auch nach der Unabhängigkeitserklärung beinhalteten[14]). Solche Erklärungen sind u. a. von Dahome (3. Januar 1961)[15]), Kongo (Brazzaville) (8. Mai 1962)[16]),

---

[4]) Vgl. DdA 1932, S. 41.

[5]) Vgl. DdA 1956, S. 93.

[6]) Vgl. DdA 1959, S. 79 ff. Andere Kündigungsbeispiele, siehe bei Masouyé, Décolonisation, indépendance et droit d'auteur in RIDA XXXVI—XXXVII (1962), S. 93 ff. Für den Fall Syriens in Zusammenhang mit seinem Bündnis zur Vereinigten Arabischen Republik vgl. Masouyé, op. cit. S. 93 ff. und 119 f. für die Fälle von Korea und der Länder des ehemaligen französischen Indochina vgl. Masouyé, op. cit. S. 105 ff.

[7]) Vgl. DdA 1888, S. 8.

[8]) Vgl. DdA 1928, S. 58.

[9]) Vgl. DdA 1958, S. 149.

[10]) Vgl. DdA 1948, S. 61.

[11]) Vgl. DdA 1961, S. 257.

[12]) Vgl. DdA 1962, S. 170.

[13]) Vgl. DdA 1962, S. 70.

[14]) Vgl. auch Ulmer, Die Pläne zur Reform der Berner Übereinkunft zum Schutze von Werken der Literatur und Kunst, GRUR Int. 1965, 543 f.

[15]) Vgl. DdA 1961, S. 69.

[16]) Vgl. DdA 1962, S. 146 f.

Kammerun, Niger u. a. abgegeben worden. Dasselbe gilt für den Kongo (Demokratische Republik)[17]), ehemalige Kolonie von Belgien.

Trotz all dieser erwähnten Beitritte oder Erklärungen über die Anwendung des Unionrechts waren Anfang 1968 nur 58 Länder als Verbandsländer der RBÜ anzusehen. Diese sind in erster Linie europäische Länder, mit der erwähnten Ausnahme der UdSSR, einige Länder von Amerika und zwar Brasilien, Argentinien, Kanada, Mexiko, Uruguay und mehrere Länder Asiens und Afrikas, mit Ausnahme von Rotchina. Auch Australien ist Verbandsland[18]).

Einmal ergeben sich innerstaatliche Gründe im Zusammenhang mit der Gewährleistung des Rechtsschutzes[19]). Zum anderen liegt einer der Hauptgründe für das Fehlen des absolut internationalen Charakters der Union darin, daß der den Urhebern durch die Berner Union gewährleistete Schutz (also die Vorschriften, denen die Verbandsländer durch die internationalen Regelungen in ihren urheberrechtlichen Belangen unterliegen, selbst wenn ihre nationale Regelungen anders lauten) auf so hohem Niveau liegt, daß er für diejenigen Länder, deren Kultur auf einer niedrigeren Stufe steht, eine große Belastung bedeuten würde.

Internationaler urheberrechtlicher Schutz wird andererseits nicht allein von der Berner Union gewährleistet. Seit seinem Inkrafttreten im Jahre 1955 unternimmt auch das 1952 unterzeichnete Welturheberrechtsabkommen den Versuch, die Produkte der geistigen Tätigkeit auf internationaler Ebene zu schützen. Oberstes Ziel dieses unter dem Einfluß der Unesco geschaffenen neuen diplomatischen Instrumentes war es, dem urheberrechtlichen Schutz eine Brücke nach den Vereinigten Staaten zu schlagen. Dabei ist das Niveau des durch dieses Abkommen gewährleisteten urheberrechtlichen Schutzes niedriger, indem es im Gegensatz zur Berner Union in erster Linie eine geringere Schutzfrist (25 Jahre post morten auctoris, oder von der ersten Veröffentlichung ab), vorsieht, weiterhin eine Einschränkung des Übersetzungsrechts (in Form einer Zwangslizenz) das nur für 7 Jahre nach der

---

17) Für diesen Staat war Belgien der Brüsseler Fassung der Konvention bereits seit 1951 beigetreten. Vgl. DdA 1952, S. 13; vgl. auch hierzu Masouyé, op. cit. S. 103 ff.

18) Vgl. ausführliche Liste der Verbandsländer der Berner Union in Françon, Le droit d'auteur et les pays en voie de développement und Masouyé, op, cit. S. 85 ff.

19) Z. B. Art der Gewährleistung des Schutzes für die Vereinigten Staaten oder wesentliche Abweichungen, die das russische Urheberrecht gegenüber den Schutzregelungen und zwar in erster Linie in Zusammenhang mit dem Übersetzungsrecht und die Schutzdauer aufweist. Vgl. ausführlich hierzu Ulmer, Urheberrechtsfragen in den Beziehungen zwischen Westen und Osten in GRUR 1968, Int. 406 ff.

ersten Veröffentlichung garantiert wurde etc., vorsieht. Trotzdem bestätigt dieses Abkommen den Wunsch der Autoren einen gewissen Schutz für ihre Geistesprodukte zu sichern. Dem Abkommen schlossen sich daher eine Vielzahl der Länder an, denen die Ziele des Schutzes der Berner Union zu hoch gesteckt waren[20]).

Von einer Konkurrenz der beiden Schutzinstrumente sollte keinesfalls die Rede sein. Die Verfasser des Abkommens haben dafür in einer Zusatzerklärung zu Art. XVII WUA eine Klausel geschaffen, durch die ein dem WUA möglicher Beitritt nach dem Ausscheiden aus der Union sehr erschwert worden ist. So finden also Werke aus einem Land, das nach dem 1. Juni 1951 aus der Berner Union ausgeschieden war, um dem WUA beizutreten, in einem Land der Berner Union auch keinen Schutz durch das WUA[21]).

Aber selbst in Anbetracht dieser beiden internationalen Übereinkünfte konnte immer noch nicht von einem echten internationalen Schutz die Rede sein. Zusätzlich blieb der Wunsch der Berner Union immer groß, einen weltweiten urheberrechtlichen Schutz auf einem höheren Niveau gewährleisten zu können, als es derjenigen des WUA ist.

II. Geschichtliche Entwicklung des Protokolls

Bereits kurz nach der Gründung der neuen Staaten gelangte man zu der Ansicht, daß ein weltweiter Geltungsbereich des Schutzes durch die Berner Union nur dann erreicht werden könne, wenn er sich auch auf die Entwicklungsländer erstrecke. Es stand aber auch fest, daß man diese Entwicklungsländer nur dann für die Union gewinnen könne, wenn man ihnen zur Erfüllung ihrer Forderungen angesichts ihrer besonderen sozialwirtschaftlichen und kulturellen Lage einen Sonderstatus einräume.

Diese Forderungen richteten sich in erster Linie auf einen erleichterten Zugang zu wissenschaftlichen Werken im allgemeinen, hauptsächlich zu verschiedenen Lehrbüchern der fortgeschrittenen Länder.

---

20) Die Liste der dem WUA zugehörigen Länder, die nicht der RBU angehören, umfaßt Andorra, Kambodscha, Chile, Costa Rica, Cuba, Ecuador, die Vereinigten Staaten, Ghana, Guatemala, Haiti, Kenya, Laos, Liberia, Malawi, Nikaragua, Nigeria, Panama, Paraguay, Peru, Zambia. Abgesehen von den Vereinigten Staaten handelt es sich hierbei also nur um Entwicklungsländer.

21) Vgl. hierzu Ulmer, Die Pläne zur Reform der Berner Übereinkunft zum Schutze von Werken der Literatur und Kunst, in GRUR Int. 1965, 544; vgl. hierzu auch Desbois in Annuaire Français de Droit international 1960, S. 41 ff.

Dieses Problem war damit verknüpft, daß die Entwicklungsländer, die früher die in den Mutterländern in ihrer Sprache verfaßten wissenschaftlichen Werke zu Zwecken des Unterrichts, der Lehre und allgemein der Forschung benutzt hatten, diese nun entweder in derselben Sprache oder in Übersetzung benötigten, daß ihnen jedoch die Devisen zum Kauf dieser Bücher fehlten.

Ihre Forderungen geltend zu machen bemühten sich Vertreter dieser Länder zum ersten Mal auf der im August 1963 in Brazzaville zusammengetretenen afrikanischen Konferenz zum Studium des Urheberrechts und später auf der im Dezember 1963 in New Delhi gehaltenen Sitzung des Ständigen Ausschusses der Berner Übereinkunft und des Regierungsausschusses des Welturheberrechtsabkommens. Daneben war im Jahre 1963 vom Sachverständigenausschuß (zur Vorbereitung der Stockholmer Konferenz) der Wunsch geäußert worden, solche Fragen einer Studiengruppe zur Überprüfung vorzulegen[22]). Von großem Einfluß auf die endgültige Gestaltung der Sondervorschriften waren die Debatten, die im Laufe des Januars 1967 in New Delhi auf dem von BIRPI veranstalteten Seminar für Urheberrecht geführt worden waren. Die Empfehlungen dieses Seminars fanden in Stockholm in erster Linie Berücksichtigung.

Das Protokoll wurde in einer besonderen Kommission der Stockholmer Konferenz (Hauptkommission II) behandelt[23]).

Bereits zu Beginn der Gespräche wurde bei der Mehrzahl der Teilnehmer die Tendenz spürbar, zugunsten der Entwicklungsländer ein Sonderprotokoll zu schaffen. Dabei hatten die Konsequenzen der Ablehnung einer solchen Regelung — das Stagnieren oder Zurückgehen des Mitgliederstandes der Berner Union — eine große Rolle gespielt[24]).

---

[22]) Über den weiteren Verlauf der Vorbereitungen bis zur endgültigen Fassung des vorzuschlagenden Textes über den auf der Stockholmer Konferenz diskutiert wurde, siehe Vorbereitende Dokumente zur Stockholmer Konferenz für geistiges Eigentum 1967 in GRUR Int. 1967, 162 ff. und oben S. 368 ff; vgl. auch T. S. Krishnamurti, Protocol Regarding Developing Countries appended to the Stockholm Act of the Berner Convention in EBU Review 1967 (II) S. 60.

[23]) Vgl. hierzu Rapport sur les travaux de la commission principale no. II in DdA 1967, S. 230 ff., deutschsprachig oben S. 459 ff. Zum Vorsitzenden der Kommission war der indische Staatsminister Singh, zum Berichterstatter der Tschechoslowake Dr. Strnad gewählt worden. Eine große Rolle, und zwar bei der Debatte gegen das Protokoll spielte R. Harben, Mitglied der englischen Delegation.

[24]) Vgl. Schiefler, Das Protokoll betreffend die Entwicklungsländer in GRUR Int. 1967, 454.

Um das beabsichtigte Ziel zu erreichen, wurde es jedoch notwendig, eine Reihe von Vorbehalten in die Übereinkunft aufzunehmen. Daraufhin zeigte sich unter den Teilnehmern der Konferenz eine Spaltung, wobei der eine Teil, darunter mehrere asiatische und afrikanische Länder sowie die Ostblockstaaten unter Führung von Indien, für eine Erweiterung der bereits im Programm der Konferenz aufgeführten Vorschläge plädierte, während der andere Teil eigene sich auf das Protokoll im ganzen sowie auf die Vorbehalte im einzelnen beziehende Bedenken geltend zu machen wünschte (hierunter fallen u. a. Australien, Frankreich, Großbritannien, sowie einige Länder Lateinamerikas wie Argentinien, Mexiko, Uruguay (die allerdings als Entwicklungsländer zu bezeichnen sind).

Diese Tendenzen äußerten sich auf der Konferenz häufig in unerfreulichen Diskussionen, die die widersprüchlichsten Standpunkte offenbarten. Schließlich kam man zu einem Kompromiß, den zu analysieren hier versucht wird.

III. Die Regelung des Protokolls im einzelnen

1. Bestimmung der Entwicklungsländer

Nach den Vorschlägen des Konferenzprogramms konnte jedes Land frei entscheiden, ob es als Entwicklungsland bezeichnet sein wollte[25]). Natürlich würden die fortschrittlichen Länder aus Prestigegründen von einer solchen Bezeichnung Abstand nehmen. Trotzdem brachte eine solche Selbstbestimmung eine gewisse Unsicherheit mit sich. Gewisse Kriterien, die mindestens in etwa die Grenzen solcher Möglichkeiten bestimmen sollten, sind unbedingt nötig. Die Kommission II hat daher dem Kompromißvorschlag der skandinavischen Länder zugestimmt, nach dem jedes Land, das nach bestehender Praxis der Vollversammlung der Vereinten Nationen als Entwicklungsland anzusehen ist, zur Erklärung von Vorbehalten berechtigt ist[26]). Es wäre hier nötig hin-

---

25) Vgl. im allgemeinen Documents de la conférence de Stockholm, S/1 S. 67 ff. und Vorbereitende Dokumente zur Stockholmer Konferenz für geistiges Eigentum 1967 in GRUR Int. 1967, S. 162 ff. und oben S. 368 ff. Vgl. auch E. D. O'Hara, Developing Countries, A Definitional Exercise, 15th Bul.Cr.Soc., S. 83 ff.

26) Vgl. Art. 1 Abs. 1 des Protokolls. Hier ist zu bemerken, daß „die bestehende Praxis der Vereinten Nationen" wiederum kein deutliches und bestimmtes Kriterium darstellt, auf das man sich schließlich beziehen könnte. Die Kriterien der Vereinten Nationen beinhalten lediglich das Pro-Kopf-Einkommen jedes Landes und die darauf beruhende Beihilfe der Vereinten Nationen. Dieses und andere Kriterien reinen wirtschaftlichen oder auch weltpolitischen Inhalts können nicht zu einem befriedigenden Ergebnis für die zu untersuchenden Fälle führen, die hauptsächlich mit dem Problem

zuzufügen, daß vor diesem Kompromißvorschlag lange und anstrengende Debatten stattgefunden hatten, wobei auch viele andere Vorschläge wie z. B. von Großbritannien, Frankreich, Griechenland der Kommission unterbreitet wurden. Die Kommission hatte zur Vorbereitung einer endgültigen Fassung der Bestimmung der Entwicklungsländer eine Arbeitsgruppe berufen. Der Vorschlag dieser Arbeitsgruppe sah vor, diejenigen Länder als Entwicklungsländer zu bezeichnen, die im Anhang der auf der 18. Sitzung der Vollversammlung der Vereinten Nationen am 13. November 1963 angenommenen Erklärung Nr. 1897 aufgeführt sind. Dazu kämen (nach einem Zusatzantrag) 7 afrikanische Staaten, die inzwischen ihre Unabhängigkeit erlangt haben[27]). Da jedoch einige Länder, die als Entwicklungsländer bezeichnet und als solche behandelt zu werden wünschten (so z. B. Israel etc.) in diesem Vorschlag der Arbeitsgruppe nicht mit eingeschlossen waren, mußte er abgelehnt werden. So wurde der oben erwähnte, zwar etwas vage, Kompromiß geschlossen, der allerdings den Vorteil hat, daß noch andere Länder, die in der Zukunft neu geschaffen werden, als Entwicklungsländer bezeichnet werden können[28]).

2. Inhalt des Protokolls

Das Protokoll enthält eine Liste von Vorbehalten, zu deren Erklärung den Entwicklungsländern das Recht eingeräumt wurde. Der dadurch entstehende beschränkte Schutz ermöglichte es ihnen zu den sonst stark geschützten Geisteswerken Zugang zu erlangen[28a]).

---

eines urheberrechtlichen Schutzes, — wenn auch in Zusammenhang mit der sozialen und kulturellen Situation eines Landes — zu tun hatten. (Vgl hierzu das Beispiel einiger Länder, wie Argentinien, die zwar im Zuge ihrer Entwicklung als Entwicklungsländer bezeichnet werden könnten.) Die Bestimmung sollte immer auf die Frage — „was ist ein Entwicklungsland" und „seit wann" und „bis wann kann man es als Entwicklungsland bezeichnen" — Antwort geben können. Eine Expertengruppe oder auch die Direktion von BIRPI selbst, wie es der Fall nach der Vorschrift des Protokolls ist, könnte dafür in einzelnen Fällen den Antrag der Länder überprüfen, welche als Entwicklungsländer bezeichnet zu sein wünschen. Dies konnte auf Grund bereits gehaltener Beratungen durch Organisationen der Vereinten Nationen, die auch für die Entwicklungsländer zuständig waren, geschehen. Hier ist an die Konferenz der UNCTAD (United Nations Conference on Trade and Development) zu denken. Daneben könnten auch auf solchen Konferenzen bearbeitete Listen benutzt werden, wie z. B. die Liste der Länder, die die Zusatzerklärung der oben erwähnten Konferenz der UNCTAD im Jahre 1964 in Genf unterzeichnet haben; vgl. hierzu E. D. O'Hara, Developing Countries in 15th Cr.Soc. S. 103 ff; Ringer, The Stockholm Conference of 1967 in 15 th Bull.Cr.Soc. S. 431 ff.; D. Vignes, op cit. S. 729 ff., Krishnamurti, op. cit. S. 67 ff.

[27]) Liste dieser Länder siehe in GRUR Int. 1967, 455.

[28]) Vgl hierzu auch Rapport sur les travaux de la commission principale no. II in DdA 1969, S. 230 und deutschsprachig oben S. 459 ff.; vgl. auch E. D. O'Hara, op. cit., S. 86 ff.

[28a]) Vgl hierzu Desbois, La conférence de Stockholm relative aux droits intellectuels in Annuaire français du dorit international S. 26 ff.

a) Vorbehalte in Bezug auf die Schutzdauer

Wie im Konferenzprogramm vorgeschlagen, wird die Mindestschutzfrist von 50 Jahren auf 25 Jahre und die Schutzfrist für Lichtbildwerke und für Werke der angewandten Kunst von 25 Jahren auf 10 Jahre beschränkt[29]).

Hier sei zu bemerken, daß diese Schutzfrist ähnlich derjenigen ist, die auch das WUA (Art. IV) vorsieht.

b) Vorbehalte zum Übersetzungsrecht

Die Lösung, die Art. 1 Abs. 1b des Protokolls aufzeigt, kann als eine Zusammenfassung der geltenden Regelungen beider internationaler Abkommen angesehen werden; nämlich einerseits derjenigen, die die Berner Übereinkunft in ihrem Art. 25 Abs. 3 Satz 2 (Brüsseler Fassung) vorsieht, daß die neugegründeten Länder den Art. 8 der geltenden Fassung durch Art. 5 der Pariser Zusatzakte von 1896 ersetzen können und insoweit das Übersetzungsrecht bei Nichtausübung 10 Jahre nach der ersten Veröffentlichung erlischt; andererseits kann nach den Vorschriften des WUA (Art. V), falls bis zum Ablauf von sieben Jahren seit der ersten Veröffentlichung keine Übersetzung in die Landessprache erfolgt war, eine nicht ausschließliche Lizenz erteilt werden, wobei die für die Erteilung zuständige Behörde für eine angemessene Vergütung des Urhebers Sorge zu tragen hat.

Auf Grund der nach den Beratungen der Kommission II angenommenen Vorschrift des Protokolls erlischt das Übersetzungsrecht[30]), das der Urheber in den anderen Ländern als in dem Ursprungsland genießt, falls er es innerhalb von 10 Jahren seit der Veröffentlichung des Originalwerkes nicht ausübt, d. h. falls er keine Übersetzung in die Sprache[31]) desjenigen Verbandslandes anfertigt, für das der Schutz beansprucht werden kann, oder es in diesem Land weder selbst veröffentlicht noch veröffentlichen läßt[32]).

Weiterhin ist eine erhebliche Beschränkung des Übersetzungsrechts durch Erteilung nicht ausschließlicher vergütungspflichtiger[33]) Zwangs-

---

[29]) Art. 1 Abs. 1 des Protokolls in Zusammenhang mit Art. 7 Abs. 1, 2, 3 der RBU. (Als Protokoll wird hier immer das zu untersuchende Protokoll betreffend die Entwicklungsländer gemeint sein, und die RBU immer in ihrer Stockholmer Fassung).

[30]) Vgl. Art. 1 Abs. 1 a Satz 1 des Protokolls und Art. 8 RBU.

[31]) Hier ist als Sprache jede Landes-, Amts- oder Regionalsprache zu verstehen.

[32]) Vgl. Art. 1 Abs. 1 b (i) des Protokolls.

[33]) Art. 1 Abs. 1 b (ii) Satz 1 des Protokolls. Vgl. hierzu auch D. Vignes, Droit d'auteur et aide du développement in Annuaire français du doit international 1967 S. 723 Anm. 24.

lizenzen möglich, wenn der Urheber innerhalb von 3 Jahren seit der ersten Veröffentlichung des Werkes (oder falls durch die Rechtsvorschriften des entsprechendes Landes etwas derartiges bestimmt ist, einer längeren Frist) keine Übersetzung in der Landessprache des entsprechenden Entwicklungslandes veröffentlicht hat[34]).

Zusätzlich ist die Erteilung einer Lizenz dann vorgesehen, wenn der Urheber im Verlauf der gestellten Frist von seinem Recht Gebrauch macht, sämtliche Ausgaben der Übersetzung aber in dieser Zeit vergriffen sind (vgl. Art. 1 Abs. 1b (ii) Satz 3 des Protokolls).

Die Lizenz ist zu versagen, wenn der Urheber die Exemplare seines Werkes aus dem Verkehr gezogen hat[35]).

Die Lizenzen erlöschen, wenn der Urheber nach Ablauf von 3 Jahren, jedoch vor Beendigung des 10. Jahres, selbst eine Übersetzung in der Sprache des betreffenden Landes veröffentlicht. Zusätzlich erlischt das Recht des Urhebers an seinem Vergütungsanspruch für die Lizenz 10 Jahre nach der ersten Veröffentlichung, wenn er im Lauf von 10 Jahren von seinem Übersetzungsrecht keinerlei Gebrauch macht. Weitere Vorschriften bestimmen den Ausschluß der Übertragbarkeit der Lizenzen, die Art und Weise nach denen diese Übersetzungen veröffentlicht werden, sowie den Fall, daß Exemplare, die auf Grund von Zwangslizenzen hergestellt worden waren, in ein anderes Verbandsland mit gleicher Landessprache eingeführt werden. Die Einfuhr ist zulässig, wenn die innerstaatliche Gesetzgebung dieses Landes solche Lizenzen zuläßt und den Verkauf nicht verbietet.

Hier ist zu bemerken, daß in der Regelung auch Vorschriften über die Vergütung enthalten sind, der Transfer dieser Vergütung jedoch den nationalen Devisenvorschriften unterworfen bleibt.

Vergleicht man den Inhalt dieser Vorschriften mit seinen Mustern, so wird offenbar, daß dies für die Entwicklungsländer eine günstigere Lösung darstellt, als es z. B. diejenige des WUA wäre. So z. B. die Verkürzung der Schutzfrist von 7 auf 3 Jahre. Andererseits nähert sie sich den Grundsätzen der Berner Übereinkunft aber dadurch, daß die Möglichkeit besteht, durch Nachholung der eigenen Veröffentlichung einer Übersetzung innerhalb von 10 Jahren nach der ersten Veröffentlichung das ausschließliche Recht voll zurückzuerwerben.

---

[34]) Vgl. auch Art. 1 Abs. 1 b (ii) Satz 2 und Art. 1 b (iii) des Protokolls. Die Lizenz kann nur dann erteilt werden, wenn der Ast. nachzuweisen vermag, daß seine Bemühungen um eine Übersetzungserlaubnis zu erlangen, erfolglos geblieben waren.

[35]) Vgl. Art. 1 Abs. 1 b (vi) des Protokolls.

Außerdem ist der Devisentransfer nach nationaler Regelung vorgesehen, eine Bedingung, die das WUA nicht kennt. Im WUA wird auch nichts über den Veröffentlichungsort erwähnt. Dagegen heißt es im Protokoll, daß der Urheber eine Zwangslizenz nur durch die Veröffentlichung einer Übersetzung in dem betreffenden Land vermeiden kann.

c) Vorbehalte zum Vervielfältigungsrecht

Im Konferenzprogramm war keine ähnliche Regelung, wie diejenige des Art. 1 Abs. 1c zu finden. Hier waren nur die Beschränkungen des Schutzes zugunsten von Zwecken des Erziehungs-, Wissenschafts- und Unterrichtswesens im allgemeinen vorgesehen. Das Sitzungsprotokoll der Kommission II zeigt aber deutlich den großen Widerstand, auf den der Vorschlag des Konferenzprogramms gestoßen ist, und zwar in erster Linie in Bezug auf die Länder, deren Sprache in den Entwicklungsländern am meisten verbreitet ist und deren Urheber von einer solchen Nachdrucksmöglichkeit stark betroffen sind. So kann man in der Tat den erbitterten Kampf verstehen, den die britische Vertretung und die der Vereinigten Staaten führt, wenn man in Betracht zieht, daß in vielen dieser Entwicklungsländer (z. B. Indien, Ceylon, Zypern etc.) außer den entsprechenden Landessprachen auch die englische Sprache verwendet wird, und daß auf der anderen Seite die Kosten der veröffentlichten Bücher in Großbritannien (oder auch in den USA) notwendigerweise weit höher liegen als in dem entsprechenden Land selbst. Wie bereits oben erwähnt, ist aber auch zu verstehen, wie wichtig gerade für diese Länder der freie Zugang zu solchen Werken ist.

Dennoch sind die Konferenzverhandlungen zu einem Ergebnis zugunsten der Vervielfältigung zu allgemeinen erzieherischen und kulturellen Zwecken gekommen, das sich in einer Vorschrift für ein Lizenzsystem manifestiert. Dieses System ist der gebührenpflichtigen nicht ausschließlichen Lizenzen, wie sie für das Übersetzungsrecht vorgesehen sind, verwandt. Zur Erteilung einer solchen Lizenz für die Vervielfältigung und Veröffentlichung des Werkes genügt es also, daß das Werk bis zum Ablauf von 3 Jahren seit der ersten Veröffentlichung des Originalwerkes oder einer längeren, durch die Rechtsvorschriften des betreffenden Entwicklungslandes bestimmten Frist, nicht in der Originalsprache des Landes, in dem es geschaffen wurde, vervielfältigt oder veröffentlicht wird[36]). Auf jeden Fall kann die Lizenz nur für

[36]) Vgl. Art. 1 Abs. 1 c (i) des Protokolls in Verbindung mit Art. 9 RBU.

erzieherische oder kulturelle Zwecke erteilt werden[37]. Desweiteren werden auch die Voraussetzungen und das Verfahren der Lizenzerteilung, die Vergütungspflicht und ihrer Bedingungen geregelt, die denjenigen Regelungen entsprechen, die für die Lizenzen für das Übersetzungsrecht vorgesehen sind. Die Lizenz kann unter denselben Voraussetzungen erteilt werden, wenn das Werk zwar in diesem Land in der Originalfassung veröffentlicht worden ist, die Ausgaben aber alle vergriffen sind.

d) Vorbehalte zum Senderecht

Diese Vorschrift schränkt die Rechte der Urheber weniger als die bisher erwähnten ein. Das Senderecht bleibt generell unangetastet. Nur das Recht zur öffentlichen Wiedergabe der Sendung wird insofern eingeschränkt, als eine Bewilligung von Seiten des Urhebers hierzu nur nötig ist, wenn die Wiedergabe zu Erwerbszwecken erfolgt[38]. Tatsächlich beschränkt sich der Inhalt des Vorbehalts auf die Möglichkeit, die Absätze 1 und 2 des Art. 11bis RBÜ durch die Bestimmung des Art. 11bis der Romfassung der RBÜ zu ersetzen. Hierfür gibt es zwei Ausnahmen. Nämlich einmal, wie oben erwähnt, daß die Urheber ihr Recht im Falle der Wiedergabe zu Erwerbszwecken behalten, wobei eine Vergütung zu ihren Gunsten vorzusehen ist, die zweite Ausnahme ist rein formeller Natur und besteht in der Änderung des Ausdrucks der Romfassung „zu gestatten, daß ihre Werke durch funkelektrische Verbreitung mitgeteilt werden" durch „.... zu erlauben, die Rundfunksendung ...". Die Einführung der Klausel „per profit" ist nicht zu begrüßen. Es zeigen sich aber in vielen Ländern Tendenzen, eine solche Klausel in den nationalen Gesetzgebungen einzuführen[39].

e) Vorbehalte zur Beschränkung des Rechts des Urhebers zu Zwecken des Unterrichts, des Studiums und der Forschung.

Neben oben erwähnter Erleichterung der Vervielfältigung zu allgemeinen erzieherischen und kulturellen Zwecken sieht das Protokoll auch eine allgemeine Einschränkung des Urheberrechtsschutzes vor für Fälle von Werknutzungen, die ausschließlich zum Zwecke des

---

[37]) Diese Vorschrift wird später noch kritisch zu betrachten sein. Die Einschränkung der Rechte des Urhebers zu erzieherischen und kulturellen Zwecken" kann jedenfalls sehr weit ausgelegt werden, soweit nämlich als fast alle Wiedergaben und Veröffentlichungen erzieherischen und kulturellen Zwecken dienen können. Vgl. hierzu auch Krishnamurti, op. cit. S. 63.

[38]) Vgl. Art. 1 Abs. 1d (i) des Protokolls.

[39]) Vgl. hierzu auch Malaplatte, Dispositions de fond de l'acte de Stockholm et Protocole, in Interauteurs 1967, S. 250.

Unterrichts, des Studiums und der Forschung in allen Bereichen des Erziehungswesens dienen[40]). Diese Beschränkung setzt laut Text voraus, daß die nationale Gesetzgebung die Möglichkeit einer Vergütung des Urhebers vorsieht, die den für den inländischen Urheber geltenden Vorschriften entspricht. Auch hier ist die Vergütung den nationalen Devisenregeln unterworfen, wie sie bei der Vergütung im Zusammenhang mit dem Übersetzungs- und Vervielfältigungsrecht vorgeschrieben sind. Sowie auch für die anderen Vorbehalte gilt auch hier die Regelung der Zulässigkeit der Einfuhr der auf Grund dieser Vorbehalte (also auch hier zu den bestimmten Zwecken) hergestellten Vervielfältigungsstücke in andere Länder, die auch von dem Vorbehalt Gebrauch machen und die Einfuhr nicht verboten haben. Nicht ausdrücklich erwähnt ist die Voraussetzung derselben Sprache in diesen Ländern[41]). Handelt es sich bei den anderen anzunehmenden Vorbehalten um Einschränkungen nur einiger bestimmter Rechte, so sieht Art. 1 Abs. 1e eine Einschränkung nicht nur dieser Rechte, sondern auch sonstiger urheberrechtlicher Befugnisse, wie u. a. des Rechts zur öffentlichen Wiedergabe und des Verfilmungsrechts, vor[42]). Der durch Kompromißvorschlag angeführte Zusatz der Worte „in allen Bereichen des Erziehungswesens" sollte trotzdem klarstellen, daß der Vorbehalt nicht für alle Fälle der Forschung (u. a. nicht für Fälle der gewerblichen oder kommerziellen Forschung) in Anspruch genommen werden kann[43]).

3. Laufzeit des Protokolls

Zu dem Inhalt des Protokolls, der hier in einigen Grundzügen dargestellt wurde, muß hinzugefügt werden, daß die Länder für eine Zeit-

---

[40]) Diese Vorschrift ist, wie bereits erwähnt, das Ergebnis des kräftigen Vorstoßes gegen die vom Konferenzprogramm vorgeschlagene Lösung der Einschränkung des Urheberrechtsschutzes im allgemeinen zu Zwecken der Erziehung, der Wissenschaft und des Unterrichts — vgl. hierzu vorbereitende Dokumente zur Stockholmer Konferenz für geistiges Eigentum 1967 in GRUR 1967 Int. 163 ff. und oben S. 368 ff. Die Konferenz hat sich nach neuen heftigen Debatten darauf geeinigt, dem Kompromiß der Vorschrift des Art. 1c in Bezug nur auf das Vervielfältigungsrecht einerseits sowie dem der jetzt zu untersuchenden Vorschrift des Art. 1 Abs. 1e andererseits zuzustimmen.

[41]) Wie auch aus dem Rapport der Kommission II (op. cit. in DdA 1967, S. 232) zu ersehen ist, schließt die fremde Sprache des anderen Landes den Zweck der Lehrtätigkeit aus, vgl. auch oben S. 464.

[42]) So auch Ulmer, Die Stockholmer Konferenz für geistiges Eigentum in NJW 1968, 1015, der dabei an Schulfunksendungen, sowie an Verfilmungen zu Schul-Unterrichtszwecken und an die öffentliche Vorführung der betreffenden Filmwerke denkt.

[43]) Vgl. auch Rapport de la Commission II, op. cit. in DdA 1967, S. 232 = oben S. 464. Auf jeden Fall stellt dieser Ausdruck eine Erweiterung der Zweckbestimmung der Ausnahme dar, die im Vergleich zu derjenigen des Konferenzprogramms stand, und die nur eine Benutzung geschützter Werke im Rahmen der Lehrtätigkeit von Einrichtungen des Unterrichts und der Erziehung, sowie von Zentren zur Berufsausbildung und zur landwirtschaftlichen Entwicklung zuließ.

dauer von 10 Jahren davon Gebrauch machen können[44]). Darüber hinaus dürfen die Entwicklungsländer, wenn sie es für richtig erachten, einige oder auch alle dieser Vorbehalte solange beanspruchen, bis sie selbst die vor der nächsten Revisionskonferenz angenommene Fassung der Berner Konvention ratifizieren oder ihren Beitritt dazu erklären[45]).

Einem Vorschlag der niederländischen Delegation zufolge wurde im Text hinzugefügt, daß dieser Schutz auf jeden Fall sechs Jahre nach dem Jahr erlischt, in dem der Generaldirektor des Verbandes angezeigt hatte, daß das betreffende Land nach bestehender Praxis der Vollversammlung der Vereinten Nationen nicht mehr als Entwicklungsland anzusehen ist[46]).

4. Inkrafttreten des Protokolls

Darüber hinaus ist hier auch zu klären, von welchem Zeitpunkt an das Protokoll Anwendung finden kann. Generell fällt dies mit dem Zeitpunkt des Inkrafttretens der Stockholmer Fassung zusammen, d. h. also drei Monate nach der Ratifizierung dieser Akte von fünf Ländern[47]) (das Protokoll stellt einen integrierenden Bestandteil dieser Fassung dar). Allerdings könnte das Protokoll auch sofort nach seiner Unterzeichnung, also nach dem 14. Juli 1967 und bevor die Länder durch Art. 1 bis 21 RBÜ und durch das Protokoll verbunden sind, Geltung erlangen. Eine solche Erklärung ist dem Direktor des Berner Büros zu melden[48]). Dazu ist folgendes erforderlich: a) Eine Erklärung des Landes, das als Ursprungsland von Werken, die die Entwicklungsländer benutzen, anzusehen ist, daß es die Anwendung des Protokolles auf diese Werke durch solche Länder zuläßt, die b) in dem Zeitpunkt, in dem sie durch Art. 1 bis 21 RBÜ mit dem Protokoll verbunden werden, eine Erklärung abgegeben haben, daß sie beabsichtigen, die Vorschriften des Protokolles anzuwenden.

5. Bindung des Protokolls an die Berner Übereinkunft

Schließlich wäre hier zu bemerken, daß gerade weil das Protokoll einen Bestandteil der Übereinkunft darstellt, sich jede Ratifizierung der Stockholmer Fassung, jedenfalls der Art. 1-21) oder der Beitritt

---

[44]) Vgl. Art. 1 Abs. 1 des Protokolls.

[45]) Vgl. Art. 3 RBÜ.

[46]) Vgl. auch Art. 4 des Protokolls.

[47]) Vgl. auch Art. 28 Abs. 1b RBÜ.

[48]) Vgl. Art. 5 des Protokolls.

zu diesen materiellen Bestimmungen des Stockholmer Aktes auch auf das Protokoll der Entwicklungsländer beziehen.

6. Anwendung des Protokolls auf abhängige Gebiete

Art. 6 des Protokolls (auf Vorschlag der britischen Delegation eingefügt) bestimmt, daß ein Verbandsland, das nach Art. 31 RBÜ die Konventionsvorschriften auch auf Hoheitsgebiete, für die es auswärtige Beziehungen wahrnimmt, anwenden kann, die Bestimmungen des Protokolls auch auf diese Gebiete erstrecken kann[49]).

IV. Die Situation nach der Stockholmer Konferenz

1. Allgemeines

Ganz allgemein kann gesagt werden, daß das Protokoll das bestimmende Instrument für die Sicherung des urheberrechtlichen Schutzes in den Entwicklungsländern bildet. Der Schutz durch die Berner Union (auch wenn man die Vorschriften dieses Protokolls einschlösse) bleibt immer höher als derjenige jedes anderen Abkommens.

Überblickt man die einzelnen Beschränkungen, so mag man folgendes feststellen: Die Kürzung der Schutzfrist auf 25 bzw. 10 Jahre ergibt eine effektive Minderung des Schutzes. Verpflichtet man sich den Entwicklungsländern gegenüber zu solchen Zugeständnissen, um ihnen den Zugang zu den fremden Werken zu erleichtern, so ist die zeitliche Beschränkung des Schutzes nicht zu vermeiden. Allerdings entsprechen die vorgesehenen Schutzfristen denjenigen, die das WUA (Art. IV) vorsieht.

Auch die Erteilung einer Lizenz für Übersetzungen bringt eine, jedenfalls nicht untragbare, Beschränkung der Urheberrechte mit sich, die jedoch nur bei Nichtausübung des ausschließlichen Übersetzungsrechts des Urhebers zur Wirkung gelangt. Einerseits unterliegt das Werk, wenn es bis zu dem bestimmten Termin nicht veröffentlicht wird, einer ähnlichen Situation wie es durch das domaine public erfahren hätte, andererseits wird bei Nichtausübung des Übersetzungsrechts die nicht ausschließliche Zwangslizenz im Rahmen ihrer Bestimmungen eine starke Einschränkung der ausschließlichen Rechte der Urheber mit sich bringen.

---

[49]) Vgl. hierzu Schiefler, op cit. in GRUR Int. 1967, 458.

Die das Vervielfältigungsrecht einschränkende Lizenz hat, selbst wenn sie nur zu Erziehungszwecken anwendbar sein sollte, große Bedenken hervorgerufen.

Die Einschränkung, die Erteilung von Lizenzen nur auf erzieherische Zwecke zu beschränken, klingt doch reichlich illusorisch, wenn man bedenkt, daß fast alle Vervielfältigungen diesen Zwecken dienen können, die einschränkende Zweckbestimmung also in der Praxis schwer zu realisieren ist.

Daß ein Vergütungsanspruch nur dann vorgesehen ist, wenn die öffentliche Wiedergabe der Rundfunksendung zu Erwerbszwecken stattfindet, ist aus allgemeinen Gründen zu kritisieren. Der Entwurf zum neuen Urheberrechtsgesetz der Vereinigten Staaten enthält keine solchen Voraussetzungen mehr; es hatte sich herausgestellt, daß eine solche Bedingung nicht der allgemein anerkannten Idee des urheberrechtlichen Schutzes entspricht. Außerdem mag man bezweifeln, ob einer solchen Regelung in der Situation bei der Rundfunkwiedergabe in öffentlichen Räumen, Hotels usw., in den Entwicklungsländern große Bedeutung zukommt[50]).

Die erheblichste Beeinträchtigung des Urheberrechts kommt natürlich der Einschränkung der Werknutzungsrechte zu Zwecken des Unterrichts, des Studiums und der Forschung zu. Die Urheber müssen sich nur einmal die Auswirkung der Anwendung dieser Vorschriften auf die Entwicklungsländer vorstellen, die ja auch an ihr eigenes nationales Repertoire denken müssen.

In der Tat besteht für die Urheber fortschrittlicher Länder keine Sicherung gegen eine so ausgedehnte Beeinträchtigung ihrer Rechte. Wie bereits oben erwähnt, sind in dieser Beschränkung sämtliche Befugnisse des Urhebers, selbst das Übersetzungsrecht, obwohl dieses bereits in Art. 1 Abs. 1b geregelt ist, enthalten.

Die Vorschrift dient keiner engeren Zweckbestimmung. Es fehlt ihr im Gegenteil an Präzision. Sie erlaubt keine unbegrenzte Anwendung des Systems der gesetzlichen Lizenzen. Es handelt sich hier bestimmt nicht nur um eine Möglichkeit zur Minderung der Einnahmen aus der Verwertung der Werke der Literatur. Vielmehr können weitere

---

[50]) Vgl. hierzu auch die Bemerkung von Schiefler in GRUR Int. 1967, S. 458, der sagt, daß bei solchen Ländern die Einziehung von Vergütungen für Rundfunkwiedergaben (z. B. in Gaststätten) schon wegen der praktischen Schwierigkeiten nicht möglich ist.

Schwierigkeiten bei der allgemeinen herausgeberischen und verlegerischen Tätigkeit der Urheber und Verleger der anderen — nicht der Entwicklungsländer — auftreten[51]).

Der nach heftiger Debatte zugunsten der Urheber gewonnene Vergütungsanspruch stellt keine wesentliche Garantie dar, weil er auf Grund innerstaatlicher Vorschriften für die Devisenzahlung im Ausland auf jeden Fall an Bedeutung verliert. Da solche Vergütungen durch die nationalen Gesetzgebungen auch inländischen Urhebern zustehen, können auf Grund des Prinzips der Inländerbehandlung auch fremdländische Urheber diese Vergütung beanspruchen.

In Zusammenhang mit der Fassung des Art. 3 ist zu bemerken, daß sie eine rein willkürliche und absolut frei nach ihrem Ermessen — ja nach Interessenabwägung des betreffenden Landes — beschlossene Geltungsdauer des Protokolls verspricht. Ergebnis dieser Vorschrift könnte jedoch sein, daß die Entwicklungsländer keine besonderen Anstrengungen zur Verbesserung ihrer urheberrechtlichen Beziehungen unternehmen und sich auch nicht für eine Benutzung der Werke der Literatur und der Kunst auf gleicher Schutzebene mit anderen Ländern interessieren werden.

Die Verbindung des Protokolls mit der Berner Union bereitet dem Inkrafttreten der materiellen Vorschriften der Stockholmer Fassung der RBÜ heute nur Schwierigkeiten. Der Versuch, eine Mißachtung des Protokolls als „getrennte" kleine Konvention zu vermeiden sowie das Inkrafttreten des Protokolles zu erzwingen, wie die Bestrebung, die dadurch begünstigten Länder als Verbandsländer anzunehmen, läßt eine solche Verbindung in der heutigen Situation an Bedeutung verlieren.

Was Art. 6 betrifft, so ist nur darauf hinzuweisen, daß es sich hierbei um eine selbstverständliche Regelung handelt, die bereits in der Berner Übereinkunft enthalten ist, und die den noch abhängigen Ländern, auf die diese Vorschriften angewendet werden, auf keinen Fall ungünstige Resultate bringt. Den Widerstand, den Tunesien, Indien, die Tschechoslowakei und Israel leisten, kann nur der Gedanke rechtfertigen, daß solche unter kolonialistischen Aspekten stehenden Vorschriften in internationale Abkommen nicht eingeschlossen werden sollten.

---

[51]) Man muß hier hinzufügen, daß die Erfahrungen, die die Verleger fortschrittlicher Länder (so z. B. Deutschlands) während der Kriegszeit bei der Anwendung solcher fremder willkürlich erteilter Lizenzen gemacht haben, nicht die günstigsten sind. Unter dieser Situation hat die Verlagstätigkeit dieser Länder noch Jahre nach dem Krieg gelitten.

Abschließend sei hier hinzuzufügen, daß folkloristische Darbietungen — ein Problem, das für die Entwicklungsländer und hauptsächlich für diejenigen Afrikas, von Interesse ist — direkt durch die Stockholmer Fassung der Konvention und nicht durch das Zusatzprotokoll geregelt werden[52]).

2. Auswirkungen des Protokolls auf die Entwicklungs- und auf die entwickelten Länder

Grundsätzlich sollte man glauben, daß die Forderungen der Entwicklungsländer nach besonderen urheberrechtlichen Vorschriften, die ihnen die Gewährung eines geringeren als des bisher durch die RBÜ erteilten internationalen Schutz gestalten sollten, da ihre wirtschaftlichen, sozialen und kulturellen Verhältnisse einen solchen starken Schutz nicht ertragen können, durch das Protokoll erfolgreich gewesen seien. Der weitere Verlauf des Protokolls zeigt jedoch, daß ein solcher Erfolg nicht erreicht wurde. Einerseits distanzieren sich bereits mehrere Länder von der Bezeichnung „Entwicklungsland", obwohl sie diese für sich in Anspruch nehmen könnten (so Mexiko, Argentinien, Uruguay, Marokko)[53]). Andererseits zeigen sich viele Entwicklungsländer darüber unzufrieden, daß die Verbandsländer der Berner Union (in diesem Fall die entwickelten Staaten) das Protokoll noch nicht ratifiziert oder sogar noch nicht unterzeichnet haben[54]). Dem Drängen der Mehrheit der Entwicklungsländer auf rasches Inkrafttreten des Protokolls steht die abwartende Haltung mehrerer fortgeschrittener Länder gegenüber. Für die einzelnen Länder sieht die Lage etwa so aus: Großbritannien und Frankreich lehnen das Protokoll ab; dieselbe Haltung

---

[52]) Vgl. Art. 15 RBÜ.

[53]) Diese Länder erklärten kurz nach der Stockholmer Konferenz, daß sie zwar die Voraussetzungen zur Anwendung des Protokolls erfüllten, eine Inanspruchnahme sei aber angesichts ihrer kulturellen Entwicklung unter ihrer Würde. Israel erklärte des weiteren, es betrachte sich zwar selbst als Entwicklungsland, könne aber die Inanspruchnahme des Protokolls nicht empfehlen.

[54]) Hier ist auf die Bemühungen Indiens hinzuweisen, das im Verlauf der Tagung des Ständigen Ausschusses der Berner Union und des Regierungsausschusses des WUA im Dezember 1967 das besondere Interesse der Entwicklungsländer ausgedrückt hatte, so bald als möglich die Rechte in Anspruch nehmen zu können, die das Protokoll vorsieht. Auf der gleichen Sitzung wurde BIRPI gebeten, eine Umfrage unter allen Verbandsländern zu machen, und zwar bei allen den Ländern, die nicht den Entwicklungsländern angehören, um festzustellen, welche Schritte diese Länder für die Anwendung, die Ratifikation oder zum Beitritt des Protokolls bereits unternommen haben. Die Entwicklungsländer sollten aussagen, in welchen Punkten und in welchem Ausmaß sie von dem Protokoll Gebrauch machen wollen, sowie welche Bestimmungen sie zu diesen Zwecken in ihre nationalen Gesetzgebungen aufnehmen wollen, insbesondere in Bezug auf die Vergütung der Urheber und die Bedingungen für die Erteilung der im Protokoll vorgesehenen Lizenzen (vgl. hierzu Bericht von Prof. Ulmer über die Tagung in GRUR Int. 1968, 96).

zeigen noch andere Länder, wie z. B. Spanien, Italien und Japan[55]). Kleinere Länder, u.a. Österreich, Malta, Zypern, Griechenland, Belgien, und die Schweiz[56]) scheinen die Angelegenheit noch einmal überprüfen zu wollen. Es ist aber nicht auszuschließen, daß auch sie der Haltung der führenden Länder folgen werden. Die skandinavischen Länder mit Ausnahme von Schweden, das die Erklärung des Art. 3 des Protokolls abgegeben hat, hatten zwar zunächst mit den Vorbereitungen zur Ratifizierung begonnen, zeigen jetzt jedoch auch eine abwartende Haltung. Die Bundesrepublik Deutschland, die über die gesetzlichen Voraussetzungen zur Ratifizierung des Protokolls verfügt, hat es bisher noch nicht getan. Die Ostblockländer scheinen das Protokoll im allgemeinen zu akzeptieren, jedoch hat es bisher, abgesehen von der DDR, die bereits der Konvention beigetreten war, nur Bulgarien offiziell anerkannt[57]).

Von den Entwicklungsländern haben es bisher nur wenige ratifiziert[58]). Ein UNESCO-Seminar, das 1968 in Singapur abgehalten wurde, sprach sich zwar einstimmig für das Protokoll aus, mehrere Länder deuteten jedoch an, daß sie ihre Zustimmung nur aus Höflichkeit gegenüber einer Minderheit gegeben hätten, ohne davon jedoch wirtschaftlich überzeugt zu sein[59]). Diese Länder haben in ihrer Mehrheit noch nicht die entsprechenden Gesetze zur Anwendung des Protokolls erlassen. Einige hatten allerdings kurz vor der Abstimmung über das Protokoll oder kurz nachher neue Urheberrechtsgesetze erlassen oder Entwürfe solcher Gesetze ausgearbeitet, die dessen Sinn entsprachen.

Schließlich zeigen sich auch die Vereinigten Staaten nicht begeistert von dem Protokoll. Sie hatten bereits Bestrebungen gezeigt, ihre Ge-

---

55) Großbritannien hat bereits alle anderen Abkommen (OMPI, revidierte Fassung der PVU) mit Ausnahme der revidierten Fassung der RBU und des Protokolls ratifiziert. Allerdings waren Großbritannien nebst Argentinien, Australien, Brasilien, Bulgarien, Canada, Kongo (Brazaville), Ungarn, Island, Libanon, Niederlande, Polen, Tschechoslowakei, Thailand, Türkei, Uruguay, die einzigen Länder, die im Juli 1967 die Unterzeichnung der Stockholmer Konferenz verweigerten. Einige Länder haben dann später doch unterschrieben.

56) Die Schweiz tendiert eher dahin, nur die administrativen Bestimmungen der RBU in ihrer Stockholmer Fassung zu ratifizieren, nicht aber das Protokoll und die substantiellen Bestimmungen. Diese Abgrenzung kann wohl gemacht werden; es ist ausdrücklich vorgesehen.

57) Bulgarien hat allerdings bereits früher erklärt, daß es die Anwendung des Protokolls auf Werke bulgarischen Ursprungs akzeptieren werde (vgl. hierzu R. E. Barker, Urheberrecht am Kreuzweg, in Börsenblatt für den deutschen Buchhandel, 1968, Frankfurter Ausgabe, S. 598.

58) Senegal hat es z. B. ratifiziert, Kamerun ist nach offizieller Mitteilung bereit, das Protokoll unter gewissen Vorbehalten anzuwenden. Pakistan wird es ratifizieren. Madagaskar hatte u. a. erklärt, es werde die Angelegenheiten noch überprüfen.

59) Vgl. R. E. Barker, op. cit. in Börsenblatt für den deutschen Buchhandel, 1968, Frankfurter Ausgabe, S. 959.

setzgebung zu revidieren mit dem Ziel, der RBÜ bald beitreten zu können. Nach Abschluß des Protokolls und seiner Verbindung mit dem Konventionstext sehen sie sich unter den jetzigen Voraussetzungen jedoch nicht mehr in der Lage, der Konvention beizutreten. Es ging ihnen in der Hauptsache darum, nun nicht durch Regeln auf internationaler Ebene gebunden zu werden, die sie gerade in ihrer Gesetzgebung abzuschaffen versuchen[60]).

3. Debatte über das Protokoll

Bei den Argumenten gegen das Protokoll von Seiten der fortgeschrittenen Länder handelt es sich hauptsächlich um Argumente der Vertreter eigner Interessen jeden Landes und zwar um die der Urheber und der Verleger, die befürchten müssen, daß dadurch das hohe Niveau des internationalen urheberrechtlichen Schutzes wieder absinken wird[61]). Es sind dies die Argumente derjenigen, die ihre Rechte durch das Protokoll verschenkt sahen und deren heftiger Kritik die Delegationen nach ihrer Rückkehr aus Stockholm in ihre Heimatländer ausgesetzt waren. Allgemeine innerpolitische oder der Weltpolitik zugrundeliegende Argumente sind bestimmt die geringsten.

Dagegen bringen die Entwickungsländer einzig solche Argumente vor, die auf sozialer, (erzieherischer und kultureller usw.), innerstaatlicher und weltpolitischer Ebene beruhen. Ein Rechtsbestand, der solche Argumente rechtfertigen könnte, fehlt in den meisten Fällen. Diese Argumente lassen sich kurz zusammenfassen: Die Entwicklungsländer (Länder mit umfangreicher Bevölkerung) können in ihrem heutigen Zustand die Beschränkung, die ihnen durch die RBÜ auf internationaler Ebene für die freie Benutzung der Geisteswerke auferlegt sind, nicht akzeptieren. Sie müssen vielmehr freien Zugang zu den Produkten der geistig zivilisierten Welt gewinnen und zwar in erster Linie zu den ihnen fehlenden Mitteln für Unterrichts-, Forschungs- und Studienzwecke auf allen Gebieten der Erziehung und der kulturellen Entwicklung. Diese Mittel können sie heute in Anbetracht der ihnen durch die RBÜ auferlegten Einschränkungen lediglich gegen eine des umfangreichen Bedarfs wegen nur sehr teuere Bezahlung bekommen.

Der grundlegende Zweck des Kampfes um Erleichterungen des Schutzes ließe sich auch noch durch das Bestreben der Entwicklungs-

[60]) Vgl. auch Ringer, The Stockholm Conference of 1969 in 15th Bull.Cr.Soc. S. 434.

[61]) Vgl. Stellungnahme des Börsenvereins für den deutschen Buchhandel, in FILM UND RECHT Nr. 3/1969 S. 91 ff. In diesem Text wurde die Meinung geltend gemacht, das Protokoll bringe eine tiefgreifende Zerstörung des internationalen Urheberrechtsschutzes mit, und das Gefühl, daß der Diebstahl geistiger Leistungen unmoralisch sei, würde verkümmern.

länder erklären, auf diese Weise einem weiteren Neokolonialismus entgegenzuwirken. Man darf nicht vergessen, daß diese Länder nach ihrer langjährigen Abhängigkeit nunmehr überaus empfindlich auf jeden Versuch, ihre Freiheit zu beeinträchtigen, reagieren — als einen solchen Versuch würden sie ein tatsächliches Verbot, in den Genuß der Geistesprodukte zu kommen, bezeichnen[62]).

Neben dieser allgemeinen Argumentation drohen diese Länder weiterhin, sich von jedem Abkommen, das den internationalen Schutz gewährleistet, zurückzuziehen, falls ihnen die oben erwähnte Freiheit nicht zugestanden würde.

Im übrigen scheinen die Beziehungen dieser Länder zu den oben als Industriemächte bezeichneten Ländern durch die ihren Hoffnungen entgegenstehende Entwicklung des Protokollproblems, wen auch nur mittelbar, beeinflußt werden zu können.

Die Gegner des Protokolls gründen ihre Kritik auf folgende Argumente:[63])

Die nach dem vollen Wortlaut des Protokolls, in erster Linie jedoch nach dessen Art. 1e begründete Freiheit jeglicher Werknutzung stelle einen Verstoß gegen das gesamte Urheberrecht dar und lasse im Endeffekt keinen nennenswerten Bereich, der von den Entwicklungsländern zu respektieren sei. Es könne auf allen Gebieten der Erziehung und der Forschung durch Einschränkung des geltenden Schutzes gedruckt, nachgedruckt, übersetzt[64]) und bearbeitet werden, falls entsprechende Gesetze erlassen würden, auf deren Inhalt die entwickelten Länder keinen Einfluß ausüben könnten[65]). Der durch das Protokoll legalisierte Nachdruck stelle die größte Gefahr dar, wenn auch allerdings nicht nur für die Urheber sondern auch für die Verleger und das ganze Verlagswesen eines Landes. Für das Verlagswesen äussere sich die Gefahr nur insofern, als der Nachdruck geistiger Werke eines fortgeschrittenen Landes in einem solchen Entwicklungsland wegen der günstigeren finanziellen Bedingungen (geringere Unkosten für Nachdrucke) eine mögliche Einstellung jeglicher Betätigung auf

---

[62]) Vgl. hierzu auch Krishnamurti, op. cit. S. 66ff.

[63]) Generell muß gesagt werden, daß jede Kritik von dieser Seite her, in Anbetracht privater eigener Interessen, als subjektiv und emotionell erachtet werden muß.

[64]) Das Problem, ob auch das Ubersetzungsrecht zusätzlich in Art. 1e einzuschließen ist, bleibt unserer Meinung nach fraglich; es ist jedenfalls leicht Art. 1e in der Richtung auszulegen, daß eine Ubersetzung zu Unterrichts-, Studien- und Forschungszwecken auch ohne die entsprechende Lizenz übernommen werden kann.

[65]) Viele Länder haben bereits vor der endgültigen Fassung der Konvention ihre Gesetzgebungen den damals nur als Vorschläge vorliegenden Vorschriften angepaßt.

dem Gebiet der Literatur und der Kunst nach sich ziehen könne. Man müsse dabei auch die heutzutage den Nachdruck sehr vereinfachenden Verfahren auf fotomechanischem oder anderem Wege berücksichtigen. Heute ist es wohl ein Leichtes, nicht nur Werke der bellestristischen oder wissenschaftlichen Literatur zu drucken oder nachzudrucken, sondern auch Bühnenwerke und Musikwerke (in erster Linie deren Texte) und sogar Werke der bildenden Künste, von denen Reproduktionen anzufertigen heute kein Problem sei[66]). Auch würden sich die Konsequenzen der Nachdrucksfreiheit nicht nur auf den einfachen Nachdruck in einem Entwicklungsland beschränken, sondern es könnten nachgedruckte Exemplare auch in alle anderen Länder weiterexportiert werden; und dies nicht allein an andere Entwicklungsländer, was laut Protokoll unter bestimmten Voraussetzungen gesetzlich zulässig wäre, sondern, was jedoch mit vielen Schwierigkeiten verbunden wäre, auch in Länder, in die ein Export verboten ist[67]). Im Endeffekt sei ein Erscheinen solch billiger Nachdrucke, Übersetzungen oder sonstiger Bearbeitungen also überall in der ganzen Welt möglich. Natürlich hätten darunter die mit vielen Kosten errichteten Verlagsunternehmen der Industriemächte zu leiden. Die Verleger der entwickelten Länder sähen sich nicht mehr imstande, den Autoren entsprechende Honorare zu zahlen. Andererseits würden die Autoren versuchen, ihre Werke in solchen Ländern drucken zu lassen, in denen die Möglichkeit von Raubdrucken nicht vorliegt. Diese Konsequenzen werden dadurch noch unerträglicher, daß in verschiedenen Verlagsbereichen (wie z. B. beim Musikverlag) nur geringere Auflagen gedruckt würden.

Die Autoren erführen ihrerseits auch eine entsprechende Schädigung. Sie hätten neben den Konsequenzen des Nachdrucks auch noch diejenigen zu befürchten, die ihnen durch die Beschränkung ihres Veröffentlichungs- und Vervielfältigungsrechts u. a. sowie ihrer sonstigen Befugnisse[68]) auferlegt würden. Erfaßt würden nämlich alle Rechte

---

[66]) Man sollte hier hinzufügen, daß die Vorschriften des Protokolls tatsächlich die Rechte aller Werkgattungen beeinträchtigen, nicht nur diejenigen der Sprachwerke.

[67]) In diesem Zusammenhang ist nicht nur an die jetzt als Verbandsländer in die Berner Konvention aufgenommenen Entwicklungsländer zu denken, die nicht mehr als 20 betragen, sondern an alle, die nach bestehender Praxis der Vereinten Nationen als solche bezeichnet werden und die sich insgesamt auf über 80 belaufen. Vgl. hierzu aber auch Rapport sur les travaux de la commission principale No. II in DdA 1969 S. 230 und deutschsprachig oben S. 459 ff. Allerdings sind auch fotomechanische Nachdrucke bekannt, die in den verschiedenen Ländern unzulässigerweise hergestellt wurden und in anderen Ländern, vorzugsweise in Ostblockländer, weiterexportiert wurden. Gerechterweise soll man hier hinzufügen, da die UdSSR, die solche billigen Nachdrucke herstellt, nicht weiter exportiert.

[68]) Die durch das Protokoll legalisierte Möglichkeit, in einem Land hergestellte Filmkopien oder Tonträger in einem Rundfunk- oder Fernsehprogramm eines Entwicklungslandes weiterzusenden (nur nicht zu Erwerbszwecken) stellt allerdings eine große Beeinträchtigung des Urheberrechts dar.

der Urheber aller Werkgattungen[69]). Weitgehend beeinträchtigt sähen sich die Autoren auch darin, daß ihre Arbeit nicht mehr entsprechend honoriert würde[70]). Andererseits seien auch die den Urhebern gegebenen Vergütungsgarantien bei der Benutzung der geschützten Werke unbefriedigend. Die Urheber sähen mit großer Befürchtung der Möglichkeit einer geringeren Vergütung in den Entwicklungsländern entgegen, die einerseits nach den dortigen Maßstäben berechnet würde andererseits aber nach den in diesen Ländern geltenden Devisenbestimmungen praktisch gesperrt sei.

Der nächste Einwand der Autoren gegen das Protokoll wird sein, daß sie darin eine Gefährdung ihrer Persönlichkeitsrechte erblicken. Die Vertreter eines derartigen Arguments denken vermutlich an die durch Art. 1e erlaubte Bearbeitung und jede andere Auseinandersetzung mit dem Werk, die sonst dem Urheber vorbehalten bleibt und die zur Änderung oder Veräußerung der in den Werken dargebrachten Begriffe, Ideen oder Tendenzen u. a. führen kann[71]).

Außerdem machen die Gegner des Protokolls noch geltend, daß die richtige Auslegung und Anwendung der Regelung, selbst wenn man sich auf diese Vorschriften einigt, nur durch die Gerichte und Behörden des bestimmten Entwicklungslandes überprüft würde, was keine Garantie für die fremden Autoren und Verleger bedeute. Vor allem die Auslegung der entsprechenden Vorschriften könne sehr großzügig behandelt werden. Dem Gegenargument, daß die Entwicklungsländer durch die ihnen gewährten Erleichterungen den Weg zu einer eigenen, auf höher stehendem Niveau, angepaßten Urheberrechtsgesetzgebung finden könnten, verschließen sich die Gegner des Protokolls. Sie behaupten, und dies einigermaßen zu Recht, die Entwicklungsländer hätten bereits vor Abschluß des Protokolls in Stockholm mit der Erstellung einer entsprechenden Gesetzgebung begonnen, die schon früher bearbeitete und später im Protokoll ähnlich ausgedrückte prinzipielle Vorschriften einschließe[72]).

Die Gegner des Protokolls ziehen zusätzlich die Möglichkeit in Betracht, daß die Entwicklungsländer die Dauer des mit diesen Er-

---

69) Dies zeigt, daß nicht nur Art. 1e den Urhebern und Verlegern Nachteile bringt. Vielmehr stellt auch Art. 1c durch die Beschränkung des Übersetzungsrechts im Zusammenhang mit dem Veröffentlichungsrecht eine wesentliche Beeinträchtigung dar.

70) Zur Verdeutlichung dieser Frage muß hinzugefügt werden, daß man zu einem solchen Ergebnis nur dort kommt, wo die Autoren nach Anzahl der verkauften Exemplare honoriert werden.

71) Vgl. auch Stellungnahme des Börsenvereins für den deutschen Buchhandel in FILM UND RECHT Nr. 3/1969, S. 93.

leichterungen gewährten internationalen Schutzes auf Ewigkeit auszudehnen trachten[73]). Möglicherweise werden neue Argumente eine Verlängerung der Frist nach sich ziehen. Sie befürchten weiterhin, daß nach Ablauf der Geltungsdauer, also nach einigen Jahren in denen der Urheberrechtsschutz eine gewisse „Aushöhlung" erfahren würde, die frühere Situation nicht wieder hergestellt werden könne. Die Ergebnisse eines solchen „Raubes" von Teilen der internationalen urheberrechtlichen Tätigkeit wären wohl vielmehr endgültig, und die Nachteile der Urheber und Verleger würden zum Dauerzustand werden.

Für diejenigen, die sich gegen das Protokoll wehren, ist es dazu unverständlich, daß die Länder bereit sind, auf die Prinzipien der RBÜ zu verzichten, die ihnen einen Mindestschutz sicherten, und daß sie nicht auf der Anwendung des Gegenseitigkeitsprinzips, das doch immer die Grundlage jedes Urheberrechtsabkommens gebildet hatte, bestehen. Denn in der Tat verlangen ja die Entwicklungsländer bestimmte Erleichterungen von dem starren Schutz, die sich auf die Werke der Urheber entwickelter Länder ungünstig auswirken. Dagegen dürfen diese letzteren keinesfalls die gleichen Freiheiten für ihre Staatsangehörigen in fremden Ländern verlangen.

Bei kritischer Betrachtung dieser Argumente können wir uns der Ansicht nicht verschließen, daß Ziffer e des Art. 1 des Protokolles das Urheberrecht doch erheblich einschränkt.

Andererseits sollte man auch die verständlichen Wünsche der Entwicklungsländer berücksichtigen, die, da sie noch keine eigene Literatur und kein eigenes Verlagswesen besitzen, von den Leistungen der Erstgenannten zu profitieren suchen bis sie selbst ein eigenes Publikationswesen entwickelt haben, das dann seinerseits schutzbedürftig ist. So wird ihnen der Zugang zu dem der Forschung im allgemeinen dienenden Schrifttum auch erst noch zu ermöglichen sein. Hier sei jedenfalls hinzuzufügen, daß es bisher noch ungewiß ist, inwieweit die Entwicklungsländer von diesen Erleichterungen Gebrauch machen werden. Sie haben in ihrer Mehrheit bisher keine entsprechenden Gesetze erlassen.

---

[72]) Vgl. aber hierzu Vignes, op. cit. S. 721.

[73]) Man ist in der Tat versucht zu glauben, die Entwicklungsländer könnten auf Grund der Vorschrift des Art. 3 eine weit längere Frist, als man annimmt, erreichen. Es ist nicht zu unterschätzen, daß es noch Länder gibt, die bisher nur die Fassung von Rom (1928) oder sogar nur die Berliner Fassung (1908) der Berner Union ratifiziert haben, keinesfalls jedoch eine jüngere, wie z. B. die Fassungen von Brüssel.

Eine Beeinflussung bei der Gestaltung solcher Gesetze von Seiten der ratifizierenden Industrieländer wäre jedenfalls nicht ganz auszuschließen.

Desweiteren sehen die Gegner das Problem der durch einen solchen Status zu gewährenden materiellen Entwicklungshilfe rein subjektiv. Sie lehnen eine Hilfe im geistig-kulturellen Bereich zwar keinesfalls ab, doch dürfte sie nicht nur zu Lasten der Urheber und Verleger gehen, d. h. nicht die Preisgabe deren Rechte bedeuten. Sie stehen auf dem Standpunkt, daß ein Urheberrechtsgesetz eine Sache sei, Hilfe für die Entwicklungsländer eine andere, und daß es ein Fehler sei, beide zu verknüpfen. Die Gegner des Protokolls können außerdem behaupten, eine Annahme stelle für den Aufbau eines eigenen Literaturwesens keine Hilfe dar, sie bedeute vielmehr eine Unterbindung der freien Entwicklung der Literatur in diesen Ländern[74]).

Ihrer Meinung nach sei eine Entwicklungshilfe nicht dadurch zu erreichen, daß man diese, eine Entwicklung anstrebenden Länder in einen rechtlosen Zustand versetzt und zwar nur deshalb, weil sie die hohe zivilisatorische Entwicklungsstufe der anderen Länder, die sie allerdings auch nur schrittweise erklommen haben, noch nicht erlangt hätten. Sie glauben vielmehr, daß sich eine Entwicklungshilfe dieser Art auch in der Richtung ausdrücken lassen muß, daß die Industrieländer die Voraussetzungen schaffen, um den Entwicklungsländern den Aufbau eines eigenen Urheber- und Verlagswesens (durch Ausbildungshilfe, Kredithilfe, reguläre und billige Lizenzen, Vertriebsorganisationen u. a.) nebst Schaffung eines eigenen Kulturschatzes, zu ermöglichen, da zusätzlich gerade der Schutz des geistigen Eigentums eine Voraussetzung für jede kulturelle und wissenschaftliche Entwicklung darstellt[75]).

Die Gegner des Protokolls bedenken aber kaum das psychologische Kapital, das die Industrieländer, bei dessen Annahme, zu ihrer eigenen Gunsten in die Entwicklungsländer investieren würden. Ihrer Ansicht nach sei auf diesen guten Eindruck, wenn es um das Recht geht, kein Wert zu legen. Das Argument des durch die Ratifizierung des Protokolls zu manifestierenden guten Willens, ist nicht zu unter-

---

[74]) Es ist hier zu vermuten, daß bei diesen Fällen eine staatlich dirigierte literarische oder künstlerische Aktivität zu befürchten sei. Eine solche Befürchtung bezieht sich auf den Grundsatz, daß derjenige, der das Urheberrecht aushöhlt, die Freiheit der Literatur unterdrückt.

[75]) Vgl. auch hierzu die Stellungnahme des Börsenvereins op. cit., S. 91; a. A. Krishnamurti, op. cit., S. 60.

schätzen. Man würde damit dem Gedanken, daß die Industrieländer die Unabhängigkeit der Entwicklungsländer gefährden, entgegenwirken. Jedoch bliebe eine solche Argumentation rein theoretischer Natur, wenn auf Grund nur weniger Ratifizierungen das Protokoll den Entwicklungsländern doch keine praktische Hilfe sein wird. Dieser gute Wille wäre nur in Anbetracht ihrer weltpolitischen Bedeutung von Wert gewesen. Diesem Gedanken liegt der Einfluß zugrunde, den das Land, das das Protokoll ratifiziert, auf die Entwicklungsländer ausüben wird. In diesem Zusammenhang ist auch die Möglichkeit einer Beeinflussung der Entwicklungsländer durch die das Protokoll ratifizierenden Länder in Erwägung zu ziehen. Aber eine derartige Frage rein politischen Inhalts sollte trotzdem die Beurteilung, ob das Protokoll juristisch akzeptabel ist oder nicht, nicht beeinflussen können.

Die Befürworter des Protokolls befürchten, daß die der Berner Konvention angehörenden Entwicklungsländer die Konvention bei einer Ablehnung des Protokolls verlassen werden. Dem wiederum begegnen die Gegner des Protokolls mit der Behauptung, daß nicht nur aus juristischen, sondern auch aus zweckentsprechenden politischen Gründen, die Aufgabe jenes internationalen urheberrechtlichen Schutzes, nur um dadurch den Austritt einiger weniger Länder aus der Berner Union zu vermeiden, nicht zweckmäßig sei. Sie sind der Meinung, die Industrieländer müßten keinen großen Wert auf die Aufnahme oder die Weiterführung urheberrechtlicher Beziehungen mit Ländern legen, die die Urheber der ersteren gleichzeitig in erheblichem Umfang plagieren könnten[76]).

Sollten die Entwicklungsländer im Falle der Nichtdurchsetzung des Protokolls aus der Union austreten, so wird dieser Schritt das Problem nach sich ziehen, daß somit die geistigen Schöpfungen jener Länder im Gebiet der Entwicklungsländer bar jeden Schutzes sein werden. Somit stellt sich die Frage, ob es nicht besser wäre, statt eines solchen schutzlosen Zustandes, einen durch das Protokoll gewährten beschränkten Schutz zu erhalten. Für diejenigen, die das Protokoll als unannehmbar empfinden und es keinesfalls ratifiziert oder als allgemein geltendes Recht angenommen sehen wollen, gibt es keine derartige Alternative. Sie sind der Ansicht, daß es sich hier um Raubdrucke handelt, die verhindert werden müssen jedoch keinesfalls sanktioniert werden dürfen. Im Falle der Schutzlosigkeit ist es trotzdem von großer praktischer Bedeutung, daß die Nachdrucke gesetzesgemäß ungenehmigt bleiben. Die

[76]) Vgl. Bundestagsprotokoll der 1. Lesung des Regierungsentwurfes zur Ratifizierung der Stockholmer Übereinkünfte (209. Sitzung des Bundestages am 17. Jan. 1969).

vorherrschende Meinung jener Protokollgegner beruht auf der Annahme, daß die Hemmungen, die viele Länder aus moralischen Gründen eventuell daran hindern werden, solche Nachdrucke anzufertigen, nach solchen gesetzesmäßigen Vorschriften wegfallen werden[77]).

Schließlich sprechen die Verleger und Urheber über eine Enteignung ihrer Rechte durch das Protokoll, sobald es ratifiziert werden und dadurch inländische Gesetzeskraft erlangen wird. Das Urheberrecht ist ein vorpositives und insofern ein durch die in den meisten der nichtkommunistischen Ländern angenommene und verfassungsmäßig gesicherte Eigentumsgarantie geschütztes Recht. Demnach stellt sich die Frage, ob die Ratifizierung des Protokolls bereits eine Enteignung in Form eines Sonderopfers darstellt, die die Gruppe der Urheber, Urheberrechtsnachfolger, Nutzungsberechtigten, Verleger und sonstigen Trägern von Vermögensrechten in ihrer uneingeschränkten Rechtsstellung beeinträchtigt, ohne daß dieses Sonderopfer auf die breiten Schultern der Allgemeinheit dadurch verteilt würde, daß es einer Entschädigungspflicht durch den Staat unterworfen ist[78]). Das Eigentum (hier das Urheberrecht) entsprechend seinem sozialgebundenen Charakter kann bestimmten Schranken unterliegen, die aber (bestimmt durch Gesetze, Abkommen usw.) bei der Abgrenzung zwischen sozialer Bindung des Eigentums und dem Enteignungsverbot immer den Gleichheitsgrundsatz (des Art. 3 Grundgesetz z. B.) vor Augen haben müssen[79]). Der sozialgebundene Charakter ist nach Art. 14 Abs. 2 Grundgesetz Voraussetzung für die Genehmigung einer solchen Enteignung, er kann allerdings nach gleicher Ansicht, nicht durch Akte zugunsten von Ausländern gerechtfertigt werden. Die in ihrem Grundrecht angetasteten deutschen Urheber z. B. finden keinen Ausgleich für die soziale Einschränkung ihrer Rechte zugunsten von Ausländern. Die Vertreter dieser Meinung stehen daneben auf dem Standpunkt, daß zwar in Zusammenhang mit Art. 14 Abs. 2 Grundgesetz, der festlegt, daß eine Enteignung zum Wohle der Allgemeinheit stattfinden könne, von der

---

77) Vgl. hierzu Stellungnahme des Börsenvereins für den deutschen Buchhandel op. cit., S. 93. In diesem Text wurde hervorgehoben, daß „es besser ist, es darauf ankommen zu lassen, daß solche Länder sich aus der Gemeinschaft der Kulturnationen ausschließen, als das bestehende Urheberrecht seiner Substanz zu berauben".

78) Daß das Urheberrecht als teilweises vermögensrechtliches Verwertungsrecht „Eigentum" (nach deutschem Recht im Sinne des Art. 14 GG) darstellt und mithin den Schutz der verfassungsrechtlichen Eigentumsgarantie genießt, entspricht heute durchaus der herrschenden Überzeugung. Vgl. hierzu Ulmer, Vom deutschen Urheberrecht und seiner Entwicklung, in UFITA Bd. 23 (1957) S. 273, Weber, Urheberrecht und Verfassung, S. 13 f. Vgl. auch Art. 14 Abs. 3 des bundesdeutschen Grundgesetzes und Mangoldt-Klein, Bd. I S. 433.

79) Vgl. auch BVerG 5, 145.

Gewährung einer geistigen Entwicklungshilfe gesprochen werden kann, daß aber eine derartige Hilfe zu solchen Zwecken nicht zu Lasten einer bestimmten Bevölkerungsschicht gehen dürfe[80]).

In Anbetracht dieser rein juristischen Argumente scheint uns hier eine ausführlichere Auseinandersetzung, als bei den anderen, das Protokoll ablehnenden, Argumenten zweckmäßig. Das ganze Problem taucht nur bei einem Abkommen auf, das inländische Gesetzeskraft durch die jeweilige Landesgesetzgebung erlangt hat, welche die Voraussetzungen für die Gültigkeit bilateraler oder multilateraler urheberrechtlicher Verträge als innerstaatliches Recht schafft. Nach dem Beispiel der deutschen Rechtsregelung gehört ein solches Abkommen wie die Berner Übereinkunft (ebenso wie das ihr angeschlossene Protokoll über die Entwicklungsländer) nicht denjenigen Regeln an, die von Art. 25 des bundesdeutschen Grundgesetzes erfaßt werden, sondern vielmehr den durch Art. 59 Abs. 2 der Verfassung bestimmten Verträgen, die sich auf Gegenstände der Bundesgesetzgebung beziehen oder die politischen Beziehungen des Bundes regeln. Sie bedürfen zu ihrer Inkorporierung in das innerstaatliche Recht und ihrer Geltendmachung im Staatsgebiet der Zustimmung der gesetzgebenden Körperschaften in Form eines Bundesgesetzes[81]). Dieses Gesetz verleiht also den Betroffenen unmittelbare Rechte (und Pflichten). Also können hier auch Grundrechte verletzt werden[82]). Daß diese Rechte auch außerhalb der Landesgrenze Wirkung erlangen können, spielt für die notwendige Verfassungsmäßigkeit des Gesetzes keine Rolle, denn die öffentliche Gewalt muß auch dann an die Verfassung gebunden sein, falls sich ihre Betätigung auf das Ausland erstreckt[83]).

All dies hat zur Folge, daß diese Zustimmungsgesetze der verfassungsrechtlichen Prüfung unterliegen[84]). Eine solche Prüfung eben

---

[80]) Vgl. hierzu Fromm, Geistige Entwicklungshilfe und Grundgesetz in UFITA Bd. 50 (1967) S. 893 ff., Weber, Urheberrecht und Verfassung, S. 20.

[81]) Die Regel des Protokolles sowie die sonstigen Regeln der Berner Union gelten nicht in jedem Land ohne weiteres „jure conventionis". Die gesetzlichen Voraussetzungen jedes Landes zur Transformation ins Landesrecht müssen jedenfalls erfüllt werden. In diesem Zusammenhang ist auf die Theorie hinzuweisen, die ganz allgemein feststellt, daß das Konventionsrecht als ein Recht höherer Ordnung von den Gerichten auch bei später abweichender Regelung in einem staatlichen Gesetz anzuwenden sei (vgl. Baum, in GRUR 1950, S. 437 ff., Bappert-Wagner, Internationales Urheberrecht, RBU, Art. 1, Anm. 5). Gegen eine solche Meinung hat sich Ulmer gewendet mit der Begründung, daß die Berner Union keine Hoheitsrechte besitze, weil sie ihr nicht übertragen wurden, so daß die innerstaatliche Regelung allein auf dem Zustimmungsgesetz beruht (vgl. Ulmer, Festschrift Hueck, 1959, S. 506 ff.).

[82]) Vgl. hierzu auch BVerfG 1, 410 f., und Leibholz-Rinck, GG Art. 59 Anm. 1.

[83]) Vgl. hierzu BVerfG 6, 291.

[84]) Nach deutschem Recht wird diese Prüfung nicht nur im Normenkontrollverfahren sondern auch im Verfahren über eine Verfassungsbeschwerde stattfinden können. Vgl. hierzu Leibholz-Rinck, GG Art. 59 Anm. 2.

dieses Gesetzes zur Ratifikation des Protokolls, das genau wie die Berner Union und andere internationale Abkommen eine Ausdehnung des urheberrechtlichen Schutzes über die Landesgrenze hinaus vertieft, macht aber ersichtlich, daß das Protokoll nicht in Grundrechte, bzw. hier in das Eigentum des Betroffenen eingreift.

Damit sich jemand in seinem Eigentumsrecht (eines der Grundrechte) verletzt fühlen kann (hier enteignet) muß er ein Vorhandensein dieses Rechtes erst beweisen; denn wo es kein Recht gibt, ist eine Verletzung dieses Rechtes auch nicht möglich.

Werden den Entwicklungsländern durch das Stockholmer Protokoll (und der dafür vorgesehenen Ratifizierungsgesetze) Rechte eingeräumt, die als die geltenden Urheberrechte beeinträchtigend angesehen werden können, so heißt das keinesfalls, daß dadurch die Rechte der Urheber verbandseigener Länder im allgemeinen enteignet werden. Früher hatten diese Urheber diesen Ländern gegenüber keine ähnlichen Rechte, die später hätten enteignet werden können. Der internationale Schutz ist im allgemeinen keine vorhandene Tatsache, sondern eine Regelung, die je nach Gelegenheit und Voraussetzung erst abzuschließen ist. Er wird durch Abkommen und Konventionen geschaffen. Eine solche, nicht vorhandene, Regelung erwächst auch aus dem Protokoll, und vor Abschluß desselben gibt es keinen gesicherten Rechtsbestand, in den irgendwie eingegriffen werden kann[85]).

Andererseits könnte aber auch die Aufgabe der geistigen Entwicklung sowie die eventuellen Vorteile[86]), die eine solche Aktion dem leistenden Land und seinen Bürgern bietet, die Voraussetzung einer Bezeichnung der Beschränkung der Urheberrechte als ‚sozialbedingt' sein. Daß nur gewisse Volksteile unter einer solchen Belastung zu leiden hätten, würde mit der Tatsache gerechtfertigt werden, daß ja die Auswirkungen der Allgemeinheit zugute kämen, daß der Beschluß des Gesetzgebers unter dem Gesichtspunkt des allgemeinen Wohles stehen würde. Betrachtet man das Protokoll als Teil der Konvention, so erscheint, zusätzlich für den bestimmten Fall, die Pflege des Wohles der Allgemeinheit noch deutlicher im Vordergrund, wenn man dabei auch die Vorteile der Stockholmer Fassung der RBÜ berücksichtigt. Die Ein-

---

[85]) Man darf nicht außer Acht lassen, daß es vor diesem Protokoll für die Urheber der fortgeschrittenen Länder keinen Schutz ihrer Werke gab. Es gab, wie zu jeder Zeit, schutzwürdige Interessen die zu schützen waren, aber keine Rechte. Solche Rechte sollten ja erst entstehen.

[86]) Es kommt immer auf die Beurteilung solcher Vorteile jeweils nach dem einzelnen Fall an.

schränkungen sind wie alle Schranken der Urheberrechte verfassungsrechtlich durch die Befugnisse der Eigentumsbindung legitimiert, die jede Verfassung dem Gesetzgeber einräumt.

V. Allgemeine Schlußfolgerungen und Vorschläge

Das Protokoll mit seinen im Laufe der kritischen Auseinandersetzung erwähnten Vorteilen und Nachteilen ist zwar heute eine bestehende Tatsache, es hat aber bereits viel an Bedeutung verloren. An diesem Ergebnis wird sich auch dann nichts ändern, wenn es durch die Ratifizierung einiger Verbandsländer doch noch Gesetzeskraft erlangen kann[87]). Sicherlich werden es die auf dem Gebiet der geistigen Schöpfung und der Kultur führenden Großmächte nicht ratifizieren[88]). Andererseits ist mit Sicherheit anzunehmen, daß die Entwicklungsländer eine Lösung ihrer Probleme dadurch auf keinen Fall zu erwarten haben.

Aber die Lage wird auch noch einen weiteren Nachteil mit sich bringen. Das Protokoll war nach längeren Beratungen im Laufe der Vorbereitungen der diplomatischen Konferenz und in harten Debatten in Stockholm, in denen alle interessierten Kreise angehört wurden, angenommen worden. Nur mit wenigen Ausnahmen hatten alle Länder diese Vereinbarung als politisch notwendig, rechtmäßig und keineswegs unannehmbar gefunden. Kritik wurde erst hinterher laut, und sie hat bewirkt, daß eine Ablehnung gegenüber der Ratifizierung den Sieg davon getragen hat. Diese verschiedenen Meinungen sind sogar in etwa zu rechtfertigen. In Stockholm saßen die Vertreter der Länder, die die Bewahrung des schon bestehenden Systems des internationalen Schutzes als Hauptaufgabe betrachteten[88a]). Andererseits spielten aber für die inneren Verhältnisse in den verschiedenen Ländern die privaten Interessen eine große Rolle, die zu den oben erwähnten Ergebnissen führten. Nun fühlen sich die Entwicklungsländer durch diese Entwicklung nach der Konferenz verraten[88b]). Sie fühlen sich

---

87) Vgl. Art. 28 Abs. 2b und oben S. 234.

88) Auch wenn einige Länder, wie z. B. Deutschland, die dazu zu neigen scheinen, es schließlich doch noch ratifizieren werden, so fehlt dem Protokoll durch den Mangel der Unterschriften von Großmächten im englischen und französischen Sprachraum viel an Bedeutung.

88a) Vgl. hierzu Kaminstein, Statement of the United States Delegation on the Berne Convention, in 15th Bull.Cr.Soc. S. 435 ff.

88b) Vgl. hierzu Krishnamurti, op. cit. S. 66 ff.

in ihren idealistischen Empfinden getroffen[89]). Demzufolge wird es allen diesen Ländern (etwa 20) wenig bedeuten, der RBÜ noch weiter anzugehören. Sie werden ihre Zugehörigkeit als allgemeine Belastung empfinden[90]). Zusätzlich bieten die Länder, die keinem Abkommen angehören[90a]) und generell frei vervielfältigen und nachdrucken können, den Entwicklungsländern ein Beispiel, das den Entschluß zum Austritt nur noch verstärkt. Einige Länder, die eventuell noch ein höheres Niveau urheberrechtlichen Schutzes erhoffen, werden sich vielleicht entschließen können zu bleiben.

Solche Ergebnisse sind nun keineswegs erfreulich, aber sie werden wohl auch nicht verhindert werden können. Unerfreulich umso mehr, wenn man bedenkt, daß ein Austritt kaum einen Beitritt der übrigen, bisher nicht der RBÜ angehörigen Entwicklungsländer nach sich ziehen wird. Diese etwa 60 übrigen Länder werden vielmehr dem Beispiel der ausscheidenden Länder folgen und keine schutzrechtlichen Beziehungen mit der RBÜ aufnehmen. Und so wird die erwünschte — wenn auch auf Kosten ihres Schutzniveaus — angestrebte territoriale Ausdehnung der Union wohl nicht verwirklicht werden[90b]). Außerdem wird der Geltungsbereich des Protokolls nur zwischen den weniger entwickelten Ländern und den Entwicklungsländern, die ratifiziert haben, liegen[91]). Diese Länder werden dann miteinander verbunden sein[92]).

---

[89]) Vgl. oben S. 236. Man kann nicht daran zweifeln, daß diese Länder der festen Meinung waren, ihre Forderungen nach Sondervorschriften würden doch zur Erfüllung gelangen und zwar nicht nur als vorübergehende Lösung, sondern als eine solche mit langer Geltungsdauer; dementsprechend hatten sie bereits einen Versuch unternommen, eine eigene Gesetzgebung zu bilden, deren Inhalt sich in seinen Grundsätzen denen des Protokolls näherte. Erwähnenswert ist, daß für alle diese, in erster Linie afrikanische, Länder, sogar ein Mustergesetz entworfen wurde (vgl. DdA 1965, S. 40), das diesen Grundsätzen entspricht und nur im allgeinen den örtlichen Befugnissen angepaßt wurde. Diesem Muster sind fast alle neuen Urheberrechtsgesetze gefolgt. (Vgl. Urheberrechtsgesetz von Malavi vom 24. Mai 1965, in DdA 1965, S. 183 ff., von Zambia vom 1. März 1965, in DdA 1965, S. 116 ff., von Tunesien vom 14. Febr. 1966, ergänzt durch das Gesetz vom 4. Jan. 1967, in DdA 1967, S. 23 ff.), Urheberrechtsgesetz von Tansania vom 14. Febr. 1968, in DdA 1968, S. 40 ff. u. a.; vgl. hierzu auch oben S. 23 und Moreira Da Silva, Le droit d'auteur et l'Afrique in RIDA XLVII (1965) S. 5 ff., Bodenhausen, Die Lage des Urheberrechts in internationaler Sicht, in GRUR Int. 1963, 588. Es sei hinzuzufügen, daß als eines der ersten Urheberrechtsgesetze dieser Länder nach ihrer Unabhängigkeit dasjenige von Ghana gilt; vgl. hierzu Straschnov, La loi ghanéenne in DdA 1962, S. 156 ff.

[90]) Ihren geringen Schutzbedarf für die einzelnen Fälle, in denen ein urheberrechtlicher Schutz für ihre Bürger erforderlich wäre, werden sie unabhängig von irgendwelchen internationalen Vereinbarungen zu regeln wissen.

[90a]) Hier ist z. B. an Rußland und China zu denken.

[90b]) Vgl. hierzu auch R. E. Barker, The Revised Berne Union, in the Bookseller 1967, 1341.

[91]) Dieser Geltungsbereich kann zwar vorläufig noch breit sein, da wegen einiger möglichen weiteren Ratifizierungen der Austritt vielleicht erst später erfolgen wird.

[92]) Solche Verbindungen werden keine besonders günstigen Ergebnisse aufweisen können. Länder mit eigenem Kulturvermögen werden die Nachteile des Protokolls spüren müssen, ohne aus dessen Vorteilen viel Nutzen ziehen zu können; eine Ausnahme wäre vielleicht der durch den gezeigten guten Willen erworbene gute Eindruck.

In Anbetracht einer solchen Lage muß das Protokoll vorläufig nur als Quelle von Erfahrungen für eine spätere glücklichere Lösung der urheberrechtlichen Beziehungen zwischen beiden Staatengruppen betrachtet werden und zwar immer unter dem Gesichtspunkt, zu dem man durch den Mißerfolg des Protokolls gelangt ist, daß es sicher schwierig ist, zwischen einer Konvention wie der RBÜ mit Vorschriften hohen Schutzniveaus und den Entwicklungsländern mit ihrem Verlangen nach Einschränkung des Schutzes, eine Verbindung herzustellen.

Die Frage aber, wie diese Länder — nach ihrem Austritt in absolut schutzlosem Zustand — auf internationaler Ebene zu schützen sind, bleibt weiter offen. Daneben ist auch in Betracht zu ziehen, daß der für diese Länder vorzusehende urheberrechtliche Schutz ihrem Niveau angepaßt werden muß, daß er aber zusätzlich die Plattform darstellen muß, auf die sich die Länder im Rahmen der ihnen zu gewährenden technischen und rechtlichen Hilfe stützen können, um dadurch eine Annäherung an die bestehenden Grundsätze der Berner Union zu erreichen.

Eben diejenigen Länder, die sich heute (oder jedenfalls nach der Konferenz) weigern, das Protokoll zu ratifizieren oder ihm beizutreten sehen das Problem dadurch gelöst, daß die in Frage kommenden Länder Schutz unter der Herrschaft des Welturheberrechtsabkommens finden. Dadurch würde den Entwicklungsländern anderen Ländern gegenüber ein verbindlicher Schutz gesichert, wenn auch auf niedrigerem Niveau. Obwohl die Gründe dafür schwierig zu verstehen sind, so ziehen diese Länder doch augenscheinlich eine Klärung ihrer Verhältnisse zu der erwähnten Ländergruppe durch das WUA einer weiteren Regelung ihrer Beziehungen durch die Berner Übereinkunft plus Protokoll vor. Solche Gründe müßten in erster Linie innerstaatlicher politischer Natur sein. Trotzdem läßt sich schwer erklären, warum diese Länder eher dazu neigen ihren Urhebern einen niedrigeren Schutz[93]) als den durch das Protokoll zu gewähren, dem außerdem der hochstehende Schutzkomplex der Berner Konvention zur Seite stünde.

Das Ergebnis einer solchen Lösung wird jedenfalls die Aufteilung der einzelnen Länder, je nach ihrem kulturellen oder sozialen Fortschritt, zwischen die beiden internationalen Schutzinstrumente, also die Regelung der Verhältnisse der Entwicklungsländer durch das WUA

---

[93]) Im WUA wird dem fremden Autoren zwar derselbe Schutz wie den einheimischen Autoren zugestanden; dieser Schutz muß aber angemessen und wirksam sein und der Gesichtspunkt, unter dem das geschehen soll, ist nicht weiter bestimmt.

und derjenigen der entwickelten Länder (in Zukunft also auch der Vereinigten Staaten) durch die Berner Union, sein. Mit einer solchen Lösung, die den Rahmen des Schutzes der Berner Konvention unangetastet läßt, ist selbstverständlich eine Revision des WUA, in erster Linie seines Art. XVII und der ihm angeschlossenen Zusatzerklärung verbunden[94]).

Aber dadurch, daß die Regelung des internationalen Schutzes der Entwicklungsländer dem WUA zugeschoben wird, läßt sich die Frage des Schutzes der nationalen geistigen Schöpfung sowie des internationalen urheberrechtlichen Schutzes nicht lösen; er steht nach dem Protokoll von Stockholm (und entgegen der Erwartung seiner Redakteure) unter einen großen Fragezeichen[95]). Allerdings beschränken sich diese Probleme nicht nur auf die urheberrechtlichen Beziehungen zwischen den erwähnten Ländern; sie erstrecken sich vielmehr über die Beziehungen aller Länder der Welt, auch wenn sie nicht Mitglieder der beiden Konventionen sind.

Eine Lösung, bei der zu berücksichtigen ist, daß sie sowohl von den führenden Entwicklungsländern als auch von den entwickelten Ländern akzeptiert werden soll, kann nicht in kurzer Zeit gefunden werden. Ein Aufschub wird sich wiederum ungünstig auf die oben erwähnte Frage auswirken und vor allem in politischer Hinsicht negative Folgen zeigen; er wird aber wohl nicht zu vermeiden sein. Auf jeden Fall sollte sie eine abschließende Regelung der erwähnten Frage bringen, die keine Unklarheiten mehr offen läßt[96]).

Ein erster Schritt muß die Trennung des Protokolls von der Berner Übereinkunft sein, damit Staaten, die das Protokoll ablehnen, die

---

[94]) Über Art. XVII und seine Zusatzerklärung vgl. oben S. 5. Diese Revision wird von den zuständigen Organen des WUA beschlossen und von der UNESCO betreut. Vgl. Rapport relatif aux séances du comité intergouvernemental du droit d'auteur, in Paris (3./7. Febr. 1969), in DdA 1969, S. 72 ff., vgl. auch Rapport final de la session extraordinaire du comité permanent de l'Union de Berne, in DdA 1969, S. 50 ff. und Rapport von Prof. Ulmer, Über die Tagungen des Ständigen Ausschusses der Berner Union und des Regierungsausschusses des Welturheberrechtsabkommens, Dezember 1967, in GRUR Int. 1968, 98 f.

[95]) Trotzdem wurde neulich erwähnt, das Protokoll sei Zeugnis einer Großzügigkeit aber auch einer gewissen Kurzsichtigkeit. Siehe Mentha, Weltweite Organisierung des Urheberrechts, oben S. 109 ff.

[96]) Eine abschließende Klärung wird auch von den, die beiden Konventionen betreuenden, Instrumenten angestrebt. Eine internationale Studiengruppe, die nach Beschluß des Ständigen Ausschusses der Berner Union gegründet wurde und im Herbst dieses Jahres in Washington tagen soll, wird den zweckmäßigsten Weg beschreiten. Daneben bearbeitet ein Unterausschuß des Regierungsausschusses des WUA (wenn auch mit enger umrissenen Aufgaben betreut als die oben erwähnte Studiengruppe) dieselben Probleme. Allerdings ist die Vorbereitung der Revision des WUA seine Hauptaufgabe.

materiellen Vorschriften der Stockholmer Fassung ratifizieren oder annehmen können. Diese Trennung der materiellen Vorschriften vom Protokoll kann durch eine Revision der Konvention erfolgen. Die materiellen Vorschriften der Konvention weisen, abgesehen von gewissen Beanstandungen, viele fortschrittliche und interessante Ergebnisse auf, deren Anwendung erleichtert werden muß.

Allerdings kann der Gedanke, der diese Junktim hervorgebracht hat, ein normales Funktionieren des Protokolls[97]), so es substantiell tot ist und keine Hoffnung für seine Weitergeltung mehr besteht, nicht gewährleisten.

Auf jeden Fall hindert das Bestehen des Protokolls das interessierte Land nicht an einem Beitritt oder der Ratifizierung der administrativen Vorschriften (Art. 22 bis 26 der RBÜ Stockholmer Fassung), sowie der Vorschriften über die Pariser Verbandsübereinkunft zum Schutz des gewerblichen Eigentums (Stockholmer Fassung) oder des Übereinkommens zur Errichtung der Weltorganisation für geistiges Eigentum (erst in Stockholm unterzeichnet)[98]).

Mit der Revision des WUA[99]), die zur Aufhebung oder Aussetzung der Klausel des Art. XVII und seiner Zusatzerklärung erforderlich ist, tauchen einige Fragen auf, die kurz erörtert werden müssen. Und zwar sind das Probleme, die bereits im Revisionsprogramm, nach Entschluß No. 1 (XR) des Regierungsausschusses des WUA[100]), zur Diskussion vorgesehen sind.

Eine solche Frage lautet, ob die Aufhebung oder Aussetzung der Klausel des Art. XVII und der ihm angeschlossenen Zusatzerklärung nur für die Entwicklungsländer gelten wird oder auch für alle übrigen Länder des WUA, und wie diese Entwicklungsländer bestimmt werden.

Antworten auf diese Fragen werden erst nach langen Beratungen zu erwarten sein. Nach unserer Meinung wird, falls die Klausel jetzt ausgesetzt oder aufgehoben wird, dies nur zugunsten eines Schutzes für

---

[97]) Mentha, Weltweite Organisierung des Urheberrechts, oben S. 109 ff., betont diesen erwähnten Gedanken durch folgendes Beispiel: Ein wenig industrialisiertes Land, das sich auf das Protokoll berufen würde, wäre lahmgelegt, wenn sein Anspruch ein Werk zum Gegenstand hätte, dessen Ursprung in einem entwickelten Land liegt, das die Stockholmer Fassung ohne das Protokoll angenommen hätte.

[98]) Vgl. beide Texte in GRUR Int. 1968 S. 413 ff. WIPO/OMPI - Übereinkommen siehe oben S. 76 ff.

[99]) Über die Einberufung der Revisionskonferenz, vgl. Art. XII des Welturheberrechtsabkommens und Bogsch, The Law of Copyright under the Universal Convention S. 102 f., vgl. auch Rapport relatif aux séances du comité intergouvernemental, Februar 1969, in DdA 1969 S. 73 f. und Annexe A zu diesem Bericht in DdA 1969, S. 75.

[100]) DdA 1969, S. 75.

die sog. Entwicklungsländer stattfinden, vgl. auch Zusatzerklärung zu Art. 17 WUA, Lit. (a); diese müssen also die dadurch Alleinbegünstigten sein. Zu ihrer Bestimmung müssen solche Kriterien gefunden werden, die sie in Zusammenhang mit ihrer kulturellen und sozialen Entwicklung bezeichnen[101]). Bei einer Aussetzung der Klausel verliert die Begünstigung der Entwicklungsländer ihre Wirkung, wenn diese Länder im Zuge ihrer Entwicklung sich nicht weiter als solche bezeichnen können. Nach diesem Zeitpunkt (dessen Feststellung aus praktischen Gründen sehr schwierig sein wird) sollen die Sanktionen der Klausel für sie erneut Wirkung erlangen; um nicht in einem schutzlosen Zustand zu verharren, sollten sie also der Berner Übereinkunft wieder beitreten.

Die Frage der zeitweiligen Dauer der Aussetzung der Klausel kann von der sonstigen Regelung der internationalen Beziehungen nicht getrennt beantwortet werden. Vorläufig wäre die Festsetzung einer bestimmten Frist nicht zweckmäßig. Jedenfalls muß hinzugefügt werden, daß, falls sich das Entwicklungsland nach den bestehenden Kriterien nicht mehr als solches bezeichnen kann, nicht mehr die Aussetzung der Klausel XVII plus Zusatzerklärung des WUA genießen kann; es muß der RBÜ wieder beitreten, sonst werden die Sanktionen der erwähnten Klausel wieder wirksam.

Das schwierigste Problem wird unserer Meinung nach das der Abstimmung sein, durch die diese Revision beschlossen wird. Die Hauptschwierigkeit liegt darin, daß sich die Zusatzerklärung zu Art. XVII nur auf Staaten bezieht, die Verbandsländer der Berner Union und gleichzeitig Vertragsstaaten des WUA sind[102]). Insofern sollte sich der Meinung von Prof. Ulmer angeschlossen werden, nach der zur Revision der Klausel zwei Abstimmungen erforderlich sind, und zwar eine, Art. XVII betreffend, aller an der Revision beteiligten Vertragsstaaten und eine weitere für die Zusatzerklärung nur zwischen den durch diese betroffenen Verbandsländer der RBÜ, die gleichzeitig Vertragsstaaten des WUA sind.

Für die erforderliche Mehrheit gibt es im WUA keine bestimmten Vorschriften. Man kann sich nicht ohne weiteres auf das „Gewohn-

---

101) Vgl. oben S. 223 und Anm. 26.

102) Vgl. Art. XVII Abs. 2 Satz 2: „Diese Erklärung ist ein wesentlicher Bestandteil dieses Abkommens für die am 1. Januar durch die Berner Union gebundenen, sowie für ihr später beigetretenen Staaten", und Zusatzerklärung zu Art. XVII Abs. 1, „Die Mitgliedstaaten des Internationalen Verbandes zum Schutze von Werken der Literatur und der Kunst, die das Welturheberrechtsabkommen unterzeichnen, . . .".

heitsrecht" stützen, das für Abstimmungen auf Konferenzen über internationale Konventionen generell eine $^{2}/_{3}$-Mehrheit annimmt. Diese Entscheidung der Revisionskonferenz zu überlassen wäre kein unvernünftiger Vorschlag. Allerdings könnte das Beziehen der Zusatzerklärung nur auf Verbandsländer der RBÜ auch die Abstimmung der in der Union bestimmten Vorschriften[103]) in Erwägung bringen.

Ergänzend ist hier zu bemerken, daß sich unserer Meinung nach die Revision nicht nur auf die Aussetzung (oder auch die Aufhebung) der erwähnten Klausel beschränken muß, sie soll sich vielmehr auch auf Vorschriften erstrecken, die in Anbetracht der Bedeutung, die dem WUA jetzt zukommt, dessen Schutz weiter festigen (z. B. durch die Einführung gewisser Mindestschutzrechte). Daneben wäre es zweckmäßig, die Gesichtspunkte zu erklären, unter denen der Schutz, den das WUA den fremden Autoren wie den einheimischen zugesteht „angemessen und wirksam" sein muß.

Jedoch darf eine Revision des Welturheberrechtsabkommens die Bindung zwischen den beiden Konventionen nicht lösen. Vordringlichste Sorge der Revisionskonferenz muß es also sein, neue Bindungen zu schaffen, da die beiden Konventionen, wie schon erwähnt, nicht in Konkurrenz zueinander stehen dürfen, sondern sich gegenseitig ergänzen sollen[104]).

Eine (früher bereits angestrebte und erwähnte) gemeinsame Verwaltung könnte einen ersten Schritt in dieser Richtung darstellen. Weiterhin könnte eine Erhöhung des Niveaus des durch das WUA zu gewährleistenden Schutzes neue Verbindungsmöglichkeiten schaffen. Schließlich kann auch die Art der Weiterregelung der Beziehungen der zwei Staatengruppen zueinander die beiden Konventionen fester binden.

Jedenfalls stellt, wie bereits mehrfach erwähnt, die Aussetzung der Klausel XVII keine endgültige Lösung des Problems dar. Eine Vereinbarung entsprechend den Forderungen der Entwicklungsländer nach einer Beschränkung des internationalen Urheberrechtsschutzes ist erforderlich. Jedenfalls müssen die Urheber und Verleger rechtzeitig da-

---

[103]) Vgl. Art. 24 Abs. 3 RBÜ Brüsseler Fassung bzw. Art. 27 Abs. 3 RBÜ Stockholmer Fassung.

[104]) Vgl. Rapport final de la session extraordinaire du comité permanent de l'Union internationale pour la protection des œuvres littéraires et artistiques (Union de Berne), Paris, Févier 1969, Annexe A in DdA, 1969 S. 53. Man könnte hier auch an langfristige Pläne für solche Bindungen wie z. B. an die Vereinheitlichung der Vorschriften der beiden Konventionen denken.

rüber Kenntnis erlangen, damit später nicht eine ähnliche negative Situation wie beim Protokoll auftaucht. Als Muster einer solchen Vereinbarung kann das bereits bestehende Protokoll gelten. Das Lizenzsystem, das es vorsah ist nicht gänzlich abzulehnen[105]). Die Regelung zum Vervielfältigungs- und Übersetzungsrecht können sogar so bleiben, wie sie im Protokoll aufgeführt waren. Die notwendige Anfrage bei den Urhebern ist dabei bereits vorausgesetzt. Die Regelung des Senderechts tastet das Urheberrecht wenig an, auch wenn wir die Voraussetzung der Erwerbszwecke für die Entwicklungsländer ganz überflüssig finden. Die Regelung der zeitlichen Dauer dieser Einschränkung muß an Präzision gewinnen und nicht mehr von dem fast willkürlichen Entschluß der dadurch Begünstigten abhängen; vielleicht sollte dafür ein etwas weiterer Zeitraum von 20 Jahren, jedoch mit bestimmtem Ablauftermin, festgesetzt werden.

Die Klausel, die jeden Nachdruck der wissenschaftlichen oder sonstigen geistigen Werke ermöglicht, muß aber auf jeden Fall modifiziert werden. Auch hier soll durch eine Lizenz zur Anfrage verpflichtet werden.

Die Gründung einer Organisation zur Erteilung solcher Lizenzen auf internationaler Ebene wäre zu begrüßen. Von Seiten der Vereinigten Staaten wurde, wie wir erfahren konnten, vorgeschlagen, diese Idee durch eine Art eines Internationalen „clearing house" zu verwirklichen. Wie aus einer Erklärung der Buchverleger[106]) der Vereinigten Staaten zu ersehen ist, soll dieses Vermittlungshaus es den Entwicklungsländern auf einfache Weise und ohne Kosten erleichtern, Lizenzen zu erhalten[107]). Dieselben Häuser würden auch für eine angemessene Vergütung der Urheber sorgen. Daneben oder auch ganz unabhängig wäre auch an die Errichtung eines internationalen Fonds zu denken, der den Entwicklungsländern die Mittel zur angemessenen Vergütung der Urheber bereitstellt[108]).

---

105) Lizenzen sind heutzutage, da infolge der Fortschritte der Wissenschaft und Technik viele neue Mittel zur Vervielfältigung und allgemein der Verbreitung von Geisteswerken erschienen und entwickelt worden sind, ein Zwangsphänomen für das Urheberrecht.

106) Vgl. Annexe B au Rapport final à la session extraordinaire du comité permanent de l'Union internationale, op. cit., in DdA 1969 S. 53 f.

107) Herstellung von Kontaktmöglichkeiten zwischen den interessierten Vermittlungen bei der Schaffung von Lizenzbedingungen. Weitere Vermittlungen zur Schaffung bilateraler Abkommen zur Entstehung von Entwicklungshilfe.

108) Vgl. auch Empfehlungen auf dem Gebiet des Urheberrechts der Stockholmer Konferenz III, in GRUR 1968, 377 und oben S. 76.

Schließlich sollten auch die Ausfuhrmöglichkeiten von einem lizenztragenden Entwicklungsland in ein anderes Entwicklungsland beschränkt werden; sie sollten nur unter der bestimmten Voraussetzung der Zusicherung einer zusätzlichen Vergütung der Autoren erfolgen können.

Neben diesem Vorbild zu einer neuen Vereinbarung könnte auch die Übernahme der Verpflichtung einer kulturellen — im weiteren Sinne natürlich materiellen — Entwicklungshilfe durch verschiedene Industrieländer, wie etwa die Unterstützung beim Aufbau von Verlagen, Druckereien, technischen Betrieben im allgemeinen usw., dieser nur dienlich sein. In diesem Zusammenhang ist erneut darauf hinzuweisen, daß kulturelle Hilfe für die Länder im Zuge ihrer Entwicklung obligatorisch sein sollte [109]).

Selbst wenn dieses Vereinbarungsmuster theoretisch angenommen würde, erhebt sich die Frage, wie es der geltenden internationalen Regelung anzuschließen sei. Gegenwärtig ist nur auf die Realität des Bestehens zweier Konventionen abzustellen, zu deren einer (dem WUA), nach ihrer Revision, die Entwicklungsländer nach Ausscheiden aus der RBÜ vermutlich beitreten werden.

Oben erwähnter Mechanismus könnte dabei dem WUA durch Sondervorschriften angeschlossen werden; es wäre dann nur notwendig, daß die Revision auch auf die Einführung urheberrechtlicher Grundsätze abzielt, auf die es sich sogar beziehen könnte, wenn von Beschränkungen der Rechte gesprochen wird. Eine solche Regelung würde allerdings endgültig eine Betreuung der Industrieländer durch die RBÜ, die ihr Niveau halten könnte, und eine der Entwicklungsländer durch das WUA bedeuten [110]).

Die Vereinigten Staaten werden möglicherweise unter einer solchen Situation und in Anbetracht einer Revision ihres Urheberrechts, der RBÜ beitreten und außerdem besteht vielleicht Hoffnung, daß auch andere Länder mit hohem Schutzniveau der geistigen Werke das gleiche tun werden.

---

109) Selbstverständlich gibt es Beispiele privater Initiative. Der Idealismus jedoch, den die Verleger und Autoren der Industrieländer bekunden, kommt selten zum Ausdruck und dient wohl auch häufiger eigenen Interessen oder denen ihres Landes.

110) Die verstärkte Zusammenarbeit beider Konventionen unter, wie oben erwähnt, zusätzlicher gemeinsamer Verwaltung, wäre der Sache des internationalen Urheberrechts nur dienlich.

Ein weiterer Vorschlag wäre die Erstellung auf Grund des oben erwähnten Vorbildes einer neuen Fassung des Protokolls, die nach der Revision der Berner Konvention als unabhängiges Protokoll getrennt von beiden Konventionen gelten würde [111]). Dieser Vereinbarung könnten alle Länder frei beitreten. Dadurch würden Länder, die das Protokoll ratifiziert haben oder ihm beigetreten sind, miteinander verbunden werden, wobei für ihre Beziehungen der Grundsatz der gleichen Behandlung zu gelten hätte. Auf jeden Fall könnten die Vorschriften eines solchen Protokolls zugunsten der Entwicklungsländer nur für die Beziehungen zwischen diesen und den Industrieländern angewendet werden. Im gegenteiligen Fall könnten die Entwicklungsländer die Berner Union verlassen, ohne daß sie die Sanktionen des Art. XVII zu spüren bekämen. Bleiben sie aber weiterhin der Union angehörig, so wäre der Grundsatz der materiellen Gegenseitigkeit zwischen ihren Beziehungen und denen der übrigen Verbandsländer der RBÜ anzuwenden. Ihre Beziehungen werden aufgrund der Vorschriften des WUA gerregelt, wenn sie nach Ausscheiden aus der Berner Union diesem beigetreten sind. Eine Einführung von Mindestschutzrechten in das WUA durch seine Revision scheint uns auch in diesem Falle notwendig. Im übrigen muß noch einmal auf die Wichtigkeit der deutlichen Bestimmung eines angemessenen und wirksamen Schutzes, den das WUA fremden und einheimischen Autoren zugesteht, hingewiesen werden.

Eine solche Lösung bringt unserer Meinung nach eine abschließende Regelung der Frage des internationalen Urheberrechts. Zusätzlich bringt sich auch eine neue und erforderliche Bindung zwischen den beiden Konventionen, die nach Aufhebung der Klausel des Art. XVII WUA (wenn sie nach der Revision des WUA aufgehoben würde) fehlen würde [112]).

Die in diesem Aufsatz entwickelten Gedanken sollen bloße Vorschläge, bleiben, die unserer Meinung nach nur einen minimalen Prozentsatz aller Vorschläge für die Regelung der internationalen urheberrechtlichen Beziehungen darstellen können [113]). Endgültige Vor-

---

111) Die Verwaltung dieses Protokolls könnte der (ins Auge gefaßten) gemeinsamen Verwaltung beider Konventionen überlassen bleiben.

112) Auf die verschiedenen Fragen der für diese Lösung notwendigen Revision beider Konventionen, soll hier nicht eingegangen werden.

113) Keiner dieser Vorschläge und ihr Anwendungsmodus kann die immer bestehende Möglichkeit, verschiedene Vereinbarungen auf bilateraler oder sogar privater Ebene zu erreichen, ausschließen. Die Ergebnisse solcher Abkommen sind jedoch immer begrenzt und keinesfalls befriedigend für die Allgemeinheit. Sie werden auch nur beschränkte Anwendungsbereiche haben können.

schläge wird die Studiengruppe bearbeiten und abgeben. Sie besteht aus Vertretern von 26 Ländern. Diese Zusammensetzung berechtigt zu der Hoffnung, daß sie die besten Lösungen zugunsten dieser Beziehungen finden wird und zwar für das Zusammenwirken der beiden internationalen urheberrechtlichen Abkommen, sowie für die besonderen Beziehungen zwischen den fortschrittlichen und den Entwicklungsländern, immer in Hinsicht auf die Rechte der Urheber und eines Fortbestehens des hohen Niveaus ihres Schutzes, sowie der zu leistenden kulturellen (Forschungs-, Erziehungs-) Entwicklungshilfe[114]). Die Zusammenarbeit dieser Gruppe mit dem Unterausschuß des Ständigen Regierungsausschusses des WUA, der die für 1970 vorgesehene Revision vorbereitet, wäre zu empfehlen.

II. Denkschrift der deutschen Bundesregierung

— Siehe S. 483 ff. —

[114]) Hier wäre aber hinzuzufügen, daß auch daran gedacht werden muß, wie hart die Entwicklungsländer zu kämpften haben. Dies ist mit ein Grund, warum bilateralen Abkommen zwischen Industrie- und Entwicklungsländern kein großes Glück beschieden ist. Die Entwicklungsländer werden sicherlich versuchen, das bisher durch das Protokoll, wenn auch nur formeller Weise, Erreichte, zu verteidigen.

DRITTER TEIL. VORARBEITEN

A. Die Programmvorschläge

I. Einführung 259

II. Revisionsvorschläge 274

III. Stellungnahme der deutschen Bundesregierung . . . 374

IV. Stellungnahme der österreichischen Bundesregierung . 390

V. Stellungnahme der schweizerischen Bundesregierung . . 394

B. Die Kommissionsvorschläge

I. Bericht der Hauptkommission I.
Von Svante Bergström (Schweden) 399

II. Bericht der Hauptkommission II.
Von Vojtêch Strnad (Tschechoslowakei) 460

III. Bericht der Hauptkommission IV.
Von Valerio de Sanctis (Italien) 467

A. Die Programmvorschläge

Vorbereitet von der Schwedischen Regierung
in Zusammenarbeit mit den Vereinigten Internationalen Büros
für den Schutz des geistigen Eigentums (BIRPI).

I.

Einführung

1. Materielle Vorschriften (Artikel 1 bis 20)

Die Revisionsvorschläge für die materiellen Vorschriften der Berner Übereinkunft sind in dem von den BIRPI veröffentlichten Dokument S/1 (Original französisch) enthalten und eingehend begründet. Ein Abdruck des vollen Wortlauts des Dokuments ist aus Raumgründen nicht möglich. Zur Einführung in diesen Teil der Revisionsvorschläge kann daher nachstehend nur der allgemeine Teil der Erläuterungen (S. 3 bis 16 des Dokuments) wiedergegeben werden:

Einleitung

Die Diplomatische Konferenz zur Revision der Berner Übereinkunft zum Schutz von Werken der Literatur und Kunst, die vom 5. bis zum 26. Juni 1948 in Brüssel tagte, hat einstimmig beschlossen, die nächste Konferenz zur Revision dieser Übereinkunft nach Stockholm [1]) einzuberufen. Die schwedische Regierung hat sodann entschieden, daß die Konferenz im Jahre 1967 stattfinden soll. [2])

Den Bestimmungen des Artikels 24 Abs. 2 der Übereinkunft entsprechend hat die schwedische Regierung zusammen mit den BIRPI das Programm der Konferenz vorbereitet.

Dieses Programm beruht auf Vorentwürfen, die von einer Studiengruppe aus Vertretern der schwedischen Regierung und Vertretern der BIRPI ausgearbeitet worden sind. [3])

Bei Ausarbeitung dieser Vorentwürfe standen die schwedischen Mitglieder der Studiengruppe in ständigem Kontakt mit einem Sachverstän-

---

[1]) Siehe: Documents de la Conférence de Bruxelles S. 83 und 87.
[2]) Siehe „Le Droit d' auteur" 1963, S. 78.
[3]) Von der schwedischen Regierung Torwald Hesser, Richter am Obersten Gerichtshof, und Svante Bergström, Professor an der Universität Uppsala, von BIRPI Professor G. H. C. Bodenhausen, Direktor, und Claude Masouyé, Leiter der Urheberrechtsabteilung.

digenausschuß, der von der schwedischen Regierung gebildet worden war, um die Vorbereitung der Revision zu unterstützen; er bestand aus Vertretern der zuständigen Behörden, der Rechtslehre und der interessierten Berufsorganisationen. An den Beratungen dieses Ausschusses nahmen Beobachter der Regierungen Dänemarks, Finnlands und Norwegens teil.

Die Studiengruppe hat am 1. Juni 1963 einen ersten Bericht mit Vorentwürfen vorgelegt, die von einem internationalen Sachverständigenausschuß beratender Art geprüft wurden, der vom 18. bis 23. November 1964 in Genf tagte.[4]) Die Sachverständigen haben an den Arbeiten dieses Ausschusses in eigener Verantwortung ohne Verpflichtung für ihre Regierungen teilgenommen.

Die Studiengruppe hat auf Grund der Beratungen dieses Sachverständigenausschusses am 1. Juli 1964 einen zweiten Bericht mit Vorentwürfen vorgelegt, die von einem Regierungssachverständigenausschuß in Genf vom 5. bis 14. Juli 1965[5]) geprüft wurden, wobei die Sachverständigen die Stellungnahme ihrer Regierungen vorgebracht haben, ohne diese jedoch endgültig zu binden.

Dieser Ausschuß von 1965 hat die Studiengruppe gebeten, zusätzlich gewisse offengebliebene Fragen zu untersuchen. Nach Prüfung dieser Fragen hat die Studiengruppe den von dem Ausschuß angenommenen Text in gewisser Hinsicht vervollständigt. Außerdem hielt sie es für erforderlich, einige grundsätzliche Änderungen anzuregen; sie hat ferner verschiedene Änderungen redaktioneller Art vorgeschlagen.

Der von der Studiengruppe vorgeschlagene Text wurde von der schwedischen Regierung nach Rücksprache mit den BIRPI für geeignet gehalten, als offizielles Programm der Stockholmer Konferenz zu dienen.

Seiner Geschäftsordnung (Artikel 5) entsprechend ist der Ständige Ausschuß der Berner Union regelmäßig über die Fortschritte der Revisions-

---

[4]) Dieser Ausschuß bestand aus Sachverständigen der folgenden Länder: Bundesrepublik Deutschland, Belgien, Spanien, Frankreich, Indien, Italien, Polen, Vereinigtes Königreich, Schweden, Schweiz, Tschechoslowakei und Tunesien. Die Vereinigten Staaten von Amerika waren ebenso wie eine große Anzahl von betroffenen internationalen zwischenstaatlichen oder nichtstaatlichen Organisationen durch Beobachter vertreten. Vorsitzender des Ausschusses war Professor Eugen Ulmer (Bundesrepublik Deutschland). Siehe „Le droit d'auteur", 1964 S. 27 ff.

[5]) An den Arbeiten dieses Regierungssachverständigenausschusses haben folgende Verbandsländer teilgenommen: Südafrika, Bundesrepublik Deutschland, Österreich, Belgien, Brasilien, Bulgarien, Kongo (Léopoldville), Dänemark, Spanien, Finnland, Frankreich, Griechenland, Ungarn, Indien, Irland, Israel, Italien, Japan, Libanon, Luxemburg, Marokko, Monaco, Norwegen, Niederlande, Polen, Portugal, Vereinigtes Königreich, Senegal, Schweden, Schweiz, Tschechoslowakei, Thailand, Tunesien, Türkei, Jugoslawien.

In diesen Ausschuß entsandten auch die Vereinigten Staaten von Amerika sowie eine große Anzahl von betroffenen internationalen zwischenstaatlichen oder nichtstaatlichen Organisationen Beobachter. Vorsitzender war Hans Morf (Schweiz). Siehe „Le droit d'auteur" 1965, S. 199 ff.

vorbereitung unterrichtet worden, so insbesondere auf den ordentlichen Sitzungen in Madrid (1961), Neu Delhi (1963) und Paris (1965); er hat hinsichtlich der Verfahrensweise Ratschläge erteilt.

I. Vorstudien zu gewissen Fragen

Auf gewissen Gebieten konnten auf Anregung des Ständigen Ausschusses unternommene Vorstudien verwandt werden, so bei den Problemen betreffend den Schutz von Filmwerken, bei der Frage, ob neue Informationsmittel geschützt werden sollen, und bei der Frage, ob die normale Schutzdauer verlängert werden soll.

a) Der Gesamtkomplex des Schutzes der Filmwerke wurde auf der 4. Sitzung des Ständigen Ausschusses im Juli 1952 in Neuchatel [6]) erörtert. Auf Ersuchen des Ausschusses wurden von Professor Eugen Ulmer im Jahre 1953 [7]) und von Professor Gérard Lyon-Caen im Jahre 1959 [8]) Untersuchungen auf diesem Gebiet durchgeführt. Gemäß einer von dem Ständigen Ausschuß auf seiner 9. Sitzung in London (Oktober-November 1960) angenommenen Entschließung [9]) wurde im folgenden Jahr eine internationale Studiengruppe, im folgenden „Sachverständigenausschuß für Filmfragen" genannt, zur Prüfung dieser Fragen gebildet. [10]) Vorsitzender dieser Gruppe war Professor Eugen Ulmer, Berichterstatter Professor Henri Desbois. Der angenommene Bericht [11]) wurde sodann an die Regierungen und verschiedene internationale Berufsorganisationen zur Stellungnahme übersandt. [12])

b) Die Frage, ob es angebracht sei, neue und andere Informationsmittel zu schützen, wurde von dem Ständigen Ausschuß auf seiner 7. Sitzung in Genf im August 1958 [13]) aufgeworfen. Unter Bezugnahme u. a. auf einen Bericht von William Wallace äußerte der Ständige Ausschuß den Wunsch, es solle die Frage geprüft werden, ob und in welcher Form die Verbesserung oder Klärung des Schutzes der Ausdrucksformen neuer und anderer Presseinformationen durch das Urheberrecht in das Programm der Stockholmer Konferenz eingefügt werden könne.

c) Die Frage einer Verlängerung der normalen Schutzdauer wurde von dem Ständigen Ausschuß auf seinen Sitzungen in München (1959), London (1960) und Madrid (1961) [14]) erörtert. Auf Grund entsprechender

---

[6]) Siehe Droit d'auteur, 1952, S. 100 ff.

[7]) A.a.O. 1953, S. 97 ff.

[8]) A.a.O. 1959, S. 217 ff.

[9]) A.a.O. 1960, S. 335.

[10]) A.a.O. 1961, S. 214 ff und 318 ff.

[11]) A.a.O. 1962, S. 38 ff.

[12]) Die Untersuchungen der Studiengruppe für den internationalen Schutz der Filmwerke erstreckten sich ebenfalls auf den Schutz, der diesen Werken durch das Welturheberrechtsabkommen gewährt wird.

[13]) Siehe „Le Droit d'auteur" 1959, S. 188 ff.

[14]) A.a.O. 1959, S. 206 ff, 1960, S. 324 ff, 1961 S. 318 ff.

Entschließungen wurde dieses Problem von zwei Sachverständigenausschüssen geprüft, die vom 9. bis 11. Januar 1961 in Genf und vom 14. bis 16. Mai 1962 in Rom tagten [15]). Die Sachverständigen sprachen sich für eine Lösung im Rahmen einer Sondervereinbarung zwischen den interessierten Ländern aus und zeigten gewisse Grundsätze für einen derartigen Vertrag auf.

II. Hauptgegenstände des Programms der Konferenz

1. Die Vorbereitungsarbeiten für die Revision und die Vorschläge für das Konferenzprogramm beruhen auf dem Grundsatz des Artikels 24 Abs. 1 der Übereinkunft, nach dem die Revisionskonferenzen den Zweck verfolgen, in der Übereinkunft „Verbesserungen einzuführen, die geeignet sind, das System des Verbandes zu vervollkommenen". Dem Programm der Konferenz liegt die Auffassung zugrunde, daß als Verbesserungen dieser Art nicht nur die Ausdehnung des den Urhebern gewährten Schutzes durch Begründung neuer oder Erweiterung bereits anerkannter Rechte anzusehen ist, sondern auch die allgemeine Entwicklung des Urheberrechts durch Reformen, die den Zweck haben, die Anwendbarkeit der Bestimmungen zu erleichtern und sie den sozialen, technischen und wirtschaftlichen Bedingungen der heutigen Gesellschaft anzupassen.

Hervorzuheben ist, daß man in diesem Zusammenhang darauf achten muß, daß nicht die vorgeschlagenen Bestimmungen ohne berechtigten Grund Schwierigkeiten mit sich bringen, die diejenigen Länder, die zur Zeit nicht dem Verband angehören, an einem Beitritt hindern könnten.

2. Nachdem die Übereinkunft zweimal vervollständigt und dreimal revidiert worden ist, gewährt sie in ihrer augenblicklichen Fassung, d. h. in der von der Brüsseler Konferenz 1948 angenommenen Form, den Urhebern einen sehr umfangreichen Schutz. Gleichwohl wurde es für möglich gehalten, diesen Schutz in verschiedener Hinsicht zu verstärken; die gemachten Vorschläge enthalten mehrere Verbesserungen in dieser Richtung. Außerdem behandelt das Programm in Übereinstimmung mit den oben erwähnten Grundsätzen eine Reihe anderer Probleme, deren Lösung — ohne den Schutz der Urheber zu erweitern — allgemein zu einer günstigen Entwicklung dieses Rechtsgebiets beitragen könnte, indem die Anwendbarkeit der Bestimmungen vereinfacht wird. Innerhalb dieser Probleme nehmen die schwierigen Fragen hinsichtlich der Filmwerke und deren Verwertung einen wichtigen Platz ein. Auf diesem Gebiet schlägt das Programm neue Regelungen vor, wobei es weitgehend den Ergebnissen folgt, zu denen die Voruntersuchungen und der „Sachverständigenausschuß für Filmwesen" gelangt sind. Ferner sind in verschiedener Hinsicht die Bedenken der Entwicklungsländer berücksichtigt worden. Schließlich befaßt sich das Programm mit einer Reihe von Be-

[15]) A.a.O. 1961, S. 56 ff, 1962 S. 173 ff.

stimmungen der Übereinkunft, deren praktische Anwendung sich als schwierig erwiesen hat und bei denen in einigen Fällen neue, leichter verständlich erscheinende Fassungen vorgeschlagen werden. In anderen Fällen hat man sich darauf beschränkt, die Bedeutung gewisser Bestimmungen der Übereinkunft in den Erläuterungen klarzustellen; dabei ging man davon aus, daß gleichlautende Erklärungen in den Dokumenten der Revisionskonferenz ausreichen würden, um den Zweck dieser Klarstellungen zu erreichen.

3. Bei der Formulierung der Übereinkunft hält sich das Programm im allgemeinen an die augenblickliche Textanordnung. Es ist daran zu erinnern, daß die letzten Revisionskonferenzen diese Anordnung ohne wesentliche Änderungen beibehalten haben. Vom Vereinigten Königreich ist eine gründliche redaktionelle Umgestaltung der Übereinkunft vorgeschlagen worden. Obgleich eine solche Umgestaltung aus systematischen Gründen wünschenswert wäre, herrschte die Auffassung vor, sie sei zur Zeit schwer durchzuführen, ohne neue Probleme aufzuwerfen.

4. Die wesentlichen Vorschläge des Programms können folgendermaßen zusammengefaßt werden:

Die gegenwärtigen Bestimmungen des Artikels 2 über den Gegenstand des Urheberrechts sollen in gewisser Hinsicht abgeändert werden. So soll das zur Zeit für den Schutz von choreographische Werken und Pantomimen vorgesehene Erfordernis, daß der Bühnenvorgang schriftlich oder auf andere Weise festgelegt sein muß, entfallen. Die Bestimmungen über den Schutz von Werken, „die durch ein der Kinematographie ähnliches Verfahren hergestellt sind" sollen Gegenstand einer besonderen Regelung werden, nach der für die Zwecke der Übereinkunft den Filmwerken die Werke gleichgestellt werden, die durch ein Verfahren hergestellt werden, das ähnliche Bildwirkungen erzeugt wie die Kinematographie, und durch einen Bildträger festgelegt sind.

Im Rahmen der Artikel 4, 5 und 6 über die Anknüpfungspunkte des den Urhebern zustehenden Schutzes soll der Anwendungsbereich des Grundsatzes der Staatsangehörigkeit erweitert werden. Nach dem gegenwärtigen Text ist Voraussetzung für den Schutz eines veröffentlichten Werkes, daß das Werk in einem Verbandsland veröffentlicht ist. Das Programm übernimmt den von den meisten nationalen Rechtsordnungen und vom Welturheberrechtsabkommen befolgten Grundsatz, daß der Schutz auch dann gewährt wird, wenn der Urheber Staatsangehöriger eines Verbandslandes ist. Darüber hinaus wird vorgeschlagen, den gleichen Schutz auch den Urhebern zu gewähren, die, ohne einem Verbandsland anzugehören, dort ihren Wohnsitz haben. Schließlich sieht das Programm den Verbandsschutz bei Staatenlosen und Flüchtlingen vor, die ihren gewöhnlichen Aufenthalt in einem Verbandsland haben. Die entsprechenden Bestimmungen sollen allerdings nicht zwingend, sondern nur von denjenigen Verbandsländern anzuwenden sein, die einem Zusatzprotokoll bei-

getreten sind. Jedes Beitrittsland soll die Möglichkeit haben, die Bestimmungen des Protokolls nur auf die Staatenlosen oder nur auf die Flüchtlinge anzuwenden.

Für gewisse Arten von Werken führt das Programm neue sekundäre Anknüpfungspunkte ein. Den Filmwerken soll der Verbandsschutz gewährt werden, wenn der Hersteller des Werkes Angehöriger eines Verbandslandes ist oder wenn er dort seinen Wohnsitz oder seinen Sitz hat.

Für die Werke der Baukunst oder der graphischen und plastischen Künste, die Bestandteil eines Grundstückes sind, soll dieser Schutz gewährt werden, wenn das Werk in einem Verbandsland errichtet oder in ein dort gelegenes Bauwerk eingefügt worden ist.

Als Folge der Erweiterung der Anknüpfungspunkte werden entsprechende Ergänzungen bei den Bestimmungen über die Definition des Ursprungslandes vorgeschlagen. Es ist ferner vorgesehen, die Definition der „veröffentlichten Werke“ abzuändern und eine besondere Definition für den Begriff „Hersteller“ einzufügen. der für das System des Schutzes der Filmwerke wichtig ist.

Der Schutz des droit moral im Sinne des Artikels 6bis soll dadurch verstärkt werden, daß die gegenwärtige Begrenzung des Rechts auf die Lebenszeit des Urhebers beseitigt wird. Im Zusammenhang damit sollen die zur Zeit fakultativen Bestimmungen über die Ausübung der dem Urheber in Artikel 6bis Abs. 1 zuerkannten Rechte nach seinem Tod für die Dauer des Urheberrechts zwingend werden.

Im Hinblick auf die meisten innerstaatlichen Rechtsordnungen erschien es nicht zweckmäßig, eine Verlängerung der in Artikel 7 vorgesehenen allgemeinen Schutzdauer vorzuschlagen. Jedoch wurden einige weniger bedeutsame Bestimmungen klarer gefaßt. Außerdem werden zur Verbesserung der Systematik des Textes einige Änderungen in der Reihenfolge der Bestimmungen vorgeschlagen.

Hinsichtlich der Filmwerke, die zur Zeit nicht unter die Bestimmung fallen, die eine Schutzdauer von mindestens 50 Jahren nach dem Tode des Urhebers vorsieht, wird vorgeschlagen, ebenfalls diese Schutzdauer einzuführen. Die Verbandsländer sollen jedoch die Möglichkeit haben zu bestimmen, daß der Schutz 50 Jahre nach der ersten Veröffentlichung, öffentlichen Vorführung oder Rundfunksendung oder, falls diese nicht innerhalb von 50 Jahren nach der Herstellung des Werkes stattgefunden hat, 50 Jahre nach der Herstellung erlischt.

Hinsichtlich der Lichtbildwerke sowie der Werke der angewandten Kunst, die als Werke der Kunst geschützt werden, wird eine Mindestdauer von 25 Jahren seit der Herstellung des Werkes vorgeschlagen.

Die Bestimmungen des Artikels 7bis über die Miturheberschaft sollen klarer gefaßt werden.

In Artikel 9 wird vorgeschlagen, eine allgemeine Bestimmung über das Vervielfältigungsrecht *jure conventionis* einzufügen, die den gegenwärtigen Absatz 1 des Artikels überflüssig machen würde. Dieser Grundsatz soll jedoch mit einer Vorschrift verbunden sein, die es den Verbandsländern ermöglicht, die Vervielfätigung in gewissen Fällen zu gestatten (zum privaten Gebrauch; zu gerichtlichen oder behördlichen Zwecken; in gewissen Sonderfällen, in denen die Vervielfältigung den berechtigten Interessen des Urhebers nicht entgegensteht und die normale Auswertung des Werkes nicht beeinträchtigt). Diese Vorschrift soll die Grenzen aufzeigen, innerhalb derer die innerstaatlichen Rechtsordnungen Ausnahmen vorsehen können.

Im übrigen soll die Sonderbestimmung des Absatzes 2 des Artikels 9 über das Recht der Presse zur freien Vervielfältigung wegfallen. Schließlich soll der gegenwärtige Absatz 3 dieses Artikels an das Ende des Artikels 2 übertragen werden.

Das Programm sieht eine allgemeinere Fassung des Artikels 10 über das Zitatrecht vor.

Die Bestimmungen des Artikels 10bis über das Recht, ein geschütztes Werk bei Gelegenheit der Berichterstattung über Tagesereignisse frei zu benutzen, sollen in verschiedener Hinsicht klarer gefaßt werden.

In Artikel 13, der die sogenannten mechanischen Rechte der Komponisten regelt, würden die Bestimmungen des Absatzes 1 über das dem Urheber eines musikalischen Werkes zustehende ausschließliche Recht, dessen Aufnahme auf Tonträger zu erlauben, auf Grund des neuen Artikels 9 überflüssig werden; daher wird ihre Streichung vorgeschlagen. Die Bestimmungen dieses Absatzes über das ausschließliche Recht, die öffentliche Wiedergabe mittels Tonträger zu erlauben, erscheinen ebenfalls überflüssig, da sie unter die allgemeinen Bestimmungen des Artikels 11 über die öffentliche Aufführung fallen.

Dagegen sollen die Bestimmungen des Absatzes 2 über die Zwangslizenz beibehalten, jedoch auf die Aufnahme auf Tonträger beschränkt bleiben. Da schließlich gewisse veraltete Übergangsbestimmungen des Absatzes 3 grundsätzlich als aufhebbar angesehen wurden, wird vorgeschlagen, sie zu streichen, jedoch aus praktischen Gründen einige Teile davon während einer begrenzten Übergangszeit in Kraft zu lassen.

Hinsichtlich der Bestimmung des Artikels 14 über das Urheberrecht an Filmwerken sieht das Programm, abgesehen von im Verhältnis zu den gegenwärtigen Bestimmungen unbedeutenden Änderungen, wesentliche Neuerungen vor. Als Kompromißlösung zwischen den Systemen des sog. „film copyright" und der „cessio legis", auf Grund derer die Rechte an einem Filmwerk dem Filmproduzenten zustehen, und der Methode, nach

der die Rechte den geistigen Urhebern des Films zuerkannt werden, wird vorgeschlagen, Auslegungsbestimmungen einzufügen, nach denen die Urheber, die die filmische Bearbeitung und Vervielfältigung ihrer Werke erlaubt haben oder sich verpflichtet haben, einen literarischen oder künstlerischen Beitrag zu der Herstellung des durch einen Bildträger festgelegten Filmwerkes zu leisten, der Auswertung des Filmwerkes nicht widersprechen können, wenn keine gegenteilige Vereinbarung getroffen worden ist. Jedem Verbandsland soll es freistehen zu bestimmen, daß eine solche Erlaubnis oder Verpflichtung durch einen schriftlichen Vertrag oder einen gleichwertigen Akt fixiert sein muß. Jedes Verbandsland soll durch eine besondere Erklärung die Auslegungsbestimmungen in der Weise beschränken können, daß sie sich nicht auf Werke der Literatur, Wissenschaft oder Kunst beziehen, auf denen das Filmwerk beruht. Den Verbandsländern soll es außerdem freistehen, zugunsten der Urheber von Filmwerken eine Beteiligung an den Einnahmen aus deren Auswertung vorzusehen. Sofern die innerstaatliche Rechtsordnung nichts anderes bestimmt, sollen sich die Auslegungsbestimmungen nicht auf die Benutzung von musikalischen Werken mit oder ohne Text erstrecken.

Hinsichtlich der Artikel 14bis bis 20 werden keine Änderungen vorgeschlagen.

Außerdem könnte, wie den Verbandsländern bekannt ist, die Stockholmer Konferenz in Erwägung ziehen, den Verband (ebenso wie den Pariser Verband zum Schutz des gewerblichen Eigentums) verwaltungsmäßig und strukturell umzugestalten. Eine solche Reform würde Änderungen der Verwaltungsbestimmungen (Artikel 21 bis 24) und der Schlußbestimmungen (Artikel 25 bis 31) der Übereinkunft erforderlich machen. Vorschläge dieser Art sollen in einem besonderen, später vorzulegenden Dokument aufgeführt werden.

In einem der Übereinkunft angefügten Protokoll werden gewisse Bestimmungen für die Entwicklungsländer vorgeschlagen; darauf soll in den Schlußbestimmungen der Übereinkunft Bezug genommen werden. Das Protokoll sieht für diese Länder die Möglichkeit vor, gewisse zeitlich beschränkte Vorbehalte hinsichtlich des Übersetzungsrechts, der Schutzdauer, der Vervielfältigung von Artikeln über Tagesfragen durch die Presse und des Senderechts zu machen, sowie den Schutz der Werke der Literatur und Kunst ausschließlich für Zwecke der Erziehung, der Wissenschaft und des Unterrichts zu beschränken. Da diese Möglichkeit an die Schlußbestimmungen der Übereinkunft anknüpft, wird die Frage einer möglichst schnellen Anwendung des Protokolls in dem besonderen Dokument über diese Bestimmungen erörtert werden.

Schließlich wird vorgeschlagen, der Übereinkunft zusätzlich zu dem vorerwähnten Protokoll zwei Zusatzprotokolle beizufügen. Das erste soll den Schutz der Werke von Staatenlosen und Flüchtlingen (wie oben er-

wähnt), das zweite die Anwendung der Übereinkunft auf Werke gewisser internationaler Organisationen betreffen.

2. Verwaltungs und Schlußvorschriften (Artikel 20bis bis 32)

Die Revisionsvorschläge für die Verwaltungs- und Schlußvorschriften der Berner Übereinkunft sind in dem von den BIRPI veröffentlichten Dokument BERNE S/9 (Original englisch) enthalten und im einzelnen begründet. Sie stehen in engem Zusammenhang mit entsprechenden Revisionsvorschlägen für die Verwaltungs- und Schlußvorschriften der Pariser Verbandsübereinkunft zum Schutz des gewerblichen Eigentums und ihrer Nebenabkommen und der beabsichtigten Errichtung einer neuen umfassenden internationalen Organisation für geistiges Eigentum. Zur Einführung in diesen Teil der Revisionsvorschläge wird daher nachstehend ein von den BIRPI in „Le Droit d'auteur" 1966 S. 238 veröffentlichter Kurzbericht über den Gesamtkomplex dieses Reformprogramms wiedergegeben:

Der Entwurf einer Reform der Struktur und Verwaltung der BIRPI

Übersicht

Die Stockholmer Revisionskonferenz von 1967 soll administrative und strukturelle Reformen der Pariser und Berner Union und der anderen von den BIRPI verwalteten Unionen durchführen.

Die wichtigsten verwaltungsmäßigen Änderungen betreffen:

- Die Einrichtung einer eigenen Versammlung aller Mitgliedstaaten für jede Union;
- die Verlagerung der Aufsicht über das Internationale Büro von einem Land (der Schweiz) auf die Versammlungen der Unionen;
- das gleiche hinsichtlich der Annahme des Programms und des Haushalts, der Rechnungskontrolle und der Ernennung des Leiters des Internationalen Büros;
- eine Neuregelung, nach der die Beitragsleistungen nicht mehr in den Unionsverträgen festgelegt sind und nur durch einstimmigen Beschluß geändert werden können, sondern alle drei Jahre durch Abstimmung festgestellt werden.

Die wichtigste strukturelle Änderung liegt in der Gründung einer neuen Organisation. Diese soll

- den Rahmen für die internationale Zusammenarbeit der verschiedenen Unionen bilden, soweit diese von demselben Internationalen Büro betreut werden;

● ein weltweites Forum zur Verbreitung der Grundsätze des geistigen Eigentums sein, vor allem im Interesse der Entwicklungsländer.

Die neue Organisation soll Vollmitglieder (Staaten, die einer der Unionen angehören) und assoziierte Mitglieder (die keiner der Unionen angehören) haben.

Das gegenwärtige Internationale Büro (BIRPI) soll als Internationales Büro der Unionen fortbestehen und gleichzeitig die Verwaltung der neuen Organisation bilden.

Die neue Organisation soll die Unabhängigkeit und Souveränität der Unionen nicht beeinträchtigen.

Ohne die Stellung der UNESCO als Verwalterin des Welturheberrechtsabkommens anzutasten, soll die neue Organisation das Zentrum aller weltweiten Bestrebungen werden, die die Aufrechterhaltung, Verbesserung und Anpassung der Regeln des internationalen Schutzes auf dem Gebiet des gewerblichen Eigentums und des Urheberrechts zum Ziel haben. Hierauf kommt es entscheidend an, wenn man die Sicherung dieses Schutzes einer besonderen Organisation anvertrauen will, die dieser Aufgabe ihre ganze Aufmerksamkeit widmen kann.

Hintergrund

Für die Tagesordnung der für die Zeit vom 12. Juni bis 14. Juli 1967 geplanten Stockholmer Revisionskonferenz sind drei Hauptpunkte vorgesehen:

a) eine Revision der materiellrechtlichen Bestimmungen der Berner Union, d. h. der Bestimmungen, die sich mit dem materiellen Inhalt des Urheberrechtsschutzes befassen;

b) die Einbeziehung der Erfinder-Bescheinigungen in Artikel 4 der Pariser Verbandsübereinkunft, also den Artikel, der sich mit dem Prioritätsrecht im Bereich des Patentwesens befaßt;

c) die Reform der Struktur und Verwaltung der Berner Übereinkunft zum Schutz von Werken der Literatur und Kunst, der Pariser Verbandsübereinkunft zum Schutz des gewerblichen Eigentums und der vier Sonderunionen im Bereich der Pariser Verbandsübereinkunft, die sich mit der internationalen Registrierung von Warenzeichen und Dienstleistungsmarken, von Geschmacksmustern und von Ursprungsbezeichnungen sowie mit der Klassifikation von Waren und Dienstleistungen für die Registrierung von Warenzeichen und Dienstleistungsmarken befassen. Die administrative und strukturelle Reform soll sich auch auf das Internationale Büro aller dieser Unionen erstrecken, das heute unter dem Namen BIRPI bekannt ist und seinen Sitz in Genf hat.

Die vorgeschlagenen administrativen und strukturellen Reformen sollen gleichermaßen dem Ziel dienen, die Verfahrensregeln für die Zusammen-

arbeit zwischen den Nationen auf dem Gebiet des geistigen Eigentums zu verbessern.

Der Begriff „geistiges Eigentum" ist in dem Sinne zu verstehen, daß er sowohl das gewerbliche Eigentum — Patente, Warenzeichen usw. — als auch das Urheberrecht umfaßt.

Die Grundelemente der jetzigen Regelung stammen noch aus der Zeit von 1883 und 1886. Seit jener Zeit, also seit mehr als achtzig Jahren, hat sich nichts Wesentliches geändert.

Administrative Reformen

Abgesehen von geringfügigen Abweichungen, die mit der unterschiedlichen Natur der einzelnen Unionen zusammenhängen, sollen die vorgeschlagenen administrativen Reformen für jede der sechs vom Internationalen Büro verwalteten Unionen die gleichen sein.

Mit den Änderungen sollen für die sechs Unionen die Formen internationaler Verwaltung eingeführt werden, die heute allgemein für die besten gehalten werden, um eine wirkungsvolle internationale Zusammenarbeit und ein fruchtbares Zusammenwirken zwischen den Mitgliedstaaten und dem Sekretariat zu erreichen.

Gegenwärtig haben die Unionen kein Organ, in dem und mit dem die Mitgliedstaaten ihre politischen Vorstellungen zum Ausdruck bringen und eine Kontrolle über die Verwaltung ausüben können. Der Entwurf sieht solche Organe in Gestalt der Versammlung aller Mitgliedstaaten, die normalerweise alle drei Jahre zusammentreten soll, und für die Pariser und Berner Union außerdem in Gestalt von Verwaltungsausschüssen vor, die normalerweise einmal im Jahr zusammentreten sollen.

Zur Zeit führt die Aufsicht über das Internationale Büro ein Land, die Schweiz, dem alle Aufsichtsbefugnisse von den Mitgliedstaaten übertragen worden sind. Im vorigen Jahrhundert war eine solche Übertragung von Vollmachten nicht ungewöhnlich. Heute ist sie ein Anachronismus.

Gemäß dem Reformvorschlag soll daher die Gesamtheit der Mitgliedstaaten das Programm und den Haushalt der einzelnen Unionen annehmen, die Abrechnungen des Internationalen Büros überprüfen und seinen höchsten Beamten wählen. Gegenwärtig macht das alles die schweizerische Regierung allein: sie billigt den Haushalt, überprüft die Abrechnungen und ernennt den Direktor der BIRPI.

Ein anderer Aspekt der vorgeschlagenen Verwaltungsreform betrifft die Beiträge der Mitgliedstaaten. Zur Zeit ist die Gesamtsumme der Beiträge der Mitgliedstaaten der Pariser und Berner Union in den Vertragstexten der Pariser und Berner Übereinkunft selbst festgelegt. Über die Höhe dieser Summe muß eine einstimmige Entscheidung der Mitglied-

staaten getroffen werden. In der Pariser Union ist diese Einstimmigkeit zuletzt vor einundvierzig Jahren erreicht worden. Die Summe beträgt 28 000,— Dollar jährlich für die Gesamtheit der Mitgliedstaaten. Das bedeutet, daß jeder Mitgliedstaat jährlich 360 Dollar aufzubringen hat. Das ist weniger als ein Dollar pro Tag. In der Berner Union ist die Lage ganz ähnlich.

Natürlich arbeiten die BIRPI nicht mit dieser Summe, denn das könnten sie nicht. Tatsächlich zahlen die Länder mehr, aber sie tun dies freiwillig. So zahlt jetzt zum Beispiel jedes der Länder, die den höchsten Beitrag leisten, ungefähr 10 000 Dollar jährlich in der Pariser Union. Diese sechs Länder sind Deutschland, Frankreich, Italien, die Sowjetunion, das Vereinigte Königreich und die USA.

Es ist vorgesehen, daß die Stockholmer Konferenz dieses unbefriedigende System abschafft und eine Regelung trifft, nach der die Haushalte und dementsprechend auch die Höhe der Beiträge von den Versammlungen festgesetzt werden, und zwar mit einer qualifizierten Mehrheit, wenn es sich um eine Erhöhung handelt, sonst mit einfacher Mehrheit.

In dieser wie auch in jeder anderen Hinsicht soll aber, wie hervorzuheben ist, jede Union völlig unabhängig sein. In der Versammlung jeder einzelnen Union sind nur die Staaten stimmberechtigt, die dieser Union angehören.

Hinsichtlich der Vorbereitung von Revisionskonferenzen, die sowohl administrative als auch verfahrensmäßige Aspekte hat, ist vorgesehen, daß sie nicht länger einem Staat — nämlich dem Gastgeberstaat der Konferenz — in Verbindung mit den BIRPI überlassen bleiben, sondern Aufgabe der Organe der Union sein soll, nämlich Aufgabe des Internationalen Büros, das nach den Weisungen der in der Versammlung und dem Verwaltungsausschuß der Union vertretenen Mitgliedstaaten handelt. Selbstverständlich werden diese Organe bei der Vorbereitung von Revisionen wie bisher von allen geeignet erscheinenden Seiten Anregungen entgegennehmen.

Gegenwärtig haben die Mitgliedstaaten nach dem Wortlaut der Verträge keinerlei Mitspracherecht bei der Beantwortung der Frage, ob eine Revisionskonferenz stattfinden soll, welche Punkte der Übereinkunft oder des Abkommens einer Revision unterzogen werden sollen und welche Vorschläge für eine Revision gemacht werden sollen. Alle diese Fragen sind heute dem Ermessen der Regierung des Landes überlassen, in dem die Revisionskonferenz stattfinden soll.

Dieses System ist äußerst unbefriedigend, weil die Interessen aller Länder gleichrangig sind und deshalb nicht nur in der Konferenz selbst, sondern auch schon bei den Vorbereitungsarbeiten in gleicher Weise sollten geltend gemacht werden können.

Strukturelle Reformen

Einige der obengenannten administrativen Änderungen bedingen auch organisatorische oder strukturelle Neuerungen, insbesondere die Schaffung neuer Organe: der Versammlungen und der Verwaltungsausschüsse.

Was aber bei der Vorbereitung der Stockholmer Konferenz gewöhnlich als „strukturelle" Reform bezeichnet worden ist, ist der Vorschlag, eine neue zwischenstaatliche Stelle oder Organisation einzurichten, die im Verlauf der Vorbereitungsarbeiten abwechselnd Weltorganisation für geistiges Eigentum (World Intellectual Property Organization, WIPO) oder Internationale Organisation für geistiges Eigentum (International Intellectual Property Organization, IPO) genannt worden ist.

Die geplante neue Organisation soll zwei Aufgaben haben. Einmal soll sie den Rahmen für eine koordinierte Verwaltung der verschiedenen Unionen abgeben, zum anderen soll sie die Grundlage bilden für eine allgemeine Förderung des Schutzes des geistigen Eigentums in aller Welt, und zwar auch in Ländern, die noch nicht Mitglied der Pariser oder Berner Union sind.

Diese doppelte Aufgabenstellung findet ihren Ausdruck in der Regelung der Mitgliedschaft in der Organisation und den Versammlungen der Mitgliedstaaten.

Die Organisation soll zwei Arten von Mitgliedern haben: „Vollmitglieder" und „assoziierte Mitglieder". Staaten, die wenigstens einer der Unionen angehören, sollen Vollmitglieder sein; Staaten, die keiner der Unionen angehören, sollen assoziierte Mitglieder sein.

Es soll zwei Versammlungen geben, von denen die eine „Generalversammlung" und die andere „Konferenz" genannt wird. Der erstgenannten sollen die Vollmitglieder, der anderen sowohl die Vollmitglieder als auch die assoziierten Mitglieder angehören.

Die „*Generalversammlung*" soll zusammen mit einem kleineren Ausschuß, dem Koordinierungsausschuß, das Organ für die administrative Zusammenarbeit zwischen den Unionen sein. Diese Zusammenarbeit ist notwendig, weil das Verwaltungsorgan der Unionen wie heute ein gemeinsames sein soll, nämlich das Internationale Büro in Genf. Eindeutige Gründe der Wirtschaftlichkeit und des Wirkungsgrads sprechen dafür, an einem gemeinsamen Büro festzuhalten. Seine Zweckmäßigkeit ist durch die Erfahrung von 73 Jahren erwiesen; im Jahre 1893 sind nämlich das Büro der Pariser Union und das Büro der Berner Union durch eine Entscheidung der schweizerischen Regierung zusammengelegt worden. Aber sowohl das gemeinsame Büro als auch die verwaltungsmäßige Zusammenarbeit zwischen Unionen haben zur Zeit keine Rechtsgrundlage in den Unionsverträgen. Die heutigen Regelungen sind mehr oder weniger formlos und unvollständig. Es ist wünschenswert, daß sie klargestellt und

institutionalisiert werden, um die Unabhängigkeit der Unionen zu sichern, ihre aus unvermeidlichen Kontakten resultierenden Beziehungen zueinander zu regeln und dem gemeinsamen Büro eine Rechtsgrundlage zu geben, die mit der anderer zwischenstaatlicher Einrichtungen vergleichbar ist und die ihm den rechtlichen Status gibt, den es im Verkehr mit den Vereinten Nationen und anderen internationalen Organisationen unbedingt braucht.

Ein klarer rechtlicher Status der Organisation würde auch die Institutionalisierung der Beziehungen zu den regierungsunabhängigen Organisationen — etwa der Internationalen Vereinigung für den Schutz des gewerblichen Eigentums, der Internationalen Handelskammer, der Internationalen Vereinigung für den Schutz von Werken der Literatur und Kunst und der Internationalen Vereinigung der Schriftsteller- und Komponistenverbände — erlauben, Beziehungen, die von größter Bedeutung sind in einem Bereich, in dem es um den Schutz von privaten Eigentumsinteressen geht.

Die „*Konferenz*“ soll ein Diskussionsforum sein, das sowohl den Vollmitgliedern als auch den assoziierten Mitgliedern offensteht. Es soll eingerichtet werden, um die Bedürfnisse und Wünsche der Entwicklungsländer in bezug auf rechtstechnische Hilfe auf dem Gebiet des geistigen Eigentums kennenzulernen. Diese Hilfe soll durch Ausbildungsstipendien, Seminare, Informationsreisen und Unterstützung bei der Ausarbeitung von Gesetzen zum Schutz des geistigen Eigentums und der Einrichtung von Ämtern zum Schutz des gewerblichen Eigentums geleistet werden.

Die Konferenz soll auch ein Forum sein, in dem und durch das Staaten, die noch nicht Unionsmitglieder sind, besser die Frage prüfen können, ob ihre Mitgliedschaft in den Unionen wünschenswert ist. Man erwartet nämlich, daß die Kontakte, die die Staaten außerhalb der Unionen mit dem Internationalen Büro und mit den Mitgliedstaaten haben werden, sie selbst früher oder später davon überzeugen werden, daß sie durch eine Mitgliedschaft in den Unionen ihre Industrialisierung vorantreiben, ihre Handels- und kulturellen Beziehungen verbessern und allgemein ihr Entwicklungstempo beschleunigen können.

Um eng und dauerhaft zu sein, brauchen solche Kontakte eine geeignete Form. Die assoziierte Mitgliedschaft würde eine solche Form darstellen.

Die Ausgaben der Organisation werden im wesentlichen zweierlei betreffen: die Kosten der Zusammenkünfte ihrer Vertretungskörperschaften und die Kosten des Programms für rechtstechnische Hilfeleistung. Sie sollen aus Beiträgen der Unionen und Beiträgen der assoziierten Mitglieder gedeckt werden. Vollmitglieder sollen keine direkten Beiträge an die Organisation leisten, da sie zu den Ausgaben durch die Beiträge der Unionen, denen sie angehören, beisteuern.

Die geplante neue Organisation soll auch ein Verwaltungsorgan haben. Dieses soll einfach eine Fortsetzung der BIRPI sein, auch in der Bezeichnung, die weiterhin „Internationales Büro" lauten soll.

Die *Unabhängigkeit der verschiedenen Unionen* soll durch die Existenz der neuen Organisation oder ihrer Organe nicht beeinträchtigt werden. Die Generalversammlung soll im wesentlichen eine beratende Funktion ausüben und auf Angelegenheiten der Koordinierung beschränkt sein. Revisionen der Abkommenstexte jeder Union sollen von der interessierten Union selbst vorbereitet und von einer eigenen Revisionskonferenz dieser Union entschieden werden. Auch eine Fortentwicklung der Unionen, die sich außerhalb einer Vertragsrevision vollzieht, soll ausschließlich Angelegenheit der einzelnen Unionen sein. Für all das hat die geplante neue Organisation keine Bedeutung. Es besteht auch keine Gefahr, daß die neue Organisation in Zukunft jemals auf die Selbstverwaltung der Unionen übergreifen könnte, weil alle Änderungen des die Organisation begründenden Abkommens zuerst und selbständig von den Versammlungen der Pariser Union und der Berner Union angenommen werden müssen.

Die geplante neue Organisation soll ähnlich ausgestaltet und aufgebaut sein wie andere zwischenstaatliche Organisationen. Es ist offensichtlich, daß die Einrichtung und der Fortbestand einer solchen Organisation unerläßlich sind, wenn man den Schutz des gewerblichen Eigentums und des Urheberrechts einer besonderen Organisation anvertrauen will, die sich ganz der Aufgabe widmen kann, die internationalen Verträge auf diesem Gebiet zu sichern, sie fortzuentwickeln und an veränderte Umstände anzupassen.

Solange das Internationale Büro nur den Unionen und ihren Mitgliedstaaten dient, neigen die den Unionen nicht angehörenden Staaten dazu, sich mit den Problemen, die sie auf dem Gebiet des geistigen Eigentums haben, an andere zwischenstaatliche Organisationen zu wenden; diese können aber, da sie sich mit zahlreichen völlig anderen Problemen zu befassen haben, nicht über die notwendige Sachkenntnis und Erfahrung verfügen.

Das Welturheberrechtsabkommen ist eine Ausnahme; die vorgeschlagene Reform würde nichts daran ändern, daß es weiterhin von der UNESCO verwaltet wird. Ebensowenig würde die vorgeschlagene Reform die Fortsetzung oder Weiterentwicklung einer regionalen Zusammenarbeit beeinträchtigen, da die neue Organisation weltweit ausgerichtet ist.

Brüsseler Fassung

II.
Revisionsvorschläge

Convention de Berne pour la Protection des Œuvres littéraires et artistiques

. . . . .

revisée à Bruxelles le 26 juin 1948.

. . . . .

Article premier

Les Pays auxquels s'applique la présente Convention sont constitués à l'état d'Union pour la protection des droits des auteurs sur leurs œuvres littéraires et artistiques.

Article 2

(1) Les termes «œuvres littéraires et artistiques» comprennent toutes les productions du domaine littéraire, scientifique et artistique, quel qu'en soit le mode ou la forme d'expression, telles que: les livres, brochures et autres écrits; les conférences, allocutions, sermons et autres œuvres de même nature; les œuvres dramatiques ou dramatico-musicales; les œuvres chorégraphiques et les pantomimes, dont la mise en scène est fixée par écrit ou autrement; les compositions musicales avec ou sans paroles; les œuvres cinématographiques et celles obtenues par un procédé analogue à la cinématographie; les œuvres de dessin, de peinture, d'architecture, de sculpture, de gravure, de lithographie; les œuvres photographiques et celles obtenues par un procédé analogue à la photographie; les œuvres des arts appliqués; les illustrations, les cartes géographiques; les plans, croquis et ouvrages plastiques relatifs à la géographie, à la topographie, à l'architecture ou aux sciences.

Berner Übereinkunft zum Schutze von Werken der Literatur und Kunst

. . . . .

revidiert in Brüssel am 26. Juni 1948.

. . . . .

Artikel 1

Die Länder, für welche die vorliegende Übereinkunft gilt, bilden einen Verband zum Schutze der Rechte der Urheber an ihren Werken der Literatur und der Kunst.

Artikel 2

(1) Die Bezeichnung „Werke der Literatur und der Kunst" umfaßt alle Erzeugnisse auf dem Gebiete der Literatur, Wissenschaft und und Kunst, ohne Rücksicht auf die Art und Form des Ausdrucks, wie: Bücher, Broschüren und andere Schriftwerke; Vorträge, Ansprachen, Predigten und andere Werke gleicher Art; dramatische oder dramatisch-musikalische Werke; choreographische Werke und Pantomimen, deren Bühnenvorgang schriftlich oder auf andere Weise festgelegt ist; musikalische Kompositionen mit oder ohne Text; Werke der Kinematographie und Werke, die durch ein der Kinematographie ähnliches Verfahren hergestellt sind; Werke der zeichnenden Kunst, der Malerei, der Baukunst, der Bildhauerei, Stiche und Lithographien; Werke der Photographie und Werke, die durch ein der Photographie ähnliches Verfahren hergestellt sind; Werke der angewandten Künste; Illustrationen, geographische Karten, geographische, topographische, architektonische oder wissenschaftliche Pläne, Skizzen und Darstellungen plastischer Art.

Vorgeschlagene Stockholmer Fassung

Convention de Berne pour la Protection des Œuvres littéraires et artistiques

. . . . .

revisée à Stockholm le ... juillet 1967.

. . . . .

Article premier

unverändert

Article 2

(1) Les termes «œuvres littéraires et artistiques» comprennent toutes les productions du domaine littéraire, scientifique et artistique, quel qu'en soit le mode ou la forme d'expression, telles que: les livres, brochures et autres écrits; les conférences, allocutions, sermons et autres œuvres de même nature; les œuvres dramatiques ou dramatico-musicales; les œuvres chorégraphiques et les pantomines (......); les compositions musicales avec ou sans paroles; les œuvres cinématographiques (.......); les œuvres de dessin, de peinture, d'architecture, de sculpture, de gravure, de lithographie; les œuvres photographiques (......); les œuvres des arts appliqués; les illustrations, les cartes géographiques; les plans, croquis et ouvrages plastiques relatifs à la géographie, à la topographie, à l'architecture ou aux sciences.

Berner Übereinkunft zum Schutze von Werken der Literatur und Kunst *)

. . . . .

revidiert in Stockholm am ... Juli 1967.

. . . . .

Artikel 1

Die Länder, für welche die vorliegende Übereinkunft gilt, bilden einen Verband zum Schutz der Rechte der Urheber an ihren Werken der Literatur und Kunst.

Artikel 2

(1) Die Bezeichnung „Werke der Literatur und Kunst" umfaßt alle Erzeugnisse auf dem Gebiet der Literatur, Wissenschaft und Kunst ohne Rücksicht auf die Art und Form des Ausdrucks, wie: Bücher, Broschüren und andere Schriftwerke; Vorträge, Ansprachen, Predigten und andere Werke gleicher Art; dramatische oder dramatisch-musikalische Werke; choreographische Werke und Pantomimen (......); musikalische Kompositionen mit oder ohne Text; Filmwerke (......); Werke der zeichnenden Kunst, der hauerei, Stiche. Lithographien; Malerei, der Baukunst, der Bild-Lichtbildwerke (......); Werke der angewandten Kunst; Illustrationen, geographische Karten, geographische, topographische, architektonische oder wissenschaftliche Pläne, Skizzen und Darstellungen plastischer Art.

---

*) In der deutschen Übersetzung der Revisionsvorschläge sind auch die im französischen und englischen Original unverändert gebliebenen Teile dem modernen Sprachgebrauch und der Terminologie des neuen deutschen Urheberrechtsgesetzes angepaßt worden.

vgl. Artikel 14 Abs. 5

(2) Sont protégés comme des œuvres originales, sans préjudice des droit de l'auteur de l'œuvre originale, les traductions, adaptations, arrangements de musique et autres transformations d'une œuvre littéraire ou artistique. Il est toutefois réservé aux législations des Pays de l'Union de déterminer la protection à accorder aux traductions des textes officiels d'ordre legislatif, administratif et judiciaire.

(3) Les recueils d'œuvres littéraires ou artistiques tels que les encyclopédies et anthologies qui, par le choix ou la disposition des matières, constituent des créations intellectuelles sont protégés comme telles, sans préjudice des droits des auteurs sur chacune des œuvres qui font partie de ces recueils.

(4) Les œuvres mentionnées ci-dessus jouissent de la protection dans tous les Pays de l'Union. Cette protection s'exerce au profit de l'auteur et de ses ayants droit.

vgl. Artikel 14 Abs. 5

(2) Den gleichen Schutz wie Originalwerke genießen, unbeschadet der Rechte des Urhebers des Originalwerkes, die Übersetzungen, Adaptationen, musikalischen Arrangements und andere Umarbeitungen eines Werkes der Literatur oder der Kunst. Es bleibt jedoch den Gesetzgebungen der Verbandsländer vorbehalten, den Schutz für Übersetzungen offizieller Texte auf dem Gebiet der Gesetzgebung, Verwaltung und Rechtsprechung zu bestimmen.

(3) Sammlungen von Werken der Literatur oder der Kunst, wie z. B. Enzyklopädien und Anthologien, die wegen der Auswahl oder der Anordnung des Stoffes geistige Schöpfungen darstellen, sind als solche geschützt, unbeschadet der Rechte der Urheber an jedem einzelnen der Werke, welche Bestandteile dieser Sammlungen sind.

(4) Die oben genannten Werke genießen Schutz in allen Verbandsländern. Dieser Schutz besteht zugunsten des Urhebers und seiner Rechtsnachfolger oder sonstiger Inhaber ausschließlicher Werknutzungsrechte.

(2) Sont assimilées, aux fins de la présente Convention, à des œuvres cinématographiques les œuvres exprimées par un procédé produisant des effets visuels analogues à ceux de la cinématographie et fixées sur un support matériel.

Sont assimilées, aux fins de la présente Convention, à des œuvres photographiques les œuvres exprimées par un procédé analogue à la photographie.

(2) Für die Zwecke dieser Übereinkunft sind den Filmwerken die Werke gleichgestellt, die durch ein Verfahren hergestellt werden, das ähnliche Bildwirkungen erzeugt wie die Kinematographie und durch einen Bildträger festgelegt sind.

Für die Zwecke dieser Übereinkunft sind den Lichtbildwerken die Werke gleichgestellt, die durch ein der Photographie ähnliches Verfahren hergestellt sind.

(3) unverändert

(3) Den gleichen Schutz wie Originalwerke genießen, unbeschadet der Rechte des Urhebers des Originalwerkes, die Übersetzungen, Bearbeitungen, musikalische Arrangements und andere Umarbeitungen eines Werkes der Literatur oder Kunst. Es bleibt jedoch den Gesetzgebungen der Verbandsländer vorbehalten, den Schutz für Übersetzungen amtlicher Texte auf dem Gebiet der Gesetzgebung, Verwaltung und Rechtsprechung zu bestimmen.

(4) unverändert

(4) Sammlungen von Werken der Literatur oder Kunst, wie z. B. Enzyklopädien und Anthologien, die wegen der Auswahl oder der Anordnung des Stoffes geistige Schöpfungen darstellen, sind als solche geschützt, unbeschadet der Rechte der Urheber an jedem einzelnen der Werke, die Bestandteile dieser Sammlungen sind.

(5) unverändert

(5) Die oben genannten Werke genießen Schutz in allen Verbandsländern. Dieser Schutz besteht zugunsten des Urhebers und seiner Rechtsnachfolger oder sonstiger Inhaber ausschließlicher Werknutzungsrechte.

(5) Il est réservé aux législations des Pays de l'Union de régler le champ d'application des lois concernant les œuvres des arts appliqués et les dessins et modèles industriels, ainsi que les conditions de protection de ces œuvres, dessins et modèles. Pour les œuvres protégées uniquement comme dessins et modèles dans le Pays d'origine, il ne peut être réclamé dans les autres Pays de l'Union que la protection accordée aux dessins et modèles dans ces Pays.

(5) Es bleibt den Gesetzgebungen der Verbandsländer vorbehalten, den Anwendungsbereich der Gesetze, welche die Werke der angewandten Künste und die gewerblichen Muster und Modelle betreffen, sowie die Voraussetzungen des Schutzes dieser Werke, Muster und Modelle festzulegen. Für Werke, die im Ursprungsland nur als Muster und Modelle geschützt werden, kann in den anderen Verbandsländern nur der Schutz beansprucht werden, der in diesen Ländern den Mustern und Modellen gewährt wird.

vgl. Artikel 9 Abs. 3

vgl. Artikel 9 Abs. 3

Article 2bis

(1) Est réservée aux législations des Pays de l'Union la faculté d'exclure partiellement ou totalement de la protection prévue à l'article précédent les discours politiques et les discours prononcés dans les débats judiciaires.

(2) Est réservée également aux législations des Pays de l'Union la faculté de statuer sur les conditions dans lesquelles les conférences, allocutions, sermons et autres œuvres de même nature pourront être reproduits par la presse.

(3) Toutefois, l'auteur seul aura le droit de réunir en recueil ses œuvres mentionnées aux alinéas précédents.

Artikel 2bis

(1) Den Gesetzgebungen der Verbandsländer bleibt die Befugnis vorbehalten, politische Reden und Reden in Gerichtsverhandlungen teilweise oder ganz von dem im vorhergehenden Artikel vorgesehenen Schutz auszuschließen.

(2) Ebenso bleibt den Gesetzgebungen der Verbandsländer die Befugnis vorbehalten, zu bestimmen, unter welchen Voraussetzungen Vorträge, Ansprachen, Predigten und andere Werke gleicher Art durch die Presse wiedergegeben werden dürfen.

(3) Indessen ist allein der Urheber berechtigt, seine in den vorhergehenden Absätzen genannten Werke in Sammlungen zu vereinigen.

Vorgeschlagene Stockholmer Fassung

(6) Il est réserve aux législations des Pays de l'Union de régler le champ d'application des lois concernant les œuvres des arts appliqués et les dessins et modèles industriels, ainsi que les conditions de protection de ces œuvres, dessins et modèles, **compte tenu des dispositions de l'article 7, alinéa 4, de la présente Convention.** Pour les œuvres protégées uniquement comme dessins et modèles dans le Pays d'origine, il ne peut être réclamé dans les autres Pays de l'Union que la protection accordée aux dessins et modèles dans ces Pays.

(6) Unter Berücksichtigung der Bestimmungen des Artikels 7 Abs. 4 dieser Übereinkunft bleibt es den Gesetzgebungen der Verbandsländer vorbehalten, den Anwendungsbereich der Gesetze, welche die Werke der angewandten Kunst und die gewerblichen Muster und Modelle betreffen, sowie die Voraussetzungen des Schutzes dieser Werke, Muster und Modelle festzulegen. Für Werke, die im Ursprungsland nur als Muster und Modelle geschützt werden, kann in den anderen Verbandsländern nur der Schutz beansprucht werden, der in diesen Ländern den Mustern und Modellen gewährt wird.

(7) La protection de la présente Convention ne s'applique pas aux nouvelles du jour ou aux faits divers qui ont le caractère de simples informations de presse.

(7) Der Schutz der vorliegenden Übereinkunft besteht nicht für Tagesneuigkeiten oder vermischte Nachrichten, die einfache Zeitungsmitteilungen darstellen.

Article 2bis

(1) unverändert

(2) unverändert

(3) unverändert

Artikel 2bis

(1) Den Gesetzgebungen der Verbandsländer bleibt die Befugnis vorbehalten, politische Reden und Reden in Gerichtsverhandlungen teilweise oder ganz von dem im vorhergehenden Artikel vorgesehenen Schutz auszuschließen.

(2) Ebenso bleibt den Gesetzgebungen der Verbandsländer die Befugnis vorbehalten zu bestimmen, unter welchen Voraussetzungen Vorträge, Ansprachen, Predigten und andere Werke gleicher Art durch die Presse vervielfältigt werden dürfen.

(3) Indessen ist allein der Urheber berechtigt, seine in den vorhergehenden Absätzen genannten Werke in Sammlungen zu vereinigen.

Brüsseler Fassung

Article 3

(supprimé)

Article 4

(1) Les auteurs ressortissant à l'un des Pays de l'Union jouissent dans les Pays autres que le Pays d'origine de l'œuvre, pour leurs œuvres, soit non publiées, soit publiées pour la première fois dans un Pays de l'Union, des droits que les lois respectives accordent actuellement ou accorderont par la suite aux nationaux, ainsi que des droits spécialement accordés par la présente Convention.

(2) La jouissance et l'exercice de ces droits ne sont subordonnés à aucune formalité; cette jouissance et cet exercice sont indépendants de l'existence de la protection dans le Pays d'origine de l'œuvre. Par suite, en dehors des stipulations de la présente Convention, l'étendue de la protection ainsi que les moyens de recours garantis à l'auteur pour sauvegarder ses droits se règlent exclusivement d'après la législation du Pays où la protection est réclamée.

(3) Est considéré comme Pays d'origine de l'œuvre: pour les œuvres publiées, celui de la première publication, même s'il s'agit d'œuvres publiées simultanément dans plusieurs Pays de l'Union qui ad-

Artikel 3

(gestrichen)

Artikel 4

(1) Die einem Verbandsland angehörigen Urheber genießen sowohl für ihre unveröffentlichten als auch für ihre zum erstenmal in einem Verbandsland veröffentlichten Werke in allen Verbandsländern mit Ausnahme des Ursprungslandes des Werkes diejenigen Rechte, welche die einschlägigen Gesetze den inländischen Urhebern gegenwärtig gewähren oder in Zukunft gewähren werden, sowie die in der vorliegenden Übereinkunft besonders gewährten Rechte.

(2) Der Genuß und die Ausübung dieser Rechte sind nicht an die Erfüllung irgendwelcher Förmlichkeiten gebunden; dieser Genuß und diese Ausübung sind unabhängig vom Bestehen des Schutzes im Ursprungsland des Werkes. Infolgedessen richten sich der Umfang des Schutzes sowie die dem Urheber zur Wahrung seiner Rechte zustehenden Rechtsbehelfe ausschließlich nach der Gesetzgebung des Landes, wo der Schutz beansprucht wird, soweit die vorliegende Übereinkunft nichts anderes bestimmt.

(3) Als Ursprungsland des Werkes gilt: für die veröffentlichten Werke das Land der ersten Veröffentlichung, selbst wenn es sich um Werke handelt, die gleichzeitig in mehreren Verbandsländern mit gleicher

Vorgeschlagene Stockholmer Fassung

Article 3

(supprimé)

Article 4

(1) Les auteurs ressortissant à l'un des Pays de l'Union jouissent dans les Pays autres que le Pays d'origine de l'œuvre, pour leurs œuvres, **publiées ou non,** des droits que les lois respectives accordent actuellement ou accorderont par la suite aux **auteurs** nationaux, ainsi que des droits spécialement accordés par la présente Convention.

(2) Les auteurs ne ressortissant pas à l'un des Pays de l'Union mais domiciliés dans l'un de ceux-ci sont, pour l'application de la présente Convention, assimilés aux auteurs ressortissant audit Pays.

(3) unverändert

(4) Est considéré comme Pays d'origine:

a) pour les œuvres publiées pour la première fois dans l'un des Pays de l'Union, ce dernier Pays; toutefois, s'il s'agit d'œuvres publiées simul-

Artikel 3

(gestrichen)

Artikel 4

(1) Die einem Verbandsland angehörigen Urheber genießen für ihre **veröffentlichten und unveröffentlichten** Werke in allen Verbandsländern mit Ausnahme des Ursprungslandes des Werkes diejenigen Rechte, welche die einschlägigen Gesetze den inländischen Urhebern gegenwärtig gewähren oder in Zukunft gewähren werden, sowie die in der vorliegenden Übereinkunft besonders gewährten Rechte.

(2) Die Urheber, die keinem Verbandsland angehören, jedoch ihren Wohnsitz in einem Verbandsland haben, sind für die Anwendung dieser Übereinkunft den Urhebern gleichgestellt, die diesem Land angehören.

(3) Der Genuß und die Ausübung dieser Rechte sind nicht an die Erfüllung irgendwelcher Förmlichkeiten gebunden; dieser Genuß und diese Ausübung sind unabhängig vom Bestehen des Schutzes im Ursprungsland des Werkes. Infolgedessen richten sich der Umfang des Schutzes sowie die dem Urheber zur Wahrung seiner Rechte zustehenden Rechtsbehelfe ausschließlich nach der Gesetzgebung des Landes, in dem der Schutz beansprucht wird, soweit die vorliegende Übereinkunft nichts anderes bestimmt.

(4) Als Ursprungsland gilt:

a) für die zum ersten Male in einem Verbandsland veröffentlichten Werke dieses Land; handelt es sich jedoch um Werke, die gleich-

mettent la même durée de protection; s'il s'agit d'œuvres publiées simultanément dans plusieurs Pays de l'Union admettant des durées de protection différentes, celui d'entre eux dont la législation accorde la durée de protection la moins longue; pour les œuvres publiées simultanément dans un Pays étranger à l'Union et dans un Pays de l'Union, c'est ce dernier Pays qui est exclusivement considéré comme Pays d'origine. Est considérée comme publiée simultanément dans plusieurs Pays toute œuvre qui a paru dans deux ou plusieurs Pays dans les trente jours de sa première publication.

(5) Est considéré comme Pays d'origine, pour les œuvres non publiées, celui auquel appartient l'auteur. Toutefois, est considéré comme Pays d'origine, pour les œuvres d'architecture ou des arts graphiques et plastiques faisant corps avec un immeuble, le Pays de l'Union où ces œuvres ont été édifiées ou incorporées à une construction.

Schutzdauer veröffentlicht wurden; wenn es sich um Werke handelt, die gleichzeitig in mehreren Verbandsländern mit verschiedener Schutzdauer veröffentlicht wurden, das Land, dessen Gesetzgebung die am wenigsten lange Schutzdauer gewährt; für die Werke, die gleichzeitig in einem verbandsfremden Land und in einem Verbandsland veröffentlicht wurden, gilt ausschließlich das letztere als Ursprungsland. Als gleichzeitig in mehreren Ländern veröffentlicht gilt jedes Werk, das innerhalb von 30 Tagen seit der ersten Veröffentlichung in zwei oder mehreren Ländern erschienen ist.

(5) Für die nicht veröffentlichten Werke gilt als Ursprungsland das Land, dem der Urheber angehört. Für die Werke der Baukunst und der graphischen und plastischen Künste, welche Bestandteile eines Grundstückes sind, gilt jedoch als Ursprungsland das Verbandsland, in welchem diese Werke errichtet oder einem Bauwerk eingefügt worden sind.

tanément dans plusieurs Pays de l'Union admettant des durées de protection différentes, celui d'entre eux dont la législation accorde la durée de protection la moins longue;

zeitig in mehreren Verbandsländern mit verschiedener Schutzdauer veröffentlicht werden, das Land, dessen Gesetzgebung die kürzeste Schutzdauer gewährt;

b) pour les œvres publiées simultanément dans un Pays étranger à l'Union et dans un Pays de l'Union ce dernier Pays;

b) für die gleichzeitig in einem verbandsfremden Land und einem Verbandsland veröffentlichten Werke dieses letztere Land;

c) pour les œuvres non publiées ou pour les œuvres publiées pour la première fois dans un Pays étranger à l'Union, sans publication simultanée dans un Pays de l'Union:

c) für die nicht veröffentlichten oder die zum erstenmal in einem verbandsfremden Land veröffentlichten Werke, die nicht gleichzeitig in einem Verbandsland veröffentlicht werden:

i) s'il s'agit d'œuvres cinématographiques dont le producteur est ressortissant d'un Pays de l'Union ou y a son domicile ou son siège, ce dernier Pays;

i) wenn es sich um Filmwerke handelt, deren Hersteller einem Verbandsland angehört oder dort seinen Wohnsitz oder Sitz hat, dieses Land;

ii) s'il s'agit d'œuvres d'architecture édifiées dans un Pays de l'Union ou d'œuvres des arts graphiques et plastiques faisant corps avec un immeuble situé dans un Pays de l'Union, ce dernier Pays;

ii) wenn es sich um in einem Verbandsland errichtete Werke der Baukunst oder um Werke der graphischen und plastischen Künste handelt, die Bestandteile eines in einem Verbandsland gelegenen Grundstückes sind, dieses Land;

iii) s'il s'agit d'œuvres auxquelles les dispositions visées en i) ou ii) ci-dessus ne sont pas applicables, le Pays de l'Union dont l'auteur est ressortissant.

iii) wenn es sich um Werke handelt, auf die die Bestimmungen unter i) oder ii) nicht anwendbar sind, das Verbandsland, dem der Urheber angehört.

Est considérée comme publiée simultanément dans plusieurs Pays toute œuvre qui a paru dans deux

Als gleichzeitig in mehreren Ländern veröffentlicht gilt jedes Werk, das innerhalb von 30 Tagen seit der

(4) Par «œuvres publiées» il faut, dans le sens des articles 4, 5 et 6, entendre les œuvres éditées, quel que soit le mode de fabrication des exemplaires, lesquels doivent être mis en quantité suffisante à la disposition du public. Ne constituent pas une publication la représentation d'une œuvre dramatique, dramatico-musicale ou cinématographique, l'exécution d'une œuvre musicale, la récitation publique d'une œuvre littéraire, la transmission ou la radiodiffusion des œuvres littéraires ou artistiques, l'exposition d'une œuvre d'art et la construction d'une œuvre d'architecture.

—

(4) Unter „veröffentlichten Werken" im Sinne der Artikel 4, 5 und 6 sind die erschienenen Werke zu verstehen, ohne Rücksicht auf die Art der Herstellung der Werkstücke, die in genügender Anzahl zur Verfügung des Publikums gestellt sein müssen. Eine Veröffentlichung stellen nicht dar: die Aufführung eines dramatischen, dramatisch-musikalischen oder musikalischen Werkes, die Vorführung eines kinematographischen Werkes, der öffentliche Vortrag eines literarischen Werkes, die Übertragung oder die Rundfunksendung von Werken der Literatur oder der Kunst, die Ausstellung eines Werkes der bildenden Künste und die Errichtung eines Werkes der Baukunst.

—

Article 5

Les ressortissants de l'un des Pays de l'Union, qui publient pour la première fois leurs œuvres dans un autre Pays de l'Union, ont, dans ce dernier Pays, les mêmes droits que les auteurs nationaux.

Article 6

(1) Les auteurs ne ressortissant pas à l'un des Pays de l'Union, qui publient pour la première fois leurs œuvres dans l'un de ces Pays, jouissent, dans ce Pays, des mêmes droits que les auteurs nationaux, et

Artikel 5

Die Angehörigen eines Verbandslandes, welche ihre Werke zum erstenmal in einem anderen Verbandsland veröffentlichen, haben in letzterem Lande die gleichen Rechte wie die inländischen Urheber.

Artikel 6

(1) Die keinem Verbandsland angehörigen Urheber, welche ihre Werke zum erstenmal in einem Verbandsland veröffentlichen, genießen in diesem Land die gleichen Rechte wie die inländischen Urhe-

ou plusieurs Pays dans les trente jours de sa première publication.

(5) Par «œuvres publiées», il faut (......) entendre les œuvres éditées **licitement**, quel que soit le mode de fabrication des exemplaires, lesquels doivent être mis en quantité suffisante à la disposition du public. Ne constituent pas une publication la représentation d'une œuvre dramatique, dramatico-musicale ou cinématographique, l'exécution d'une œuvre musicale, la récitation publique d'une œuvre littéraire, la transmission ou la radiodiffusion des œuvres littéraires ou artistiques, l'exposition d'une œuvre d'art et la construction d'une œuvre d'architecture.

(6) Est considérée comme producteur de l'œuvre cinématographique la personne physique ou morale qui a pris l'initiative et la responsabilité de la réalisation de l'œuvre.

Article 5

Les **auteurs** ressortissant à l'un des Pays de l'Union qui publient pour la première fois leurs œuvres dans un autre Pays de l'Union, ont, dans ce dernier Pays, les mêmes droits que les auteurs nationaux.

Article 6

(1) Les auteurs ne ressortissant pas à l'un des Pays de l'Union, qui publient pour la première fois leurs œuvres dans l'un de ces Pays **ou simultanément dans un Pays étranger à l'Union et dans un Pays de**

ersten Veröffentlichung in zwei oder mehreren Ländern erschienen ist.

(5) Unter „veröffentlichten Werken" (......) sind die **erlaubterweise** erschienenen Werke zu verstehen, ohne Rücksicht auf die Art der Herstellung der Werkstücke, die in genügender Anzahl zur Verfügung des Publikums gestellt sein müssen. Eine Veröffentlichung stellen nicht dar: die Aufführung eines dramatischen, dramatisch-musikalischen oder musikalischen Werkes, die Vorführung eines Filmwerkes, der öffentliche Vortrag eines literarischen Werkes, die Übertragung oder die Rundfunksendung von Werken der Literatur oder Kunst, die Ausstellung eines Werkes der bildenden Künste und die Errichtung eines Werkes der Baukunst.

(6) Als Hersteller eines Filmwerkes gilt diejenige natürliche oder juristische Person, die die Initiative für die Herstellung des Werkes ergriffen und die Verantwortung dafür übernommen hat.

Artikel 5

Die einem Verbandsland angehörigen **Urheber**, die zum erstenmal ihre Werke in einem anderen Verbandsland veröffentlichen, haben in diesem Land die gleichen Rechte, wie die inländischen Urheber.

Artikel 6

(1) Die keinem Verbandsland angehörigen Urheber, welche ihre Werke zum erstenmal in einem Verbandsland **oder gleichzeitig in einem verbandsfremden Land und in einem Verbandsland** veröffentlichen,

dans les autres Pays de l'Union, des droits accordés par la présente Convention.

ber, und in den anderen Verbandsländern die durch die vorliegende Übereinkunft gewährten Rechte.

—

—

(2) Néanmoins, lorsqu'un Pays étranger à l'Union ne protège pas d'une manière suffisante les œuvres des auteurs qui sont ressortissants de l'un des Pays de l'Union, ce dernier Pays pourra restreindre la protection des œuvres dont les au-

(2) Wenn jedoch ein verbandsfremdes Land die Werke der einem Verbandsland angehörigen Urheber nicht genügend schützt, kann dieses letztere Land den Schutz der Werke einschränken, deren Urheber im Zeitpunkt der ersten Veröffentli-

Vorgeschlagene Stockholmer Fassung

l'Union jouissent, **dans le Pays de l'Union où la publication a eu lieu,** des mêmes droits **a l'égard de ces œuvres** que les auteurs nationaux et, dans les autres Pays de l'Union, des droits accordés par la présente Convention.

(2) Les auteurs ne ressortissant pas à l'un des Pays de l'Union jouissent, pour leurs œuvres cinématographiques qui ne sont pas publiées ou qui ne sont pas publiées pour la première fois ou n'ont pas fait l'objet d'une publication simultanée dans un Pays de l'Union, mais dont le producteur ressortit à l'un des Pays de l'Union ou y a son domicile ou son siège, des mêmes droits, dans ce dernier Pays, que les auteurs nationaux et, dans les autres Pays de l'Union, des droits accordés par la présente Convention.

(3) Les auteurs ne ressortissant pas à l'un des Pays de l'Union jouissent, pour leurs œuvres d'architecture ou des arts graphiques et plastiques faisant corps avec un immeuble, dans le Pays de l'Union où ces œuvres ont été édifiées ou incorporées à une construction, des mêmes droits que les auteurs nationaux et, dans les autres Pays de l'Union, des droits accordés par la présente Convention.

(4) unverändert

genießen **in dem Verbandsland, in dem die Veröffentlichung erfolgt ist, hinsichtlich dieser Werke** die gleichen Rechte wie die inländischen Urheber und in den anderen Verbandsländern die durch die vorliegende Übereinkunft gewährten Rechte.

(2) Die keinem Verbandsland angehörigen Urheber genießen für ihre Filmwerke, die unveröffentlicht sind, oder die nicht zum erstenmal oder nicht gleichzeitig in einem Verbandsland veröffentlicht wurden, deren Hersteller jedoch einem Verbandsland angehört oder dort seinen Wohnsitz oder Sitz hat, in diesem Land die gleichen Rechte wie die inländischen Urheber, und in den übrigen Verbandsländern die durch die vorliegende Übereinkunft gewährten Rechte.

(3) Die keinem Verbandsland angehörigen Urheber genießen für ihre Werke der Baukunst oder ihre Werke der graphischen und plastischen Künste, die Bestandteile eines Grundstücks sind, in dem Verbandsland, in welchem diese Werke errichtet oder einem Bauwerk eingefügt sind, die gleichen Rechte wie die inländischen Urheber, und in den anderen Verbandsländern die durch die vorliegende Übereinkunft gewährten Rechte.

(4) Wenn jedoch ein verbandsfremdes Land die Werke der einem Verbandsland angehörigen Urheber nicht genügend schützt, kann dieses letztere Land den Schutz der Werke einschränken, deren Urheber im Zeitpunkt der ersten Veröffentli-

teurs sont, au moment de la première publication de ces œuvres, ressortissants de l'autre Pays et ne sont pas domiciliés effectivement dans l'un des Pays de l'Union. Si le Pays de la première publication fait usage de cette faculté, les autres Pays de l'Union ne seront pas tenus d'accorder aux œuvres ainsi soumises à un traitement spécial une protection plus large que celle qui leur est accordée dans le Pays de la première publication.

(3) Aucune restriction, établie en vertu de l'alinéa précédent, ne devra porter préjudice aux droits qu'un auteur aura acquis sur une œuvre publiée dans un Pays de l'Union avant la mise à exécution de cette restriction.

(4) Les Pays de l'Union qui, en vertu du présent article, restreindront la protection des droits des auteurs, le notifieront au Gouvernement de la Confédération suisse par une déclaration écrite où seront indiqués les Pays vis-à-vis desquels la protection est restreinte, de même que les restrictions auxquelles les droits des auteurs ressortissant à ces Pays sont soumis. Le Gouvernement de la Confédération suisse communiquera aussitôt le fait à tous les Pays de l'Union.

Article 6bis

(1) Indépendamment des droits patrimoniaux d'auteur, et même après la cession desdits droits, l'auteur conserve pendant toute sa vie le droit de revendiquer la paternité de l'œuvre et de s'opposer à toute déformation, mutilation ou

chung dieser Werke Angehörige des verbandsfremden Landes sind und ihren wirklichen Wohnsitz nicht in einem Verbandsland haben. Wenn das Land der ersten Veröffentlichung von dieser Befugnis Gebrauch macht, sind die anderen Verbandsländer nicht gehalten, den Werken, die in dieser Weise einer besonderen Behandlung unterworfen sind, einen weitergehenden Schutz zu gewähren als das Land der ersten Veröffentlichung.

(3) Keine dem vorhergehenden Absatz gemäß festgesetzte Einschränkung darf die Rechte beeinträchtigen, die ein Urheber an einem Werk erworben hat, das in einem Verbandsland vor dem Inkrafttreten dieser Einschränkung veröffentlicht worden ist.

(4) Die Verbandsländer, die diesem Artikel gemäß den Schutz der Rechte der Urheber einschränken, werden dies der Regierung der Schweizerischen Eidgenossenschaft durch eine schriftliche Erklärung anzeigen; darin sind die Länder, denen gegenüber der Schutz eingeschränkt wird, und die Einschränkungen anzugeben, denen die Rechte der diesen Ländern angehörigen Urheber unterworfen werden. Die Regierung der Schweizerischen Eidgenossenschaft wird hiervon allen Verbandsländern unverzüglich Mitteilung machen.

Artikel 6bis

(1) Unabhängig von seinen vermögensrechtlichen Befugnissen und selbst nach deren Abtretung behält der Urheber während seines ganzen Lebens das Recht, die Urheberschaft am Werk für sich in Anspruch zu nehmen und sich jeder

Vorgeschlagene Stockholmer Fassung

chung dieser Werke Angehörige des verbandsfremden Landes sind und ihren wirklichen Wohnsitz nicht in einem Verbandsland haben. Wenn das Land der ersten Veröffentlichung von dieser Befugnis Gebrauch macht, sind die anderen Verbandsländer nicht gehalten, den Werken, die in dieser Weise einer besonderen Behandlung unterworfen sind, einen weitergehenden Schutz zu gewähren als das Land der ersten Veröffentlichung.

(5) unverändert

(5) Keine dem vorhergehenden Absatz gemäß festgesetzte Einschränkung darf die Rechte beeinträchtigen, die ein Urheber an einem Werk erworben hat, das in einem Verbandsland vor dem Inkrafttreten dieser Einschränkung veröffentlicht worden ist.

(6) Les Pays de l'Union qui, en vertu de présent article, restreindront la protection des droits des auteurs, le notifieront au **Directeur général de l'Organisation** par une déclaration écrite où seront indiqués les Pays vis-à-vis desquels la protection est restreinte, de même que les restrictions auxquelles les droits des auteurs ressortissant à ces Pays sont soumis. Le **Directeur général de l'Organisation** communiquera aussitôt le fait à tous les Pays de l'Union.

(6) Die Verbandsländer, die diesem Artikel gemäß den Schutz der Rechte der Urheber einschränken, werden dies **dem Generaldirektor der Organisation** durch eine schriftliche Erklärung anzeigen; darin sind die Länder, denen gegenüber der Schutz eingeschränkt wird, und die Einschränkungen anzugeben, denen die Rechte der diesen Ländern angehörigen Urheber unterworfen werden. **Der Generaldirektor der Organisation** wird hiervon allen Verbandsländern unverzüglich Mitteilung machen.

Article 6bis

(1) Indépendamment des droits patrimoniaux d'auteur, et même après la cession desdits droits, l'auteur conserve (......) le droit de revendiquer la paternité de l'œuvre et de s'opposer à toute déformation, mutilation ou autre mo-

Artikel 6bis

(1) Unabhängig von seinen vermögensrechtlichen Befugnissen und selbst nach deren Abtretung behält der Urheber (......) das Recht, die Urheberschaft am Werk für sich in Anspruch zu nehmen und sich jeder Entstellung, Verstümmelung oder

autre modification de cette œuvre ou à toute autre atteinte à la même œuvre, préjudiciables à son honneur ou à sa réputation.

Entstellung, Verstümmelung oder sonstigen Änderung dieses Werkes oder jeder anderen Beeinträchtigung des Werkes zu widersetzen, welche seiner Ehre oder seinem Ruf nachteilig sein könnten.

(2) Dans la mesure où la législation nationale des Pays de l'Union le permet, les droits reconnus à l'auteur en vertu de l'alinéa 1er ci-dessus sont, après sa mort, maintenus au moins jusqu'à l'extinction des droits patrimoniaux et exercés par les personnes ou institutions auxquelles cette législation donne qualité. Il est réservé aux législations nationales des Pays de l'Union d'établir les conditions d'exercice des droits visés au présent alinéa.

(2) Soweit die Gesetzgebung der Verbandsländer dies gestattet, bleiben die dem Urheber gemäß dem vorhergehenden Absatz 1 gewährten Rechte nach seinem Tod wenigstens bis zum Erlöschen der vermögensrechtlichen Befugnisse in Kraft und werden von den Personen oder Institutionen ausgeübt, die von dieser Gesetzgebung hierzu berufen sind. Es bleibt den Gesetzgebungen der Verbandsländer vorbehalten, die Voraussetzungen für die Ausübung der im vorliegenden Absatz behandelten Rechte festzusetzen.

(3) Les moyens de recours pour sauvegarder les droits reconnus dans le présent article sont réglés par la législation du Pays où la protection est réclamée.

(3) Die zur Wahrung der im vorliegenden Artikel gewährten Rechte erforderlichen Rechtsbehelfe richten sich nach der Gesetzgebung des Landes, wo der Schutz beansprucht wird.

Article 7

(1) La durée de la protection accordée par la présente Convention comprend la vie de l'auteur et cinquante ans après sa mort.

(3) Pour les œuvres cinématographiques, pour les œuvres photographiques ainsi que pour celles obtenues par un procédé analogue à la cinématographie ou à la photographie et pour les œuvres des arts appliqués, la durée de la protection est réglée par la loi du Pays où la protection est réclamée, sans que

Artikel 7

(1) Die Dauer des durch die vorliegende Übereinkunft gewährten Schutzes umfaßt das Leben des Urhebers und fünfzig Jahre nach seinem Tode.

(3) Für die Werke der Kinematographie, der Photographie und für die durch ein der Kinematographie oder der Photographie ähnliches Verfahren hergestellten Werke, sowie für die Werke der angewandten Künste richtet sich die Schutzdauer nach dem Gesetz des Landes, wo der Schutz beansprucht wird, ohne

dification de cette œuvre ou à toute autre atteinte à la même œuvre, préjudiciables à son honneur ou à sa réputation.

sonstigen Änderung des Werkes oder jeder anderen Beeinträchtigung des Werkes zu widersetzen, welche seiner Ehre oder seinem Ruf nachteilig sein könnten.

(2) (......) Les droits reconnus à l'auteur en vertu de l'alinéa 1er ci-dessus sont, après sa mort, maintenus au moins jusqu'à l'extinction des droits patrimoniaux et exercés par les personnes ou institutions auxquelles **la législation nationale du Pays où la protection est réclamée** donne qualité. (......)

(2) (......) Nach dem Tode des Urhebers bleiben die ihm gemäß Absatz 1 gewährten Rechte wenigstens bis zum Erlöschen der vermögensrechtlichen Befugnisse in Kraft und werden von den Personen oder Institutionen ausgeübt, die **von der Gesetzgebung des Landes, in dem der Schutz beansprucht wird,** hierzu berufen sind. (......)

(3) unverändert

(3) Die zur Wahrung der im vorliegenden Artikel gewährten Rechte erforderlichen Rechtsbehelfe richten sich nach der Gesetzgebung des Landes, in dem der Schutz beansprucht wird.

Article 7

(1) unverändert

Artikel 7

(1) Die Dauer des durch die vorliegende Übereinkunft gewährten Schutzes umfaßt das Leben des Urhebers und fünfzig Jahre nach seinem Tode.

(2) Toutefois, pour les œuvres cinématographiques, les Pays de l'Union ont la faculté de prévoir que la durée de la protection expire cinquante ans après la première publication, représentation publique ou radiodiffusion, ou, à défaut d'un tel événement intervenu dans les cinquante ans à compter de la

(2) Hinsichtlich der Filmwerke sind die Verbandsländer jedoch befugt vorzusehen, daß die Schutzdauer fünfzig Jahre nach der ersten Veröffentlichung, öffentlichen Vorführung oder Rundfunksendung oder, wenn ein solches Ereignis nicht innerhalb von fünfzig Jahren nach der Herstellung eines

cette durée puisse excéder la durée fixée dans le Pays d'origine de l'œuvre.

daß diese Dauer die im Ursprungsland des Werkes festgesetzte Dauer überschreiten kann.

(4) Pour les œuvres anonymes ou pseudonymes, la durée de la protection est fixée à cinquante ans à compter de leur publication. Toutefois, quand le pseudonyme adopté par l'auteur ne laisse aucun doute sur son identité, la durée de la protection est celle prévue à l'alinéa 1er. Si l'auteur d'une œuvre anonyme ou pseudonyme révèle son identité pendant la période ci-dessus indiquée, le délai de protection applicable est celui prévu à l'alinéa 1er.

(4) Für die anonymen und pseudonymen Werke wird die Schutzdauer auf fünfzig Jahre seit ihrer Veröffentlichung festgesetzt. Wenn jedoch das vom Urheber angenommene Pseudonym keinerlei Zweifel über die Identität des Urhebers zuläßt, richtet sich die Schutzdauer nach Absatz 1. Wenn der Urheber eines anonymen oder pseudonymen Werkes während der oben angegebenen Zeitspanne seine Identität offenbart, richtet sich die Schutzdauer nach Absatz 1.

(5) Pour les œuvres posthumes n'entrant pas dans les catégories d'œuvres visées aux alinéas 3 et 4 ci-dessus, la durée de la protection au profit des héritiers et autres ayants droit de l'auteur prend fin cinquante ans après la mort de l'auteur.

(5) Für die nachgelassenen Werke, die nicht unter die vorhergehenden Absätze 3 und 4 fallen, endet die Schutzdauer zugunsten der Erben und anderen Rechtsnachfolger des Urhebers oder sonstiger Inhaber von Werknutzungsrechten fünfzig Jahre nach dem Tode des Urhebers.

vgl. Absatz 3

vgl. Absatz 3

réalisation d'une telle œuvre, la durée de la protection expire cinquante ans après cette rèalisation.

solchen Werkes stattgefunden hat, fünfzig Jahre nach der Herstellung endet.

(3) Pour les œuvres anonymes ou pseudonymes, la durée de la protection **accordée par la présente Convention expire cinquante ans après que l'œuvre a été licitement rendue accessible au public.** Toutefois, quand le pseudonyme adopté par l'auteur ne laisse aucun doute sur son identité, la durée de la protection est celle prévue à l'alinéa 1er. Si l'auteur d'une œuvre anonyme ou pseudonyme révèle son identité pendant la période ci-dessus indiquée, le délai de protection applicable est celui prévu à l'alinéa 1er. **Les Pays de l'Union ne sont pas tenus de protéger les œuvres anonymes ou pseudonymes pour lesquelles il y a tout lieu de présumer que leur auteur est mort depuis cinquante ans.**

(3) Für die anonymen und pseudonymen Werke **endet der durch die vorliegende Übereinkunft gewährte Schutz fünfzig Jahre, nachdem das Werk erlaubterweise der Öffentlichkeit zugänglich gemacht worden ist.** Wenn jedoch das vom Urheber angenommene Pseudonym keinerlei Zweifel über die Identität des Urhebers zuläßt, richtet sich die Schutzdauer nach Absatz 1. Wenn der Urheber eines anonymen oder pseudonymen Werkes während der oben angegebenen Zeitspanne seine Identität offenbart, richtet sich die Schutzdauer nach Absatz 1. **Die Verbandsländer sind nicht gehalten, die anonymen oder pseudonymen Werke zu schützen, bei denen aller Grund zu der Annahme besteht, daß ihr Urheber seit fünfzig Jahren tot ist.**

(4) Est réservée aux législations des Pays de l'Union la faculté de régler la durée de la protection des œuvres photographiques et celle des œuvres des arts appliqués protégée en tant qu'œuvres artistiques; toutefois, cette durée ne pourra pas être inférieure à une periode de vingt-cinq ans à compter de la réalisation d'une telle œuvre.

(4) Den Gesetzgebungen der Verbandsländer ist die Befugnis vorbehalten, die Schutzdauer für Lichtbildwerke und Werke der angewandten Kunst festzusetzen, die als Kunstwerke geschützt sind; diese Dauer kann jedoch nicht weniger als fünfundzwanzig Jahre seit der Herstellung des Werkes betragen.

Brüsseler Fassung

(6) Le délai de protection postérieur à la mort de l'auteur et les délais prévus aux alinéas 3, 4 et 5 ci-dessus commencent à courir à compter de la mort ou de la publication, mais la durée de ces délais n'est calculée qu'à partir du 1er janvier de l'année qui suit l'événement faisant courir les dits délais.

(6) Die sich an den Tod des Urhebers anschließende Schutzfrist und die in den vorhergehenden Absätzen 3, 4 und 5 vorgesehenen Fristen beginnen mit dem Tod oder der Veröffentlichung zu laufen, doch wird die Dauer dieser Fristen erst vom. 1. Januar des Jahres an gerechnet, welches auf das diese Fristen in Gang setzende Ereignis folgt.

—

—

(2) Toutefois, dans le cas où un ou plusieurs Pays de l'Union accorderaient une durée supérieure à celle prévue à l'alinéa 1er, la durée sera réglée par la loi du Pays où la protection sera réclamée, mais elle ne pourra excéder la durée fixée dans le Pays d'origine de l'œuvre.

(2) Falls jedoch ein oder mehrere Verbandsländer eine längere als die in Absatz 1 vorgesehene Schutzdauer gewähren, richtet sich die Schutzdauer nach dem Gesetz des Landes, wo der Schutz beansprucht wird, aber sie kann die im Ursprungsland des Werkes festgesetzte Dauer nicht überschreiten.

Article 7bis

La durée du droit d'auteur appartenant en commun aux collaborateurs d'une œuvre est calculée d'après la date de la mort du dernier survivant des collaborateurs.

Artikel 7bis

Die Dauer des Urheberrechts, das den Miturhebern eines Werkes gemeinschaftlich zusteht, wird vom Zeitpunkt des Todes des letzten überlebenden Miturhebers an gerechnet.

Article 8

Les auteurs d'œuvres littéraires et artistiques protégés par la présente Convention jouissent, pendant toute la durée de leurs droits sur l'œuvre originale, du droit exclusif de faire ou d'autoriser la traduction de leurs œuvres.

Artikel 8

Die Urheber von Werken der Literatur und der Kunst, welche durch die vorliegende Übereinkunft geschützt sind, genießen während der ganzen Dauer ihrer Rechte am Originalwerk das ausschließliche Recht, ihre Werke zu übersetzen oder deren Übersetzung zu erlauben.

Vorgeschlagene Stockholmer Fassung

(5) Le délai de protection postérieur à la mort de l'auteur et les délais prévus aux alinéas **2, 3 et 4** ci-dessus commencent à courir à compter de la mort ou **de l'événement visé par ces alinéas,** mais la durée de ces délais n'est caculée qu'à partir du 1er janvier de l'année qui suit **la mort ou ledit événement.**

(5) Die sich an den Tod des Urhebers anschließende Schutzfrist und die in den Absätzen **2, 3, und 4** vorgesehenen Fristen beginnen mit dem Tode oder **dem in diesen Absätzen aufgeführten Ereignis** zu laufen, doch wird die Dauer dieser Fristen erst vom 1. Januar des Jahres an gerechnet, welches auf den **Tod oder das genannte Ereignis** folgt.

(6) Les Pays de l'Union ont la faculté d'accorder une durée de protection supérieure à celle prévues aux alinéas précédents.

(6) Die Verbandsländer haben die Befugnis, eine höhere als die in den vorhergehenden Absätzen vorgesehene Schutzdauer zu gewähren.

(7) Dans tous les cas, la durée sera réglée par la loi du Pays où la protection sera réclamée; **toutefois, à moins que la législation de ce dernier Pays n'en décide autrement, elle n'excédera pas** la durée fixée dans le Pays d'origine de l'œuvre.

(7) In allen Fällen richtet sich die Dauer nach dem Gesetz des Landes, in dem der Schutz beansprucht wird; jedoch **überschreitet** sie, **sofern die Gesetzgebung dieses Landes nichts anderes bestimmt,** nicht die im Ursprungsland des Werkes festgesetzte Dauer.

Article 7bis

Les dispositions de l'article précédent sont également applicables lorsque le droit d'auteur appartient en commun aux collaborateurs d'une œuvre, sous réserve que les délais consécutifs à la mort de l'auteur soient calculés de la mort du dernier survivant des collaborateurs.

Artikel 7bis

Die Bestimungen des vorhergehenden Artikels finden ebenfalls Anwendung, wenn das Urheberrecht den Miturhebern eines Werkes gemeinschaftlich zusteht, **mit der Maßgabe, daß die sich nach dem Tode des Urhebers richtenden Fristen** vom Zeitpunkt des Todes des letzten überlebenden Miturhebers an gerechnet **werden.**

Article 8

unverändert

Artikel 8

Die Urheber von Werken der Literatur und Kunst, die durch die vorliegende Übereinkunft geschützt sind, genießen während der ganzen Dauer ihrer Rechte am Originalwerk das ausschließliche Recht, ihre Werke zu übersetzen oder deren Übersetzung zu erlauben.

Brüsseler Fassung

Article 9

—

(1) Les romans-feuilletons, les nouvelles et toutes autres œuvres, soit littéraires, soit scientifiques, soit artistiques, quel qu'en soit l'objet, publiés dans les journaux ou recueils périodiques d'un des Pays de l'Union ne peuvent être reproduits dans les autres Pays sans le consentement des auteurs.

(2) Les articles d'actualité de discussion économique, politique ou religieuse peuvent être reproduits par la presse si la reproduction n'en est pas expressément réservée. Toutefois, la source doit toujours être clairement indiquée; la sanction de cette obligation est déterminée par la législation du Pays où la protection est réclamée.

Artikel 9

—

(1) Die in Zeitungen oder Zeitschriften eines Verbandslandes veröffentlichten Feuilleton-Romane, Novellen und sonstigen Werke auf dem Gebiet der Literatur, Wissenschaft oder Kunst, was immer ihr Gegenstand sein mag, dürfen ohne Zustimmung der Urheber in den übrigen Verbandsländern nicht wiedergegeben werden.

(2) Artikel über Tagesfragen wirtschaftlicher, politischer oder religiöser Natur können durch die Presse wiedergegeben werden, wenn ihre Wiedergabe nicht ausdrücklich vorbehalten ist. Jedoch muß die Quelle immer deutlich angegeben werden; die Rechtsfolgen der Unterlassung dieser Angabe werden durch die Gesetzgebung des Landes bestimmt, wo der Schutz beansprucht wird.

Vorgeschlagene Stockholmer Fassung

Article 9

(1) Les auteurs d'œuvres littéraires et artistiques protégées par la présente Convention jouissent du droit exclusif d'autoriser la reproduction de ces œuvres, de quelque manière et sous quelque forme que se soit.

(2) Est réservée aux législations des Pays de l'Union la faculté de permettre la reproduction desdites œuvres

a) pour l'usage privé;

b) à des fins judiciaires ou administratives;

c) dans certains cas spéciaux où cette reproduction n'est pas contraire aux intérêts légitimes de leur auteur et ne porte pas atteinte à l'exploitation normale de l'œuvre.

—

Artikel 9

(1) Die Urheber von Werken der Literatur und Kunst, die durch die vorliegende Übereinkunft geschützt sind, genießen das ausschließliche Recht, die Vervielfältigung ihrer Werke zu erlauben, gleichviel, auf welche Art und in welcher Form sie vorgenommen wird.

(2) Den Gesetzgebungen der Verbandsländer ist es vorbehalten, die Vervielfältigung dieser Werke zu erlauben:

a) zum privaten Gebrauch;

b) zu gerichtlichen und behördlichen Zwecken;

c) in gewissen Sonderfällen, in denen die Vervielfältigung den berechtigten Interessen des Urhebers nicht entgegensteht und die normale Auswertung des Werkes nicht beeinträchtigt.

—

—

Brüsseler Fassung

(3) La protection de la présente Convention ne s'applique pas aux nouvelles du jour ou aux faits divers qui ont le caractère de simples informations de presse.

(3) Der Schutz der vorliegenden Übereinkunft besteht nicht für Tagesneuigkeiten oder vermischte Nachrichten, die einfache Zeitungsmitteilungen darstellen.

Article 10

(1) Dans tous les Pays de l'Union sont licites les courtes citations d'articles de journaux et recueils périodiques, même sous forme de revues de presse.

(2) Est réservé l'effet de la législation des Pays de l'Union et des arrangements particuliers existants ou à conclure entre eux, en ce qui concerne la faculté de faire licitement, dans la mesure justifiée par le but à atteindre, des emprunts à des œuvres littéraires ou artistiques pour des publications destinées à l'enseignement ou ayant un caractère scientifique ou pour des chrestomathies.

(3) Les citations et emprunts seront accompagnés de la mention de la source et du nom de l'auteur, si ce nom figure dans la source.

Artikel 10

(1) In allen Verbandsländern sind kurze Zitate aus Zeitungs- und Zeitschriftenartikeln, auch in Form von Presseübersichten, erlaubt.

(2) Es bleibt der Gesetzgebung der Verbandsländer und den zwischen ihnen bestehenden oder in Zukunft abzuschließenden besonderen Abkommen vorbehalten, die Befugnis zu regeln, bei Werken der Literatur oder Kunst erlaubterweise in dem durch den Zweck gerechtfertigten Umfang Entlehnungen vorzunehmen für Veröffentlichungen, die für den Unterricht bestimmt oder wissenschaftlicher Natur sind, oder für Chrestomathien.

(3) Den Zitaten und Entlehnungen ist die Angabe der Quelle beizufügen sowie der Name des Urhebers, wenn dieser Name in der Quelle angegeben ist.

Article 10bis

Il est réservé aux législations des Pays de l'Union de régler les conditions dans lesquelles il peut être procédé à l'enregistrement, à la reproduction et à la communication publique de courts fragments d'œuvres littéraires ou artistiques à l'occasion de comptes rendus des événements d'actualité par le moyen de la photographie, de la

Artikel 10bis

Es bleibt den Gesetzgebungen der Verbandsländer vorbehalten, zu bestimmen, unter welchen Voraussetzungen kurze Bruchstücke aus Werken der Literatur oder Kunst mittels der Photographie, der Kinematographie oder der Rundfunksendung bei Gelegenheit der Berichterstattung über Tagesereignisse auf Schall- oder Bildträgern

Vorgeschlagene Stockholmer Fassung

Vgl. Artikel 2 Abs. 7

Vgl. Artikel 2 Abs. 7

Article 10

(1) Sont licites les citations tirées d'une œuvre, déjà rendue licitement accessible au public, à condition qu'elles soient conformes aux bons usages et dans la mesure justifiée par le but à atteindre, y compris les citations d'articles de journaux et recueils périodiques sous forme de revues de presse.

(2) unverändert

(3) unverändert

Artikel 10

(1) Erlaubt sind Zitate aus einem bereits der Öffentlichkeit erlaubterweise zugänglich gemachten Werk, in dem durch den Zweck gerechtfertigten Umfang, sofern sie den guten Sitten entsprechen, einschließlich der Zitate aus Zeitungs- und Zeitschriftenartikeln in Form von Presseübersichten.

(2) Es bleibt der Gesetzgebung der Verbandsländer und den zwischen ihnen bestehenden oder in Zukunft abzuschließenden besonderen Abkommen vorbehalten, die Befugnis zu regeln, bei Werken der Literatur oder Kunst erlaubterweise in dem durch den Zweck gerechtfertigten Umfang Entlehnungen vorzunehmen für Veröffentlichungen, die für den Unterricht bestimmt oder wissenschaftlicher Natur sind oder für Chrestomathien.

(3) Den Zitaten und Entlehnungen ist die Angabe der Quelle beizufügen sowie der Name des Urhebers, wenn dieser Name in der Quelle angegeben ist.

Article 10bis

Il est réservé aux législations des Pays de l'Union de régler les conditions dans lesquelles, à l'occasion de comptes rendus des événements d'actualité par le moyen de la photographie, de la cinématographie ou par voie de radiodiffusion **ou de transmission par fil au public,** il peut être procédé, **dans la mesure justifiée par le but d'in-**

Artikel 10bis

Es bleibt den Gesetzgebungen der Verbandsländer vorbehalten zu bestimmen, unter welchen Voraussetzungen bei Gelegenheit der Berichterstattung über Tagesereignisse durch Lichtbild oder Film oder im Wege der Rundfunk- **oder Drahtfunksendung in dem durch den Informationszweck gerechtfertigten Umfang Werke der Literatur**

cinématographie ou par voie de radiodiffusion.

festgehalten, wiedergegeben und öffentlich mitgeteilt werden dürfen.

Article 11

(1) Les auteurs d'œuvres dramatiques, dramatico-musicales et musicales jouissent du droit exclusif d'autoriser:

1° la représentation et l'exécution publiques de leurs œuvres;

2° la transmission publique par tout moyen de la représentation et de l'exécution de leurs œuvres.

Est toutefois réservée l'application des dispositions des articles 11bis et 13.

(2) Les mêmes droits sont accordés aux auteurs d'œuvres dramatiques ou dramatico-musicales pendant toute la durée de leurs droits sur l'œuvre originale, en ce qui concerne la traduction de leurs œuvres.

(3) Pour jouir de la protection du présent article, les auteurs, en publiant leurs œuvres, ne sont pas tenus d'en interdire la représentation ou l'exécution publiques.

Artikel 11

(1) Die Urheber von dramatischen, dramatisch-musikalischen und musikalischen Werken genießen das ausschließliche Recht, zu erlauben:

1. Die öffentliche Aufführung ihrer Werke;
2. die öffentliche Übertragung der Aufführung ihrer Werke durch irgendein Mittel.

Vorbehalten bleibt die Anwendung der Bestimmungen der Artikel 11bis und 13.

(2) Die gleichen Rechte werden den Urhebern dramatischer oder dramatisch-musikalischer Werke während der ganzen Dauer ihrer Rechte am Originalwerk hinsichtlich der Übersetzung ihrer Werke gewährt.

(3) Um den Schutz des vorliegenden Artikels zu genießen, brauchen die Urheber bei der Veröffentlichung ihrer Werke deren öffentliche Aufführung nicht zu verbieten.

Article 11bis

(1) Les auteurs d'œuvres littéraires et artistiques jouissent du droit exclusif d'autoriser:

1° la radiodiffusion de leurs œuvres ou la communication publique de ces œuvres par tout autre

Artikel 11bis

(1) Die Urheber von Werken der Literatur und der Kunst genießen das ausschließliche Recht, zu erlauben:

1. die Rundfunksendung ihrer Werke oder die öffentliche Mitteilung der Werke durch irgend-

Vorgeschlagene Stockholmer Fassung

formation à atteindre, à l'enregistrement, à la reproduction et à la communication publique **des œuvres littéraires ou artistiques qui peuvent être vues ou entendues au cours de l'événement.**

Article 11

(1) Les auteurs d'œuvres dramatiques, dramatico-musicales et musicales jouissent du droit exclusif d'autoriser:

1° la représentation et l'exécution publiques de leurs œuvres;

2° la transmission publique par tout moyen de la représentation et de l'exécution de leurs œuvres.

Est toutefois réservée l'application des dispositions de l'article 11bis (.....).

(2) unverändert

—

Article 11bis

(1) unverändert

oder Kunst, die im Verlauf des Ereignisses sichtbar oder hörbar werden, auf Bild- oder Tonträger aufgenommen, vervielfältigt und öffentlich wiedergegeben werden dürfen.

Artikel 11

(1) Die Urheber von dramatischen, dramatisch-musikalischen und musikalischen Werken genießen das ausschließliche Recht zu erlauben:

1. die öffentliche Aufführung ihrer Werke;
2. die öffentliche Übertragung der Aufführung ihrer Werke durch irgendein Mittel.

Vorbehalten bleibt die Anwendung der Bestimmungen des Artikel 11bis (.....).

(2) Die gleichen Rechte werden den Urhebern dramatischer oder dramatisch-musikalischer Werke während der ganzen Dauer ihrer Rechte am Originalwerk hinsichtlich der Übersetzung ihrer Werke gewährt.

—

Artikel 11bis

(1) Die Urheber von Werken der Literatur und Kunst genießen das ausschließliche Recht zu erlauben:

1. die Rundfunksendung ihrer Werke oder die öffentliche Wiedergabe der Werke durch ir-

moyen servant à diffuser sans fil les signes, les sons ou les images;

2° toute communication publique, soit par fil, soit sans fil, de l'œuvre radiodiffusée, lorsque cette communication est faite par un autre organisme que celui d'origine;

3° la communication publique, par haut-parleur ou par tout autre instrument analogue transmetteur de signes, de sons ou d'images, de l'œuvre radiodiffusée.

(2) Il appartient aux législations des Pays de l'Union de régler les conditions d'exercice des droits visés par l'alinéa 1er ci-dessus, mais ces conditions n'auront qu'un effet strictement limité au Pays qui les aurait établies. Elles ne pourront en aucun cas porter atteinte au droit moral de l'auteur, ni au droit qui appartient à l'auteur d'obtenir une rémunération équitable fixée, à défaut d'accord amiable, par l'autorité compétente.

(3) Sauf stipulation contraire, une autorisation accordée conformément à l'alinéa 1er du présent article n'implique pas l'autorisation d'enregistrer, au moyen d'instruments portant fixation des sons ou des images, l'œuvre radiodiffusée. Est toutefois réservé aux législations des Pays de l'Union le régime des enregistrements éphémères effectués par un organisme de radiodiffusion par ses propres moyens et pour ses émissions. Ces législations pourront autoriser la conservation

ein anderes Mittel, das zur drahtlosen Verbreitung von Zeichen, Tönen oder Bildern dient;

2. jede öffentliche Mitteilung des durch Rundfunk gesendeten Werkes mit oder ohne Draht, wenn diese Mitteilung von einem anderen als dem ursprünglichen Sendeunternehmen vorgenommen wird;

3. die öffentliche Mitteilung des durch Rundfunk gesendeten Werkes durch Lautsprecher oder irgendeine andere ähnliche Vorrichtung zur Übertragung von Zeichen, Tönen oder Bildern.

(2) Es bleibt den Gesetzgebungen der Verbandsländer vorbehalten, die Voraussetzungen für die Ausübung der im vorhergehenden Absatz 1 erwähnten Rechte festzulegen; doch beschränkt sich die Wirkung dieser Voraussetzungen ausschließlich auf das Gebiet des Landes, das sie aufgestellt hat. Sie dürfen in keinem Fall das Urheberpersönlichkeitsrecht oder den Anspruch des Urhebers auf eine angemessene Vergütung beeinträchtigen, welche mangels gütlicher Einigung durch die zuständige Behörde festgesetzt wird.

(3) Sofern keine gegenteilige Vereinbarung vorliegt, schließt eine gemäß Absatz 1 des vorliegenden Artikels gewährte Erlaubnis nicht die Erlaubnis ein, das durch Rundfunk gesendete Werk auf Schall- oder Bildträgern festzuhalten. Es bleibt jedoch den Gesetzgebungen der Verbandsländer vorbehalten, Bestimmungen zu erlassen über die von einem Sendeunternehmen mit seinen eigenen Mitteln und für seine eigenen Sendungen vorgenommenen ephemeren Schall- oder

gendein anderes Mittel, das zur drahtlosen Verbreitung von Zeichen, Tönen oder Bildern dient;

2. jede öffentliche Wiedergabe des durch Rundfunk gesendeten Werkes mit oder ohne Draht, wenn diese Wiedergabe von einem anderen als dem ursprünglichen Sendeunternehmen vorgenommen wird;
3. die öffentliche Wiedergabe des durch Rundfunk gesendeten Werkes durch Lautsprecher oder irgendeine andere ähnliche Vorrichtung zur Übertragung von Zeichen, Tönen oder Bildern.

(2) unverändert

(2) Es bleibt den Gesetzgebungen der Verbandsländer vorbehalten, die Voraussetzungen für die Ausübung der in Absatz 1 erwähnten Rechte festzulegen; doch beschränkt sich die Wirkung dieser Voraussetzungen ausschließlich auf das Gebiet des Landes, das sie aufgestellt hat. Sie dürfen in keinem Fall das Urheberpersönlichkeitsrecht oder den Anspruch des Urhebers auf eine angemessene Vergütung beeinträchtigen, welche mangels gütlicher Einigung durch die zuständige Behörde festgesetzt wird.

(3) unverändert

(3) Sofern keine gegenteilige Vereinbarung vorliegt, schließt eine gemäß Absatz 1 des vorliegenden Artikels gewährte Erlaubnis nicht die Erlaubnis ein, das durch Rundfunk gesendete Werk auf Bild- oder Tonträgern festzuhalten. Es bleibt jedoch den Gesetzgebungen der Verbandsländer vorbehalten, Bestimmungen zu erlassen über die von einem Sendeunternehmen mit seinen eigenen Mitteln und für seine eigenen Sendungen vorgenommenen ephemeren Bild- oder Ton-

de ces enregistrements dans des archives officielles en raison de leur caractère exceptionnel de documentation.

Bildaufnahmen. Diese Gesetzgebungen können erlauben, daß diese Schall- oder Bildträger auf Grund ihres außergewöhnlichen Dokumentationscharakters in amtlichen Archiven aufbewahrt werden.

Article 11ter

Les auteurs d'œuvres littéraires jouissent du droit exclusif d'autoriser la récitation publique de leurs œuvres.

Artikel 11ter

Die Urheber von Werken der Literatur genießen das ausschließliche Recht, den öffentlichen Vortrag ihrer Werke zu erlauben.

Article 12

Les auteurs d'œuvres littéraires, scientifiques ou artistiques jouissent du droit exclusif d'autoriser les adaptations, arrangements et autres transformations de leurs œuvres.

Artikel 12

Die Urheber von Werken der Literatur, Wissenschaft oder Kunst genießen das ausschließliche Recht, Adaptationen, Arrangements und andere Umarbeitungen ihrer Werke zu erlauben.

Article 13

(1) Les auteurs d'œuvres musicales jouissent du droit exclusif d'autoriser:

1° l'enregistrement de ces œuvres par des instruments servant à les reproduire mécaniquement;

2° l'exécution publique au moyen de ces instruments des œuvres ainsi enregistrées.

(2) Des réserves et conditions relatives à l'application des droits visés par l'alinéa 1er ci-dessus pourront être déterminées par la législation de chaque Pays de l'Union en ce qui le concerne, mais toutes réserves et conditions de cette nature n'auront qu'un effet strictement limité au Pays qui les aurait établies et ne pourront en aucun cas porter atteinte au droit qui appartient à l'auteur d'obtenir une rémunération équitable fixée, à

Artikel 13

(1) Die Urheber von musikalischen Werken genießen das ausschließliche Recht, zu erlauben:

1. die Aufnahme dieser Werke auf Vorrichtungen zu ihrer mechanischen Wiedergabe;

2. die öffentliche Aufführung der auf solche Weise aufgenommenen Werke mittels dieser Vorrichtungen.

(2) Die Gesetzgebung jedes Verbandslandes kann für ihren Bereich Vorbehalte und Voraussetzungen betreffend die Ausübung der im vorhergehenden Absatz 1 erwähnten Rechte aufstellen; doch beschränkt sich die Wirkung aller derartiger Vorbehalte und Voraussetzungen auf das Gebiet des Landes, das sie aufgestellt hat, und sie dürfen in keinem Fall den Anspruch des Urhebers auf eine angemessene Vergütung beeinträchtigen,

aufnahmen. Diese Gesetzgebungen können erlauben, daß diese Bild- oder Tonträger auf Grund ihres außergewöhnlichen Dokumentationscharakters in amtlichen Archiven aufbewahrt werden.

Article 11ter
unverändert

Artikel 11ter

Die Urheber von Werken der Literatur genießen das ausschließliche Recht, den öffentlichen Vortrag ihrer Werke zu erlauben.

Article 12
unverändert

Artikel 12

Die Urheber von Werken der Literatur, Wissenschaft oder Kunst genießen das ausschließliche Recht, Bearbeitungen, Arrangements und andere Umarbeitungen ihrer Werke zu erlauben.

Article 13

—

Artikel 13

—

(1) Chaque Pays de l'Union peut pour ce qui le concerne établir des réserves et conditions relatives **au droit exclusif des auteurs d'œuvres musicales d'autoriser l'enregistrement de ces œuvres par des instruments servant à les reproduire mécaniquement**; mais toutes réserves et conditions de cette nature n'auront qu'un effet strictement limité au Pays qui les aurait établies et ne pourront en aucun cas porter atteinte au droit qui appartient à

(1) Jedes Verbandsland kann für seinen Bereich Vorbehalte und Voraussetzungen aufstellen, **betreffend das ausschließliche Recht der Urheber von musikalischen Werken, die Aufnahme dieser Werke mittels Vorrichtungen zu ihrer mechanischen Wiedergabe zu erlauben**; doch beschränkt sich die Wirkung aller derartiger Vorbehalte und Voraussetzungen auf das Gebiet des Landes, das sie aufgestellt hat, und sie dürfen in keinem Fall

défaut d'accord amiable, par l'autorité compétente.

die mangels gütlicher Einigung durch die zuständige Behörde festgesetzt wird.

(3) La disposition de l'alinéa 1er du présent article n'a pas d'effet rétroactif et, par suite, n'est pas applicable dans un Pays de l'Union aux œuvres qui, dans ce Pays, auront été adaptées licitement à des instruments mécaniques avant la mise en vigueur de la Convention signée à Berlin le 13 novembre 1908 et, s'il s'agit d'un Pays qui aurait accédé à l'Union depuis cette date ou y accéderait dans l'avenir, avant la date de son accession.

(3) Die Bestimmung des ersten Absatzes des vorliegenden Artikels hat keine rückwirkende Kraft und ist daher in einem Verbandsland nicht anwendbar auf diejenigen Werke, welche in diesem Land erlaubterweise auf mechanische Vorrichtungen übertragen worden sind, bevor die am 13. November 1908 in Berlin unterzeichnete Übereinkunft in Kraft getreten ist und bevor das Land dem Verband beigetreten ist, falls es erst nach diesem Zeitpunkt beigetreten ist oder beitreten sollte.

(4) Les enregistrements faits en vertu des alinéas 2 et 3 du présent article et importés, sans autorisation des parties intéressées, dans un Pays où ils ne seraient pas licites, pourront y être saisis.

(4) Schallträger, welche den Absätzen 2 und 3 des vorliegenden Artikels gemäß hergestellt und ohne Erlaubnis der Beteiligten in ein Land eingeführt worden sind, wo sie nicht erlaubt sind, können dort beschlagnahmt werden.

Article 14

(1) Les auteurs d'œuvres littéraires, scientifiques ou artistiques ont le droit exclusif d'autoriser:

1° l'adaptation et la reproduction cinématographiques de ces œuvres et la mise en circulation des œuvres ainsi adaptées ou reproduites;

2° la représentation publique et l'exécution publique des œuvres ainsi adaptées ou reproduites.

Artikel 14

(1) Die Urheber von Werken der Literatur, Wissenschaft oder Kunst haben das ausschließliche Recht, zu erlauben:

1. die Adaptation und die Wiedergabe dieser Werke durch die Kinematographie und das Inverkehrbringen der auf solche Weise adaptierten oder wiedergegebenen Werke;
2. die öffentliche Vorführung der auf solche Weise adaptierten oder wiedergegebenen Werke.

l'auteur d'obtenir une rémunération équitable fixée, à défaut d'accord amiable, par l'autorité compétente.

(2) Les enregistrements d'œuvres musicales, qui auront été réalisés dans un Pays de l'Union conformément à l'article 13, alinéa 3, des Conventions signées à Rome le 2 juin 1928 et à Bruxelles le 26 juin 1948, pourront, dans ce Pays, faire l'objet de reproductions juqu'au 31 décembre 19.. sans le consentement de l'auteur de l'œuvre musicale.

(3) Les enregistrements faits en vertu des alinéas **1er et 2** du présent article et importés, sans autorisation des parties intéressées, dans un Pays où ils ne seraient pas licites, pourront y être saisis.

Article 14

(1) Les auteurs d'œuvres, scientifiques ou artistiques ont le droit exclusif d'autoriser:

1° l'adaptation et la reproduction cinématographiques de ces œuvres et la mise en circulation des œuvres ainsi adaptées ou reproduites;

2° la représentation publique, l'exécution publique **et la transmissions par fil au public** des œuvres ainsi adaptées ou reproduites.

den Anspruch des Urhebers auf eine angemessene Vergütung beeinträchtigen, die mangels gütlicher Einigung durch die zuständige Behörde festgesetzt wird.

(2) Die Tonträger, auf die musikalische Werke in einem Verbandsland entsprechend Artikel 13 Abs. 3 der am 2. Juni 1928 in Rom und am 26. Juni 1948 in Brüssel unterzeichneten Übereinkünften übertragen worden sind, können in diesem Land bis zum 31. Dezember 19.. ohne Zustimmung des Urhebers des musikalischen Werkes vervielfältigt werden.

(3) Tonträger, welche den Absätzen **1 und 2** des vorliegenden Artikels entsprechend hergestellt und ohne Erlaubnis der Beteiligten in ein Land eingeführt worden sind, wo sie nicht erlaubt sind, können dort beschlagnahmt werden.

Artikel 14

(1) Die Urheber von Werken der Literatur, Wissenschaft oder Kunst haben das ausschließliche Recht, zu erlauben:

1. Die filmische Bearbeitung und Vervielfältigung dieser Werke und die Verbreitung der auf solche Weise bearbeiteten oder vervielfältigten Werke;

2. Die öffentliche Vorführung **und die Drahtfunksendung** der auf diese Weise bearbeiteten oder vervielfältigten Werke.

Brüsseler Fassung

(4) Les adaptations cinématographiques d'œuvres littéraires, scientifiques ou artistiques ne sont pas soumises aux réserves et conditions visées par l'article 13, alinéa 2.

(4) Die kinematographischen Adaptationen von Werken der Literatur, Wissenschaft oder Kunst sind den in Artikel 13 Abs. 2 behandelten Vorbehalten und Voraussetzungen nicht unterworfen.

(2) Sans préjudice des droits de l'auteur de l'œuvre adaptée ou reproduite, l'œuvre cinématographique est protégée comme une œuvre originale.

(2) Unbeschadet der Rechte des Urhebers des adaptierten oder wiedergegebenen Werkes wird das kinematographische Werk wie ein Originalwerk geschützt.

(3) L'adaptation sous toute autre forme artistique des réalisations cinématographiques tirées d'œuvres littéraires, scientifiques ou artistiques reste soumise, sans préjudice de l'autorisation de leurs auteurs, à l'autorisation de l'auteur de l'œuvre originale.

(3) Die Adaptation von Werken der Kinematographie, die auf Werken der Literatur, Wissenschaft oder Kunst beruhen, in irgendeine andere künstlerische Form, bedarf der Erlaubnis des Urhebers des Originalwerkes, unbeschadet der Erlaubnis ihrer Urheber.

(5) Les dispositions qui précèdent s'appliquent à la reproduction ou production obtenue par tout autre procédé analogue à la cinématographie.

(5) Die vorausgehenden Bestimmungen gelten auch für die Wiedergabe oder das Erzeugnis, die durch irgendein anderes, der Kinematographie ähnliches Verfahren erzielt wurden.

—

—

Vorgeschlagene Stockholmer Fassung

Les dispositions de l'article 13, alinéa 1er, ne sont pas applicables.

Die Bestimmungen des Artikels 13 Abs. 1 finden keine Anwendung.

(2) Sans préjudice des droits de l'auteur de l'œuvre adaptée ou reproduite, l'œuvre cinématographique est protégée comme une œuvre originale. **L'auteur de l'œuvre cinématographique jouit des mêmes droits que l'auteur d'une œuvre originale, y compris les droits visés à l'alinéa précédent.**

(2) Unbeschadet der Rechte des Urhebers des bearbeiteten oder vervielfältigten Werkes wird das Filmwerk wie ein Originalwerk geschützt. **Der Urheber des Filmwerkes hat die gleichen Rechte wie der Urheber eines Originalwerkes einschließlich der im vorhergehenden Absatz genannten Rechte.**

(3) unverändert

(3) Die Bearbeitung von Filmwerken, die auf Werken der Literatur, Wissenschaft oder Kunst beruhen, in irgendeine andere künstlerische Form, bedarf der Erlaubnis des Urhebers des Originalwerkes, unbeschadet der Erlaubnis ihrer Urheber.

vgl. Artikel 2 Abs. 2

vgl. Artikel 2 Abs. 2

(4) Les auteurs qui, conformément à la législation du Pays d'origine de l'œuvre cinématographique, ont autorisé l'adaptation et la reproduction cinématographiques de leurs œuvres ou se sont engagés à apporter des contributions littéraires ou artistiques à la réalisation de l'œuvre cinématographique fixée sur un support matériel, ne pourront, sauf stipulation contraire ou particulière, s'opposer à la reproduction, la mise en circulation, la représentation et l'exécution publiques, la transmission

(4) Die Urheber, die in Übereinstimmung mit der Gesetzgebung des Ursprungslandes des Filmwerkes die filmische Bearbeitung und Vervielfältigung ihrer Werke erlaubt haben oder sich verpflichtet haben, literarische oder künstlerische Beiträge zu der Herstellung des durch einen Bildträger festgelegten Filmwerkes zu leisten, können, sofern keine gegenteilige oder besondere Vereinbarung getroffen ist, die Vervielfältigung, die Verbreitung, die öffentliche Vorführung, die Drahtfunksendung, die

Brüsseler Fassung		*Vorgeschlagene Stockholmer Fassung*
		par fil au public, la radiodiffusion, la communication au public, le sous-titrage et le doublage des textes, de l'œuvre cinématographique.
		Les Pays de l'Union ont la faculté de prévoir que l'autorisation ou l'engagement visé ci-dessus doit être donné par un contrat écrit ou un acte équivalent.
		Par «stipulation contraire ou particulière», il faut entendre toute condition restrictive convenue entre le producteur et les personnes susmentionnées.
—	—	**(5) Les Pays de l'Union ont la faculté de prévoir, au profit des auteurs des œuvres visées à l'alinéa 4 ci-dessus, une participation aux recettes provenant de l'exploitation de l'œuvre cinématographique.**
—	—	**(6) A moins que la législation nationale n'en décide autrement, les dispositions de l'alinéa 4 ci-dessus ne s'appliquent pas au droit de représentation et d'exécution publiques, au droit de transmission par fil au public, au droit de radiodiffusion et au droit de communication au public des œuvres musicales, avec ou sans texte, utilisées dans l'œuvre cinématographique.**
—	—	**(7) Chacun des Pays de l'Union qui devient partie à la présente Convention pourra, à tout moment, dans une notification déposée auprès du Directeur général de l'Organisation, déclarer qu'il n'appliquera pas les dispositons de l'alinéa 4 ci-dessus aux œuvres litté-**

Vorgeschlagene Stockholmer Fassung

Rundfunksendung, die öffentliche Wiedergabe, das Versehen mit Untertiteln und die Textsynchronisierung des Filmwerkes nicht verbieten.

Die Verbandsländer sind befugt, vorzusehen, daß die obenaufgeführte Erlaubnis oder Verpflichtung durch schriftlichen Vertrag oder einen gleichwertigen Akt begründet sein muß.

Als „gegenteilige oder besondere Vereinbarung" gilt jede einschränkende Bedingung, die zwischen dem Hersteller und den obenerwähnten Personen vereinbart worden ist.

(5) Die Verbandsländer sind befugt, zugunsten der Urheber der in Absatz 4 aufgeführten Werke eine Beteiligung an den Einnahmen aus der Nutzung des Filmwerkes vorzusehen.

(6) Sofern die innerstaatliche Gesetzgebung nichts anderes vorsieht, finden die Bestimmungen in Absatz 4 keine Anwendung auf das Recht der öffentlichen Aufführung, das Recht der Drahtfunksendung, das Recht der Rundfunksendung und das Recht der öffentlichen Wiedergabe der in dem Filmwerk benutzten musikalischen Werke mit oder ohne Text.

(7) Jedes Verbandsland, das Mitglied dieser Übereinkunft wird, kann jederzeit durch eine bei dem Generaldirektor der Organisation hinterlegte Anzeige erklären, daß es die Bestimmungen des Absatzes 4 nicht auf die Werke der Literatur, Wissenschaft oder Kunst an-

Article 14bis

(1) En ce qui concerne les œuvres d'art originales et les manuscrits originaux des écrivains et compositeurs, l'auteur — ou, après sa mort, les personnes ou institutions auxquelles la législation nationale donne qualité — jouit d'un droit inaliénable à être intéressé aux opérations de vente dont l'œuvre est l'objet après la première cession opérée par l'auteur.

(2) La protection prévue à l'alinéa ci-dessus n'est exigible dans chaque Pays de l'Union que si la législation nationale de l'auteur admet cette protection et dans la mesure où le permet la législation du Pays où cette protection est réclamée.

(3) Les modalités et les taux de la perception sont déterminés par chaque législation nationale.

Artikel 14bis

(1) In bezug auf die Originale von Werken der bildenden Künste und die Originalhandschriften der Schriftsteller und Komponisten genießt der Urheber — oder nach seinem Tode die von der Landesgesetzgebung dazu berufenen Personen oder Institutionen — ein unveräußerliches Recht auf Beteiligung an den Verkaufsgeschäften, deren Gegenstand das Werk nach der ersten Veräußerung durch den Urheber bildet.

(2) Der im vorhergehenden Absatz vorgesehene Schutz kann in jedem Verbandsland nur beansprucht werden, sofern die Heimatgesetzgebung des Urhebers diesen Schutz zugesteht und soweit es die Gesetzgebung des Landes zuläßt, wo dieser Schutz beansprucht wird.

(3) Das Verfahren und das Ausmaß der Beteiligung werden von der Gesetzgebung der einzelnen Länder bestimmt.

Article 15

(1) Pour que les auteurs des œuvres littéraires et artistiques protegés par la présente Convention soient, jusqu'à preuve contraire, considérés comme tels et admis en conséquence devant les tribunaux

Artikel 15

(1) Damit die Urheber der durch die vorliegende Übereinkunft geschützten Werke der Literatur und der Kunst bis zum Beweise des Gegenteils als solche gelten und infolgedessen vor den Gerichten der

raires, scientifiques ou artistiques, dont l'œuvre cinématographique est tirée.

Tout Pays qui a fait une telle déclaration peut la retirer par une nouvelle notification adressée au Directeur général de l'Organisation.

wendet, auf denen das Filmwerk beruht.

Jedes Land, das eine solche Anzeige abgegeben hat, kann sie durch eine erneute, an den Generaldirektor der Organisation gerichtete Anzeige zurücknehmen.

Article 14bis

unverändert

Artikel 14bis

(1) In bezug auf die Originale von Werken der bildenden Künste und die Originalhandschriften der Schriftsteller und Komponisten genießt der Urheber — oder nach seinem Tode die von der Landesgesetzgebung dazu berufenen Personen oder Institutionen — ein unveräußerliches Recht auf Beteiligung an den Verkaufsgeschäften, deren Gegenstand das Werk nach der ersten Veräußerung durch den Urheber bildet.

(2) Der im vorhergehenden Absatz vorgesehene Schutz kann in jedem Verbandsland nur beansprucht werden, sofern die Heimatgesetzgebung des Urhebers diesen Schutz zugesteht und soweit es die Gesetzgebung des Landes zuläßt, wo dieser Schutz beansprucht wird.

(3) Das Verfahren und das Ausmaß der Beteiligung werden von der Gesetzgebung der einzelnen Länder bestimmt.

Article 15

unverändert

Artikel 15

(1) Damit die Urheber der durch die vorliegende Übereinkunft geschützten Werke der Literatur und Kunst bis zum Beweise des Gegenteils als solche gelten und infolgedessen vor den Gerichten der Ver-

des Pays de l'Union à exercer des poursuites contre les contrefacteurs, il suffit que le nom soit indiqué sur l'œuvre en la manière usitée. Le présent alinéa est applicable, même si ce nom est un pseudonyme, dès lors que le pseudonyme adopté par l'auteur ne laisse aucun doute sur son identité.

Verbandsländer zur Verfolgung der unbefugten Vervielfältiger zugelassen werden, genügt es, daß der Name in der üblichen Weise auf dem Werk angegeben ist. Der vorliegende Absatz ist anwendbar, selbst wenn dieser Name ein Pseudonym ist, sofern das vom Urheber angenommene Pseudonym keinen Zweifel über seine Identität aufkommen läßt.

(2) Pour les œuvres anonymes et pour les œuvres pseudonymes autres que celles dont il est fait mention à l'alinéa précédent, l'éditeur dont le nom est indiqué sur l'œuvre est, sans autre preuve, réputé représenter l'auteur; en cette qualité, il est fondé à sauvegarder et à faire valoir les droits de celui-ci. La disposition du présent alinéa cesse d'être applicable quand l'auteur a révélé son identité et justifié de sa qualité.

(2) Bei den anonymen Werken und bei den nicht unter den vorhergehenden Absatz fallenden pseudonymen Werken gilt der Verleger, dessen Name auf dem Werk angegeben ist, ohne weiteren Beweis als berechtigt, den Urheber zu vertreten; in dieser Eigenschaft ist er befugt, dessen Rechte wahrzunehmen und geltend zu machen. Die Bestimmung des vorliegenden Absatzes ist nicht mehr anwendbar, sobald der Urheber seine Identität offenbart und seine Berechtigung nachgewiesen hat.

Article 16

(1) Toute œuvre contrefaite peut être saisie par les autorités compétentes des Pays de l'Union où l'oeuvre originale a droit à la protection légale.

(2) Dans ces Pays, la saisie peut aussi s'appliquer aux reproductions provenant d'un Pays où l'œuvre n'est pas protégée ou a cessé de l'être.

(3) La saisie a lieu conformément à la législation de chaque Pays.

Artikel 16

(1) Jedes unbefugt hergestellte Werkexemplar kann von den zuständigen Behörden der Verbandsländer, in denen das Originalwerk Anspruch auf gesetzlichen Schutz hat, beschlagnahmt werden.

(2) In diesen Ländern kann sich die Beschlagnahme auch auf Wiedergaben erstrecken, die aus einem Land stammen, wo das Werk nicht oder nicht mehr geschützt ist.

(3) Die Beschlagnahme findet nach den Vorschriften der Gesetzgebung jedes Landes statt.

Vorgeschlagene Stockholmer Fassung

bandsländer zur Verfolgung der unbefugten Vervielfältiger zugelassen werden, genügt es, daß der Name in der üblichen Weise auf dem Werk angegeben ist. Der vorliegende Absatz ist anwendbar, selbst wenn dieser Name ein Pseudonym ist, sofern das vom Urheber angenommene Pseudonym keinen Zweifel über seine Identität aufkommen läßt.

(2) Bei den anonymen Werken und bei den nicht unter den vorhergehenden Absatz fallenden pseudonymen Werken gilt der Verleger, dessen Name auf dem Werk angegeben ist, ohne weiteren Beweis als berechtigt, den Urheber zu vertreten; in dieser Eigenschaft ist er befugt, dessen Rechte wahrzunehmen und geltend zu machen. Die Bestimmung des vorliegenden Absatzes ist nicht mehr anwendbar, sobald der Urheber seine Identität offenbart und seine Berechtigung nachgewiesen hat.

Article 16

unverändert

Artikel 16

(1) Jedes unbefugt hergestellte Werkexemplar kann von den zuständigen Behörden der Verbandsländer, in denen das Originalwerk Anspruch auf gesetzlichen Schutz hat, beschlagnahmt werden.

(2) In diesen Ländern kann sich die Beschlagnahme auch auf Vervielfältigungsstücke erstrecken, die aus einem Land stammen, in dem das Werk nicht oder nicht mehr geschützt ist.

(3) Die Beschlagnahme findet nach den Vorschriften der Gesetzgebung jedes Landes statt.

Article 17

Les dispositions de la présente Convention ne peuvent porter préjudice, en quoi que ce soit, au droit qui appartient au Gouvernement de chacun des Pays de l'Union de permettre, de surveiller ou d'interdire, par des mesures de législation ou de police intérieure, la circulation, la représentation, l'exposition de tout ouvrage ou production à l'égard desquels l'autorité compétente aurait à exercer ce droit.

Artikel 17

Die Bestimmungen der vorliegenden Übereinkunft können in keiner Beziehung das der Regierung jedes Verbandslandes zustehende Recht beeinträchtigen, durch Maßregeln der Gesetzgebung oder inneren Verwaltung die Verbreitung, die Aufführung oder die Ausstellung von Werken oder Erzeugnissen jeder Art zu gestatten, zu überwachen oder zu untersagen, hinsichtlich welcher die zuständige Behörde dieses Recht auszuüben hat.

Article 18

(1) La présente Convention s'applique à toutes les œuvres qui, au moment de son entrée en vigueur, ne sont pas encore tombées dans le domaine public de leur Pays d'origine par l'expiration de la durée de la protection.

(2) Cependant, si une œuvre, par l'expiration de la durée de protection qui lui était antérieurement reconnue, est tombée dans le domaine public du Pays où la protection est réclamée, cette œuvre n'y sera pas protégée à nouveau.

(3) L'application de ce principe aura lieu conformément aux stipulations contenues dans les conventions spéciales existantes ou à conclure à cet effet entre Pays de l'Union. A défaut de semblables stipulations, les Pays respectifs régleront, chacun pour ce qui le concerne, les modalités relatives à cette application.

Artikel 18

(1) Die vorliegende Übereinkunft gilt für alle Werke, die bei ihrem Inkrafttreten noch nicht infolge Ablaufs der Schutzdauer im Ursprungsland Gemeingut geworden sind.

(2) Ist jedoch ein Werk infolge Ablaufs der Schutzfrist, die ihm vorher zustand, in dem Lande, wo der Schutz beansprucht wird, Gemeingut geworden, so erlangt es dort nicht von neuem Schutz.

(3) Die Anwendung dieses Grundsatzes erfolgt gemäß den Bestimmungen der zwischen Verbandsländern zu diesem Zwecke abgeschlossenen oder abzuschließenden besonderen Übereinkünfte. Mangels derartiger Bestimmungen legen die betreffenden Länder, ein jedes für sich, die Art und Weise dieser Anwendung fest.

Vorgeschlagene Stockholmer Fassung

Article 17

unverändert

Artikel 17

Die Bestimmungen der vorliegenden Übereinkunft können in keiner Beziehung das der Regierung jedes Verbandslandes zustehende Recht beeinträchtigen, durch Maßregeln der Gesetzgebung oder inneren Verwaltung die Verbreitung, die Aufführung oder die Ausstellung von Werken oder Erzeugnissen jeder Art zu gestatten, zu überwachen oder zu untersagen, hinsichtlich welcher die zuständige Behörde dieses Recht auszuüben hat.

Article 18

unverändert

Artikel 18

(1) Die vorliegende Übereinkunft gilt für alle Werke, die bei ihrem Inkrafttreten noch nicht infolge Ablaufs der Schutzdauer im Ursprungsland Gemeingut geworden sind.

(2) Ist jedoch ein Werk infolge Ablaufs der Schutzfrist, die ihm vorher zustand, in dem Lande, in dem der Schutz beansprucht wird, Gemeingut geworden, so erlangt es dort nicht von neuem Schutz.

(3) Die Anwendung dieses Grundsatzes erfolgt gemäß den Bestimmungen der zwischen Verbandsländern zu diesem Zwecke abgeschlossenen oder abzuschließenden besonderen Übereinkünfte. Mangels derartiger Bestimmungen legen die betreffenden Länder, ein jedes für sich, die Art und Weise dieser Anwendung fest.

Brüsseler Fassung

(4) Les dispositions qui précèdent s'appliquent également en cas de nouvelles accessions à l'Union et dans le cas où la protection serait étendue par application de l'article 7 ou par abandon de réserves.

(4) Die vorstehenden Bestimmungen gelten in gleicher Weise, wenn ein Land dem Verbande neu beitritt, sowie für den Fall, daß der Schutz gemäß Artikel 7 oder durch Verzicht auf Vorbehalte ausgedehnt wird.

Article 19

Les dispositions de la présente Convention n'empêchent pas de revendiquer l'application de dispositions plus larges qui seraient édictées par la législation d'un Pays de l'Union.

Artikel 19

Die Bestimmungen der vorliegenden Übereinkunft hindern nicht daran, die Anwendung von weitergehenden Bestimmungen zu beanspruchen, welche durch die Gesetzgebung eines Verbandslandes etwa erlassen werden.

Article 20

Les Gouvernements des Pays de l'Union se réservent le droit de prendre entre eux des arrangements particuliers, en tant que ces arrangements conféreraient aux auteurs des droits plus étendus que ceux accordés par la Convention, ou qu'ils renfermeraient d'autres stipulations non contraires à la présente Convention. Les dispositions des arrangements existants qui répondent aux conditions précitées restent applicables.

Artikel 20

Die Regierungen der Verbandsländer behalten sich das Recht vor, besondere Abkommen miteinander insoweit zu treffen, als diese Abkommen den Urhebern Rechte verleihen, welche über die ihnen durch die Übereinkunft gewährten Rechte hinausgehen, oder andere Bestimmungen enthalten, welche der vorliegenden Übereinkunft nicht zuwiderlaufen. Die Bestimmungen bestehender Abkommen, die den angegebenen Voraussetzungen entsprechen, bleiben anwendbar.

Vorgeschlagene Stockholmer Fassung

(4) Die vorstehenden Bestimmungen gelten in gleicher Weise, wenn ein Land dem Verbande neu beitritt sowie für den Fall, daß der Schutz gemäß Artikel 7 oder durch Verzicht auf Vorbehalte ausgedehnt wird.

Article 19
unverändert

Artikel 19

Die Bestimmungen der vorliegenden Übereinkunft hindern nicht daran, die Anwendung von weitergehenden Bestimmungen zu beanspruchen, welche durch die Gesetzgebung eines Verbandslandes etwa erlassen werden.

Article 20
unverändert

Artikel 20

Die Regierungen der Verbandsländer behalten sich das Recht vor, besondere Abkommen miteinander insoweit zu treffen, als diese Abkommen den Urhebern Rechte verleihen, welche über die ihnen durch die Übereinkunft gewährten Rechte hinausgehen, oder andere Bestimmungen enthalten, welche der vorliegenden Übereinkunft nicht zuwiderlaufen. Die Bestimmungen bestehender Abkommen, die den angegebenen Voraussetzungen entsprechen, bleiben anwendbar.

Brüsseler Fassung | Vorgeschlagene Stockholmer Fassung

— —

Article 20bis

Protocole relatif aux pays en voie de développement

(1) Des dispositions particulières concernant les pays en voie de développement sont comprises dans un protocole intitulé «Protocole relatif aux pays en voie de développement».

(2) Sous réserve des dispositions de l'Article 25. 1) b) i) et c) et de l'Article 25quater, le Protocole relatif aux pays en voie de développement forme partie intégrante du présent Acte.

— —

Article 21

Assemblée

1) a) L'Union a une Assemblée composée des pays de l'Union qui sont liés par les articles 21 à 23.

b) Le Gouvernement de chaque Etat membre est représenté par un ou plusieurs délégués, qui peuvent être assistés de suppléants, d'experts et de conseillers.

c) Les dépenses de chaque délégation sont supportées par le Gouvernement qui l'a désignée.

2) a) L'Assemblée:

i) traite de toutes les questions concernant le maintien et le développement de l'Union et l'application de sa Convention;

ii) donne au Bureau international de la propriété intellectuelle (ci-après désigné comme le «Bureau international») visé dans la Convention établissant l'Organisation internationale de la propriété intellectuelle (ci-après désignée comme l'«Organisation») des directives concernant la préparation des conférences de revision;

iii) arrête le programme, adopte le budget triennal de l'Union et approuve ses comptes de clôture;

iv) élit les membres du Comité exécutif de l'Assemblée;

v) examine et approuve les rapports et les activités de son Comité exécutif, et lui donne des directives;

vi) examine et approuve les rapports et les activités du Directeur général relatifs à l'Union et lui donne toutes directives à ce sujet;

vii) crée les comités qu'elle juge utiles au travail de l'Union;

Artikel 20bis

Protokoll über die Entwicklungsländer

(1) Besondere Bestimmungen für die Entwicklungsländer sind in einem Protokoll mit dem Titel „Protokoll über die Entwicklungsländer" enthalten.

(2) Vorbehaltlich der Bestimmungen des Artikels 25 Abs. 1 b) (i) und c) und des Artikels 25quater ist das Protokoll über die Entwicklungsländer untrennbarer Bestandteil der vorliegenden Übereinkunft.

Artikel 21

Versammlung

(1) a) Der Verband hat eine Versammlung, der die durch die Artikel 21 bis 23 gebundenen Verbandsländer angehören.

b) Die Regierung eines jeden Mitgliedstaates ist durch einen oder mehrere Delegierte vertreten, die von Stellvertretern, Sachverständigen und Beratern begleitet sein können.

c) Die Kosten jeder Delegation trägt die Regierung, die sie entsandt hat.

(2) a) Die Versammlung

(i) befaßt sich mit allen den Bestand und die Entwicklung des Verbandes und die Anwendung der Übereinkunft betreffenden Fragen;

(ii) gibt dem internationalen Büro für geistiges Eigentum (nachstehend „internationales Büro" genannt), das in der Übereinkunft zur Errichtung der internationalen Organisation für geistiges Eigentum (nachstehend „Organisation" genannt) vorgesehen ist, Anweisungen für die Vorbereitung von Revisionskonferenzen;

(iii) bestimmt das Programm und beschließt den dreijährigen Haushalt des Verbandes und genehmigt die Schlußabrechnung;

(iv) wählt die Mitglieder des Verwaltungsausschusses der Versammlung;

(v) prüft und billigt die Berichte und die Tätigkeit ihres Verwaltungsausschusses und gibt ihm Anweisungen;

(vi) prüft und billigt die Berichte und die Tätigkeit des Generaldirektors hinsichtlich des Verbandes und gibt ihm alle diesbezüglichen Anweisungen;

(vii) gründet die Ausschüsse, die sie für die Arbeit des Verbandes für zweckmäßig hält;

Brüsseler Fassung		Vorgeschlagene Stockholmer Fassung
—	—	viii) décide quels sont les pays non membres de l'Assemblée et les organisations internationales intergouvernementales et non gouvernementales, qui peuvent être admis à ses réunions à titre d'observateurs;

ix) adopte les modifications aux articles 21 à 23;

x) entreprend toute autre action appropriée en vue d'atteindre les objectifs de l'Union;

xi) exerce toutes les autres fonctions qui lui sont attribuées.

b) Dans l'exercice de ses fonctions pour les questions qui intéressent également d'autres Unions dont l'administration ou les tâches administratives sont confiées à l'Organisation, l'Assemblée prend en considération l'avis du Comité de coordination de l'Organisation.

3) a) Chaque pays membre de l'Assemblée dispose d'une voix à l'Assemblée.

b) Un tiers des pays membres de l'Assemblée constitue le quorum.

c) Sous réserve des dispositions des sous-alinéas d) et e) de l'article 23.2), l'Assemblée prend ses décisions à la majorité simple des votes exprimés.

d) Les décisions d'admettre aux réunions à titre d'observateurs des pays étrangers à l'Union, ainsi que des organisations internationales intergouvernementales et non gouvernementales, requièrent au minimum lex deux tiers des votes exprimés.

e) L'adoption du budget, dans la mesure où elle accroît les obligations financières des pays de l'Union, requiert au minimum les deux tiers des votes exprimés.

f) Une abstention n'est pas considérée comme un vote.

g) Chaque délégué ne peut représenter qu'un seul pays et ne peut voter qu'au nom de celui-ci.

4) a) L'Assemblée se réunit une fois tous les trois ans en session ordinaire sur convocation du Directeur général et de préférence pendant la même période et au même lieu que l'Assemblée générale de l'Organisation.

b) L'Assemblée se réunit en session extraordinaire sur convocation du Directeur général à la demande du Comité exécutif ou à la demande d'un quart des pays membres de l'Assemblée.

5) L'Assemblée adopte son propre règlement intérieur.

Vorgeschlagene Stockholmer Fassung

(viii) entscheidet, welche nicht der Versammlung angehörigen Länder und welche internationalen zwischenstaatlichen und nichtstaatlichen Organisation zu seinen Sitzungen als Beobachter zugelassen werden;

(ix) beschließt die Änderungen der Artikel 21 bis 23;

(x) unternimmt jede andere Tätigkeit, die geeignet ist, die Ziele des Verbandes zu fördern;

(xi) nimmt alle anderen ihr übertragenen Aufgaben wahr.

b) Bei der Wahrnehmung ihrer Aufgaben nimmt die Versammlung hinsichtlich der Fragen, die auch andere Verbände interessieren, deren Verwaltung oder Verwaltungsaufgaben der Organisation anvertraut sind, Rücksicht auf die Stellungnahme des Koordinierungsausschusses der Organisation.

(3) a) Jedes Mitgliedsland der Versammlung hat eine Stimme in der Versammlung.

b) Ein Drittel der Mitgliedsländer begründen die Beschlußfähigkeit der Versammlung.

c) Vorbehaltlich der Bestimmungen der Unterabsätze d) und e) und des Artikels 23 Abs. 2 entscheidet die Versammlung mit einfacher Stimmenmehrheit.

d) Die Entscheidung über die Zulassung von verbandsfremden Ländern sowie von internationalen zwischenstaatlichen und nichtstaatlichen Organisationen bedürfen einer Mehrheit von mindestens zwei Dritteln der Stimmen.

e) Die Annahme des Haushalts bedarf, soweit er die finanziellen Verpflichtungen der Verbandsländer erhöht, einer Mehrheit von zwei Dritteln der Stimmen.

f) Eine Stimmenthaltung wird nicht als Stimme gerechnet.

g) Jeder Delegierte kann nur ein Land vertreten und nur im Namen dieses Landes stimmen.

(4) a) Die Versammlung tritt im ordentlicher Sitzung alle drei Jahre einmal auf Einladung des Generaldirektors vorzugsweise zur gleichen Zeit und am gleichen Ort wie die Generalversammlung der Organisation zusammen.

b) Die Versammlung tritt in außerordentlicher Sitzung auf Einladung des Generaldirektors zusammen, wenn der Verwaltungsausschuß oder ein Viertel der Mitgliedsländer der Versammlung dies verlangt.

(5) Die Versammlung gibt sich selbst eine Geschäftsordnung.

Brüsseler Fassung	Vorgeschlagene Stockholmer Fassung
— —	**Article 21bis**

Comité exécutif

1) L'Assemblée a un Comité exécutif.

2) a) Le Comité exécutif est composé des pays élus par l'Assemblée parmi les pays membres de l'Assemblée. En outre, le pays sur le territoire duquel l'Organisation a son siège, a un siège ex officio au Comité, sous réserve des dispositions de l'article 22.7).

b) Le Gouvernement de chaque pays membre du comité exécutif est représenté par un délégué qui peut être assisté de suppléants, d'experts et de conseillers.

c) Les dépenses de chaque délégation sont supportées par le Gouvernement qui l'a désignée.

3) Le nombre des Pays membres du Comité exécutif correspond au quart du nombre des pays membres de l'Assemblée. Dans le calcul des sièges à pourvoir, le reste subsistant après la division par quatre n'est pas pris en considération.

4) En procédant à l'élection des membres du Comité exécutif, l'Assemblée tient compte d'une répartition géographique équitable et de la nécessité pour les pays membres de toute Union particulière qui pourrait être établie en relation avec l'Union d'être parmi les pays constituant le Comité exécutif.

5) a) Chaque membre du Comité exécutif reste en fonctions à partir de la clôture de la session de l'Assemblée qui l'a élu jusqu'à la clôture de la prochaine session ordinaire de l'Assemblée. Cependant, les membres sont rééligibles, mais au maximum pour les deux tiers d'entre eux.

d) L'Assemblée établit les détails du règlement relatif à l'élection et à la réélection éventuelle des membres du Comité exécutif.

6) a) Le Comité exécutif:

i) prépare le projet d'ordre du jour de l'Assemblée;

ii) soumet des propositions à l'Assemblée quant aux projets de programme et de budget triennal de l'Union préparés par le Directeur général;

iii) se prononce, dans les limites du programme et du budget triennal, sur les programmes et budgets annuels préparés par le Directeur général;

Vorgeschlagene Stockholmer Fassung

Artikel 21bis

Verwaltungsausschuß

(1) Die Versammlung hat einen Verwaltungsausschuß.

(2) a) Der Verwaltungsausschuß besteht aus Ländern, die von der Versammlung aus den Mitgliedsländern der Versammlung gewählt werden. Außerdem hat das Land, in dem die Organisation ihren Sitz hat, nach Maßgabe der Bestimmungen des Artikels 22 Abs. 7 in dem Ausschuß einen Sitz ex officio.

b) Die Regierung eines jeden Mitgliedslandes des Verwaltungsausschusses ist durch einen Delegierten vertreten, der von Stellvertretern, Sachverständigen und Beratern begleitet sein kann.

c) Die Kosten jeder Delegation trägt die Regierung, die sie entsandt hat.

(3) Die Zahl der Mitgliedsländer des Verwaltungsausschusses entspricht einem Viertel der Mitgliedsländer der Versammlung. Bei der Berechnung der vorzusehenden Sitze bleibt der nach Teilung durch vier verbleibende Rest außer Betracht.

(4) Bei der Wahl der Mitglieder des Verwaltungsausschusses trägt die Versammlung einer ausgeglichenen geographischen Verteilung und der Notwendigkeit Rechnung, daß Mitgliedsländer jedes etwa in Zusammenhang mit dem Verband errichteten Sonderverbandes unter den Mitgliedsländern des Verwaltungsausschusses vertreten sein müssen.

(5) a) Jedes Mitglied des Verwaltungsausschusses bleibt vom Ende der Sitzung der Versammlung, in der es gewählt wurde, bis zum Ende der nächsten ordentlichen Sitzung der Versammlung im Amt. Die Mitglieder können wiedergewählt werden, jedoch höchstens zwei Drittel von ihnen.

b) Die Versammlung regelt die Einzelheiten der Wahl und möglichen Wiederwahl der Mitglieder des Verwaltungsausschusses.

(6) a) Der Verwaltungsausschuß

(i) bereitet den Entwurf der Tagesordnung der Versammlung vor;

(ii) unterbreitet der Versammlung Vorschläge hinsichtlich der vom Generaldirektor vorbereiteten Entwürfe des dreijährigen Programms und Haushalts;

(iii) äußert sich im Rahmen des dreijährigen Programms und Haushalts zu den vom Generaldirektor vorbereiteten jährlichen Programmen und Haushalten;

Brüsseler Fassung	Vorgeschlagene Stockholmer Fassung
—	—

iv) soumet à l'Assemblée, avec les commentaires appropriés, les rapports périodiques du Directeur général et les rapports annuels de vérification des comptes;

v) prend toutes mesures utiles en vue d'assurer l'exécution du programme de l'Union par le Directeur général, conformément aux décisions de l'Assemblée et en tenant compte des circonstances survenant entre deux sessions ordinaires de ladite Assemblée;

vi) exerce toutes les autres fonctions qui lui sont attribuées.

b) Dans l'exercice des ses fonctions pour les questions qui intéressent également d'autres Unions dont l'administration ou les tâches administratives sont confiées à l'Organisation, le Comité exécutif prend en consdération l'avis du Comité de coordination de l'Organisation.

7) a) Le Comité exécutif se réunit une fois par an en session ordinaire, sur convocation du Directeur géneral, de préférence pendant la même période et au même lieu que le Comité de coordination de l'Organisation.

b) Le Comité exécutif se réunit en session extraordinaire sur convocation du Directeur général ou à la demande d'un quart des pays membres du Comité exécutif.

8) a) Chaque pays membre du Comité exécutif dispose d'une voix au Comité exécutif.

b) La moitié des pays membres du Comité executif constitue le quorum.

c) Les décisions sont prises à la majorité simple des votes exprimés.

d) Une abstention n'est pas considérée comme un vote.

e) Chaque délégué ne peut représenter qu'un seul pays et ne peut voter qu'au nom de celui-ci.

9) Les pays de l'Union qui ne sont pas membres du comité exécutif sont admis aux réunions du Comité exécutif comme observateurs.

10) Le Comité exécutif adopte son propre règlement intérieur.

Vorgeschlagene Stockholmer Fassung

(iv) unterbreitet der Versammlung mit geeigneten Anmerkungen die periodischen Berichte des Generaldirektors und die jährlichen Rechnungsprüfungsberichte;

(v) ergreift in Übereinstimmung mit den Entscheidungen der Versammlung und unter Berücksichtigung der zwischen zwei ordentlichen Sitzungen der Versammlung eintretenden Umstände alle notwendigen Maßnahmen, um die Ausführung des Programms des Verbandes durch den Generaldirektor sicherzustellen;

(vi) nimmt alle anderen ihm übertragenen Aufgaben wahr.

b) Bei der Wahrnehmung seiner Aufgaben nimmt der Verwaltungsausschuß hinsichtlich der Fragen, die auch andere Verbände interessieren, deren Verwaltung oder Verwaltungsaufgaben der Organisation anvertraut sind, Rücksicht auf die Stellungnahme des Koordinierungsausschusses der Organisation.

(7) a) Der Verwaltungsausschuß tritt in ordentlicher Sitzung jährlich einmal auf Einladung des Generaldirektors vorzugsweise zur gleichen Zeit und am gleichen Ort wie der Koordinierungsausschuß der Organisation zusammen.

b) Der Verwaltungsausschuß tritt in außerordentlicher Sitzung auf Einladung des Generaldirektors oder auf Verlangen eines Viertels der Mitgliedsländer des Verwaltungsausschusses zusammen.

(8) a) Jedes Mitgliedsland des Verwaltungsausschusses hat eine Stimme in dem Verwaltungsausschuß.

b) Die Hälfte der Mitgliedsländer begründen die Beschlußfähigkeit des Verwaltungsausschusses.

c) Die Entscheidungen werden mit einfacher Stimmenmehrheit getroffen.

d) Eine Stimmenthaltung wird nicht als Stimme gerechnet.

e) Jeder Delegierte kann nur ein Land vertreten und nur im Namen dieses Landes stimmen.

(9) Die Verbandsländer, die nicht Mitglieder des Verwaltungsausschusses sind, können an den Sitzungen des Verwaltungsausschusses als Beobachter teilnehmen.

(10) Der Verwaltungsausschuß gibt sich selbst eine Geschäftsordnung.

Brüsseler Fassung

Article 21

(1) Est maintenu l'office international institué sous le nom de «Bureau de l'Union internationale pour la protection des œuvres littéraires et artistiques».

(2) Ce Bureau est placé sous la haute autorité du Gouvernement de la Confédération suisse, qui en règle l'organisation et en surveille le fonctionnement.

(3) La langue officielle du Bureau est la langue française.

Artikel 21

(1) Das unter dem Namen „Büro des internationalen Verbandes zum Schutze von Werken der Literatur und der Kunst" errichtete internationale Amt wird beibehalten.

(2) Dieses Büro ist unter den hohen Schutz der Regierung der Schweizerischen Eidgenossenschaft gestellt, welche die Organisation des Büros regelt und seinen Geschäftsgang beaufsichtigt.

(3) Die Geschäftssprache des Büros ist die französische.

Article 22

(1) Le Bureau international centralise les renseignements de toute nature relatifs à la protection des droits des auteurs sur leurs œuvres littéraires et artistiques. Il les coordonne et les publie. Il procède aux études d'utilité commune intéressant l'Union et rédige, à l'aide des documents qui sont mis à sa disposition par les diverses Administrations, une feuille périodique, en langue française, sur les questions concernant l'objet de l'Union. Les Gouvernements des Pays de l'Union se réservent d'autoriser, d'un commun accord, le Bureau à publier une édition dans une ou plusieurs autres langues, pour le cas où l'expérience en aurait démontré le besoin.

Artikel 22

(1) Das internationale Büro sammelt Nachrichten aller Art, die sich auf den Schutz der Rechte der Urheber an ihren Werken der Literatur und der Kunst beziehen; es ordnet und veröffentlicht sie. Es stellt Untersuchungen an, die von gemeinsamem Nutzen und von Interesse für den Verband sind, und gibt auf Grund der Dokumente, die ihm von den verschiedenen Regierungen zur Verfügung gestellt werden, eine periodische Zeitschrift in französischer Sprache über die den Gegenstand des Verbandes betreffenden Fragen heraus. Die Regierungen der Verbandsländer behalten sich vor, nach allseitiger Zustimmung das Büro zur Veröffentlichung einer Ausgabe in einer oder mehreren anderen Sprachen zu ermächtigen, falls die Erfahrung das Bedürfnis hierfür dartun sollte.

Vorgeschlagene Stockholmer Fassung

Article 21ter:

Bureau International

1) a) Les tâches administratives concernant l'Union sont accomplies par le Bureau international qui est la continuation du Bureau de l'Union, réuni avec le Bureau de l'Union établie par la Convention internationale pour la protection de la propriété industrielle.

b) Le Bureau international assure notamment le secrétariat des divers organes de l'Union.

c) Le Directeur général de l'Organisation est le plus haut fonctionnaire de l'Union et la représente.

2) Le Bureau international rassemble et publie des informations concernant la protection du droit d'auteur. Chaque pays de l'Union communique promptement au Bureau international toutes les nouvelles lois et tous les textes officiels concernant la protection du droit d'auteur.

3) Le Bureau international publie un périodique mensuel.

4) Le nombre d'exemplaires gratuits du périodique mensuel et des autres publications du Bureau international que chaque pays de L'union est habilité à recevoir est proportionel au nombre d'unitês de la classe à laquelle le pays appartient, conformément à l'article 22.4) et il est fixé par l'Assemblée.

Artikel 21ter

Internationales Büro

(1) a) Die Verwaltungsaufgaben des Verbandes werden vom internationalen Büro wahrgenommen, das an die Stelle des mit dem Verbandsbüro der internationalen Übereinkunft zum Schutz des gewerblichen Eigentums vereinigten Büros des Verbandes tritt.

b) Das internationale Büro erfüllt vor allem die Aufgaben des Sekretariats der verschiedenen Organe des Verbandes.

c) Der Generaldirektor der Organisation ist der höchste Beamte des Verbandes und vertritt den Verband.

(2) Das internationale Büro sammelt und veröffentlicht den Urheberrechtsschutz betreffende Informationen. Jedes Verbandsland teilt dem internationalen Büro unverzüglich alle den Urheberrechtsschutz betreffenden neuen Gesetze und amtlichen Texte mit.

(3) Das internationale Büro veröffentlicht eine monatlich erscheinende Zeitschrift.

(4) Die Zahl der Freiexemplare dieser Zeitschrift und der sonstigen Veröffentlichungen des internationalen Büros, auf die jedes Verbandsland Anspruch hat, entspricht im Verhältnis der Zahl der Einheiten der Klasse, der das Land gemäß Artikel 22 Abs. 4 angehört, und wird von der Versammlung bestimmt.

Brüsseler Fassung

(2) Le Bureau international doit se tenir en tout temps à la disposition des membres de l'Union pour leur fournir, sur les questions relatives à la protection des œuvres littéraires et artistiques, les renseignements spéciaux dont ils pourraient avoir besoin.

(3) Le Directeur du Bureau international fait sur sa gestion un rapport annuel qui est communiqué à tous les membres de l'Union.

(2) Das internationale Büro hat sich jederzeit zur Verfügung der Verbandsmitglieder zu halten, um ihnen über die Fragen betreffend den Schutz von Werken der Literatur und der Kunst die besonderen Auskünfte zu erteilen, deren sie etwa bedürfen.

(3) Der Direktor des internationalen Büros erstattet über seine Geschäftsführung alljährlich einen Bericht, der allen Verbandsmitgliedern mitgeteilt wird.

Article 23

(1) Les dépenses du Bureau de l'Union internationale sont supportées en commun par les Pays de l'Union. Jusqu'à nouvelle décision, elles ne pourront pas dépasser la somme de cent vingt mille francs-or par année. Cette somme pourra être augmentée au besoin par décision unanime des Pays de l'Union ou d'une des Conférences prévues à l'article 24.

Artikel 23

(1) Die Ausgaben des Büros des internationalen Verbandes werden von den Verbandsländern gemeinschaftlich getragen. Bis zu neuer Beschlußfassung dürfen sie die Summe von einhundertzwanzigtausend Goldfranken jährlich nicht übersteigen. Dieser Betrag kann nötigenfalls durch einen einstimmigen Beschluß der Verbandsländer oder einer der in Artikel 24 vorgesehenen Konferenzen erhöht werden.

5) Le Bureau international, sur leur demande, fournit aux pays de l'Union des renseignements sur les questions relatives à la protection du droit d'auteur.

6) Le Bureau international procède à des études et fournit des services destinés à faciliter la protection du droit d'auteur.

7) Le Bureau international participe aux réunions des divers organes de l'Union mais sans droit de vote.

8) a) Le Bureau international, selon les directives de l'Assemblée et en coopération avec le Comité exécutif, prépare les conférences de revision des dispositions de la Convention autres que les articles 21 à 23.

b) Le Directeur général, ou les personnes désignées par lui, prend part aux délibérations dans ces conférences mais sans droit de vote.

9) Le Bureau international exécute toutes autres tâches qui lui sont attribuées.

Article 22

Finances

1) a) L'Union a un budget.

b) Le budget de l'Union comprend les dépenses propres à l'Union elle-même, sa contribution au budget de l'Organisation en tant que telle et sa part dans les dépenses communes telles que définies au sous-alinéa suivant.

c) Sont considérées comme dépenses communes les dépenses qui ne sont pas attribuées exclusivement à l'Union mais également à une ou plusiers autres Unions admini-

(5) Das internationale Büro gibt den Verbandsländern auf Anfrage Auskünfte über den Urheberrechtsschutz betreffende Fragen.

(6) Das internationale Büro befaßt sich mit Studien und leistet Dienste zur Förderung des Urheberrechtsschutzes.

(7) Das internationale Büro nimmt an den Sitzungen der verschiedenen Organe des Verbandes teil, jedoch ohne Stimmrecht.

(8) a) Das internationale Büro bereitet nach den Anweisungen der Versammlung und in Zusammenarbeit mit dem Verwaltungsausschuß die Konferenzen zur Revision der Artikel 1 bis 20bis und 24 bis 32 vor.

b) Der Generaldirektor oder von ihm bestimmte Personen nehmen an den Beratungen dieser Konferenzen teil, jedoch ohne Stimmrecht.

(9) Das internationale Büro erfüllt alle anderen ihm übertragenen Aufgaben.

Artikel 22

Finanzen

(1) a) Der Verband hat einen Haushalt.

b) Der Haushalt des Verbandes umfaßt die eigenen Ausgaben des Verbandes, seinen Beitrag zum Haushalt der Organisation als solcher und seinen Anteil an den im folgenden Unterabsatz definierten gemeinsamen Kosten.

c) Als gemeinsame Kosten werden die Kosten angesehen, die nicht ausschließlich dem Verband, sondern auch einem oder mehreren anderen von der Organisation ver-

(2) Pour déterminer la part contributive de chacun des Pays dans cette somme totale des frais, les Pays de l'Union et ceux qui adhéreront ultérieurement à l'Union sont divisés en six classes contribuant chacune dans la proportion d'un certain nombre d'unités, savoir:

1re classe	25 unités
2me classe	20 unités
3me classe	15 unités
4me classe	10 unités
5me classe	5 unités
6me classe	3 unités

(2) Zur Festsetzung des Beitrages eines jeden Landes zu dieser Gesamtkostensumme werden die Verbandsländer und die später dem Verbande beitretenden Länder in sechs Klassen eingeteilt, von denen eine jede im Verhältnis einer gewissen Anzahl von Einheiten beiträgt, nämlich:

die 1. Klasse	25 Einheiten
die 2. Klasse	20 Einheiten
die 3. Klasse	15 Einheiten
die 4. Klasse	10 Einheiten
die 5. Klasse	5 Einheiten
die 6. Klasse	3 Einheiten

strées par l'Organisation ou également à l'Organisation en tant que telle. La part de l'Union dans ces dépenses communes est proportionelle à l'intérêt qu'a l'Union dans ces dépenses.

2) Le budget de l'Union est arrêté compte tenu des exigences de coordination avec les budgets des diverses Unions administrées par l'Organisation et le budget de l'Organisation en tant que telle.

3) Le budget de l'Union est financé par ls ressources suivantes:

i) les contributions des pays de l'Union;

ii) les taxes et sommes dues pour les services rendus par le Bureau international en rapport avec l'Union;

iii) les produits de la vente des publications du Bureau international concernant l'Union et les droits afférents à ces publications;

iv) les dons, legs et subventions;

v) les loyers, intérêts et autres revenus divers.

4) a) Dans le but de déterminer sa part contributive dans le budget mentionnné à l'alinéa précédent, chaque pays de l'Union appartient à une classe et paie ses contributions annuelles sur la base d'un certain nombre d'unités à savoir

Classe I	25
Classe II	20
Classe III	15
Classe IV	10
Classe V	5
Classe VI	3
Classe VII	1

walteten Verbänden oder der Organisation als solcher zuzurechnen sind. Der Anteil des Verbandes an diesen gemeinsamen Kosten entspricht dem Interesse, das der Verband an ihnen hat.

(2) Der Haushalt des Verbandes wird unter Berücksichtigung der erforderlichen Abstimmung mit den Haushalten der verschiedenen von der Organisation verwalteten Verbänden und dem Haushalt der Organisation als solcher aufgestellt.

(3) Der Haushalt des Verbandes wird aus folgenden Mitteln finanziert:

(i) Den Beiträgen der Mitgliedsländer;

(ii) den Gebühren und Auslagen, die für die vom internationalen Büro hinsichtlich des Verbandes geleisteten Dienste zu zahlen sind;

(iii) den Einkünften aus den Veröffentlichungen des internationalen Büros, die den Verband betreffen;

(iv) den Spenden, Vermächtnissen und Unterstützungen;

(v) den Mieteinnahmen, Zinsen und sonstigen Einkünften.

(4) a) Jedes Verbandsland gehört, um seinen im vorhergehenden Absatz erwähnten Beitrag zum Haushalt zu bestimmen, einer Klasse an, und zahlt seine Jahresbeiträge auf der Grundlage einer bestimmten Anzahl von Einheiten, nämlich

in Klasse I	25
in Klasse II	20
in Klasse III	15
in Klasse IV	10
in Klasse V	5
in Klasse VI	3
in Klasse VII	1

Brüsseler Fassung

(4) Chaque Pays déclarera, au moment de son accession, dans laquelle des susdites classes il demande à être rangé, mais il pourra toujours déclarer ultérieurement qu'il entend être rangé dans une autre classe.

(4) Jedes Land erklärt bei seinem Beitritt, in welche der oben genannten Klassen es eingereiht zu werden wünscht, aber es kann später jederzeit erklären, daß es in eine andere Klasse eingereiht zu werden wünscht.

(3) Ces coefficients sont multipliés par le nombre des Pays de chaque classe, et la somme des produits ainsi obtenus fournit le nombre d'unités par lequel la dépense totale doit être divisée. Le quotient donne le montant de l'unité de dépense.

(3) Diese Koeffizienten werden mit der Zahl der Länder einer jeden Klasse multipliziert, und die Summe der so erhaltenen Produkte gibt die Zahl der Einheiten, durch welche die Gesamtausgabe zu dividieren ist. Der Quotient ergibt den Betrag der Ausgabeneinheit.

b) A moins qu'il ne l'ait déjà fait, chaque pays indique, au moment du dépôt de son instrument de ratification ou d'adhésion, la classe à laquelle il désire appartenir. Tout pays peut changer de classe. Si le changement consiste dans le choix d'une classe inférieure, le pays doit l'annoncer à une session ordinaire de l'Assemblée. Un tel changement prend effet au premier janvier suivant ladite session.

c) La contribution de chaque pays consiste en un montant déterminé, qui est dans la même proportion par rapport à la somme totale de contributions dues par tous les pays au budget de l'Union que le nombre des unités applicable à ce pays l'est par rapport au total des unités de tous les pays.

d) Les contributions sont dues à partir du premier janvier de chaque année.

e) Un pays en retard dans le paiement de ses contributions financières ne peut participer au vote dans aucun des organes de l'Union si le montant de ses arriérés est égal ou supérieur aux contributions dues par lui pour les deux années complètes écoulées. Cependant, tout organe de l'Union peut permettre à un tel pays de continuer à exercer son droit de vote s'il est convaincu, et aussi longtemps qu'il l'est, que le retard dans le paiement résulte de circonstances exceptionnelles et inévitables. Au milieu de la seconde des deux années complètes, le Directeur général rappelle au Gouvernement du pays que ses contributions sont en retard. Le défaut d'un tel rappel

b) Sofern dies nicht bereits geschehen, zeigt jedes Land bei Hinterlegung seiner Ratifikations- oder Beitrittsurkunde an, welcher Klasse es angehören will. Jedes Land kann die Klasse wechseln. Wählt es eine niedrigere Klasse, so muß es den Wechsel auf einer ordentlichen Sitzung der Versammlung anzeigen. Ein solcher Wechsel wird an dem auf die Sitzung folgenden 1. Januar wirksam.

c) Der Beitrag jedes Landes besteht aus einem Betrag, der zu der Gesamtsumme der von allen Ländern geschuldeten Beiträge zum Haushalt des Verbandes im gleichen Verhältnis steht wie die auf das Land entfallende Anzahl von Einheiten zu der Gesamtzahl der Einheiten aller Länder.

d) Die Beiträge werden am 1. Januar jedes Jahres fällig.

e) Ein Land, das mit der Zahlung seiner Beiträge im Rückstand ist, kann in keinem der Organe des Verbandes an der Abstimmung teilnehmen, wenn die Rückstände den Betrag der von ihm für die zwei vorhergehenden vollen Jahre geschuldeten Beiträge erreichen oder übersteigen. Jedoch kann jedes Organ des Verbandes einem solchen Land die weitere Ausübung seines Stimmrechts gestatten, wenn und solange es überzeugt ist, daß der Zahlungsrückstand auf außergewöhnlichen und unvermeidbaren Umständen beruht. In der Mitte des zweiten vollen Jahres erinnert der Generaldirektor die Regierung des Landes an den Rückstand der Beiträge. Unter-

(5) L'Administration suisse prépare le budget du Bureau et en surveille les dépenses, fait les avances nécessaires et établit le compte annuel, qui sera communiqué à toutes les autres Administrations.

(5) Die schweizerische Verwaltung bereitet den Voranschlag des Büros vor, überwacht dessen Ausgaben, leistet die nötigen Vorschüsse und stellt die Jahresrechnung auf, die allen übrigen Verwaltungen mitgeteilt wird.

n'affecte pas l'application des dispositions du présent sous-alinéa.

bleibt eine solche Mahnung, so berührt dies nicht die Anwendbarkeit der Bestimmungen des vorliegenden Unterabsatzes.

5) Le montant des taxes et sommes dues pour des services rendus par le Bureau international et concernant l'Union est fixé par le Directeur général qui fait rapport à leur sujet à l'Assemblée et au Comité exécutif.

(5) Die Höhe der Gebühren und Auslagen, die für die vom internationalen Büro hinsichtlich des Verbandes geleisteten Dienste zu zahlen sind, wird vom Generaldirktor festgesetzt, der über sie der Versammlung und dem Verwaltungsausschuß berichtet.

6) a) L'Union possède un fonds de roulement qui est constitué par des versements effectués par les pays de l'Union.

(6) a) Der Verband besitzt einen Kassenfonds, der aus Zahlungen der Verbandsländer gebildet wird.

b) Le montant des versements de chaque pays est proportionnel à sa contribution annuelle.

b) die Höhe der Zahlungen jedes Landes entspricht im Verhältnis seinem Jahresbeitrag.

c) La proportion et les modalités de versement sont arrêtées par l'Assemblée sur proposition du Directeur général et après avoir entendu l'avis du Comité de coordination.

c) Das Verhältnis und die Bedingungen der Zahlungen werden von der Versammlung auf Vorschlag des Generaldirektors und nach Anhörung des Verwaltungsausschusses festgesetzt.

7) a) Dans l'accord de siège conclu avec le pays sur le territoire duquel l'Organisation a son siège, il est prévu que si le fonds de roulement est insuffisant, ce pays accorde des avances. Le montant de ces avances et les conditions dans lesquelles elles sont accordées font l'objet, dans chaque cas, d'accords séparés entre le pays en question et l'Organisation. Aussi longtemps qu'il reste tenu d'accorder des avances, ce pays a un siège ex officio au Comité exécutif.

(7) a) In dem Abkommen, das mit dem Land abgeschlossen wird, in dem die Organisation ihren Sitz hat, wird vorgesehen, daß dieses Land Vorschüsse gewährt, wenn der Kassenfonds nicht ausreicht. Die Höhe der Vorschüsse und die Bedingungen, unter denen sie gewährt werden, sind in jedem Fall Gegenstand besonderer Vereinbarungen zwischen dem betreffenden Land und der Organisation. Solange das Land zur Vorschußgewährung verpflichtet ist, hat es einen Sitz ex officio im Verwaltungsausschuß.

b) Le pays visé au sous-alinéa précédent et l'Organisation ont chacun le droit de dénoncer l'en-

b) Das im vorhergehenden Unterabsatz erwähnte Land und die Organisation haben beide das Recht,

gagement d'accorder des avances moyennant notification par écrit. La dénonciation prend effet trois ans après la fin de l'année au cours de laquelle elle a été notifiée.

8) La vérification des comptes est assurée par un ou plusieurs pays de l'Union ou par des contrôleurs extérieurs selon les modalités prévues par le règlement financier. Ils sont, avec leur consentement, désignés par. l'Assemblée.

—

Article 23

Modifications aux articles 21 à 23

1) Les propositions de modifications des articles 21, 21bis, 21ter, 22 et du présent article sont communiquées par le Directeur général aux pays membres de l'Assemblée six mois au moins avant d'être soumises à l'examen de l'Assemblée.

2) Les modifications aux articles visés à l'alinéa précédent sont adoptées par l'Assemblée. L'adoption requiert les trois quarts des votes exprimés, étant entendu cependant que toute modification de l'article 21 et du présent alinéa requiert l'unanimité des votes exprimés.

3) Toute modification aux articles visés à l'alinéa 1) entre en vigueur lorsque les notifications par écrit d'acceptation ont été reçues par le Directeur général de la part des trois quarts des pays, membres de l'assemblée au moment ou la modification a été adoptée. Toute moditée lie tous les pays qui sont membres de l'Assemblée au moment où la modification entre en vigueur ou qui en deviennent membres à une date ultérieure, mais toute modifi-

Vorgeschlagene Stockholmer Fassung

die Verpflichtung, Vorschüsse zu gewähren, schriftlich zu kündigen. Die Kündigung wird drei Jahre nach Ablauf des Jahres wirksam, in dem sie erklärt worden ist.

(8) Die Rechnungsprüfung wird von einem oder mehreren Verbandsländern oder durch außenstehende Prüfer nach den Bestimmungen der Finanzordnung durchgeführt. Sie werden mit ihrem Einverständnis von der Versammlung bestimmt.

Artikel 23

Änderung der Artikel 21 bis 23

(1) Die Vorschläge zur Änderung der Artikel 21, 21bis, 21ter, 22 und des vorliegenden Artikels werden den Mitgliedsländern der Versammlung mindestens sechs Monate, bevor sie der Versammlung zur Prüfung vorgelegt werden, vom Generaldirektor mitgeteilt.

(2) Die Änderungen der im vorhergehenden Absatz genannten Artikel werden von der Versammlung beschlossen. Der Beschluß bedarf einer Mehrheit von drei Vierteln der Stimmen, jedoch bedarf jede Änderung des Artikels 21 und des vorliegenden Artikels der Einstimmigkeit.

(3) Jede Änderung der in Absatz 1 genannten Artikel tritt in Kraft, sobald dem Generaldirektor schriftliche Annehmeerklärungen von drei Vierteln der Länder zugegangen sind, die Mitglied der Versammlung waren, als die Änderung beschlossen wurde. Jede so angenommene Änderung bindet alle Länder, die im Zeitpunkt des Inkrafttretens der Änderung Mitglied der Versammlung sind oder in einem späteren Zeitpunkt Mitglied

Article 24

(1) La présente Convention peut être soumise à des revisions en vue d'y introduire les améliorations de nature à perfectionner le système de l'Union.

(2) Les questions de cette nature, ainsi que celles qui intéressent à d'autres points de vue le développement de l'Union, sont traitées dans des Conférences qui auront lieu sucessivement dans les Pays de l'Union entre les Délégues des dits Pays. L'Administration du Pays où doit siéger une Conférence prépare, avec le concours du Bureau international, les travaux de celle-ci. Le Directeur du Bureau assiste aux séances des Conférences et prend part aux discussions sans voix délibérative.

(3) Aucun changement à la présente Convention n'est valable pour l'Union que moyennant l'assentiment unanime des Pays qui la composent.

Artikel 24

(1) Die vorliegende Übereinkunft kann Revisionen unterzogen werden, um Verbesserungen einzuführen, die geeignet sind, das System des Verbandes zu vervollkommnen.

(2) Fragen dieser Art sowie Fragen, die von anderen Gesichtspunkten aus die Entwicklung des Verbandes berühren, werden auf Konferenzen erörtert, welche der Reihe nach in den einzelnen Verbandsländern durch Delegierte dieser Länder abgehalten werden. Die Verwaltung des Landes, in welchem eine Konferenz tagen soll, bereitet unter Mitwirkung des internationalen Büros die Arbeiten dieser Konferenz vor. Der Direktor des Büros wohnt den Konferenzsitzungen bei und nimmt an den Beratungen ohne beschließende Stimme teil.

(3) Jede Änderung der vorliegenden Übereinkunft bedarf zu ihrer Gültigkeit für den Verband der einhelligen Zustimmung der zum Verband gehörigen Länder.

cation qui augmente les obligations financières des pays de l'Union ne lie que les pays qui ont notifié leur acception d'une telle modification.

der Versammlung sind oder in einem späteren Zeitpunkt Mitglied werden, jedoch bindet jede Änderung, die die finanziellen Verflichtungen der Verbandsländer erhöht, nur die Länder, die die Annahme dieser Änderung erklärt haben.

4) La revision des articles 1 à 20 et 24 à 32 est régie par l'article 24.

(4) Die Revision der Artikel 1 bis 20 und 24 bis 32 wird durch Artikel 24 geregelt.

Article 24

Revision des Dispositions de la Convention autres que les Articles 21 à 23

1) La présente Convention **sera** soumise à des revisions en vue d'y introduire les améliorations de nature à perfectionner le système de l'Union.

2) A cet effet, des conférences auront lieu, successivement, dans l'un des pays de l'Union, entre les délégués desdits pays.

3) Sous réserve des dispositions de l'Article 23 applicables à la modification des Articles 21 à 23, toute modification de la présente Convention, y compris le Protocole relatif aux pays en voie de développement, requiert l'unanimité des votes exprimés.

Artikel 24

Revision der Artikel 1 bis 20bis und 24 bis 32

(1) Die vorliegende Übereinkunft **soll** Revisionen unterzogen werden, um Verbesserungen einzuführen, die geeignet sind, das System des Verbandes zu vervollkommnen.

(2) Zu diesem Zweck werden der Reihe nach in einem der Verbandsländer Konferenzen zwischen den Delegierten dieser Länder abgehalten.

(3) Vorbehaltlich der für die Änderung der Artikel 21 bis 23 geltenden Bestimmungen des Artikels 23 bedarf jede Änderung der vorliegenden Übereinkunft einschließlich des Protokolls über die Entwicklungsländer der Einstimmigkeit.

Article 28

(1) La présente Convention sera ratifiée et les ratifications en seront déposées à Bruxelles au plus tard le 1er juillet 1951. Ces ratifications, avec leurs dates et toutes les déclarations dont elles pourraient être accompagnées, seront communiquées par le Gouvernement belge au Gouvernement de la Conféderation suisse et ce dernier les notifiera aux autres Pays de l'Union.

Artikel 28

(1) Die vorliegende Übereinkunft soll ratifiziert und die Ratifikationsurkunden sollen spätestens am 1. Juli 1951 in Brüssel hinterlegt werden. Diese Ratifikationsurkunden sollen mit ihren Daten und allen Erklärungen, von denen sie etwa begleitet sind, durch die belgische Regierung der Regierung der Schweizerischen Eidgenossenschaft mitgeteilt werden, und die letztere soll den anderen Verbandsländern davon Kenntnis geben.

(2) La présente Convention entrera en vigueur entre les Pays de l'Union qui l'auront ratifiée un

(2) Die vorliegende Übereinkunft tritt einen Monat nach diesem Zeitpunkt unter den Verbandsländern

Vorgeschlagene Stockholmer Fassung

Article 25

Ratification et adhésion par les pays de l'Union; entrée en vigueur

1) a) Chacun des pays de l'Union qui a signé le présent Acte peut le ratifier et, s'il ne l'a pas signé, il peut y adhérer. Les instruments de ratification et d'adhésion sont déposés auprès du Directeur général.

b) Chacun des pays de l'Union peut déclarer, dans son instrument de ratification ou d'adhésion, que sa ratification ou son adhésion n'est pas applicable

i) aux articles 1 à 20bis et au Protocole relatif aux pays en voie de développement, ou

ii) aux articles 21 à 23.

c) Si un pays de l'Union a déjà séparément accepté le Protocole relatif aux pays en voie de développement conformément à l'article 25quater, sa déclaration faite selon le pont i) du sous-alinéa précédent ne peut se rapporter qu'aux Articles 1 à 20.

d) Chacun des pays de l'Union qui, conformément aux deux sous-alinéas précédents, a exclu des effets de sa ratification ou de son adhésion l'une des deux catégories de dispositions visées dans lesdits sous-alinéas peut, à tout moment ultérieur, déclarer qu'il étend les effets de sa ratification ou de son adhésion à cette catégorie de dispositions. Une telle déclaration est déposée auprès du Directeur général.

2) a) Les Articles 1 à 20bis et le Protocole entrent en vigueur, à l'égard des pays de l'Union qui

Artikel 25

Ratifikation und Beitritt durch die Verbandsländer; Inkrafttreten

(1) a) Jedes Verbandsland, das die vorliegende Fassung der Übereinkunft unterzeichnet hat, kann sie ratifizieren und, wenn es sie nicht unterzeichnet hat, ihr beitreten. Die Ratifikations- und Beitrittsurkunden werden beim Generaldirektor hinterlegt.

b) Jedes Verbandsland kann in seiner Ratifikations- oder Beitrittsurkunde erklären, daß seine Ratifikation oder sein Beitritt nicht anwendbar ist

i) auf die Artikel 1 bis 20bis und das Protokoll über die Entwicklungsländer oder

(ii) auf die Artikel 21 bis 23.

c) Wenn ein Verbandsland das Protokoll über die Entwicklungsländer gemäß Artikel 25quater schon gesondert angenommen hat, kann sich seine Erklärung nach Punkt (i) des vorhergehenden Unterabsatzes nur auf die Artikel 1 bis 20 beziehen.

d) Jedes Verbandsland, das entsprechend den zwei vorhergehenden Unterabsätzen die Wirkungen seiner Ratifikation oder seines Beitritts auf eine der zwei in diesen Unterabsätzen vorgesehenen Gruppen von Vorschriften ausgeschlossen hat, kann zu jedem späteren Zeitpunkt erklären, daß es die Wirkungen seiner Ratifikation oder seines Beitritts auf diese Gruppe der Vorschriften erstreckt. Eine solche Erklärung wird beim Generaldirektor hinterlegt.

(2) a) Die Artikel 1 bis 20bis und das Protokoll treten für die Verbandsländer, die Ratifikations- oder

mois après le 1er juillet 1951. Toutefois, si, avant cette date, elle était ratifiée par six Pays de l'Union au moins, elle entrerait en vigueur entre ces Pays de l'Union un mois après que le dépôt de la sixième ratification leur aurait été notifié par le Gouvernement de la Confédération suisse et, pour les Pays de l'Union qui ratifieraient ensuite, un mois après la notification de chacune de ces ratifications.

in Kraft, die sie ratifiziert haben. Sollte sie jedoch schon vor diesem Zeitpunkt von mindestens sechs Verbandsländern ratifiziert werden, so würde sie unter diesen Verbandsländern einen Monat nach dem Zeitpunkt in Kraft treten, in welchem ihnen die Hinterlegung der sechsten Ratifikationsurkunde durch die Regierung der Schweizerischen Eidgenossenschaft angezeigt worden ist, und für die später ratifizierenden Verbandsländer einen Monat nach der Anzeige einer jeden dieser Ratifikation.

ont déposé des instruments de ratification ou d'adhésion sans faire une déclaration comme le permet l'alinéa a) b) i), un mois après le dépôt du cinquième de ces instruments de ratification ou d'adhésion.

b) Les Articles 21 à 23 entrent en vigueur, à l égard des pays de l'Union qui ont déposé des instruments de ratification ou d'adhésion sans faire une déclaration comme le permet l'alinéa 1) b) ii), un mois après le dépôt du dixième de ces instruments de ratification ou d'adhésion.

c) Les Articles 24 à 32 entrent en vigueur à la permiére des deux dates intervenant en application des deux sous-alinéas précédents, à l'égard de chaque pays de l'Union qui, un mois ou plus avant une telle date, a déposé un instrument de ratification ou d'adhésion, que cet instrument soit ou non limité en application de l'alinéa 1) b).

3) Sous réserve de la première entrée en vigueur d'une catégorie quelconque de dispositions en application des alinéas 2) a), b) ou c), et sous réserve des dispositions de l'alinéa 1) b), le présent Acte, ou les dispositions applicables du présent Acte, entrent en vigueur, à l'égard de tout pays de l'Union qui a déposé un instrument de ratification ou d'adhésion, ou une déclaration en application de l'alinéa 1) d), un mois après la date de la notification, par le Directeur général, d'un tel dépôt, à moins qu'une date postérieure n'ait été indiquée dans l'instrument déposé. Dans ce dernier cas, la date indiquée est applicable.

Beitrittsurkunden ohne Abgabe einer nach Absatz 1 b) (i) zulässigen Erklärung hinterlegt haben, einen Monat nach Hinterlegung der fünften Ratifikations- oder Beitrittsurkunde in Kraft.

b) Die Artikel 21 bis 23 treten für die Verbandsländer, die Ratifikations- oder Beitrittsurkunden ohne Abgabe einer nach Absatz 1 b) (ii) zulässigen Erklärung hinterlegt haben, einen Monat nach Hinterlegung der zehnten Ratifikations- oder Beitrittsurkunde in Kraft.

c) Die Artikel 24 bis 32 treten am ersten der zwei sich bei Anwendung der beiden vorhergehenden Unterabsätze ergebenden Zeitpunkte für jedes Verbandsland in Kraft, das einen Monat vor diesem Zeitpunkt oder früher seine Ratifikations- oder Beitrittsurkunde hinterlegt hat, gleichgültig, ob es diese Urkunde gemäß Absatz 1 b) beschränkt hat oder nicht.

(3) Vorbehaltlich des erstmaligen Inkrafttretens der einzelnen Gruppen von Vorschriften gemäß Absatz 2 a), b) oder c) und vorbehaltlich der Bestimmungen des Absatzes 1 b) tritt die vorliegende Fassung der Übereinkunft oder die anwendbaren Vorschriften dieser Fassung für jedes Verbandsland, das eine Ratifikations- oder Beitrittsurkunde oder eine Erklärung nach Absatz 1 d) hinterlegt hat, einen Monat nach Bekanntgabe einer solchen Hinterlegung durch den Generaldirektor in Kraft, sofern nicht ein späterer Zeitpunkt in der hinterlegten Urkunde angegeben worden ist. In diesem Fall ist der angegebene Zeitpunkt maßgebend.

Article 25

(1) Les Pays étrangers à l'Union, et qui assurent la protection légale des droits faisant l'objet de la présente Convention, peuvent y accéder sur leur demande.

(2) Cette accession sera notifée par écrit au Gouvernement de la Confédération suisse, et par celui-ci à tous les autres.

(3) Elle emportera de plein droit adhésion à toutes les clauses et admission à tous les avantages stipulés dans la présente Convention et produira ses effets un mois après l'envoi de la notification faite par le Gouvernement de la Confédération suisse aux autres Pays unionistes, à moins qu'une date postérieure n'ait été indiquée par le Pays adhérent. Toutefois, elle pourra contenir l'indication que le Pays adhérent entend substituer, provisoirement au moins, à l'article 8, en ce qui concerne les traductions, les dispositions de l'article 5 de la Convention d'Union de 1886 revisée à Paris en 1896, étant bien entendu que ces dispositions ne visent que la traduction dans la ou les langues du Pays.

Artikel 25

(1) Verbandsfremde Länder, welche den gesetzlichen Schutz der den Gegenstand der vorliegenden Übereinkunft bildenden Rechte gewährleisten, können auf ihr Gesuch dem Verbande beitreten.

(2) Dieser Beitritt soll schriftlich der Regierung der Schweizerischen Eidgenossenschaft und von dieser allen übrigen Regierungen bekanntgegeben werden.

(3) Er bewirkt von Rechts wegen die Unterwerfung unter alle verpflichtenden Bestimmungen und die Teilnahme an allen Vorteilen der vorliegenden Übereinkunft und tritt einen Monat nach dem Absenden der Anzeige durch die Regierung der Schweizerischen Eidgenossenschaft an die übrigen Verbandsländer in Kraft, sofern das beitretende Land nicht einen späteren Zeitpunkt angegeben hat. Die Beitrittserklärung kann jedoch die Angabe enthalten, daß das beitretende Land für Übersetzungen, wenigstens vorläufig, an Stelle des Artikels 8 die Bestimmungen des Artikels 5 der im Jahre 1896 in Paris revidierten Verbandsübereinkunft von 1886 setzen will, wobei Einverständnis darüber besteht, daß diese Bestimmungen nur die Übersetzung in die Landessprache oder die Landessprachen betreffen.

Vorgeschlagene Stockholmer Fassung

Artikel 25bis

Adhésion par des Pays étrangers a l'Union; entrée en vigueur

1) Tout pays étranger à l'Union peut adhérer au présent Acte et devenir, de ce fait, membre de l'Union. Les instruments d'adhésion sont déposés auprès du Directeur général.

2) a) A l'egard de tout pays étranger à l'Union qui a déposé son instrument d'adhésion un mois ou plus avant la date d'entrée en vigueur des dispositions du présent Acte, celui-ci entre en vigueur à la date à laquelle les dispositions sont entrées en vigueur pour la première fois en application de l'article 25.2) a) ou b) — à moins qu'une date postérieure n'ait été indiquée dans l'instrument d'adhésion —, étant entendu cependant que

i) si les Articles 1 à 20bis ne sont pas entrés en vigueur à cette date, un tel pays sera lié, pendant la période intérimaire avant l'entrée en vigueur de ces dispositions, et en remplacement de celles-ci, par les Articles 1 à 20 de l'Acte de Bruxelles;

ii) si les Articles 21 à 23 ne sont pas entrés en vigueur à cette date, un tel pays sera lié, durant la période intérimaire avant l'entrée en vigueur de ces dispositions, et en remplacement de celles-ci, par les Articles 21 à 24 de l'Acte de Bruxelles.

Si un pays indique une date postérieure dans son instrument d'adhésion, le présent Acte entre en vigueur à l'égard de ce pays à la date ainsi indiquée.

Article 25bis

Beitritt durch verbandsfremde Länder; Inkrafttreten

(1) Jedes verbandsfremde Land kann der vorliegenden Fassung der Übereinkunft beitreten und auf diese Weise Mitglied des Verbandes werden. Die Beitrittsurkunden werden beim Generaldirektor hinterlegt.

(2) a) Für jedes verbandsfremde Land, das seine Beitrittsurkunde einen Monat vor Inkrafttreten irgendwelcher Vorschriften der vorliegenden Fassung der Übereinkunft oder früher hinterlegt hat, tritt diese — sofern nicht ein späterer Zeitpunkt in der Beitrittsurkunde angegeben ist — zu dem Zeitpunkt in Kraft, in dem gemäß Artikel 25 Abs. 2 a) oder b) zum erstenmal Vorschriften in Kraft treten, und zwar mit der Maßgabe, daß,

i) wenn die Artikel 1 bis 20bis zu dieser Zeit noch nicht in Kraft getreten sind, das Land während der Übergangszeit bis zu ihrem Inkrafttreten an ihrer Stelle durch die Artikel 1 bis 20 der Brüsseler Fassung der Übereinkunft gebunden ist;

(ii) wenn die Artikel 21 bis 23 zu dieser Zeit noch nicht in Kraft getreten sind, das Land während der Übergangszeit bis zu ihrem Inkrafttreten an ihrer Stelle durch die Artikel 21 bis 24 der Brüsseler Fassung der Übereinkunft gebunden ist.

Hat ein Land in seiner Beitrittsurkunde einen späteren Zeitpunkt angegeben, so tritt die vorliegende Fassung der Übereinkunft für dieses Land zu dem angegebenen Zeitpunkt in Kraft.

b) A l'égard de tout pays étranger à l'Union qui a déposé son instrument d'adhésion à une date postérieure à l'entrée en vigueur de certaines dispositions du présent Acte, mais non de toutes, ou à une date qui la précède de moins d'un mois, le présent Acte entre en vigueur, sous réserve de ce qui est prévu au sous-alinéa a), un mois après la date à laquelle son adhésion a été notifiée par le Directeur général, à moins qu'une date postérieure n'ait été indiquée dans l'instrument d'adhésion. Dans ce dernier cas, le présent Acte entre en vigueur à l'égard de ce pays à la date ainsi indiquée.

3) A l'égard de tout pays étranger à l'Union qui a déposé son instrument d'adhésion après la date d'entrée en vigueur du présent Acte dans sa totalité, ou moins d'un mois avant cette date, le présent Acte entre en vigueur un mois après la date à laquelle son adhésion a été notifiée par le Directeur général, à moins qu'une date postérieure n'ait été indiquée dans l'instrument d'adhésion. Dans ce dernier cas, le présent Acte entre en vigueur à l'égard de ce pays à la date ainsi indiquée.

Article 25ter

Réserves

1) Sous réserve des exceptions possibles prévues à l'alinéa suivant et à l'article 25.1) b), ainsi que dans le Protocole relatif aux pays en voie de développement, la ratification ou l'adhésion emporte de plein droit accession à toutes les clauses et admission à tous les

Vorgeschlagene Stockholmer Fassung

b) Für jedes verbandsfremde Land, das seine Beitrittsurkunde zu einem späteren Zeitpunkt als dem Inkrafttreten einzelner, aber nicht aller Vorschriften der vorliegenden Fassung der Übereinkunft oder weniger als einen Monat davor hinterlegt hat, tritt die vorliegende Fassung der Übereinkunft mit der in Unterabsatz a) vorgesehenen Maßgabe einen Monat nach Bekanntgabe seines Beitritts durch den Generaldirektor in Kraft, sofern nicht ein späterer Zeitpunkt in der Beitrittsurkunde angegeben ist. In diesem Fall tritt die vorliegende Fassung der Übereinkunft für das Land zu dem angegebenen Zeitpunkt in Kraft.

(3) Für jedes verbandsfremde Land, das seine Beitrittsurkunde nach Inkrafttreten der vorliegenden Fassung der Übereinkunft in ihrer Gesamtheit oder weniger als einen Monat davor hinterlegt hat, tritt die vorliegende Fassung der Übereinkunft einen Monat nach Bekanntgabe seines Beitritts durch den Generaldirektor in Kraft, sofern nicht ein späterer Zeitpunkt in der Beitrittsurkunde angegeben ist. In diesem Fall tritt die vorliegende Fassung der Übereinkunft für das Land zu dem angegebenen Zeitpunkt in Kraft.

Artikel 25 ter

Vorbehalte

(1) Vorbehaltlich der im folgenden Absatz und in Artikel 25 Abs. 1 b) sowie im Protokoll über die Entwicklungsländer ermöglichten Ausnahmen bewirkt die Ratifikation oder der Beitritt von Rechts wegen die Unterwerfung unter alle verpflichtenden Bestimmungen

Article 27

(2) Les Pays au nom desquels la présente Convention est signée pourront encore conserver le bénéfice des réserves qu'ils ont formulées antérieurement, à la condition d'en faire la déclaration lors du dépôt des ratifications.

(3) Les Pays faisant actuellement partie de l'Union, au nom desquels la présente Convention n'aura pas été signée, pourront en tout temps y adhérer dans la forme prévue par l'article 25. Ils pourront bénéficier en ce cas des dispositions de l'alinéa précédent.

—

Artikel 27

(2) Die Länder, in deren Namen die vorliegende Übereinkunft unterzeichnet wird, können die von ihnen früher erklärten Vorbehalte aufrechterhalten, sofern sie dies bei der Hinterlegung der Ratifikationsurkunden erklären.

(3) Die derzeitigen Verbandsländer, für welche die vorliegende Übereinkunft nicht unterzeichnet wird, können ihr jederzeit in der in Artikel 25 vorgesehenen Form beitreten. In diesem Fall kommen ihnen die Bestimmungen des vorhergehenden Absatzes zugute.

—

avantages stipulés par le présent Acte.

2) a) Tous pays de l'Union faisant la déclaration permise par l'article 25.1) b) i) peut conserver le bénéfice des réserves qu'il a formulées antérieurement, à la condition d'en faire la déclaration lors du dépôt de son instrument de ratification ou d'adhésion.

b) Tout pays peut, à tout moment, retirer de telles réserves par notification adressée au Directeur général.

und die Teilnahme an allen Vorteilen der vorliegenden Fassung der Übereinkunft.

(2) a) Jedes Verbandsland, das die durch Artikel 25 Abs. 1 b) (i) zugelassene Erklärung abgibt, kann die von ihm früher erklärten Vorbehalte aufrechterhalten, sofern es dies bei der Hinterlegung seiner Ratifikations- oder Beitrittsurkunde erklärt.

b) Jedes Land kann jederzeit durch Anzeige an den Generaldirektor auf diese Vorbehalte verzichten.

Article 25^{quater}

Admission de l'application des réserves faites selon le Protocole relatif aux pays en voie de développement

1) Tout pays de l'Union peut déclarer, à tout moment avant de devenir lié par les Articles 1 à 20bis et par le Protocole relatif aux pays en voie de développement, qu'il admet l'application des dispositions de ce Protocole, aux œuvres dont il est le pays d'origine, par les pays qui ont fait les réserves permises selon ledit Protocole.

2) La déclaration doit être faite par écrit et déposée auprès du Directeur général. Elle prend effet à la date à laquelle elle a été déposée.

3) La déclaration n'a pas d'effet à l'égard des droits acquis antérieurement à cette date.

Artikel 25^{quater}

Zulassung der Anwendung von Vorbehalten nach dem Protokoll über die Entwicklungsländer

(1) Jedes Verbandsland kann jederzeit, bevor es durch die Artikel 1 bis 20bis und das Protokoll über die Entwicklungsländer gebunden wird, erklären, daß es die Anwendung der Bestimmungen des Protokolls auf Werke, für die es Ursprungsland ist, durch die Länder zuläßt, die die nach dem Protokoll erlaubten Vorbehalte gemacht haben.

(2) Die Erklärung bedarf der Schriftform und wird beim Generaldirektor hinterlegt. Sie wird im Zeitpunkt ihrer Hinterlegung wirksam.

(3) Die Erklärung hat keine Wirkung hinsichtlich der vor diesem Zeitpunkt erworbenen Rechte.

Article 26

(1) Chacun des Pays de l'Union peut, en tout temps, notifier par écrit au Gouvernement de la Confédération suisse que la présente Convention est applicable à ses territoires d'outremer, colonies, protectorats, territoires sous tutelle, ou à tout autre territoire dont il assure les relations extérieures, et la Convention s'appliquera alors à tous les territoires désignés dans la notification à partir d'une date fixée conformément à l'article 25, alinéa 3. A défaut de cette notification, la Convention ne s'appliquera pas à ces territoires.

(2) Chacun des Pays de l'Union peut, en tout temps, notifier par écrit au Gouvernement de la Confédération suisse que la présente Convention cesse d'être applicable à tout ou partie des territoires qui ont fait l'objet de la notification prévue à l'alinéa qui précède, et la Convention cessera de s'appliquer dans les territoires désignées dans cette notification douze mois après réception de la notification adressée au Gouvernement de la Confédération suisse.

(3) Toutes les notifications faites au Gouvernement de la Confédération suisse conformément aux dispositions des alinéas 1 et 2 du présent article, seront communiquées par ce Gouvernement à tous les Pays de l'Union.

Artikel 26

(1) Jedes Verbandsland kann jederzeit schriftlich der Regierung der Schweizerischen Eidgenossenschaft anzeigen, daß die vorliegende Übereinkunft auf seine überseeischen Gebiete, Kolonien, Protektorate, Gebiete unter Treuhandschaft oder auf jedes andere Gebiet, dessen internationale Beziehungen es wahrnimmt, anwendbar sein soll; die Übereinkunft gilt dann für alle in der Anzeige bezeichneten Gebiete von dem gemäß Artikel 25 Abs. 3 bestimmten Zeitpunkt an. Mangels einer solchen Anzeige ist die Übereinkunft auf diese Gebiete nicht anwendbar.

(2) Jedes Verbandsland kann jederzeit schriftlich der Regierung der Schweizerischen Eidgenossenschaft anzeigen, daß die Anwendbarkeit der vorliegenden Übereinkunft, sei es für alle oder für einzelne der Gebiete, auf die sich die im vorhergehenden Absatz vorgesehene Anzeige bezogen hat, aufhören soll; in den in dieser Anzeige bezeichneten Gebieten verliert alsdann die Übereinkunft zwölf Monate nach Eingang der Anzeige bei der Regierung der Schweizerischen Eidgenossenschaft ihre Geltung.

(3) Alle gemäß den Bestimmungen der Absätze 1 und 2 des vorliegenden Artikels der Regierung der Schweizerischen Eidgenossenschaft gemachten Anzeigen werden von dieser allen Verbandsländern mitgeteilt.

Variante:

Donner à cette disposition la forme d'une Résolution de la Conférence de Stockholm.

Variante:

Umwandlung dieser Vorschrift in eine Entschließung der Stockholmer Konferenz.

Article 26

Territoires

1) Tout pays peut déclarer dans son instrument de ratification ou d'adhésion, ou peut informer le Directeur général par écrit à tout moment ultérieur, que la présente Convention est applicable à tout ou partie des territoires, désignés dans la déclaration ou la notification, dont il assume la responsabilité des relations extérieures.

2) Tout pays qui a fait une telle déclaration ou donné une telle notification peut, à tout moment, notifier au Directeur général que la présente Convention cesse d'être applicable à tout ou partie de ces territoires.

3) a) Toute déclaration faite en vertu de l'alinéa 1) prend effet à la même date que la ratification ou l'adhésion dans l'instrument de laquelle elle a été incluse, et toute notification donnée en vertu de cet alinéa prend effet un mois après sa notification par le Directeur général.

Artikel 26

Abhängige Gebiete

(1) Jedes Land kann in seiner Ratifikations- oder Beitrittsurkunde erklären oder zu jedem späteren Zeitpunkt schriftlich dem Generaldirektor anzeigen, daß die vorliegende Übereinkunft auf alle oder einen Teil der Gebiete anwendbar ist, deren auswärtige Beziehungen es wahrnimmt und die in der Erklärung oder Anzeige bezeichnet sind.

(2) Jedes Land, das eine solche Erklärung abgegeben oder eine solche Anzeige gemacht hat, kann jederzeit dem Generaldirektor mitteilen, daß die vorliegende Übereinkunft auf alle oder einen Teil dieser Gebiete nicht mehr anwendbar sein soll.

(3) a) Jede nach Absatz 1 abgegebene Erklärung wird zu demselben Zeitpunkt wirksam, wie die Ratifikation oder der Beitritt, mit der oder mit dem sie verbunden ist; jede Anzeige nach Absatz 1 wird einen Monat nach ihrer Bekanntgabe durch den Generaldirektor wirksam.

Article 27

(1) La présente Convention remplacera, dans les rapports entre les Pays de l'Union, la Convention de Berne du 9 septembre 1886 et les Actes qui l'ont successivement revisée. Les Actes précédemment en vigueur conserveront leur application dans les rapports avec les Pays qui ne ratifieraient pas la présente Convention.

Artikel 27

(1) Die vorliegende Übereinkunft ersetzt unter den Verbandsländern die Berner Übereinkunft vom 9. September 1886 sowie die sie abändernden späteren Vereinbarungen. Gegenüber den Ländern, welche die vorliegende Übereinkunft nicht ratifizieren, behalten die früheren Vereinbarungen ihre Gültigkeit.

b) Toute notification donné en vertu de l'alinéa 2) prend effet douze mois après sa réception par le Directeur général.

b) Jede Anzeige nach Absatz 2 wird zwölf Monate nach ihrem Empfang durch den Generaldirektor wirksam.

Article 27

Application d' actes antérieurs

1) Le présent Acte remplace, dans les rapports entre les pays auxquels il s'applique, et dans la mesure où il s'applique, la Convention de Berne du 9 septembre 1886 et les Actes de revision subséquents.

2) a) A l'egard des pays auxquels le présent Acte n'est pas applicable, ou n'est pas applicable dans sa totalité, mais auxquels l'acte de Bruxelles du 26 juin 1948 est applicable, ce dernier reste en vigueur dans sa totalité, ou dans la mesure où le présent Acte ne le remplace pas en vertu de l'alinéa 1).

b) De même, à l'égard des pays auxquels ni le présent Acte, ni des parties de celui-ci, ni l'acte de Bruxelles ne sont applicables, l'Acte de Rome du 2 juin 1928 reste en vigueur dans sa totalité, ou dans la mesure où le présent Acte ne le remplace pas en vertu de l'alinéa 1).

c) De même, à l'égard des pays auxquels ni le présent Acte, ni des parties de celui-ci, ni l'Acte de Bruxelles, ni l'Acte de Rome ne sont applicables, l'Acte de Berlin du 13 novembre 1908 reste en vigueur dans sa totalité, ou dans la

Artikel 27

Anwendung früherer Fassungen der Übereinkunft

(1) Die vorliegende Fassung der Übereinkunft ersetzt in den Beziehungen zwischen den Ländern, für die sie anwendbar ist, und in dem Umfang, in dem sie anwendbar ist, die Berner Übereinkunft vom 9. September 1886 und die folgenden revidierten Fassungen dieser Übereinkunft.

(2) a) Hinsichtlich der Länder, auf die die vorliegende Fassung nicht oder nicht in ihrer Gesamtheit, jedoch die Brüsseler Fassung vom 26. Juni 1948 anwendbar ist, bleibt diese letztere in ihrer Gesamtheit oder in dem Umfang in Kraft, in dem sie nicht nach Absatz 1 durch die vorliegende Fassung ersetzt wird.

b) Ebenso bleibt hinsichtlich der Länder, auf die weder die vorliegende Fassung oder Teile von ihr noch die Brüsseler Fassung anwendbar ist, die Rom-Fassung vom 2. Juni 1928 in ihrer Gesamtheit oder in dem Umfang in Kraft, in dem sie nicht nach Absatz 1 durch die vorliegende Fassung ersetzt wird.

c) Ebenso bleibt hinsichtlich der Länder, auf die weder die vorliegende Fassung oder Teile von ihr noch die Brüsseler Fassung noch auch die Rom-Fassung anwendbar ist, die Berliner Fassung vom 13. November 1908 in ihrer Gesamtheit oder

Article 27bis

Tout différend entre deux ou plusieurs Pays de l'Union concernant l'interprétation ou l'application de la présente Convention, qui ne sera pas réglé par voie de négociation, sera porté devant la Cour internationale de Justice pour qu'il soit statué par elle, à moins que les Pays en cause ne conviennent d'un autre mode de règlement. Le Bureau international sera informé par le Pays demandeur du différend porté devant la Cour; il en donnera connaissance aux autres Pays de l'Union.

Artikel 27bis

Jede Streitfrage zwischen zwei oder mehreren Verbandsländern über die Auslegung oder die Anwendung der vorliegenden Übereinkunft, die nicht auf dem Verhandlungsweg beigelegt wird, soll vor den Internationalen Gerichtshof gebracht werden, damit von diesem darüber entschieden werde, sofern die beteiligten Länder nicht eine andere Regelung vereinbaren. Das Land, das die Streitfrage vor den Internationalen Gerichtshof bringt, hat hiervon dem internationalen Büro Kenntnis zu geben; dieses wird den anderen Verbandsländern davon Mitteilung machen.

mesure où le présent Acte ne le remplace pas en vertu de l'alinéa 1).

3) Les pays étrangers à l'Union qui adhèrent au présent Acte sans adhérer également à l'un quelconque des Actes antérieurs appliquent, sous réserve d'une protection réciproque, le présent Acte dans leurs rapports avec les pays de l'Union qui ne sont pas parties à cet Acte, ou qui, bien qu'y étant parties, ont fait une déclaration comme le permet l'Article 25.1) b).

Article 27bis

Règlement des différends

Variante «A»

Maintenir la disposition actuelle:

«Tout différend entre deux ou plusieurs pays de l'Union concernant l'interprétation ou l'application de la présente Convention, qui ne sera pas réglé par voie de négociation, sera porté devant la Cour internationale de Justice pour qu'il soit statué par elle, à moins que les pays en cause ne conviennent d'un autre mode de règlement. Le Bureau international sera informé par le pays demander du différend porté devant la Cour; il en donnera connaissance aux autres pays de l'Union.»

Variante « B »

Supprimer l'Article 27bis

Variante « C »

Rendre la compétence de la Cour internationale de Justice facultative, en insérant, dans la Variante «A», les mots **«à condition que les pays entre lesquels le différend**

in dem Umfang in Kraft, in dem sie nicht nach Absatz 1 durch die vorliegende Fassung ersetzt wird.

(3) Die verbandsfremden Länder, die der vorliegenden Fassung beitreten, ohne gleichzeitig einer der früheren Fassungen beizutreten, wenden in ihren Beziehungen zu den Verbandsländern, die nicht Mitglied der vorliegenden Fassung sind oder die ihr zwar angehören, jedoch eine Erklärung nach Artikel 25 Abs. 1 b) abgegeben haben, diese Fassung unter dem Vorbehalt der Gegenseitigkeit an.

Artikel 27bis

Regelung von Streitfragen

Variante A

Beibehaltung der gegenwärtigen Vorschrift:

„Jede Streitfrage zwischen zwei oder mehreren Verbandsländern über die Auslegung oder die Anwendung der vorliegenden Übereinkunft, die nicht auf dem Verhandlungsweg beigelegt wird, soll zur Entscheidung vor den Internationalen Gerichtshof gebracht werden, sofern die beteiligten Länder nicht eine andere Regelung vereinbaren. Das Land, das die Streitfrage vor den Internationalen Gerichtshof bringt, hat hiervon dem Internationalen Büro Kenntnis zu geben; dieses wird den anderen Verbandsländern davon Mitteilung machen."

Variante B

Streichung des Artikels 27bis

Variante C

Vorsehen einer fakultativen Zuständigkeit des Internationalen Gerichtshofs durch Einfügen der Worte **„unter der Voraussetzung, daß die Länder, zwischen denen**

Article 28

(3) Les Pays étrangers à l'Union pourront jusqu'au 1er juillet 1951 accéder à l'Union par voie d'adhésion, soit à la Convention signée à Rome le 2 juin 1928, soit à la présente Convention. A partir du 1er juillet 1951, ils ne pourront plus adhérer qu'à la présente Convention. Les Pays de l'Union qui n'auraient pas ratifié la présente Convention au 1er juillet 1951 pourront y accéder dans la forme prévue par l'article 25. Ils pourront bénéficier en ce cas des dispositions de l'article 27, alinéa 2.

Artikel 28

(3) Bis zum 1. Juli 1951 können sich verbandsfremde Länder dem Verbande anschließen, indem sie entweder der in Rom am 2. Juni 1928 unterzeichneten Übereinkunft oder der vorliegenden Übereinkunft beitreten. Vom 1. Juli 1951 an können sie nur noch der vorliegenden Übereinkunft beitreten. Die Verbandsländer, welche die vorliegende Übereinkunft bis zum 1. Juli 1951 etwa nicht ratifiziert haben, können ihr in der in Artikel 25 vorgesehenen Form beitreten. In diesem Fall kommen ihnen die Bestimmungen des Artikels 27 Abs. 2 zugute.

Article 29

(1) La présente Convention demeurera en vigueur sans limitation de durée. Chacun des Pays de l'Union aura toutefois la faculté de la dénoncer en tout temps, au moyen d'une notification adressée par écrit au Gouvernement de la Confédération suisse.

(2) Cette dénonciation, qui sera communiquée par celui-ci à tous les autres Pays de l'Union, ne produira effet qu'à l'égard du Pays qui l'aura faite, et seulement douze mois après réception de la notification de dénonciation adressée au Gouver-

Artikel 29

(1) Die vorliegende Übereinkunft soll ohne zeitliche Beschränkung in Kraft bleiben. Jedes Verbandsland ist indessen befugt, sie jederzeit durch eine an die Regierung der Schweizerischen Eidgenossenschaft gerichtete schriftliche Anzeige zu kündigen.

(2) Diese Kündigung, die von der Schweizerischen Regierung allen übrigen Verbandsländern mitgeteilt werden soll, wird nur hinsichtlich des kündigenden Landes Wirkung haben und dies erst nach Ablauf von zwölf Monaten seit dem Ein-

existe aient accepté de le porter devant la Cour et» *après les mots «pour qu'il soit statué par elle».*

Variante « D »

Rendre facultative l'acceptation de la disposition actuelle, en la transférant de la Convention dans un Protocole séparé, exigeant la signature séparée et la ratification ou l'adhésion séparées.

die Streitfrage besteht, hiermit einverstanden sind", *vor den Worten „zur Entscheidung vor".*

Variante D

Ermöglichung der fakultativen Annahme der gegenwärtigen Bestimmung durch ihre Verweisung in ein besonderes Protokoll, das der besonderen Unterzeichnung sowie der besonderen Ratifikation oder des besonderen Beitritts bedarf.

Article 28

Adhésion a des Actes Antérieurs

Après l'entrée en vigueur du présent Acte dans sa totalité, un pays ne peut adhérer à des Actes antérieurs de la présente Convention que conjointement avec la ratification du présent Acte ou l'adhésion à celui-ci.

Artikel 28

Beitritt zu früheren Fassungen der Übereinkunft

Nach dem Inkrafttreten der vorliegenden Fassung der Übereinkunft in ihrer Gesamtheit kann ein Land früheren Fassungen der Übereinkunft nur beitreten, wenn es gleichzeitig die vorliegende Fassung der Übereinkunft ratifiziert oder ihr beitritt.

Article 29

Dénonciation

1) La présente Convention demeure en vigueur pendant un temps indéterminé.

2) Tout pays peut dénoncer le présent Acte par notification adressée au Directeur général. Cette dénonciation emporte aussi dénonciation de tous les Actes antérieurs et ne produit son effet qu'à l'égard du pays qui l'a faite, la Conven-

Artikel 29

Kündigung

(1) Die vorliegende Übereinkunft bleibt auf unbestimmte Zeit in Kraft.

(2) Jedes Land kann die vorliegende Fassung der Übereinkunft durch Anzeige an den Generaldirektor kündigen. Diese Kündigung bewirkt zugleich die Kündigung aller früheren Fassungen der Übereinkunft und hat nur Wirkung für

Brüsseler Fassung

nement de la Confédération suisse, la Convention restant exécutoire pour les autres Pays de l'Union.

gang der Kündigungsanzeige bei der Regierung der Schweizerischen Eidgenossenschaft; unter den übrigen Verbandsländern bleibt die Übereinkunft in Kraft.

(3) La faculté de dénonciation prévue au présent article ne pourra être exercée par un Pays avant l'expiration d'un délai de cinq ans à compter de la date de la ratification ou de l'accession opérée par ce Pays.

(3) Die im vorliegenden Artikel vorgesehene Kündigungsbefugnis kann von einem Land nicht vor Ablauf einer Frist von fünf Jahren seit dem Zeitpunkt der Ratifikation oder des Beitrittes dieses Landes ausgeübt werden.

Article 30

(1) Les Pays qui introduiront dans leur législation la durée de protection de cinquante ans prévue par l'Article 7, alinéa 1er, de la présente convention, le feront connaître au Gouvernement de la Confédération suisse par une notification écrite que sera communiquée aussitôt par ce Gouvernement à tous les autres Pays de l'Union.

(2) Il en sera de même pour les Pays qui renonceront aux réserves faites ou maintenues par eux en vertu des articles 25 et 27.

—

Artikel 30

(1) Die Länder, welche die in Artikel 7 Abs. 1 der vorliegenden Übereinkunft vorgesehene Schutzdauer von fünfzig Jahren in ihre Gesetzgebung einführen, sollen der Regierung der Schweizerischen Eidgenossenschaft davon durch eine schriftliche Anzeige Kenntnis geben, welche von dieser Regierung unverzüglich allen anderen Verbandsländern mitgeteilt werden soll.

(2) Gleiches gilt für die Länder, welche auf die Vorbehalte verzichten, die sie den Artikeln 25 und 27 gemäß gemacht oder aufrechterhalten haben.

—

tion restant en vigueur et exécutoire à l'égard des autres pays de l'Union.

3) La dénonciation prend effet un an après le jour où le Directeur général l'a reçue.

4) La faculté de dénonciation prévue par le présent article ne pourra être exercée par un pays avant l'expiration d'un délai de cinq ans à compter de la date à laquelle il est devenu membre de l'Union.

—

das Land, das sie erklärt hat. Unter den übrigen Verbandsländern bleibt die Übereinkunft uneingeschränkt in Kraft.

(3) Die Kündigung wird ein Jahr nach dem Tage wirksam, an dem der Generaldirektor sie empfangen hat.

(4) Das im vorliegenden Artikel vorgesehene Kündigungsrecht kann von einem Land nicht vor Ablauf von fünf Jahren, seit dem es Verbandsmitglied geworden ist, ausgeübt werden.

—

Article 30

Mise en Application par la législation interne

1) Tout pays partie à la présente Convention s'engage à adopter, conformément à sa Constitution, les mesures nécessaires pour assurer l'application de cette Convention.

Artikel 30

Ausführung durch die innerstaatliche Gesetzgebung

(1) Jedes Land, das der vorliegenden Übereinkunft angehört, verpflichtet sich, entsprechend seiner Verfassung die notwendigen Maßnahmen zu ergreifen, um die Anwendung dieser Übereinkunft sicherzustellen.

Article 31

Les Actes officiels des Conférences seront établis en français. Un texte équivalent sera rédigé en anglais. En cas de contestation sur l'interprétation des Actes, le texte français sera toujours appelé à faire foi. Tout Pays ou groupe de Pays de l'Union pourra faire établir par le Bureau international, en accord avec ce Bureau, un texte autorisé desdits Actes dans la langue de son choix. Ces textes seront publiés dans les actes des Conférences en annexe aux textes français et anglais.

Artikel 31

Die offiziellen Akten der Konferenzen werden in französischer Sprache abgefaßt. Ein gleichwertiger Text wird in englischer Sprache verfaßt. Bei Streitigkeiten über die Auslegung der Akten ist immer der französische Text maßgebend. Jedes Verbandsland oder jede Gruppe von Verbandsländern kann durch das internationale Büro im Einvernehmen mit diesem Büro einen autorisierten Text der genannten Akten in der Sprache seiner Wahl festlegen lassen. Diese Texte werden in den Konferenzakten als Anhang zu den französischen und englischen Texten veröffentlicht.

2) Il est entendu qu'au moment du dépôt d'un instrument de ratification ou d'adhésion au nom d'un pays, ce pays sera en mesure, conformément à sa législation interne, de donner effet aux dispositions de cette Convention.

(2) Es besteht Einverständnis darüber, daß jedes Land im Zeitpunkt der Hinterlegung seiner Ratifikations- oder Beitrittsurkunde gemäß seiner Gesetzgebung in der Lage sein muß, den Bestimmungen dieser Übereinkunft Wirkung zu verleihen.

Article 31

Signature, etc.

1) *a)* Le présent Acte sera signé en un seul exemplaire, dans les langues anglaise et française, et déposé auprès du Gouvernement de la Suède.

***b)* Des textes autorisés seront établis par le Directeur général, après consultation des Gouvernements intéressés, dans les langues allemande, espagnole, italienne et portugaise, et dans d'autres langues que l'Assemblée peut indiquer.**

***c)* En cas de contestation sur l'interprétation des divers textes, les textes anglais et français feront foi. ***

2) Le présent Acte reste ouvert à la signature, à Stockholm, jusqu'au 13 janvier 1968.

3) Le Directeur général transmet deux copies, certifiées conformes par le Gouvernement de la Suède, de l'exemplaire signé du présent Acte aux Gouvernements de tous les pays de l'Union et, sur demande, au Gouvernement de tout autre pays.

*) Variante: remplacer les mots «les textes anglais et français feront foi» par les mots «le texte français fera foi».

Artikel 31

Unterzeichnung usw.

(1) *a)* Die vorliegende Fassung der Übereinkunft wird in einem einzigen Exemplar in englischer und französischer Sprache unterzeichnet und bei der schwedischen Regierung hinterlegt.

***b)* Amtliche Texte werden nach Anhörung der interessierten Regierungen vom Generaldirektor in deutscher, spanischer, italienischer und portugiesischer Sprache sowie in anderen Sprachen hergestellt, die die Versammlung bezeichnen kann.**

***c)* Im Falle von Meinungsverschiedenheiten über die Auslegung der verschiedenen Texte sind der englische und der französische Text maßgebend.*)**

(2) Die vorliegende Fassung der Übereinkunft bleibt bis zum 13. Januar 1968 zur Unterzeichnung in Stockholm offen.

(3) Der Generaldirektor übermittelt zwei von der schwedischen Regierung beglaubigte Abschriften des unterzeichneten Exemplars der vorliegenden Fassung der Übereinkunft den Regierungen aller Verbandsländer und auf Verlangen der Regierung jedes anderen Landes.

*) Variante: Ersetzung der Worte „sind der englische und der französische Text maßgebend" durch die Worte „ist der französische Text maßgebend".

4) Le Directeur général fait enregistrer le présent Acte auprès du Secrétariat de l'Organisation des Nations Unies aussitôt que possible.

5) Le Directeur général notifie aux Gouvernements de tous les pays de l'Union les signatures, les dépôts d'instruments de ratification ou d'adhésion et de déclarations comprises dans ces instruments, l'entrée en vigueur de toutes dispositions du présent Acte, les notifications de dénonciation et les notifications faites en application de l'Article 26.

Article 32

— —

Clauses Transitoires

1) Jusqu'a l'entrée en fontions du premier Directeur général, les références, dans le présent Acte, au Bureau international de l'Organisation ou au Directeur général sont considérées comme se rapportant au Bureau international de l'Union, réuni avec le Bureau de l'Union établie par la Convention internationale pour la protection de la propriété industrielle, ou à son Directeur, respectivement.

2) Les pays de l'Union qui ne sont pas liés par les Articles 21 à 23 peuvent, pendant cinq ans après l'entrée en vigueur de la Convention établissant l'Organisation internationale de la propriété intellectuelle, exercer, s'ils le désirent, les droits prévus par les Articles 21 à 23 du présent Acte, comme s'ils étaient liés par ces articles.

Vorgeschlagene Stockholmer Fassung

(4) Der Generaldirektor läßt die vorliegende Fassung der Übereinkunft so bald wie möglich beim Sekretariat der Organisation der Vereinten Nationen registrieren.

(5) Der Generaldirektor gibt den Regierungen aller Verbandsländer die Unterzeichnungen, die Hinterlegungen der Ratifikations- oder Beitrittsurkunden und die in diesen enthaltenen Erklärungen, das Inkrafttreten aller Bestimmungen der vorliegenden Fassung der Übereinkunft, die Kündigungserklärungen und die Anzeigen gemäß Artikel 26 bekannt.

Artikel 32

Übergangsbestimmungen

(1) Bis zum Amtsantritt des ersten Generaldirektors gelten die Bezugnahmen auf das internationale Büro der Organisation oder den Generaldirektor in der vorliegenden Fassung der Übereinkunft als Bezugnahmen auf das mit dem Verbandsbüro der internationalen Übereinkunft zum Schutz des gewerblichen Eigentums vereinigte internationale Büro des Verbandes oder seinen Direktor.

(2) Die Verbandsländer, die nicht durch die Artikel 21 bis 23 gebunden sind, können bis zum Ablauf von fünf Jahren nach Inkrafttreten der Übereinkunft zur Errichtung der internationalen Organisation für geistiges Eigentum, wenn sie dies wünschen, die in Artikel 21 bis 23 der vorliegenden Fassung der Übereinkunft vorgesehenen Rechte so ausüben, als wenn sie durch diese Artikel gebunden wären.

3) Aussi longtemps qu'il y a des pays de l'Union qui ne sont pa devenus membres de l'Organisation, le Bureau international de l'Organisation et le Directeur général agissent comme Bureau de l'Union, réuni avec le Bureau de l'Union établie par la Convention internationale pour la protection de la propriété industrielle, et comme son Directeur, respectivement.

4) Une fois que tous les pays de l'Union sont devenus membres de l'Organisation, les droits et obligations du Bureau de l'Union sont dévolus au Bureau international.

Vorgeschlagene Stockholmer Fassung

(3) Solange es Verbandsländer gibt, die nicht Mitglied der Organisation geworden sind, handeln das internationale Büro der Organisation und der Generaldirektor zugleich als das mit dem Verbandsbüro der internationalen Übereinkunft zum Schutz des gewerblichen Eigentums vereinigte Büro des Verbandes und als dessen Direktor.

(4) Sobald alle Verbandsländer Mitglied der Organisation geworden sind, gehen die Rechte und Pflichten des Büros des Verbandes auf das internationale Büro über.

Protocole relatif aux Pays en voie de développement

Article premier

Tout Pays en voie de développement qui ratifie l'Acte auquel le présent Protocole est annexé ou y adhère et qui, eu égard à sa situation économique et à ses besoins sociaux ou culturels, ne se considère pas en mesure dans l'immédiat de prendre les dispositions propres à assurer la protecratification ou de son adhésion comprenant l'article 20 bis dudit Acte, notification déposée auprès du Directeur général au moment de sa ratification ou de son adhésion comprenant l'article 20 bis 2 dudit Acte, déclarer que, pendant les dix première années durant lesquelles il est partie à celui-ci, il se prévaudra de l'une quelconque ou de toutes les réserves suivantes:

a) il substituera à l'article 8 de la présente Convention les dispositions suivantes:

lorsque, à l'expiration d'un délai de sept années à compter de la première publication d'une œuvre littéraire, scientifique ou artistique, la traduction n'en a pas été publiée dans la ou l'une des langues nationales de ce Pays par le titulaire du droit de traduction ou avec son autorisation, tout ressortissant dudit Pays pourra obtenir de l'autorité compétente une licence non exclusive pour traduire l'œuvre et publier l'œuvre ainsi traduite dans la langue nationale en laquelle elle n'a pas été publiée.

Cette licence ne pourra être accordée que si le requérant, conformément aux dispositions en vigueur dans le Pays où est introduite la demande, justifie avoir demandé au titulaire du droit de traduction l'autorisation de traduire et de publier la traductoin et, après dues diligences de sa part, n'a pu atteindre le titulaire du droit d'auteur ou obtenir son autorisation. Aux mêmes conditions, la licence pourra également être accordée si, pour une traduction dêjà publiée dans une langue nationale les éditions sont épuisées.

Si le titulaire du droit de traduction n'a pu être atteint par le requérant, celui-ci doit adresser des copies de sa demande à l'éditeur dont le nom figure sur l'œuvre et au représentant diplomatique ou consulaire du Pays dont le titulaire du droit de traduction est ressortissant, lorsque la nationalité du titulaire du droit de traduction est connue, ou à l'organisme qui peut avoir été désigné par le Gouvernement de ce Pays. La licence ne pourra être accordée avant l'expiration d'un délai de deux mois à dater de l'envoi des copies de la demande.

La législation nationale adoptera les mesures appropriées pour assurer au titulaire du droit de traduction une rémunération équitable et con-

Vorgeschlagene Stockholmer Fassung

Protokoll über die Entwicklungsländer

Artikel 1

Jedes Entwicklungsland, das die Fassung der Übereinkunft, der dieses Protokoll beigefügt ist, ratifiziert oder ihr beitritt und sich auf Grund seiner wirtschaftlichen Lage und sozialen oder kulturellen Bedürfnisse außerstande sieht, sofort die Maßnahmen zu ergreifen, die geeignet sind, den Schutz aller in dieser Fassung der Übereinkunft vorgesehenen Rechte sicherzustellen, kann durch eine im Zeitpunkt der Ratifizierung oder des Beitritts im Sinne des Artikels 20bis dieser Fassung der Übereinkunft beim Generaldirektor hinterlegte Anzeige erklären, daß es während der ersten zehn Jahre, in denen es Vertragspartei ist, einzelne oder alle folgenden Vorbehalte geltend macht:

a) es ersetzt Artikel 8 der vorliegenden Übereinkunft durch die folgenden Bestimmungen:

Wenn bis zum Ablauf von sieben Jahren seit der ersten Veröffentlichung eines Werkes der Literatur, Wissenschaft oder Kunst keine Übersetzung in die oder in eine der Landessprachen dieses Landes durch den Inhaber des Übersetzungsrechts oder mit seiner Zustimmung veröffentlicht worden ist, kann jeder Angehörige dieses Landes von der zuständigen Behörde eine nicht ausschließliche Lizenz für die Übersetzung des Werkes in die Landessprache, in der es nicht veröffentlicht worden ist, und die Veröffentlichung des so übersetzten Werkes erhalten.

Diese Lizenz kann nur erteilt werden, wenn der Antragsteller nach Maßgabe der Bestimmungen des Landes, in dem der Antrag gestellt wird, nachweist, daß er die Zustimmung des Inhabers des Übersetzungsrechts zur Übersetzung und Veröffentlichung der Übersetzung einzuholen versucht hat, jedoch trotz gehöriger Bemühungen ihn nicht hat ermitteln oder seine Zustimmung nicht hat erlangen können. Unter den gleichen Voraussetzungen kann die Lizenz erteilt werden, wenn das Werk zwar bereits in einer Landessprache veröffentlicht ist, alle Ausgaben aber vergriffen sind.

Hat der Antragsteller den Inhaber des Übersetzungsrechts nicht ermitteln können, so muß er Abschriften seines Antrags an den Verleger, dessen Name auf dem Werk vermerkt ist, und wenn die Staatsangehörigkeit des Inhabers des Übersetzungsrechts bekannt ist, an den diplomatischen oder konsularischen Vertreter des Landes senden, dem der Inhaber des Übersetzungsrechts angehört, oder an eine besondere von der Regierung dieses Landes bezeichnete Stelle. Die Lizenz kann nicht vor Ablauf von zwei Monaten seit Absendung der Abschriften erteilt werden.

Die innerstaatliche Gesetzgebung wird geeignete Maßnahmen treffen, durch die dem Inhaber des Übersetzungsrechts eine angemessene, der in-

forme aux usages internationaux, ainsi que le paiement et le transfert de cette rémunération, et pour garantir une traduction correcte de l'œuvre.

Le titre et le nom de l'auteur de l'œuvre originale doivent être également imprimés sur tous les exemplaires de la traduction publiée. La licence ne sera valable que pour l'édition à l'intérieur du territoire du Pays de l'Union où cette licence est demandée. L'importation et la vente des exemplaires dans un autre Pays de l'Union sont possibles si ce Pays a la même langue nationale que celle dans laquelle l'œuvre a été traduite, si sa loi nationale admet la licence et si aucune des dispositions en vigueur dans ce Pays ne s'oppose à l'importation et à la vente; l'importation et la vente sur le territoire de tout Pays de l'Union dans lequel les conditions précédentes ne peuvent jouer sont réservées à la législation de ce Pays et aux accords conclus par lui. La licence ne pourra être cédée par son bénéficiaire.

La licence ne peut être accordée lorsque l'auteur a retiré de la circulation les exemplaires de l'œuvre;

b) il substituera au délai de cinquante ans prévu aux alinéas 1er, 2 et 3 de l'article 7 de la présente Convention un délai autre, qui ne pourra toutefois être inférieur à vingt-cinq ans, et au délai de vingt-cinq ans prévu à l'alinéa 4 dudit article un délai autre, qui ne pourra toutefois être inférieur à dix ans;

c) il se réservera le droit d'appliquer les dispositions de l'alinéa 2 dc l'article 9 de la Convention d'Union telle que revisée à Bruxelles en 1948;

d) il substituera aux alinéas 1 et 2 de l'article 11bis de la présente Convention les dispositions de l'article 11bis de la Convention d'Union telle que revisée à Rome en 1928;

e) il se réservera le droit, à des fins exclusivement éducatives, scientifiques ou d'enseignement, de restreindre la protection des œuvres littéraires et artistiques.

Tout Pays remplissant les conditions visées ci-dessus peut faire usage de l'une ou plusiers ou de toutes les réserves stipulées ci-dessus.

Article 2

Un Pays qui a fait des réserves conformément à l'article 1 ci-dessus et qui ne se considère pas encore, à la fin de la période de dix années prévue, eu égard à sa situation économique et à ses besoins sociaux ou culturels, en mesure de prendre les dispositions propres à assurer la protection de tous les droits faisant l'objet de l'Acte, peut, par une notification déposée auprès du Directeur général avant la fin de la période mentionées ci-dessus, déclarer qu'il entend maintenir, jusqu'à l'entrée

ternationalen Übung entsprechende Vergütung sowie die Zahlung und Überweisung dieser Vergütung zugesichert und eine einwandfreie Übersetzung des Werkes gewährleistet wird.

Der Titel des Originalwerkes und der Name seines Urhebers müssen auf allen Exemplaren der veröffentlichten Übersetzung abgedruckt sein. Die Lizenz berechtigt nur zur Herausgabe der Übersetzung innerhalb des Hoheitsgebietes des Verbandslandes, in dem die Linzenz beantragt wird. Die Einfuhr der Exemplare in ein anderes Verbandsland und ihr Verkauf in diesem Land sind zulässig, wenn die Sprache, in die das Werk übersetzt worden ist, eine Landessprache dieses Landes ist, und wenn dessen eigene Gesetzgebung die Lizenz vorsieht und keine Bestimmungen in diesem Land der Einfuhr und dem Verkauf entgegenstehen. In einem Verbandsland, in dem die vorgenannten Voraussetzungen nicht vorliegen, sind für die Einfuhr und den Verkauf die Gesetzgebung dieses Landes und die von ihm geschlossenen Verträge maßgebend. Die Lizenz ist nicht übertragbar.

Die Lizenz ist zu versagen, wenn der Urheber die Exemplare seines Werkes aus dem Verkehr gezogen hat;

b) es ersetzt die in Artikel 7 Abs. 1, 2 und 3 der vorliegenden Übereinkunft vorgesehene Frist von 50 Jahren durch eine andere Frist, die jedoch nicht kürzer als 25 Jahre sein darf, und die in Absatz 4 des genannten Artikels vorgesehene Frist von 25 Jahren durch eine andere Frist, die jedoch nicht kürzer als 10 Jahre sein darf;

c) es behält sich das Recht vor, die Bestimmungen des Artikels 9 Abs. 2. der Verbandsübereinkunft in der 1948 in Brüssel revidierten Fassung anzuwenden;

d) es ersetzt Artikel 11bis Abs. 1 und 2 der vorliegenden Übereinkunft durch die Bestimmungen des Artikels 11bis der Verbandsübereinkunft in der 1928 in Rom revidierten Fassung;

e) es behält sich das Recht vor, ausschließlich zu Zwecken der Erziehung, der Wissenschaft oder des Unterrichts den Schutz der Werke der Literatur und Kunst einzuschränken.

Jedes Land, das die obengenannten Voraussetzungen erfüllt, kann einen, mehrere oder alle der obenaufgeführten Vorbehalte machen.

Artikel 2

Ein Land, das entsprechend Artikel 1 Vorbehalte gemacht hat und sich bei Ablauf des vorgesehenen Zeitraumes von 10 Jahren auf Grund seiner wirtschaftlichen Lage und sozialen oder kulturellen Bedürfnisse noch nicht in der Lage sieht, die Maßnahmen zu ergreifen, die geeignet sind, den Schutz aller in der Übereinkunft vorgesehenen Rechte sicherzustellen, kann durch eine vor Ablauf der obenerwähnten Frist beim Generaldirektor hinterlegte Anzeige erklären, daß es bis zum Inkrafttreten der

en vigueur de l'Acte adopté par la prochaine Conférence de revision, l'une quelconque ou toutes les réserves faites par lui.

Article 3

Un Pays qui n'a plus besoin de maintenir l'une quelconque ou toutes les réserves faites conformément aux articles 1er ou 2 peut, par notification déposée auprès du Directeur général, retirer cette ou ces réserves.

Protocole Additionnel

à la Convention de Berne revisée à Stockholm le ... juillet 1967, relatif à la protection des œuvres des personnes apatrides et des réfugiés

Les Pays de l'Union devenant parties au présent Protocole sont convenus des dispositions suivantes:

Article premier

Les personnes apatrides et les réfugiés ayant leur résidence habituelle dans l'un des Pays de l'Union sont, pour l'application de la Convention d'Union telle que revisée à Stockholm le ... juillet 1967, assimilés aux nationaux de ce Pays.

Article 2

Tout Pays peut, au moment du dépôt de son instrument de ratification ou d'adhésion, déclarer qu'il appliquera les dispositions du présent Protocole seulement aux personnes apatrides ou seulement aux réfugiés.

Article 3

(Cet article contiendrait des clauses finales, stipulant entre autres que tout Pays ayant signé le Protocole peut le ratifier et que tout Pays de l'Union n'ayant pas signé le Protocole, ainsi que tout Pays étranger à l'Union adhérant à la Convention telle que revisée à Stockholm, peut adhérer au Protocole. Les propositions concernant ces clauses finales seront présentées ultérieurement.)

Protocole Additionnel

à la Convention de Berne revisée à Stockholm le ... juillet 1967, relatif à l'application de la Convention aux œuvres de certaines organisations internationales

Les Pays de l'Union devenant parties au présent Protocole sont convenus des dispositions suivantes:

Article premier

Les dispositions des articles 4, 5, et 6 de la Convention d'Union telle que revisée à Stockholm le ... juillet 1967 s'appliquent aux œuvres publiées pour la première fois par l'Organisation des Nations Unies et par les Institutions spécialisées reliées aux Nations Unies.

Article 2

(Vgl. zu Artikel 3 des vorhergehenden Zusatzprotokolls.)

durch die nächste Revisionskonferenz angenommenen Fassung der Übereinkunft einzelne oder alle der von ihm gemachten Vorbehalte aufrechterhält.

Artikel 3

Ein Land, das einzelne oder alle der entsprechend Artikel 1 oder 2 gemachten Vorbehalte nicht mehr benötigt, kann durch eine beim Generaldirektor hinterlegte Anzeige diese Vorbehalte zurücknehmen.

Zusatzprotokoll
zu der in Stockholm am . . . Juli 1967 revidierten Berner Übereinkunft betreffend den Schutz der Werke von Staatenlosen und Flüchtlingen

Die Länder, die Vertragsparteien dieses Protokolls werden, haben folgendes vereinbart:

Artikel 1

Die Staatenlosen und Flüchtlinge, die ihren gewöhnlichen Aufenthalt in einem Verbandsland haben, werden hinsichtlich der Anwendung der in Stockholm am ... Juli 1967 revidierten Verbandsübereinkunft den Angehörigen dieser Länder gleichgestellt.

Artikel 2

Jedes Land kann im Zeitpunkt der Hinterlegung seiner Ratifikations- oder Beitrittsurkunde erklären, daß es die Bestimmungen dieses Protokolls nur auf Staatenlose oder nur auf Flüchtlinge anwenden wird.

Artikel 3

(Dieser Artikel soll die Schlußbestimmungen enthalten, die u. a. regeln sollen, daß jedes Land, das das Protokoll unterzeichnet hat, es ratifizieren kann, und daß jedes Verbandsland, das das Protokoll nicht unterzeichnet hat, sowie jedes verbandsfremde Land, das der Übereinkunft in der in Stockholm revidierten Fassung beitritt, dem Protokoll beitreten kann. Die Vorschläge für die Schlußbestimmungen werden später vorgelegt werden.)

Zusatzprotokoll
zu der am . . . Juli 1967 in Stockholm revidierten Berner Übereinkunft, betreffend die Werke bestimmter internationaler Organisationen

Die Verbandsländer, die Vertragsparteien dieses Protokolls werden, haben folgendes vereinbart:

Artikel 1

Die Bestimmungen der Artikel 4, 5 und 6 der in Stockholm am ... Juli 1967 revidierten Verbandsübereinkunft finden Anwendung auf die Werke, die zum erstenmal von der Organisation der Vereinten Nationen oder einer der ihr angeschlossenen Sonderorganisationen veröffentlicht worden sind.

Artikel 2

(Vgl. zu Artikel 3 des vorhergehenden Zusatzprotokolls.)

III.

Stellungnahme der deutschen Bundesregierung
1. Materielle Vorschriften (Artikel 1 bis 20)

Stellungnahme der Regierung der Bundesrepublik Deutschland zu den von der schwedischen Regierung in Zusammenarbeit mit den Vereinigten Internationalen Büros zum Schutz des geistigen Eigentums (BIRPI) vorbereiteten Vorschlägen für die Revision der urheberrechtlichen Bestimmungen der Berner Übereinkunft zum Schutz von Werken der Literatur und Kunst. Vom 9. November 1966.

Die Deutsche Regierung betrachtet die von der Schwedischen Regierung in Zusammenarbeit mit BIRPI vorbereiteten Vorschläge für die Revision der urheberrechtlichen Bestimmungen der Berner Übereinkunft als eine ausgezeichnete Grundlage für die Arbeit der Diplomatischen Konferenz in Stockholm 1967 und nimmt zu diesen Vorschlägen nach Anhörung der interessierten Kreise in der Bundesrepublik Deutschland im einzelnen wie folgt Stellung:

Zu Artikel 1

Keine Bemerkungen.

Zu Artikel 2 Abs. 1

Die Deutsche Regierung begrüßt den Vorschlag, die bisher für den Schutz der choreographischen Werke und Pantomimen vorgesehene Voraussetzung der Festlegung des Bühnenvorgangs dieser Werke zu streichen.

Zu Artikel 2 Abs. 2

Die Klarstellung, daß die Fernsehwerke für den Schutz der Übereinkunft den Filmwerken gleichgestellt sind, erscheint zweckmäßig. Es dürfte jedoch nicht gerechtfertigt sein, den Schutz der Fernsehwerke von der Voraussetzung der Festlegung durch einen Bildträger abhängig zu machen.

Die gleichen Gründe, aus denen die Streichung der Voraussetzung der Festlegung bei choreographischen Werken und Pantomimen zu Artikel 2 Abs. 1 vorgeschlagen worden ist, gelten auch im Fall der Fernsehwerke. Es erscheint nicht folgerichtig, für eine einzelne Werkgattung eine Schutzvoraussetzung zu verlangen, die bei keiner anderen Werkgattung besteht. Gerade bei den Fernsehwerken würde sich eine solche Regelung besonders nachteilig auswirken, da hier eine unerlaubte Nutzung auch des nicht festgelegten Werkes besonders leicht möglich ist; denn auch ein live gesendetes Werk kann jederzeit vom Empfänger der Sendung auf Magnetband aufgenommen und dann weiterverwendet werden. Im übrigen ist die vorgesehene Regelung unklar. Soll der Schutz nur durch eine Festlegung des Werkes vor der Sendung begründet werden können oder soll eine gleichzeitig mit der Sendung vorgenommene Festlegung genügen? Soll, falls eine gleichzeitig mit der Sendung vorgenommene Festlegung für ausreichend angesehen wird, der Schutz nur begründet sein, wenn die

Festlegung von dem Sendeunternehmen selbst vorgenommen worden ist oder auch dann, wenn ein Dritter die Festlegung bewirkt?

Die Deutsche Regierung verkennt andererseits nicht, daß verschiedene Länder nach ihrem nationalen Recht das Merkmal der Festlegung als Schutzvoraussetzung kennen und nicht bereit sein werden, auf dieses Merkmal zu verzichten. Sie schlägt daher vor, den seinerzeit vom Sachverständigenausschuß 1963 angenommenen Vorschlag wieder aufzugreifen und Artikel 2 Abs. 2 Unterabsatz 1 wie folgt zu fassen:

„(2) Für die Zwecke dieser Übereinkunft sind den Filmwerken die Werke gleichgestellt, die durch ein Verfahren hergestellt werden, das ähnliche Bildwirkungen erzeugt wie die Kinematographie. Es besteht jedoch keine Verpflichtung, eine Bildfolge, die nicht durch einen Bildträger festgelegt ist, als Filmwerk zu schützen."

Als notwendige Folge einer solchen Änderung müßten in Artikel 14 Abs. 4 Unterabsatz 1 die Worte „durch einen Bildträger festgelegten" gestrichen werden.

Zu Artikel 2 Abs. 3

In § 5 des deutschen Urheberrechtsgesetzes ist vorgesehen, daß Gesetze, Verordnungen, Entscheidungen und andere amtliche Werke keinen Urheberrechtsschutz genießen. Ähnliche Beschränkungen für den Schutz solcher offizieller Texte finden sich in den meisten nationalen Gesetzgebungen.

In der Berner Übereinkunft ist bisher eine solche allgemeine Beschränkung des Schutzes amtlicher Werke nicht ausdrücklich zugelassen. Es ist lediglich in Artikel 2 Abs. 2 Satz 2 den Gesetzgebungen der Verbandsländer vorbehalten, den Schutz für **Übersetzungen** offizieller Texte auf dem Gebiet der Gesetzgebung, Verwaltung und Rechtsprechung zu bestimmen. Eine weiter gehende Regelung war bisher nicht erforderlich, weil ein allgemeines Vervielfältigungsrecht in der Übereinkunft nicht vorgesehen ist. Wird jedoch nunmehr durch die im Konferenzprogramm vorgeschlagene Neufassung des Artikels 9 Abs. 1 ein solches Recht begründet, so hält es die Deutsche Regierung für erforderlich, die Bestimmung des Artikels 2 Abs. 2 Satz 2 dahin zu erweitern, daß es den Gesetzgebungen der Verbandsländer vorbehalten wird, den Schutz auch der genannten **offiziellen Texte selbst** abweichend von den Vorschriften der Übereinkunft zu regeln. Die in der im Konferenzprogramm vorgeschlagenen Neufassung des Artikels 9 Abs. 2 zugelassenen Ausnahmen vom Vervielfältigungsrecht erübrigen nach Auffassung der Deutschen Regierung nicht eine besondere Regelung dieser Frage.

Die Deutsche Regierung hält es darüber hinaus für zweckmäßig, bei dieser Gelegenheit die bisher für Übersetzungen offizieller Texte vorgesehene Ausnahme in gewisser Hinsicht einzuschränken. Nach der geltenden Fassung des Artikels 2 Abs. 2 Satz 2 kann der Schutz für Übersetzungen offizieller Texte auch beschränkt werden, wenn die Übersetzung selbst nicht von amtlicher, sondern privater Seite verfaßt ist. Dies er-

scheint unbillig, da sich eine Beschränkung des Urheberrechtsschutzes nur aus dem offiziellen Charakter des Schutzgegenstandes rechtfertigen läßt. Übersetzungen offizieller Texte sollten daher nur dann der vorgesehenen Beschränkung unterliegen, wenn sie selbst amtlich verfaßt sind.

Dementsprechend wird vorgeschlagen, den bisherigen Artikel 2 Abs. 2 Satz 2 zu streichen und statt dessen in Artikel 2 einen neuen Absatz mit folgendem Wortlaut aufzunehmen:

> „Es bleibt den Gesetzgebungen der Verbandsländer vorbehalten, den Schutz für offizielle Texte auf dem Gebiet der Gesetzgebung, Verwaltung und Rechtsprechung sowie für offizielle Übersetzungen solcher Texte zu bestimmen."

Dieser neue Absatz könnte zwischen den Absätzen 6 und 7 eingefügt werden.

Zu Artikel 2 Abs. 4 und 5

Keine Bemerkungen.

Zu Artikel 2 Abs. 6

Nach Satz 1 dieser Bestimmung ist jedes Verbandsland verpflichtet, Werken der angewandten Kunst Schutz zu gewähren; ihm wird lediglich freigestellt, dies auf Grund der Urheberrechtsgesetze oder auf Grund besonderer Gesetze über den Schutz gewerblicher Muster und Modelle zu tun. Die Deutsche Regierung ist der Auffassung, daß dieser Grundsatz auch durch die in Satz 2 vorgesehene Regelung nicht durchbrochen werden soll. Sie legt daher diese Bestimmung so aus, daß für Werke, die in ihrem Ursprungsland nur als Muster oder Modell geschützt werden, in den anderen Verbandsländern der Schutz nur dann auf den den Mustern und Modellen gewährten Schutz beschränkt werden kann, wenn die Gesetze des betreffenden Landes einen solchen Schutz kennen. Länder, die Werke der angewandten Kunst nur urheberrechtlich schützen, können nach Auffassung der Deutschen Regierung den genannten Werken nicht unter Berufung auf die Vorschrift des Artikels 2 Abs. 6 Satz 2 jeden Schutz versagen.

Der Wortlaut der Bestimmung ist allerdings in dieser Hinsicht nicht ganz klar. Die Deutsche Regierung würde es daher begrüßen, wenn in die Akten der Konferenz ein entsprechender Hinweis aufgenommen werden könnte. Eine Klarstellung im Text selbst erscheint nicht erforderlich, wenn gegen die dargelegte Auslegung kein Widerspruch erhoben wird.

Zu Artikel 2 Abs. 7

Keine Bemerkungen.

Zu Artikel 2 bis

Die Deutsche Regierung befürwortet eine Ausdehnung der Bestimmung in Artikel 2 bis Abs. 2 auf Rundfunksendungen, da sie eine unterschiedliche Behandlung der Presse und des Rundfunks nicht für gerechtfertigt hält. Sie teilt jedoch die im Konferenzprogramm vertretene Auffassung, daß im Fall einer solchen Ausdehnung der Vorschrift der Kreis der be-

troffenen Werke in gewisser Hinsicht eingeschränkt werden muß. Eine solche Einschränkung könnte in der Weise erfolgen, daß die Rundfunksendung nur gestattet werden darf, wenn die Vorträge, Ansprachen und ähnlichen Werke Tagesfragen betreffen.

Die Deutsche Regierung hätte keine Bedenken dagegen, diese hinsichtlich der Rundfunksendung notwendige Einschränkung auch für den Abdruck der genannten Werke durch die Presse einzuführen, befürchtet jedoch, daß einer solchen Einschränkung der geltenden Regelung nicht alle Verbandsländer zustimmen können. Sie schlägt daher vor, Artikel 2 bis Abs. 2 hinsichtlich des Abdrucks der Werke durch die Presse in seinem bisherigen Inhalt unverändert zu lassen und die notwendige Einschränkung des Kreises der betroffenen Werke nur für die vorgeschlagene neue Ausnahme zugunsten der Rundfunksendung vorzusehen. Eine solche Regelung könnte durch folgende Neufassung des Artikels 2 bis Abs. 2 erreicht werden:

> „(2) Ebenso bleibt den Gesetzgebungen der Verbandsländer die Befugnis vorbehalten zu bestimmen, unter welchen Voraussetzungen Vorträge, Ansprachen, Predigten und andere Werke gleicher Art durch die Presse abgedruckt und, wenn sie Tagesfragen betreffen, durch Rundfunk oder Drahtfunk gesendet werden dürfen."

Zu Artikel 4 Abs. 1

Die vorgesehene Erweiterung des Anwendungsbereichs der Übereinkunft ist zu begrüßen.

Zu Artikel 4 Abs. 2 bis 5

Keine Bemerkungen.

Zu Artikel 4 Abs. 6

Die vorgeschlagene Definition des Filmherstellers erscheint unbefriedigend, da es vorkommen kann, daß die Initiative für die Herstellung des Werkes von einer anderen Person als derjenigen ausgeht, die die Verantwortung für die Herstellung übernommen hat. In einem solchen Fall bleibt unklar, wer als Hersteller des Filmwerkes gelten soll. Allerdings befürchtet die Deutsche Regierung, daß es schwierig sein wird, eine andere Definition zu finden, der alle Verbandsländer zustimmen können. Sie schlägt daher vor, auf eine Definition des Filmherstellers zu verzichten, die zwar wünschenswert wäre, für die Anwendung der Übereinkunft jedoch nicht unbedingt erforderlich erscheint.

Zu Artikel 5

Keine Bemerkungen.

Zu Artikel 6

Keine Bemerkungen

Zu Artikel 6 bis

Die Deutsche Regierung begrüßt die vorgeschlagenen Erweiterungen dieser Bestimmung.

Zu Artikel 7 Abs. 1

In der Bundesrepublik Deutschland ist durch das neue Urheberrechtsgesetz die urheberrechtliche Schutzfrist von 50 auf 70 Jahre post mortem auctoris verlängert worden. Die Deutsche Regierung würde es begrüßen, wenn auch in der Übereinkunft eine längere als die bisher geltende Mindestschutzfrist von 50 Jahren p. m. a. eingeführt werden könnte. Sie kann sich jedoch der Einsicht nicht verschließen, daß für eine solche allgemeine Erweiterung des Urheberrechtsschutzes die Zeit noch nicht reif ist, und sieht daher davon ab, einen entsprechenden Antrag zu stellen.

Die Deutsche Regierung hält es jedoch im Interesse der Urheber für geboten, die Anregungen der Sachverständigenausschüsse von 1961 in Genf und 1962 in Rom, eine Sondervereinbarung zwischen den an einer Schutzfristverlängerung interessierten Ländern zu treffen, wieder aufzugreifen und mit Nachdruck weiter zu verfolgen. Zwar ergibt sich bereits aus Artikel 7, der insoweit unverändert bleiben soll, daß jedes Verbandsland eine längere Schutzfrist als 50 Jahre p. m. a. vorsehen kann und daß eine solche längere Schutzfrist im Rahmen der Gegenseitigkeit auch den Werken zugute kommt, in deren Ursprungsland ebenfalls eine längere Schutzfrist gilt. Ein besonderes Abkommen hätte jedoch den Vorteil, daß dadurch möglicherweise eine gewisse Vereinheitlichung der zur Zeit in mehreren Ländern bereits geltenden sehr unterschiedlichen Schutzfristen erreicht und anderen interessierten Ländern die Einführung einer längeren Schutzfrist erleichtert werden könnte.

Zu Artikel 7 Abs. 2 bis 7

Keine Bemerkungen.

Zu Artikel 8

Keine Bemerkungen.

Zu Artikel 9 Abs. 1 (neue Bestimmung)

Die Deutsche Regierung befürwortet die vorgeschlagene Einführung einer allgemeinen Bestimmung über das Vervielfältigungsrecht. Sie teilt die im Konferenzprogramm zu Artikel 13 Abs. 1 vertretene Auffassung, daß ein solches allgemeines Vervielfältigungsrecht die Befugnis umfaßt, die Aufnahme von Werken auf Vorrichtungen zu ihrer mechanischen Wiedergabe zu erlauben, und daß daher der bisherige Artikel 13 Abs. 1 insoweit gestrichen werden kann.

Im Hinblick auf die im übrigen in Artikel 13 beibehaltene Sonderregelung für diese Art des Vervielfältigungsrechts hält es die Deutsche Regierung jedoch für zweckmäßig, in Artikel 9 Abs. 1 einen ausdrücklichen Hinweis auf das mechanische Vervielfältigungsrecht aufzunehmen. Dadurch würde zugleich klargestellt werden, daß dieses Recht abweichend von der bisherigen auf musikalische Werke beschränkten Regelung in Artikel 13 künftig allen Urhebern gewährt werden soll. Dementsprechend wird für Artikel 9 Abs. 1 folgende Fassung vorgeschlagen:

„(1) Die Urheber von Werken der Literatur und der Kunst, die durch diese Übereinkunft geschützt sind, genießen das ausschließliche

Recht, die Vervielfältigung ihrer Werke einschließlich der Aufnahme auf Vorrichtungen zur mechanischen Wiedergabe dieser Werke zu erlauben, gleichviel auf welche Art und in welcher Form die Vervielfältigung vorgenommen wird."

Zu Artikel 9 Abs. 2 (neue Bestimmung)

Die Deutsche Regierung hält die vorgeschlagene Bestimmung für geeignet, die schwierige Frage einer Abgrenzung der zulässigen Ausnahmen vom Vervielfältigungsrecht zu lösen. Im einzelnen bemerkt sie zu der vorgesehenen Regelung folgendes:

a) Es erscheint wünschenswert, den zu a) vorgesehenen Vorbehalt hinsichtlich des privaten Gebrauchs näher abzugrenzen, um eine zu weitgehende Beeinträchtigung der Interessen des Urhebers zu vermeiden. Die Deutsche Regierung verweist insoweit auf die Untersuchungen, die auf Grund gemeinsamer Entschließungen des Comité Permanent und des Regierungsausschusses des Welturheberrechtsabkommens zur Frage der Vervielfältigung geschützter Werke mittels photographischer oder ähnlicher Verfahren durchgeführt werden, und regt an, auch zur Frage der Vervielfältigung geschützter Werke mittels Tonbandgeräten entsprechende Untersuchungen vorzunehmen. Da die rasch fortschreitende Entwicklung dieser modernen Vervielfältigungsverfahren im privaten Bereich zu einer Aushöhlung des Vervielfältigungsrechts der Urheber zu führen droht, sollten diese Untersuchungen mit allem Nachdruck betrieben werden, um möglichst bald die Grundlagen für eine eingehendere internationale Regelung auf diesem Gebiet zu schaffen. Allerdings wird es auch nach Auffassung der Deutschen Regierung noch nicht möglich sein, bereits auf der Revisionskonferenz in Stockholm eine Einigung über eine solche Regelung zu erzielen.

b) Die Deutsche Regierung legt im Anschluß an die auf Seite 42 des Dokuments Berne S/1 wiedergegebene Erwägung der Studiengruppe den zu c) vorgesehenen allgemeinen Vorbehalt so aus, daß eine Beeinträchtigung der normalen Auswertung des Werkes nicht oder jedenfalls nur in Ausnahmefällen angenommen werden kann, wenn dem Urheber für die Nutzung seines Werkes ein Vergütungsanspruch gewährt wird, und daß in einem solchen Fall in der Regel auch nicht von einer Beeinträchtigung anderer berechtigter Interessen des Urhebers gesprochen werden kann. Nach § 49 des deutschen Urheberrechtsgesetzes ist es zum Beispiel zulässig, einzelne Rundfunkkommentare und einzelne Zeitungsartikel in Zeitungen zu vervielfältigen, wenn sie politische, wirtschaftliche oder religiöse Tagesfragen betreffen und nicht mit einem Vorbehalt der Rechte versehen sind, mit der Maßgabe, daß hierfür dem Urheber eine angemessene Vergütung zu zahlen ist. Die Deutsche Regierung ist der Auffassung, daß eine solche Vorschrift als vereinbar mit dem neuen Artikel 9 anzusehen ist.

Sollten von anderer Seite Bedenken gegen eine solche Auslegung des in Artikel 9 Abs. 2 c) vorgesehenen Vorbehalts geäußert werden, so würde die Deutsche Regierung eine entsprechende Klarstellung im Text dieser

Vorschrift begrüßen, die durch folgende Neufassung erreicht werden könnte:

„c) in gewissen Sonderfällen, in denen die Erlaubnis die normale Auswertung des Werkes oder den Anspruch des Urhebers auf angemessene Vergütung, die mangels gütlicher Einigung durch die zuständige Behörde festgesetzt wird, nicht beeinträchtigt und keinen anderen berechtigten Interessen des Urhebers entgegensteht."

Zu Artikel 9 (Aufhebung der bisherigen Absätze 1 und 2)

Gegen die vorgesehene Streichung dieser Vorschriften bestehen keine Bedenken. Die Deutsche Regierung geht hierbei jedoch davon aus, daß die Streichung des bisherigen Artikels 9 Abs. 2 der Aufrechterhaltung der oben erwähnten Regelung in § 49 des deutschen Urheberrechtsgesetzes nicht entgegensteht, da diese Regelung durch den in dem neuen Artikel 9 Abs. 2 c) vorgesehenen allgemeinen Vorbehalt gedeckt ist.

Sollte diese Auffassung auf Bedenken stoßen und auch die für diesen Fall angeregte entsprechende Klarstellung des Textes des genannten Vorbehalts keine Zustimmung finden, so wäre die Deutsche Regierung gezwungen, der Streichung des bisherigen Artikels 9 Abs. 2 zu widersprechen. Sie würde in diesem Fall allerdings anregen, die Bestimmung dahin zu ergänzen, daß den Urhebern für die Nutzung ihrer Werke ein Vergütungsanspruch zu gewähren ist.

Zu Artikel 9 (Umstellung des bisherigen Absatzes 3)

Keine Bemerkungen.

Zu Artikel 10 und 10 bis

Die vorgeschlagene Neufassung dieser Bestimmungen ist zu begrüßen.

Zu Artikel 11 Abs. 1

Im Konferenzprogramm wird vorgeschlagen, die bisher in Artikel 13 Abs. 1 Nr. 2 enthaltene besondere Vorschrift über das ausschließliche Recht der Urheber musikalischer Werke, die öffentliche Aufführung dieser Werke mittels Vorrichtungen zu ihrer mechanischen Wiedergabe zu erlauben, zu streichen, da diese Bestimmung durch Artikel 11 mit erfaßt wird.

Die Deutsche Regierung hat gegen die Streichung des Artikels 13 Abs. 1 Nr. 2 keine Bedenken. Sie hält es jedoch für zweckmäßig, durch einen entsprechenden Hinweis in Artikel 11 Abs. 1 ausdrücklich klarzustellen, daß Artikel 11 künftig das bisher gesondert geregelte Recht der Aufführung mittels mechanischer Vorrichtungen umfassen soll. Dementsprechend wird vorgeschlagen, Artikel 11 Abs. 1 Nr. 1 wie folgt zu ergänzen:

„1. die öffentliche Aufführung ihrer Werke einschließlich der öffentlichen Aufführung mittels Vorrichtungen zur mechanischen Wiedergabe der Werke;"

Zu Artikel 11 Abs. 2

Diese Bestimmung ist nach Auffassung der Deutschen Regierung überflüssig und geeignet, zu Mißverständnissen über den Inhalt des in Artikel 8

allgemein geregelten Übersetzungsrechts zu führen. Es ist anerkannt, daß der Urheber trotz des insoweit nicht ganz klaren Wortlauts des Artikels 8 auf Grund dieser Vorschrift nicht nur das Recht hat, die Übersetzung seines Werkes zu erlauben, sondern ihm darüber hinaus auch hinsichtlich der Übersetzung des Werkes alle Rechte zustehen, die ihm in der Übereinkunft an dem Originalwerk gewährt werden. Bei der in Artikel 11 Abs. 2 vorgesehenen Regelung handelt es sich also nur um die Wiederholung eines allgemeinen, bereits aus Artikel 8 abzuleitenden Grundsatzes der Übereinkunft. Es erscheint jedoch unbefriedigend und mißverständlich, wenn dieser Grundsatz in einem einzelnen Fall besonders zum Ausdruck gebracht wird, in anderen Fällen dagegen nicht, wie zum Beispiel beim Senderecht in Artikel 11 ^{bis} und beim Vortragsrecht in Artikel 11ter. Dies könnte zu der falschen Schlußfolgerung führen, daß in den genannten Beispielen das Senderecht und das Vortragsrecht den Urhebern hinsichtlich der Übersetzung ihrer Werke nicht gewährt werden soll, weil die Artikel 11bis und 11ter eine dem Artikel 11 Abs. 2 entsprechende Regelung nicht enthalten.

Die Deutsche Regierung schlägt daher vor, Artikel 11 Abs. 2 zu streichen, wie es im Konferenzprogramm für den ebenfalls überflüssigen Artikel 11 Abs. 3 bereits vorgesehen ist.

Zu Artikel 11bis

Keine Bemerkungen.

Zu Artikel 11ter

Die Einführung des allgemeinen Vervielfältigungsrechts in Artikel 9 Abs. 1 für alle Werke der Literatur und Kunst unter Einbeziehung des bisher in Artikel 13 Abs. 1 Nr. 1 geregelten Rechts der Aufnahme der Werke auf Vorrichtungen zu ihrer mechanischen Wiedergabe hat zur Folge, daß dieses Recht, das nach Artikel 13 Abs. 1 bisher nur den Urhebern musikalischer Werke zusteht, künftig allen Urhebern von Werken der Literatur und Kunst, insbesondere also auch den Urhebern literarischer Werke gewährt wird. Ferner ergibt sich aus der vorgesehenen Einbeziehung des bisher in Artikel 13 Abs. 1 Nr. 2 geregelten und ebenfalls auf musikalische Werke beschränkten Rechts der öffentlichen Aufführung der Werke mittels solcher Vorrichtungen in das allgemeine Aufführungsrecht nach Artikel 11 eine Erstreckung dieses Rechts auf dramatische und dramatisch-musikalische Werke. Es erscheint als eine logische Folgerung aus dieser durchaus zu begrüßenden Erweiterung der Rechte der Urheber literarischer Werke, daß nunmehr auch das Vortragsrecht an literarischen Werken in Artikel 11ter auf den Vortrag dieser Werke mittels Vorrichtungen zu ihrer mechanischen Wiedergabe erstreckt wird. Dies sollte nach Auffassung der Deutschen Regierung durch einen entsprechenden Hinweis ausdrücklich klargestellt werden, ebenso wie es zu Artikel 11 Abs. 1 bereits hinsichtlich des Aufführungsrechts vorgeschlagen worden ist.

Darüber hinaus erscheint es nach Ansicht der deutschen Regierung angemessen, bei dieser Gelegenheit den Artikel 11ter auch insoweit dem Artikel 11 anzugleichen, als dort neben dem Aufführungsrecht noch das Recht besonders erwähnt wird, die öffentliche Übertragung der Aufführung durch irgendein Mittel zu erlauben. Durch eine solche vollständige Angleichung des Vortragsrechts an das Aufführungsrecht würde eine seit langem von den Urhebern literarischer Werke als unbefriedigend empfundene Lücke der Übereinkunft geschlossen werden.

Die Deutsche Regierung schlägt dementsprechend folgende Neufassung des Artikels 11ter vor:

„Die Urheber von Werken der Literatur genießen das ausschließliche Recht zu erlauben:

1. den öffentlichen Vortrag ihrer Werke einschließlich des öffentlichen Vortrags mittels Vorrichtungen zur mechanischen Wiedergabe der Werke;

2. die öffentliche Übertragung des Vortrags ihrer Werke durch irgendein Mittel.

Vorbehalten bleibt die Anwendung der Bestimmungen des Artikels 11bis."

Zu Artikel 12

Als Oberbegriff für alle geschützten Werke wird in der Übereinkunft im allgemeinen die Wendung „Werke der Literatur und Kunst" verwandt, vgl. z. B. Artikel 10 Abs. 2 und Artikel 11bis. Die Werke der Wissenschaft werden nur in der Aufzählung der geschützten Werkarten in Artikel 2 Abs. 1 erwähnt. Um Artikel 12 mit dieser allgemeinen Terminologie in Einklang zu bringen, schlägt die Deutsche Regierung vor, das Wort „Wissenschaft" zu streichen.

Zu Artikel 13 (Aufhebung des bisherigen Absatzes 1)

Die Deutsche Regierung stimmt der vorgeschlagenen Streichung dieser Vorschrift zu, hält es jedoch für zweckmäßig, die Einbeziehung der dort vorgesehenen Rechte in den neuen Artikel 9 Abs. 1 und in den Artikel 11 durch ausdrückliche Hinweise in diesen Bestimmungen klarzustellen, wie oben zu Artikel 9 Abs. 1 und Artikel 11 Abs. 1 bereits ausgeführt.

Zu Artikel 13 Abs. 1

Die Deutsche Regierung begrüßt die vorgesehene Beseitigung der Zwangslizenz für die öffentliche Aufführung musikalischer Werke mittels Vorrichtungen zu ihrer mechanischen Wiedergabe.

Hinsichtlich der beibehaltenen Zwangslizenz für die Aufnahme dieser Werke auf solche Vorrichtungen, hält die Deutsche Regierung eine gewisse Erweiterung für erforderlich. Musikalische Werke sind häufig mit einem Text verbunden, ohne dessen Wiedergabe sie nicht verwertet werden können. Soll die Zwangslizenz für die Aufnahme musikalischer Werke auf Vorrichtungen zu ihrer mechanischen Wiedergabe nicht weitge-

hend an Bedeutung verlieren, so muß sie auf solche mit den Werken verbundenen Texte erstreckt werden. Die Notwendigkeit zu dieser Erweiterung, die keine sachliche Änderung gegenüber dem geltenden Rechtszustand bedeutet, ergibt sich aus der vorgesehenen Einführung eines allgemeinen Vervielfältigungsrechts in dem neuen Artikel 9 Abs. 1, durch die erstmals auch den Urhebern der mit musikalischen Werken verbundenen Texte das ausschließliche Recht gewährt wird, die Aufnahme ihrer Werke auf Vorrichtungen zur mechanischen Wiedergabe zu erlauben.

Die Deutsche Regierung schlägt vor, diese notwendige Erweiterung in der Weise vorzunehmen, daß hinter den Worten „Urheber von musikalischen Werken" die Worte „mit oder ohne Text" eingefügt werden.

Zu Artikel 13 Abs. 2

Auch die zu dieser Bestimmung vorgeschlagenen Einschränkungen werden von der Deutschen Regierung begrüßt. Auch hier ist jedoch eine Erstreckung auf die mit musikalischen Werken verbundenen Texte notwendig. Dafür wird folgende Neufassung vorgeschlagen:

„(2) Die Tonträger, auf die musikalische Werke mit oder ohne Text in einem Verbandsland entsprechend Artikel 13 Abs. 3 der am 2. Juni 1928 in Rom und am 26. Juni 1948 in Brüssel unterzeichneten Übereinkünfte übertragen worden sind, können in diesem Land bis zum 31. Dezember 19. . ohne Zustimmung der Urheber dieser Werke vervielfältigt werden."

Zu Artikel 14 Abs. 1

Die Deutsche Regierung begrüßt die vorgeschlagene Ergänzung der Bestimmung durch das Recht der Drahtfunksendung und die vorgesehene Einbeziehung des bisherigen Artikels 14 Abs. 4. Sie hält die Bestimmung jedoch auch in dieser Neufassung insofern für unbefriedigend, als sie die den Urhebern von Werken der Literatur und Kunst hinsichtlich der filmischen Bearbeitung und Vervielfältigung ihrer Werke zustehenden Rechte nur unvollständig anführt. Dies führt zu einer Unausgewogenheit der Bestimmungen des Artikels 14, da in den neuen Absätzen 4 und 6 eine vollständige Aufzählung aller Rechte einschließlich des Rechts der Rundfunksendung und des Rechts der öffentlichen Wiedergabe vorgesehen ist. Die Deutsche Regierung schlägt daher vor, auch in Artikel 14 Abs. 1 alle den Urhebern von Werken der Literatur und Kunst hinsichtlich der filmischen Bearbeitung und Vervielfältigung ihrer Werke zustehenden Rechte zu nennen.

Die Anführung auch des Rechts der Rundfunksendung in Absatz 1 hat zugleich den Vorteil, daß die Frage der Anwendbarkeit der Bestimmungen in Artikel 11 bis Abs. 2 und 3 über die Zwangslizenz zugunsten des Rundfunks und die ephemeren Aufnahmen auf Bild- und Tonträger eindeutig geregelt werden kann. Was die Art und Weise dieser Regelung betrifft, so würde es die Deutsche Regierung für angemessen halten, die Anwendbarkeit der Bestimmung über die Zwangslizenz ebenso wie es für

die entsprechende Regelung in Artikel 13 Abs. 1 vorgesehen ist, auszuschließen, die Anwendung der Bestimmung über die ephemeren Aufnahmen dagegen vorzubehalten.

Bei der entsprechenden Neufassung des Artikels 14 Abs. 1 sollte ferner aus den zu Artikel 12 bereits dargelegten Gründen das Wort „Wissenschaft" am Anfang der Bestimmung gestrichen werden.

Dementsprechend wird insgesamt folgende Neufassung des Artikels 14 Abs. 1 vorgeschlagen:

„(1) Die Urheber von Werken der Literatur oder Kunst haben das ausschließliche Recht zu erlauben:

1. die filmische Bearbeitung und Vervielfältigung dieser Werke und die Verbreitung der auf solche Weise bearbeiteten oder vervielfältigten Werke;

2. die öffentliche Vorführung, die Drahtfunksendung, die Rundfunksendung und die öffentliche Wiedergabe der auf diese Weise bearbeiteten oder vervielfältigten Werke.

Die Bestimmungen der Artikel 11 bis Abs. 2 und 13 Abs. 1 finden keine Anwendung, jedoch bleibt die Anwendung des Artikel 11 bis Abs. 3 vorbehalten."

Zu Artikel 14 Abs. 2 und 3

Keine Bemerkungen.

Zu Artikel 14 Abs. 4

Wie bereits zu Artikel 2 Abs. 2 ausgeführt, schlägt die Deutsche Regierung vor, in Artikel 14 Abs. 4 Unterabsatz 1 die Worte „durch einen Bildträger festgelegten" zu streichen. Im übrigen werden keine Einwendungen gegen die vorgesehene Regelung erhoben. Hierbei geht die Deutsche Regierung jedoch von folgenden Voraussetzungen aus:

a) Die in Unterabsatz 2 vorgesehene Befugnis der Verbandsländer, für die Erlaubnis oder Verpflichtung nach Unterabsatz 1 einen schriftlichen Vertrag oder einen gleichwertigen Akt vorzuschreiben, darf nach Ansicht der Deutschen Regierung nur für solche Filmwerke gelten, für die das betreffende Land Ursprungsland ist. Macht also z. B. Frankreich von der genannten Befugnis Gebrauch, so muß es gleichwohl möglich bleiben, sich auch bei Nichteinhaltung der französischen Formvorschrift in Frankreich auf die Auslegungsregel des Artikels 14 Abs. 4 Unterabsatz 1 zu berufen, wenn es sich um ein Filmwerk handelt, in dessen Ursprungsland eine entsprechende Formvorschrift nicht besteht. Eine andere Auslegung würde dem Sinn der vorgesehenen Auslegungsregel widersprechen, dem Filmhersteller den Erwerb der für die Auswertung des Filmwerkes in allen Verbandsländern erforderlichen Rechte zu erleichtern, da der Filmhersteller dann stets die Formvorschriften aller Verbandsländer beachten müßte.

Die Deutsche Regierung ist der Auffassung, daß sich die notwendige Beschränkung der Wirkung eines Vorbehalts nach Unterabsatz 2 auf

Filmwerke, für die das betreffende Land Ursprungsland ist, bereits aus dem Zusammenhang des Unterabsatzes 2 mit dem Unterabsatz 1 des Artikels 14 Abs. 4 ergibt, in dem ausdrücklich auf die Gesetzgebung des Ursprungslandes des Filmwerkes Bezug genommen wird. Sollten hiergegen jedoch Bedenken geäußert werden, regt die Deutsche Regierung an, die notwendige Beschränkung durch folgende Neufassung des Unterabsatzes 2 ausdrücklich klarzustellen:

„Die Verbandsländer sind befugt, in Ansehung der Filmwerke, für die sie Ursprungsland sind, vorzusehen, daß die oben aufgeführte Erlaubnis oder Verpflichtung durch schriftlichen Vertrag oder einen gleichwertigen Akt begründet sein muß."

b) Aus der Bezugnahme auf die Gesetzgebung des Ursprungslandes in Unterabsatz 1 ergibt sich nach Auffassung der Deutschen Regierung ferner, daß auch die Frage, ob und inwieweit im Fall einer etwaigen Vorausabtretung der Rechte des Urhebers an einen Dritten, insbesondere an eine Verwertungsgesellschaft, die Anwendbarkeit der Auslegungsregel ausgeschlossen ist, allein nach der Gesetzgebung des Ursprungslandes des Filmwerkes zu beurteilen ist.

Zu Artikel 14 Abs. 5 und 6

Keine Bemerkungen.

Zu Artikel 14 bis

Wie in Artikel 12 und Artikel 14 Abs. 1 sollte in Artikel 14 Abs. 7 Unterabsatz 1 das Wort „Wissenschaft" gestrichen werden.

Zu Artikel 14 bis

Die Deutsche Regierung regt an, den in Artikel 4 Abs. 2 neu vorgesehenen Anknüpfungspunkt des Wohnsitzes auch in Artikel 14 bis Abs. 2 zu berücksichtigen und dementsprechend diese Bestimmung wie folgt neu zu fassen:

„(2) Der im vorhergehenden Absatz vorgesehene Schutz kann in jedem Verbandsland nur beansprucht werden, sofern die Gesetzgebung des Landes, dem der Urheber angehört oder in dem er seinen Wohnsitz hat, diesen Schutz zugesteht und soweit es die Gesetzgebung des Landes zuläßt, wo dieser Schutz beansprucht wird."

Zu Artikel 15 bis 20

Keine Bemerkungen.

Zum Protokoll über die Entwicklungsländer

Keine Bemerkungen.

Zum Zusatzprotokoll betreffend Staatenlose und Flüchtlinge

Keine Bemerkungen.

Zum Zusatzprotokoll betreffend die Werke bestimmter internationaler Organisationen

Die Deutsche Regierung hält die vorgeschlagene allgemeine Verweisung auf die Bestimmungen der Artikel 4, 5 und 6 der Übereinkunft für unklar, da diese Bestimmungen den nach der Übereinkunft zu gewährenden

Schutz unterschiedlich regeln. Außerdem trägt die vorgesehene Regelung nicht dem Umstand Rechnung, daß im System der Übereinkunft das Ursprungsland des zu schützenden Werkes eine wichtige Rolle spielt.

Den genannten Bestimmungen der Artikel 4, 5 und 6 läßt sich nicht entnehmen, welches Land als Ursprungsland eines Werkes anzusehen ist, das zum erstenmal in einem verbandsfremden Land veröffentlicht worden ist und dessen Urheber keinem Verbandsland angehört. Nur in diesem Fall hat jedoch das Zusatzprotokoll überhaupt praktische Bedeutung, da in allen anderen Fällen die von den genannten Organisationen veröffentlichten Werke bereits unmittelbar auf Grund der Übereinkunft Schutz genießen.

Die Deutsche Regierung regt daher an, die Formulierung des Zusatzprotokolls zu überarbeiten, um Unklarheiten bei seiner Anwendung zu vermeiden.

2. Verwaltungs- und Schlußvorschriften (Artikel 20 bis bis 32)

Stellungnahme der Regierung der Bundesrepublik Deutschland zu den Vorschlägen für eine Revision der die Verwaltung betreffenden Vorschriften der Pariser Verbandsübereinkunft zum Schutz des gewerblichen Eigentums und der Berner Übereinkunft zum Schutz von Werken der Literatur und Kunst, der Schlußbestimmungen dieser Übereinkünfte sowie für eine neue Übereinkunft zur Gründung einer internationalen Organisation für geistiges Eigentum (Dokumente S/3, S/9 und S/10). Vom 15. Januar 1967.

Die deutsche Regierung begrüßt den Vorschlag, die Verwaltungsstruktur der Pariser Verbandsübereinkunft zum Schutz des gewerblichen Eigentums und der Berner Übereinkunft zum Schutz von Werken der Literatur und Kunst zu modernisieren und gleichzeitig durch eine neue Übereinkunft eine internationale Organisation für den Schutz des geistigen Eigentums zu gründen. Ebenso wie andere große Staatenverbände ihre aus vergangenen Jahrzehnten stammende Verwaltungsstruktur inzwischen modernisiert und den neuen Gegebenheiten der internationalen Rechtsentwicklung angepaßt haben, erscheint auch für die Pariser und Berner Union eine Neugestaltung ihrer noch aus dem vorigen Jahrhundert stammenden Organisationsstruktur und ihre Anpassung an die moderne Entwicklung internationaler zwischenstaatlicher Organisationen geboten. Die Deutsche Regierung ist außerdem der Auffassung, daß die Änderung der Verwaltungsstruktur der bestehenden Übereinkünfte und die Gründung der neuen Organisation einem Bedürfnis entspricht, das sich aus der zunehmenden Verflechtung der kulturellen und Handels-Beziehungen der Völker untereinander ergibt. Diese Entwicklung läßt auch die Bildung einer eigenen Organisation geraten erscheinen, die sich weltweit dem Schutz des geistigen Eigentums widmen kann und dafür in besonderer Weise geeignet ist. Eine solche Organisation wird zum Kristallisationspunkt aller in diesem Bereich bestehenden Bestrebungen werden,

auf diese Weise die Zusammenarbeit der Völker auf technischem und kulturellem Gebiet fördern und das gegenseitige Verständnis erleichtern. Sie wird auch ein Forum sein, auf dem sich Staaten verschiedener technischer Entwicklungsstufen treffen und die Probleme erörtern können, die sich aus dieser Verschiedenartigkeit ergeben.

Die Deutsche Regierung hält es auch für zweckmäßig, die neue Organisation aus den traditionsreichen und bewährten Unionen von Paris und Bern heraus zu entwickeln. Dadurch kann eine konsequente Fortentwicklung des in diesen Unionen schon Erreichten gewährleistet und ein unfruchtbares Nebeneinander verschiedener Institutionen mit gleicher oder ähnlicher Zielsetzung vermieden werden.

Die Deutsche Regierung ist allerdings auch der Auffassung, daß die internationale Organisation für den Schutz des geistigen Eigentums, wie sie sich nach dem jetzt vorgelegten Entwurf einer IPO-Konvention darbietet, eine Mindestlösung darstellt. Sie hätte eine Lösung vorgezogen, die, wie dies etwa in dem Vorentwurf von 1964 vorgesehen war, der neuen Organisation eine größere Selbständigkeit gewährt und die bestehenden Unionen in stärkerem Maße in die neue Organisation eingegliedert hätte. Die Deutsche Regierung ist aber im Interesse eines für alle in Betracht kommenden Staaten annehmbaren Ergebnisses der Stockholmer Konferenz grundsätzlich bereit, die nunmehr vorgeschlagene Lösung als Kompromiß anzunehmen, nachdem auf den verschiedenen vorbereitenden Konferenzen sehr unterschiedliche Auffassungen zu dieser Frage aufgetreten sind.

Die Deutsche Regierung möchte nicht zu allen Einzelheiten der Vorschläge Stellung nehmen. Sie behält sich vor, einzelne Punkte, etwa die Formulierung der Beitrittsklauseln in den Übereinkünften, bei späterer Gelegenheit aufzugreifen.

I.

Entwurf einer Übereinkunft zur Gründung einer internationalen Organisation zum Schutz des geistigen Eigentums (Dokument S/10) [1]

1. Zu Artikel 6

. . . . . .

c) Die frühere Fassung des Artikels 6 Absatz 3 Buchstabe (h) bestimmte, daß jeder *Staat* nur für sich selbst abstimmen dürfe. Die jetzige Fassung des Artikels 6 Absatz 3 Buchstabe (i) bestimmt, daß jeder *Delegierte* nur einen Staat vertreten und in seinem Namen abstimmen darf. Diese Fassung könnte zu Zweifelsfragen Anlaß geben, weil nach Artikel 6 Absatz 1 Buchstabe (b) ein Staat durch mehrere Delegierte vertreten sein kann. Es könnte die Meinung vertreten werden, daß bei einer aus mehreren Mitgliedern bestehenden Delegation einzelne Delegationsmitglieder auch

[1]) Dieser Abschnitt ist nur wiedergegeben, soweit auf ihn in den folgenden Abschnitten Bezug genommen wird, vgl. unten II, 2 und 5.

einen anderen Staat vertreten und für diesen abstimmen können. Um eine solche Auslegungsmöglichkeit von vornherein auszuschließen, sollte bestimmt werden, daß Stimmrechtsübertragungen nicht zulässig sind.

. . . . . .

7. Zu Artikel 15

Die Neufassung dieses Artikels sieht entgegen einer früheren Fassung nicht mehr vor, daß Unionsmitglieder ihrer Mitgliedschaft in der Organisation nur dann aufkündigen können, wenn sie vorher oder gleichzeitig ihre Mitgliedschaft in den Unionen aufgeben. Die Kündigung der Mitgliedschaft in der neuen Organisation soll also eine Mitgliedschaft in der Pariser oder Berner Union unberührt lassen. Diese Regelung bedeutet für die neue Organisation ein erhebliches Risiko. Nach Auffassung der Deutschen Regierung war die frühere Fassung zweckmäßiger, nach der eine Kündigung der IPO-Konvention ohne gleichzeitige Kündigung der Pariser und Berner Union nicht möglich war.

8. Zu Artikel 19

Falls entgegen dem Vorschlag der Deutschen Regierung an der jetzigen Fassung des Artikels 15 festgehalten werden sollte, müßte nach Auffassung der Deutschen Regierung Artikel 19 Absatz 3 gestrichen oder geändert werden. Artikel 19 Absatz 3 setzt voraus. daß eines Tages alle Mitgliedstaaten der Pariser Verbandsübereinkunft und der Berner Übereinkunft der neuen Organisation beigetreten sein werden und die Organisation auch nicht verlassen können, ohne gleichzeitig ihre Mitgliedschaft in den Übereinkünften von Paris und Bern aufzugeben. Diese Voraussetzung ist bei der jetzt vorgeschlagenen Fassung des Artikels 15 nach Auffassung der Deutschen Regierung nicht mit völliger Sicherheit gegeben.

II.

Verwaltungs- und Schlußvorschriften der Pariser Verbandsübereinkunft zum Schutz des gewerblichen Eigentums (Dokument S/3)

1. Die Deutsche Regierung begrüßt den Vorschlag, die neuen Verwaltungsvorschriften der Pariser Verbandsübereinkunft nicht, wie ursprünglich vorgesehen, in einem besonderen Protokoll zusammenzufassen, sondern unmittelbar in den Text des Unionsvertrages einzuarbeiten.

2. Zu Artikel 13 [2])

Zu Artikel 13 Absatz 3 g) ist dasselbe (Verbot der Stimmrechtsübertragung) zu bemerken wie oben unter I 1 c.

3. Zu Artikel 13 quinquies [3])

---

[2]) Vgl. Artikel 21 der Berner Übereinkunft.
[3]) Vgl. Artikel 23 der Berner Übereinkunft.

Die Deutsche Regierung stimmt der in Absatz 2 dieser Vorschrift vorgesehenen Regelung über die Annahme von Änderungen der Artikel 13 bis 13 quinquies grundsätzlich zu. Sie ist jedoch mit der von BIRPI in den Erläuterungen zu Artikel 13 quinquies unter Nummer 119 zum Ausdruck gebrachten Auffassung der Meinung, daß es weder üblich noch notwendig ist, die Regelung über die Versammlung der Union in Artikel 13 und die Regelung über die Abstimmungsmehrheiten in Artikel 13 quinquies Absatz 2 dem Prinzip der Einstimmigkeit zu unterwerfen. Die Deutsche Regierung hat Verständnis für die Erwägung, daß die Regelung über die Versammlung der Union als ihres entscheidenden Organs nur unter erschwerten Bedingungen änderbar sein soll. Sie ist aber der Auffassung, daß es nicht zweckmäßig wäre, die gesamte Regelung des Artikels 13 einem absoluten Vetorecht zu unterwerfen. Artikel 13 enthält sehr ins einzelne gehende Bestimmungen, insbesondere über die verschiedenen Befugnisse dieses Organs der Union. Angesichts der Differenziertheit dieser Regelung ist es leicht vorstellbar, daß sich im Laufe der Zeit ein Bedürfnis nach einer Änderung oder Ergänzung dieser Vorschrift herausstellt. Für diesen Fall aber würde der Deutschen Regierung ein absolutes Vetorecht als eine zu starke Erschwerung erscheinen, mit der sich die Mitgliedstaaten der Union selbst unnötige Hindernisse für eine sinnvolle Fortentwicklung in den Weg legen würden. Nach Auffassung der Deutschen Regierung würde man den Erwägungen, die im Entwurf zum Vorschlag des absoluten Vetorechts geführt haben, in völlig ausreichender Weise Rechnung tragen, wenn man für diese Frage eine besonders qualifizierte Mehrheit vorsehen würde, die mit Rücksicht auf die Bedeutung des Artikels 13 noch über die sonst vorgesehene Dreiviertelmehrheit hinaus gehen könnte. In Anlehnung an die in dem Entwurf der IPO-Konvention für die ebenfalls besonders wichtige Frage einer Umwandlung der neuen Organisation in eine Sonderorganisation der Vereinten Nationen in Artikel 6 Absatz 3 Buchstabe (f) vorgesehene Neunzehntelmehrheit könnte sich die Deutsche Regierung vorstellen, daß eine solche Mehrheit auch für Artikel 13 einerseits die erforderliche Erschwerung der Änderung bedeutet, andererseits aber nicht jede Änderung weitgehend unmöglich macht. In Artikel 13 quinquies Absatz 2 müßte dann insoweit eine entsprechende Mehrheit vorgesehen werden.

4. Zu Artikel 16 [4])

Die Deutsche Regierung ist der Auffassung, daß es an sich wünschenswert wäre, nicht nur für Drittstaaten (Artikel 16 bis), sondern auch für die Unionsstaaten nur einen Beitritt zur Stockholmer Fassung der Pariser Verbandsübereinkunft zum Schutz des gewerblichen Eigentums in ihrer Gesamtheit zuzulassen. Da bereits mehrere Fassungen dieser Übereinkunft in Kraft sind und auch für die Zukunft mit wiederholten Revisionen und Änderungen der Übereinkunft gerechnet werden muß, bedeutet die Spaltung der Stockholmer Fassung in zwei Teile, zu denen jeweils ein selbständiger Beitritt möglich ist, eine Komplizierung, die die Über-

---

[4]) Vgl. Artikel 25 der Berner Übereinkunft.

sicht über die rechtlichen Beziehungen der Mitgliedstaaten untereinander und zur Union selbst sehr erschweren wird. Trotzdem stimmt die Deutsche Regierung, wenn auch mit gewissen Bedenken, insoweit der in Artikel 16 Absatz 1 vorgesehenen Regelung zu.

Sie hält es aber nicht für zweckmäßig, auch einen Beitritt zu den neuen Verwaltungsbestimmungen der Pariser Verbandsübereinkunft zuzulassen, der nicht zugleich mit einem Beitritt zu der neuen Organisation für den Schutz des geistigen Eigentums verbunden ist. Abgesehen von der Übertragung der bisherigen Aufsichtsbefugnis der Schweizerischen Regierung auf die Versammlung der Pariser Union erhält die Reform der Verwaltungsstruktur der bestehenden Übereinkünfte erst im Hinblick auf die Gründung der neuen Organisation für den Schutz des geistigen Eigentums die beabsichtigte Bedeutung.

Daher sollte nach Auffassung der Deutschen Regierung diese Frage noch einmal geprüft werden.

5. Zu Artikel 20 [5])

Wegen der Bemerkungen zu Artikel 20 Absatz 4 kann auf die vorstehenden Ausführungen und die Ausführungen oben unter I 8 Bezug genommen werden.

III.

Verwaltungs- und Schlußvorschriften der Berner Übereinkunft zum Schutz von Werken der Literatur und Kunst (Dokument S/9)

Hinsichtlich der Vorschläge zur Änderung der die Verwaltung der Berner Union betreffenden Vorschriften und der Schlußbestimmungen der dieser Union zugrunde liegenden Übereinkunft nimmt die Deutsche Regierung auf die Bemerkungen oben unter II Bezug.

IV.

. . . . . .

IV.

Stellungnahme der österreichischen Bundesregierung

Zu Art. 2:

Die Berner Konvention bezieht sich ausschließlich auf W e r k e, also Ergebnisse einer individuellen geistigen Tätigkeit (Bappert-Wagner, Internationales Urheberrecht, 1956, S. 51 Anm. 2, mit weiteren Belegen). Damit läßt es sich nicht in Einklang bringen, wenn auf S. 15, vorletzter Absatz des Dokuments S/1 im Zusammenhang mit der Erörterung des Schutzes von Werken, die durch ein der Kinematographie ähnliches Verfahren hergestellt sind, Fernsehsendungen über Tagesereignisse erwähnt werden; das sind in aller Regel keine F i l m w e r k e. Im Generalbericht über die diplomatische Konferenz sollte deshalb erwähnt werden, daß Fernsehaufzeichnungen den Film w e r k e n zukommenden Konventionsschutz nur dann genießen, wenn sie schöpferische Leistungen sind.

Zu Art. 4 Abs. 2:

Der Begriff Wohnsitz — der auch an anderer Stelle verwendet wird — wird von den verschiedenen Rechtsordnungen verschieden definiert. Es wird deshalb empfohlen, entsprechend Art. 1 Abs. 3 des Internationalen Übereinkommens über das auf die Form letztwilliger Verfügungen anzuwendende Recht an einer passenden Stelle die Bestimmung einzufügen, daß die Frage, ob eine Person an einem bestimmten Ort einen Wohnsitz gehabt hat, durch das an diesem Orte geltende Recht geregelt wird.

Zu Art. 9:

1. Der hier verwendete Ausdruck „reproduction" könnte dann, wenn er als „Wiedergabe" verstanden wird (vgl. die Übersetzung des Wortes „reproduits" durch „wiedergegeben" in Art. 9 Abs. 1 der Brüsseler Fassung der BÜ), zu Auslegungsschwierigkeiten führen. Gemeint ist offenbar „Vervielfältigung" (§ 15 des österr. UrhG; § 16 des deutschen UrhG), und nicht das Recht der (unkörperlichen) Wiedergabe durch Vortrag, Aufführung oder Vorführung (§ 18 des österr. UrhG; §§ 19, 21 und 22 des deutschen UrhG). Um derartige Zweifel auszuschalten, wäre es zweckmäßig, „reproduction" im Text der Berner Übereinkunft, etwa in gleicher Weise zu definieren, wie dies im Art. 28 des französischen Urheberrechtsgesetzes vom 11. Mai 1957 geschehen ist:

«La reproduction consiste dans la fixation matérielle de l'œuvre par tous procédés qui permettent de la communiquer au public d'une manière indirecte.

Elle peut s'effextuer notamment par imprimerie, dessin, gravure, photographie, moulage et tout procédé des arts graphiques et plastiques, enregistrement mécanique cinématographique ou magnétique. Pour les œuvres d'architecture, la reproduction consiste également dans l'exécution répété d'un plan ou projet type.»

„Die ‚Reproduktion' besteht in der materiellen Festlegung des Werkes durch alle Verfahren, die seine Mitteilung an die Öffentlichkeit auf indirekte Weise ermöglichen. Sie kann insbesondere durch Druck, Zeichnung, Gravierung, Photographie, Abguß oder jedes Verfahren der graphischen oder plastischen Künste sowie der mechanischen oder kinematographischen Aufnahme bewirkt werden.
Bei Werken der Architektur besteht die Vervielfältigung auch in der wiederholten Ausführung eines Planes oder eines Modellprojektes."

Eine solche Definition würde überdies klarstellen, daß auch die Aufzeichnung eines Werkes auf Bild- oder Tonträgern eine Form der Vervielfältigung ist.

2. Im Zusammenhang mit Art. 9, welcher ein eigenes „Reproduktionsrecht" schafft, wird folgendes zur Erwägung gegeben: Manche Verlage erschweren die Aufnahme veröffentlichter Werke durch Schallplatten- oder Filmhersteller oder Fernsehunternehmer dadurch, daß sie die gedruckten Partituren und Orchesterstimmen nicht verkaufen, sondern zu weit über-

höhten Preisen „vermieten", um damit außer den Gebühren für die „mechanische" Vervielfältigung und die spätere öffentliche Aufführung eines solchen Bild- oder Tonträgers auch noch aus dem Titel der „Materialmiete" Einnahmen zu erzielen.

Die International Federation of Musicians hat daher vorgeschlagen, die vorgesehene Fassung des Art. 9 BÜ durch einen Absatz 3 mit folgendem Wortlaut zu ergänzen:

"It shall also be a matter for legislation in the countries of the Union to subject the exercise of that right to conditions ensuring that when a musical or dramatico-musical work has been published with the authorisation of the author thereof, the graphic copies of the work be made accessible to the public without improper restrictions."

Dieser Vorschlag wird übernommen.

Zu Art. 10 bis:

Das Wort „record" dürfte im Hinblick auf das allgemeine Vervielfältigungsrecht überflüssig sein.

Zu Art. 13 Abs. 1:

Im Art. 13 Abs. 1 (neu) sollte klargestellt werden, daß unter „musikalischen Werken" auch solche m i t Text (vgl. Art. 2 Abs. 1 BÜ) zu verstehen sind; andernfalls wären bei engherziger Auslegung Lieder und dramatisch-musikalische Werke von dieser Bestimmung ausgenommen, obwohl zahlreiche nationale Gesetzgebungen eine allfällige Zwangslizenz auf derartige Werke erstrecken (vgl. § 58 Abs. 2 des österr. UrhG; § 61 Abs. 5 des deutschen UrhG; Art. 18 des schweiz. UrhG; Sect. 8 Abs. 5 des britischen Copyright Act 1956). Diese Klarstellung erscheint umso notwendiger, als in dem vorgeschlagenen Art. 14 Abs. 6 von „musikalischen Werken mit oder ohne Text" gesprochen wird, was einen Umkehrschluß geradezu herausfordert.

Zu Art. 13 Abs. 2:

Als Ende der Übergangsfrist wird der 31. Dezember 1970 vorgeschlagen.

Zu Art. 14:

1. Es erscheint im Art. 14 Abs. 1 BÜ neuer Fassung (welcher insoweit aus der Brüsseler Fassung unverändert übernommen wurde) nicht recht folgerichtig, von den Urhebern von Werken „der Literatur, Wissenschaft oder Kunst" zu sprechen, weil nach der Definition des Art. 2 Abs. 1 die wissenschaftlichen Werke eine Unterart der „Werke der Literatur und Kunst" sind. Auch im vorgeschlagenen Art. 10 bis wird von „Werken der Literatur oder Kunst" gesprochen. Es wäre daher zweckmäßig, die Diktion des Art. 14 Abs. 1 und des vorgeschlagenen Art. 14 Abs. 7 jener Bestimmung anzugleichen.

2. Das österreichische Recht sieht für gewerbsmäßig hergestellte Filmwerke vor, daß die Verwertungsrechte dem Inhaber des Unternehmens

— dem Filmhersteller — zustehen; Urheberrechte, die an den bei der Schaffung des Filmwerkes benutzten Werken bestehen, werden durch diese Bestimmung nicht berührt. Von diesem Grundsatz gibt es nur eine Ausnahme: Zur Verwertung von Bearbeitungen und Übersetzungen eines Filmwerkes bedarf es außer der Einwilligung des Filmherstellers auch der Einwilligung der in der Urheberbezeichnung genannten Urheber. Einen Anspruch, auf den Film und in Ankündigungen des Filmwerkes als dessen Urheber genannt zu werden, haben die Personen, die an der Schaffung des Filmwerkes derart mitgewirkt haben, daß der Gesamtgestaltung des Werkes die Eigenschaft einer eigentümlichen geistigen Schöpfung zukommt.

Für nicht gewerbsmäßig hergestellte Filmwerke bestehen keine Sonderbestimmungen.

Die österreichische Regierung vertritt die Auffassung, daß Österreich bei Annahme der Revisionsvorschläge sowohl berechtigt sein wird, diese Regelung beizubehalten als auch die derzeit für gewerbsmäßig hergestellte Filmwerke bestehenden Sondervorschriften auf nicht gewerbsmäßig hergestellte Filmwerke auszudehnen. Dies hervorzuheben erscheint deshalb zweckmäßig, weil Art. 14 Abs. 2 neuer Fassung erklärt, der Urheber eines Filmwerkes habe die gleichen Rechte wie der Urheber eines Originalwerkes, woraus möglicherweise versucht werden könnte, die gegenteilige Meinung abzuleiten.

3. Das Bundesministerium für Justiz hält den Grundgedanken, der dem Art. 14 Abs. 4 bis 7 zugrunde liegt, für einen vernünftigen Kompromiß zwischen den einander widerstreitenden Standpunkten. Im einzelnen dürfte die Regelung jedoch nicht praktikabel sein, weil im vorhinein nicht feststeht, welcher Verbandsstaat auf Grund der Veröffentlichung das Ursprungsland sein wird und weil ferner das Ursprungsland in der Regel wechseln wird, sich nämlich meistens zuerst nach Art. 4 Abs. 4 lit. c und dann nach Art. 4 Abs. 4 lit. a oder b bestimmen wird.

V.

Stellungnahme der schweizerischen Bundesregierung

Zu Art. 2

Absätze 1 und 2 (neu)

Die Fixierung auf einem gegenständlichen Werkträger ist für Fernsehsendungen keine begriffnotwendige Voraussetzung, um die Qualität einer geistigen Schöpfung zu erlangen. Wir schlagen deshalb vor, die Fixierung für diese Kategorie von Werken nicht zu einer Schutzvoraussetzung zu machen. Der Satzteil „und auf einem Werkträger festgehalten sind" könnte deshalb aus dem neuen Art. 2 Abs. 2 entfernt werden.

Absatz 7

Die Tagesneuigkeiten und verschiedenen Nachrichten, deren Regelung nach dem Vorschlag des Revisionsprogrammes vom Art. 9 Abs. 3 des Konventionstextes von Brüssel in den Art. 2 Abs. 7 verschoben werden soll, stellen für sich selbst genommen keine Werke im Sinne der Berner Konvention dar. Der Grundsatz, daß diese Leistungen nicht durch die Konvention geschützt seien, versteht sich daher von selbst. Er wäre noch vertretbar im Zusammenhang mit einer Bestimmung, welche völlig dem Schutze von Presseartikeln gewidmet ist; im Art. 2 hat er jedoch keine Existenzberechtigung mehr. Die nächste Revision der Konvention scheint uns eine günstige Gelegenheit, um die erwähnte Bestimmung aus der Konvention zu entfernen. Um zu vermeiden, daß die Unterdrückung dieser Bestimmung als eine Ausdehnung des Konventionsschutzes auf die genannten Informationen aufgefaßt wird, könnte der Generalrapport deren Gründe klarstellen.

Art. 2 bis

Absatz 2

Es wäre wünschenswert, daß die diplomatische Konferenz die Frage prüft, ob den Staaten nicht die Befugnis zuerkannt werden sollte, auch

---

*) In Ergänzung der Dokumentation in UFITA Bd. 49 (1967) S. 179 ff., anschließend an S. 313. — D. Schr.

die Übermittlung der in diesem Artikel erwähnten Werke durch die Organe des Rundfunks und des Fernsehens zu erlauben.

Art. 4

Absatz 1

Die Regierung der Schweizerischen Eidgenossenschaft gibt ihr Einverständnis zu einer Ausdehnung des Schutzbereiches des Konventionsschutzes an Werken, welche von Unionsurhebern zum erstenmal außerhalb des Vertragsgebietes der Konvention veröffentlicht worden sind. Sie würde auch einer Lösung zustimmen, welche geeignet ist, den Anwendungsbereich des Grundsatzes von der Nationalität des Urhebers noch weiter auszudehnen und welche das Herkunftsland des Urhebers zum alleinigen Ursprungsland aller seiner Werke machen würde, unabhängig davon, ob sie veröffentlicht seien oder nicht, und ohne Rücksicht, welches das Land ihrer ersten Veröffentlichung sei. Würde eine solche Bestimmung angenommen, so hätte die Veröffentlichung als Kriterium für die Beziehung des Werkes zur Konvention nur noch für die Werke von Urhebern Bedeutung, welche nicht aus einem Konventionsstaat stammen und nicht in einem Konventionsstaat niedergelassen sind. Eine solche Regelung hätte gegenüber dem Vorschlag des Revisionsprogrammes den Vorteil, daß alle Werke eines Verbandsurhebers vor und nach ihrer Publikation denselben rechtlichen Status genießen könnten. Daraus würde im Vergleich zu der im Revisionsprogramm vorgeschlagenen Regelung eine Vereinfachung in der Anwendung der Konvention entstehen. Nach der vorgeschlagenen Regelung ist man nämlich gezwungen, für jedes Werk zu ermitteln, in welchem Konventionsland es zum erstenmal veröffentlicht worden sei, wobei zudem die verhältnismäßig komplizierten Bestimmungen von Art. 4 Abs. 4 (neu) zu beachten sind.

Die Annahme der hier in Frage stehenden Regelung würde eine Anpassung einiger anderer im Revisionsprogramm neu formulierten Bestimmungen nach sich ziehen, insbesondere könnte Art. 4 Abs. 4 auf eine einzige Regel beschränkt werden, laut welcher der Verbandsstaat, aus welchem ein Urheber stammt, das Ursprungsland seiner sämtlichen veröffentlichten oder unveröffentlichten Werke wäre. Durch eine solche Regelung würde zudem der gegenwärtige Art. 5 überflüssig.

Absatz 5

Wir würden der gegenwärtigen Definition der Veröffentlichung im Sinne der Konvention eine liberalere Definition vorziehen, laut welcher ein Werk als veröffentlicht gilt, wenn es in einer Zahl von Exemplaren rechtmäßig herausgegeben worden ist, welche genügt, um das Werk öffentlich zugängig zu machen.

Art. 6

Es wäre nützlich, im Generalbericht klarzustellen, daß der Art. 6 Abs. 1 in Anwendung von Art. 4 Abs. 2 (neu) seine Wirkung lediglich zugun-

sten von fremden Urhebern entfaltet, welche nicht in einem Verbandsland niedergelassen sind.

Art. 7

Absatz 7

Es würde dem Grundsatz der nationalen Behandlung, welche alle anderen Bestimmungen der Konvention beherrscht, besser entsprechen, wenn vorgesehen würde, daß die Dauer des Schutzes derjenigen des Landes entsprechen soll, in welchem der Schutz beansprucht wird, es sei denn, dieses letztgenannte Land sehe ausdrücklich vor, daß der Schutz zeitlich denjenigen des Ursprungslandes des Werkes nicht überschreiten dürfe. Die Regelung könnte wie folgt formuliert werden:

„Die Schutzdauer richtet sich in allen Fällen nach dem Gesetz des Landes, in welchem der Schutz beansprucht wird; dieses Land darf jedoch festlegen, daß die Schutzdauer diejenige des Ursprungslandes des Werkes nicht überschreiten solle."

Art. 10

Absatz 1

Wir begrüßen grundsätzlich, daß ein allgemeines Zitatrecht, welches alle Kategorien von geschützten Werken umfaßt, in die Konvention aufgenommen wird. Wir sind jedoch der Meinung, daß die Bedingung, welche mit den Worten „in dem durch den Zweck gerechtfertigten Umfange" ausgedrückt wird, nicht genügend einschränkend wirkt. Um die rein akzessorische Aufgabe deutlich hervorzuheben, welche die Zitate haben müssen, um zulässig zu sein, schlagen wir folgende Formulierung vor:

„... unter der Bedingung, daß sie dem Üblichen entsprechen und in dem Umfange, in welchem sie im Zusammenhang zur Erklärung, zum Verweis oder zur Illustration dienen; eingeschlossen sind die Zitate von Artikeln ..."

Art. 10bis

Wir schlagen vor, im letzten Teil der Bestimmung die Worte „öffentliche Übermittlung" durch einen Ausdruck zu ersetzen, welcher einen umfassenderen Sinn hat und welcher alle Handlungen einschließt, durch die das Werk der Öffentlichkeit zugängig gemacht werden kann.

Art. 11bis

Das Recht der öffentlichen Übertragung von Werken ist den Urhebern von dramatischen, dramatisch-musikalischen und musikalischen Werken in Art. 11 zuerkannt worden. Es ist vorgesehen, dieses Recht auch den Urhebern von Filmwerken und von Werken welche für die Wiedergabe durch das Mittel der Kinematographie adaptiert worden sind, zu erteilen. Es scheint uns daher billig, den Urhebern literarischer Werke das Recht zuzuerkennen, den öffentlichen Vortrag ihrer Werke durch Draht zu übermitteln.

Art. 14

Absatz 4

a) Durch die in Abs. 4 Alinea 1 vorgeschlagene Bestimmung würde die Berner Konvention den Verbandsstaaten eine Interpretationsregel aufzwingen in einem Rechtsgebiet, nämlich demjenigen des Vertragsrechtes, welches seiner Natur nach allein im nationalen Kompetenzbereich steht. Dieser Eingriff des internationalen Gesetzgebers in die Gesetzgebungshoheit der Verbandsstaaten, welche in der Berner Konvention einmalig ist, scheint uns einer genauen Prüfung anläßlich der Revisionskonferenz wert zu sein.

b) In ihrer gegenwärtigen Form scheint uns die Interpretationsregel Anlaß zur Unsicherheit bezüglich ihrer rechtlichen Wirkung zu geben.

Diese Regel macht den Produzenten nicht zum Zessionar des Urhebers des kinematographischen Werkes. Ihre einzige Wirkung besteht darin, die Urheber, welche keine gegenteilige oder ausdrückliche Abmachung mit dem Produzenten getroffen haben, daran zu hindern, ihr Recht auszuüben und Dritten die Ausbeutung des kinematographischen Werkes zu verbieten.

Der vorgeschlagene Text stellt nicht klar, ob die Interpretationsregel nur gegenüber dem Produzenten Gültigkeit hat, oder ob die Urheber auch gegenüber Dritten, insbesondere gegenüber den Kinos und den Fernsehorganisationen, auf die Ausübung ihrer Rechte verzichten müssen. Wenn die Regelung nur zugunsten des Produzenten Anwendung findet, sind die Urheber frei, sich einer Ausbeutung ihres Filmwerkes auch durch Kinos und Fernsehorgane entgegenzustellen, selbst wenn diese vom Produzenten eine Bewilligung zur Vorführung erhalten haben sollten.

Eine solche Lage ist für den Produzenten sicher nicht befriedigend, da er keine Garantie für die friedliche Ausnutzung des Filmwerkes erhalten könnte. Wenn im Gegenteil die Interpretationsregel ihre Wirkungen auch gegenüber Dritten entfaltet und die Urheber verpflichtet, die Ausnutzung des Werkes nicht nur durch den Produzenten, sondern auch durch Dritte zu gestatten, so müßte dies die Bestimmung zum Ausdruck bringen. Sie müßte in diesem Falle klarstellen, zugunsten welcher Drittpersonen diese Klausel wirkt.

Da die Urheber auf der einen Seite Inhaber der Rechte bleiben, welche mit einem Filmwerk verbunden sind, sind sie allein berechtigt, gegen Dritte, die das Werk benutzen, ohne durch die Interpretationsregel begünstigt zu sein, auf dem Rechtswege vorzugehen. Was den Produzenten betrifft, so hat er kein Urheberrecht erworben und verfügt deshalb über kein direktes Klagerecht gegenüber Dritten, welche das Recht verletzen. Er könnte höchstens die Urheber bitten, seine verletzten Interessen zu wahren, indem sie wegen Verletzung ihrer Urheberrechte Klage erheben. Sofern sie sich jedoch nicht gegenüber dem Urproduzenten dazu verpflichtet haben, stehen die Urheber unter keiner Verpflichtung zu han-

deln, selbst dann nicht, wenn die Interessen des Produzenten schwer bedroht oder verletzt worden sind.

Es scheint sich noch eine andere Frage zu stellen im Zusammenhang mit der Regelung von Art. 14 Abs. 4 Alinea 1. Ein Urheber, welcher die vereinbarten Entschädigungen nicht erhalten hat, könnte grundsätzlich als Gläubiger einer fälligen Schuld die Beschlagnahme des Originalnegativs und aller Kopien des Films beantragen. Durch diese Maßnahme würde er der Ausbeutung des Filmwerkes durch den Produzenten ein Hindernis in den Weg legen. Wäre eine solche Beschlagnahme vereinbar mit der Interpretationsregel in einem Falle, in welchem eine Vereinbarung besteht, durch die dem Urheber die Befugnis eingeräumt ist, die Ausbeutung des Werkes zu verhindern?

Wir sind der Ansicht, daß die Fragen, welche hier unter lit. b aufgeworfen worden sind, durch die diplomatische Konferenz im einzelnen geprüft werden sollten.

Absatz 5

Die Regelung, welche in dieser Bestimmung enthalten ist, erscheint uns überflüssig. Nach unserer Ansicht sind die Staaten jedenfalls frei, eine Entschädigungsform für die Urheber vorzusehen, welche in einer Beteiligung an den Einnahmen bestünde, die durch die Auswertung des Werkes erzielt werden.

Neuer Absatz (Urheberpersönlichkeitsrecht)

Es scheint uns wünschenswert, in die Berner Konvention womöglich in den Art. 14 in der Nachbarschaft von dessen Absatz 4 eine Bestimmung einzuführen, welche gewisse Grenzen der Ausübung des Urheberpersönlichkeitsrechts durch die Urheber von Filmwerken festlegt. Insbesondere das Recht, am Werke Änderungen vorzunehmen, ist Gegenstand der Konflikte, welche in diesem Bereich entstehen. Wir schlagen vor, die Ausübung des Urheberpersönlichkeitsrechtes durch die Urheber von Filmwerken durch folgende Bestimmung zu regeln.

„Die Urheber, welche Abs. 4 Al. 1 unterstehen, können sich unter Vorbehalt von gegenteiligen oder ausdrücklichen Vereinbarungen Änderungen des kinematographischen Werkes nicht entgegenstellen, welche für die Realisierung und die Nutzung desselben unerläßlich sind, soweit diese Änderungen mit Art. 6 ^{bis} Abs. 1 vereinbar sind."

Durch die Bezugnahme auf Art. 6 ^{bis} wird klargestellt, daß die vorgeschlagene Bestimmung das Recht der Urheber von kinematographischen Werken unangetastet läßt, sich allen Änderungen des Werkes zu widersetzen, welche ihre Ehre und ihr Ansehen beeinträchtigen.

*

Die Behörden der Schweiz. Eidgenossenschaft behalten sich die Befugnis vor, die hier gemachten Vorschläge im Verlaufe der Arbeiten an der diplomatischen Konferenz durch die Vermittlung ihrer Delegation ergänzen und vervollständigen zu lassen.

(Übersetzung aus dem französischen Originaltext von Prof. Dr. Mario M. Pedrazzini, St. Gallen)

B. Die Kommissionsvorschläge

Auf dem Programm der Stockholmer Konferenz über geistiges Eigentum 1967 standen neben einer Revision der materiellrechtlichen Bestimmungen der Berner Übereinkunft zum Schutz von Werken der Literatur und Kunst eine Ergänzung des Artikels 4 der Pariser Verbandsübereinkunft zum Schutz des gewerblichen Eigentums sowie eine grundlegende Reform der Verwaltungsstruktur der Berner und Pariser Übereinkunft, verbunden mit der Errichtung einer neuen Weltorganisation für geistiges Eigentum.

Zur Bearbeitung dieses umfangreichen Programms wurden fünf Hauptkommissionen gebildet: Der Hauptkommission I oblag die Prüfung der Änderungsvorschläge zu den materiellrechtlichen Bestimmungen der Berner Übereinkunft mit Ausnahme des Protokolls betreffend die Entwicklungsländer, das von der Hauptkommission II beraten wurde. Die Hauptkommission III war für die Ergänzung des Artikels 4 der Pariser Verbandsübereinkunft zuständig. Die Hauptkommission IV bearbeitete die Neufassung der Verwaltungs- und Schlußbestimmungen der Berner Übereinkunft, der Pariser Verbandsübereinkunft und der mit dieser verbundenen Sonderabkommen, während die Hauptkommission V mit der Ausarbeitung des neuen Übereinkommens über die Errichtung einer Weltorganisation für geistiges Eigentum betraut war.

Nachstehend werden zunächst in deutscher Übersetzung die Berichte der drei mit der Neufassung der Berner Übereinkunft befaßten Hauptkommissionen I, II und IV wiedergegeben, die Verlauf und Ergebnis der Beratungen in diesen Kommissionen im einzelnen darstellen und wichtige Anhaltspunkte für die Auslegung der neuen Bestimmungen geben.

1. Bericht *) über die Arbeiten der Hauptkommission I der Stockholmer Konferenz von 1967 über geistiges Eigentum (materiell-rechtliche Bestimmungen der Berner Übereinkunft — Artikel 1 bis 20)

Von

Professor Svante Bergström

(Mitglied der Schwedischen Delegation)

Einführung

1. Die Vollversammlung des Berner Verbandes, die am 12. Juni 1967 unter dem Vorsitz von Gordon Grant (Vereinigtes Königreich) zusammentrat, setzte die Hauptkommission I (nachstehend „Kommission" genannt) mit der Auf-

---

*) Übersetzung aus „Le Droit d'Auteur" 1967, S. 190 ff.

gabe ein, die Vorschläge zur Revision der materiellrechtlichen Bestimmungen der Berner Übereinkunft (Artikel 1 bis 20) zu prüfen, mit Ausnahme jedoch der Vorschläge für die Errichtung eines Zusatzprotokolls betreffend die Entwicklungsländer, deren Prüfung nach der Geschäftsordnung der Konferenz zur Zuständigkeit der Hauptkommission II gehörte.

2. Die Vollversammlung des Berner Verbandes nahm ohne Widerspruch den Vorschlag der Schwedischen Delegation an, als Vorsitzenden der Kommission ein Mitglied der Delegation der Bundesrepublik Deutschland, als stellvertretenden Vorsitzenden ein Mitglied der tunesischen Delegation und als Berichterstatter Professor Svante Bergström (Schweden) zu wählen.

3. Das Büro der Kommission wurde dementsprechend aus folgenden Personen gebildet: Professor Eugen Ulmer (Bundesrepublik Deutschland), Vorsitzender; Mustapha Fersi (Tunesien), stellvertretender Vorsitzender; Professor Svante Bergström (Schweden), Berichterstatter. Nach Artikel 19 Absatz 1 der Geschäftsordnung der Konferenz wurde ferner Claude Massouyé (BIRPI) zum Sekretär der Kommission bestimmt.

4. Die Kommission wählte einen Redaktionsausschuß, dem unter dem Vorsitz von William Wallace (Vereinigtes Königreich) Vertreter der folgenden Länder angehörten: Australien (J. L. Curtis), Frankreich (Marcel Boutet), Indien (R. S. Gae), Mexico (Rojas y Benavides), Niederlande (Prof. S. Gerbrandy), Rumänien (T. Preda), Senegal (O. Goundiam), Schweden (Prof. S. Strömholm) und Tschechoslowakei (V. Strnad). Der Vertreter Frankreichs wies daraufhin, daß seine Mitarbeit im Redaktionsausschuß keine Billigung der von diesem redigierten Texte bedeute, wenn die französische Delegation den insoweit von der Kommission angenommenen Lösungen nicht zugestimmt habe. Diese Bemerkung gilt ebenso für die französische Teilnahme an den Arbeiten der unter Nummer 7 erwähnten Arbeitsgruppe.

5. Im Verlauf der Beratungen hielt es die Kommission für zweckmäßig, zur gründlichen Untersuchung einiger besonders bedeutsamer Fragen Arbeitsgruppen einzusetzen. Auf diese Weise wurden vier Arbeitsgruppen gebildet.

6 Die erste, unter dem Vorsitz von De Sanctis (Italien), hatte die Aufgabe, den Inhalt gewisser Ausnahmen vom Vervielfältigungsrecht in den Artikeln 9 (neuer Absatz 2) und 10 (Absatz 2) zu prüfen. Dieser Arbeitsgruppe gehörten Vertreter der folgenden Länder an: Elfenbeinküste, Frankreich, Italien, Japan, Österreich, Schweden, Tschechoslowakei, Vereinigtes Königreich.

7. Die zweite, unter dem Vorsitz von Prof. Ulmer (Bundesrepublik Deutschland), wurde beauftragt, die Regelung der Filmwerke zu prüfen. Dieser Arbeitsgruppe gehörten Vertreter der folgenden Länder an: Belgien, Brasilien, Bulgarien, Bundesrepublik Deutschland, Dänemark, Frankreich, Italien, Japan, Kongo (Kinshasa), Monaco, Schweden, Schweiz, Spanien, Tschechoslowakei, Vereinigtes Königreich.

8. Die dritte, unter dem Vorsitz von Strnad (Tschechoslowakei), sollte darüber beraten, ob etwa besondere Bestimmungen über die Folklore in die Übereinkunft eingefügt werden könnten. Dieser Arbeitsgruppe gehörten Vertreter der folgenden Länder an: Brasilien, Elfenbeinküste, Frankreich, Griechenland, Indien, Kongo (Brazzaville), Monaco, Niederlande, Schweden, Tschechoslowakei, Tunesien, Vereinigtes Königreich.

9. Die vierte, unter dem Vorsitz von Cavin (Schweiz), hatte die Aufgabe, eine genaue Formulierung für die in Artikel 2bis Absatz 2 genannten Voraussetzungen zu finden. Dieser Arbeitsgruppe gehörten Vertreter folgender Länder an: Bulgarien, Bundesrepublik Deutschland, Frankreich, Monaco, Schweden, Schweiz.

10. Die Mitglieder des Büros der Kommission nahmen von Amts wegen an den Arbeiten des Redaktionsausschusses und der vier Arbeitsgruppen teil.

11. Die Kommission beschloß, die Revisionsvorschläge in folgender Reihenfolge zu prüfen, wobei die Nummern der Artikel der Textfolge des Programms (Dokument S/1) entsprechen:

a) Artikel 4, 5 und 6 (Anknüpfungspunkte, Ursprungsland) mit Ausnahme der Bestimmungen hinsichtlich der Filmwerke;

b) Artikel 9 (Vervielfältigungsrecht), 10 (Zitate) und 10bis (Tagesereignisse);

c) Artikel 2 Absatz 2, Artikel 4 Absatz 4 und 6, Artikel 6 Absatz 2, Artikel 7 Absatz 2 und Artikel 14 (Regelung der Filmwerke);

d) Artikel 2 Absatz 1 (choreographische Werke); Artikel 2bis Absatz 2 (Vervielfältigung von Reden durch die Presse); Artikel 6bis (droit moral); Artikel 7 (Schutzdauer); Artikel 7bis (Miturheberschaft); Artikel 8 (Übersetzungsrecht); Artikel 11 (Aufführungsrecht); Artikel 11bis (Senderecht); Artikel 11ter (Vortragsrecht); Artikel 13 („mechanische" Rechte); Zusatzprotokolle betreffend: i) Staatenlose und Flüchtlinge, ii) die Werke bestimmter internationaler Organisationen;

e) zu anderen Bestimmungen der Übereinkunft vorgelegte Vorschläge.

12. Der vorliegende Bericht folgt einer etwas abweichenden Reihenfolge entsprechend dem Ablauf der Ereignisse während der Konferenz. Punkt a) wird unter I behandelt, Punkt b) unter II, die Punkte d) und e) in der Reihenfolge, wie sie sich auf die Artikel der Übereinkunft beziehen, unter III und Punkt c) unter IV. Teil V behandelt die gemeinsamen Sitzungen mit anderen Kommissionen und Teil VI die von der Kommission ausgesprochenen Empfehlungen, verschiedene Vorschläge und die Zusatzprotokolle. Die in den Überschriften und Unterüberschriften erwähnten Artikel und Absätze beziehen sich, soweit möglich, auf die Zahlenfolge des Programms, das die Grundlage für die von den Ländern vorgelegten Vorschläge und für die Erörterungen während der Konferenz bildete. Wurden die Artikel oder Absätze in der von der Kommis-

sion endgültig beschlossenen Neufassung anders numeriert, so sind die entsprechenden Artikel oder Absätze in Klammern angegeben.

13. Vorweg empfiehlt es sich zu erwähnen, daß sich die Kommission zu einer Frage von allgemeiner Bedeutung für die ganze Übereinkunft geäußert hat. Es wurde festgestellt, daß in bestimmten Artikeln die Wendung „Werke der Literatur, Wissenschaft und Kunst" erscheint, während in anderen Artikeln lediglich von „Werken der Literatur und Kunst" die Rede ist. Auf Vorschlag des Vereinigten Königreichs entschied die Kommission, das Wort „Wissenschaft" überall dort zu streichen, wo es in der Übereinkunft zur Bezeichnung der Werke erscheint, da sie glaubte, daß die Verwendung unterschiedlicher Ausdrücke an verschiedenen Stellen zu Mißverständnissen führen könnte. Sie hielt es für ausreichend, daß in Artikel 2 Absatz 1 der Ausdruck „Werke der Literatur und Kunst" allgemein dahin definiert wird, daß er „alle Erzeugnisse auf dem Gebiet der Literatur, Wissenschaft und Kunst" umfaßt.

14. Außerdem erscheint es gerechtfertigt, zwei Bemerkungen von allgemeiner Bedeutung für die Auslegung des Wortlauts der Übereinkunft hier einzufügen. Der Redaktionsausschuß bekannte sich sowohl bei der Ausarbeitung der neuen Texte als auch bei der redaktionellen Überarbeitung gewisser Bestimmungen einstimmig zu den Grundsatz *lex specialis legi generali derogat,* d. h. die besonderen Vorschriften gehen auf ihrem beschränkten Gebiet den Vorschriften von allgemeiner Bedeutung vor. So wurde es für überflüssig gehalten, in Artikel 9, der sich mit gewissen allgemeinen Ausnahmen befaßt, denen die Rechte des Urhebers unterworfen sind, ausdrückliche Bezugnahmen auf die Artikel 10, 10bis, 11bis, und 13 aufzunehmen, die besondere Ausnahmen vorsehen. Ebenso verweisen die Artikel 11, 11ter, 14 und 14bis (neu) nicht auf Artikel 11bis. Dagegen hielt man die Einfügung solcher Bezugnahmen in den Fällen für zweckmäßig, in denen ausnahmsweise die Regel *lex specialis legi generali derogat* nicht gilt. Eine solche Bezugnahme findet sich in Artikel 14 Absatz 3, wo auf Artikel 13 Absatz 1 verwiesen wird.

15. Zum anderen erforderte die Annahme des Englischen als eine der Amtssprachen der Berner Übereinkunft (siehe unten Nummer 17) eine Klarstellung hinsichtlich des Ausdrucks „innerstaatliche Rechtsvorschriften" *(national legislation),* der an mehreren Stellen im Text vorkommt. Nach englischer Auffassung die bei den Arbeiten des Redaktionsausschusses anerkannt wurde, beziehen sich diese Worte nicht allein auf Gesetzestexte *(statute law),* sondern auch auf *common law.*

16. Die Kommission legte ihren Beratungen das im Dokument S/1 vorgelegte Programm (mit Ausnahme des Entwurfs eines Protokolls betreffend die Entwicklungsländer) und die gemäß Artikel 33 der Geschäftsordnung der Konferenz unterbreiteten Änderungsvorschläge zugrunde.

17. Schließlich ist noch zu erwähnen, daß die Berner Übereinkunft nach einer Entscheidung der Hauptkommission IV nunmehr zwei Amtssprachen hat: das Englische und das Französische. Demzufolge mußte die Kommission auch

einen amtlichen Text in englischer Sprache beschließen. Dieser wurde auf der Grundlage des Textes im Dokument S/1 ausgearbeitet, der unter sprachlicher Überarbeitung der Brüsseler Fassung von einer Arbeitsgruppe (vgl. Dokument S/1 S. 8) vorbereitet worden war.

I

Anknüpfungspunkte und Ursprungsland (Artikel 4, 5 und 6 bzw. 3 bis 6) mit Ausnahme der Bestimmungen über Filmwerke

18. Die Artikel 4, 5 und 6 der Brüsseler Fassung behandeln vor allem zwei Grundsatzfragen.

19. Die erste Frage betrifft die Anknüpfungspunkte, d. h. die Merkmale für die Anwendbarkeit der Übereinkunft. Das Hauptmerkmal ist unterschiedlich je nachdem, ob das Werk veröffentlicht ist oder nicht. Ist das Werk nicht veröffentlicht, so ist das Merkmal die Staatsangehörigkeit des Urhebers: dieser ist geschützt, wenn er Angehöriger eines Verbandslandes ist (Artikel 4 Absatz 1). Ist das Werk veröffentlicht, so ist allein das Merkmal der ersten Veröffentlichung maßgebend: der Urheber ist geschützt, wenn er sein Werk zum ersten Mal in einem Verbandsland veröffentlicht, unabhängig davon, ob er Angehöriger eines Verbandslandes ist (Artikel 4 Absatz 1) oder nicht (Artikel 6 Absatz 2).

20. Die zweite Frage bezieht sich auf die Grundsätze, auf denen der Schutz nach der Übereinkunft beruht: die Grundsätze der Inländerbehandlung und des sogenannten Schutzes *jure conventionis*. In bestimmten Fällen genießt der Urheber sowohl Inländerbehandlung als auch Schutz *jure conventionis* (Artikel 4 Absatz 1, Artikel 6 Absatz 1). In anderen Fällen genießt er nur Inländerbehandlung (Artikel 5, Artikel 6 Absatz 1). In dem als Ursprungsland des Werkes bezeichneten Land genießt er überhaupt keinen Schutz nach der Übereinkunft (Artikel 4 Absatz 1).

21. Neben diesen zwei Fragen enthält die Brüsseler Fassung die Definition zweier Begriffe, die mit diesen Fragen eng verbunden sind, nämlich „Veröffentlichung" (Artikel 4 Absatz 4) und „Ursprungsland" (Artikel 4 Absatz 3 und 5). Außerdem enthält sie eine Bestimmung, die Förmlichkeiten als Voraussetzung für den Schutz ausschließt (Artikel 4 Absatz 2) und andere Vorschriften, die in bestimmten Fällen den Ländern gestatten, Vergeltungsmaßnahmen gegen verbandsfremde Länder zu ergreifen (Artikel 6 Absatz 2 bis 4).

22. Das Programm unterbreitete Vorschläge zu den Anknüpfungspunkten und zu den Definitionen der Begriffe „Veröffentlichung" und „Ursprungsland". Zu den Schutzgrundsätzen und den Bestimmungen in Artikel 4 Absatz 2 und Artikel 6 Absatz 2 bis 4 der Brüsseler Fassung wurden keine Änderungen vorgeschlagen.

23. In seiner Eigenschaft als Vorsitzender der Kommission schlug Professor Ulmer eine Neufassung der Artikel 4 bis 6 vor (Dokument S/44). Ein neuer Artikel 3 sollte die Hauptmerkmale für die Anwendbarkeit der Übereinkunft bestimmen, einschließlich der Definition des Begriffs „Veröffentlichung". Artikel 4 sollte gewisse besondere Merkmale für die Anwendbarkeit der Übereinkunft enthalten (Filmwerke, Werke der Baukunst). Artikel 5 sollte die Schutzgrundsätze einschließlich der Definition des Begriffs „Ursprungsland" anführen und Artikel 6 die besonderen Bestimmungen aufnehmen, die gegenwärtig in Artikel 6 Absatz 2 bis 4 enthalten sind.

24. Die Kommission billigte im Grundsatz die neue Ausgestaltung der Artikel 4 bis 6, zog es jedoch vor, bei ihren Beratungen der Reihenfolge des Programms zu folgen. Der Bericht richtet sich ebenfalls nach dieser Reihenfolge.

Artikel 4 Absatz 1
(Artikel 3 Absatz 1 a und Artikel 5 Absatz 1)

25. Das Programm schlug vor, daß die Staatsangehörigkeit des Urhebers das Hauptmerkmal für den Schutz nach der Übereinkunft sein sollte. Der Schutz sollte nach Artikel 4 Absatz 1 den einem Verbandsland angehörenden Urhebern nicht nur für ihre unveröffentlichten, sondern auch für ihre zum ersten Mal innerhalb oder sogar außerhalb des Verbandes veröffentlichten Werke gewährt werden. Dieser Vorschlag des Programms wurde einstimmig angenommen.

Artikel 4 Absatz 2
(Artikel 3 Absatz 2)

26. Das Programm hatte eine neue Vorschrift in Artikel 4 Absatz 2 vorgeschlagen, nach der die Urheber, die keinem Verbandsland angehören, jedoch ihren Wohnsitz in einem Verbandsland haben, für die Anwendung der Übereinkunft den Urhebern gleichgestellt sein sollten, die diesem Land angehören.

27. Das Programm hatte außerdem die Annahme eines Zusatzprotokolls vorgeschlagen, das den Ländern, die dies wünschten, gestatten sollte, ihren nationalen Urhebern die Staatenlosen und Flüchtlinge gleichzustellen, die nicht ihren Wohnsitz, jedoch ihren gewöhnlichen Aufenthalt in einem Verbandsland haben.

28. Nach Erörterung beschloß die Kommission, einen von mehreren Delegationen gemachten Vorschlag anzunehmen, nach dem der Ausdruck „Wohnsitz" durch den weitergehenden Ausdruck „gewöhnlicher Aufenthalt" ersetzt werden sollte. Die Folge dieser Entscheidung war, daß das für den Schutz der Werke Staatenloser und Flüchtlinge vorgeschlagene Zusatzprotokoll überflüssig wurde. Die Kommission beschloß daher zugleich, dieses Protokoll nicht anzunehmen.

29. Es erhob sich die Frage, zu welchem Zeitpunkt der gewöhnliche Aufenthalt als Schutzvoraussetzung vorliegen müsse, da der Urheber seinen gewöhnlichen Aufenthalt von Zeit zu Zeit wechseln kann. Die Antwort muß von den Gerichten des Landes gegeben werden, in dem der Schutz beansprucht wird. Wahrscheinlich wird jedoch der Zeitpunkt entscheidend sein, zu dem das Werk, ohne veröffentlicht zu sein, zum ersten Mal der Öffentlichkeit zugänglich gemacht worden ist. Wenn der Urheber des Werkes zu diesem Zeitpunkt seinen gewöhnlichen Aufenthalt in einem Verbandsland hat, genießt er für sein Werk Schutz nach der Übereinkunft. Ist das Werk durch einen Unbefugten zum ersten Mal der Öffentlichkeit zugänglich gemacht worden, so kann der Urheber den Schutz der Übereinkunft gegen diesen Unbefugten beanspruchen, wenn er zu diesem Zeitpunkt seinen gewöhnlichen Aufenthalt in einem Verbandsland hat.

30. Dieses Problem kann natürlich in gleicher Weise auftreten — und gelöst werden —, wenn die Staatsangehörigkeit des Urhebers als Schutzvoraussetzung in Betracht kommt; denn diese kann ebenso von Zeit zu Zeit wechseln.

Artikel 4 Absatz 3

(Artikel 5 Absatz 2)

31. Diese Bestimmung entspricht Artikel 4 Absatz 2 der Brüsseler Fassung. Änderungsvorschläge wurden weder im Programm noch im Verlauf der Konferenz vorgelegt.

Artikel 4 Absatz 4

(Artikel 5 Absatz 4, Artikel 3 Absatz 4)

32. Im Programm war vorgeschlagen, die Absätze 3 und 5 der Brüsseler Fassung in einem neuen Absatz 4 zusammenzufassen, der in einem ersten Unterabsatz die Definition des Ursprungslandes zugleich für veröffentlichte und unveröffentlichte Werke und in einem zweiten Unterabsatz eine Definition der gleichzeitigen Veröffentlichung enthalten sollte. Nur für den ersten Unterabsatz waren einige kleinere Änderungen und eine entsprechende Neufassung vorgeschlagen.

33. Nach dem Programm sollte das erste Merkmal für das Ursprungsland wie in der Brüsseler Fassung das Land der ersten Veröffentlichung und im Fall der gleichzeitigen Veröffentlichung in mehreren Verbandsländern das Land sein, dessen Rechtsvorschriften die kürzeste Schutzdauer gewähren (a).

34. Im Fall von gleichzeitig in einem verbandsfremden Land und einem Verbandsland veröffentlichten Werken sollte das letzte nach dem Programm als Ursprungsland anzusehen sein (b).

35. Hinsichtlich der unveröffentlichten sowie der zum ersten Mal in einem verbandsfremden und nicht zugleich in einem Verbandsland veröffentlichten

Werke sollte nach dem Programm die Staatsangehörigkeit des Urhebers das allgemeine Merkmal sein (c iii).

36. Von diesem Grundsatz waren jedoch im Programm zwei Ausnahmen vorgesehen. Die erste betraf die Filmwerke, für welche das Land als Ursprungsland angesehen werden sollte, dem der Hersteller angehört oder in dem er seinen Wohnsitz oder Sitz hat (c i). Nur bei Fehlen eines solchen Merkmals sollte sich das Ursprungsland nach der Staatsangehörigkeit des Urhebers richten. In derselben Weise sollte für Werke der Baukunst und einige Werke gleicher Art das Land Ursprungsland sein, in dem sie errichtet oder mit einem Grundstück verbunden sind (c ii), und nur bei Fehlen eines solchen Merkmals die Staatsangehörigkeit des Urhebers maßgebend sein.

37. Die Schweiz schlug vor (Dokument S/63), daß die Staatsangehörigkeit des Urhebers das allgemeine Merkmal für das Ursprungsland sein sollte, selbst für veröffentlichte Werke. Dieser Vorschlag wurde jedoch nach seiner Erörterung zurückgezogen.

38. Indien legte einen ähnlichen Vorschlag vor (Dokument S/41), nach dem die Staatsangehörigkeit des Urhebers das Hauptmerkmal für das Ursprungsland entweder von dem Zeitpunkt an sein sollte, zu dem das Werk erlaubterweise der Öffentlichkeit zugänglich gemacht worden ist, oder sogar schon vor diesem Zeitpunkt. Die erste Alternative des Vorschlags ging von der Annahme aus, daß der Schutz von dem Zeitpunkt an, zu dem das Werk erlaubterweise der Öffentlichkeit zugänglich gemacht worden ist, beginnen sollte.

39. Frankreich schlug vor (Dokument S/27), das für die Filmwerke unter c i vorgesehene besondere Merkmal zu streichen.

40. Diese Vorschläge wurden nicht angenommen. Die Kommission billigte das Programm mit folgenden geringfügigen Änderungen: Eine Änderung betrifft die Bestimmung unter c i; sie wird später in dem Teil dieses Berichts erwähnt, der sich mit der Regelung der Filmwerke befaßt. Bei der Erörterung des Artikels 6 Absatz 3, der dem Artikel 4 Absatz 4 c ii entspricht, beschloß die Kommission einige Änderungen der englischen Fassung, die den französischen Text nicht berühren.

41. Schließlich wurde von der Kommission eine lediglich reaktionelle Änderung des Unterabsatzes c angenommen. An Stelle der Anführung des allgemeinen Grundsatzes der Staatsangehörigkeit als Merkmal für das Ursprungsland im letzten Satz unter c iii soll der Unterabsatz c mit diesem Grundsatz beginnen, an den sich die zwei Ausnahmen betreffend die Filmwerke (c i) und die Werke der Architektur (c ii) dann anschließen.

Artikel 4 Absatz 5

(Artikel 3 Absatz 3)

42. Die Definition der „veröffentlichten Werke" in Artikel 4 Absatz 4 der Brüsseler Fassung wurde im Programm (Artikel 4 Absatz 5) mit zwei kleinen

Änderungen übernommen: a) Nach der Brüsseler Fassung galt die Definition der veröffentlichten Werke nur „im Sinne der Artikel 4, 5 und 6"; diese Worte in Anführungszeichen waren im Programm fortgelassen, was bedeutete, daß sich die Definition auf die ganze Übereinkunft beziehen sollte; b) Das Programm führte als Teil der Definition des Begriffs der Veröffentlichung in Artikel 4 Absatz 5 die Voraussetzung ein, daß das Werk „erlaubterweise" veröffentlicht worden sein muß.

43. Hinsichtlich der ersten dieser beiden Änderungen wurde der Kommission kein Vorschlag vorgelegt.

44. Hinsichtlich der zweiten schlug das Vereinigte Königreich vor (Dokument S/42), das Wort „erlaubterweise" durch die Wendung „mit Zustimmung des Urhebers" zu ersetzen.

45. Einige Vorschläge wurden zu anderen Punkten der Definition der veröffentlichten Werke gemacht. Frankreich schlug vor (Dokument S/27), in einem weiteren Satz eine Sonderregelung für die Veröffentlichung von Filmwerken anzufügen.

46. Indien schlug eine engere Definition vor (Dokument S/41), die von der in der Übereinkunft definierten „Veröffentlichung" die Veröffentlichung von Schallplatten, von Lichtbildern sowie von Gemälden und Graphiken, die Werke der Baukunst oder andere Werke der plastischen Kunst wiedergeben, ausschließen sollte.

47. Vorschläge der Niederlande (Dokument S/49) und Südafrikas (Dokument S/53) sowie ein gemeinsamer Vorschlag der Bundesrepublik Deutschland, Luxemburgs, Monacos und Südafrikas (Dokument S/60) strebten eine Erweiterung der allgemeinen Definition der veröffentlichten Werke gegenüber der in der Brüsseler Fassung enthaltenen Definition an.

48. Die Kommission nahm die erste im Programm vorgeschlagene Änderung an, d. h. die Streichung der Worte „im Sinne der Artikel 4, 5 und 6", und erstreckte auf diese Weise die Anwendbarkeit der Definition der „veröffentlichten Werke" (und der Veröffentlichung) auf die ganze Übereinkunft.

49. Die Kommission beschloß, entsprechend dem Vorschlag des Vereinigten Königreichs die Wendung „mit Zustimmung des Urhebers" an Stelle des im Programm vorgeschlagenen Wortes „erlaubterweise" einzufügen.

50. Schließlich nahm die Kommission eine neue allgemeine Formel an, die die Definition der veröffentlichten Werke erweitert. Diese vom Redaktionsausschuß auf der Grundlage des oben erwähnten gemeinsamen Vorschlags ausgearbeitete Formel sieht vor, daß der Ausdruck „veröffentlichte Werke" die mit Zustimmung ihrer Urheber erschienenen Werke bezeichnet, ohne Rücksicht auf die Art der Herstellung der Werkstücke, die je nach der Art des Werkes in einer Weise zur Verfügung der Öffentlichkeit gestellt sein müssen,

die deren normalen Bedarf befriedigt. Diese neue erweiterte Definition bringt unter anderem neue Voraussetzungen für die Veröffentlichung von Filmwerken einschließlich der Fernsehfilme mit sich.

Artikel 4 Absatz 6

(-)

51. Das Programm hatte vorgeschlagen, in einem neuen Absatz 6 eine Definition des „Filmherstellers" einzufügen. Dieser Vorschlag wurde zurückgewiesen. Es ist jedoch schon jetzt darauf hinzuweisen, daß die Kommission im Rahmen einer neuen, in Artikel 15 Absatz 2 eingefügten Bestimmung den Grundsatz angenommen hat, daß die natürliche oder juristische Person, deren Name in der üblichen Weise auf dem Werkstück angegeben ist, mangels Gegenbeweises als Hersteller gilt.

Artikel 5

(Artikel 5 Absatz 3)

52. Die Brüsseler Fassung bestimmte, daß ein einem Verbandsland angehörender Urheber, der sein Werk zum ersten Mal in einem anderen Verbandsland veröffentlicht, in diesem Land, dem Ursprungsland, Inländerbehandlung genießt. Diese Regelung war im Programm beibehalten worden mit einer kleinen Änderungen der englischen Fassung, in der das Wort *„native"* durch *„national"* ersetzt wurde. Änderungsvorschläge zu dieser Bestimmung wurden nicht vorgelegt.

53. Inhaltlich wurde diese Regelung mit der erwähnten Änderung auch von der Kommission übernommen. Die Bestimmung wurde jedoch redaktionell neu gefaßt und mit den anderen Bestimmungen über den Schutz im Ursprungsland des Werkes verbunden. Sie ist nunmehr Gegenstand des neuen Artikels 5 Absatz 3.

54. Dieser Absatz enthält eine in der Brüsseler Fassung stillschweigend enthaltene, jedoch nicht ausdrücklich erwähnte Regelung, nach der der Schutz im Ursprungsland eines Werkes, dessen Urheber diesem Land angehört, ausschließlich durch die innerstaatlichen Rechtsvorschriften geregelt wird. Die anderen Urheber, für deren Werke dieses Land Ursprungsland ist, genießen *jure conventions* Inländerbehandlung. Diese Regelung ist sowohl in dem Fall anwendbar, in dem der Urheber Angehöriger eines anderen Verbandslandes ist (wie in Artikel 5 der Brüsseler Fassung vorgesehen), als auch in dem Fall, in dem er dies nicht ist, (wie in Artikel 6 Absatz 1 der Brüsseler Fassung vorgesehen).

Artikel 6 Absatz 1

(Artikel 3 Absatz 1 b und Artikel 5 Absatz 1 und 3)

55. In der Brüsseler Fassung behandelt dieser Artikel: a) die erste Veröffentlichung als Anknüpfungspunkt für die von verbandsfremden Urhebern ver-

öffentlichten Werke und b) die Schutzgrundsätze bezüglich dieser Werke. Was den letzten Punkt betrifft, so genießt der Urheber in dem Land der Veröffentlichung, d. h. im Ursprungsland, Inländerbehandlung und in den anderen Verbandsländern die durch diese Übereinkunft gewährten Rechte.

56. Im Programm waren zwei Änderungen zu Punkt a) vorgeschlagen. Erstens war der Text ausdrücklich so gefaßt, daß er sich auch auf den Fall der gleichzeitigen Veröffentlichung in einem verbandsfremden Land und einem Verbandsland bezog. Zweitens war im Text klar hervorgehoben, daß ein verbandsfremder Urheber nur für diejenigen seiner Werke geschützt sein sollte, die zum ersten Mal oder gleichzeitig in einem Verbandsland veröffentlicht worden sind.

57. Indien schlug vor (Dokument S/41), Artikel 6 ganz zu streichen.

58. Die im Programm vorgeschlagenen Änderungen wurden von der Kommission angenommen. Der Inhalt der so geänderten Bestimmung wurde, soweit es sich um die Veröffentlichung als Anknüpfungspunkt handelt, in den neuen Artikel 3 Absatz 1 b und, soweit es sich um die Schutzgrundsätze handelt, in den neuen Artikel 5 Absatz 1 und 3 übernommen und auf diese Weise klarer gemacht.

Artikel 6 Absatz 2
(Artikel 4 a)

59. Das Programm schlug die Einfügung eines neuen Schutzmerkmals für die Filmwerke vor, und zwar die Staatsangehörigkeit, den Wohnsitz oder den Sitz des Herstellers. Mit der Maßgabe, daß der Begriff des Wohnsitzes durch den des gewöhnlichen Aufenthalts ersetzt, die Bezugnahme auf die Staatsangehörigkeit des Herstellers gestrichen und dessen Sitz an erster Stelle erwähnt wird, wurde dieser Vorschlag angenommen. Die entsprechende Bestimmung ist in dem neuen Artikel 4 a enthalten.

Artikel 6 Absatz 3
(Artikel 4 b)

60. Das Programm schlug ebenfalls die Einfügung eines neuen Schutzmerkmals für die Werke der Baukunst und die Werke der graphischen und plastischen Kunst, die Bestandteil eines Grundstücks sind, vor.

61. Australien schlug vor (Dokument S/52), im Text des Programms die Bezugnahme auf die Werke der graphischen und plastischen Kunst zu streichen.

62. Die Kommission nahm das Programm an, vorbehaltlich einer geringfügigen, vom Redaktionsausschuß vorgeschlagenen Änderung der englischen Fassung. Diese Bestimmung wurde als neuer Artikel 4 b eingefügt.

63. Es wurde beschlossen, im Bericht klarzustellen, daß das Merkmal der Belegenheit von Werken der Baukunst und anderen Werken der Kunst in

einem Verbandsland nur für das Original des Werkes gelten soll. Nach den Bestimmungen der Berner Übereinkunft soll kein Schutz beansprucht werden können, wenn es sich nur um eine Nachbildung des Werkes handelt, die in einem Verbandsland errichtet ist, und das Original des Werkes sich in einem verbandsfremden Land befindet.

II

Vervielfältigungsrecht
(Artikel 9, 10 und 10bis)

64. In der Brüsseler Fassung behandeln die Artikel 9, 10 und 10bis einige Sonderfälle des Vervielfältigungsrechts, ein allgemeines Vervielfältigungsrecht wird jedoch dem Urheber durch die Übereinkunft nicht ausdrücklich gewährt. Artikel 9 Absatz 1 sieht ein Vervielfältigungsrecht für in Zeitungen oder Zeitschriften veröffentlichte Werke vor. Absatz 2 bringt eine Ausnahme von diesem Recht: Artikel über Tagesfragen wirtschaftlicher, politischer oder religiöser Art können durch die Presse vervielfältigt werden, wenn die Vervielfältigung nicht ausdrücklich vorbehalten ist; die Quelle ist stets deutlich anzugeben. Absatz 3 bestimmt, daß der Schutz nicht besteht für Tagesneuigkeiten oder vermischte Nachrichten, die einfache Zeitungsmitteilungen darstellen.

65. Artikel 10 Absatz 1 sieht vor, daß kurze Zitate aus Zeitungs- und Zeitschriftenartikeln sowie ihre Aufnahme in Presseübersichten erlaubt sind. Absatz 2 gibt den innerstaatlichen Gesetzgebungen die Möglichkeit, Entlehnungen aus Werken der Literatur oder Kunst zu Erziehungs- oder wissenschaftlichen Zwecken oder für Chrestomathien zu gestatten. Absatz 3 bestimmt, daß den Zitaten und Entlehnungen grundsätzlich die Angabe der Quelle und des Namens des Urhebers beizufügen ist.

66. Schließlich ist nach Artikel 10bis den innerstaatlichen Gesetzgebungen vorbehalten zu bestimmen, unter welchen Voraussetzungen kurze Bruchstücke von Werken mittels der Photographie, der Kinematographie oder der Rundfunksendung bei Gelegenheit der Berichterstattung über Tagesereignisse benutzt werden dürfen.

67. Das Programm schlug vor, ein allgemeines Vervielfältigungsrecht in Artikel 9 Absatz 1 einzuführen. In einem Absatz 2 sah das Programm einige allgemeine Ausnahmen von diesem Recht vor. Artikel 9 Absatz 1 der geltenden Fassung war gestrichen, weil der vorgeschlagene neue Absatz 1 ihn einschloß. Nach dem Programm war es auch nicht mehr notwendig, Absatz 2 der Brüsseler Fassung beizubehalten; infolgedessen war dieser ebenfalls gestrichen. Absatz 3 war ohne Änderung nach Artikel 2 als Absatz 7 übertragen.

68. Das Programm schlug eine Erweiterung der im geltenden Artikel 10 Absatz 1 enthaltenen Regelung für Zitate vor in der Weise, daß sie als allgemeine Regelung auf alle Arten von Werken anwendbar sein sollte. Die

Absätze 2 und 3 waren nicht verändert. Artikel 10bis schließlich hatte geringfügige Änderungen erfahren.

69. Die vom Programm vorgeschlagene Reihenfolge wurde von der Kommission angenommen; ihr folgt der vorliegende Bericht. So wird Artikel 9 Absatz 3 der Brüsseler Fassung über die Zeitungsmitteilungen unter Artikel 2 Absatz 8 behandelt (denn Artikel 2 erhielt einen weiteren Absatz, so daß Absatz 7 des Programms in dem von der Kommission angenommenen Text zu Absatz 8 wurde). Die Kommission hat jedoch eingefügt: a) in Artikel 9 einen neuen Absatz 3, der die Bedeutung des Wortes „Vervielfältigung" klarstellt, und b) in Artikel 10bis einen neuen Absatz 1, der dem im Programm gestrichenen Artikel 9 Absatz 2 der Brüsseler Fassung entspricht. Infolgedessen wird der bisherige Inhalt des Artikels 10bis zu dessen Absatz 2.

Artikel 9 Absatz 1

70. Das Programm schlug in Artikel 9 Absatz 1 die Anerkennung eines allgemeinen Vervielfältigungsrechts vor: Die Urheber geschützter Werke sollten das ausschließliche Recht genießen, „die Vervielfältigung dieser Werke zu erlauben, gleichviel, auf welche Art und in welcher Form sie vorgenommen wird".

71. Diesem Grundsatz wurde von Indien in einem Vorschlag (Dokument S/86) widersprochen, der zwei Alternativen enthielt: entweder die Brüsseler Fassung beizubehalten oder es den Verbandsländern in einem neuen Buchstaben d des Absatzes 2 zu gestatten, eine allgemeine vergütungspflichtige Zwangslizenz einzuführen.

72. Andererseits schlugen Italien, Marokko und Österreich eine Änderung vor (Dokument S/72) mit dem Ziel, den in Absatz 1 vorgesehenen Schutz um das Verbreitungsrecht zu erweitern.

73. Mehrere Vorschläge wurden vorgelegt, die als lediglich redaktioneller Art angesehen werden können. Österreich schlug vor (Dokument S/38), in einem weiteren Satz die „Vervielfältigung" dahin zu definieren, daß sie in der materiellen Festlegung des Werkes durch alle Verfahren besteht, die seine Mitteilung an die Öffentlichkeit auf indirekte Weise ermöglichen. Außerdem waren einige Beispiele in diesem Satz angeführt. Die Bundesrepublik Deutschland schlug vor (Dokument S/67), nach den Worten „ihrer Werke" die Worte „einschließlich der Aufnahme auf Vorrichtungen zur mechanischen Wiedergabe dieser Werke" einzufügen. Das Vereinigte Königreich empfahl (Dokument S/42), in der Übereinkunft ausdrücklich zu bestimmen, daß das Recht, ein Werk zu vervielfältigen, auch das Recht umfaßt, „wesentliche Teile" des Werkes zu vervielfältigen. Frankreich schlug vor (Dokument S/70), nach den Worten „gleichviel, auf welche Art und in welcher Form" die Worte „und zu welchem Zweck" einzufügen.

74. Die Kommission wies den Vorschlag, in Absatz 1 ein allgemeines Verbreitungsrecht einzufügen, zurück. Einige Delegationen waren der Ansicht, daß ein solches Recht die Verbreitung eines Werkes zu sehr erschweren würde, andere hielten die vorbereitenden Arbeiten zu diesem Punkt nicht für ausreichend, um der Konferenz zu erlauben, eine Entscheidung z. B. hinsichtlich der Ausnahmen von einer solchen allgemeinen Regel zu treffen.

75. Was die Änderungsanträge redaktioneller Art betrifft, so hat Österreich seinen Vorschlag unter dem Vorbehalt zurückgezogen, daß die zwei in ihm enthaltenen Gedanken im vorliegenden Bericht erwähnt werden: i) Die Vervielfältigung schließt nicht die öffentliche Aufführung ein; ii) die Vervielfältigung umfaßt die Aufzeichnung von Tönen oder Bildern. Es erscheint unzweifelhaft, daß diese Klarstellungen den Vorstellungen der Kommission entsprechen. Darüber hinaus wurde der unter ii) genannte Gedanke schließlich in einen neuen Absatz 3 des Artikels 9 aufgenommen.

76. Das Vereinigte Königreich zog seinen Vorschlag zurück, weil hervorgehoben wurde, daß alle durch die Übereinkunft an Werken gewährten Rechte sich ohne ausdrückliche Erwähnung sowohl auf das Werk als ganzes als auch auf seine Teile beziehen und daß die Erwähnung der Teile eines Werkes in einem Artikel zu Umkehrschlüssen bei anderen Artikeln führen könnte.

77. Die Kommission beschloß, den Text des neuen Artikels 9 Absatz 1 so anzunehmen, wie er im Programm vorgeschlagen war.

Artikel 9 Absatz 2

78. Im Programm enthielt dieser Absatz die allgemeinen Ausnahmen vom Vervielfältigungsrecht. Es war vorgesehen, daß es den innerstaatlichen Gesetzgebungen möglich sein sollte, die Vervielfältigung der in Absatz 1 genannten Werke in drei Fällen zu erlauben: a) zum privaten Gebrauch, b) zu gerichtlichen oder behördlichen Zwecken und c) in gewissen Sonderfällen unter der Voraussetzung, daß die Vervielfältigung i) den berechtigten Interessen des Urhebers nicht entgegensteht und ii) die normale Auswertung des Werkes nicht beeinträchtigt.

79. Die vorgelegten Vorschläge verfolgten verschiedene Tendenzen. Eine von ihnen war, die im Programm genannten Ausnahmen zu beschränken. So schlug Frankreich vor (Dokument S/70), den Ausdruck „privater Gebrauch" durch den Ausdruck „persönlicher oder familiärer Gebrauch" zu ersetzen. Die Niederlande machten den gleichen Vorschlag (Dokument S/81) zu Punkt a) und schlugen zu Punkt b) die Formulierung „zu ausschließlich gerichtlichen oder behördlichen Zwecken" sowie zu Punkt c) eine andere allgemeine Formel vor. Außerdem schlugen sie vor, daß die Ausnahmen nur gelten sollten, wenn sie in der Übereinkunft sowie in den betreffenden innerstaatlichen Rechtsvorschriften ausdrücklich vorgesehen sind. Die Bundesrepublik Deutschland schlug vor (Dokument S/67), in Punkt c) eine dritte Voraussetzung für

die Ausnahmen von dem Grundsatz des Absatzes 1 einzufügen, nämlich daß die Vervielfältigung den Anspruch des Urhebers auf angemessene Vergütung nicht beeinträchtigt.

80. Eine andere Tendenz war, die im Programm genannten Ausnahmen zu erweitern. So schlug Indien vor (Dokument S/86), daß, wenn die Brüsseler Fassung nicht beibehalten wird, nach Punkt c) als Punkt d) eine Klausel angefügt werden sollte, die eine allgemeine vergütungspflichtige Zwangslizenz für die Vervielfältigung zuläßt. Rumänien legte einen ähnlichen Änderungsvorschlag vor (Dokument S/75), nach dem die Zwangslizenz jedoch nur in dem Land anwendbar sein sollte, in dem sie vorgeschrieben ist.

81. Es bestand ferner die Tendenz, alle Ausnahmen in einer einzigen Vorschrift zu vereinigen und auf diese Weise die Punkte a) und b) des Programms zu streichen. Ein entsprechender Vorschlag wurde vom Vereinigten Königreich vorgelegt (Dokument S/42). Diese einzige Vorschrift sollte in dem geringfügig geänderten Punkt c) bestehen. An Stelle des im Programm verwendeten Ausdrucks „in gewissen Sonderfällen, in denen die Vervielfältigung den berechtigten Interessen des Urhebers nicht entgegensteht" sollte die folgende Wendung aufgenommen werden: „in gewissen Sonderfällen, in denen die Vervielfältigung die berechtigten Interessen des Urhebers nicht unzumutbar verletzt".

82. Eine rein redaktionelle Frage wurde von Monaco aufgeworfen (Dokument S/66). In Absatz 2 sollte ausdrücklich auf die besonderen Ausnahmen Bezug genommen werden, die in anderen Bestimmungen der Übereinkunft wie den Artikeln 10, 10bis, 11ter Absatz 3 und Artikel 13 Absatz 1 (Artikel 13 Absatz 2 der geltenden Fassung) enthalten sind.

83. Die Kommission beschloß zunächst, daß die Ausnahmen in einer dem Punkt c) entsprechenden Generalklausel zusammengefaßt werden sollten und überwies sodann die Prüfung der Frage der in der Einleitung dieses Berichts erwähnten Arbeitsgruppe für Artikel 9 Absatz 2 und Artikel 10 Absatz 2.

84. Die Arbeitsgruppe beschloß, den Änderungsvorschlag des Vereinigten Königreichs mit einer kleinen Änderung der englischen Fassung anzunehmen (Dokument S/109). Es erwies sich als sehr schwierig, eine passende französische Übersetzung des Ausdrucks „does not unreasonably prejudice" zu finden. In der Kommission wurde schließlich entschieden, den Ausdruck „ne cause pas un préjudice injustifié" zu verwenden.

85. Die Kommission nahm ebenfalls einen Vorschlag des Redaktionsausschusses an, die zweite Voraussetzung vor die erste zu stellen, um eine logischere Reihenfolge für die Auslegung der Bestimmung zu geben. Sie glaubte, daß die Vervielfältigung, wenn sie die normale Auswertung des Werkes beeinträchtigt, niemals zulässig sei. Sie war der Ansicht, daß, wenn die Vervielfältigung die normale Auswertung des Werkes nicht beeinträchtigt, nunmehr zu prüfen sei, ob sie die berechtigten Interessen des Urhebers unzumutbar schädigt. Nur wenn dies nicht der Fall ist, soll es in gewissen Sonder-

fällen möglich sein, eine Zwangslizenz einzuführen oder eine vergütungsfreie Benutzung vorzusehen. Als praktisches Beispiel kann die Photokopie zu verschiedenen Zwecken erwähnt werden. Wenn sie in der Herstellung einer sehr großen Zahl von Vervielfältigungsstücken besteht, kann sie nicht zugelassen werden, weil sie die normale Auswertung des Werkes beeinträchtigt. Wenn sie die Herstellung einer relativ großen Zahl von Exemplaren für den Gebrauch in gewerblichen Unternehmen umfaßt, kann sie unter der Voraussetzung, daß nach den innerstaatlichen Rechtsvorschriften eine angemessene Vergütung zu zahlen ist, die berechtigten Interessen des Urhebers nicht schädigen. Wenn nur eine kleine Zahl von Exemplaren hergestellt wird, kann sie ohne Vergütung zulässig sein, namentlich zum persönlichen oder wissenschaftlichen Gebrauch.

86. Die Kommission nahm schließlich folgende Fassung des Artikels 9 Absatz 2 an: „Der Gesetzgebung der Verbandsländer bleibt vorbehalten, die Vervielfältigung dieser Werke in gewissen Sonderfällen unter der Voraussetzung zu gestatten, daß eine solche Vervielfältigung weder die normale Auswertung des Werkes beeinträchtigt noch die berechtigten Interessen des Urhebers unzumutbar verletzt".

Artikel 9 Absatz 3

87. Artikel 13 Absatz 1 der Brüsseler Fassung sah vor, daß die Urheber von musikalischen Werken das ausschließliche Recht genießen, zu erlauben: i) die Aufnahme dieser Werke auf Vorrichtungen zu ihrer mechanischen Wiedergabe und ii) die öffentliche Wiedergabe der auf solche Weise aufgenommenen Werke mittels dieser Vorrichtungen. Da die Kommission beschloß, diesen Artikel 13 Absatz 1 zu streichen, wurde es für zweckmäßig gehalten, in Artikel 11 Absatz 1 und Artikel 11ter Absatz 1 einen Hinweis aufzunehmen, daß das Aufführungsrecht und das Vortragsrecht unter anderem das zur Zeit in Artikel 13 Absatz 1 vorgesehene Recht enthalten. Um die Bestimmungen der Übereinkunft zu harmonisieren, schlug der Redaktionsausschuß vor, in Artikel 9 Absatz 3 einen entsprechenden Hinweis aufzunehmen, nämlich daß das Vervielfältigungsrecht des Urhebers das zur Zeit in Artikel 13 Absatz 1 vorgesehene Vervielfältigungsrecht umfaßt, und klarzustellen, daß im Sinne der Übereinkunft jede Aufnahme auf Bild- oder Tonträger als Vervielfältigung anzusehen ist. Selbstverständlich stellt die Herstellung von Vervielfältigungsstücken der Aufnahme ebenfalls eine Vervielfältigung dar. Die Kommission nahm diesen Vorschlag des Redaktionsausschusses an.

Artikel 10 Absatz 1

88. Das Programm schlug eine Erweiterung der geltenden, sich nur auf Zeitungs- und Zeitschriftenartikel beziehenden Regelung in Artikel 10 Absatz 1 über das Zitat vor, derart, daß diese Regelung auf alle Werkarten anwendbar ist. Das Programm schlug ferner die Streichung der Voraussetzung vor, nach der nur „kurze" Zitate zulässig sind. Andererseits führte das Pro-

gramm einige die Zitierfreiheit einschränkende Voraussetzungen ein: es sollte erforderlich sein, daß i) die zitierten Werke bereits „erlaubterweise der Öffentlichkeit zugänglich gemacht worden sind", ii) die Zitate „anständigen Gepflogenheiten entsprechen" und iii) sie nur „in dem durch den Zweck gerechtfertigten Umfang" gemacht werden.

89. Frankreich schlug vor (Dokument S/45), die Voraussetzung, daß nur „kurze" Zitate zulässig sind, wieder einzuführen. Die Schweiz machte den gleichen Vorschlag (Dokument S/68) und schlug außerdem hinsichtlich der dritten Voraussetzung vor, den Ausdruck „in dem durch den Zweck gerechtfertigten Umfang" durch die Wendung „in dem Umfang, in dem sie der Erläuterung, dem Hinweis oder der Illustration in dem Zusammenhang dienen, in dem sie stehen" zu ersetzen. Polen, die Tschechoslowakei und Ungarn legten einen Vorschlag vor (Dokument S/51), der vorsah, daß das Werk auch in Übersetzung zitiert werden kann.

90. Nach Beratung beschloß die Kommission, den französischen Text so zu lassen, wie im Programm vorgeschlagen, jedoch die englische Fassung geringfügig zu ändern. Man glaubte hinsichtlich der ersten Voraussetzung, daß Gründe dafür, das Wort „erlaubterweise" durch die Worte „mit Zustimmung des Urhebers" zu ersetzen, hier nicht vorliegen, und behielt daher das Wort „erlaubterweise" bei. Es wurde ferner bemerkt, daß der letzte Satzteil hinsichtlich der Presseübersichten etwas zweideutig sei. Es erschien jedoch schwierig und nicht unbedingt erforderlich, diese Zweideutigkeit zu beseitigen, zu der die Gerichte sich äußern können.

91. Die Frage der Zulässigkeit der Übersetzung von Zitaten wird bei Artikel 8 geprüft werden.

Artikel 10 Absatz 2

92. Das Programm sah keine sachliche Änderung des Artikels 10 Absatz 2 der Brüsseler Fassung vor. Nach dieser Bestimmung ist es den innerstaatlichen Gesetzgebungen oder den zwischen den Verbandsländern geschlossenen besonderen Abkommen vorbehalten, die Aufnahme von Entlehnungen aus geschützten Werken in „Veröffentlichungen, die für den Unterricht bestimmt oder wissenschaftlicher Natur sind", oder in „Chrestomathien" in dem durch den Zweck gerechtfertigten Umfang zu erlauben. Die einzige im Programm vorgeschlagene Änderung betraf die Redaktion der englischen Fassung, während der französische Text unverändert blieb: Das Wort *„excerpts"* wurde durch das dem französischen Ausdruck *„emprunts"* besser entsprechende Wort *„borrowings"* ersetzt.

93. Die Niederlande schlugen die Streichung dieses Absatzes vor (Dokument S/108). Andererseits wurde in einem gemeinsamen Vorschlag Bulgariens, Polens, Rumäniens und der Tschechoslowakei (Dokument S/83) angeregt, den Anwendungsbereich dieses Absatzes auf Rundfunk- und Fernsehsendungen und auf Tonträger zu erweitern.

94. Nach einigen Erörterungen, in deren Verlauf angeregt wurde, die Bestimmung etwas einzuschränken, wurde die Frage an die mit der Prüfung von Artikel 9 Absatz 2 und Artikel 10 Absatz 2 beauftragte Arbeitsgruppe überwiesen.

95. Die Arbeitsgruppe unterbreitete einen Vorschlag (Dokument S/185), der einerseits die in Absatz 2 vorgesehenen Benutzungen wesentlich einschränkt: Das Wort „Entlehnungen" *(„emprunts, „borrowings")* wird nicht mehr erwähnt; die Bestimmung bezieht sich nur noch auf „Benutzungen" von Werken, die „in dem durch den Zweck gerechtfertigten Umfang" gemacht werden können, jedoch nur „zur Veranschaulichung des Unterrichts" und unter der Voraussetzung, daß eine solche Benutzung „anständigen Gepflogenheiten entspricht". Andererseits wurde von der Arbeitsgruppe — in Form einer in Parenthese gesetzten Alternative — angeregt, die Erlaubnis auf „Rundfunksendungen" und „Tonträger" zu erstrecken.

96. Nach einer gemeinsam von Brasilien, Mexiko und Portugal vorgeschlagenen Änderung (Dokument S/216) mit dem Ziel, das Wort „Tonträger" durch die Worte „Aufnahmen auf Bild- oder Tonträger" *(„enregistrements")* zu ersetzen, billigte die Kommission den Grundvorschlag der Arbeitsgruppe sowie die Erweiterung auf Rundfunksendungen und Aufnahmen auf Bild- oder Tonträger. Anschließend beschloß sie, die Worte *„sonores ou visuels"* dem Wort *„enregistrements"* hinzuzufügen, um jeden Zweifel auszuschließen, daß diese Bestimmung auf Aufnahmen sowohl auf Tonträger als auch auf Bildträger anwendbar ist.

97. Es wurde gewünscht, in diesem Bericht klarzustellen, daß das Wort „Unterricht" den Unterricht in allen Bereichen umfaßt, d. h. in allen Schul- und Universitätseinrichtungen, in den öffentlichen (Gemeinde- oder staatlichen) Schulen ebenso wie in den Privatschulen. Der Unterricht außerhalb dieser Einrichtungen oder in Organisationen allgemeiner Art, die der Öffentlichkeit zur Verfügung stehen, aber nicht unter diese Kategorien fallen, soll ausgeschlosen sein.

Artikel 10 Absatz 3

98. Artikel 10 Absatz 3 der Brüsseler Fassung, der die Angabe der Quelle und des Namens des Urhebers bei den in den Absätzen 1 und 2 vorgesehenen Benutzungen betrifft, war im Programm unverändert geblieben, abgesehen von einer kleinen Änderung der englischen Fassung. Die Kommission beschloß, den von ihrem Redaktionsausschuß vorgelegten neuen Text anzunehmen, der keine sachlichen Änderungen, sondern nur redaktionelle Änderungen der englischen und französischen Fassung vorsieht.

Artikel 10bis

(Artikel 10bis Absatz 1 und 2)

99. In einem gemeinsamen Vorschlag Polens, der Tschechoslowakei und Ungarns (Dokument S/51) und in einem Vorschlag Japans (Dokument S/80) wurde angeregt, in einem neuen Absatz 3 des Artikels 9 die gegenwärtig in

Artikel 9 Absatz 2 enthaltene Bestimmung wiedereinzuführen, die die Entlehnung von Presseartikeln betrifft. Nach dem Programm sollte diese Bestimmung gestrichen werden.

100. Diese Vorschläge sahen gleichzeitig vor, daß sich die Möglichkeit, Artikel zu entlehnen, nicht nur auf die Vervielfältigung durch die Presse sondern auch auf die Rundfunksendung beziehen sollte. Der erste von Ihnen forderte außerdem, daß die Artikel in den in der Bestimmung vorgesehenen Fällen nicht nur im Original, sondern auch in Übersetzung sollten benutzt werden können.

101. Die Kommission nahm drei der in den beiden Änderungsvorschlägen enthaltenen Gedanken an, nämlich die Wiedereinführung der gegenwärtigen Bestimmung des Artikels 9 Absatz 2 betreffend die Entlehnung von Presseartikeln, ihre Erstreckung auf die Rundfunksendung und — zunächst — ihre Einfügung als neuen Absatz 3 des Artikels 9.

102. Auf Vorschlag des Redaktionsausschusses wurde jedoch beschlossen, die Eingangsworte zu ändern, um sie mit den entsprechenden Worten der Neufassung des Absatzes 2 in Einklang zu bringen und dadurch den Eindruck zu vermeiden, daß die Länder verpflichtet seien, in ihrer Gesetzgebung eine solche Beschränkung des Vervielfältigungsrechts des Urhebers einzuführen.

103. Der Redaktionsausschuß machte anschließend drei andere Vorschläge: i) in den neuen Absatz 3 die Worte „die in Zeitungen und Zeitschriften veröffentlicht worden sind" einzufügen, die dem Artikel 9 Absatz 1 der Brüsseler Fassung entnommen sind und offensichtlich den Sinn des Ausdrucks „Artikel" einschränken; die Einfügung wurde für notwendig gehalten, damit der Sinn der neuen Bestimmung nach Streichung des Artikels 9 Absatz 1 erhalten bleibt, ii) der Presse die Möglichkeit zu geben, Material gleicher Art aus Rundfunkprogrammen zu entlehnen, um auf diese Weise ein Gleichgewicht zwischen den Rechten der beiden genannten Interessentengruppen herzustellen, und iii) den neuen Absatz nicht, wie zunächst vorgesehen, als neuen Absatz 3 des Artikels 9, sondern als neuen Absatz 1 des Artikels 10bis einzufügen, da man glaubte, daß die Bestimmung, wenn sie auch die Rundfunksendung behandelt, etwas mehr mit der gegenwärtigen Bestimmung des Artikels 10bis gemeinsam hat als mit den Bestimmungen des Artikels 9, der nur die Vervielfältigung behandelt. Die Kommission nahm diese drei Vorschläge des Redaktionsausschusses an und führte die neue, so geänderte Bestimmung als Artikel 10bis Absatz 1 ein.

104. Die Frage der Befugnis, die so benutzten Artikel zu übersetzen, wird bei Artikel 8, der das allgemeine Übersetzungsrecht behandelt, geprüft werden.

105. Was die gegenwärtige Bestimmung des Artikels 10bis über die Berichterstattung über Tagesereignisse betrifft, so hatte das Programm vier kleinere Änderungen der Brüsseler Fassung angeregt: i) die Beschränkung auf „kurze Bruchstücke" von Werken sollte entfallen; ii) die Anwendbarkeit der Bestim-

mung sollte auf die „Übertragung mittels Draht an die Öffentlichkeit" neben der Photographie, der Kinematographie und der Rundfunksendung erweitert werden; iii) die Benutzung sollte nur „in dem durch den Informationszweck gerechtfertigten Umfang" gestattet sein; iv) es sollte klargestellt werden, daß die in diesem Absatz vorgesehene Befugnis sich nur auf Werke bezieht, „die im Verlauf des Ereignisses sichtbar oder hörbar werden".

106. Monaco schlug einige redaktionelle Änderungen vor (Dokument S/76). Im Text sollten die Bezugnahme auf die Aufnahme auf Bild- oder Tonträger entfallen und die Worte „öffentlich mitgeteilt" durch die Worte „der Öffentlichkeit zugänglich gemacht" ersetzt werden.

107. Diese zwei Anregungen wurden von der Kommission gebilligt, die den so geänderten Text des Programms annahm, jedoch in Form eines neuen Absatzes 2 des Artikels 10bis.

III

Andere Bestimmungen des Konventionstextes

Titel und Präambel

108. Im Programm waren Titel und Präambel der Übereinkunft so, wie sie waren, beibehalten und lediglich in der Aufzählung der Neufassungen im Titel die von Stockholm und in der Präambel die von Brüssel hinzugefügt.

109. Brasilien schlug vor (Dokument S/210), in der Präambel eine Bestimmung über die Grundlage des Schutzes einzufügen mit folgendem Wortlaut: „Schutzgegenstand dieser Übereinkunft, mit der Wirkung allein der Anerkennung der Urheberschaft und des Persönlichkeitsrechts des Urhebers, ist jede persönliche geistige Schöpfung mit Ausnahme der Erfindungen und Entdeckungen, die durch die Patent- und Markengesetzgebung geschützt sind". Auf diese Bestimmung der Präambel sollte dann in den Artikeln 1, 4 und 6bis Bezug genommen werden.

110. Dieser Vorschlag wurde abgelehnt und der Text des Programms angenommen.

Artikel 1

111. Artikel 1 bestimmt, daß die Länder, für welche die Übereinkunft gilt, einen Verband zum Schutz der Rechte der Urheber an ihren Werken der Literatur und Kunst bilden. Das Programm regte lediglich eine kleine Änderung der englischen Fassung an, nämlich die Ersetzung der Worte *„the rights of authors over"* durch *„authors' copyright in"* in der Annahme, daß der Ausdruck *„copyright"* in den englisch sprechenden Ländern viel bekannter sei.

112. Der Redaktionsausschuß glaubte jedoch, daß es zweifelhaft sein könnte, ob der Ausdruck *„copyright"* auch das droit moral umfaßt. Er beschloß daher, auf die ursprüngliche Formulierung mit einer geringfügigen Änderung der englischen Fassung zurückzukommen.

Artikel 2

113. In der Brüsseler Fassung enthält Artikel 2 Absatz 1 eine Aufzählung der geschützten Werke. Absatz 2 bestimmt, daß Bearbeitungen eines Werkes unbeschadet der Rechte des Urhebers des Originalwerkes wie Originalwerke geschützt sind. Er enthält außerdem eine besondere Bestimmung über die Übersetzungen amtlicher Texte. Absatz 3 gewährt den Urhebern von Sammlungen ein besonderes Urheberrecht. Absatz 4 sieht vor, daß die in diesem Artikel erwähnten Werke in allen Verbandsländern Schutz genießen und daß dieser Schutz zugunsten des Urhebers und seiner Rechtsnachfolger besteht. Absatz 5 enthält schließlich gewisse besondere Bestimmungen über den Schutz von Werken der angewandten Kunst und der gewerblichen Muster und Modelle.

114. Im Programm war die Reihenfolge der Absätze etwas geändert. Ein neuer Absatz 2 war eingefügt, um gewisse Werke den Filmwerken und den photographischen Werken gleichzustellen. Aus diesem Grunde war die Numerierung der folgenden Absätze geändert in der Weise, daß Absatz 2 Absatz 3 wurde u.s.w. bis Absatz 6. In einem neuen Absatz 7 war die Bestimmung über die Zeitungsmitteilungen eingefügt, die in Artikel 9 Absatz 3 der Brüsseler Fassung enthalten ist.

115. In dem von der Kommission angenommenen Entwurf wurde die Reihenfolge der Absätze weiteren Änderungen unterworfen. Der Inhalt des Absatzes 2 wurde in den Absatz 1 übernommen. Eine neue Bestimmung über die Festlegung als Schutzvoraussetzung wurde als Absatz 2 eingefügt. Absatz 3 wurde in zwei Absätze, 3 und 4, geteilt. Absatz 4 des Programms wurde Absatz 5 u.s.w. bis Absatz 7, der Absatz 8 wurde. Dieser Bericht folgt der Reihenfolge des Programms (mit Ausnahme von Absatz 2).

Artikel 2 Absatz 1
(Absatz 1)

116. Hinsichtlich der Aufzählung der Werke in Absatz 1 schlug das Programm nur zwei wesentliche Änderungen vor: i) den Text betreffend die choreographischen Werke und Pantomimen zu ändern und ii) die Bestimmung über die Filmwerke zu ändern und in einen neuen Absatz 2 zu verweisen. Als Folge davon sollte die Bestimmung über die photographischen Werke, die ähnlich konstruiert war, ohne sachliche Änderung in diesen neuen Absatz 2 übernommen werden. Diese zwei Fragen sollen in besonderen Abschnitten behandelt werden.

117. Gewisse Länder schlugen vor, neue Werkarten in die Aufzählung der geschützten Werke aufzunehmen. Diese Vorschläge werden in einem weiteren besonderen Abschnitt geprüft.

Choreographische Werke und Pantomimen

118. Die Brüsseler Fassung zählt ausdrücklich unter den geschützten Werken die choreographischen Werke und Pantomimen auf, „deren Bühnenvorgang schriftlich oder auf andere Weise festgelegt ist". Das Programm schlug vor, diese Voraussetzung der Festlegung zu streichen. Die choreographischen Werke und Pantomimen sind die einzigen in der Übereinkunft genannten Werke, für die eine solche Voraussetzung beibehalten ist.

119. Frankreich schlug vor (Dokument S/136), die Brüsseler Fassung aufrechtzuerhalten.

120. Nach einer vorläufigen Erörterung in der Kommission legte das Vereinigte Königreich einen Kompromißvorschlag vor (Dokument S/191). Er enthielt zwei Anregungen: i) daß die Festlegung nicht für die choreographischen Werke, sondern nur für die Pantomimen beibehalten werden sollte und ii) daß in einem neuen, am Ende des Absatzes 1 anzufügenden Satz den innerstaatlichen Gesetzgebungen die Befugnis gegeben werden sollte, die Festlegung allgemein zur Schutzvoraussetzung zu machen. Da diese zweite Anregung von der Kommission angenommen und in einem Absatz 2 eingefügt wurde (siehe Nummer 130), wurde die erste für überflüssig gehalten.

121. Schließlich nahm die Kommission im Hinblick auf die neue Bestimmung in Absatz 2 den Vorschlag des Programms an, die Worte „deren Bühnenvorgang schriftlich oder auf andere Weise festgelegt ist" zu streichen.

Filmwerke und photographische Werke

122. Das Programm schlug für die Filmwerke eine neue Bestimmung in Form eines neuen Absatzes 2 vor. Die Kommission beschloß, den vorgeschlagenen Text etwas zu ändern und ihn in Absatz 1 wieder einzufügen (siehe Nummer 277).

123. Die Brüsseler Fassung erwähnt unter den geschützten Werken „die Werke der Photographie und Werke, die durch ein der Photographie ähnliches Verfahren hergestellt sind". Im Programm war dieser Satzteil mit einer kleinen redaktionellen Änderung in den neuen Absatz 2 übernommen.

124. Das Vereinigte Königreich schlug vor (Dokument S/100), daß dieser Satzteil ebenfalls die Voraussetzung einer Festlegung enthalten sollte.

125. Die Kommission glaubte, daß ein photographisches Werk schon seiner Definition nach festgelegt sein muß, nahm eine der im Programm vorgeschlagenen ähnliche Formulierung an und fügte sie — wie den Satzteil betreffend die Filmwerke — wieder in Absatz 1 ein.

Neue Werkarten

126. Indien schlug vor (Dokument S/73), die Werke der Folklore in die Aufzählung der geschützten Werke einzufügen. Außerdem schlugen einige Länder die Aufnahme der Fernsehwerke in diese Aufzählung vor (siehe Nummer 274).

127. Die Kommission hielt es nicht für notwendig, neue Werkarten den in der Aufzählung bereits erwähnten hinzuzufügen, da die vorgeschlagenen Arten im Grundsatz bereits durch die Übereinkunft geschützt erscheinen. Die Kommission hielt es jedoch, wie später ausgeführt werden wird, für nützlich, eine gründliche Studie der Regelung der folkloristischen Werke in Angriff zu nehmen.

Artikel 2 Absatz 2 (neu)

128. Indien schlug vor (Dokument S/73), in Form eines Unterabsatzes im Anschluß an Absatz 1 einen Satz einzufügen, der es den innerstaatlichen Gesetzgebungen erlaubt, für bestimmte Werkarten eine körperliche Festlegung zu fordern.

129. Nach der vorläufigen Erörterung der choreographischen Werke und Pantomimen legte das Vereinigte Königreich einen ähnlichen Vorschlag vor (Dokument S/191, erwähnt oben unter Nummer 120).

130. Die Kommission beschloß, in die Übereinkunft ein neues Prinzip einzuführen. Die vom Redaktionsausschuß hierfür angenommene Formulierung lehnt sich eng an den vom Vereinigten Königreich vorgeschlagenen Text an und hat folgenden Wortlaut: „Der Gesetzgebung der Verbandsländer bleibt jedoch vorbehalten, die Werke der Literatur und Kunst oder eine oder mehrere Arten davon nur zu schützen, wenn sie auf einem materiellen Träger festgelegt sind". Nach dieser Formel steht es den Ländern frei, die Festlegung als allgemeine Schutzvoraussetzung vorzusehen oder die Festlegung nur für eine oder mehrere Werkarten zu fordern, z. B. für die choreographischen Werke oder die Pantomimen.

Artikel 2 Absatz 3
(Absatz 3 und 4)

131. Die Brüsseler Fassung (Absatz 2) und das Programm (Absatz 3) — das den gegenwärtigen Text unverändert ließ — enthalten einen ersten Satz, der vorsieht, daß die Übersetzungen und alle anderen Arten von Bearbeitungen eines Werkes unbeschadet der Rechte des Urhebers des Originalwerkes wie Originalwerke geschützt sind. Zu diesem Satz wurde keine Änderung vorgeschlagen. Es wurde jedoch beschlossen, daß er allein den Absatz 3 bilden sollte.

132. Der zweite Satz der Brüsseler Fassung und des Programms sieht vor, daß es den innerstaatlichen Gesetzgebungen vorbehalten bleibt, den Schutz für Übersetzungen offizieller Texte auf dem Gebiet der Gesetzgebung, Verwaltung und Rechtsprechung zu bestimmen.

133. Die Bundesrepublik Deutschland schlug vor (Dokument S/92), daß die den innerstaatlichen Gesetzgebungen gewährte Befugnis nicht nur für Übersetzungen amtlicher Texte, sondern auch für diese Texte in ihrer Originalform gelten solle. Sie schlug außerdem eine Einschränkung vor, nämlich daß nur *amtliche* Übersetzungen der Ausnahmebestimmung unterfallen sollten. Ferner regte sie an, daß die neue Bestimmung ein neuer Absatz werden sollte.

134. Italien legte einen ähnlichen Änderungsvorschlag vor (Dokument S/161), der jedoch nicht die Beschränkung auf amtliche Übersetzungen enthielt.

135. Die Kommission beschloß die Annahme eines dem Vorschlag der Bundesrepublik Deutschland entsprechenden Textes.

136. Auf Wunsch des Vereinigten Königreichs ist in diesem Bericht klarzustellen, daß die Erwähnung der Texte auf dem Gebiet der Verwaltung den Ländern nicht die Freiheit gibt, den Schutz allen staatlichen Veröffentlichungen, wie z. B. Schulbüchern, zu verweigern.

Artikel 2 Absatz 4
(Absatz 5)

137. Absatz 3 der Brüsseler Fassung gewährt ein besonderes Urheberrecht den Urhebern von Sammlungen. Das Programm verwies diese Bestimmung in Absatz 4, jedoch ohne Änderung. Der Kommission wurde kein Vorschlag vorgelegt und dieser Absatz daher so belassen.

Artikel 2 Absatz 5
(Absatz 6)

138. Absatz 4 der Brüsseler Fassung und Absatz 5 des Programms — ohne Änderung — sehen vor, daß die in Artikel 2 genannten Werke Schutz in allen Verbandsländern genießen und daß dieser Schutz zugunsten des Urhebers und seiner Rechtsnachfolger oder sonstiger Inhaber ausschließlicher Werknutzungsrechte besteht. Der Kommission wurde kein Vorschlag vorgelegt und der Absatz daher so belassen.

Artikel 2 Absatz 6
(Absatz 7)

139. Nach dem ersten Satz des Absatzes 5 der Brüsseler Fassung ist die innerstaatliche Gesetzgebung frei, den Schutz der Werke der angewandten Kunst und der gewerblichen Muster und Modelle zu regeln. Der zweite Satz enthält eine Ausnahme vom Grundsatz der Inländerbehandlung: Wenn das Ursprungsland Werke der angewandten Kunst nur als Muster und Modelle schützt, kann für diese Werke in den anderen Verbandsländern nur der Schutz beansprucht werden, der dort den Mustern und Modellen gewährt wird.

140. Das Programm regte nur eine einzige Änderung an. Die Länder sollten nicht völlig frei sein, den Schutz zu regeln: Sie sollten verpflichtet sein, den Mindestschutz von fünfundzwanzig Jahren seit der Herstellung des Werkes zu beachten, der in Artikel 7 Absatz 4 für die als Werke der Kunst geschützten Werke der angewandten Kunst eingeführt wurde.

141. Dänemark schlug vor (Dokument S/99), Absatz 5 der Brüsseler Fassung ganz zu streichen und auf diese Weise Werke der angewandten Kunst in jeder Hinsicht wie die anderen Werke der Kunst zu behandeln.

142. Die Niederlande schlugen vor (Dokument S/140), den zweiten Satz des Absatzes zu streichen und auf diese Weise für die Werke der angewandten Kunst ohne Einschränkung Inländerbehandlung zu gewähren.

143. Italien schlug vor (Dokument S/161), am Ende des zweiten Satzes des Absatzes eine Bestimmung anzufügen, nach der dieser Satz nur anwendbar ist, wenn die Gesetzgebung des Landes mit Ausnahme des Ursprungslandes, in dem der Schutz beansprucht wird, den Mustern und Modellen einen besonderen Schutz gewährt. Wenn dies nicht der Fall ist, sollten die Werke der angewandten Kunst auf Grund des in dem betreffenden Land geltenden Urheberrechtsgesetzes geschützt sein.

144. Die Kommission nahm die im Programm vorgeschlagene Änderung an, daß die innerstaatliche Gesetzgebung bei der Regelung des Schutzes der Werke der angewandten Kunst den Bestimmungen des Artikels 7 Absatz 4 Rechnung tragen muß. Außerdem nahm die Kommission den von Italien angeregten Grundsatz an, nämlich daß ein Land, das keinen besonderen Schutz für Muster und Modelle vorsieht, die Werke der angewandten Kunst stets nach dem Urheberrechtsgesetz schützen muß.

Artikel 2 Absatz 7
(Absatz 8)

145. Die Brüsseler Fassung bestimmt in ihrem Artikel 9 Absatz 3, daß der Schutz der Übereinkunft nicht für Tagesneuigkeiten oder vermischte Nachrichten, die einfache Zeitungsmitteilungen darstellen, besteht. Im Hinblick auf die Einführung eines allgemeinen Vervielfältigungsrechts in Artikel 9 und die Streichung der beiden ersten Absätze des Artikels 9 der Brüsseler Fassung übertrug das Programm diese Bestimmung, die eher die geschützten Werke betrifft, von Artikel 9 nach Artikel 2 Absatz 7, ohne sie sachlich zu ändern, jedoch mit einer kleinen Änderung der englischen Fassung.

146. Nach den im Programm gegebenen Erläuterungen war der Sinn dieses Absatzes der folgende: Die Übereinkunft schützt nicht einfache Informationen über Tagesneuigkeiten oder vermischte Nachrichten, weil ein solches Material nicht die für ein Werk erforderlichen Eigenschaften besitzt. Dies schließt a fortiori ein, daß die Neuigkeiten und Ereignisse selbst nicht geschützt sind.

Andererseits sind Artikel der Journalisten und andere „journalistische" Werke, die Neuigkeiten berichten, in dem Maße geschützt, in dem sie Werke der Literatur oder Kunst sind. Eine entsprechende Klarstellung im Text der Übereinkunft erschien nicht unbedingt erforderlich.

147. Das Vereinigte Königreich schlug vor (Dokument S/171), diesen Absatz wie folgt zu fassen: „Der Schutz dieser Übereinkunft besteht nicht für Tatsachen, die Tagesneuigkeiten darstellen oder den Charakter einfacher Pressemitteilungen haben."

148. Die Kommission beschloß, den Text des Programms anzunehmen mit einer kleinen Änderung der englischen Fassung: Vor dem Wort *„information"* wurde das Wort *„press"* eingefügt.

Artikel 2bis Absatz 1

149. Die Brüsseler Fassung bestimmt in diesem Artikel, daß die innerstaatlichen Rechtsvorschriften politische Reden und Reden in Gerichtsverhandlungen teilweise oder ganz vom Schutz ausschließen können. Das Programm regte einige rein formelle Änderungen der englischen Fassung an.

150. Der Kommission wurde hinsichtlich dieses Absatzes kein Vorschlag vorgelegt. Der Redaktionsausschuß änderte die vorgeschlagene englische Fassung, indem er die Brüsseler Fassung wiederherstellte.

151. Es wurde darauf hingewiesen, daß dieser Absatz im Gegensatz zu einigen anderen Bestimmungen (siehe Nummer 205) kein besonderes Problem hinsichtlich der Übersetzung aufwirft. Da die innerstaatlichen Rechtsvorschriften den betreffenden Werken jeden Schutz verweigern können, können sie natürlich auch das ausschließliche Recht des Urhebers ausschließen, sie zu übersetzen.

Artikel 2bis Absatz 2

152. Nach diesem Absatz in seiner Brüsseler Fassung können die innerstaatlichen Rechtsvorschriften bestimmen, unter welchen Voraussetzungen Vorträge, Ansprachen, Predigten und andere Werke gleicher Art durch die Presse vervielfältigt werden dürfen. Das Programm schlug insoweit keine Änderung vor.

153. Indien schlug vor (Dokument S/73), daß die Werke im Original und in Übersetzung nicht nur durch die Presse vervielfältigt, sondern auch durch Film und Rundfunk sollten wiedergegeben werden können.

154. In einem gemeinsamen Vorschlag Bulgariens, Polens und der Tschechoslowakei (Dokument S/79) wurde angeregt, das Recht zur Benutzung der genannten Werke auf die Rundfunksendung zu erstrecken.

155. Die Bundesrepublik Deutschland schlug vor (Dokument S/92), dieses Recht auf die Rundfunksendung und die Drahtfunksendung zu erstrecken, jedoch in diesen beiden Fällen die Benutzung der Werke nur zu erlauben, wenn sie Tagesfragen betreffen.

156. Nach Kenntnisnahme von dem Ergebnis der Beratungen der in der Einleitung dieses Berichts erwähnten Arbeitsgruppe beschloß die Kommission, den Absatz in vier Punkten zu ändern: i) Die Predigten wurden vom Anwendungsbereich der Bestimmung ausgeschlossen; ii) die Vorträge, Ansprachen u.s.w. können nur benutzt werden, wenn sie „in der Öffentlichkeit gehalten" worden sind; iii) die Werke können nicht nur durch die Presse vervielfältigt werden, sondern auch durch Rundfunk gesendet, mittels Draht an die Öffentlichkeit übertragen und in den Fällen des Artikels 11bis Absatz 1 öffentlich wiedergegeben werden; iv) die Benutzung muß durch den Informationszweck gerechtfertigt sein, d. h. nicht der in dem Vortrag, der Ansprache u.s.w. behandelte Gegenstand muß die Eigenschaft einer Tagesfrage haben, sondern die Benutzung selbst muß in ihrem Zweck, die Öffentlichkeit zu unterrichten, aktuell sein.

Artikel 2bis Absatz 3

157. Absatz 3 der Brüsseler Fassung sieht vor, daß nur der Urheber berechtigt ist, seine in den Absätzen 1 und 2 genannten Werke in Sammlungen zu vereinigen. Im Programm war keine Änderung vorgeschlagen und auch der Kommission wurde kein Vorschlag vorgelegt.

158. Es wurde beschlossen, den Text beizubehalten, jedoch die französische und die englische Fassung etwas zu ändern, um den Sinn zu verdeutlichen.

Artikel 6bis (droit moral)

159. Nach der Brüsseler Fassung sind die Verbandsländer verpflichtet, das Persönlichkeitsrecht des Urhebers während seines ganzen Lebens zu schützen. Dieser Grundsatz wird in Artikel 6bis Absatz 1 zum Ausdruck gebracht. Absatz 2 sieht vor, daß nach dem Tode des Urhebers das Persönlichkeitsrecht mindestens bis zum Erlöschen der vermögensrechtlichen Befugnisse in Kraft bleibt, „soweit die Gesetzgebung der Verbandsländer es gestattet". Absatz 3 enthält eine Bestimmung über die zur Wahrung des Persönlichkeitsrechts erforderlichen Rechtsbehelfe.

160. Im Programm war vorgeschlagen, die Verbandsländer zu verpflichten, das Persönlichkeitsrecht bis zum Erlöschen der vermögensrechtlichen Befugnisse zu gewähren.

Artikel 6bis Absatz 1

161. Die Bestimmung der Brüsseler Fassung über den Schutz des Persönlichkeitsrechts während des Lebens des Urhebers war im Programm zu einer allgemeinen Bestimmung über dieses Recht umgestaltet, die keine ausdrückliche Begrenzung der Dauer dieses Rechts vorsah. Diese Änderung war durch Streichung der Worte „während seines ganzen Lebens" bewirkt.

162. Auf der Konferenz wurde kein Änderungsvorschlag zu Absatz 1 vorgelegt. Es ist jedoch darauf hinzuweisen, daß im Verlauf der Erörterung des Absatzes 2 (siehe weiter unten) Änderungsvorschläge gemacht wurden, die auch eine gewisse Auswirkung auf Absatz 1 hatten.

163. Die Kommission nahm Absatz 1 in der Fassung des Programms an.

Artikel 6bis Absatz 2

164. Die wesentlichste Änderung, die hinsichtlich des Absatzes 2 der Brüsseler Fassung im Programm vorgeschlagen war, sah die Streichung der ersten Worte des ersten Satzes „Soweit die Gesetzgebung der Verbandsländer dies gestattet" vor. Diese Änderung hatte zur Folge, daß das Persönlichkeitsrecht nach dem Tode des Urhebers „wenigstens bis zum Erlöschen der vermögensrechtlichen Befugnisse" in Kraft bleiben mußte. Das Programm brachte außerdem Änderungen und Vereinfachungen der Bestimmungen im letzten Teil des Absatzes über die zur Ausübung des Persönlichkeitsrechts nach dem Tode des Urhebers berufenen Personen und Einrichtungen. Unter anderem war der letzte Satz des Absatzes gestrichen.

165. Einige Länder schlugen vor, die zeitliche Begrenzung des Persönlichkeitsrechts aufzuheben. Solche Vorschläge wurden von Bulgarien (Dokument S/197) sowie gemeinsam von Griechenland und Portugal (Dokument S/151) vorgelegt.

166. Griechenland schlug außerdem vor (Dokument S/183), daß „die Werke der Literatur und Kunst, an denen keine vermögensrechtlichen Befugnisse mehr bestehen, gegen jede Benutzung geschützt sein sollten, die das kulturelle Erbe der Menschheit beeinträchtigt". Dieser Vorschlag sollte in einen neuen Absatz des Artikels 6bis aufgenommen werden. Ein Vorschlag Österreichs (Dokument S/147), in Artikel 6bis einen neuen Absatz betreffend die Hinterlegung eines Faksimiles des ersten authentischsten Text- oder Partiturexemplars von literarischen, musikalischen oder dramatisch-musikalischen Werken einzufügen, wird später behandelt.

167. Indien schlug vor (Dokument S/73), die im Programm vorgesehene Erweiterung des Schutzes in dem Sinne zu beschränken, daß der Schutz nach dem Tode des Urhebers nicht das Recht auf die Urheberschaft am Werk umfaßt.

168. Australien, Dänemark, Finnland, Irland, Norwegen, Schweden und das Vereinigte Königreich legten einen gemeinsamen Vorschlag vor (Dokument S/232), um den Verbandsländern, nach deren Rechtssystem das Persönlichkeitsrecht grundsätzlich nicht im Rahmen des Urheberrechts geschützt ist und die daher große Schwierigkeiten haben, einen vollkommenen Schutz dieses Rechts nach dem Tode des Urhebers zu schaffen, die Annahme der Bestimmungen über eine Erweiterung des Schutzes des Persönlichkeitsrechts über den Tod des Urhebers hinaus zu erleichtern. Dieser Vorschlag sah die Einfügung eines neuen Satzes am Ende des Absatzes 2 vor, nach dem die Gesetzgebung eines Verbandslandes bestimmen kann, das bestimmte durch Absatz 1 dem Urheber gewährte Rechte nach seinem Tode nicht aufrechterhalten bleiben.

169. Am Ende weiterer Beratungen wurde gemeinsam von Australien, Dänemark, der Bundesrepublik Deutschland, Finnland, Norwegen, Österreich, Schweden und dem Vereinigten Königreich ein neuer Vorschlag vorgelegt (Dokument S/247). Dieser Vorschlag, der grundsätzlich vom gleichen Gedanken ausging wie das Dokument S/232, beschränkte den Anwendungsbereich der Ausnahme, die den Verbandsländern gewährt werden sollte, die nicht alle Seiten des Persönlichkeitsrechts des Urhebers nach seinem Tode schützen. Diese Ausnahme sollte nur zugunsten der Länder zugelassen werden, deren Rechtsvorschriften im Zeitpunkt der Ratifikation der Stockholmer Fassung oder des Beitritts zu ihr keine Bestimmungen zum Schutz aller nach Absatz 1 gewährten Rechte nach dem Tode des Urhebers enthalten.

170. Die Kommission nahm für den ersten Satz des Absatzes 2 den im Programm vorgeschlagenen Text an; für den zweiten Satz des Absatzes wurde die im Dokument S/247 vorgeschlagene Bestimmung beschlossen. Dabei ging man davon aus, daß die gemäß Absatz 2 Satz 2 aufrechterhaltenen Rechte nicht notwendig durch Bestimmungen geschützt zu werden brauchen, die dem Bereich des Urheberrechts angehören.

Artikel 6bis Absatz 3

171. Die Brüsseler Fassung des Artikels 6bis Absatz 3 sieht vor, daß sich die zur Wahrung des Persönlichkeitsrechts erforderlichen Rechtsbehelfe nach den Rechtsvorschriften des Landes richten, in dem der Schutz beansprucht wird.

172. Eine Änderung wurde weder im Programm noch auf der Konferenz vorgeschlagen. Absatz 3 wurde daher in der Brüsseler Fassung beibehalten.

Artikel 7 (Schutzdauer)

173. Artikel 7 behandelt die Schutzdauer des Urheberrechts. In Absatz 1 der Brüsseler Fassung werden als allgemeine Schutzdauer das Leben des Urhebers und fünfzig Jahre nach seinem Tode bestimmt. Absatz 2 regelt den

Fall, daß ein Verbandsland eine längere Schutzdauer als in Absatz 1 vorgesehen gewährt. Absatz 3 enthält Ausnahmen von der allgemeinen Regel des Absatzes 1 für bestimmte Werkarten: die Filmwerke, die photographischen Werke und die Werke der angewandten Kunst. Absatz 4 bestimmt die Schutzdauer für anonyme und pseudonyme Werke. Absatz 5 behandelt im allgemeinen die Schutzdauer bei nachgelassenen Werken. Absatz 6 schließlich bestimmt die Art und Weise, wie die in Artikel 7 vorgesehenen Schutzfristen zu berechnen sind.

174. Das Programm sah Änderungen in allen Absätzen der Brüsseler Fassung mit Ausnahme des Absatzes 1 vor. Absatz 2 des Programms führte eine besondere Schutzdauer für Filmwerke ein. Absatz 3 entsprach Absatz 4 der Brüsseler Fassung, Absatz 4 teilweise Absatz 3 des alten Textes. Ebenso behandelte Absatz 5 gleiche Fragen wie Absatz 6 der Brüsseler Fassung. Schließlich enthielten die Absätze 6 und 7 Bestimmungen, die dieselben Fragen regelten wie Absatz 2 der Brüsseler Fassung.

175. Entsprechend der angenommenen Methode (siehe Nummer 12) richtet sich die Reihenfolge der Absätze in diesem Bericht nach dem Programm.

Artikel 7 Absatz 1

176. Die in diesem Absatz der Brüsseler Fassung gewährte allgemeine Schutzdauer, das Leben des Urhebers und fünfzig Jahre nach seinem Tode, wurde im Programm nicht geändert.

177. Der Kommission wurde kein sich auf diesen Absatz unmittelbar beziehender Änderungsvorschlag vorgelegt. Ein Vorschlag der Bundesrepublik Deutschland (Dokument S/205), der darauf abzielte, die interessierten Länder zum Abschluß eines besonderen Abkommens über die Schutzdauerverlängerung zu ermutigen, wird im Abschnitt über die von der Kommission ausgesprochenen Empfehlungen geprüft werden (siehe Nummer 329).

Artikel 7 Absatz 2

178. Das Programm sah hier eine neue Bestimmung über eine besondere Schutzdauer für Filmwerke vor. Der weiter oben erwähnte Vorschlag hinsichtlich der Filmwerke wurde von der Kommission mit einer kleinen lediglich redaktionellen Änderung angenommen.

Artikel 7 Absatz 3

179. Absatz 4 der Brüsseler Fassung behandelt die anonymen und pseudonymen Werke in drei Sätzen: i) Die Schutzdauer wird auf fünfzig Jahre seit der Veröffentlichung des Werkes festgesetzt; ii) die in Absatz 1 vorgesehene Schutzdauer findet Anwendung, wenn das vom Urheber angenommene Pseu-

donym keinerlei Zweifel über seine Identität zuläßt; iii) die in Absatz 1 vorgesehene allgemeine Schutzdauer findet ebenfalls Anwendung, wenn der Urheber eines anonymen oder pseudonymen Werkes innerhalb von fünfzig Jahren nach der Veröffentlichung seine Identität offenbart. Absatz 5 bestimmt im Grundsatz, daß die nachgelassenen Werke den verschiedenen Bestimmungen des Artikels 7 unterfallen.

180. Das Programm schlug vor, den ersten Satz zu ändern und den Ablauf der Schutzdauer auf fünfzig Jahre, „nachdem das Werk erlaubterweise der Öffentlichkeit zugänglich gemacht worden ist," festzusetzen. Den zweiten und dritten Satz ließ es unverändert. Es fügte jedoch einen vierten Satz mit einer neuen Ausnahme von der im ersten Satz vorgesehenen allgemeinen Schutzdauer der anonymen und pseudonymen Werke hinzu. Die Verbandsländer sollten nicht verpflichtet sein, anonyme oder pseudonyme Werke zu schützen, bei denen aller Grund zu der Annahme besteht, daß ihr Urheber seit fünfzig Jahren tot ist. Schließlich schlug das Programm vor, Absatz 5 betreffend die nachgelassenen Werke als überflüssig zu streichen.

181. Das Vereinigte Königreich schlug vor (Dokument S/42), das Wort „erlaubterweise" im ersten Satz durch den Ausdruck „mit Zustimmung des Urhebers" zu ersetzen. Indien schlug vor (Dokument S/73), die eine gesonderte Gruppe der anonymen Werke bildenden folkloristischen Werke in einem besonderen Unterabsatz des Absatzes 3 zu behandeln. Der Schutz von folkloristischen Werken sollte eine Dauer von mindestens fünfzig Jahren nach der Veröffentlichung des Werkes haben, jedoch sollte die Veröffentlichung von Schallplatten eines folkloristischen Werkes nicht als Veröffentlichung in diesem Sinne angesehen werden. Nach einem gemeinsamen Vorschlag Griechenlands und Portugals (Dokument S/151) sollte der die nachgelassenen Werke betreffende Absatz 5 der Brüsseler Fassung beibehalten werden.

182. Die Kommission beschloß, den im Programm vorgeschlagenen Text unter Ersetzung lediglich des Wortes „erlaubterweise" im ersten Satz durch die Worte „mit Zustimmung des Urhebers" anzunehmen, was bedeutet, daß der erste Satz der Brüsseler Fassung (mit dieser kleinen Abweichung) entsprechend dem Programm geändert, ein vierter Satz hinzugefügt und Absatz 5 der Brüsseler Fassung gestrichen wurde. (Über den Beschluß hinsichtlich der folkloristischen Werke siehe weiter unten zu Artikel 15 Absatz 4, Nummer 249 bis 253).

183. Bei der Prüfung dieses Absatzes glaubte der Redaktionsausschuß, daß es Fälle geben könne, in denen die Schutzdauer zu dem Zeitpunkt beginnen müsse, zu dem das Werk erlaubterweise, jedoch nicht notwendig mit Zustimmung seines Urhebers der Öffentlichkeit zugänglich gemacht worden sei. Der Ausschuß hatte vor allem die folkloristischen Werke vor Augen, die von der Behörde der Öffentlichkeit zugänglich gemacht worden sind, die nach der in Artikel 15 Absatz 4 vorgeschlagenen Regelung bestimmt ist. Die Tätigkeit

dieser Behörde ist offensichtlich erlaubt, erfolgt jedoch nicht im strengen Sinne mit Zustimmung des Urhebers. Der Redaktionsausschuß schlug daher vor, auf das im ersten Satz des Programms verwendete Wort „erlaubterweise" zurückzukommen. Dieser Vorschlag wurde von der Kommission angenommen.

Artikel 7 Absatz 4

184. Absatz 3 der Brüsseler Fassung sah vor, daß sich die Schutzdauer der Filmwerke, der photographischen Werke und der Werke der angewandten Kunst nach dem Gesetz des Landes richtet, in dem der Schutz beansprucht wird, ohne daß diese Dauer die im Ursprungsland des Werkes festgesetzte Dauer überschreiten kann.

185. Das Programm schlug vor, grundsätzlich eine Mindestschutzdauer für diese drei Werkarten einzuführen. Die Bestimmung hinsichtlich der Filmwerke war nach Absatz 2 übertragen. Die Mindestschutzfrist der photographischen Werke war auf fünfundzwanzig Jahre seit der Herstellung des Werkes festgesetzt. Dieselbe Dauer war für die Werke der angewandten Kunst vorgesehen, jedoch nur, soweit diese als Werke der Kunst geschützt sind.

186. Indien schlug vor (Dokument S/73), in Absatz 4 ausdrücklich zu erwähnen, daß die innerstaatlichen Rechtsvorschriften auch eine Schutzdauer für die gewerblichen Muster und Modelle vorsehen. Ungarn schlug vor (Dokument S/91), die Filmwerke wieder in diesen Absatz einzufügen und der dort vorgesehenen Schutzdauer zu unterwerfen. Andererseits schlug Dänemark vor (Dokument S/99), die als Werke der Kunst geschützten Werke der angewandten Kunst von diesem Absatz auszunehmen und der allgemeinen Schutzdauer nach Absatz 1 zu unterwerfen. Portugal schlug vor (Dokument S/152), den vorgesehenen Zeitraum von fünfundzwanzig Jahren durch einen Zeitraum von zehn Jahren zu ersetzen. Das Vereinigte Königreich schlug vor (Dokument S/192), die Schutzdauer für Photographien auf mindestens fünfzig Jahre seit ihrer Herstellung und für Werke der angewandten Kunst auf mindestens fünfzehn Jahre seit ihrer Herstellung festzusetzen.

187. Die Kommission beschloß, den im Programm vorgeschlagenen Text anzunehmen.

Artikel 7 Absatz 5

188. Absatz 6 der Brüsseler Fassung, der die Berechnungsart der Schutzdauer regelt, war im Programm als Absatz 5 mit einigen lediglich redaktionellen Änderungen, die sich aus einer Abstimmung mit den anderen Absätzen des Artikels 7 ergaben, übernommen.

189. Der Kommission wurde kein Vorschlag vorgelegt. Sie nahm den vom Programm vorgeschlagenen Text an.

Artikel 7 Absatz 6
(Absatz 6 und 7)

190. Das Programm brachte in Absatz 6 eine Bestimmung, die in der Brüsseler Fassung als Absatz 2 erscheint, nämlich daß die Verbandsländer die Möglichkeit haben, eine längere Schutzdauer zu gewähren als in den verschiedenen Absätzen des Artikels vorgesehen.

191. Wie schon zu Absatz 1 des Artikels 7 erwähnt, hatte die Bundesrepublik Deutschland die Konferenz aufgefordert (Dokument S/205), den Wunsch auszudrücken, daß zwischen den hieran interessierten Ländern die Verhandlungen zum Abschluß eines besonderen Abkommens über die Schutzdauerverlängerung in diesen Ländern fortgeführt werden sollten. Dieser Punkt wird später behandelt (Nummer 329).

192. Bulgarien und Polen schlugen gemeinsam vor (Dokument S/50), dem Absatz 6 einen neuen Satz anzufügen, nach dem die im Zeitpunkt ihres Beitritts zur Stockholmer Fassung oder deren Ratifikation durch die Rom-Fassung gebundenen Verbandsländer die Möglichkeit haben sollten, eine kürzere Schutzdauer als in Artikel 7 vorgesehen zu gewähren.

193. Die Kommission nahm Absatz 6 entsprechend dem Vorschlag des Programms an.

194. Nach Beratungen beschloß die Kommission, mit einigen redaktionellen Anpassungen einen vom Sekretariat auf der Grundlage des Dokuments S/50 ausgearbeiteten Vorschlag (Dokument S/225) zu übernehmen und die vorgeschlagene neue Bestimmung als neuen Absatz 7 einzufügen. Voraussetzung für die Möglichkeit, eine kürzere Schutzfrist zu gewähren, soll nicht nur sein, daß das Land im Zeitpunkt der Ratifikation oder des Beitritts durch die Rom-Fassung gebunden ist, sondern auch, daß die geltenden innerstaatlichen Rechtsvorschriften im Zeitpunkt der Unterzeichnung der Stockholmer Fassung Bestimmungen enthalten, die kürzere Schutzfristen als die in Artikel 7 vorgesehenen gewähren. Selbstverständlich ist der Grundsatz des Vergleichs der Schutzfristen (Artikel 7 Absatz 7 des Programms, jetzt Absatz 8 der neuen Fassung) in diesem Fall anwendbar.

Artikel 7 Absatz 7
(Absatz 8)

195. Die Brüsseler Fassung enthält ebenfalls in ihrem Absatz 2 eine Bestimmung über den Grundsatz des Vergleichs der Schutzfristen. Die Schutzdauer richtet sich nach dem Gesetz des Landes, in dem der Schutz beansprucht wird, kann jedoch die im Ursprungsland des Werkes festgesetzte Dauer nicht überschreiten. Das Programm übernahm diese Bestimmung und verwies sie in Absatz 7. Gleichzeitig wurde klargestellt, daß der Vergleich der Schutzfristen nicht gilt, wenn die Rechtsvorschriften des Landes, in dem der Schutz beansprucht wird, es so bestimmen.

196. Die Schweiz schlug vor (Dokument S/69), die im letzten Teil des Absatzes benutzte Formulierung in der Weise umzukehren, daß die Inländerbehandlung die Regel und der Vergleich der Schutzfristen die Ausnahme wird.

197. Die Kommission nahm den Text in der im Programm vorgeschlagenen Fassung an.

Artikel 7bis
(Von Miturhebern geschaffene Werke)

198. Artikel 7bis der Brüsseler Fassung bezieht sich auf die Schutzdauer im Fall der von Miturhebern geschaffenen Werke. Die Dauer wird vom Zeitpunkt des Todes des letzten überlebenden Miturhebers an gerechnet. Das Programm formulierte diesen Artikel zur Klarstellung in der Weise um, daß die in Artikel 7 vorgesehene Schutzdauer auch auf von Miturhebern geschaffene Werke anwendbar ist mit der Maßgabe, daß die sich nach dem Tode des Urhebers richtenden Fristen vom Tode des letzten überlebenden Miturhebers an gerechnet werden.

199. Indien schlug vor (Dokument S/73), nach den Worten „des letzten überlebenden Miturhebers" die Worte „der Angehöriger eines Verbandslandes war" einzufügen. Man nahm an, daß dieser Vorschlag nicht mehr von Interesse war, nachdem die Kommission den indischen Vorschlag (Dokument S/41), die Staatsangehörigkeit des Urhebers zum Hauptmerkmal für den Anknüpfungspunkt und für das Ursprungsland zu machen, nicht angenommen hatte. Es ist jedoch hinzuzufügen, daß die Schutzdauer eines von Miturhebern geschaffenen Werkes, das in einem Verbandsland veröffentlicht ist, vom Tode des letzten überlebenden Urhebers an gerechnet wird, gleichgültig, ob dieser Angehöriger eines Verbandslandes ist oder nicht.

200. Die Kommission nahm den im Programm vorgeschlagenen Text ohne Änderung an.

201. Das Vereinigte Königreich schlug vor (Dokument S/42), einen neuen Absatz des Inhalts einzufügen, daß die Schutzdauer der in Artikel 2 Absatz 4 genannten Sammelwerke fünfzig Jahre nach dem Tode des Urhebers dieser Werke beträgt. Da hervorgehoben wurde, daß dieser Grundsatz offenbar auch ohne besondere Bestimmung anzuwenden ist, wurde der Vorschlag zurückgezogen.

Artikel 8 (Übersetzungsrecht)

202. Artikel 8 der Brüsseler Fassung gewährt den Urhebern während der ganzen Dauer ihrer Rechte am Originalwerk das ausschließliche Recht, ihre Werke zu übersetzen oder deren Übersetzung zu erlauben. Eine ausdrückliche Ausnahme von diesem ausschließlichen Recht ist weder in diesem Artikel noch in anderen Artikeln vorgesehen.

203. Das Programm schlug keine Änderung der Fassung dieses Artikels vor. Es schien jedoch von dem Gedanken auszugehen, daß es mehr oder weniger klar sei, daß die Ausnahmen von anderen ausschließlichen Rechten, wie z.B. dem Vervielfältigungsrecht, entsprechende Ausnahmen für das Übersetzungsrecht mit sich bringen und daß die Übereinkunft allgemein in dieser Weise anzuwenden sei. Es wurde ausdrücklich erklärt (Dokument S/1, Seite 74), daß das Recht zur Vervielfältigung von Zeitungsartikeln auch das Recht umfaßt, diese in Übersetzung zu vervielfältigen.

204. Der Kommission wurde kein Änderungsvorschlag zu Artikel 8 vorgelegt, jedoch wurden das Übersetzungsrecht betreffende Vorschläge zu anderen Artikeln gemacht. So wurde von Indien (Dokument S/73) die Einfügung eines Satzes in Artikel 2bis Absatz 2 vorgeschlagen, durch den die Einschränkung des Vervielfältigungsrechts durch eine entsprechende Einschränkung des Übersetzungsrechts ergänzt werden sollte, sowie gemeinsam von Polen, der Tschechoslowakei und Ungarn (Dokument S/51) eine entsprechende Ergänzung des Artikels 10 Absatz 1 und des Artikels 10bis Absatz 1. Während der Erörterung dieser Vorschläge glaubte die Kommission zuerst, daß eine allgemeine Regelung dieser Ausnahmen vom Übersetzungsrecht notwendig sei und daß diese Regelung in Artikel 8 aufgenommen werden müsse. Es wurde dann dem Redaktionsausschuß überlassen zu versuchen, eine befriedigende Formulierung zu finden, und nahezulegen, ob eine solche Formulierung in den Text des Artikels 8 eingefügt oder lediglich in den Teil dieses Berichts aufgenommen werden soll, der diesen Artikel behandelt. Nachdem sich der Redaktionsausschuß für diese zweite Lösung ausgesprochen hatte, beschloß die Kommission schließlich, in diesen Bericht folgende Hinweise aufzunehmen:

205. Die Frage des Übersetzungsrechts in den Fällen, in denen ein Werk nach den Bestimmungen der Übereinkunft ohne Zustimmung des Urhebers benutzt werden darf, wurde in der Kommission lebhaft erörtert. Hierbei ergab sich der Anlaß zu verschiedenen Erklärungen über allgemeine Auslegungsgrundsätze. Es bestand Übereinstimmung über den Grundsatz, daß Artikel 2bis Absatz 2, Artikel 9 Absatz 2, Artikel 10 Absatz 1 und 2 und Artikel 10bis Abs. 1 und 2 tatsächlich die Möglichkeit umfassen, ein Werk nicht nur im Original, sondern auch in Übersetzung zu benutzen, unter der Voraussetzung, daß dieselben Bedingungen, vor allem, was die Vereinbarkeit mit den anständigen Gepflogenheiten betrifft, erfüllt sind und daß wie bei jeder Benutzung eines Werkes die dem Urheber nach Artikel 6bis (droit moral) gewährten Rechte vorbehalten bleiben. Unterschiedliche Auffassungen wurden dagegen hinsichtlich der nach den Artikeln 11bis und 13 erlaubten Benutzungen vertreten. Einige Delegationen glaubten, daß diese Artikel unter den oben erwähnten Voraussetzungen auf das übersetzte Werk anwendbar seien. Andere Delegationen, darunter Belgien, Frankreich und Italien, glaubten, daß die Formulierung dieser Artikel in der Stockholmer Fassung eine Auslegung, nach der die Befugnis zur Benutzung eines Werkes ohne Zustimmung des Urhebers in diesen Fällen auch die Befugnis zur Übersetzung des Werkes umfasse, nicht zulasse. Bei dieser Gelegen-

heit unterstrichen diese Delegationen ganz allgemein, daß ein Kommentar der Erörterungen keine Änderung oder Erweiterung der Bestimmungen der Übereinkunft bewirken könne (siehe auch Nummer 210 hinsichtlich der „kleinen Ausnahmen" von den Artikeln 11, 11bis, 11ter, 13 und 14).

Artikel 11 (Aufführungsrecht)

Artikel 11 Absatz 1

206. Die Brüsseler Fassung gewährt in Artikel 11 Absatz 1 den Urhebern von dramatischen, dramatisch-musikalischen und musikalischen Werken das ausschließliche Recht, zu erlauben: i) die öffentliche Aufführung ihrer Werke; ii) die öffentliche Übertragung der Aufführung ihrer Werke durch irgendein Mittel. Die Anwendung der Bestimmungen der Artikel 11bis und 13 bleibt jedoch vorbehalten. Das Programm schlug keine sachliche Änderung der Brüsseler Fassung vor, abgesehen von einigen kleineren Änderungen der englischen Fassung.

207. Die Kommission nahm den im Programm vorgeschlagenen Text an, unter Ausschluß jedoch der Bezugnahme auf Artikel 13, die infolge der Änderungen des Artikels 13 nicht mehr für erforderlich gehalten wurde.

208. Bei der Prüfung der Streichung des Absatzes 1 des Artikels 13 hielt es der Redaktionsausschuß für zweckmäßig, daran zu erinnern, daß das allgemeine in Artikel 11 vorgesehene Aufführungsrecht auch das umfaßt, was in Artikel 13 Absatz 1 Nummer 2 der Brüsseler Fassung die öffentliche Aufführung von Werken mittels Vorrichtungen zu ihrer mechanischen Wiedergabe genannt wird. Er schlug daher vor, in Artikel 11 Absatz 1 nach dem Satz „die öffentliche Aufführung ihrer Werke" die Worte „einschließlich der öffentlichen Aufführung durch irgendein Mittel oder Verfahren" einzufügen. Dieser Vorschlag wurde von der Kommission angenommen.

209. In dem Generalbericht der Brüsseler Konferenz war der Berichterstatter beauftragt worden, in einem ausdrücklichen Hinweis zu Artikel 11 die Möglichkeit dessen zu erwähnen, was man übereingekommen war die „kleinen Ausnahmen" der innerstaatlichen Rechtsvorschriften zu nennen. Einige Delegierte hatten damals besonders auf die zugunsten der kirchlichen Feierlichkeiten, der Militärveranstaltungen, sowie der Erfordernisse des Unterrichts und der volkstümlichen Verbreitung anerkannten Ausnahmen hingewiesen. Diese Ausnahmen galten auch für die Artikel 11bis, 11ter, 13 und 14. Der Berichterstatter schloß mit der Feststellung, daß die gegebenen Beispiele „das Recht nur leicht berührten, ohne es im Grundsatz zu beeinträchtigen".(Dokumente der Brüsseler Konferenz Seite 100).

210. Es scheint nicht in der Absicht der Kommission gelegen zu haben, die Staaten daran zu hindern, die auf dieser Erklärung im Generalbericht der Brüsseler Konferenz beruhenden Bestimmungen in ihren innerstaatlichen

Rechtsvorschriften beizubehalten. Es erscheint auch notwendig, auf diese „kleinen Ausnahmen" den zu Artikel 8 erwähnten Grundsatz hinsichtlich der Ausnahmen vom Übersetzungsrecht anzuwenden (siehe Nummer 205).

Artikel 11 Absatz 2

211. Artikel 11 Absatz 2 der Brüsseler Fassung gewährt den Urhebern dramatischer oder dramatisch-musikalischer Werke während der ganzen Dauer ihrer Rechte am Originalwerk die gleichen Rechte wie in Absatz 1 für die Übersetzung ihrer Werke.

212. Im Programm war keine Änderung vorgeschlagen, und auch der Kommission wurde kein Änderungsvorschlag vorgelegt. Absatz 2 bleibt daher so wie in der Brüsseler Fassung.

Artikel 11 Absatz 3

213. Artikel 11 Absatz 3 der Brüsseler Fassung bestimmte, daß die Urheber, um den in dem Artikel vorgesehenen Schutz zu genießen, bei der Veröffentlichung ihrer Werke deren öffentliche Aufführung nicht zu verbieten brauchen. Das Programm hielt dieses Verbot von Formalitäten für überflüssig und schlug vor, diesen Absatz zu streichen.

214. Der Kommission wurde kein Änderungsvorschlag vorgelegt; sie beschloß, den Absatz wie im Programm vorgeschlagen zu streichen.

Artikel 11bis (Senderecht)

215. Artikel 11bis der Brüsseler Fassung behandelt das ausschließliche Recht des Urhebers, die Rundfunksendung und die öffentliche Wiedergabe seines Werkes zu erlauben. Absatz 2 bezieht sich auf die Zwangslizenz, die die innerstaatlichen Rechtsvorschriften gegen angemessene Vergütung hinsichtlich der in Absatz 1 genannten Rechte vorsehen können. Absatz 3 bestimmt, daß die Erlaubnis zur Rundfunksendung eines Werkes, sofern keine gegenteilige Vereinbarung vorliegt, nicht die Erlaubnis zur Aufnahme des gesendeten Werkes auf Bild- oder Tonträger umfaßt. Die innerstaatlichen Gesetzgebungen können jedoch Bestimmungen über die „von einem Sendeunternehmen mit seinen eigenen Mitteln und für seine eigenen Sendungen vorgenommenen" ephemeren Aufnahmen erlassen. Solche Bild- oder Tonträger können auch unter gewissen Voraussetzungen in amtlichen Archiven aufbewahrt werden.

216. Das Programm glaubte, daß diese Regelung einen annehmbaren Kompromiß zwischen den widerstreitenden Interessen darstellt, und hielt es nicht für erforderlich, Änderungen vorzuschlagen außer einigen redaktioneller Art in der englischen Fassung.

217. Brasilien schlug eine Bestimmung vor (Dokument S/217), nach der jedes der in dem in Absatz 1 genannten allgemeinen Senderecht enthaltenen besonderen Rechte vom Urheber ausgeübt werden kann und nach der das Recht, ephemere Aufnahmen vorzunehmen, nicht für Sendeunternehmen gelten soll, die Erwerbszwecke verfolgen.

218. Das Vereinigte Königreich schlug vor (Dokument S/171): i) die in Absatz 3 angeführte Voraussetzung, nach der die ephemeren Aufnahmen von dem Sendeunternehmen „mit seinen eigenen Mitteln" bewirkt sein müssen, zu streichen, und ii) das Aufnahmerecht auf die Fälle zu beschränken, in denen „aus technischen oder anderen Gründen die Rundfunksendung nicht im Augenblick der Aufführung des Werkes stattfinden kann".

219. Japan legte einen dem Vorschlag des Vereinigten Königreichs zu i) ähnlichen Vorschlag vor (Dokument S/112) und regte an, die Worte „mit seinen eigenen Mitteln und für seine eigenen Sendungen" durch die Worte „als einfaches technisches Mittel für erlaubte Sendungen" zu ersetzen. Es vertrat außerdem die Ansicht, daß es den Sendeunternehmen erlaubt sein sollte, die Herstellung der ephemeren Aufnahmen nur einem solchen anderen Sendeunternehmen zu übertragen, das ebenfalls zur Rundfunksendung des Werkes berechtigt ist. Es glaubte, daß eine solche Auffassung nicht mit den Bestimmungen des Artikels 11bis Absatz 3 in Widerspruch stehe, und forderte, daß diese Auslegung des Absatzes in diesem Bericht erwähnt werden sollte.

220. Monaco schlug vor (Dokument S/77), daß die ephemeren Aufnahmen i) durch und für ein Sendeunternehmen bewirkt und ii) für seine eigenen Sendungen sowie für die Sendungen der anderen der Gerichtsbarkeit desselben Landes unterworfenen Sendeunternehmen sollten benutzt werden können.

221. Alle diese Vorschläge wurden in der Sitzung der Kommission, auf der Artikel 11bis erörtert wurde, zurückgezogen.

222. Die Arbeitsgruppe für die Regelung der Filmwerke schlug vor (Dokument S/194), in einem neuen Absatz 4 des Artikels 11bis eine Beschränkung der in Absatz 2 vorgesehenen Zwangslizenz einzufügen. Die Bestimmungen des Absatzes 2 sollten auf das Filmwerk und die in ihm bearbeiteten und vervielfältigten Werke nur anwendbar sein, soweit sie sich auf die in Absatz 1 Nummer 2 und 3 genannten Rechte beziehen. Die Kommission beschloß jedoch, den Wortlaut des Artikels 11bis unverändert zu lassen. Der Vorschlag der Arbeitsgruppe wurde daher zurückgewiesen.

Artikel 11ter (Vortragsrecht)

223. Artikel 11ter der Brüsseler Fassung gewährt dem Urheber das ausschließliche Recht, den öffentlichen Vortrag seiner Werke zu erlauben. Im Programm war keine Änderung vorgeschlagen.

224. Die Bundesrepublik Deutschland regte an (Dokument S/92), in diesen Artikel ausdrücklich das Recht aufzunehmen, zu erlauben: i) den öffentlichen Vortrag der Werke mittels Vorrichtungen zu ihrer mechanischen Wiedergabe und ii) jede öffentliche Wiedergabe von Vorträgen. Dieser Vorschlag wurde von der Kommission angenommen.

225. Der Redaktionsausschuß regte an (Dokument S/269), daß Absatz 1 dieses Artikels den Urhebern das Recht gewähren soll, zu erlauben: i) den öffentlichen Vortrag ihrer Werke einschließlich des öffentlichen Vortrags durch irgendein Mittel oder Verfahren und ii) die öffentliche Übertragung des Vortrags ihrer Werke durch irgendein Mittel. Dieser Vorschlag bezweckte, den Absatz mit der Neufassung des Absatzes 1 des Artikels 11 in Einklang zu bringen. Der Redaktionsausschuß regte außerdem die Einfügung eines neuen Absatzes 2 an, der dem Artikel 11 Absatz 2 entspricht und den Urhebern während der ganzen Dauer ihrer Rechte am Originalwerk dieselben Rechte für die Übersetzung ihrer Werke gewährt. Die Kommission nahm den in diesem Sinn vom Redaktionsausschuß vorgelegten Text an.

Artikel 12 (Bearbeitungsrecht)

226. Artikel 12 der Brüsseler Fassung behandelt das ausschließliche Recht des Urhebers, Bearbeitungen, Arrangements und andere Umarbeitungen seiner Werke zu erlauben. Eine Änderung wurde weder im Programm noch von einem Land in der Kommission vorgeschlagen. Die Brüsseler Fassung wurde daher so, wie sie ist, beibehalten.

Artikel 13 („mechanische" Rechte)

227. Artikel 13 der Brüsseler Fassung behandelt die sogenannten „mechanischen" Rechte des Komponisten. Nach Absatz 1 genießen die Urheber musikalischer Werke das ausschließliche Recht, zu erlauben: 1. die Aufnahme dieser Werke auf Vorrichtungen zu ihrer mechanischen Wiedergabe; 2. die öffentliche Aufführung der auf solche Weise aufgenommenen Werke mittels dieser Vorrichtungen. Absatz 2 gestattet den Ländern, hinsichtlich dieser „mechanischen" Rechte eine Zwangslizenz einzuführen, wobei jedoch der Urheber eine angemessene Vergütung erhalten muß. Absatz 3 enthält eine Übergangsbestimmung, nach der die Bestimmungen des Absatzes 1 nicht rückwirkend anwendbar sind auf Tonträger, die vor dem Inkrafttreten der Berliner Fassung von 1908 oder, wenn ein Land später der Übereinkunft beigetreten ist, vor dem Beitritt des Landes erlaubterweise hergestellt worden sind. Nach Absatz 4 schließlich können die Tonträger beschlagnahmt werden, wenn sie entsprechend den Absätzen 2 und 3 hergestellt sind und ohne Erlaubnis der Beteiligten in ein Land eingeführt werden, das die in den Absätzen 1, 2 und 3 vorgesehenen Ausnahmen nicht kennt.

228. Das Programm schlug vor, Absatz 1 zu streichen, die Zwangslizenz in Absatz 2 einzuschränken und der Übergangsregelung in Absatz 3 ein Ende zu

setzen. Absatz 4 war, abgesehen von den Bezugnahmen auf die vorhergehenden Absätze, nicht geändert. Infolge der Streichung des Absatzes 1 war die Numerierung der übrigen Absätze geändert.

Artikel 13 Absatz 1 (Brüsseler Fassung)

229. Das Programm schlug die Streichung dieses Absatzes vor, da das Recht der Aufnahme auf Tonträger in dem neuen in Artikel 9 Absatz 1 vorgesehenen Vervielfältigungsrecht und das Aufführungsrecht in dem in Artikel 11 Absatz 1 vorgesehenen Recht enthalten ist.

230. Die Niederlande regten an (Dokument S/230), Absatz 1 des gegenwärtigen Textes beizubehalten.

231. Die Kommission nahm den Vorschlag des Programms an, ihn zu streichen.

Artikel 13 Absatz 1

232. Nach dem Programm war die Zwangslizenz in Absatz 1, der dem Absatz 2 der Brüsseler Fassung entspricht, nur für die Aufnahme auf Tonträger beibehalten und für die öffentliche Wiedergabe mittels dieser Tonträger beseitigt.

233. Brasilien schlug vor (Dokument S/217), einen Satz anzufügen, nach dem die Bestimmungen des Artikels 9 Absatz 2 auf musikalische Werke nicht anwendbar sein sollten.

234. Die Bundesrepublik Deutschland (Dokument S/92) und das Vereinigte Königreich (Dokument S/171) schlugen vor, in den Text eine Bezugnahme auf die Texte der musikalischen Werke einzufügen. Die Bundesrepublik Deutschland befürwortete, hinter den Worten „der Urheber von musikalischen Werken" die Worte „mit oder ohne Text" einzufügen. Das Vereinigte Königreich wählte eine etwas längere Wendung: „die Werke einschließlich der Worte, die nach der Vorstellung ihres Urhebers gleichzeitig mit ihnen wiedergegeben werden müssen".

235. Die Kommission nahm den Vorschlag des Programms an, dem sie jedoch eine besondere Bezugnahme auf den Text des musikalischen Werkes hinzufügte entsprechend der in dem Vorschlag des Vereinigten Königreichs gewählten Formulierung. Der Redaktionsausschuß hatte eine Fassung vorgeschlagen, die diese Formulierung noch mehr verfeinerte.

236. Bei der Prüfung der Fassung des Redaktionsausschusses glaubte die Kommission, daß die Annahme einer einfacheren Formulierung vorzuziehen sei. Hierbei sollte von der Tatsache ausgegangen werden, daß die Zwangslizenzen z.B. im Vereinigten Königreich und in Deutschland darauf gestützt werden, daß der Urheber der Musik und der Urheber des Textes einmal

ihre Zustimmung zu einer Aufnahme ihres Werkes auf Tonträger gegeben haben. Mit einer solchen Zustimmung als Grundlage könnte die Zwangslizenz auch für den Text gelten. Der Redaktionsausschuß erarbeitete darauf eine neue Formulierung, die schließlich von der Kommission angenommen wurde.

Artikel 13 Absatz 2

237. Das Programm schlug vor, für die Übergangsregelung in Absatz 2, der dem Absatz 3 der Brüsseler Fassung entspricht, einen Endtermin zu bestimmen. Lediglich für einen im Programm nicht festgesetzten Zeitraum, der jedoch sehr kurz sein sollte, sollte es noch erlaubt sein, die entsprechend diesem Absatz hergestellten Tonträger ohne Erlaubnis des Urhebers zu vervielfältigen.

238. Die Bundesrepublik Deutschland schlug vor (Dokument S/92), auch in diesen Absatz eine Bezugnahme auf den Text des musikalischen Werkes einzufügen.

239. Die Kommission nahm den Vorschlag des Programms an. Hinsichtlich des Endtermins der Übergangsfrist billigte sie den Vorschlag des Redaktionsausschusses, daß diese Frist zwei Jahre nach dem Zeitpunkt abläuft, zu dem das Land, in dem die Tonträger hergestellt worden sind, durch die Stockholmer Fassung gebunden wird.

Artikel 13 Absatz 3

240. Dieser Absatz 3, der dem Absatz 4 der Brüsseler Fassung entspricht, war im Programm, abgesehen von den Bezugnahmen auf die vorangehenden Absätze, nicht verändert.

241. Brasilien regte an (Dokument S/217), die Bezugnahme auf Absatz 1 zu streichen, d. h. daß die aufgrund der Zwangslizenz hergestellten Tonträger nicht sollten beschlagnahmt werden können. Die Kommission nahm den vom Programm vorgeschlagenen Text an.

Artikel 14bis
(Artikel 14ter)

242. In der Brüsseler Fassung behandelt Artikel 14bis das Folgerecht. Im Programm war hierzu kein Änderungsvorschlag gemacht und es wurde auch keiner der Kommission vorgelegt.

243. Die Kommission beschloß, diesen Artikel so zu lassen wie er ist, jedoch im Hinblick auf die später erwähnte Entscheidung, einen neuen Artikel 14bis für Filmwerke einzuführen, die Numerierung zu ändern.

Artikel 15

244. Artikel 15 der Brüsseler Fassung enthält in seinem Absatz 1 eine Bestimmung darüber, wer als Urheber eines Werkes anzusehen ist. Absatz 2 be-

stimmt, daß in bestimmten Fällen der Verleger als berechtigt gilt, den Urheber zu vertreten. Im Programm war keine Änderung vorgeschlagen.

245. Im Verlauf der Arbeiten der Kommission wurden zwei neue Bestimmungen in Artikel 15 eingefügt, und zwar in einem neuen Absatz 2 eine Bestimmung darüber, wer als Hersteller eines Filmwerkes vermutet wird, und in einem neuen Absatz 4 gewisse Regeln für den Fall der unveröffentlichten Werke, deren Urheber unbekannt ist. Absatz 2 der Brüsseler Fassung wurde in dem neuen Entwurf Absatz 3.

Artikel 15 Absatz 1

246. Absatz 1 der Brüsseler Fassung stellt den Grundsatz auf, daß derjenige, dessen Name auf dem Werk in der üblichen Weise angegeben ist, bis zum Beweis des Gegenteils als Urheber des Werkes anzusehen ist. Zu diesem Absatz wurde kein Änderungsvorschlag vorgelegt; er bleibt daher so wie er ist.

Artikel 15 Absatz 2 (neu)

247. Die Kommission nahm in einem neuen Absatz 2 eine Bestimmung darüber an, wer als Hersteller eines Filmwerkes vermutet wird (siehe unten Nummer 325).

Artikel 15 Absatz 2
(Absatz 3)

248. Absatz 2 der Brüsseler Fassung sieht vor, daß in gewissen Fällen bei anonymen oder pseudonymen Werken der Verleger, dessen Name auf dem Werk angegeben ist, ohne weiteren Beweis als berechtigt gilt, den Urheber zu vertreten. Diese Bestimmung ist nicht mehr anwendbar, wenn der Urheber seine Identität offenbart und seine Berechtigung nachgewiesen hat. Zu diesem Absatz wurde kein Änderungsvorschlag vorgelegt. Die Kommission änderte die Nummer dieses Absatzes, der die Nummer 3 erhielt; abgesehen davon bleibt er jedoch so wie er ist.

Artikel 15 Absatz 4 (neu)

249. Indien befaßte sich in einem Vorschlag (Dokument S/73) in verschiedener Hinsicht mit den folkloristischen Werken. Die Kommission beschloß, die Frage der Folklore zu prüfen, und setzte zu diesem Zweck eine Arbeitsgruppe ein.

250. Die Tschechoslowakei schlug, nachdem ihr der Vorsitz in dieser Arbeitsgruppe übertragen war, vor (Dokument S/212), eine Bestimmung über die folkloristischen Werke in die Übereinkunft einzufügen. Es sollte den Gesetzgebungen der Verbandsländer überlassen werden, die zuständige Behörde zu bestimmen, die vorbehaltlich der Anwendung des zweiten Satzes des Artikels 15 Absatz 2 die Urheber der folkloristischen Werke vertritt und berechtigt ist, deren Rechte wahrzunehmen und geltend zu machen.

251. Inspiriert durch den Vorschlag der Tschechoslowakei und einige vom Vorsitzenden der Kommission gegebene Anregungen schlug die Arbeitsgruppe vor (Dokument S/240), in den Artikel 15 einen neuen Absatz einzufügen, der von folgenden Grundsätzen ausgeht:

i) es handelt sich um ein unveröffentlichtes Werk;

ii) es handelt sich um einen unbekannten Urheber;

iii) es besteht aller Grund zu vermuten, daß der Urheber Angehöriger eines Verbandslandes ist;

iv) wenn diese drei Voraussetzungen erfüllt sind, kann die Gesetzgebung dieses Landes eine zuständige Behörde bestimmen, die diesen Urheber vertritt;

v) die zuständige Behörde ist berechtigt, die Rechte des Urhebers in allen Verbandsländern wahrzunehmen und geltend zu machen;

vi) wenn eine solche Behörde durch ein Land bestimmt ist, notifiziert dieses sie der Organisation (WIPO) in einer schriftlichen Erklärung, in der alle Auskünfte über die so bestimmte Behörde gegeben werden; WIPO teilt diese Erklärung allen anderen Verbandsländern mit.

252. Der Vorschlag der Arbeitsgruppe erwähnt nicht das Wort „Folklore", dessen Definition für außerordentlich schwierig gehalten wurde. Die Bestimmung gilt daher für alle Werke, die die genannten Voraussetzungen erfüllen. Es ist jedoch offensichtlich, daß der Hauptanwendungsbereich der Vorschrift die Erzeugnisse betrifft, die im allgemeinen als folkloristisch bezeichnet werden. Der Vorschlag der Arbeitsgruppe wurde von der Kommission angenommen.

253. Man kann davon ausgehen, daß die Werke unbekannter Urheber eine besondere Gruppe bilden, die der Regelung der in Artikel 7 Absatz 3 und Artikel 15 Absatz 3 der Neufassung der Übereinkunft erwähnten anonymen Werke unterfallen. Die (in Artikel 7 vorgesehene) Schutzdauer der anonymen Werke gilt somit ebenfalls für die Werke eines unbekannten Urhebers. Offenbart der Urheber seine Identität, so kann er gemäß Artikel 15 Absatz 3 letzter Satz seine Berechtigung als Urheber des Werkes nachweisen. Das Werk ist nicht mehr der Sonderregelung des Absatzes 4 unterworfen, sobald es veröffentlicht wird. Gibt es einen Verleger, dessen Name auf dem Werk eines unbekannten Urhebers angegeben ist, so kann dieser Verleger den Urheber gemäß Artikel 15 Absatz 3 Satz 1 vertreten.

Artikel 16

254. Artikel 16 der Brüsseler Fassung behandelt in seinen drei Absätzen die Beschlagnahme unbefugt hergestellter Werkexemplare. Das Programm schlug keine Änderung dieses Artikels vor.

255. Das Vereinigte Königreich schlug vor (Dokument S/211), die Worte „kann" (beschlagnahmt werden) in Absatz 1 und „kann" (sich erstrecken) in Absatz 2 durch „wird" (beschlagnahmt) und „erstreckt sich" zu ersetzen.

256. Dieser Vorschlag wurde im Grundsatz von der Kommission gebilligt. Der Redaktionsausschuß schlug einige lediglich formelle Textänderungen vor, die von der Kommission angenommen wurden.

Artikel 17

257. Artikel 17 der Brüsseler Fassung stellt es den Ländern frei, „durch Maßregeln der Gesetzgebung oder inneren Verwaltung die Verbreitung, die Aufführung oder die Ausstellung von Werken oder Erzeugnissen jeder Art zu gestatten, zu überwachen oder zu untersagen, hinsichtlich welcher die zuständige Behörde dieses Recht auszuüben hat". Im Programm war kein Änderungsvorschlag zu diesem Artikel vorgelegt.

258. Italien schlug vor (Dokument S/226), die Worte „oder inneren Verwaltung" zu streichen. Das Vereinigte Königreich schlug vor (Dokument S/171): i) die Worte „zu gestatten" zu streichen und ii) einen neuen Absatz einzufügen, der es den Ländern freistellt, die nötigen Rechtsvorschriften zu erlassen, „um jeden Mißbrauch der Monopolstellung von Personen oder Organisationen zu verhindern oder zu unterdrücken, die ein oder mehrere Rechte an einer bedeutenden Zahl urheberrechtlich geschützter Werke ausüben."

259. Australien legte einen Vorschlag vor (Dokument S/215), der dem oben zu ii) genannten ähnelte, jedoch allgemeineren Charakter hatte. Jedes Land sollte berechtigt sein, die ihm notwendig erscheinenden gesetzgeberischen Maßnahmen zu ergreifen, um einem etwaigen Mißbrauch bei der Ausübung der durch die Übereinkunft gewährten Rechte vorzubeugen. Diese Maßnahmen sollten jedoch weder das Persönlichkeitsrecht des Urhebers noch seinen Anspruch auf eine angemessene Vergütung beeinträchtigen dürfen.

260. Israel schlug vor (Dokument S/223), einen neuen Absatz einzufügen, der den öffentlichen Zugang zu den Partituren musikalischer Werke sicherstellt. Dieser Vorschlag, der in eine Empfehlung umgewandelt wurde, wird weiter unten geprüft werden.

261. Die Kommission beschloß, diesen Artikel entsprechend den Gedanken zu ändern, die dem vorgenannten italienischen Vorschlag zugrunde lagen.

262. Die Kommission beschloß ferner, den vom Vereinigten Königreich in dem oben unter Nummer 258 erwähnten Dokument unter i) gemachten Vorschlag anzunehmen, d.h. die Worte „zu gestatten" zu streichen. Südafrika erklärte, daß es aufgrund seiner auf Artikel 17 der Brüsseler Fassung beruhenden innerstaatlichen Rechtsvorschriften gezwungen sei, in der Vollversammlung gegen jede Änderung dieses Artikels zu stimmen. Dies werde zur Folge haben, daß Artikel 17 in seiner jetzigen Form beizubehalten sei. Süd-

afrika war der Auffassung, daß die Länder in voller Ausübung ihrer Souveränität nach Artikel 17 befugt seien, die Verbreitung des Werkes selbst gegen den Willen des Urhebers zu „gestatten", wenn dies sich für die öffentliche Ordnung in dem Land als notwendig erweise. Die ganz große Mehrheit der Kommission legte jedoch den Artikel 17 auch in seiner jetzigen Fassung einschließlich der Worte „zu gestatten" in einer anderen Weise aus. Dieser Artikel bezieht sich seinem Wesen nach auf die Zensur: diese hat das Recht, ein Werk zu überprüfen, das mit Zustimmung seines Urhebers der Öffentlichkeit zur Verfügung gestellt werden soll, und auf der Grundlage dieser Kontrolle eine solche Verbreitung des Werkes zu „gestatten" und zu „untersagen". Nach den Grundgedanken des Berner Verbandes darf es den Verbandsländern nicht erlaubt sein, aufgrund des Artikels 17 eine Art Zwangslizenz einzuführen. In keinem Fall dürfen die Länder die Möglichkeit haben, eine solche Verbreitung ohne Zustimmung des Urhebers zu erlauben, wenn sie nach den Bestimmungen der Übereinkunft der Zustimmung des Urhebers bedarf.

263. Im übrigen nahm die Kommission ohne Widerspruch den Vorschlag ihres Vorsitzenden an, in diesem Bericht zu erwähnen, daß die Fragen der öffentlichen Ordnung stets den innerstaatlichen Rechtsvorschriften vorbehalten sind und daß die Verbandsländer infolgedessen alle Maßnahmen ergreifen können, um etwaige Monopolmißbräuche einzuschränken. Daraufhin wurden die von Australien und vom Vereinigten Königreich vorgelegten Vorschläge betreffend den Monopolmißbrauch zurückgezogen.

Artikel 18

264. Artikel 18 Absatz 1 der Brüsseler Fassung sieht vor, daß die Übereinkunft für alle Werke gilt, die noch nicht infolge Ablaufs der Schutzdauer im Ursprungsland Gemeingut geworden sind. In seinen Absätzen 2 bis 4 enthält dieser Artikel 18 ferner einige andere Bestimmungen über Fragen, die sich in diesem Zusammenhang ergeben. Weder im Programm noch vor der Kommission wurden Vorschläge zur Änderung dieses Artikels vorgelegt, der daher so bleibt, wie er ist.

Artikel 19

265. Artikel 19 der Brüsseler Fassung bestimmt, daß die Übereinkunft nicht daran hindert, einen weitergehenden Schutz zu beanspruchen, den die innerstaatlichen Rechtsvorschriften etwa gewähren. Ein Änderungsvorschlag wurde hierzu weder im Programm noch in der Kommission vorgelegt. Auch Artikel 19 bleibt daher so, wie er ist.

Artikel 20

266. Artikel 20 der Brüsseler Fassung enthält Bestimmungen über das Recht der Verbandsländer, besondere Abkommen miteinander insoweit zu treffen, als diese Abkommen den Urhebern Rechte verleihen, die über die ihnen durch

die Übereinkunft gewährten Rechte hinausgehen oder andere Bestimmungen enthalten, die der Übereinkunft nicht zuwiderlaufen. Auch hierzu wurde weder im Programm noch in der Kommission ein Änderungsvorschlag vorgelegt, so daß Artikel 20 so bleibt, wie er ist.

IV

Regelung der Filmwerke

267. In der Brüsseler Fassung werden die Filmwerke ausdrücklich erwähnt in Artikel 2 Absatz 1, Artikel 4 Absatz 5, Artikel 7 Absatz 3, Artikel 10bis und Artikel 14, von denen dieser letzte der wichtigste ist und ausschließlich die Filmwerke behandelt. Artikel 4 Absatz 5, der den Begriff der Veröffentlichung definiert, und Artikel 10bis, der die Berichterstattung über Tagesereignisse betrifft, können in diesem Abschnitt beiseite gelassen werden, da sie sich nicht auf Fragen beziehen, die speziell die Filmwerke betreffen. Artikel 2 Absatz 1 erwähnt als eine Art der geschützten Werke die „Werke der Kinematographie und Werke, die durch ein der Kinematographie ähnliches Verfahren hergestellt sind". Artikel 7 Absatz 3 bezieht sich auf die Schutzdauer der Filmwerke nach dem Gesetz des Landes, in dem der Schutz beansprucht wird. Diese Dauer darf die im Ursprungsland des Werkes festgesetzte Dauer nicht überschreiten.

268. Artikel 14 Absatz 1 behandelt das ausschließliche Recht der Urheber der sogenannten vorbestehenden Werke, zu erlauben: 1. die kinematographische Bearbeitung und Vervielfältigung dieser Werke und die Verbreitung der auf solche Weise bearbeiteten oder vervielfältigten Werke; 2. die öffentliche Vorführung der auf diese Weise bearbeiteten oder vervielfältigten Werke. Absatz 2 bestimmt, daß ein Filmwerk unbeschadet der Rechte des Urhebers des vorbestehenden Werkes wie ein Originalwerk geschützt ist. Absatz 3 gibt dem Urheber eines Filmwerkes das Recht, dessen Bearbeitung zu erlauben. Absatz 4 schließt die Anwendung der Bestimmungen über die Zwangslizenz in Artikel 13 Absatz 2 auf filmische Bearbeitungen aus. Absatz 5 sieht vor, daß die Bestimmungen des Artikels 14 auch für Werke gelten, die durch irgendein anderes der Kinematographie ähnliches Verfahren erzielt wurden.

269. Das Programm schlug wesentliche Änderungen des gegenwärtigen Systems vor, unter anderem im Hinblick auf die Entwicklung des Fernsehens seit der Brüsseler Konferenz. In Artikel 2 Absatz 1 und 2 brachte es eine neue Begriffsbestimmung der Filmwerke. Neue Bestimmungen in Artikel 4 Absatz 4 und Artikel 6 Absatz 2 machten in bestimmten Fällen den Sitz oder gewöhnlichen Aufenthalt des Filmherstellers zum entscheidenden Merkmal für das Ursprungsland oder den Anknüpfungspunkt des Werkes. In Artikel 4 Absatz 6 schlug das Programm eine Begriffsbestimmung des Filmherstellers vor. Das Programm schlug ferner neue Regeln für die Schutzdauer der Filmwerke anstelle der Bestimmung in Artikel 7 Absatz 3 der Brüsseler Fassung vor.

Neben der allgemeinen Regel des Artikels 7 Absatz 1 ließ es in einem neuen Absatz 2 des Artikels 7 gewisse abweichende Regelungen durch die innerstaatlichen Rechtsvorschriften zu.

270. In Artikel 14 Absatz 1 bis 3 legte das Programm Bestimmungen über die vorbestehenden Werke vor, die den Bestimmungen der Absätze 1 bis 5 des gegenwärtigen Artikels 14 entsprechen. In den Absätzen 4 bis 7 führte das Programm gewisse Auslegungsregeln für die Verträge zwischen den Urhebern und den Filmherstellern ein.

271. Die Kommission beschloß grundsätzlich die Annahme von Änderungen und neuen Bestimmungen in der gleichen Absatzfolge wie der des Programms. Gewisse Bestimmungen, die den dort in den Absätzen 4 bis 7 vorgeschlagenen entsprechen, wurden jedoch in einem neuen Artikel 14bis untergebracht mit der Folge, daß der bisherige Artikel 14bis die Nummer 14ter erhielt.

272. Die Einführung einer Begriffsbestimmung des Filmherstellers in Artikel 4 Absatz 6 unterblieb. Andererseits wurde eine neue, weiter unten (siehe Nummer 325) behandelte Vorschrift in Artikel 15 Absatz 2 eingefügt, um zu bestimmen, welche Person als Hersteller eines Films anzusehen ist.

Artikel 2 Absatz 1 und 2
(Absatz 1)

273. Das Programm schlug vor, die den Filmwerken gleichgestellten Werke in etwas anderer Weise zu definieren als in Artikel 2 Absatz 1 der Brüsseler Fassung. Anstelle der Wendung „Werke, die durch ein der Kinematographie ähnliches Verfahren hergestellt sind" benutzte das Programm den Ausdruck „Werke, die durch ein Verfahren hergestellt werden, das ähnliche Bildwirkungen erzeugt wie die Kinematographie". Diese Formulierung war jedoch auf Werke beschränkt, die „auf einem materiellen Träger festgelegt sind". In dieser Weise war das „gleichgestellte" Werk in einem neuen Absatz 2 definiert.

274. Bulgarien (Dokument S/89) und Jugoslawien (Dokument S/107) schlugen vor, eine neue Art geschützter Werke einzuführen, die „Fernsehwerke". Aus diesem Grund sollte die Definition der Filmwerke in Absatz 1 der Brüsseler Fassung beibehalten und im Anschluß an diese Definition das Wort „Fernsehwerke" eingefügt werden, während der neue Absatz 2 gestrichen werden sollte.

275. Italien (Dokument S/161) sprach sich ebenfalls für die Streichung des Absatzes 2 aus. Es zog vor, die gleichgestellten Werke in Absatz 1 zu belassen, und sie in der folgenden sowohl von der Brüsseler Fassung als auch vom Programm abweichenden Weise zu definieren: „Werke, die durch ein ähnliches Verfahren wie Filmwerke hervorgebracht sind".

276. Portugal (Dokument S/110) und die Bundesrepublik Deutschland (Dokument S/92) legten Vorschläge hinsichtlich des Erfordernisses der Festlegung vor. Portugal wünschte die Einfügung eines neuen Unterabsatzes in Absatz 2, der es den Ländern gestattet, ausdrücklich als Filmwerke auch nicht festgelegte Werke zu schützen. Die Bundesrepublik Deutschland schlug vor, die Worte „die auf einem materiellen Träger festgelegt sind" in Absatz 2 des Textes des Programms zu streichen. Stattdessen sollte ein neuer Satz eingefügt werden, der vorsieht, daß keine Verpflichtung besteht, eine Bildfolge, die nicht auf einem materiellen Träger festgelegt ist, als Filmwerk zu schützen.

277. Die Frage wurde der Arbeitsgruppe für die Regelung der Filmwerke überwiesen, die einen auf dem italienischen Änderungsvorschlag (Dokument S/161) beruhenden Vorschlag vorlegte (Dokument S/190). Die Definition des Filmwerks sollte vollständig in Absatz 1 eingefügt und wie folgt gefaßt werden: „Filmwerke, einschließlich der Werke, die durch ein ähnliches Verfahren wie Filmwerke hervorgebracht sind". Absatz 2 des Programms sollte gestrichen werden. Die Festlegung sollte grundsätzlich nicht mehr erforderlich sein, jedoch sollte in einem neuen Absatz 2 eine Bestimmung eingefügt werden, die es den Ländern ermöglicht, die Festlegung als Voraussetzung für den Schutz eines Werkes einzuführen (siehe oben Nummer 130). Die Kommission nahm diesen Vorschlag der Arbeitsgruppe an.

Artikel 4 Absatz 4 c i
(Artikel 5 Absatz 4 c i)

278. Hinsichtlich des Ursprungslandes der Filmwerke schlug das Programm in Artikel 4 Absatz 4 folgende Lösung vor: Das erste Merkmal für das Ursprungsland ist die Veröffentlichung in dem in Artikel 4 Absatz 5 angenommenen neuen und weiteren Sinne, der das Land der Herstellung des Films (in größerem Maße als bisher) zum Ursprungsland des Filmwerkes macht (a und b). Ist das Filmwerk nicht veröffentlicht, so kommt als zweites Merkmal das Verbandsland zum Zuge, dem der Hersteller angehört oder in dem er seinen Wohnsitz oder Sitz hat (c i). Sind weder das erste noch das zweite Merkmal anwendbar, so gilt als drittes Merkmal das Verbandsland, dem der Urheber angehört (c iii).

279. Die Schweiz schlug vor (Dokument S/63), das Wort „Wohnsitz" durch die Worte „gewöhnlicher Aufenthalt" zu ersetzen.

280. Die Arbeitsgruppe regte an (Dokument S/190), Buchstabe c i des Programms anzunehmen mit zwei Änderungen: i) Die Bestimmung sollte keine Bezugnahme auf die Staatsangehörigkeit des Herstellers enthalten; ii) entsprechend dem schweizerischen Vorschlag sollten die Worte „gewöhnlicher Aufenthalt" anstelle des Wortes „Wohnsitz" eingeführt werden. Die Kommission nahm den Vorschlag der Arbeitsgruppe an und fügte diese Bestimmung in Artikel 5 Absatz 4 c i des neuen Entwurfs ein.

Artikel 4 Absatz 6

(—)

281. Das Programm schlug vor, in Artikel 4 Absatz 6 als Definition des Filmherstellers einzufügen: „die natürliche oder juristische Person, die die Initiative für die Herstellung des Werkes ergriffen und die Verantwortung dafür übernommen hat".

282. Mehrere Vorschläge wurden vorgelegt mit dem Ziel, diese Definition zu ändern oder sie ganz zu streichen. Neue Definitionen schlugen das Vereinigte Königreich (Dokument S/52) und Indien (Dokument S/73) vor, während Frankreich (Dokument S/27) und Ungarn gemeinsam mit Polen (Dokument S/43) die Streichung des Absatzes anregten.

283. Italien legte einen Änderungsvorschlag vor (Dokument S/168), nach dem Absatz 6 keine Definition des Herstellers, sondern nur eine Vermutung enthalten sollte. Als Filmhersteller sollte vermutet werden, wer im Vorspann des Films als solcher angegeben ist.

284. Die Arbeitsgruppe schlug wie Frankreich, Polen und Ungarn vor (Dokument S/190), Absatz 6 des Programms zu streichen. Gleichzeitig schlug sie jedoch vor, an einer geeigneten Stelle in leicht geänderter Form die von Italien angeregte Vermutung einzufügen.

285. Die Kommission nahm diesen Vorschlag der Arbeitsgruppe an, und der Redaktionsausschuß regte daraufhin an, die neue Bestimmung als Artikel 15 Absatz 2 einzufügen. Der Entwurf sollte danach keinen neuen Artikel 4 Absatz 6 mehr enthalten.

Artikel 6 Absatz 2

(Artikel 4 a)

286. Das Programm schlug in Artikel 6 Absatz 2 einen neuen Anknüpfungspunkt für die nicht veröffentlichten oder zum ersten Mal allein außerhalb des Verbandes veröffentlichten Filmwerke vor. Das Merkmal sollte das Verbandsland sein, dem der Hersteller angehört oder in dem er seinen Wohnsitz oder Sitz hat (vgl. Artikel 4 Absatz 4 c i hinsichtlich des Ursprungslandes).

287. Frankreich schlug vor (Dokument S/28), diesen Absatz zu streichen. Das Vereinigte Königreich schlug vor (Dokument S/42), am Ende des Absatzes einen Satz anzufügen, nach dem die Verbandsländer die Möglichkeit haben, den Filmhersteller als Urheber des Filmwerkes anzusehen.

288. Die Arbeitsgruppe schlug vor (Dokument S/190), Absatz 2 des Programms mit den zu Artikel 4 Absatz 4 c i gemachten Änderungen anzunehmen, d. h. die Staatsangehörigkeit des Herstellers als Merkmal zu streichen und den „Wohnsitz" durch den „gewöhnlichen Aufenthalt" zu ersetzen. Was den Vor-

schlag des Vereinigten Königreichs betrifft, so wurde es nicht für nötig gehalten, den vorgeschlagenen Satz einzufügen, da allgemein anerkannt wurde, daß die Übereinkunft stets entsprechend dem genannten Vorschlag ausgelegt worden sei, und es im übrigen für klarer gehalten wurde, diesen Punkt in dem vorgeschlagenen neuen Artikel 14bis zu erwähnen.

289. Die Kommission nahm den Vorschlag der Arbeitsgruppe an und fügte diese Bestimmung in Artikel 4 a des neuen Entwurfs ein. Es wurde der Wunsch ausgedrückt, in diesem Bericht zu erwähnen, daß ein als Koproduktion geschaffenes Filmwerk im Verband geschützt ist, wenn einer der Koproduzenten seinen Sitz oder seinen gewöhnlichen Aufenthalt in einem Verbandsland hat.

Artikel 7 Absatz 2

290. Das Programm schlug neue Regeln für die Schutzdauer der Filmwerke vor. Grundsätzlich sollte das Filmwerk der allgemeinen, in Artikel 7 Absatz 1 vorgesehenen Schutzdauer unterworfen sein, d. h. seine Schutzdauer sollte das Leben des Urhebers und fünfzig Jahre nach seinem Tode umfassen. Nach Absatz 2 sollten jedoch die innerstaatlichen Rechtsvorschriften für diese Werkart eine besondere Schutzdauer vorsehen können, nämlich daß der Schutz fünfzig Jahre nach der ersten Veröffentlichung, öffentlichen Vorführung oder Rundfunksendung erlischt oder, wenn ein solches Ereignis nicht innerhalb von fünfzig Jahren nach der Herstellung des Werkes eintritt, fünfzig Jahre nach der Herstellung endet.

291. Ungarn schlug vor (Dokument S/91), diesen Absatz zu streichen und die Schutzdauer der Filmwerke in Artikel 7 Absatz 4 in derselben Weise zu regeln, wie im Programm für die Werke der angewandten Kunst und die photographischen Werke vorgeschlagen.

292. Portugal schlug vor (Dokument S/152), daß die Schutzdauer durch die innerstaatlichen Rechtsvorschriften in einer Weise festgelegt werden sollte, die einen angemessenen Ausgleich der gemachten Investitionen erlaubt, und regte gewisse Regeln für den Zeitpunkt an, von dem ab die Schutzdauer zu laufen beginnen sollte.

293. Das Vereinigte Königreich schlug vor (Dokument S/42), die Worte „nach der ersten Veröffentlichung, öffentlichen Vorführung oder Rundfunksendung" durch die Worte „nachdem das Werk mit Zustimmung des Urhebers der Öffentlichkeit zugänglich gemacht worden ist" zu ersetzen.

294. Die Arbeitsgruppe schlug vor, den Text des Programms mit der im Vorschlag des Vereinigten Königreichs angeregten Änderung anzunehmen. Die Kommission nahm diesen Vorschlag der Arbeitsgruppe an.

Artikel 14

(Artikel 14 und 14bis)

295. Artikel 14 der Brüsseler Fassung umfaßt fünf Absätze. Absatz 1 behandelt das ausschließliche Recht der Urheber der sogenannten vorbestehenden Werke. Absatz 2 behandelt den Schutz der Filmwerke selbst. Die Urheber dieser Werke, von denen man sagen kann, daß sie Beiträge zu dem Filmwerk als ganzem erbracht haben, können „Urheber von Beiträgen" genannt werden. Absatz 3 betrifft das Recht, das Filmwerk zu bearbeiten. Absatz 4 schließt filmische Bearbeitungen von Werken von der in Artikel 13 vorgesehenen Zwangslizenz aus. Absatz 5 sieht vor, daß Artikel 14 auch für Werke gilt, die durch irgendein anderes, der Kinematographie ähnliches Verfahren erzielt wurden.

296. Das Programm strich diesen letzten Absatz, da es ihn angesichts des Vorschlags zu Artikel 2 Absatz 2 für überflüssig hielt, und fügte Absatz 4 als letzten Satz an Absatz 1 an. Die Absätze 1 und 2 wurden etwas geändert, während Absatz 3 so blieb, wie er war. Das Programm fügte diesem Artikel drei Absätze 4 bis 7 hinzu, die „Auslegungsregeln für Verträge" enthielten und sich sowohl auf die Urheber der vorbestehenden Werke als auch auf die Urheber von Beiträgen bezogen.

297. Die Kommission beschloß, in Artikel 14 nur den Schutz der Urheber der vorbestehenden Werke zu behandeln und einen Artikel 14bis für die Urheber von Beiträgen vorzusehen, der die Auslegungsregeln oder „Berechtigungsvermutungen" enthält, um einen Ausdruck aufzugreifen, der in der Kommission allgemein im Gegensatz zu dem Ausdruck „Abtretungsvermutung" verwendet wurde. Gleichzeitig wurde diese Vermutung allein auf die Urheber von Beiträgen beschränkt.

Artikel 14 Absatz 1

(Absatz 1 und 3)

298. Absatz 1 der Brüsseler Fassung gewährt den Urhebern der vorbestehenden Werke das ausschließliche Recht, zu erlauben: 1. die filmische Bearbeitung und Vervielfältigung ihrer Werke und die Verbreitung der auf solche Weise bearbeiteten oder vervielfältigten Werke; 2. die öffentliche Vorführung der auf diese Weise bearbeiteten oder vervielfältigten Werke.

299. Das Programm schlug nur zwei Änderungen vor. Dem unter Nummer 2 erwähnten Recht war das Recht der Übertragung mittels Draht an die Öffentlichkeit hinzugefügt. Außerdem war Absatz 4 der Brüsseler Fassung, der die Anwendbarkeit der Zwangslizenz auf die in Absatz 1 erwähnten Rechte ausschließt, in verkürzter Fassung als letzter Satz angefügt.

300. Die Bundesrepublik Deutschland schlug vor (Dokument S/92), i) das Recht der Rundfunksendung des Werkes unter den in Absatz 1 vorgesehenen

Rechten zu erwähnen und ii) die Anwendung des Artikels 11bis Absatz 2 auszuschließen, während Artikel 11bis Absatz 3 anwendbar bleiben sollte.

301. Die Arbeitsgruppe für die Regelung der Filmwerke schlug vor (Dokument S/195), den Text des Programms mit zwei Änderungen anzunehmen: i) der letzte Satz, der sich auf die Nichtanwendbarkeit der Zwangslizenz des Artikels 13 Absatz 1 bezieht, sollte Gegenstand eines besonderen Absatzes 3 werden; ii) eine Beschränkung der Zwangslizenz des Artikels 11bis Absatz 2 entsprechend dem Vorschlag der Bundesrepublik Deutschland sollte in einem neuen Absatz 4 des Artikels 11bis eingefügt werden (siehe oben Nummer 222 zu Artikel 11bis).

302. Die Kommission nahm den Text des Programms mit der dem ersten Teil des Vorschlags der Arbeitsgruppe entsprechenden Änderung an und beschloß schließlich, dem zweiten Teil dieses Vorschlags nicht zu folgen.

Artikel 14 Absatz 2
(Artikel 14bis Absatz 1)

303. Absatz 2 der Brüsseler Fassung sieht in einem einzigen Satz vor, daß ein Filmwerk, d. h. das Werk der Urheber der Beiträge, wie ein Originalwerk geschützt ist. Das Programm behielt diesen Satz bei, fügte ihm jedoch einen zweiten hinzu, der erklärt, daß die Urheber der Beiträge die gleichen Rechte wie der Urheber eines Originalwerkes genießen, einschließlich der in Absatz 1 genannten Rechte. Hierzu wurde in der Kommission kein Änderungsvorschlag vorgelegt.

304. Die Kommission billigte den Vorschlag der Arbeitsgruppe (Dokument S/195), den Text des Programms zu übernehmen, jedoch als Absatz 1 des neuen, die Urheber der Beiträge behandelnden Artikels 14bis. Auf Anregung des Redaktionsausschusses wurde der Text noch geringfügig geändert.

Artikel 14 Absatz 3
(Absatz 2)

305. Die Brüsseler Fassung des Absatzes 3 sieht vor, daß die Bearbeitung von Filmwerken, die auf vorbestehenden Werken beruhen, unbeschadet der Erlaubnis der Urheber der Beiträge der Erlaubnis der Urheber der vorbestehenden Werke bedarf. Weder im Programm noch vor der Kommission wurde hierzu eine Änderung vorgeschlagen. Auf Anregung der Arbeitsgruppe änderte die Kommission nur die Numerierung dieses Absatzes, der Absatz 2 des Artikels 14 wurde.

Artikel 14 Absatz 4 bis 7
(Artikel 14bis Absatz 2 und 3)

306. Das Programm schlug vor, in den Absätzen 4 bis 7 des Artikels 14 eine Regel für die Auslegung der Verträge zwischen den Urhebern und den Her-

stellern über die Auswertung der Filmwerke einzuführen. Diesem Vorschlag lagen folgende Gedanken zugrunde:

i) Die Regel bezog sich sowohl auf die Urheber der Beiträge wie auch auf die Urheber der vorbestehenden Werke, jedoch konnte ein Land nach Absatz 7 diese letzten von ihrer Anwendung ausschließen. Dies mußte dem Generaldirektor der neuen Organisation, die BIRPI ersetzen soll, notifiziert werden.

ii) Die Regelung setzte das Einverständnis des Urhebers mit der Abtretung gewisser Rechte an den Hersteller voraus. Die Urheber der vorbestehenden Werke mußten die filmische Bearbeitung und Vervielfältigung ihrer Werke erlaubt haben, während die Urheber der Beiträge sich verpflichtet haben mußten, literarische oder künstlerische Beiträge zur Herstellung des Filmwerkes zu leisten;

iii) die Erlaubnis der Urheber mußte sich auf die Festlegung ihrer Werke auf einem materiellen Träger beziehen;

iv) die Erlaubnis mußte auf eine den Rechtsvorschriften des Ursprungslandes entsprechende Weise gegeben sein;

v) die Verbandsländer konnten vorsehen, daß die Erlaubnis durch einen schriftlichen Vertrag oder einen gleichwertigen Akt erteilt worden sein muß;

vi) wenn die vorgenannten Voraussetzungen erfüllt waren, konnte der Urheber mangels gegenteiliger oder besonderer Vereinbarung die Auswertung des Filmwerkes, d.h. die Vervielfältigung, die Verbreitung, die Übertragung mittels Draht an die Öffentlichkeit, die Rundfunksendung, jede andere öffentliche Wiedergabe, das Versehen mit Untertiteln und die Textsynchronisation, nicht verbieten;

vii) unter „gegenteiliger oder besonderer Vereinbarung" war jede einschränkende Vereinbarung zwischen dem Hersteller und den Urhebern zu verstehen;

viii) sofern die innerstaatlichen Rechtsvorschriften nichts anderes bestimmen, sollte die Auslegungsregel nach Absatz 6 auf die Rechte an den im Filmwerk benutzten musikalischen Werken keine Anwendung finden;

ix) nach Absatz 5 konnten die Länder zugunsten der Urheber eine Beteiligung an den Einnahmen aus der Auswertung des Filmwerkes vorsehen.

307. Der Kommission wurden mehrere Vorschläge vorgelegt.

308. 1. Hinsichtlich der Absätze 4 bis 7 in ihrer Gesamtheit: Jugoslawien schlug vor (Dokument S/107), die Absätze 4 bis 7 zu streichen und somit die Brüsseler Fassung grundsätzlich beizubehalten. Das Vereinigte Königreich schlug vor (Dokument S/101), die Länder, deren Rechtsvorschriften das Urhe-

berrecht am Filmwerk dem Filmhersteller gewähren, von der Anwendung der Auslegungsregel auszuschließen. Monaco schlug vor (Dokument S/115), unter anderem für die Länder, die Systeme haben, die von dem Artikel 14 Absatz 4 zugrundeliegenden System abweichen, jedoch eine gleiche Wirkung haben wie die Auslegungsregel, ausdrücklich das Recht vorzubehalten, diese Systeme beizubehalten, wie z. B. das im Vereinigten Königreich und in einigen anderen Ländern geltende System des *„film copyright"* und das in Italien und Österreich geltende System der *„cessio legis"*.

309. 2. Hinsichtlich der oben genannten Ziffer i): Japan schlug vor (Dokument S/111), in Artikel 14 Absatz 4 nur die Urheber der Beiträge zu erwähnen und Absatz 7 zu streichen, d. h. die Urheber der vorbestehenden Werke von der Auslegungsregel auszuschließen. Belgien schlug vor (Dokument S/144), alle vorbestehenden Werke von der Auslegungsregel auszuschließen mit Ausnahme der Dialoge und Drehbücher, die jedoch auch unter bestimmten Voraussetzungen sollten ausgeschlossen werden können.

310. 3. Hinsichtlich der oben genannten Ziffern iv) und v) schlug die Bundesrepublik Deutschland vor (Dokument S/92), daß die Verbandsländer nur hinsichtlich der Filmwerke, für die sie Ursprungsland sind, sollten vorsehen können, daß die Erlaubnis oder Verpflichtung durch einen schriftlichen Vertrag oder einen gleichwertigen Akt begründet sein muß.

311. 4. Hinsichtlich der oben genannten Ziffer v) schlug Frankreich vor (Dokument S/130), daß ein schriftlicher Vertrag zwingende Voraussetzung für die Anwendung der Auslegungsregel sein sollte. Andererseits schlug Japan vor (Dokument S/111), den Satz über die Befugnis, eine Schriftform für die Erlaubnis oder Verpflichtung vorzusehen, zu streichen.

312. 5. Hinsichtlich der oben genannten Ziffer vi) schlug Monaco vor (Dokument S/115), nur von der Auswertung zu sprechen statt alle Handlungen aufzuzählen, die die Urheber nicht sollten verbieten können. Außerdem sollte die Auslegungsregel ungeachtet einer vorherigen Übertragung des Urheberrechts anwendbar sein.

313. 6. Hinsichtlich der oben genannten Ziffer viii) schlug Monaco vor (Dokument S/115), Absatz 6 zu streichen und auf diese Weise auch die musikalischen Werke der Auslegungsregel zu unterwerfen.

314. 7. Hinsichtlich der oben genannten Ziffer ix) schlug Ungarn (Dokument S/139) vor, die fakultative Bestimmung des Absatzes 5 über die Beteiligung an den Einnahmen zwingend zu gestalten, während Monaco vorschlug (Dokument S/115), diese Bestimmung zu streichen.

315. 8. Ferner schlug Monaco vor (Dokument S/115), einen neuen Absatz einzuführen, nach dem die Urheber vorbehaltlich der Anwendung des Artikels 6bis mangels gegenteiliger oder besonderer Vereinbarung Änderungen nicht sollten verbieten können, die sich für die Auswertung des Filmwerkes als unumgänglich erweisen.

316. Die Arbeitsgruppe schlug eine zurückhaltendere Regelung vor (Dokument S/195) als die des Programms. Sie schlug vor, Artikel 14 den vorbestehenden Werken vorzubehalten und diese ganz von der Berechtigungsvermutung auszunehmen. In Artikel 14bis sollten alle Bestimmungen über das Filmwerk selbst und die Urheber der Beiträge zusammengefaßt werden. Absatz 1 sollte den Absatz 2 des Programms ohne Änderung übernehmen. Absatz 2 sollte in einen Unterabsatz a eine Regel zur Abgrenzung der Inhaber des Urheberrechts, in einem Unterabsatz b die Berechtigungsvermutung, in einem Unterabsatz c eine Bestimmung über schriftliche Verträge und in einem Unterabsatz d eine Definition der gegenteiligen oder besonderen Vereinbarung enthalten. Absatz 3 sollte Bestimmungen hinsichtlich gewisser Urheber enthalten und Grenzfälle zwischen den Artikeln 14 und 14bis behandeln.

317. Das von der Arbeitsgruppe vorgeschlagene System beruhte auf folgenden Gedanken:

i) Die Vermutung sollte auf die Urheber der Beiträge beschränkt sein;

ii) die Vermutung sollte nicht anwendbar sein auf die Urheber der Drehbücher, der Dialoge und der musikalischen Werke, die für die Herstellung des Filmwerks geschaffen sind, sofern nicht die innerstaatlichen Rechtsvorschriften etwas anderes vorsehen (Absatz 3). Bemerkt sei, daß die musikalischen Werke, die nicht speziell für das Filmwerk geschaffen sind, voll unter die Regelung für die vorbestehenden Werke in Artikel 14 fallen;

iii) die Frage, wer Inhaber des Urheberrechts am Filmwerk ist, sollte (nach Absatz 2 a) der Gesetzgebung des Landes vorbehalten bleiben, in dem der Schutz beansprucht wird. Das bedeutet z. B., daß, wenn der Schutz im Vereinigten Königreich beansprucht wird, die britischen Rechtsvorschriften entscheiden, wer Inhaber des Urheberrechts am Filmwerk ist, und daß, wenn der Schutz in Frankreich beansprucht wird, die französischen Rechtsvorschriften diese Frage regeln. Hinzuzufügen ist, daß die Bestimmung des Absatzes 2 a nicht nur in den Fällen anwendbar ist, in denen das Urheberrecht insgesamt einer bestimmten Person zusteht, sondern auch, wenn lediglich bestimmte Teile des Urheberrechts übertragen sind. Demzufolge steht auch die *„cessio legis"*, der Rechtsübergang kraft Gesetzes, in Einklang mit den Regeln des Artikels 14bis;

iv) die Vermutung sollte nur in den Ländern anwendbar sein, die die Urheber der Beiträge als Inhaber des Urheberrechts am Filmwerk ansehen. Die Länder, die das System des *„film copyright"* oder der *„cessio legis"* haben, sollten also von dieser Anwendung ausgenommen sein. Diese Systeme haben im ganzen gesehen die gleichen Wirkungen wie die in Absatz 2 b vorgesehene Berechtigungsvermutung. Auch Filmwerke, die aus solchen Ländern stammen, können aber von der Vermutung berührt wer-

den: Wird z. B. ein Filmwerk eines britischen Herstellers nach Frankreich exportiert, so kann dieser sich in Frankreich auf die Berechtigungsvermutung berufen, wenn die dafür notwendigen Voraussetzungen erfüllt sind;

v) die Urheber sollten sich zur Lieferung von Beiträgen zur Herstellung des Filmwerkes verpflichtet haben;

vi) die Rechtsvorschriften des Landes, in dem der Hersteller seinen Sitz oder seinen gewöhnlichen Aufenthalt hat, sollten nach Absatz 2 c die Form der Verpflichtung regeln. Dieses Land sollte einen schriftlichen Vertrag oder einen gleichwertigen Akt verlangen können;

vii) wenn die vorgenannten Voraussetzungen erfüllt sind, sollten die Urheber der Beiträge mangels gegenteiliger oder besonderer Vereinbarung die Vervielfältigung, die Verbreitung, die öffentliche Vorführung, die Übertragung mittels Draht an die Öffentlichkeit, die Rundfunksendung, die öffentliche Wiedergabe, das Versehen mit Untertiteln und die Textsynchronisation des Filmwerkes nicht verbieten können. Diese Formulierung ist dieselbe, wie sie im Programm benutzt wurde;

viii) unter „gegenteiliger oder besonderer Vereinbarung" sollte nach Absatz 2 d jede einschränkende Bestimmung zu verstehen sein, die in der in Absatz 2 b genannten Verpflichtung gegebenenfalls enthalten ist. Auch diese Formulierung ist, abgesehen von einigen redaktionellen Änderungen, die gleiche wie die im Programm benutzte.

318. Die Kommission nahm zunächst den Vorschlag der Arbeitsgruppe an. Nach ergänzenden Beratungen glaubte man jedoch, daß der angenommene Text den dringenden Forderungen gewisser Länder nicht ausreichend Rechnung trage. Schließlich wurde der Textvorschlag der Arbeitsgruppe mit zwei Änderungen angenommen.

319. Die erste bezieht sich auf die vorgenannte Ziffer ii). Der Hauptregisseur wurde den Urhebern der Drehbücher, der Dialoge und der musikalischen Werke gleichgestellt und somit nicht der Vermutung unterworfen, sofern nicht die innerstaatlichen Rechtsvorschriften etwas anderes bestimmen. Zugleich wurde jedoch vorgesehen, daß, wenn die Rechtsvorschriften eines Landes den Hauptregisseur nicht zu den Urhebern rechnen, auf die die Vermutung anwendbar ist, dieses Land dies dem Generaldirektor der Organisation, die BIRPI ersetzen soll notifizieren muß.

320. Die zweite Änderung bezieht sich auf die vorgenannte Ziffer vi). Die Kommission ging von dem Gedanken aus, daß die Form der Verpflichtung statt durch die Rechtsvorschriften des Landes, in dem der Hersteller seinen Sitz oder seinen gewöhnlichen Aufenthalt hat, durch die Rechtsvorschriften des Landes geregelt werden sollte, in dem der Schutz beansprucht wird. Die endgültige, im letzten Augenblick getroffene Entscheidung sah jedoch folgen-

den Kompromiß zwischen den erwähnten zwei Grundsätzen vor, nach denen die Form der Verpflichtung entweder i) durch die Rechtsvorschriften des Landes, in dem der Filmhersteller seinen Sitz oder seinen gewöhnlichen Aufenthalt hat, oder ii) durch die Rechtsvorschriften des Landes, in dem der Schutz beansprucht wird, bestimmt werden soll: Grundsätzlich sind für die Form des Vertrages die Rechtsvorschriften des Landes i) maßgebend. Von diesem Grundsatz ist jedoch eine Ausnahme vorgesehen, nach der die Rechtsvorschriften des Landes ii) die Anwendung der Vermutung vom Vorliegen eines schriftlichen Vertrages oder eines gleichwertigen Schriftstücks abhängig machen können. Die Länder, die von einer solchen Möglichkeit Gebrauch machen, müssen dies dem Generaldirektor der oben genannten Organisation notifizieren. Dadurch sollen alle Betroffenen Kenntnis von den Ländern erhalten, in denen die Anwendung der Vermutung von einer solchen Voraussetzung abhängt. Hervorzuheben ist, daß die hier behandelte Frage allein die Form des Vertrages als Grundlage für die Vermutung und nicht die Form als Voraussetzung für die Gültigkeit des Vertrages im allgemeinen (notarielle Form oder dergl.) betrifft. Mit anderen Worten, der von der Kommission angenommene Text behandelt lediglich die Frage, ob die Anwendung der Berechtigungsvermutung voraussetzt, daß die Form der Verpflichtung in einem schriftlichen Vertrag oder einem gleichwertigen Schriftstück besteht, oder nicht.

321. Außerdem wurde gefordert, in diesen Bericht die folgenden vier Klarstellungen aufzunehmen. Zunächst: Die in Absatz 2 vorgesehene Berechtigungsvermutung ist für die Länder bindend. Es ist für die Verbandsländer, die die Urheber der Beiträge als Inhaber des Urheberrechts am Filmwerk ansehen, nicht möglich, Rechtsvorschriften beizubehalten oder einzuführen, die eine Berechtigungsvermutung gemäß Artikel 14bis Absatz 2 nicht enthalten.

322. Zweitens: Unter „gleichwertigem Schriftstück" ist ein schriftliches juristisches Dokument zu verstehen, das hinreichend vollständig die Bedingungen der Verpflichtung der Personen umschreibt, die ihre Beiträge zur Herstellung des Filmwerkes leisten. Dieser Begriff ist z. B. anwendbar auf einen kollektiven Arbeitsvertrag oder eine allgemeine Regelung, der diese Personen zugestimmt haben.

323. Drittens: Die Berechtigungsvermutung berührt nicht das Recht des Urhebers, eine Vergütung für die Nutzung des Filmwerkes zu erhalten. Die Verbandsländer bleiben also frei, jedes beliebige Vergütungssystem einzuführen, z. B. zugunsten der Urheber eine Beteiligung an den Einnahmen aus der Nutzung des Filmwerkes vorzusehen.

324. Viertens schließlich: Das Recht des Herstellers, auch ohne Erlaubnis des Urhebers das Filmwerk zu ändern, richtet sich nach den innerstaatlichen Rechtsvorschriften und unterliegt der Auslegung des Vertrages zwischen den Urhebern und dem Hersteller. Das in Artikel 6bis der Übereinkunft vorgesehene Urheberpersönlichkeitsrecht muß jedoch respektiert werden.

Artikel 15 Absatz 2 (neu)

325. Wie bereits oben erwähnt, hat die Kommission beschlossen, auf der Grundlage eines von Italien (Dokument S/168) vorgelegten und vom Redaktionsausschuß leicht geänderten Vorschlags eine Bestimmung einzufügen, nach der die natürliche oder juristische Person, deren Name auf dem Filmwerk in der üblichen Weise angegeben ist, mangels Gegenbeweises als Hersteller des Werkes gilt.

V

Gemeinsame Sitzungen mit anderen Kommissionen

Artikel 25ter des Dokuments S/9 (Übersetzungsrecht)

326. Nach Artikel 8 der Brüsseler Fassung besteht das Übersetzungsrecht zugunsten des Urhebers während der ganzen Dauer des Schutzes des Originalwerks. Jedoch konnten die Verbandsländer nach Artikel 27 Absatz 2 die früher erklärten Vorbehalte aufrechterhalten. Einer dieser zugunsten einiger Länder aufrechterhaltenen Vorbehalte bestand darin, anstelle des Artikels 8 der Brüsseler Fassung Artikel 5 der Pariser Fassung von 1896 anzuwenden, der die Möglichkeit eröffnete, unter gewissen Voraussetzungen das Übersetzungsrecht nur für eine Dauer von zehn Jahren seit der Veröffentlichung eines Werkes anzuerkennen. Artikel 25 Absatz 3 der Brüsseler Fassung erlaubte es den verbandsfremden Ländern, diesen Vorbehalt bei ihrem Beitritt zum Verband in Anspruch zu nehmen.

327. Das Programm (Dokument S/9, Artikel 25ter) schlug vor, den Vorbehalt hinsichtlich des Übersetzungsrechts zu streichen. Für die Fragen bezüglich der Vorbehalte war die Hauptkommission IV zuständig. Japan legte einen Vorschlag zur Aufrechterhaltung dieses Vorbehalts vor (Dokument S/98). Nachdem man die Stellungnahme der Kommission I erbeten hatte, deren Mehrheit entsprechend dem japanischen Vorschlag für die Beibehaltung des Vorbehalts nicht nur zugunsten der Verbandsländer sondern auch zugunsten der der Stockholmer Fassung beitretenden Länder stimmte, entschied die Kommission IV in diesem Sinne.

328. Befaßt mit einem entsprechenden italienischen Vorschlag zu Artikel 25ter Absatz 2 b und c (Dokumente S/245 und 259), billigten die Hauptkommissionen I und IV im Verlauf einer gemeinsamen Sitzung den Grundsatz, daß die Verbandsländer, die von dem Vorbehalt hinsichtlich des Übersetzungsrechts keinen Gebrauch machen, den Werken, für die ein Land Ursprungsland ist, das einen solchen Vorbehalt erklärt hat, nur einen gleichwertigen Schutz zu gewähren brauchen. Dieses System gilt jedoch nur in den Fällen, in denen ein zur Zeit verbandsfremdes Land bei seinem Beitritt zum Verband den Vorbehalt

erklärt; hinsichtlich der Verbandsländer, die bereits von solchen Vorbehalten Gebrauch gemacht haben, kann das Prinzip der Gegenseitigkeit nicht angewendet werden.

VI

Von der Kommission ausgesprochene Empfehlungen; verschiedene Vorschläge; Zusatzprotokolle

Schutzfristverlängerung

329. Die Bundesrepublik Deutschland schlug der Kommission die Annahme des von der Konferenz auszusprechenden Wunsches vor, daß die Verhandlungen über den Abschluß eines Sonderabkommens über die Schutzdauerverlängerung in den Ländern, die Vertragspartei dieses Abkommens werden, zwischen den interessierten Ländern fortgesetzt werden sollten (Dokument S/205). Nach anfänglicher Zurückweisung durch die Kommission wurde dieser Vorschlag erneut geprüft und mit einigen vom Redaktionsausschuß vorgeschlagenen Änderungen (Dokument S/269) angenommen.

Artikel 6bis (Hinterlegung eines Faksimiles bestimmter Werke)

330. Österreich schlug vor (Dokument S/147), in Artikel 6bis einen neuen Absatz 4 einzufügen, nach dem der Verleger von in einem Verbandsland veröffentlichten literarischen, musikalischen oder dramatisch-musikalischen Werken verpflichtet sein sollte, „bei der Staatsbibliothek oder den Staatsarchiven dieses Landes ein Faksimile des ersten, authentischsten Exemplars des Textes oder der Partitur in einer vom Urheber vollendeten und gebilligten Fassung zu hinterlegen". Die Regelung der Einzelheiten dieser Hinterlegung sollten den innerstaatlichen Rechtsvorschriften vorbehalten bleiben.

331. Nach längeren Beratungen beschloß die Kommission, den Wunsch auszusprechen, daß das Internationale Büro des Verbandes die Frage prüft, damit die Aufnahme entsprechender Bestimmungen bei einer künftigen Revision der Übereinkunft erwogen werden kann.

Artikel 17 (Bestimmungen über die öffentliche Zugänglichkeit musikalischer Werke)

332. Israel schlug vor (Dokument S/223), in Artikel 17 einen neuen Absatz 3 einzufügen, nach dem es der Gesetzgebung der Verbandsländer vorbehalten sein sollte, dafür zu sorgen, daß „in Fällen, in denen ein musikalisches oder dramatisch-musikalisches Werk mit Zustimmung seines Urhebers der Öffentlichkeit zugänglich gemacht worden ist, auch Druckexemplare des Werkes ohne Einschränkungen, die gegen anständige Gepflogenheiten verstoßen, der Öffentlichkeit zugänglich gemacht werden".

333. Die Kommission drückte zu dieser Frage denselben Wunsch aus wie zu dem vorgenannten österreichischen Vorschlag.

Urheberrecht an im Rahmen eines Auftrags oder eines Arbeitsvertrags geschaffenen Werken

334. Ungarn schlug vor (Dokument S/196), eine neue Bestimmung in die Übereinkunft einzufügen, nach der auf Bestellung oder in Ausübung einer Angestelltentätigkeit des Urhebers geschaffene Werke „nur zu den sich aus der Angestelltentätigkeit selbst ergebenden Zwecken und nur in einer Weise benutzt werden können, die das Persönlichkeitsrecht des Urhebers nicht verletzt".

335. Nach Beratung zog die ungarische Delegation ihren Vorschlag unter dem Vorbehalt zurück, daß er in diesem Bericht erwähnt wird.

Zusatzprotokoll betreffend den Schutz der Werke von Staatenlosen und Flüchtlingen

336. Im Programm war ein Zusatzprotokoll vorgeschlagen, nach dem jedes Verbandsland erklären konnte, daß Staatenlose oder Flüchtlinge oder auch beide Personengruppen den Staatsangehörigen dieses Landes gleichgestellt sind. Dieser Vorschlag enthielt ebenfalls Ratifikations- und Beitrittsbestimmungen.

337. Nachdem die Kommission den Vorschlag angenommen hatte, in Artikel 4 Absatz 2 vorzusehen, daß die Personen mit gewöhnlichem Aufenthalt in einem Verbandsland den Staatsangehörigen dieses Landes gleichgestellt werden sollen, wurde der Vorschlag, ein Zusatzprotokoll für die Staatenlosen und Flüchtlinge zu schaffen, gegenstandslos. Die Kommission beschloß daher, dieses Protokoll nicht anzunehmen.

Zusatzprotokoll betreffend die Anwendung der Übereinkunft auf die Werke bestimmter internationaler Organisationen

338. Angeregt von dem Gedanken, der dem Protokoll Nr. 2 zum Welturheberrechtsabkommen zugrunde liegt, schlug das Programm ein Zusatzprotokoll vor, nach dem die Artikel 4, 5 und 6 der Übereinkunft auf die zum ersten Mal von der Organisation der Vereinten Nationen und ihren Sonderorganisationen veröffentlichten Werke anwendbar sein sollten.

339. Ein von Belgien, Luxemburg und den Niederlanden vorgelegter Vorschlag (Dokument S/237) verfolgte das Ziel, den Schutz auf die Werke der internationalen zwischenstaatlichen Organisationen auszudehnen, deren Sitz sich in einen Verbandsland befindet oder deren Mitglieder überwiegend Verbandsländer sind.

340. Während der Beratungen in der Kommission wurde darauf hingewiesen, daß die Einführung eines solchen Zusatzprotokolls nicht notwendig sei, da die Werke der in Betracht kommenden Organisationen in jedem Fall geschützt sind, wenn sie zum ersten Mal in einem Verbandsland veröffentlicht worden sind oder ihre Urheber einem Verbandsland angehören. Schließlich verwarf die Kommission den Vorschlag, der Übereinkunft ein Zusatzprotokoll betreffend die Werke bestimmter internationaler Organisationen anzufügen.

*

341. Der Berichterstatter legt Wert darauf, an dieser Stelle dem Sekretär der Kommission, Herrn Claude Masouyé (BIRPI), seine tiefe Dankbarkeit für die unermüdliche Hilfe und Mitarbeit auszudrücken, die er bei der Ausarbeitung dieses Berichts geleistet hat. Er legt ebenso Wert darauf, den hohen Geist internationaler Zusammenarbeit zu unterstreichen, von dem alle Beratungen der Kommission beherrscht waren und der es der Kommission gestattete, eine für die Zukunft der Übereinkunft bedeutsame Arbeit zu leisten.

(Dieser Bericht wurde von der Hauptkommission I in ihrer Sitzung am 11. Juli 1967 einstimmig gebilligt)

2. Bericht *) über die Arbeiten der Hauptkommission II der Stockholmer Konferenz von 1967 über geistiges Eigentum (Protokoll betreffend die Entwicklungsländer)

Von

Vojtêch Strnad, Berichterstatter (Mitglied der tschechoslowakischen Delegation)

1. Das Problem des Urheberrechtsschutzes in den Ländern, die erst kürzlich ihre Unabhängigkeit erlangt haben, gehört zu denjenigen, denen die schwedische Regierung in ihrer Eigenschaft als Gastgeber der Revisionskonferenz und BIRPI seit mehreren Jahren ihre besondere Aufmerksamkeit gewidmet haben. Über die vorbereitenden Arbeiten und Studien wurde in dem Dokument S/1 (Seite 67 bis 74) berichtet.

2. Nach der Veröffentlichung des Dokuments S/1 trat auf diesem Gebiet ein wichtiges Ereignis ein, das sowohl die Verhandlungen als auch die Ergebnisse der Konferenz wesentlich beeinflußte. Es handelt sich um das ostasiatische Seminar für Urheberrecht, das im Januar 1967 in Neu-Delhi stattfand.

---

*) Übersetzung aus „Le Droit d'Auteur" 1967 S. 230 ff.

3. Auf Vorschlag der schwedischen Regierung wurde eine Hauptkommission gebildet, um auf der Grundlage des Dokuments S/1 einen endgültigen Text auszuarbeiten. Diese Kommission — in den Dokumenten der Konferenz als Hauptkommission II bezeichnet und nachstehend „die Kommission" genannt — trat zehnmal zusammen. Für gewisse Sonderfragen setzte sie zwei Arbeitsgruppen ein, von denen die eine mit den materiellen Fragen befaßt war (Präsident: Hesser, Schweden; Mitglieder: Elfenbeinküste, Frankreich, Indien, Tschechoslowakei, Tunesien, Vereinigtes Königreich) und die andere mit der Definition der Länder, die das Recht haben sollten, das Protokoll für sich in Anspruch zu nehmen (Präsident: Lennon, Irland; Mitglieder: Brasilien, Elfenbeinküste, Frankreich, Indien, Italien, Kongo (Kinshasa), Schweden, Senegal, Tschechoslowakei, Tunesien, Vereinigtes Königreich).

4. Hinsichtlich der Definition der durch das Protokoll begünstigten Länder in der Einleitung seines Artikels 1 wurden mehrere Änderungsvorschläge vorgelegt, um die allgemeine Formulierung zu präzisieren: Ein französischer Vorschlag (Dokument S/176) verfolgte das Ziel, diejenigen Länder in den Genuß der Bestimmungen des Protokolls kommen zu lassen, die dem Berner Verband erst nach der Unterzeichnung und dem Inkrafttreten der Brüsseler Fassung beigetreten sind; ein italienischer Vorschlag (Dokument S/213) führte technische Merkmale (Analphabetentum, Schulbesuch) für den Begriff der Entwicklungsländer ein; zwei Vorschläge, der eine vom Vereinigten Königreich (Dokument S/149), der andere von Dänemark, Finnland, Norwegen und Schweden (Dokument S/253), faßten als Lösung eine internationale Stelle ins Auge, die in jedem Einzelfall entscheiden sollte (der erste Vorschlag den Exekutivausschuß des Berner Verbandes, der zweite die Generalversammlung der UNO). Nach einer Erörterung in der Arbeitsgruppe schlug diese der Kommission einen Text vor, der auf die von der Generalversammlung der Vereinten Nationen auf ihrer XVIII. Sitzung am 13. November 1963 angenommene Entschließung Nr. 1897 (XVIII) Bezug nahm und für jedes später als Entwicklungsland bezeichnete Land gelten sollte. Ein Vorschlag der Elfenbeinküste (Dokument S/234) brachte die Liste durch Hinzufügung von sieben neuen afrikanischen Staaten auf den neuesten Stand.

5. Die Kommission befaßte sich mit der Frage und billigte den Gedanken, daß die in den Anhängen des Dokuments S/249 aufgeführten Länder[1]) in den Genuß des Protokolls kommen sollten. Sie stellte jedoch fest, daß eine einfache Bezugnahme auf die Entschließungen der UNO für die gerade erst unabhängig gewordenen Länder eine Verzögerung zur Folge haben würde, die es ihnen nicht erlauben würde, der Übereinkunft und dem Protokoll sofort oder doch wenigstens vor einer Entschließung der UNO beizutreten. Man suchte eine weichere Formulierung. Ein gemeinsamer Vorschlag Dänemarks, Finnlands, Norwegens und Schwedens (Dokument S/253) sah vor, daß als Entwicklungsland jedes Land angesehen werden sollte, das nach der bestehenden Praxis der Generalversammlung der Vereinten Nationen als solches bezeichnet wird, wobei der Ausdruck „bestehende Praxis" bedeuten soll, daß das

Land durch Vermittlung der UNO oder ihrer Sonderorganisationen eine Unterstützung aus dem „Entwicklungsprogramm der Vereinten Nationen" erhält.

[1]) Es handelt sich um folgende 82 Länder:

Afghanistan
Algerien
Argentinien
Äthiopien
Birma
Bolivien
Botsuana
Brasilien
Burundi
Ceylon
Chile
Costa Rica
Dahome
Dominikanische Republik
Ecuador
Elfenbeinküste
El Salvador
Gabun
Gambia
Ghana
Guatemala
Guinea
Haiti
Honduras
Indien
Indonesien
Irak
Iran
Jamaika
Jemen
Jordanien
Jugoslawien
Kambodscha
Kamerun
Kenia
Kolumbien
Kongo (Brazzaville)
Kongo (Kinshasa)
Kuwait
Laos
Lesotho
Libanon
Liberia
Libyen
Madagaskar
Malawi
Malaysia
Mali
Marokko
Mauretanien
Mexiko
Nepal
Neuseeland
Nicaragua
Niger
Nigeria
Obervolta
Pakistan
Panama
Paraguay
Peru
Philippinen
Ruanda
Sambia
Saudi-Arabien
Senegal
Sierra Leone
Somalia
Sudan
Syrien
Tansania
Thailand
Togo
Trinidad und Tobago
Tschad
Tunesien
Uganda
Uruguay
Venezuela
Vereinigte Arabische Republik
Zentralafrikanische Republik
Zypern

Das Land, das glaubt, das Protokoll in Anspruch nehmen zu können, notifiziert dies dem Generaldirektor der WIPO, der die Notifikation, gegebenenfalls nach Konsultation der Organe der UNO, unter Beifügung seiner Bemerkungen den anderen Verbandsländern mitteilt. Der endgültige Text wurde vom Redaktionsausschuß der Kommission ausgearbeitet, dessen Vorsitz E. Essén (Schweden) innehatte; (Mitglieder: Abi-Sad (Brasilien), Amon d'Aby (Elfenbeinküste), Desbois (Frankreich), Krishnamurti (Indien), Ciampi (Italien), Goundiam (Senegal), Strnad (Tschechoslowakei), Fersi (Tunesien), Miss White (Vereinigtes Königreich). Dieser Text wurde von der Kommission in ihrer letzten Sitzung angenommen.

6. Die materiellen Bestimmungen wurden ebenfalls auf der Grundlage des von der schwedischen Regierung in Zusammenarbeit mit BIRPI vorgelegten Dokuments S/1 geprüft. Die Reihenfolge der im Protokoll enthaltenen Vorschriften wurde vom Redaktionsausschuß in der Weise abgeändert, daß die Bestimmungen über die Schutzdauer — entsprechend dem System der Übereinkunft selbst — an den Anfang gestellt und die anderen daran anschließend eingefügt wurden. Die Bestimmungen wurden im Verlauf der Arbeiten der Kommission wie folgt geändert.

7. Infolge der Einführung des Artikels 9 Absatz 2 der Romfassung von 1928 und der Brüsseler Fassung von 1948 als Artikel 10bis Absatz 1 in die Neufassung der Übereinkunft selbst wurde Buchstabe c des Artikels 1 des Protokolls überflüssig und gestrichen.

8. Eine Gruppe von Ländern (Elfenbeinküste, Gabun, Indien, Kongo (Brazzaville), Kongo (Kinshasa), Madagaskar, Marokko, Niger, Senegal und Tunesien) legte einen neuen Vorschlag für den Text des Protokolls vor (Dokument S/160), der vom Dokument S/1 ausging und dessen System übernahm, jedoch gewisse Neuerungen hinzufügte.

9. Die Schutzdauer wurde unverändert in der von der schwedischen Regierung unter Mitwirkung von BIRPI vorschlagenden Weise geregelt. Die Schutzdauer kann also von der innerstaatlichen Gesetzgebung auf eine kürzere Frist als die in Artikel 7 der Übereinkunft vorgesehene zwingende Frist von fünfzig Jahren festgelegt werden.

10. Die Übersetzungslizenz verbindet die im Berner Verband herkömmliche, in den Artikeln 25 und 27 der Brüsseler Fassung der Übereinkunft vorgesehene Übersetzungslizenz mit bestimmten Elementen der Lizenz nach Artikel V des Welturheberrechtsabkommens; die Sprachen, in die die Übersetzung zulässig ist, wurden näher definiert.

11. Mehrere Vorschläge wurden mit dem Ziel vorgelegt, für veröffentlichte Werke eine Regelung auf der Grundlage einer gesetzlichen Lizenz vorzusehen (Vorschläge Italiens (Dokument S/162), Dänemarks (Dokument S/146), Griechenlands (Dokument S/181) und Israels (Dokument S/199)). Ein Vorschlag Japans (Dokument S/127) zielte darauf ab, die Übersetzungslizenz durch Übernahme einfach des Systems, so wie es in der Berner Übereinkunft besteht, zu vereinfachen.

12. Das Ergebnis der Arbeiten der Arbeitsgruppe und der Kommission ist in dem Dokument S/249 dargelegt und entspricht — nach gewissen Änderungen — dem Wunsch, den Text des Artikels 5 der Pariser Fassung von 1896, der in Artikel 1 Buchstabe b des Protokolls zitiert wird, durch moderne Formulierungen zu ersetzen, ohne jedoch den Grundgedanken der betreffenden Bestimmungen anzutasten.

13. Die Grundsätze des Welturheberrechtsabkommens (siehe Artikel V Absatz 2 und 5), die in das System der Übersetzungslizenz des Protokolls (Artikel 1 Buchstabe b iv) eingefügt wurden, unterlagen ebenfalls Änderungen: Die vorgesehene Vergütung soll angemessen sein, die ausdrückliche Bezugnahme auf die internationale Übung auf diesem Gebiet wurde gestrichen; der in dem genannten Artikel des Welturheberrechtsabkommens ebenfalls vorgesehene Transfer dieser Vergütung ist nach dem Protokoll den innerstaatlichen Devisenbestimmungen unterworfen.

14. Hervorzuheben ist, daß man weder in der einen noch in der anderen der beiden internationalen Übereinkünfte, die als Modell für Artikel 1 Buchstabe b des Protokolls angesehen werden können, den Ort genau bestimmt hat, an dem der Urheber selbst die Übersetzung veröffentlicht haben muß, wenn er nicht will, daß die gesetzliche Lizenz wirksam wird. Artikel 5 der Pariser Fassung von 1896 fordert lediglich, daß die Veröffentlichung der Übersetzung in einem Verbandsland stattfinden muß. Das Protokoll fügt eine wichtige Präzisierung hinzu: Die Übersetzung muß in dem Land selbst veröffentlicht werden, das sich auf den Vorbehalt hinsichtlich der Übersetzungslizenz beruft. Veröffentlichung bedeutet hier nicht Druck im eigentlichen Sinn, eine Unterscheidung, die unerläßlich ist für die Länder, die nicht selbst über die notwendigen technischen Mittel verfügen, um Übersetzungen oder Vervielfältigungen aufgrund des Protokolls zu veröffentlichen.

15. Was das Vervielfältigungsrecht betrifft, so unterlagen die Vorschläge in Artikel 1 Buchstabe e des Dokuments S/1 — der Artikel 1 Buchstabe c des endgültigen Textes entspricht — grundlegenden Änderungen. Nach Erörterung und Prüfung verschiedener Vorschläge (siehe die Vorschläge des Vereinigten Königreichs (Dokument S/149 Absatz 3) und den gemeinsamen Vorschlag der zehn Entwicklungsländer (Dokument S/160)) schlug die Arbeitsgruppe den in Artikel 1 Buchstabe d des Dokuments S/249 enthaltenen Text vor. Die endgültig für diese Vervielfältigungslizenz angenommene Lösung ist soweit wie möglich der Übersetzungslizenz nachgebildet. Sie sieht die Möglichkeit vor, eine Vervielfältigungslizenz zu erzieherischen oder kulturellen Zwecken einzuführen, wobei die Formulierung nicht einschränkend auszulegen ist, da der Zusatz „ausschließlich zu . . . Zwecken" bewußt gestrichen wurde.

16. Andererseits schließt die Begrenzung des Vervielfältigungsrechts auf erzieherische oder kulturelle Zwecke alle die Werke von der Anwendung dieses Vorbehalts aus, bei denen ein erzieherischer oder kultureller Zweck nicht ersichtlich ist; als Beispiel wurden in der Diskussion die Kriminal- und Abenteuerromane erwähnt.

17. Das zur Erlangung einer solchen Lizenz anzuwendende Verfahren, die Zahlungsbedingungen für die Vergütung, der Ort der Veröffentlichung, die Achtung des Rückrufsrechts und die Möglichkeit, auf die Lizenz zurückzugreifen, nachdem die Exemplare der Originalausgabe des Werkes vergriffen sind, wurden auf der gleichen Grundlage geregelt wie für die Übersetzungen.

18. Artikel 1 Buchstabe d des Protokolls, der die Rundfunksendung von Werken der Literatur und Kunst betrifft, gestattet den durch das Protokoll begünstigten Ländern, Artikel 11bis Absatz 1 und 2 der Übereinkunft durch den Text der Rom-Fassung von 1928 zu ersetzen mit zwei Änderungen: Die erste, die eine Modernisierung des Wortlauts darstellt, ersetzt die Worte „funkelektrische Verbreitung" der Rom-Fassung von 1928 durch das Wort „Rundfunksendung". Die zweite Änderung regelt eine materielle Frage: Die öffentliche Wiedergabe der durch Rundfunk gesendeten Werke ist, wenn sie zu Erwerbszwecken geschieht, nur unter dem Vorbehalt der Zahlung einer angemessenen Vergütung gestattet, die mangels gütlicher Einigung durch die zuständige Behörde festgesetzt wird. Dieser Zusatz übernimmt den Vorschlag des Vereinigten Königreichs (Dokument S/149 Absatz 2).

19. Für Benutzungen ausschließlich zu Unterrichts-, Studien- und Forschungszwecken auf allen Gebieten der Erziehung wurde eine neue Einschränkungsmöglichkeit für die innerstaatliche Gesetzgebung angenommen. Zu bemerken ist, daß dieser Vorbehalt nicht nur auf das Übersetzungsrecht und das Vervielfältigungsrecht anwendbar ist; er kann auch für andere Nutzungen der Werke der Literatur und Kunst in Anspruch genommen werden. Zur Bestimmung der Vergütung wurde eine neue Formulierung eingefügt, die fordert, daß sie „den für inländische Urheber geltenden Grundsätzen entspricht". Der Zusatz der Worte „auf allen Gebieten der Erziehung" und die Bestimmung, daß der Vorbehalt nur ausschließlich für die genannten Zwecke in Anspruch genommen werden kann, verdeutlichen, daß Forschungen industrieller, gewerblicher oder ähnlicher Art außerhalb des Anwendungsbereichs des Vorbehalts liegen.

20. Für die Exemplare der aufgrund der Vorbehalte in einem durch das Protokoll begünstigten Land übersetzten und vervielfältigten Werke wurde der allgemeine Grundsatz angenommen, daß ihre Ausfuhr in ein Land, das diese Vorbehalte nicht in Anspruch genommen hat, sowie ihr Verkauf in einem solchen Land nicht zulässig sind. Das Verbot gilt nicht, wenn die Rechtsvorschriften eines Landes, das sich nicht auf das Protokoll berufen kann, oder die von ihm geschlossenen Übereinkünfte die Einfuhr gestatten. Die Bezugnahme auf die innerstaatlichen Rechtsvorschriften und die geschlossenen Übereinkünfte wurde im Fall der in Artikel 1 Buchstabe e erwähnten Werke durch die Bedingung der Zustimmung des Urhebers ersetzt. Außerdem wurde dort bestimmt, daß die in einem Land veröffentlichten Exemplare allein zu den erwähnten Erziehungszwecken in andere Länder, die von denselben Vorbehalten Gebrauch gemacht haben, eingeführt und dort verkauft werden können; dies wird zur Folge haben, daß die Sprache dieser Exemplare den erzieherischen Bedürfnissen dieses Landes entsprechen muß. Als Beispiel wurde in den Beratungen der Fall einer Übersetzung in das Indische genannt, die nach Ceylon eingeführt werden kann, jedoch nicht nach Japan.

21. Die genannten Vorbehalte können für die Dauer von zehn Jahren nach der Ratifizierung durch das betreffende Land in Anspruch genommen werden (siehe Artikel 1, Ende der Einleitung); die Länder, die sich nicht in der Lage sehen, die aufgrund des Protokolls erklärten Vorbehalte zurückzuziehen,

können sie bis zum Zeitpunkt ihres Beitritts zu der auf der nächsten Revisionskonferenz angenommenen Fassung aufrechterhalten; „Aufrechterhalten der Vorbehalte" bedeutet, daß eine entsprechende an den Generaldirektor gerichtete Erklärung des betreffenden Landes unerläßlich ist. Ohne sie sind die Vorbehalte nicht mehr anwendbar. Das betreffende Land ist dann durch die Übereinkunft selbst gebunden.

Verschiedene im Verlauf der Konferenz von den anwesenden Delegationen gemachte Vorschläge, die das eine oder andere der vorerwähnten Probleme berührten, wurden in den endgültigen Text übernommen oder zurückgezogen (siehe z. B. die Veröffentlichung von Feuilletons, Zusammenfassungen oder Übersetzungen in Zeitungen oder Zeitschriften (Dokument S/160) oder die von Israel vorgeschlagenen Bestimmungen zur Einführung gewisser Maßnahmen zur Überwachung der Anwendung des Protokolls (Dokument S/199)) oder fanden ihren Platz in einer Resolution (z. B. die Schaffung eines Fonds für die Urheber der Werke, die den im Protokoll vorgesehenen Vorbehalten unterworfen sind (Dokument S/228)).

22. Artikel 6 wurde dem Text aufgrund eines Vorschlags des Vereinigten Königreichs angefügt, der von der Kommission auf ihrer achten Sitzung angenommen wurde: Die Vorteile des Protokolls können auch für ein Hoheitsgebiet in Anspruch genommen werden, das nach denselben Merkmalen wie ein souveränes Land als Entwicklungsgebiet anzusehen ist, jedoch am Tage der Unterzeichnung der Übereinkunft noch nicht seine Unabhängigkeit erlangt hat.

23. Die Delegationen Tunesiens, Indiens, Israels und der Tschechoslowakei gaben zu diesem Artikel Erklärungen ab, in denen sie ihre grundsätzliche Ablehnung derartiger Konventionsbestimmungen zum Ausdruck brachten. Später, in der Vollversammlung des Berner Verbandes, wurde als Klarstellung hinzugefügt, daß die in diesem Artikel vorgesehene Erklärung nur von einem Land abgegeben werden kann, das durch das Protokoll gebunden ist.

24. Die Bezugnahme auf die bestehende Praxis der UNO machte es notwendig, das Problem der rechtlichen Folgen der umgekehrten Situation zu lösen, nämlich den Fall zu regeln, in dem einem Land nicht mehr länger der Status eines Entwicklungslandes belassen werden soll. Die vom Redaktionsausschuß vorgeschlagene Lösung sieht vor, daß ein solches Land sich nach Ablauf von sechs Jahren nach einer entsprechenden Notifikation nicht mehr auf das Protokoll berufen kann.

25. Um die Möglichkeit zu eröffnen, daß die Entwicklungsländer sofort in den Genuß des Protokolls kommen, wurde ein Artikel 5 dem Text angefügt, der diese Möglichkeit bereits gewährt, bevor die Übereinkunft selbst gemäß Artikel 28 Absatz 1 Buchstabe b i ratifiziert ist.

26. Eine andere Frage, die die Aufmerksamkeit der Entwicklungsländer im Verlauf der vorbereitenden Arbeiten auf sich gezogen hatte, die des Schutzes der Folklore, wurde in Artikel 15 Absatz 3 der Übereinkunft selbst gelöst.

(Dieser Bericht wurde von der Hauptkommission II in ihrer Sitzung am 8. Juli 1967 einstimmig angenommen.)

3. Bericht *) über die Arbeiten der Hauptkommission IV der Stockholmer Konferenz von 1967 über geistiges Eigentum (Verwaltungs- und Schlußbestimmungen der Pariser und Berner Übereinkunft und der Sonderabkommen)

Von

Valerio de Sanctis, Berichterstatter

(Mitglied der italienischen Delegation)

Inhaltsübersicht

1. Aufgaben der Kommission

2. Vorsitzender und Berichterstatter der Kommission

3. Organisation der Arbeiten der Kommission

4., 5. Allgemeine Diskussion

6., 7. Versammlungen und Exekutivausschüsse

8. Vertretung und Stimmrecht in den Versammlungen

9. Beschlußfähigkeit in der Versammlung

10. Änderung der Verwaltungsbestimmungen; Revision der materiellen Vorschriften

11. Internationales Büro; Generaldirektor

12. Finanzen

13. Höchstgrenze der Beiträge

14. Sonderabkommen

15.—17. Beziehungen zwischen durch verschiedene Fassungen gebundenen Verbandsländern

18. Beitritt zu früheren Fassungen

19. Vorzeitige Anwendung des Protokolls betreffend die Entwicklungsländer

20. Teilweise Annahme; Vorbehalte

21. Schiedsklausel

22. Kündigung

23. Übergangsmaßnahmen

24. Beaufsichtigung durch die schweizerische Regierung

---

*) Übersetzung aus „Le Droit d'Auteur" 1967 S. 233 ff.

1. Die der Hauptkommission IV durch das Programm und die Geschäftsordnung der Konferenz anvertrauten Aufgaben waren ziemlich kompliziert.

Denn es handelte sich nicht nur darum, die Vorschläge zur Revision der Verwaltungs- und Strukturvorschriften der Pariser Übereinkunft zum Schutz des gewerblichen Eigentums (Dokument S/3), der Berner Übereinkunft zum Schutz von Werken der Literatur und Kunst (Dokument S/9) sowie der Sonderabkommen auf dem Gebiet des gewerblichen Eigentums zu prüfen und zu erörtern: der Abkommen von Madrid (internationale Registrierung von Marken; Unterdrückung falscher oder irreführender Herkunftsangaben), vom Haag (internationale Hinterlegung gewerblicher Muster oder Modelle), von Nizza (internationale Klassifikation von Waren und Dienstleistungen für die Registrierung von Marken) und von Lissabon (Schutz der Ursprungsbezeichnungen und ihre internationale Registrierung), sondern auch darum, die Entwürfe der Schlußbestimmungen der verschiedenen Übereinkünfte und Abkommen, die Bestimmungen hinsichtlich der Annahme etwaiger Übergangsmaßnahmen sowie schließlich die über die Höchstgrenze der Beiträge der Mitgliedländer des Pariser und Berner Verbandes zu treffenden Entscheidungen zu prüfen.

Während die Verwaltungs- und Strukturvorschriften der Verbände mit der vorgeschlagenen neuen Organisation für geistiges Eigentum in Beziehung standen, zeigten sich die Schlußbestimmungen und Übergangsmaßnahmen mit Fragen verbunden, die auch andere Hauptkommissionen der Konferenz interessierten, so daß im Verlauf unserer Arbeiten eine ständige Abstimmung mit diesen erfolgte, insbesondere durch Abhaltung gemeinsamer Sitzungen.

2. Die zur Eröffnung der Konferenz zusammengetretene Vollversammlung billigte die Vorschläge der schwedischen Regierung, den Vorsitz in der Hauptkommission IV Frankreich und die Aufgaben des Berichterstatters dem Verfasser dieses Berichts zu übertragen.

3. Unter dem Vorsitz von François Savignon (stellvertretender Vorsitzender: G. S. Lule, Uganda) begann die Kommission ihre Arbeit am 13. Juni und beendete sie am 10. Juli. Im Verlauf ihrer Sitzungen bildete die Kommission einen Redaktionsausschuß, der sich aus Delegierten folgender Länder zusammensetzte: Brasilien, Bundesrepublik Deutschland, Frankreich, Niederlande, Schweden, Sowjetunion, Spanien, Südafrika, Tunesien, Vereinigtes Königreich und Vereinigte Staaten von Amerika. Der Vorsitz in diesem Ausschuß wurde Roger Labry (Frankreich) übertragen, der stellvertretende Vorsitz Miss Sylvia Nilsen (Vereinigte Staaten von Amerika).

Zur Vorprüfung gewisser Fragen wurden entsprechend dem Fortgang der Arbeiten der Kommission Arbeitsgruppen gebildet.

4. Bei der vom Vorsitzenden in der ersten Sitzung der Kommission eröffneten allgemeinen Aussprache über die Struktur- und Verwaltungsreform der Verbände erklärten sich alle Delegationen bereit, im Grundsatz die vorgelegten Entwürfe anzunehmen, die auf langen Vorbereitungen besonders in den Regierungssachverständigenausschüssen beruhten.

Die Schaffung neuer ständiger, den gemeinsamen Willen der Mitgliedländer repräsentierender Organe für jeden Verband und die Unabhängigkeit jedes Verbandes hinsichtlich seines eigenen Haushaltsplans bildeten vor allem die Grundlagen für die neue Verwaltungsstruktur, die von der Kommission erarbeitet und der Konferenz vorgeschlagen wurde.

In einer Erklärung erinnerte der Chef der schweizerischen Delegation daran, daß der Bundesrat sein Mandat als Aufsichtsbehörde als Ehre betrachte, jedoch bereit sei, die Übertragung dieses Mandats auf die Mitgliedländer anzunehmen, wenn sie es wünschten. Selbstverständlich werde aber die schweizerische Regierung ihre Aufgabe weiterhin für die Staaten erfüllen, die noch nicht Mitglieder der neuen Organisation für geistiges Eigentum sein würden. Diese Erklärung wurde von allen Delegationen lebhaft begrüßt.

5. Noch im Lauf der allgemeinen Aussprache wurde zugestanden, daß etwaige Bezugnahmen auf die neue Organisation in von der Kommission angenommenen Texten vorbehaltlich der Entscheidungen der Hauptkommission V als gebilligt angesehen werden könnten. Da jedoch das Programm (Dokument S/3, Artikel 16; Dokument S/9, Artikel 25) den Staaten ermöglichte, im Zeitpunkt der Ratifizierung der Stockholmer Fassung oder des Beitritts zu ihr zwischen verschiedenen Möglichkeiten zu wählen (eine Konzeption, die später von der Kommission ungeachtet gewisser Vorschläge, diese Möglichkeit zu beschränken, gebilligt wurde), empfahlen einige Delegationen, diese Bezugnahmen auf das unbedingt Notwendige zu beschränken; dieser Empfehlung wurde bei der Abfassung der neuen Texte Rechnung getragen.

6. Die Prüfung der im Programm enthaltenen Bestimmungen hinsichtlich der Zusammensetzung und der Aufgaben der Versammlung und des Exekutivausschusses jedes Verbandes gab Anlaß zu zahlreichen Vorschlägen verschiedener Delegationen. Auch soweit sie von der Kommission angenommen wurden, haben diese Vorschläge jedoch die Struktur der neuen Organe, so wie sie im Programm vorgesehen sind, nicht verändert. Zu bemerken ist nur, daß man versuchte, die auch auf diesem Gebiet zwischen den verschiedenen Verbänden bestehenden Parallelen zu verstärken, wobei jedoch hinsichtlich bestimmter Abkommen auf dem Gebiet des gewerblichen Eigentums vermieden wurde, die Organisation zu schwerfällig zu machen.

7. Die Versammlung bleibt somit das oberste Organ jedes Verbandes angesichts der Tatsache, daß sie aus allen Verbandsländern besteht, und die Kommission war bemüht, ihre Befugnisse noch zu verstärken. Der Exekutivausschuß wird, wie im Programm vorgesehen, aus den von der Versammlung aus der Mitte ihrer Mitgliedländer gewählten Ländern gebildet.

Die Einrichtung der Versammlung ist das Hauptelement der Verwaltungsreform der Verbände, und von diesem Grundsatz ist die Kommission bei ihrer Arbeit ausgegangen. Die Versammlung gestattet den Mitgliedstaaten jedes Verbandes, selbst wenn sie nur einem Verband angehören, die Ausübung

ihrer souveränen Macht. Außerdem bietet sie hinsichtlich der Entwicklung der internationalen Zusammenarbeit auf dem Gebiet des geistigen Eigentums die Möglichkeit eines ununterbrochenen Dialogs, während die derzeitige Organisation der Verbände, besonders im Rahmen des Berner Verbandes, nur Begegnungen in Abständen von manchmal mehr als zwanzig Jahren zuläßt in einer Zeit, in der die kulturelle und technische Entwicklung sich in einem nie erreichten Rhythmus vollzieht.

8. Was die Zusammensetzung und die Aufgaben der neuen Organe jedes Verbandes betrifft, so will ich nur auf eine Frage hinsichtlich der Vertretung der Mitgliedstaaten in der Versammlung hinweisen, die für einen Sonderfall durch einen Vorschlag der Delegationen Madagaskars und Senegals aufgeworfen wurde. Nach lebhaften Befürchtungen gewisser Delegationen, daß die vorgeschlagene Bestimmung ein Grundprinzip von allgemeiner Bedeutung beeinträchtigen könnte, nämlich daß jede Delegation in der Versammlung nur ein Land vertreten und nur in dessen Namen abstimmen kann, wurde als Ergebnis langer Debatten in der Kommission und einer ad hoc gebildeten Arbeitsgruppe eine Kompromißlösung angenommen. Sie beschränkt die Bestimmung auf die Pariser Verbandsübereinkunft und begünstigt lediglich gewisse Länder dieses Verbandes, die durch ein Abkommen ein gemeinsames Amt errichtet haben — das für jedes von ihnen das besondere nationale Amt für gewerbliches Eigentum darstellt, das in einer anderen Bestimmung dieser Übereinkunft vorgesehen ist — und die bei den Beratungen in der Versammlung in ihrer Gesamtheit durch eines von ihnen vertreten sein können. Auch in diesem Fall kann jedoch eine Delegation in Vollmacht nur für ein Land und nur aus außergewöhnlichen Gründen abstimmen.

Ein im Verlauf der Beratungen von den Delegationen Argentiniens, Brasiliens und Uruguays vorgelegter Vorschlag (Dokument S/189), der von der spanischen Delegation unterstützt wurde, sah vor, daß die Möglichkeit, im Namen eines zweiten Landes abzustimmen, nicht auf Länder beschränkt werden sollte, die ein gemeinsames Amt haben, sondern allgemein gelten sollte. Dieser Vorschlag wurde jedoch von der Mehrheit der Kommissionsmitglieder zurückgewiesen, die der Ansicht waren, daß die Ausnahme nicht verallgemeinert werden dürfe, um nicht auf dem Gebiet des Stimmrechts die Struktur der Versammlung und jedes anderen Gemeinschaftsorgans der Verbände zu verfälschen.

9. Die Frage der Beschlußfähigkeit der Versammlung wurde von einer zu diesem Zweck von der Kommission eingesetzten Arbeitsgruppe geprüft; die Kommission hatte das Gefühl gehabt, daß das durch einen Absatz des Entwurfs festgelegte Quorum von einem Drittel zu niedrig sei. Die hierzu von der Kommission angenommenen Bestimmungen sehen die Erhöhung des Quorums auf die Hälfte vor, jedoch mit der Maßgabe, daß die Versammlung auch beschließen kann, wenn die Zahl der bei einer Tagung vertretenen Länder zwar weniger als die Hälfte, aber mindestens ein Drittel der Mitgliedländer beträgt. Die in einem solchen Fall angenommenen Entscheidungen sollen jedoch erst

wirksam werden, nachdem sie den Ländern, die nicht in der Versammlung vertreten waren, mit dem Ziel mitgeteilt worden sind, auf schriftlichem Wege das Quorum zu erreichen. Die zu diesem Zweck geschaffene Regelung mag ziemlich kompliziert erscheinen, jedoch haben einige Delegationen darauf hingewiesen, daß nichts daran hindere, ihre Anwendung durch Bestimmungen in der Geschäftsordnung der Versammlung klarzustellen und zu vereinfachen.

10. Es besteht eine gewisse Abhängigkeit zwischen der Frage der Beschlußfähigkeit der Versammlung und derjenigen der für Änderungen der Verwaltungsbestimmungen der beiden Übereinkünfte in der Versammlung erforderlichen Mehrheit. Allein die Änderungen der Verwaltungsbestimmungen gehören nämlich zur Zuständigkeit der Versammlung. Die Revision der materiellen Bestimmungen ist Aufgabe von Konferenzen der Verbandsländer. Die nach dem von der Kommission angenommenen Text bezüglich der Verwaltungsbestimmungen erforderliche Mehrheit beträgt drei Viertel der abgegebenen Stimmen, sofern es sich nicht um Änderungen der Artikel über die Zusammensetzung und die Aufgaben der Versammlung handelt, die eine Mehrheit von vier Fünfteln der abgegebenen Stimmen erfordern.

Die Debatten über diese Fragen waren sehr lebhaft, besonders was die Konferenzen zur Revision der materiellen Vorschriften betrifft. Soweit es sich um die Berner Übereinkunft einschließlich des Protokolls handelt, das Bestandteil der Übereinkunft ist, wurde das Erfordernis der Einstimmigkeit bestätigt. Ein Vorschlag, der vorsah, die Einstimmigkeit durch eine qualifizierte Mehrheit zu ersetzen, wurde mit 24 gegen 11 Stimmen bei 9 Enthaltungen zurückgewiesen. Hinsichtlich der materiellen Vorschriften der Pariser Verbandsübereinkunft beließ man es bei der gegenwärtigen Regelung.

Ein Vorschlag, nach dem die Revisionskonferenzen stets am Sitz der Organisation stattfinden sollten, wurde nicht angenommen, jedoch wurde vereinbart, daß er auf der in einigen Jahren in Wien vorgesehenen Konferenz zur Revision der Pariser Verbandsübereinkunft erneut geprüft werden soll.

11. Die jedem Verband obliegenden Verwaltungsaufgaben werden nach der neuen Struktur der Verbände vom Internationalen Büro wahrgenommen. Dieses ist Nachfolger des Büros des Pariser Verbandes und des Büros des Berner Verbandes, die 1892 durch einen Beschluß des schweizerischen Bundesrats vereinigt wurden. Die Kommission nahm an den im Programm enthaltenen Vorschlägen keine wesentliche sachliche Änderung vor. Die Ersetzung der im Programm benutzten Formulierung durch den Ausdruck „die Verwaltungsaufgaben des Verbandes werden vom Internationalen Büro wahrgenommen, das an die Stelle des Büros des Verbandes tritt" stellt keine sachliche Änderung dar. Denn es handelt sich um eine Nachfolge in derselben Tätigkeit. Als Übergangsmaßnahme bestätigte man durch die Neufassung, daß das Internationale Büro der Organisation zugleich als Büro jedes Verbandes handelt, solange noch nicht alle Verbandsländer Mitglied der Organisation geworden sind.

Das Internationale Büro besorgt das Sekretariat der verschiedenen Organe jedes Verbandes.

Diese Verflechtung von Funktionen in ein und demselben Organ, dieser Janus mit zwei Gesichtern, kennzeichnet die in Stockholm verwirklichte neue Struktur der Verbände nicht nur hinsichtlich des Internationalen Büros, sie findet sich auch wieder in der Person des Generaldirektors. Denn dieser bleibt der höchste Beamte der neuen Organisation und zugleich jedes Verbandes und er vertritt auch alle diese verschiedenen internationalen Organisationen, die andererseits ihre Selbständigkeit behalten.

12. Auf dem Gebiet der Finanzen bestimmt der von der Kommission angenommene Text, daß jeder Verband seinen eigenen Haushaltsplan hat. Diese Bestimmung bringt ebenfalls den Gedanken der Selbständigkeit jedes Verbandes zum Ausdruck, der sich aus der neuen Struktur der Verbände ergibt.

Aufgrund eines gemeinsamen Vorschlags der Bundesrepublik Deutschland, der Vereinigten Staaten von Amerika, Frankreichs und Italiens wurde der ursprüngliche Text (Dokument S/3 und S/9) hinsichtlich der Finanzierung der Verbände geändert. Die Kommission einigte sich insoweit auf einen Text, der bestimmt, daß der Haushaltsplan eines Verbandes die eigenen Ausgaben des Verbandes, seinen Beitrag zum Haushaltsplan der gemeinsamen Ausgaben der Verbände sowie den gegebenenfalls dem Haushaltsplan der Konferenz der Organisation zur Verfügung gestellten Betrag umfaßt, woraus sich auch für andere Bestimmungen gewisse Änderungen ergaben. Im Hinblick auf diese Regelung legten die Delegationen der Bundesrepublik Deutschland, Frankreichs, Italiens, der Sowjetunion, Ungarns, des Vereinigten Königreichs und der Vereinigten Staaten von Amerika der Hauptkommission V Vorschläge vor mit dem Ziel, in die Aufzählung der Befugnisse der Generalversammlung der Organisation die folgenden Worte einzufügen: „... billigt den Haushaltsplan der gemeinsamen Ausgaben der Verbände" (Dokument S/62 und S/93).

Noch auf dem Gebiet der Finanzen schlug die spanische Delegation vor (Dokument S/82), unter den Einnahmen des Pariser Verbandes eine Gebühr einzuführen, die für Rechnung des Internationalen Büros für jede Hinterlegung von Patenten, Marken u.s.w. erhoben werden sollte, für die aufgrund der Pariser Verbandsübereinkunft das Prioritätsrecht in Anspruch genommen wird. Ein zweiter Vorschlag (Dokument S/163) sah lediglich den Hinweis auf die Möglichkeit einer solchen Gebühr vor. Da jedoch der Vorschlag schwerwiegende praktische und rechtliche Fragen aufwarf, zog es die Kommission vor, den Entwurf einer an die Vollversammlung des Pariser Verbandes gerichteten Entschließung anzunehmen und diese zu bitten, das Internationale Büro aufzufordern, die Frage zu prüfen und das Ergebnis seiner Arbeiten der nächsten Konferenz zur Revision der Verbandsübereinkunft in Wien zu unterbreiten.

13. Ebenfalls auf dem Gebiet der Finanzen billigte die Kommission Entschließungsentwürfe über den jährlichen Höchstbetrag der ordentlichen Beiträge der Mitgliedländer des Pariser und des Berner Verbandes (Höchstgrenze der Beiträge) für die Jahre 1968, 1969 und 1970. Hierzu bemerkte die argentinische Delegation, unterstützt von der Delegation Brasiliens, daß das System der Höchstgrenze der Beiträge nicht mehr in die heutige Zeit passe. In den neuen Stockholmer Fassungen wurde dieses System nicht beibehalten.

14. An dieser Stelle meines Berichts erkenne ich, daß bei einer eingehenden Behandlung jeder einzelnen Frage, die von der Kommission angeschnitten wurde, meine Ausführungen ungerechtfertigt lang werden würden, nicht nur im Hinblick auf die Sitzungsprotokolle und die anderen Dokumente der Kommission, sondern vor allem, weil sich hinsichtlich des Verwaltungsaufbaus der Verbände keine besonders komplizierten Probleme ergaben. Denn die Kommission nahm nach gründlicher Prüfung jeder Frage fast vollständig die hierzu im Programm der Konferenz vorgeschlagenen Texte an. Es handelte sich besonders um die Lösung technischer und redaktioneller Fragen. In diesem Zusammenhang möchte ich an die wirklich gewaltige Arbeit erinnern, die der Redaktionsausschuß vor allem bei der Formulierung der mit der Pariser Verbandsübereinkunft verbundenen Sonderabkommen auf dem Gebiet des gewerblichen Eigentums geleistet hat, indem er dem Erfordernis Rechnung trug, soweit wie möglich zwischen diesen verschiedenen Vertragsinstrumenten Übereinstimmung herzustellen.

Ich begnüge mich daher damit, bei zwei oder drei Fragen der Schlußbestimmungen und der Übergangsregelung zu verweilen.

15. Im Rahmen der Schlußbestimmungen der Pariser und Berner Übereinkunft widmete die Kommission den Vorschlägen des Programms über die Anwendbarkeit früherer Fassungen der Übereinkünfte (Artikel 18, Paris; Artikel 27, Bern) besondere Aufmerksamkeit, die die Beziehungen zwischen verschiedenen früheren Fassungen angehörenden Verbandsländern behandeln, vor allem aber die Beziehungen zwischen einem nur der Stockholmer Fassung angehörenden Land und den anderen dieser Fassung nicht angehörenden Verbandsländern.

Da Berichtigungen zu den ursprünglich hierzu im Programm enthaltenen Vorschlägen (Dokumente S/3/Corr. 1 und S/9/Corr. 1) andere Bestimmungen berührten, die in gewisser Weise mit dieser Frage verbunden waren (vor allem den zunächst für die vorweggenommene Anwendung des Protokolls betreffend die Entwicklungsländer vorgeschlagenen Artikel 25^{quater}, Bern), wurden diese Probleme in gemeinsamen Sitzungen der Hauptkommissionen II und IV behandelt, in denen man auch andere Fragen prüfte, besonders diejenigen, die Artikel 20bis (Bern) hinsichtlich des Protokolls betreffend die Entwicklungsländer aufwarf. Die gemeinsame Sitzung der beiden Kommissionen, unter Vorsitz von Joseph Voyame (Schweiz), verwies die Fragen zur Vorprüfung an eine Arbeitsgruppe, der ebenfalls Joseph Voyame vorsaß und die nach

gründlicher Erörterung ihre Beschlüsse vorlegte. Nach Billigung der Beschlüsse der Arbeitsgruppe wurde die Frage — vor allem Artikel 27 Absatz 3 (Bern) — auf Vorschlag der schweizerischen Delegation jedoch erneut vor der Kommission aufgegriffen, nachdem man beschlossen hatte, die Diskussion über diesen Punkt wieder zu eröffnen.

16. Die Lösung der Probleme hinsichtlich der Anwendung früherer Fassungen im Rahmen einer Verbandsübereinkunft kann sich unterschiedlich darstellen, je nachdem, ob man auf dem Gebiet des Völkerrechts der einen oder der anderen Auffassung über die Wirkungen internationaler Verträge auf die gegenseitigen Verpflichtungen der Staaten folgt, die sich aus den aufeinanderfolgenden Fassungen einer Verbandsübereinkunft ergeben. Die Debatten hierüber spiegelten die verschiedenen juristischen Auffassungen wider, die es zu dieser Frage gibt, und natürlich wurden über deren mögliche Regelung unterschiedliche Meinungen vertreten. Andererseits ist die Frage auch mit den Grundprinzipien der Artikel 2 (Paris) und 4 (Bern) verknüpft, sei es dem Gleichbehandlungsgrundsatz (Inländerbehandlung), sei es der Verpflichtung der Staaten zur Anerkennung der durch die Übereinkunft besonders gewährten Rechte (Mindestrechte), sowie mit dem Grundsatz der Unabhängigkeit des Genusses und der Ausübung der Rechte vom Schutz im Ursprungsland des Werkes. Diese allgemeinen Fragen, die in der Vergangenheit Gegenstand zahlreicher Lehrstreitigkeiten gewesen sind, wurden erneut vor der Kommission erörtert, vor allem in Erklärungen der Delegationen Australiens, Frankreichs und des Vereinigten Königreichs. Von den ziemlich unterschiedlichen Auffassungen, von denen die eine wollte, daß sich die Verpflichtungen zwischen den Verbandsländern nach der jüngsten gemeinsamen Fassung richten, und die andere, daß die Verpflichtungen eines Verbandsstaates gegenüber allen anderen Verbandsländern durch die Bestimmungen der jüngsten Fassung geregelt werden, der dieser Staat angehört, selbst gegenüber den Verbandsländern, die dieser Fassung nicht angehören — setzte sich in der Kommission eine Auffassung durch, die, beschränkt auf die verbandsfremden Länder, die Mitglied der Stockholmer Fassung werden, in den gegenseitigen Beziehungen gewissen Interessen des Landes Rechnung trägt, das nicht der Stockholmer Fassung angehört.

17. Die in der Kommission vorgesehene Lösung geht von folgendem Grundsatz aus: Da es sich nicht um verschiedene Verträge, sondern um die aufeinanderfolgenden Vertragsfassungen eines Staatenverbandes handelt (siehe Artikel 1 der Pariser und Berner Übereinkunft: „Die Länder . . . bilden einen Verband . . ."), muß immer ein Band zwischen allen Verbandsländern bestehen, selbst wenn sie nicht durch eine gemeinsame Fassung gebunden sind. Andererseits haben die aufeinanderfolgenden Fassungen einer Verbandsübereinkunft mehr oder weniger gleichlaufende Bestimmungen, so daß sich, praktisch gesehen, ein Problem nur für die von einander abweichenden Vorschriften ergibt, und zwar vor allem, wenn die folgende Fassung, der ein Verbandsland nicht angehört, hinsichtlich der Mindestrechte Bestimmungen enthält, die sich ziemlich weit von dem durch die vorhergehende Fassung garantierten Schutz-

niveau entfernen. Allein in diesem Fall erschien es billig und gerecht, daß entsprechend dem oben erwähnten schweizerischen Vorschlag die verbandsfremden Länder, die Mitglied der Stockholmer Fassung werden, diese Fassung in ihren Beziehungen zu allen Verbandsländern anwenden, auch soweit diese nicht der Stockholmer Fassung angehören, während diese letztgenannten Länder in ihren Beziehungen zu ihnen die Bestimmungen der letzten Fassung anwenden, der sie angehören, wobei sie jedoch die Möglichkeit haben, das Schutzniveau dem durch die Stockholmer Fassung garantierten Niveau anzugleichen. Von diesen Grundsätzen ausgehende Texte wurden von der Kommission angenommen.

Infolgedessen ist sowohl in der Berner wie in der Pariser Übereinkunft für die Beziehungen zwischen den Ländern, die nur der Stockholmer Fassung angehören, und den Verbandsländern, die dieser Fassung nicht angehören oder ihr später beitreten, vorgesehen, daß die ersten die Stockholmer Fassung anwenden und die letzten die jüngste Fassung, der sie angehören.

Außerdem sieht die Stockholmer Fassung der Berner Übereinkunft vor, ich wiederhole, daß die Länder der vorgenannten zweiten Gruppe die Möglichkeit haben, das Schutzniveau, das sie aufgrund der jüngsten Fassung gewähren, dem in der Stockholmer Fassung vorgesehenen Niveau anzupassen. Diese Bestimmung schien der Kommission gerechtfertigt, weil in gewissen Punkten das durch die Stockholmer Fassung garantierte Schutzniveau niedriger ist als das durch die früheren Fassungen garantierte Niveau.

Angeregt durch ähnliche Grundsätze, jedoch mit anderem Aufbau und Inhalt, erscheint die in den gemeinsamen Sitzungen der Hauptkommissionen II und IV vorgeschlagene Bestimmung, nach der die Länder, die bei ihrem Beitritt zur Stockholmer Fassung nach dem Protokoll betreffend die Entwicklungsländer zugelassene Vorbehalte gemacht haben, diese in ihren Beziehungen zu den anderen Verbandsländern, die nicht der Stockholmer Fassung angehören, unter der Voraussetzung anwenden können, daß diese Länder die Anwendung angenommen haben. Das Rechtsinstitut der Annahme hat ein Vorbild im Rom-Abkommen über den Schutz der ausübenden Künstler, der Hersteller von Tonträgern und der Sendeunternehmen.

Was die Stockholmer Fassung der Pariser Verbandsübereinkunft betrifft, so hielt die Kommission die Annahme der in die Berner Übereinkunft eingefügten Bestimmung nicht für erforderlich, da diese Fassung in keiner Weise das Schutzniveau im Vergleich zu der vorhergehenden Fassung verändert. Infolgedessen erschien es nicht notwendig, die Möglichkeit einer Art materiellen Gegenseitigkeit vorzusehen, von der die neue Bestimmung der Berner Übereinkunft ausgeht und die im übrigen — wenn auch in nicht so allgemeiner Form — schon in früheren Fassungen dieser Übereinkunft besteht, besonders hinsichtlich der Schutzdauer der Werke der angewandten Kunst.

18. In gewisser Weise verbunden mit der Auffassung zu der allgemeinen Frage der Anwendbarkeit früherer Fassungen erscheint die von der Kommission getroffene Entscheidung zu der Frage des Beitritts eines verbandsfremden Landes gleichzeitig zu der Stockholmer Fassung und zu früheren Fassungen. Durch diese Entscheidung wurde die Bestimmung, die bereits in der Berner Übereinkunft (Brüsseler Fassung) in Artikel 28 Absatz 3 enthalten ist, in die Pariser Verbandsübereinkunft eingefügt. Demzufolge kann ein Land nach dem Inkrafttreten der Stockholmer Fassung in ihrer Gesamtheit früheren Fassungen der Pariser Verbandsübereinkunft nicht mehr beitreten. Erst nach langen Debatten einigte sich die Kommission auf diese Erstreckung des im Text der Berner Übereinkunft verankerten Prinzips. Man muß, wie in der Kommission hervorgehoben wurde, zwischen dem Beitritt zu früheren Fassungen und der Anwendung dieser Fassungen unterscheiden. Ein Land kann nicht früheren Fassungen einer Verbandsübereinkunft beitreten, da diese ja durch die letzte Fassung ersetzt werden; aufgrund der Bindung, die zwischen den der letzten Fassung beitretenden verbandsfremden Ländern und den bisherigen Verbandsländern, die dieser Fassung nicht angehören, besteht, ergeben sich jedoch zwischen diesen beiden Gruppen von Ländern Beziehungen, die auch dem Inhalt der vorhergehenden Fassungen entstammen. Im übrigen ist ein Land, das zum ersten Mal den Verbänden und besonders dem Pariser Verband beitritt, durch nichts daran gehindert, eine ausdrückliche Erklärung über die Anwendbarkeit der früheren Fassungen abzugeben.

Die von der Kommission angenommene Neufassung führt zu einer weiteren Übereinstimmung in den beiden Übereinkünften.

19. Eine andere Frage berührte ebenfalls die Beziehungen unter den Verbandsländern im Rahmen des einheitlichen Systems der Verbände. Es handelt sich um die Bestimmung des Artikels 25^{quater} (Dokument S/9) des ursprünglichen Programmtextes, der die vorweggenommene und freiwillige Anwendung der nach dem Protokoll betreffend die Entwicklungsländer gemachten Vorbehalte zu jedem Zeitpunkt nach der Unterzeichnung der Stockholmer Fassung durch jedes Verbandsland behandelt, das noch nicht durch die materiellen Bestimmungen dieser Fassung einschließlich des dazugehörigen Protokolls gebunden ist. Eine lange in der Arbeitsgruppe erörterte, dem Artikel 25^{quater} entsprechende Bestimmung fand ihren Platz in einem der Hauptkommission II von ihrem Redaktionsausschuß vorgeschlagenen Artikel des Protokolls.

20. Die Ratifikation der Stockholmer Fassung (Paris und Bern) oder der Beitritt zu ihr bewirkt von Rechts wegen die Annahme aller Bestimmungen und die Zulassung zu allen Vorteilen dieser Fassung, wobei jedoch der oben (Nummer 5) bereits erwähnten Möglichkeit Rechnung getragen wird, eine der beiden Gruppen von Bestimmungen der Übereinkunft (materielle Bestimmung und Verwaltungsvorschriften) von den Wirkungen der Ratifikation oder des Beitritts auszuschließen.

Die allgemeine Frage der Vorbehalte hinsichtlich gewisser Bestimmungen der Berner Übereinkunft, die (unabhängig von den im Protokoll betreffend die Entwicklungsländer vorgesehenen Vorbehalten) bei der Ratifikation der Stockholmer Fassung oder dem Beitritt zu ihr erklärt oder aufrechterhalten werden können, war im Konferenzprogramm in Artikel 25ter geregelt (Dokument S/9). Ihre Prüfung gehörte daher zum Aufgabenbereich der Kommission. In diesem Zusammenhang war jedoch die Frage des Vorbehalts bezüglich des Übersetzungsrechts in materieller Hinsicht von der Hauptkommission I geprüft worden, die sich hierbei dafür ausgesprochen hatte, die in Artikel 25 Absatz 3 der Brüsseler Fassung enthaltene Bestimmung auch in der Stockholmer Fassung beizubehalten, nämlich daß die Beitrittserklärung verbandsfremder Länder zu der neuen Stockholmer Fassung die Angabe enthalten kann, daß diese Länder, wenigstens vorläufig, die Bestimmungen über das ausschließliche Übersetzungsrecht durch Artikel 5 der 1896 in Paris revidierten Verbandsübereinkunft ersetzen wollen.

Hierzu war der Hauptkommission I später ein Vorschlag der italienischen Delegation vorgelegt worden mit dem Ziel, die etwaige Beibehaltung des Vorbehaltsrechts zugunsten der verbandsfremden Länder, die der Stockholmer Fassung beitreten würden, mit der Möglichkeit zu verbinden, daß die Staaten, die keinen solchen Vorbehalt gemacht haben, in ihren Beziehungen zu den Staaten, die von dem Vorbehaltsrecht Gebrauch gemacht haben, in diesem Punkt den Grundsatz der materiellen Gegenseitigkeit anwenden. In einer gemeinsamen Sitzung der beiden Hauptkommissionen I und IV, unter dem Vorsitz von Professor Ulmer (Bundesrepublik Deutschland), wurde die Frage erneut geprüft und dieser Kompromißvorschlag angenommen in der Weise, daß dem Artikel 25ter Absatz 2 des Programms eine Bestimmung in diesem Sinne angefügt wurde. Dagegen verblieb es für die Verbandsländer, die bei ihrer Ratifizierung der Stockholmer Fassung früher erklärte Vorbehalte noch aufrechterhalten wollen (Artikel 27 Absatz 2 der Brüsseler Fassung der Berner Übereinkunft, Artikel 25ter Absatz 2 a des Programms) hinsichtlich des Vorbehalts auf dem Gebiet der Übersetzung bei der gleichen Rechtslage wie bisher.

21. Auf der Brüsseler Konferenz zur Revision der Berner Übereinkunft war eine Klausel über die Regelung von Streitfragen in den Text der Übereinkunft eingefügt worden (Artikel 27bis), die die zwingende Zuständigkeit des Internationalen Gerichtshofs für jede Streitfrage zwischen zwei oder mehreren Verbandsländern über die Auslegung oder die Anwendung der Übereinkunft vorsah, die nicht auf dem Verhandlungsweg beigelegt werden kann. In der Pariser Verbandsübereinkunft befindet sich dagegen keine entsprechende Klausel.

Zu erwähnen ist, daß seit Inkrafttreten der Brüsseler Fassung von den Verbandsländern kein Antrag auf diesem Gebiet an den Internationalen Gerichtshof gerichtet worden ist.

Die Kommission prüfte mehrmals diese Frage aufgrund des Vorschlags des Programms, das die derzeitige Regelung der Berner Übereinkunft sowie mehrere Varianten hierzu enthielt. Dieser Vorschlag, der auf die Berner Übereinkunft beschränkt war, gab einigen Delegationen Anlaß zu der Befürchtung, daß man durch eine Änderung der genannten Bestimmung den mit großer Mühe auf der Brüsseler Konferenz erreichten zwingenden Rechtsschutz in der Übereinkunft abschwächen würde. Andererseits wurden von anderen Delegationen die Bedenken hervorgehoben, denen zufolge eine solche Klausel für mehrere Verbandsländer ein Hindernis sogar für die Ratifizierung der Brüsseler Fassung darstellt. Außerdem war die Kommission stets bemüht, hinsichtlich der Verwaltungsbestimmungen, d. h. der Vorschriften, die nicht die materiellen Bestimmungen der beiden Übereinkünfte berühren, eine gewisse Übereinstimmung zwischen der Pariser und der Berner Übereinkunft beizubehalten. Ein von den Delegationen der Niederlande und der Schweiz vorgelegter Kompromißvorschlag, der die Einfügung derselben Bestimmung über die Regelung von Streitfragen in beiden Übereinkünften zuließ, hatte schließlich das Glück, von der Kommission angenommen zu werden. Die vorgeschlagene Regelung sieht die Einfügung der genannten Schiedsklausel in den Text beider Verbandsübereinkünfte vor, gewährt jedoch jedem Verbandsland die Möglichkeit, sich im Zeitpunkt, in dem es die Stockholmer Fassung unterzeichnet oder sie ratifiziert, als durch diese Klausel nicht gebunden zu erklären, wobei dann für jedes Verbandsland, das von dieser Möglichkeit keinen Gebrauch gemacht hat, Gegenseitigkeit besteht.

22. Die Vorschläge des Programms hinsichtlich der Kündigung der Pariser und der Berner Übereinkunft wurden nicht geändert.

Der Redaktionsausschuß empfahl, im Bericht der Hauptkommission IV hinsichtlich der Auslegung des Absatzes 4, der für die Befugnis zur Ausübung des Kündigungsrechts eine Mindestfrist von fünf Jahren nach dem Zeitpunkt, zu dem ein Land Verbandsmitglied geworden ist, vorsieht, klarzustellen, daß die Kündigung erst nach Ablauf dieser Frist erklärt werden kann, so daß eine Kündigung frühestens sechs Jahre nach dem in Absatz 4 genannten Zeitpunkt wirksam wird.

23. Entschließungsentwürfe zu bestimmten Übergangsmaßnahmen auf dem Gebiet der vorgeschlagenen Verwaltungsreformen (Dokument S/11) betreffend erstens den Pariser Verband, zweitens den Berner Verband, drittens die Generalversammlung und den Koordinierungsausschuß der geplanten neuen Organisation für geistiges Eigentum sowie gewisse damit zusammenhängende Fragen wurden von BIRPI zurückgezogen. Der Vorsitzende der Hauptkommission V, E. Braderman (Vereinigte Staaten von Amerika), kündigte dies im Verlauf einer gemeinsamen Sitzung mit der Hauptkommission IV an, deren Vorsitz ihm übertragen worden war. Da keine Delegation diese Vorschläge aufgriff, war unsere Kommission nicht in der Lage, sie zu erörtern. Es bleibt daher dabei, daß bis zu dem Zeitpunkt, in dem die verschiedenen Stockholmer Texte

in Kraft treten, die Verwaltungssituation der Verbände wie heute durch die zur Zeit geltenden Fassungen und ihre Anwendung in der Praxis geregelt bleibt. Wenn jedoch einmal die neue Verwaltungsstruktur der Verbände in Kraft getreten sein wird, werden einige der zur Zeit bestehenden Einrichtungen der Verbände ihre Tätigkeit beenden, so für die Pariser Verbandsübereinkunft die durch Artikel 14 Absatz 5 der Lissaboner Fassung gebildete Konferenz der Vertreter der Verbandsländer und für die Berner Übereinkunft der durch eine Entschließung der Brüsseler Revisionskonferenz eingesetzte Ständige Ausschuß des Verbandes.

24. Wie wir in diesem Bericht schon erwähnt haben, wird die Schweizerische Regierung ihr Mandat als Aufsichtsbehörde weiter ausüben, und zwar nicht nur bis zum Inkrafttreten der verschiedenen in Stockholm unterzeichneten Texte, sondern noch darüber hinaus, hinsichtlich der Verbandsstaaten, die noch nicht parallel zu den Versammlungen des einen oder anderen Verbandes Mitglied der neuen Organisation für geistiges Eigentum geworden sind. In der gemeinsamen Sitzung legte man Wert darauf, in dieser Hinsicht nochmals der Schweiz Dank und Anerkennung auszusprechen, die, nachdem sie fast ein Jahrhundert lang ihre Aufgaben mit größter Würde ausgeübt hat und damit eine umsichtige Verwaltung der Verbände ermöglichte, bereit ist, auch heute noch auf diesem Gebiet, wenn auch in etwas eingeschränkter Form, eine Rolle zu spielen.

(Dieser Bericht wurde von der Hauptkommission IV auf ihrer Sitzung am 10. Juli 1967 einstimmig angenommen)

VIERTER TEIL. RATIFIZIERUNGSABSICHTEN DER BUNDESREPUBLIK DEUTSCHLAND

I. Entwurf eines „Gesetzes über die am 14. Juli 1967 in Stockholm unterzeichneten Übereinkünfte auf dem Gebiet des geistigen Eigentums" 480

— Begründung 481

— Denkschrift 483

— Stellungnahme des Bundesrates 511

— Auffassung der Bundesregierung zu der Stellungnahme des Bundesrates 511

II. Schriftlicher Bericht des Rechtsausschusses (12. Ausschuß) über den von der Bundesregierung eingebrachten Entwurf eines „Gesetzes über die am 14. Juli 1967 in Stockholm unterzeichneten Übereinkünfte auf dem Gebiet des geistigen Eigentums". Vom 27. Juni 1969 512

I. Entwurf eines Gesetzes über die am 14. Juli 1967 in Stockholm unterzeichneten Übereinkünfte auf dem Gebiet des geistigen Eigentums*)

(Deutscher Bundestag, 5. Wahlperiode, Drucksache V/3582)

Der Bundestag hat das folgende Gesetz beschlossen:

Artikel 1

Die folgenden, von der Bundesrepublik Deutschland am 14. Juli 1967 in Stockholm unterzeichneten Übereinkünften wird zugestimmt:

1. dem Übereinkommen zur Errichtung der Weltorganisation für geistiges Eigentum,

2. der Stockholmer Fassung der Berner Übereinkunft vom 9. September 1886 zum Schutz von Werken der Literatur und Kunst (bisherige Fassung: Bundesgesetzbl. 1965 II S. 1213),

3. der Stockholmer Fassung der Pariser Verbandsübereinkunft vom 20. März 1883 zum Schutz des gewerblichen Eigentums (bisherige Fassung: Bundesgesetzbl. 1961 II S. 273),

4. der Stockholmer Fassung des Madrider Abkommens vom 14. April 1891 über die internationale Registrierung von Marken (bisherige Fassung: Bundesgesetzbl. 1962 II S. 125),

5. der Stockholmer Fassung des Abkommens von Nizza vom 15. Juni 1957 über die internationale Klassifikation von Waren und Dienstleistungen für die Eintragung von Marken (bisherige Fassung: Bundesgesetzbl. 1964 II S. 1217),

6. der Stockholmer Zusatzvereinbarung zum Madrider Abkommen vom 14. April 1891 über die Unterdrückung falscher oder irreführender Herkunftsangaben auf Waren (Bundesgesetzbl. 1961 II S. 273, 293),

7. der Stockholmer Ergänzungsvereinbarung zum Haager Abkommen vom 6. November 1925 über die internationale Hinterlegung gewerblicher Muster und Modelle (Reichsgesetzbl. 1937 II S. 583, 617).

Die Übereinkünfte werden nachstehend veröffentlicht.

---

*) Der Entwurf konnte trotz der einstimmigen Annahmeempfehlung durch den federführenden Rechtsausschuß im Plenum des Bundestages aus Zeitgründen nicht mehr abschließend beraten werden. Der Entwurf wird daher im neuen Bundestag (VI. Legislaturperiode) erneut eingebracht und beraten werden müssen.

Artikel 2

§ 133 des Gesetzes über Urheberrecht und verwandte Schutzrechte vom 9. September 1965 (Bundesgesetzbl. I S. 1273) tritt zwei Jahre nach dem Tage außer Kraft, an dem die Stockholmer Fassung der Berner Übereinkunft zum Schutz von Werken der Literatur und Kunst für die Bundesrepublik Deutschland in Kraft tritt.

Artikel 3

Dieses Gesetz gilt auch im Land Berlin, sofern das Land Berlin die Anwendung dieses Gesetzes feststellt.

Artikel 4

(1) Dieses Gesetz tritt am Tage nach seiner Verkündung in Kraft.

(2) Der Tag, an dem

1. das Übereinkommen zur Errichtung der Weltorganisation für geistiges Eigentum nach seinem Artikel 15,

2. die Stockholmer Fassung der Berner Übereinkunft vom 9. September 1886 zum Schutz von Werken der Literatur und Kunst nach ihrem Artikel 28,

3. die Stockholmer Fassung der Pariser Verbandsübereinkunft vom 20. März 1883 zum Schutz des gewerblichen Eigentums nach ihrem Artikel 21,

4. die Stockholmer Fassung des Madrider Abkommens vom 14. April 1891 über die internationale Registrierung von Marken nach ihrem Artikel 15,

5. die Stockholmer Fassung des Abkommens von Nizza vom 15. Juni 1957 über die internationale Klassifikation von Waren und Dienstleistungen für die Eintragung von Marken nach ihrem Artikel 9,

6. die Stockholmer Zusatzvereinbarung zum Madrider Abkommen vom 14. April 1891 über die Unterdrückung falscher oder irreführender Herkunftsangaben auf Waren nach ihrem Artikel 5,

7. die Stockholmer Ergänzungsvereinbarung zum Haager Abkommen vom 6. November 1925 über die internationale Hinterlegung gewerblicher Muster und Modelle nach ihrem Artikel 9

für die Bundesrepublik Deutschland in Kraft treten, ist im Bundesgesetzblatt bekanntzugeben.

Begründung

Zu Artikel 1

Die Übereinkünfte bedürfen nach Artikel 59 Abs. 2 Satz 1 des Grundgesetzes der Zustimmung der für die Bundesgesetzgebung zuständigen Körper-

schaften in Form eines Bundesgesetzes, da sie sich auf Gegenstände der Bundesgesetzgebung beziehen.

Zu Artikel 2

Das ausschließliche Recht des Urhebers eines Werkes der Musik, das Werk auf Tonträger aufzunehmen, ist nach dem bisherigen Artikel 13 Abs. 3 der Berner Übereinkunft für die Werke ausgeschlossen, die schon vor Inkrafttreten der Berner Fassung auf Tonträger aufgenommen waren. Diese Ausnahmevorschrift soll nach Artikel 13 Abs. 2 der Stockholmer Fassung für ein Verbandsland nach Ablauf einer Frist von zwei Jahren nach dem Zeitpunkt außer Kraft treten, in dem dieses Verbandsland durch die Stockholmer Fassung gebunden wird. § 133 des Urheberrechtsgesetzes, der eine dem früheren Artikel 13 Abs. 3 entsprechende Ausnahmevorschrift für die Bundesrepublik Deutschland vorsieht, muß daher nach Ablauf dieser Frist außer Kraft treten.

Zu Artikel 3

Die Übereinkünfte sollen auch auf das Land Berlin Anwendung finden; das Gesetz enthält daher die übliche Berlin-Klausel.

Zu Artikel 4

Die Bestimmung des Absatzes 1 entspricht dem Erfordernis des Artikels 82 Abs. 2 des Grundgesetzes.

Nach Absatz 2 ist jeweils der Zeitpunkt, in dem die Übereinkünfte nach den jeweils in ihnen vorgesehenen Bestimmungen für die Bundesrepublik Deutschland in Kraft treten, im Bundesgesetzblatt bekanntzugeben.

Schlußbemerkung

Durch die Ausführung des Gesetzes wird der Bund mit Kosten belastet.

In der Stockholmer Fassung der Berner Übereinkunft (Artikel 25 Absatz 6), der Pariser Verbandsübereinkunft (Artikel 16 Absatz 6), des Madrider Markenabkommens (Artikel 12 Absatz 6) und des Nizzaer Klassifikationsabkommens (Artikel 7 Absatz 6) ist für jede dieser Übereinkünfte die Errichtung eines Betriebsmittelfonds vorgesehen, der durch eine einmalige Zahlung jedes der Verbandsländer gebildet werden soll. Die Höhe des auf jedes Land entfallenden Betrages soll proportional zu dem Beitrag des Landes für das Jahr festgesetzt werden, in dem der Fonds gebildet wird. Das Verhältnis zum Jahresbeitrag und die Zahlungsbedingungen werden von der Versammlung jedes Verbands festgesetzt. Daher läßt sich noch nicht mit Sicherheit übersehen, welcher genaue Betrag auf die Bundesrepublik Deutschland entfallen wird. Nach den bisher vorliegenden Berechnungen wird es sich um einen Betrag von etwa 45 000,— DM handeln.

Die Stockholmer Ergänzungsvereinbarung zum Haager Abkommen über die internationale Hinterlegung gewerblicher Muster und Modelle sieht in Artikel 4 Absatz 6a ebenfalls die Errichtung eines Betriebsmittelfonds vor. Dieser Fonds soll aber zunächst aus den Überschüssen der Gebühren für die Hinterlegung gebildet werden; die Vertragsstaaten sollen nur dann zur Leistung eines bestimmten Betrags verpflichtet sein, wenn die Überschüsse nicht ausreichen. Die Höhe des Betrags wird wie bei den übrigen Übereinkünften festgesetzt.

Durch die Ratifizierung des Übereinkommens zur Errichtung der Weltorganisation für geistiges Eigentum wird der Bund nicht mit zusätzlichen Kosten belastet. Die für die Verwaltung dieses Übereinkommens notwendigen Beträge werden nach Artikel 11 nicht unmittelbar von den Mitgliedstaaten, soweit sie wie die Bundesrepublik Deutschland den Verbänden auf dem Gebiet des geistigen Eigentums angehören, sondern von diesen Verbänden zur Verfügung gestellt.

Denkschrift

I. Allgemeiner Teil

1. Auf einer Diplomatischen Konferenz, die in der Zeit vom 11. Juni bis 14. Juli 1967 in Stockholm stattgefunden hat und an der insgesamt 74 Staaten und zahlreiche internationale Organisationen teilgenommen haben, ist eine grundlegende Revision der multilateralen Übereinkünfte beschlossen worden, die den gegenseitigen Schutz von Urheberrechten und gewerblichen Schutzrechten (Patenten, Gebrauchsmustern, Warenzeichen, Geschmacksmustern) der Angehörigen der Vertragsstaaten sicherstellen. Ziel dieser Revision ist insbesondere die Reform der Verwaltungsstruktur der Pariser Verbandsübereinkunft zum Schutz des gewerblichen Eigentums vom 20. März 1883 und ihrer Nebenabkommen sowie der Berner Übereinkunft zum Schutz von Werken der Literatur und Kunst vom 9. September 1886. Außerdem wurde im Interesse einer organisatorischen Zusammenfassung und einer Straffung der Verwaltungsaufgaben der Pariser Verbandsübereinkunft und der Berner Übereinkunft die Errichtung einer neuen Weltorganisation für geistiges Eigentum beschlossen, die eine Art Dachorganisation für die durch die beiden Übereinkünfte gebildeten Staatenverbände darstellt. Änderungen der materiellrechtlichen Vorschriften der Übereinkünfte wurden in größerem Umfang nur für die Berner Übereinkunft beschlossen.

2. Im einzelnen hat die Bundesrepublik Deutschland am 14. Juli 1967 in Stockholm folgende Übereinkünfte unterzeichnet:

a) das Übereinkommen zur Errichtung der Weltorganisation für geistiges Eigentum vom 14. Juli 1967;

b) die Stockholmer Fassung der Berner Übereinkunft vom 9. September 1886 zum Schutz von Werken der Literatur und Kunst. Der Berner Überein-

kunft gehören zur Zeit insgesamt 58 Staaten an. Die Bundesrepublik Deutschland ist Mitglied der zuletzt in Brüssel am 26. Juni 1948 revidierten Fassung dieser Übereinkunft (Bundesgesetzbl. 1965 II S. 1213);

c) die Stockholmer Fassung der Pariser Verbandsübereinkunft vom 20. März 1883 zum Schutz des gewerblichen Eigentums. Dieser Übereinkunft gehören zur Zeit insgesamt 79 Staaten an. Die Bundesrepublik Deutschland ist Mitglied der zuletzt in Lissabon am 31. Oktober 1958 revidierten Fassung dieser Übereinkunft (Bundesgesetzbl. 1961 II S. 273);

d) die Stockholmer Fassung des Madrider Abkommens vom 14. April 1891 über die internationale Registrierung von Marken. Diesem Abkommen gehören zur Zeit 21 Staaten an. Die Bundesrepublik ist Mitglied der zuletzt in Nizza am 15. Juni 1957 revidierten Fassung dieses Abkommens (Bundesgesetzbl. 1962 II S. 125);

e) die Stockholmer Fassung des Abkommens von Nizza vom 15. Juni 1957 über die internationale Klassifikation von Waren und Dienstleistungen für die Eintragung von Marken (Bundesgesetzbl. 1964 II S. 1217). Außer der Bundesrepublik Deutschland gehören diesem Abkommen zur Zeit noch weitere 23 Staaten an;

f) die Stockholmer Zusatzvereinbarung zum Madrider Abkommen vom 14. April 1891 über die Unterdrückung falscher oder irreführender Herkunftsangaben auf Waren. Diesem Abkommen gehören zur Zeit 29 Staaten an. Die Bundesrepublik Deutschland ist Mitglied der zuletzt in Lissabon am 31. Oktober 1958 revidierten Fassung dieses Abkommens (Bundesgesetzbl. 1962 II S. 273, 293);

g) die Stockholmer Ergänzungsvereinbarung zum Haager Abkommen vom 6. November 1925 über die internationale Hinterlegung gewerblicher Muster und Modelle. Diesem Abkommen gehören zur Zeit 14 Staaten an. Die Bundesrepublik Deutschland ist Mitglied der am 2. Juni 1934 in London revidierten Fassung dieses Abkommens (Reichsgesetzbl. 1937 II S. 583, 617).

3. Die Beschlüsse der Stockholmer Konferenz stellen die erste grundlegende Änderung der Verwaltungsstruktur der internationalen Verbände auf dem Gebiet des geistigen Eigentums seit ihrer Gründung im vergangenen Jahrhundert dar. Die Pariser Verbandsübereinkunft und die Berner Übereinkunft sahen zunächst nur die Errichtung je eines „Internationalen Büros" vor, die „der hohen Autorität der Regierung der Schweizerischen Eidgenossenschaft unterstellt" waren (Artikel 13 der Pariser Verbandsübereinkunft, Artikel 21 der Berner Übereinkunft). Allein der Schweizerischen Regierung oblagen von Anfang an Organisation und Überwachung der schon bald nach ihrer Errichtung zu den „Vereinigten Internationalen Büros für den Schutz des gewerblichen, literarischen und künstlerischen Eigentums" (BIRPI) zusammengeschlossenen Sekretariate der beiden Unionen. Die Mitgliedstaaten haben zwar Bei-

tragszahlungen zu leisten, waren als solche aber lange Zeit von einer unmittelbaren Einflußnahme auf Einrichtung und Geschäftsführung der Internationalen Büros ausgeschlossen. Erst auf der Brüsseler Konferenz zur Revision der Berner Übereinkunft im Jahre 1948 wurde im Wege einer besonderen, von der Konferenz einstimmig angenommenen Resolution ein sogenannter Ständiger Ausschuß aus jeweils zwölf Mitgliedstaaten der Berner Übereinkunft gebildet, der in erster Linie die Aufgabe hat, zusammen mit BIRPI die Konferenz zur Revision der Berner Übereinkunft vorzubereiten. Auf der Lissaboner Konferenz zur Revision der Pariser Verbandsübereinkunft im Jahre 1958 wurde eine besondere Bestimmung in die Pariser Verbandsübereinkunft eingeführt (Artikel 14 Abs. 5), nach der im Zeitraum zwischen den Diplomatischen Revisionskonferenzen Vertreter aller Mitgliedstaaten alle drei Jahre zu Konferenzen zusammentreten sollen, um einen Bericht über die voraussichtlichen Ausgaben von BIRPI für die nächsten drei Jahre zu erstatten und über die den Bestand und die Entwicklung der Pariser Verbandsübereinkunft betreffenden Fragen zu befinden. Eine Entscheidungsbefugnis steht diesen Konferenzen aber nur insofern zu, als sie durch einstimmigen Beschluß und in ihrer Eigenschaft als Konferenz von Bevollmächtigten aller Verbandsländer den jährlichen Höchstbetrag der Ausgaben von BIRPI ändern können, soweit diese Ausgaben auf die Pariser Verbandsübereinkunft entfallen. Ferner wurde aufgrund einer Entschließung der Lissaboner Konferenz ein sogenannter Beratender Ausschuß aller Mitgliedstaaten der Pariser Verbandsübereinkunft gebildet, der erstmals 1961 zusammentrat und seinerseits aus seiner Mitte heraus ein sogenanntes Ständiges Büro von jeweils 15 Mitgliedstaaten zur Behandlung aller interessierenden laufenden Fragen der Pariser Verbandsübereinkunft schuf. Für die Behandlung der sowohl die Pariser Verbandsübereinkunft als auch die Berner Übereinkunft gemeinsam berührenden Fragen ist im November 1963 darüber hinaus aus den im Ständigen Ausschuß der Berner Übereinkunft und im Ständigen Büro der Pariser Verbandsübereinkunft vertretenen Staaten ein besonderer Koordinierungsausschuß gebildet worden, der seitdem jährlich eine Sitzung abgehalten und jeweils mit Entschließungen und Empfehlungen zu aktuellen Fragen der Pariser und der Berner Union Stellung genommen hat.

Die Aufgaben dieser verschiedenen, überwiegend ohne formelle Rechtsgrundlage gebildeten Gremien der Pariser Verbandsübereinkunft und der Berner Übereinkunft waren demnach nahezu ausschließlich beratender und empfehlender Natur. Die Regierung der Schweizerischen Eidgenossenschaft als die geschäftsführende Regierung sowohl der Pariser wie der Berner Union hat zwar den Entschließungen und Empfehlungen der verschiedenen Gremien der beiden Übereinkünfte fast immer entsprochen und ist gerade auch in den besonders wichtigen personalpolitischen Fragen den Wünschen dieser Gremien gefolgt. Eine Verpflichtung der Schweizerischen Regierung zur Ausführung der Beschlüsse der verschiedenen Ausschüsse der Pariser und der Berner Union bestand und besteht bis heute jedoch nicht: Die Mitgliedstaaten haben keinen

Anspruch darauf, daß die Schweizerische Regierung in einem bestimmten Sinne entscheidet, und können insofern zumindest de jure einen bestimmenden Einfluß auf das weitere Schicksal der beiden Unionen nicht ausüben.

4. Dieser Rechtszustand erwies sich zunehmend als unbefriedigend. Er stand und steht auch in deutlichem Gegensatz zu der Entwicklung anderer internationaler zwischenstaatlicher Organisationen. Gerade hinsichtlich der Organisationsnormen der Pariser Verbandsübereinkunft und der Berner Übereinkunft wurde immer deutlicher, daß die „Verfassung" der auf diesen Übereinkünften beruhenden Staatenverbände noch aus einer Zeit stammt, in der es vergleichbare internationale zwischenstaatliche Organisationen kaum gab und in der man weit eher, als dies heute der Fall ist, bereit war, alle in Betracht kommenden Kontroll- und Geschäftsführungsfunktionen einem einzelnen Mitgliedstaat uneingeschränkt zu übertragen. Besonders hervorzuheben ist, daß es für diese Frage nicht allein auf die Bedürfnisse der europäischen Gründerstaaten der beiden Unionen ankommt, denen die weitere Aufrechterhaltung des überkommenen Rechtszustandes noch am ehesten vertretbar oder sogar erwünscht erschien. Vielmehr mußte vor allem auf die jungen afrikanischen und asiatischen Staaten Rücksicht genommen werden, die für den Beitritt zu den beiden Übereinkünften gewonnen werden sollen, deren erwachendes Selbstbewußtsein aber eine angemessene Repräsentanz und Einflußmöglichkeit in den Unionen, denen sie beitreten sollen, erfordert.

Die während des Zweiten Weltkriegs und danach gegründeten großen Internationalen Organisationen, wie insbesondere die Organisation der Vereinten Nationen und ihre Sonderorganisationen, haben sich ein Organisationsschema gegeben, das den bestimmenden Einfluß und alle Kontrollbefugnisse den Mitgliedstaaten selbst vorbehält mit der Maßgabe, daß jedem Mitgliedstaat ohne Rücksicht auf sein politisches oder wirtschaftliches Gewicht de jure gleiche Rechte zustehen. Aber auch die überkommenen alten Staatenverbände wie etwa der Weltpostverein oder der Internationale Fernmeldeverband, die ursprünglich in ähnlicher Art wie die Pariser und Berner Union aufgebaut waren, haben sich inzwischen eine Verfassung gegeben, die in jeder Hinsicht der modernen Entwicklung der internationalen zwischenstaatlichen Organisationen entspricht. Insofern stellt es nur einen weiteren Schritt innerhalb einer allgemein zu beobachtenden Entwicklung dar, wenn nunmehr auch die Mitgliedstaaten der Pariser Verbandsübereinkunft und der Berner Übereinkunft diesen Staatenverbänden eine der neuen Entwicklung entsprechende moderne Organisationsform gegeben haben.

5. Bei Beginn der Vorarbeiten für die Stockholmer Konferenz hatte man zunächst nur an eine Reorganisation und Modernisierung der Verwaltungsstruktur der beiden Übereinkünfte und ihrer „Vereinigten Internationalen Büros für den Schutz des geistigen Eigentums" (BIRPI) gedacht. Erst aufgrund der Initiative der Leitung von BIRPI entstand dann 1963 der Plan, im Interesse einer organisatorischen Zusammenfassung und Straffung der Pariser und Ber-

ner Union als deren Dachorganisation eine neue Weltorganisation für geistiges Eigentum zu errichten. Damit wurde die Reorganisation der Verwaltungsstruktur der beiden Übereinkünfte zur notwendigen Voraussetzung der weiterreichenden Absichten.

Die Reorganisation der Verwaltungsstruktur der Pariser und der Berner Union und die Pläne für die Errichtung der neuen Weltorganisation sind in den Jahren 1964 bis 1966 Gegenstand eingehender Vorverhandlungen gewesen, zunächst 1964 in einer kleinen Arbeitsgruppe aus Vertretern von 10 Staaten (darunter auch die Bundesrepublik Deutschland), 1965 und 1966 je einmal auf großen sogenannten Expertenkonferenzen, zu denen alle Mitgliedstaaten der Pariser und der Berner Union eingeladen waren. Diese Vorverhandlungen endeten nach zum Teil heftigen Auseinandersetzungen mit einer Kompromißlösung, die den in mancher Hinsicht auseinanderstrebenden Interessen der verschiedenen Staatengruppen Rechnung zu tragen versucht und hinter der in sich geschlossenen ursprünglichen Konzeption nicht unerheblich zurückbleibt. Es bestand jedoch keine Aussicht, für weitergehende Lösungen die notwendige allgemeine Zustimmung zu finden. Bei der Beurteilung der in Stockholm beschlossenen Gesamtlösung muß deshalb immer ihr Kompromißcharakter berücksichtigt werden.

6. Durch die Beschlüsse der Stockholmer Konferenz haben die Pariser und die Berner Union eine völlig neue Organisationsstruktur erhalten. Vor allem ist durch das Übereinkommen zur Errichtung der Weltorganisation für geistiges Eigentum erstmals auf diesem Rechtsgebiet eine internationale Organisation mit eigener Völkerrechtssubjektivität geschaffen worden. Im einzelnen ist nunmehr folgendes vorgesehen:

a) Oberster Grundsatz der Neuorganisation ist die Unabhängigkeit und Souveränität der alten Unionen. Oberstes Organ dieser Unionen wird die Versammlung der Mitgliedstaaten, auf die alle bisher der Schweizerischen Regierung zustehenden Verwaltungs- und Überwachungsbefugnisse übergehen und die zwischen den Revisionskonferenzen das allein entscheidende Organ für jede der Unionen sein wird.

b) Neben diesen Unionen wird die neue Weltorganisation errichtet, der die Koordinierung der Tätigkeit der verschiedenen Unionen obliegt und die sich allgemein der Förderung des Schutzes des geistigen Eigentums widmen soll.

c) Die Büros der Unionen und der neuen Weltorganisation werden zu einem gemeinsamen Internationalen Büro unter Leitung eines Generaldirektors vereinigt, der die Organisation und die Unionen in allen internationalen Angelegenheiten vertreten soll.

d) Oberstes Organ der Gesamtorganisation wird die Generalversammlung der neuen Weltorganisation sein, in der alle Mitgliedstaaten

der Pariser und der Berner Union vertreten sind. Diesem „Parlament" werden praktisch alle entscheidenden Befugnisse und Aufgaben übertragen, soweit sie mehr als nur eine einzelne Union betreffen.

e) Neben der Generalversammlung wird die neue Weltorganisation über eine sogenannte Konferenz verfügen, in der auch die Staaten, die nicht einer der Unionen angehören und deshalb auch in der Generalversammlung der Weltorganisation nicht vertreten sind, volle Rechte haben. Diese Konferenz soll aber nur ein Forum für die Erörterung allgemeiner Fragen der Förderung des Schutzes des geistigen Eigentums und für die Gewährung juristisch-technischer Hilfe an die Entwicklungsländer sein.

Die neue Weltorganisation ist im Prinzip nach dem Muster einer Sonderorganisation der Vereinten Nationen aufgebaut und wird künftig mit derselben rechtlichen Qualifikation wie andere internationale zwischenstaatliche Organisationen auftreten können. Das Eigentümliche an der neuen Organisation besteht nur darin, daß ihre wichtigsten Organe ganz aus den alten Unionen heraus gebildet werden sollen, die ihrerseits nicht den Rechtsstatus internationaler zwischenstaatlicher Organisationen haben. So wird sich die Generalversammlung, das „Parlament" und damit wichtigstes Organ der neuen Organisation, allein aus den Mitgliedstaaten der Pariser und der Berner Union zusammensetzen; dem Koordinierungsausschuß der neuen Organisation sollen nur Mitglieder der neu zu bildenden Verwaltungsausschüsse der Pariser und der Berner Union angehören; der Direktor der bisherigen Vereinigten Internationalen Büros der beiden Unionen wird Generaldirektor der neuen Organisation, über seine Ernennung entscheidet ausschließlich die Generalversammlung, der wiederum nur die Mitgliedstaaten der alten Unionen angehören; Drittstaaten, die weder Mitglied der Pariser Union noch der Berner Union sind, können der neuen Organisation zwar beitreten, haben darin aber nur beschränkte Rechte und sind im wesentlichen nur in der sogenannten Konferenz verteten, diesem neben der Generalversammlung der neuen Organisation stehenden Organ, dem weitgehend nur beratende und empfehlende Funktionen zukommen.

Diese eigentümliche Konstruktion und Struktur der neuen Organisation ist das Ergebnis des auf der Stockholmer Konferenz schließlich gefundenen Kompromisses. Sie soll vor allem zum Ausdruck bringen und unterstreichen, daß die Souveränität und Unabhängigkeit der alten Unionen im Verhältnis zu der neuen Organisation soweit wie möglich unangetastet bleibt. Deshalb wird man auch nur bedingt und mit Vorbehalt davon sprechen können, daß die neue Organisation eine Dachorganisation der Pariser und der Berner Union sei, als die sie nach der ursprünglichen Konzeption noch gedacht war. Rechtlich und auch nach dem in dieser Kompromißlösung zum Ausdruck gebrachten Willen der auf der Stockholmer Konferenz vertretenen Staaten stellt die neue Organisation eher eine Art Organ, ein völkerrechtliches Instrument der alten Union dar, an dem dritte Staaten zwar in gewissem Umfang, aber unter der alleini-

gen Entscheidungsgewalt der alten Unionen beteiligt werden. Die alten Unionen gehen also nicht in der neuen Organisation auf. Die neue Organisation wird vielmehr in allen ihren Funktionen und Lebensäußerungen entscheidend von den alten Unionen bestimmt.

Die Bundesregierung hätte zwar eine straffere, übersichtlichere und rationellere Struktur der neuen Organisation vorgezogen. Sie hat dies schon während der jahrelangen Vorverhandlungen und auch auf der Stockholmer Konferenz selbst immer wieder nachdrücklich zum Ausdruck gebracht. Angesichts der gegebenen, zum Teil auch politisch bestimmten Interessengegensätze war aber mehr nicht zu erreichen. Die Bundesregierung ist der Auffassung, daß die Errichtung der neuen Organisation trotz ihrer komplizierten Struktur einen weiteren Schritt auf dem Weg zu einer Verbesserung des weltweiten Schutzes des geistigen Eigentums darstellt und daß insbesondere die Entwicklungsländer durch die neue Organisation mit den Fragen des Schutzes des geistigen Eigentums vertraut gemacht und so einem Beitritt zu den alten Unionen nähergebracht werden können. Die Bundesregierung hält daher die Ratifikation der Beschlüsse der Stockholmer Konferenz auch im Interesse der deutschen Schutzrechtsinhaber, denen angesichts der zunehmenden internationalen Verflechtung der Märkte an einem möglichst weltweiten Schutz des geistigen Eigentums gelegen ist, für geboten. Sie dürfte sich damit in Übereinstimmung mit der ganz überwiegenden Mehrzahl der Mitgliedstaaten der alten Unionen befinden.

II. Besonderer Teil

A. Weltorganisation für geistiges Eigentum (WIPO)

1. Zweck und Aufgaben der neuen Weltorganisation (Präambel, Artikel 2, 3 und 4)

Zweck der neuen Weltorganisation ist es, „den Schutz des geistigen Eigentums durch Zusammenarbeit der Staaten weltweit zu fördern, gegebenenfalls im Zusammenwirken mit jeder anderen internationalen Organisation", sowie „die verwaltungsmäßige Zusammenarbeit zwischen den Verbänden zu gewährleisten" (Artikel 3). Der Begriff des geistigen Eigentums ist dabei, wie die Legaldefinition in Artikel 2 Absatz 8 zeigt, im weitesten Sinn zu verstehen und umfaßt nicht nur die überkommenen Vertragsgegenstände der Pariser und Berner Union, sondern darüber hinaus „alle Rechte, die sich aus der geistigen Tätigkeit auf gewerblichem, wissenschaftlichem, literarischem und künstlerischem Gebiet ergeben". Hervorzuheben ist, daß als Gegenstand des Schutzes des geistigen Eigentums sowohl der Schutz gegen den unlauteren Wettbewerb als auch die wissenschaftlichen Entdeckungen aufgeführt sind; bei diesen beiden Schutzgegenständen war es bisher international nicht unbestritten, daß sie zum Gesamtbereich des geistigen Eigentums gehörten.

Die ausdrückliche Erwähnung des Vertragszwecks der Zusammenarbeit mit anderen internationalen Organisationen in Artikel 3 Absatz 1 soll die Rechtsgrundlage für die von den Vereinigten Internationalen Büros für den Schutz des geistigen Eigentums bereits vor Jahren eingeleitete Zusammenarbeit mit den Vereinten Nationen und ihren Sonderorganisationen darstellen.

Von besonderer Bedeutung ist darüber hinaus, daß in Artikel 4 Absatz v es als Aufgabe der neuen Organisation angesehen wird, den Entwicklungsländern juristisch-technische Hilfe auf dem Gebiet des Schutzes des geistigen Eigentums zu gewähren. Insbesondere ist an die Veranstaltung von Seminaren und Kursen, die Ausbildung von Beamten, die Entsendung von Sachverständigen und an die Ausarbeitung von Mustergesetzentwürfen gedacht, um den Entwicklungsländern eine Gesetzgebung auf dem Gebiet des geistigen Eigentums zu erleichtern und so den weltweiten Schutz des geistigen Eigentums sicherzustellen.

Der zweite Hauptvertragszweck der Konvention ist es, die Verwaltung der verschiedenen Unionen auf dem Gebiet des geistigen Eigentums zu modernisieren und wirksamer zu gestalten. Die neue Organisation soll zu diesem Zweck die Ausführung aller Verwaltungsaufgaben der Unionen auf dem Gebiet des geistigen Eigentums übernehmen, ohne dadurch die Unabhängigkeit der einzelnen Unionen zu beeinträchtigen. Sie wird außerdem die in den Unionsverträgen vorgesehenen Einrichtungen zur Registrierung gewerblicher Schutzrechte unterhalten.

2. Die Beitrittsklauseln (Artikel 5 und 14)

a) Als besonders problematisch erwies sich schon bei den Vorverhandlungen und dann auch auf der Stockholmer Konferenz selbst die Formulierung der Beitrittsklausel der WIPO-Konvention. Dabei ging es vor allem darum, ob eine Beitrittsklausel aufgenommen werden sollte, die dem anderen Teil Deutschlands gestattet hätte, der neuen, auf souveräne Staaten ausgerichteten Übereinkunft als souveräner Staat beizutreten. Die bisherigen Fassungen der beiden Übereinkunfte enthielten nämlich eine sog. All-Staaten-Klausel. Der andere Teil Deutschlands hatte unter Berufung auf diese All-Staaten-Klauseln und auf seine angebliche Staatsqualität Beitrittserklärungen hinterlegt.

Das Ergebnis der langwierigen Erörterungen über diese Frage ist eine Lösung, die im Grunde den Status quo bestätigt, wie er sich seit erstmaliger Geltendmachung des Anspruchs des anderen Teils Deutschlands auf volle Mitgliedschaft in der Pariser Verbandsübereinkunft und der Berner Ubereinkunft in den Jahren 1955 und 1956 herausgebildet hat. Da nach Artikel 5 Abs. 1 der WIPO-Konvention nur jeder Staat Mitglied der neuen Weltorganisation werden kann, der Mitglied der Pariser Verbandsübereinkunft oder der Berner Übereinkunft ist, werden wie bisher auch künftig die Staaten, die den anderen Teil Deutschlands nicht als Völkerrechtssubjekt anerkennen, an ihrem Standpunkt festhalten können, daß der andere Teil Deutschlands man-

gels eigener Staatsqualität weder der Pariser Verbandsübereinkunft noch der Berner Übereinkunft angehören und deshalb auch der WIPO-Konvention nicht beitreten kann.

b) In Artikel 14 der WIPO-Konvention ist angesichts der engen organisatorischen Verzahnung der WIPO mit der Pariser und der Berner Union und im Interesse der Vermeidung praktischer Schwierigkeiten bei der Verwaltung dieser Unionen durch die neue Organisation der Beitritt der Mitgliedstaaten dieser Unionen zur WIPO-Konvention von einem Beitritt zu den neuen Organisationsnormen der Pariser Verbandsübereinkunft und der Berner Übereinkunft abhängig gemacht worden: Unionsstaaten können danach nur dann Mitglied der neuen Organisation werden, wenn sie vorher oder zumindest gleichzeitig entweder die Stockholmer Fassung der Organisationsnormen der Pariser Verbandsübereinkunft (Artikel 13 bis 17) oder die Stockholmer Fassung der entsprechenden Vorschriften der Berner Übereinkunft (Artikel 22 bis 26) ratifiziert haben oder ihnen beigetreten sind. Der Beitritt zur Stockholmer Fassung der Pariser Verbandsübereinkunft und der Berner Übereinkunft kann nach Artikel 20 der Pariser Verbandsübereinkunft und Artikel 28 der Berner Übereinkunft auf die materiellrechtlichen Vorschriften oder die Organisationsnormen dieser Übereinkünfte beschränkt werden. Der Beitritt zu der neuen Weltorganisation setzt aber schon aus praktischen Gründen für die Unionsstaaten einen Beitritt auch zu den neuen Organisationsnormen der beiden Unionsverträge voraus, weil die Organe der Organisation aus den neuen Organen der Pariser und Berner Union heraus gebildet werden sollen. Dies gilt insbesondere für den Koordinierungsausschuß der Organisation, der sich aus den Mitgliedern der erst durch die Stockholmer Fassung der Unionsverträge gebildeten Verwaltungsausschüsse der Pariser und Berner Union zusammensetzen soll. Ein Beitritt von Unionsstaaten ist deshalb nach der ausdrücklichen Vorschrift des Artikels 14 Abs. 2 der WIPO-Konvention nur möglich, wenn sie die Stockholmer Fassung der Pariser Verbandsübereinkunft oder der Berner Übereinkunft entweder in ihrer Gesamtheit oder jedenfalls in ihren Organisationsnormen ratifiziert haben oder ihr beigetreten sind.

3. Organe der neuen Organisation

a) Generalversammlung (Artikel 6)

Die Generalversammlung ist das oberste Organ der neuen Weltorganisation. Sie besteht nur aus denjenigen Mitgliedstaaten, die zumindest einer der von der neuen Organisation verwalteten Union angehören. Die der neuen Organisation angehörenden Nichtunionsstaaten sind nur als Beobachter zur Generalversammlung zugelassen. Die unterschiedliche Behandlung der Mitgliedstaaten der neuen Organisation rechtfertigt sich daraus, daß nur diejenigen Staaten, die durch Mitgliedschaft in einer der Unionen bereits die Verpflichtung zum Schutz des geistigen Eigentums übernommen haben, volle Mitglieder des entscheidenden Gremiums der neuen Weltorganisation sein sollen. Die anderen

Mitgliedstaaten, die zwar am Schutz des geistigen Eigentums interessiert sind, aber keine entsprechende Verpflichtung übernommen haben, sollen zwar an den Beratungen teilnehmen, bei der Entscheidung aber kein Stimmrecht haben.

Die vornehmste Aufgabe der Generalversammlung ist es neben dem Budgetrecht, auf Vorschlag des Koordinierungsausschusses den Generaldirektor der Organisation zu ernennen und ihm und dem Koordinierungsausschuß alle notwendigen Weisungen zu geben. Damit wird erstmals den Mitgliedstaaten der Unionen ein bestimmender Einfluß eingeräumt.

Die Generalversammlung entscheidet grundsätzlich mit einer Mehrheit von zwei Dritteln der abgegebenen Stimmen. Für besonders schwerwiegende Entscheidungen sieht die Übereinkunft weitere Qualifizierungen vor: Für die Übernahme der Verwaltung weiterer Verträge durch die neue Organisation ist nach Artikel 6 Abs. 3e eine Mehrheit von drei Vierteln, für die Umwandlung der neuen Organisation in eine Sonderorganisation der Vereinten Nationen eine Mehrheit von neun Zehnteln vorgesehen. In dieser Sperrklausel kommt insbesondere das Zögern vieler Staaten zum Ausdruck, den im Grunde unpolitischen Bereich des Schutzes des geistigen Eigentums politischen Einflüssen auszusetzen. Hervorzuheben ist, daß bei bestimmten Entscheidungen, der Ernennung des neuen Generaldirektors, der Übernahme der Verwaltung weiterer Verträge und der Verlegung des Sitzes der Organisation, die erforderliche Mehrheit nicht nur in der Generalversammlung, sondern auch in den Versammlungen der Pariser und der Berner Union erreicht werden muß. Auch in dieser Vorschrift zeigt sich wieder, daß die Unabhängigkeit der alten Unionen nicht angetastet werden soll.

Um die Kontinuität der Handlungsfreiheit der neuen Organisation zu gewährleistet, ist außerdem in Artikel 11 Abs. 4e der Konvention ausdrücklich bestimmt, daß der Haushalt für ein neues Kalenderjahr als auf der Grundlage des Haushalts des Vorjahres beschlossen gilt, wenn die für die Entscheidung über den Haushalt erforderliche Zweidrittelmehrheit nicht rechtzeitig erreicht wird.

b) Konferenz (Artikel 7)

Die Konferenz ist das einzige Organ der neuen Weltorganisation, in dem alle Mitgliedstaaten gleichberechtigt vertreten sind ohne Rücksicht darauf, ob sie einer der von der Organisation verwalteten Unionen angehören oder nicht. Nur bei der Entscheidung über die Höhe der Beiträge, die diejenigen Staaten zu zahlen haben, die keiner der Unionen angehören, sind allein diese Staaten zur Abstimmung berechtigt. Auf diese Weise soll verhindert werden, daß die Nichtunionsstaaten, die sich in der Minderheit befinden dürften, bei der Festsetzung ihrer Leistungen an die Organisation von der Mehrheit überstimmt werden können.

Die Konferenz soll in erster Linie ein Forum zur Erörterung aller den Schutz des geistigen Eigentums in der Welt betreffenden Fragen zwischen allen Mit-

gliedstaaten der neuen Weltorganisation sein. Darüber hinaus ist sie das oberste Organ der neuen Organisation für die Gewährung juristisch-technischer Hilfe an die Entwicklungsländer. Zu diesem Zweck verfügt die Konferenz über einen eigenen Haushalt, über den sie selbst Beschluß zu fassen hat.

Als Abstimmungsregel ist für die Beschlüsse der Konferenz ebenso wie für die Beschlüsse der Generalversammlung das Erfordernis einer Mehrheit von zwei Dritteln vorgesehen. Auch insoweit gilt aber wieder die Einschränkung für die Verabschiedung des Haushalts.

Im übrigen entsprechen die Vorschriften über die Konferenz weitgehend den Vorschriften über die Generalversammlung. Hervorzuheben ist nur, daß die Konferenz im Gegensatz zur Generalversammlung nur auf Antrag der Mehrheit der Mitgliedstaaten zu einer außerordentlichen Sitzung einberufen werden kann. Diese Erschwerung ist darin begründet, daß Dringlichkeitsentscheidungen der Konferenz kaum je erforderlich sein dürften.

c) Koordinierungsausschuß (Artikel 8)

Der Koordinierungsausschuß ist einerseits das ausführende Organ der Generalversammlung und der Konferenz und andererseits das vorbereitende und beratende Organ in allen Angelegenheiten, die entweder zwei oder mehr der von der Organisation verwalteten Unionen oder eine oder mehrere Unionen und die Organisation betreffen. Die Zuständigkeit des Koordinierungsausschusses endet dort, wo es sich um Fragen handelt, die nur die Interessen einer Union berühren. Die Regelung ist wiederum bestimmt von dem die gesamte Konvention beherrschenden Grundsatz der absoluten Unabhängigkeit und Souveränität der von ihr verwalteten Unionen.

Dem Koordinierungsausschuß sollen diejenigen Mitgliedstaaten der Organisation angehören, die Mitglied des Verwaltungsausschusses der Pariser oder der Berner Union sind, sofern den Verwaltungsausschüssen nicht mehr als jeweils ein Viertel der Mitgliedstaaten jeder Union angehören. Außerdem hat die Schweiz als Land des Sitzes der neuen Organisation einen ex officio-Sitz im Koordinierungsausschuß. Die übrigen von der Organisation verwalteten Unionen (z. B. die Madrider Markenunion oder die Haager Musterunion) können sich nur durch die Vertreter der Pariser und der Berner Union im Koordinierungsausschuß vertreten lassen. Diese Regelung soll eine weitere Komplizierung der Zusammensetzung des Koordinierungsausschusses verhindern. Sie erscheint unbedenklich, weil die Mitgliedschaft in den Sonderunionen die Mitgliedschaft in der Pariser Verbandsübereinkunft zur Voraussetzung hat. Dagegen ist für den Fall, daß die neue Weltorganisation die Verwaltung einer weiteren Union übernimmt, die nicht die Mitgliedschaft in der Pariser oder Berner Union voraussetzt, keine Regelung getroffen worden. Die insoweit bestehende Lücke kann aber durch entsprechende Bestimmungen in dem Vertrag zwischen der neuen Union und der Weltorganisation über die Übernahme der Verwaltung geschlossen werden.

Um auch die Nichtunionstaaten in den Fragen, die auch sie betreffen, angemessen am Koordinierungsausschuß zu beteiligen, ist ferner vorgesehen, daß ein Viertel dieser Staaten dem Koordinierungsausschuß dann angehört, wenn Angelegenheiten des Haushalts oder des Programms der Konferenz oder Vorschläge zur Änderung der Konvention behandelt werden, die Rechte oder Verpflichtungen der Nichtunionsstaaten berühren würden. Für diese Fälle bestimmt die Konferenz die Vertreter der Nichtunionsstaaten im Koordinierungsausschuß.

Der Koordinierungsausschuß soll, weil er praktisch die Verwaltung der neuen Organisationen leitet, jedes Jahr einmal zu einer ordentlichen Sitzung zusammentreten. Anders als bei der Generalversammlung und der Konferenz kann eine außerordentliche Sitzung nicht nur auf Antrag eines bestimmten Teils der Mitgliedstaaten, sondern auch auf Initiative des Generaldirektors oder auf Antrag des Vorsitzenden des Ausschusses einberufen werden. Auch diese Vorschrift erklärt sich aus der Bedeutung des Ausschusses als dem ständigen Kontrollorgan der Organisation. Der Ausschuß faßt zwar grundsätzlich seine Beschlüsse mit einfacher Mehrheit, jedoch kann jedes Mitglied des Ausschusses eine erneute Abstimmung verlangen, bei der den Verwaltungsausschüssen der Pariser und der Berner Union eine Art Sperrminorität eingeräumt ist (Artikel 8 Abs. 6b). Auch dieses komplizierte Abstimmungsverfahren ist wiederum nur aus dem Bemühen heraus verständlich, die Unabhängigkeit der Pariser und der Berner Union so weit wie möglich zu wahren.

d) Internationales Büro (Artikel 9)

Als Sekretariat der neuen Organisation sieht die Konvention das „Internationale Büro" unter Leitung eines Generaldirektors vor. Dieses Büro wird alle Aufgaben übernehmen, die heute den Vereinigten Internationalen Büros für den Schutz des geistigen Eigentums obliegen. Dem Generaldirektor wird jedoch eine international gewichtigere Rolle zufallen als heute dem Direktor der Vereinigten Internationalen Büros, weil er nach Artikel 9 Abs. 4 das oberste ausführende Organ der neuen Weltorganisation sein und diese nach außen hin vertreten wird und weil er außerdem die Funktionen des Depositars der neuen Organisation mit all ihren politischen Konsequenzen wahrzunehmen hat (vgl. Artikel 14 Abs. 3, Artikel 18 Abs. 1, Artikel 19).

4. Finanzfragen (Artikel 11)

Auch bei den Finanzfragen war der entscheidende Gesichtspunkt, den Grundsatz der Unabhängigkeit der alten Unionen im Verhältnis zu der neuen Weltorganisation zu wahren. Deshalb soll jede der Unionen über ein eigenes Budget und die Weltorganisation über zwei getrennte Haushalte verfügen, ein Budget für die die Unionen gemeinsam betreffenden Ausgaben und ein Budget für die Konferenz. Über den Haushalt für die gemeinsamen Ausgaben für die Unionen entscheidet allein die Generalversammlung; die Nichtunionsstaaaten sind insoweit von einer Mitwirkung ausgeschlossen. Der Haushalt wird durch

Beiträge der Unionen als solcher (nicht der Unionstaaten) sowie aus Einnahmen aus den verschiedensten Dienstleistungen und Veröffentlichungen des Internationalen Büros, die die Unionen gemeinsam betreffen, finanziert.

Demgegenüber sind im Haushalt der Konferenz nur die Ausgabenansätze für die Sitzungen der Konferenz und für die Kosten der juristisch-technischen Entwicklungshilfe enthalten. Der Haushalt wird im wesentlichen durch Beiträge der Unionen in eigener Zuständigkeit souverän festgesetzt werden. Um den Grundsatz der Unabhängigkeit der Unionen zu wahren, steht es den Unionen völlig frei, ob sie einen Beitrag zum Haushalt der Konferenz leisten wollen oder nicht. Die Nichtunionsstaaten dagegen leisten eigene Beiträge zum Haushalt der Konferenz, und zwar nach einem besonderen Klassensystem, dessen Einzelheiten in Artikel 11 Abs. 4 geregelt sind.

Diese Finanzierungsregelung, die ungewöhnlich kompliziert ist, macht den Kompromißcharakter der Gesamtkonzeption besonders deutlich. Angesichts des erheblichen Widerstandes eines Teils der Unionsstaaten gegen die neue Weltorganisation und ihres Beharrens auf dem Prinzip der Unabhängigkeit und Souveränität der Unionen war jedoch eine einfachere Regelung der Finanzfragen in der Stockholmer Konferenz nicht zu erreichen.

5. Sonstige Bestimmungen

Die übrigen Bestimmungen der Konvention entsprechen im wesentlichen den üblichen Bestimmungen in internationalen Verträgen, jedoch ist auf folgende Besonderheiten hinzuweisen:

a) Änderung der Konvention

Über Änderungen der Konvention entscheidet zwar nach Artikel 17 Abs. 2 grundsätzlich die Konferenz, also das einzige Organ, in dem alle der Organisation angehörenden Staaten vertreten sind. Denjenigen Staaten, die keiner der Unionen angehören, ist aber nur für solche Änderungen ein Stimmrecht zugebilligt worden, durch die ihre Rechte und Verpflichtungen berührt werden. Für alle anderen Fälle haben allein die Unionsstaaten Stimmrecht. Auch diese ungewöhnliche Regelung beruht darauf, daß den entscheidenden Einfluß in der neuen Weltorganisation nur diejenigen Staaten ausüben sollen, die bereits Verpflichtungen zum Schutz des geistigen Eigentums übernommen haben.

Besonders bedeutsam ist, daß für die neue Organisation nicht, wie dies früher in den Unionen der Fall war, für Änderungen der Konvention das Einstimmigkeitsprinzip gilt. Die neue Konvention kann vielmehr durch Mehrheitsentscheidungen geändert werden, um eine laufende Anpassung der Konvention an die Gegebenheiten zu erleichtern.

b) Übergangsregelung

Nach Artikel 21 Abs. 2a können diejenigen Unionsstaaten, die die neue Konvention noch nicht ratifiziert haben oder ihr noch nicht beigetreten sind,

innerhalb einer Frist von fünf Jahren nach dem Inkrafttreten der Konvention auf Antrag dieselben Rechte ausüben, die ihnen als Mitglieder der neuen Konvention zustehen würden. Durch diese Regelung soll den Unionsstaaten, die der neuen Organisation noch zurückhaltend gegenüberstehen und die daher noch nicht zur Ratifikation oder zum Beitritt bereit sind, die Möglichkeit gegeben werden, in der Aufbauphase mit vollen Rechten mitzuwirken und sich so von den Vorteilen der Errichtung der neuen Weltorganisation zu überzeugen. Letztlich soll damit erreicht werden, daß auch diese Staaten Mitglieder der neuen Organisation werden, deren Erfolg wesentlich von ihrem weltweiten Charakter abhängt.

B. Organisationsnormen der Pariser Verbandsübereinkunft und der Berner Übereinkunft

1. Organe der Unionen

Die Errichtung der Weltorganisation für geistiges Eigentum setzt voraus, daß gleichzeitig auch die Organisationsnormen der Pariser Verbandsübereinkunft und der Berner Übereinkunft geändert wurden, weil die Organe der Weltorganisation aus den Organen der beiden Unionen heraus gebildet werden sollen. Durch die Änderung der Organisationsnormen der Pariser Verbandsübereinkunft und der Berner Übereinkunft wird die Schweizerische Regierung als geschäftsführende Regierung der Unionen abgelöst und eine eigene Selbstverwaltung für jede der Unionen geschaffen. Im einzelnen sind folgende Organe der Unionen vorgesehen:

a) Die Versammlung (Artikel 13 Pariser Verbandsübereinkunft, Artikel 22 Berner Übereinkunft)

Die Versammlung ist das oberste Organ jeder Union. Ihr kommt die Entscheidung aller die Union betreffenden Fragen, insbesondere die Annahme eines jeweils für drei Jahre vorgesehenen Programms und Haushalts, die Wahl des Verwaltungsausschusses, die Aufsicht über das Büro und seinen Direktor in den Fragen, die in die Zuständigkeit der Union fallen, und schließlich die Beschlußfassung über die Änderungen der Organisationsnormen der Übereinkunft zu.

Mit der Errichtung der Versammlungen gewinnen die Mitgliedstaaten der Übereinkünfte einen unmittelbaren Einfluß auf die Geschäftsführung der Unionen, da das Internationale Büro und sein Generaldirektor an die Weisungen der Versammlungen gebunden sind und alle wichtigen Entscheidungen von der Versammlung getroffen werden. Vor allem aber werden die Versammlungen im Interesse der schnelleren Anpassung der Organisationsnormen an neue Bedürfnisse die Organisationsnormen der Übereinkünfte ändern können. Derartige Änderungen bedürfen einer Mehrheit von drei Vierteln der abgegebenen Stimmen oder, sofern es sich um Änderungen der die Versammlungen betreffenden Vorschriften handelt, einer Vierfünftelmehrheit

(Artikel 17 Abs. 2 Pariser Verbandsübereinkunft, Artikel 26 Abs. 2 Berner Übereinkunft). Damit ist auch für die Pariser Verbandsübereinkunft und die Berner Übereinkunft erstmals das Einstimmigkeitsprinzip aufgegeben worden, das diese Übereinkünfte von Anfang an beherrschte. Zwar bleiben die innerstaatlichen Vorschriften der Vertragsstaaten über die Ratifikation solcher Mehrheitsbeschlüsse unberührt (Artikel 17 Abs. 3 Pariser Verbandsübereinkunft, Artikel 26 Abs. 2 Berner Übereinkunft). Sobald aber drei Viertel der Mitgliedstaaten dem Generaldirektor schriftlich die Annahme des Mehrheitsbeschlusses der Versammlung mitgeteilt haben, sind nach diesen Vorschriften auch die übrigen Vertragsstaaten völkerrechtlich gebunden; ausgenommen von der automatischen Bindung sind lediglich solche Änderungen der Organisationsnormen, die den Mitgliedstaaten größere finanzielle Verpflichtungen auferlegen. Für die Bundesrepublik Deutschland wird diese Regelung durch Artikel 24 Abs. 1 des Grundgesetzes ermöglicht: Mit dem Zustimmungsgesetz überträgt hier der Bund Hoheitsrechte auf zwischenstaatliche Einrichtungen. Änderungen der materiellrechtlichen Bestimmungen der Übereinkünfte bleiben aber weiterhin den einstimmigen Beschlüssen der Revisionskonferenzen vorbehalten.

b) Der Verwaltungsausschuß (Artikel 14 Pariser Verbandsübereinkunft, (Artikel 23 Berner Übereinkunft)

Da die Versammlung der Pariser Verbandsübereinkunft und der Berner Übereinkunft schon wegen ihrer Größe nicht in der Lage sein werden, sich um die Einzelheiten der praktischen Verwaltungsaufgaben zu kümmern, und da sie außerdem nur im Turnus von drei Jahren zusammentreten, soll aus jeder der Versammlungen ein Verwaltungsausschuß gebildet werden. Der Verwaltungsausschuß umfaßt ein Viertel der Mitgliedstaaten der Versammlung. Bei der Wahl der Mitglieder der Verwaltungsausschüsse ist gemäß Artikel 14 Abs. 4 Pariser Verbandsübereinkunft, Artikel 23 Abs. 4 Berner Übereinkunft auf eine ausgeglichene georgraphische Verteilung Rücksicht zu nehmen. Mit dieser Bestimmung wird einem Wunsch insbesondere der den Unionen angehörenden Entwicklungsländer entsprochen, bei der Einflußnahme auf die Geschicke der Union stärker berücksichtigt zu werden. Ferner soll bei der Wahl der Mitglieder der Verwaltungsausschüsse dafür Sorge getragen werden, daß diejenigen Staaten, die den Nebenabkommen zur Pariser Verbandsübereinkunft angehören, bei der Wahl zum Verwaltungsausschuß der Pariser Union berücksichtigt werden. Auf diese Weise soll sichergestellt werden, daß die Nebenabkommen in der Geschäftsführung der Pariser Union gebührend berücksichtigt werden können, ohne daß es erforderlich ist, für sie eigene Verwaltungsausschüsse einzurichten. Um zu gewährleisten, daß alle Mitgliedstaaten in gleicher Weise an den Verwaltungsausschüssen beteiligt werden, ist in Absatz 5b vorgesehen, daß nach Ablauf der jeweiligen dreijährigen Wahlperiode nicht mehr als zwei Drittel der Mitglieder des jeweiligen Verwaltungsausschusses wieder gewählt werden können.

Zu den Einzelaufgaben der Verwaltungsausschüsse gehört insbesondere die Verabschiedung des Programms des Haushalts für jeweils ein Jahr, also die Annahme der Einzelpläne innerhalb der von den Versammlungen für drei Jahre beschlossenen Generalpläne. Außerdem hat sie alle Aufgaben zu übernehmen, die sich aus der praktischen Verwaltungsarbeit ergeben.

c) Internationales Büro (Artikel 15 Pariser Verbandsübereinkunft, Artikel 24 Berner Übereinkunft)

Bisher sahen die Artikel 13 ff. der Pariser Verbandsübereinkunft und die Artikel 21 ff. der Berner Übereinkunft für jede Union ein eigenes, nur für sie gebildetes Büro vor; beide Büros wurden im Jahre 1893 durch eine Verfügung der Schweizerischen Regierung unter einer gemeinsamen Leitung vereinigt. Nach den Beschlüssen der Stockholmer Konferenz sollen diese Vereinigten Büros für den Schutz des geistigen Eigentums (BIRPI) durch das Büro der neu gegründeten Weltorganisation ersetzt werden und in ihm aufgehen. Artikel 15 der Pariser Verbandsübereinkunft und Artikel 24 der Berner Übereinkunft beziehen sich demgemäß auf das Internationale Büro der Weltorganisation für geistiges Eigentum, das künftig alle Aufgaben des Büros der Pariser Union und der Berner Union wahrnehmen wird.

2. Finanzverfassung (Artikel 16 Pariser Verbandsübereinkunft, Artikel 25 Berner Übereinkunft)

Diese Vorschriften der beiden Übereinkünfte enthalten nur die Grundsätze der Finanzverfassung der Unionen. Die Regelung der Einzelheiten bleibt einer besonderen Finanzordnung überlassen. Der Katalog der Gegenstände der Haushaltspläne der Unionen in Absatz 1 d macht die starke Verzahnung der Pariser Union und der Berner Union miteinander und beider Unionen mit der Weltorganisation für den Schutz des geistigen Eigentums deutlich. Er unterscheidet zwischen Ausgaben, die nur die Union betreffen, gemeinsamen Ausgaben der Unionen und Zuschüssen zur „Konferenz" der Weltorganisation für geistiges Eigentum. Bei den gemeinsamen Ausgaben der Union handelt es sich um die anteilige Finanzierung der Weltorganisation für den Schutz des geistigen Eigentums, die u. a. das Büro für die Verwaltung der Unionen stellt. Auch die Konferenz der neuen Weltorganisation, in der nicht nur die Mitgliedstaaten der von der Weltorganisation verwalteten Unionen, insbesondere der Pariser und Berner Übereinkunft, vertreten sind, sondern auch Drittstaaten, die den Unionen noch nicht beigetreten sind, dient letztlich der Förderung der mit der Pariser Verbandsübereinkunft und der Berner Übereinkunft verfolgten Ziele; sie soll daher von den Mitgliedstaaten dieser Übereinkunft mitfinanziert werden.

In den Einzelheiten entspricht die Regelung des Artikels 16 der Pariser Verbandsübereinkunft und des Artikels 25 der Berner Übereinkunft im wesentlichen der Regelung, die die betreffenden Bestimmungen der Pariser Verbandsübereinkunft und der Berner Übereinkunft schon heute vorsehen.

Neu ist nur die Bestimmung, nach der Mitgliedstaaten ihr Stimmrecht verlieren, wenn sie mit ihren Beitragszahlungen um zwei Jahresbeiträge oder mehr im Rückstand sind (Absatz 4e). Bereits heute sind einige Staaten mit ihren Beitragszahlungen erheblich im Rückstand, so daß für eine solche Regelung ein dringendes Bedürfnis besteht. Um sie gleichwohl flexibel zu halten, ist vorgesehen worden, daß ein Land trotz Beitragsrückständen sein Stimmrecht mit Billigung der anderen Mitgliedstaaten weiter ausüben kann, wenn diese Staaten der Meinung sind, daß der Zahlungsverzug auf ungewöhnlichen und unvermeidlichen Umständen beruht. Die gleiche Bestimmung enthält Artikel 11 Abs. 5 der WIPO-Konvention, dort aber nur für die Nichtunionsstaaten, da die Unionsstaaten keine eigenen Beiträge an die Weltorganisation zu entrichten haben (vgl. dazu oben A Nr. 4).

Neu ist ferner die Bestimmung des Absatzes 4f, nach der der Gesamtbetrag des Vorjahreshaushalts als provisorischer Haushalt aufrechterhalten bleibt, wenn ein neuer Haushalt nicht rechtzeitig beschlossen wird. Da für alle Entscheidungen der Versammlung, also auch für Entscheidungen über den Haushalt, eine Zweidrittelmehrheit vorgesehen ist, kann es vorkommen, daß ein neuer Haushalt nicht rechtzeitig verabschiedet wird. Da aber das Büro ohne Haushalt nicht arbeitsfähig ist, war eine Interimsregelung notwendig. Die Einzelheiten dieser Regelung bleiben dem Finanzstatut überlassen.

Neu aufgenommen wurde ferner eine Bestimmung über die Errichtung eines Reservefonds (Absatz 6). Der Reservefonds besteht außerhalb des Haushalts und hat nur den Zweck, Liquiditätsschwierigkeiten, die sich aus einer verzögerten Beitragszahlung ergeben können, zu überbrücken.

C. Übergangs- und Schlußbestimmungen der Pariser Verbandsübereinkunft und der Berner Übereinkunft

1. Mitgliedschaft in den Unionen

Die Artikel 20 und 21 der Pariser Verbandsübereinkunft und die Artikel 28 und 29 der Berner Übereinkunft, die den Beitritt zur Stockholmer Fassung der Übereinkünfte regeln, machen einen grundsätzlichen Unterschied zwischen Staaten, die den Unionen bereits angehören (Artikel 20 Pariser Verbandsübereinkunft, Artikel 28 Berner Übereinkunft), und Staaten, die ihnen noch nicht angehören (Artikel 21 Pariser Verbandsübereinkunft, Artikel 29 Berner Übereinkunft). Die Unionsländer können ihren Beitritt auf die revidierten materiellrechtlichen Vorschriften oder die revidierten Organisationsnormen der Stockholmer Fassung beschränken. Die Länder dagegen, die den Unionen bisher nicht angehören, können die Stockholmer Fassung nur in ihrer Gesamtheit annehmen. Durch diese Regelung soll insbesondere sichergestellt werden, daß die Staaten, die den Unionen angehören und die Änderung der Organisationsnormen der Übereinkünfte nicht für zweckmäßig halten, nicht gehindert werden, die materiellrechtlichen neuen Bestimmungen zu ratifizieren.

Die Vorschriften über das Inkrafttreten der Neufassung enthalten die notwendigen besonderen Bestimmungen im Hinblick auf die besondere Situation, die sich daraus ergibt, daß die materiellrechtlichen Vorschriften und die Organisationsnormen der Übereinkünfte nach ihren Stockholmer Fassungen gesondert ratifiziert werden können.

2. Anwendbarkeit der verschiedenen Fassungen (Artikel 27 Pariser Verbandsübereinkunft, Artikel 32 Berner Übereinkunft)

Der bisherigen Regelung entsprechend ersetzt die Stockholmer Fassung der beiden Übereinkünfte die früheren Fassungen, die aber für die Verbandsländer anwendbar bleiben, die die Stockholmer Fassung weder ratifizieren noch ihr beitreten. Zwischen den Verbandsländern gilt hiernach stets die jüngste Fassung, der sie gemeinsam angehören. Neu ist lediglich die Regelung der Beziehungen zwischen Nichtverbandsländern, die der Stockholmer Fassung beitreten, und Verbandsstaaten, die dieser Fassung nicht angehören. Um auch zwischen diesen beiden Gruppen die Anwendung der Übereinkünfte sicherzustellen, ist bestimmt, daß die neu beitretenden Staaten die Stockholmer Fassung anwenden, während die Verbandsstaaten, die diese Fassung nicht ratifizieren oder ihr nicht beitreten, die Fassung anwenden, der sie angehören. Da das Schutzniveau der Stockholmer Fassung der Berner Übereinkunft in gewissen Punkten niedriger ist als das Niveau früherer Fassungen, ist für die Berner Übereinkunft zusätzlich bestimmt, daß die Staaten, die nur einer früheren Fassung der Übereinkunft angehören, berechtigt sind, den Schutz dem in der Stockholmer Fassung vorgesehenen Stand anzupassen.

3. Schiedsklausel (Artikel 28 Pariser Verbandsübereinkunft, Artikel 33 Berner Übereinkunft)

Diese Vorschriften regeln die Frage der Beilegung von Streitigkeiten. Die Pariser Verbandsübereinkunft sah bisher im Gegensatz zur Berner Übereinkunft eine Schiedsklausel nicht vor. Auf der Stockholmer Konferenz wurden zur Frage der Schiedsklausel zwei entgegengesetzte Auffassungen deutlich. Auf der einen Seite standen Staaten, die eine obligatorische Schiedsklausel, wie sie die Berner Übereinkunft enthielt, auch für die Pariser Verbandsübereinkunft wünschten. Diese Staaten vertraten den Standpunkt, daß internationale Verträge in ihrem Wert entscheidend beeinträchtigt würden, wenn ihre Anwendbarkeit im Streitfall nicht auch erzwungen werden könnte. Andere Staaten dagegen, insbesondere die osteuropäischen Staaten, sahen in der Unterwerfung unter ein Gerichtsurteil oder auch nur unter einen Schiedsspruch eine Beeinträchtigung ihrer Souveränität. Sie lehnten daher Schiedsklauseln grundsätzlich ab oder wollten sie jedenfalls so ausgestalten, daß sie ihnen nicht zwangsläufig unterworfen wären.

Diese entgegengesetzten Bestrebungen führten wiederum zu einer Kompromißlösung. In die Pariser Verbandsübereinkunft wurde eine Schiedsklausel eingefügt, die jedoch nicht obligatorisch ist. Jeder Staat kann bei der Ratifi-

kation der Stockholmer Fassung erklären, daß er die Schiedsklausel auf sich nicht angewendet wissen möchte. Die bisherige obligatorische Schiedsklausel der Berner Übereinkunft wurde in diesem Sinne abgeschwächt.

Für die Bundesrepublik Deutschland ergibt sich damit die Frage, ob sie von der Möglichkeit, die Nichtanwendbarkeit der Schiedsklausel zu erklären, Gebrauch machen soll. Die Bundesregierung ist der Auffassung, daß die Möglichkeit, eine Entscheidung von Streitigkeiten über die Auslegung und Anwendung der Unionsverträge durch den Internationalen Gerichtshof herbeizuführen, von der Sache her grundsätzlich zu begrüßen ist. Die Bundesregierung wird daher eine Erklärung über die Nichtanwendbarkeit der Schiedsklausel voraussichtlich nicht abgeben.

D. Nebenabkommen der Pariser Verbandsübereinkunft

(Wird ausgeführt.)

E. Änderung des Artikels 4 der Pariser Verbandsübereinkunft

(Wird ausgeführt.)

F. Änderung der materiellrechtlichen Vorschriften der Berner Übereinkunft

Zu Artikel 1

Dieser Artikel ist unverändert geblieben.

Zu Artikel 2

In Absatz 1 ist die Einschränkung, daß choreographische Werke und Pantomimen nur zu schützen sind, wenn deren Bühnenvorgang schriftlich oder auf andere Weise festgelegt ist, gestrichen worden, weil kein sachlicher Grund besteht, diese Werke anders zu behandeln als die übrigen Werke, bei denen der Schutz von einer Festlegung nicht abhängt. Es wurde jedoch ein neuer Absatz 2 eingefügt, nach dem den Verbandsländern allgemein vorbehalten bleibt, Werke nur zu schützen, wenn sie schriftlich, durch Bild- oder Tonträger oder auf sonstige Weise körperlich festgelegt sind.

Nach Absatz 2 Satz 2 der Brüsseler Fassung ist es bisher den Verbandsländern vorbehalten, den Schutz für Übersetzungen offizieller Texte auf dem Gebiet der Gesetzgebung, Verwaltung und Rechtsprechung zu bestimmen. Da kein sachlicher Grund besteht, den Schutz privater Übersetzungen amtlicher Texte zu beschränken, ist diese Vorschrift geändert worden. Sie bezieht sich jetzt nur noch auf amtliche Übersetzungen dieser Texte. Außerdem ist sie auf diese amtlichen Texte selbst erstreckt worden.

Nach Artikel 2 Abs. 5 der Brüsseler Fassung ist es den Verbandsländern vorbehalten, die Voraussetzungen für den Schutz der Werke der angewandten Kunst und der Geschmacksmuster festzulegen. Für Werke, die im Ursprungs-

land nur als Geschmacksmuster geschützt sind, kann in den anderen Verbandsländern nur der Schutz beansprucht werden, der in diesen Ländern den Geschmacksmustern gewährt wird. Diese Bestimmung hat teilweise zu der Auslegung geführt, daß Verbandsländer, die keinen Geschmacksmusterschutz kennen, Werke, die im Ursprungsland nur als Geschmacksmuster geschützt sind, überhaupt nicht zu schützen brauchen. Der neue Absatz 7, der im übrigen den bisherigen Absatz 5 unverändert übernimmt, stellt klar, daß in diesem Falle Urheberrechtsschutz zu gewähren ist. Der neue Absatz 8 gibt unverändert den Inhalt des Absatzes 3 des Artikels 9 der Brüsseler Fassung wieder, der aus systematischen Gründen vorgezogen ist.

Zu Artikel 2bis

In diesem Artikel ist lediglich Absatz 2 geändert worden.

Während bisher die Verbandsländer nur bestimmen dürfen, daß Vorträge, Ansprachen, Predigten und ähnliche Werke frei durch die Presse vervielfältigt werden dürfen, können sie nunmehr auch die Rundfunksendung, die Drahtübertragung und die öffentliche Wiedergabe der durch Rundfunk gesendeten Werke dieser Art zulassen. Diese Erweiterung dient der Gleichstellung von Presse und Rundfunk.

Die Bestimmung ist andererseits dadurch eingeschränkt worden, daß die Predigten nicht mehr zu den von der Ausnahmevorschrift betroffenen Werken gehören. Predigten dürfen daher nur noch mit Zustimmung des Urhebers durch die Presse abgedruckt oder in sonstiger Weise wiedergegeben werden.

Außerdem bezieht sich die Bestimmung nur auf öffentlich dargebotene Werke, so daß private Vorträge, Ansprachen usw. nicht unter die Ausnahmevorschrift fallen.

Eine weitere Einschränkung besteht darin, daß die Benutzung nur zulässig ist, wenn sie durch den Informationszweck gerechtfertigt ist.

Eine dem Artikel 2bis Abs. 2 entsprechende Bestimmung findet sich in § 48 des deutschen Urheberrechtsgesetzes; sie steht mit der Neufassung im Einklang.

Zu den Artikeln 3 bis 6

In den Artikeln 3 bis 6 sind die bisher in den Artikeln 4 bis 6 enthaltenen Bestimmungen darüber, welche Werke den Schutz nach der Übereinkunft genießen und welches Land Ursprungsland für ein Werk ist, systematisch neu geordnet worden. Dabei wurden außerdem folgende sachliche Änderungen vorgenommen:

Nach Artikel 4 Abs. 1 der Brüsseler Fassung genießen die verbandsangehörigen Urheber keinen Schutz für ihre Werke, die sie zum erstenmal in einem Nichtverbandsland veröffentlicht haben. Nach dem neuen Artikel 3

Abs. 1 Buchstabe a genießen sie den Schutz für alle ihre Werke unabhängig davon, wo sie ihr Werk zum erstenmal veröffentlicht haben. Neu ist auch die Bestimmung in Artikel 3 Abs. 2, nach der die Urheber, die keinem Verbandsland angehören, jedoch ihren gewöhnlichen Aufenthalt in einem Verbandsland haben, den Urhebern gleichgestellt werden, die diesem Land angehören.

In dem neuen Artikel 3 Abs. 3 ist die Begriffsbestimmung für veröffentlichte Werke geringfügig geändert worden. Während nach Artikel 4 Abs. 4 der Brüsseler Fassung hierunter die Werke zu verstehen sind, die in genügender Anzahl zur Verfügung des Publikums gestellt sind, gelten nunmehr die Werke als veröffentlicht, die mit Zustimmung ihrer Urheber je nach der Natur des Werkes in einer Weise der Öffentlichkeit zur Verfügung gestellt sind, die deren normalen Bedarf befriedigt.

Nach dem neuen Artikel 4 werden zwei Gruppen von Urhebern in den Schutz der Übereinkunft einbezogen, auch wenn sie nicht Angehörige eines Verbandslandes sind:

a) die Urheber von Filmwerken, deren Hersteller seinen Sitz oder seinen gewöhnlichen Aufenthalt in einem Verbandsland hat und

b) die Urheber von Werken der Baukunst, die in einem Verbandsland errichtet sind, und die Urheber von solchen Werken der graphischen und plastischen Künste, die Bestandteile eines in einem Verbandsland gelegenen Grundstücks sind.

Schließlich ist in Artikel 5 Abs. 4 Buchstabe c i die neue Bestimmung enthalten, daß für Filmwerke das Verbandsland Ursprungsland ist, in dem der Hersteller seinen Sitz oder seinen gewöhnlichen Aufenthalt hat.

Zu Artikel 6bis

In Artikel 6bis ist nur der zweite Absatz geändert worden. Während nach der Brüsseler Fassung der Schutz der Persönlichkeitsrechte des Urhebers nur bis zu seinem Tode zwingend vorgeschrieben ist, bleiben nach der neuen Fassung des Absatzes 2 diese Rechte auch nach seinem Tode wenigstens bis zum Erlöschen der vermögensrechtlichen Befugnisse in Kraft. Jedoch können die Verbandsländer, die nach ihren Rechtsvorschriften im Zeitpunkt der Ratifikation dieser Fassung der Übereinkunft oder des Beitritts zu ihr die Persönlichkeitsrechte des Urhebers nach seinem Tode nicht oder nur teilweise schützen, diesen Rechtszustand aufrecht erhalten. Nach deutschem Recht ist das Persönlichkeitsrecht des Urhebers bis zum Erlöschen seiner vermögensrechtlichen Befugnisse geschützt.

Zu Artikel 7

Absatz 1, nach dem der durch die Übereinkunft gewährte Schutz das Leben des Urhebers und 50 Jahre nach seinem Tode umfaßt, ist unverändert geblie-

ben. Jedoch ist in dem neuen Absatz 6 klargestellt, daß die Verbandsländer befugt sind, eine längere Schutzdauer zu gewähren. Nach deutschem Recht erlischt das Urheberrecht erst 70 Jahre nach dem Tode des Urhebers (vgl. § 64 des Urheberrechtsgesetzes).

Abweichend vom bisherigen Absatz 3 ist für Filmwerke, Werke der Photographie und Werke der angewandten Kunst, für die bisher eine Mindestschutzfrist nicht festgesetzt ist, in den Absätzen 2 und 4 eine solche Frist vorgesehen. Das deutsche Urheberrechtsgesetz enthält keine besonderen Bestimmungen über die Schutzdauer für Filmwerke und Werke der angewandten Kunst. Dagegen ist für Werke der Photographie in § 68 des Urheberrechtsgesetzes eine dem Absatz 4 entsprechende Schutzfrist von 25 Jahren vorgesehen.

Absatz 3 entspricht dem bisherigen Absatz 4, jedoch ist durch den Schlußsatz klargestellt, daß die Verbandsländer nicht gehalten sind, anonyme Werke zu schützen, bei denen aller Grund zu der Annahme besteht, daß ihr Urheber seit 50 Jahren tot ist.

Der neue Absatz 7 ermöglicht es Verbandsländern, die noch durch die Rom-Fassung der Berner Übereinkunft gebunden sind und im Zeitpunkt der Unterzeichnung der vorliegenden Fassung kürzere Schutzfristen, als in dieser Fassung vorgesehen ist, gewähren, diese kürzeren Schutzfristen beizubehalten.

Zu Artikel 7bis

Dieser Artikel ist sachlich nicht geändert worden.

Zu Artikel 8

Auch dieser Artikel ist unverändert geblieben.

Zu Artikel 9

Absatz 1 der Brüsseler Fassung sieht nur für bestimmte Werke ein ausschließliches Vervielfältigungsrecht des Urhebers vor. Der neue Absatz 1 erweitert dieses Vervielfältigungsrecht auf alle Werke der Literatur und Kunst. Der neue Absatz 2 läßt Ausnahmen vom Vervielfältigungsrecht zu, die aber weder zu einer Beeinträchtigung der normalen Auswertung des Werkes noch zu einer unzumutbaren Verletzung der berechtigten Interessen des Urhebers führen dürfen. Man kann hierbei davon ausgehen, daß in den Fällen, in denen die Vervielfältigung nur gegen Zahlung einer angemessenen Vergütung an den Urheber gestattet wird, eine solche unzumutbare Verletzung nicht vorliegt. Das deutsche Urheberrechtsgesetz enthält eine Reihe von Ausnahmen vom Vervielfältigungsrecht, die sich jedoch im Rahmen dieser Bestimmung halten (vgl. z. B. §§ 45, 53, 54 und 56 bis 60).

Der bisherige Absatz 2 erscheint jetzt in Artikel 10bis Abs. 1.

Der bisherige Absatz 3 ist aus Gründen der Systematik unverändert in Artikel 2 Abs. 8 übernommen worden.

Zu Artikel 10

Absatz 1, der bisher nur Zitate aus Zeitungs- und Zeitschriftenartikeln erlaubt, ist auf alle Arten von Werken erstreckt worden. Außerdem ist er dadurch sachlich eingeschränkt worden, daß Zitate nur aus solchen Werken zulässig sein sollen, die der Öffentlichkeit bereits erlaubterweise zugänglich gemacht worden sind, und nur dann, wenn sie anständigen Gepflogenheiten entsprechen und in ihrem Umfang durch den Zweck gerechtfertigt sind.

Absatz 2 ist gleichfalls geändert worden. Die Ausnahmevorschrift ist dadurch erweitert worden, daß die Benutzung von Werken der Literatur zu Zwecken des Unterrichts nicht nur für Veröffentlichungen, sondern auch für Rundfunksendungen sowie für Ton- und Bildaufnahmen zulässig ist. Andererseits ist die Benutzung nur noch zur Veranschaulichung des Unterrichts und nicht mehr allgemein für Veröffentlichungen, die für den Unterricht bestimmt oder wissenschaftlicher Natur sind, zulässig. Die Benutzung muß außerdem den anständigen Gepflogenheiten entsprechen. Die in Artikel 10 Abs. 2 der Brüsseler Fassung enthaltene Ausnahme für Chrestomathien ist ganz beseitigt.

Die entsprechenden Ausnahmebestimmungen finden sich in §§ 46, 47 und 51 des deutschen Urheberrechtsgesetzes. Sie stehen mit der neuen Regelung im Einklang.

Absatz 3 ist unverändert geblieben.

Zu Artikel 10bis

Die in Artikel 1 vorgesehene Ausnahmebestimmung ist bisher schon in Artikel 9 Abs. 2 enthalten. Sie ist jedoch dahin erweitert worden, daß Artikel über Tagesfragen wirtschaftlicher, politischer oder religiöser Natur nicht nur durch die Presse vervielfältigt, sondern auch durch Rundfunk gesendet und mittels Draht an die Öffentlichkeit übertragen werden dürfen. Außerdem bezieht sie sich nicht nur auf Presseartikel, sondern auch auf durch Rundfunk gesendete Werke gleicher Art. Eine entsprechende Ausnahmebestimmung ist in § 49 des deutschen Urheberrechtsgesetzes enthalten.

Die Bestimmung in Absatz 2, die dem bisherigen Artikel 10bis entspricht, ist in mehreren Punkten geändert worden. Es dürfen anläßlich der Berichterstattung über Tagesereignisse nicht nur kurze Bruchstücke, sondern auch ganze Werke der Literatur oder Kunst wiedergegeben werden, wenn sie im Verlauf der Ereignisse sichtbar oder hörbar werden; jedoch ist die Wiedergabe nur in dem Umfange zulässig, der durch den verfolgten Informationszweck gerechtfertigt ist. Andererseits dürfen die Werke nicht nur durch Photographien, Kinematographie und Rundfunk, sondern auch durch Übertragung

mittels Draht der Öffentlichkeit zugänglich gemacht werden. Eine entsprechende Ausnahmebestimmung ist in § 50 des deutschen Urheberrechtsgesetzes enthalten.

Zu Artikel 11

Artikel 11 ist sachlich nicht geändert worden. Absatz 1 letzter Satz und Absatz 3 sind als überflüssig gestrichen worden.

Im deutschen Urheberrechtsgesetz ist dem Urheber das ausschließliche Recht der öffentlichen Aufführung seines Werkes durch § 15 Abs. 2 Nr. 1 vorbehalten.

Zu Artikel 11bis

Dieser Artikel ist unverändert.

Zu Artikel 11ter

Artikel 11ter ist dem Artikel 11 aus systematischen Gründen angepaßt worden, ohne daß damit eine sachliche Änderung verbunden ist.

Zu Artikel 12

Dieser Artikel ist unverändert geblieben.

Zu Artikel 13

Absatz 1 ist gestrichen worden, weil die entsprechenden Rechte des Urhebers bereits in den Artikeln 9 Abs. 1 und Artikel 11 Abs. 1 Nr. 1 vorgesehen sind.

Absatz 1 der vorliegenden Fassung entspricht dem bisherigen Absatz 2 mit der Maßgabe, daß die Bestimmung auch auf die Texte von Werken der Musik erweitert worden ist.

Nach dem bisherigen Absatz 3 dürfen Werke der Musik, die vor dem Inkrafttreten der Berliner Fassung der Übereinkunft erlaubterweise auf Tonträger übertragen worden waren, ohne Einwilligung der Urheber weiter auf Tonträger aufgenommen werden. Diese Ausnahmebestimmung soll nach dem neuen Absatz 2 außer Kraft treten. Im deutschen Urheberrechtsgesetz ist eine entsprechende Bestimmung in § 133 enthalten, die nunmehr zwei Jahre nach dem Zeitpunkt außer Kraft treten soll, zu dem diese Fassung der Berner Übereinkunft für die Bundesrepublik Deutschland in Kraft tritt (vgl. Artikel 2 des Entwurfs des Vertragsgesetzes).

Der bisherige Absatz 4 — jetzt Absatz 3 — ist nicht geändert worden.

Zu Artikel 14

Dieser Artikel ist im wesentlichen nur redaktionell geändert worden. Lediglich in Absatz 1 Nr. 2 ist das ausschließliche Recht des Urhebers, die Verwer-

tung des Filmwerks zu erlauben, auf die öffentliche Übertragung des Filmwerkes mittels Draht erweitert worden.

Der bisherige Absatz 2 ist in den neuen Artikel 14bis als Absatz 1 übernommen worden, während der bisherige Absatz 5 gestrichen worden ist, weil die Gleichstellung von Filmwerken mit den Werken, die durch ein der Kinematographie ähnliches Verfahren erzielt worden sind, jetzt in Artikel 2 Abs. 1 geregelt ist.

Zu Artikel 14bis

Absatz 1 entspricht dem früheren Absatz 2 des Artikels 14.

Absatz 2 Buchstabe a stellt es den Verbandsländern frei zu bestimmen, wer als Urheber des Filmwerkes anzusehen ist. Im deutschen Urheberrechtsgesetz ist diese Frage nicht ausdrücklich geregelt, es ergibt sich aber aus der allgemeinen Bestimmung des § 7 des Urheberrechtsgesetzes, daß als Urheber diejenigen anzusehen sind, die die geistigen Schöpfer des Filmwerkes sind.

Die neue Regelung in Absatz 2 Buchstaben b bis d und Absatz 3 soll dem Produzenten eines Filmwerkes die ungestörte Auswertung des Filmwerkes ermöglichen. Wenn die Urheber des Filmwerkes seiner Herstellung zugestimmt haben, können sie sich mangels gegenteiliger Vereinbarung seiner Verwertung nicht widersetzen.

Entsprechende Bestimmungen sind auch in den §§ 88 und 89 des deutschen Urheberrechtsgesetzes enthalten. Die in Absatz 2 Buchst. c erwähnte Schriftform ist nach deutschem Recht nicht vorgesehen. Die Bestimmungen in §§ 88 und 89 sind auf alle in Absatz 3 des Artikels 14bis genannten Urheber anwendbar.

Zu Artikel 14ter

Dieser Artikel enthält unverändert den bisherigen Artikel 14bis.

Zu Artikel 15

Absatz 1 ist unverändert geblieben.

Der neue Absatz 2 regelt die Frage, wer als Hersteller des Filmwerkes anzusehen ist, in entsprechender Weise wie Absatz 1 Satz 1.

In Absatz 3 ist der frühere Absatz 2 unverändert übernommen worden.

Der neue Absatz 4 bezieht sich im wesentlichen auf sogenannte folkloristische Werke. Diese Werke sind häufig nicht erschienen und ihre Urheber unbekannt. Die neue Bestimmung soll die Möglichkeit schaffen, daß die Rechte des unbekannten Urhebers durch eine besondere Behörde wahrgenommen werden.

Zu den Artikeln 16 bis 20

Diese Artikel sind unverändert geblieben.

Zu Artikel 21

Die Bestimmung, daß das Protokoll betreffend die Entwicklungsländer Bestandteil dieser Fassung der Übereinkunft ist, bewirkt, daß die Stockholmer Fassung nur zusammen mit dem Protokoll ratifiziert werden kann; das gleiche gilt für den Beitritt zur Stockholmer Fassung.

Zum Protokoll betreffend die Entwicklungsländer

1. Allgemeines

Viele Entwicklungsländer sind auf Grund ihrer wirtschaftlichen, sozialen und kulturellen Verhältnisse nicht in der Lage, den Urhebern den in der Berner Übereinkunft vorgesehenen Mindestschutz zu gewähren. Um auch diesen Ländern den Beitritt zur Übereinkunft zu ermöglichen, waren schon seit längerer Zeit Bestrebungen im Gange, für sie besondere Vorschriften zu schaffen, die es ihnen gestatten, beim Beitritt gewisse Vorbehalte zu machen. Da sich die meisten Verbandsländer für eine solche Regelung aussprachen, wurde in der Stockholmer Konferenz für geistiges Eigentum das Protokoll betreffend die Entwicklungsländer beschlossen, das Bestandteil der Stockholmer Fassung der Berner Übereinkunft ist.

Nach Abschluß der Stockholmer Konferenz wurden von den Verbänden der Urheber und Verleger Bedenken gegen das Entwicklungsländerprotokoll geltend gemacht. Die Verbände vertraten den Standpunkt, daß die Ratifizierung des Protokolls zu schweren Nachteilen für die Urheber und Verleger führen würde. Es sei insbesondere zu befürchten, daß in den Entwicklungsländern, die von den im Protokoll zugelassenen Vorbehalten Gebrauch machten, in erheblichem Umfange deutsche Werke übersetzt und vertrieben werden würden, ohne daß die deutschen Berechtigten die Möglichkeit hätten, hierfür ein angemessenes Entgelt zu erlangen. Die im Protokoll vorgesehene Vergütung werde voraussichtlich erheblich geringer sein als der Betrag, den die Verleger sonst für die Gestaltung der Übersetzung forderten. Die Unterstützung der Entwicklungsländer sei nicht Sache der Urheber und Verleger, vielmehr müßten die erforderlichen Mittel aus dem Steueraufkommen aufgebracht werden.

Ob diese Befürchtungen zutreffen, erscheint zweifelhaft. Bisher sind von den Verbänden noch keine konkreten Zahlen über den voraussichtlichen Schaden durch das Protokoll genannt worden. Man muß berücksichtigen, daß hinsichtlich der Entwicklungsländer, die der Berner Übereinkunft neu beitreten, ein Schutz nach der Übereinkunft noch nicht bestanden hat, so daß das Protokoll, das die Verwertung der Werke auf Grund der Ausnahmebestimmungen nur gegen Vergütung zuläßt, den Urhebern und Verlegern keine Verluste, sondern zusätzliche Einnahmen verschafft. In den Entwicklungsländern, die be-

reits der Berner Übereinkunft angehören, ist zwar ein gewisser Einnahmeverlust zu erwarten, doch dürfte dieser Verlust für die deutschen Urheber und Verleger nicht so sehr ins Gewicht fallen wie für die französischen und englischen Berechtigten, weil in den zahlreichen ehemaligen französischen und englischen Kolonien, die nach ihrem Selbständigwerden zu den Entwicklungsländern zählen, die Nachfrage nach Werken in diesen beiden Sprachen ungleich größer sein wird als nach deutschsprachigen Werken. Man darf im übrigen auch nicht davon ausgehen, daß bei einer Nichtratifizierung des Entwicklungsländerprotokolls der gegenwärtige Bestand an Entwicklungsländern in der Berner Übereinkunft (zur Zeit 24 Staaten) unverändert bleiben würde. Sehr wahrscheinlich würden zahlreiche der Übereinkunft bereits angehörende Entwicklungsländer durch Kündigung aus dem Berner Verband ausscheiden. Sie haben zum Teil schon mit der Kündigung gedroht. In den ausgeschiedenen Ländern würden dann die Urheber überhaupt keinen Schutz genießen; sie würden dann dort ihre bisherigen Einnahmen verlieren. Die Bindung der Entwicklungsländer an die Berner Übereinkunft dürfte außerdem bewirken, daß auch die Länder, die zunächst von den Vorbehalten nach dem Protokoll Gebrauch machen, durch die vorgesehene Befristung der Vorbehalte dazu angehalten werden, ihr nationales Recht allmählich dem vollen Schutzniveau der Berner Übereinkunft anzupassen; dies würde zu einer Verstärkung des internationalen Urheberrechtsschutzes führen.

Aus diesen Gründen ist die baldige Ratifizierung des Entwicklungsländerprotokolls geboten.

2. Die einzelnen Bestimmungen

Zu Artikel 1

Dieser Artikel bestimmt, welche Länder die Vorbehalte des Protokolls in Anspruch nehmen können, und regelt die Vorbehalte im einzelnen.

Buchstabe a

Die Bestimmung ermöglicht es den Entwicklungsländern, kürzere Schutzfristen vorzusehen, als die Berner Übereinkunft zwingend vorschreibt.

Buchstabe b

Der Vorbehalt hinsichtlich des Übersetzungsschutzes verbindet die Regelung in Artikel 5 der im Jahre 1896 in Paris vervollständigten Berner Übereinkunft (vgl. Artikel 30 Abs. 2 Buchstabe b der Stockholmer Fassung der Übereinkunft) mit der Regelung in Artikel V des Welturheberrechtsabkommens; die Bestimmung weicht hiervon jedoch in folgenden Punkten ab:

Die in Artikel V des Welturheberrechtsabkommens für die Erteilung von Zwangslizenzen vorgesehene Schonfrist von 7 Jahren ist auf 3 Jahre nach der Erstveröffentlichung des Werkes verkürzt. Dafür hat jedoch der Urheber die

im Welturheberrechtsabkommen nicht vorgesehene Möglichkeit, durch Nachholung der eigenen Veröffentlichung einer Übersetzung innerhalb von 10 Jahren nach der Erstveröffentlichung sein ausschließliches Recht voll zurückzuerwerben. Ferner wird bei der Regelung der Vergütung nur Angemessenheit gefordert, während nach dem Welturheberrechtsabkommen die Vergütung der zwischenstaatlichen Übung entsprechen muß. Auch ist hinzugefügt, daß die Zahlung und der Transfer der Vergütung den nationalen Devisenbestimmungen unterworfen sind. Außerdem ist ausdrücklich klargestellt, daß der Urheber die Zwangslizenz nur durch Veröffentlichung einer Übersetzung in dem betreffenden Lande selbst vermeiden kann. Im Welturheberrechtsabkommen ist über den Ort der Veröffentlichung nichts bestimmt.

Buchstabe c

Der Vorbehalt hinsichtlich des Vervielfältigungsrechts ist dem Vorbehalt zu Buchstabe b nachgebildet, jedoch mit der Einschränkung, daß die Zwangslizenz nur zu kulturellen oder Erziehungszwecken erteilt werden darf.

Buchstabe d

Der Vorbehalt hinsichtlich des Senderechts gibt den Entwicklungsländern insbesondere die Möglichkeit, die öffentliche Wiedergabe von Rundfunksendungen zu gestatten, wenn sie keinen Erwerbszwecken dient.

Buchstabe c

Diese Bestimmung bezieht sich im Gegensatz zu den vorgenannten Vorbehalten nicht auf bestimmte Befugnisse des Urhebers, sondern auf alle Arten der Verwertung des Werkes. Andererseits ist die Verwertung ausschließlich zu Unterrichts-, Studien- und Forschungszwecken auf allen Gebieten der Erziehung zulässig.

Zu Artikel 2

Dieser Artikel regelt die Zurücknahme der Vorbehalte.

Zu Artikel 3

Wie bereits erwähnt, können die nach Artikel 1 zunächst für 10 Jahre erklärten Vorbehalte unter gewissen Voraussetzungen weiter in Anspruch genommen werden.

Zu Artikel 4

Dieser Artikel regelt den Fall, daß ein Land nicht mehr als Entwicklungsland anzusehen ist.

Zu Artikel 5

Artikel 5 läßt eine Anwendung des Protokolls vor Inkrafttreten der Stockholmer Fassung der Berner Übereinkunft und des Protokolls zu.

Zu Artikel 6

Nach Artikel 6 können Nichtentwicklungsländer die Vorbehalte nach dem Protokoll für Gebiete in Anspruch nehmen, deren auswärtige Beziehungen sie wahrnehmen.

Stellungnahme des Bundesrates

1. Die Eingangsworte sind wie folgt zu fassen:

„Der Bundestag hat mit Zustimmung des Bundesrates das folgende Gesetz beschlossen."

B e g r ü n d u n g

Die Zustimmungsbedürftigkeit ergibt sich nach ständiger Auffassung des Bundesrates daraus, daß durch Artikel 2 des Ratifikationsgesetzes das Urheberrechtsgesetz, das mit Zustimmung des Bundesrates ergangen ist, förmlich geändert werden soll.

2. Zu dem Protokoll betreffend die Entwicklungsländer:

Der Bundesrat befürwortet die Ziele des Protokolls betreffend die Entwicklungsländer. Er hat jedoch erhebliche Zweifel, ob die in dem Protokoll vorgesehene Einschränkung der Rechte der Urheber mit den schutzwürdigen Interessen der Urheber und Verleger zu vereinbaren ist. Dies gilt insbesondere für Artikel 1 Buchstabe e des Protokolls, der den Entwicklungsländern ohne Genehmigung den Nachdruck von Werken der Literatur und Kunst zu Unterrichts-, Studien- und Forschungszwecken und den Export der Nachdruckexemplare in andere Entwicklungsländer gestattet. Die Förderung der Entwicklungsländer ist eine Aufgabe der Allgemeinheit; die damit verbundenen Lasten dürfen nicht einzelnen oder einem Teil der Wirtschaft aufgebürdet werden. Die Bundesregierung wird deswegen gebeten, im weiteren Gesetzgebungsverfahren die Auswirkungen der vorgesehenen Regelung noch einmal zu überprüfen und gegebenenfalls Vorschläge dafür zu unterbreiten, wie berechtigten Interessen der deutschen Urheber und Verleger Rechnung getragen werden kann.

Auffassung der Bundesregierung zu der Stellungnahme des Bundesrates

Die Bundesregierung äußert sich zu der Stellungnahme des Bundesrates wie folgt:

Zu 1.

Dem Vorschlag wird nicht zugestimmt.

Das Urheberrechtsgesetz, das durch Artikel 2 des Vertragsgesetzes geändert werden soll, war nach Auffassung der Bundesregierung nicht zustimmungsbe-

dürftig und ist mit der dieser Auffassung entsprechenden Einleitungsformel verkündet worden. Im übrigen hat der Bundesrat seinerzeit die Zustimmungsbedürftigkeit des Urheberrechtsgesetzes nicht aus der Bestimmung abgeleitet, deren Änderung jetzt vorgesehen ist. Die Bundesregierung vertritt in ständiger Praxis die Auffassung, daß die Änderung eines Zustimmungsgesetzes nur dann der Zustimmung des Bundesrates bedarf, wenn durch das Änderungsgesetz Vorschriften geändert werden, die die Zustimmungsbedürftigkeit des ursprünglichen Gesetzes begründet haben.

Zu 2.

Die Bundesregierung ist der Auffassung, daß es sich bei den im Protokoll betreffend die Entwicklungsländer vorgesehenen Einschränkungen des Urheberrechts nicht um eine Entwicklungshilfe zu Lasten einzelner oder eines Teils der Wirtschaft handelt. Ziel des Protokolls ist es im Gegenteil, im Interesse der betroffenen Urheber und Verleger den bestehenden Urheberrechtsschutz in den Entwicklungsländern in angemessenem Umfang zu erhalten und schrittweise dem hohen Stand der Berner Übereinkunft anzupassen. Tritt das Protokoll nicht in Kraft, so erscheint es ausgeschlossen, weitere der zum größten Teil der Berner Übereinkunft noch nicht angehörenden Entwicklungsländer für einen Beitritt zu dieser Übereinkunft zu gewinnen. Darüber hinaus wäre mit dem Ausscheiden einer großen Zahl der Entwicklungsländer zu rechnen, die der Berner Übereinkunft bereits angehören. Eine solche Entwicklung würde für die deutschen Urheber in diesen Ländern zu einer noch ungünstigeren Situation führen als die Annahme des Protokolls.

Die Bundesregierung wird die deutschen Urheber und Verleger bei der Wahrung ihrer Interessen in den Entwicklungsländern auch künftig unterstützen.

II. Schriftlicher Bericht des Rechtsausschusses (12. Ausschuß) über den von der Bundesregierung eingebrachten Entwurf eines Gesetzes über die am 14. Juli 1967 in Stockholm unterzeichneten Übereinkünfte auf dem Gebiet des geistigen Eigentums. Vom 27. Juni 1969. — Drucksache V/3582 —

(Deutscher Bundestag, 5. Wahlperiode, Drucksache V/4511)

A. Bericht des Abgeordneten Busse (Herford)

Der Deutsche Bundestag hat den Entwurf in seiner 209. Sitzung am 17. Januar 1969 in erster Lesung beraten und federführend an den Rechtsausschuß sowie zur Mitberatung an den Auswärtigen Ausschuß und den Ausschuß für Wissenschaft, Kulturpolitik und Publizistik überwiesen.

Der Rechtsausschuß hat am 8. Mai 1969 zusammen mit dem Ausschuß für Wissenschaft, Kulturpolitik und Publizistik, Auswärtigen Ausschuß und Ausschuß für Entwicklungshilfe Sachverständige gehört und die Vorlage am 25. Juni 1969 abschließend beraten. Der Ausschuß für Wissenschaft, Kulturpolitik und Publizistik hat mit Schreiben vom 14. Februar 1969, der Auswärtige Ausschuß mit Schreiben vom 9. Mai und 18. Juni 1969 Stellung genommen, und der Ausschuß für Entwicklungshilfe hat sich mit Schreiben vom 12. Juni 1969 gutachtlich geäußert.

Die Beratungen aller beteiligten Ausschüsse konzentrierten sich auf die Frage, ob der in Artikel 1 Nr. 2 des Entwurfs vorgesehenen Ratifizierung der Stockholmer Fassung der Berner Übereinkunft zum Schutz von Werken der Literatur und Kunst einschließlich des dieser Fassung beigefügten Protokolls betreffend die Entwicklungsländer zugestimmt werden soll. Gegen die Ratifizierung dieses Protokolls, das den der Berner Übereinkunft angehörenden Entwicklungsländer im Hinblick auf ihre besonderen kulturellen und sozialen Bedürfnisse gestattet, für eine Übergangszeit die durch die Übereinkunft gewährten Rechte unter bestimmten Voraussetzungen (nur auf Grund erst zu erlassender nationaler Gesetze, ausschließlich für Unterrichts- und Forschungszwecke, nur gegen Vergütung nach Maßgabe des innerstaatlichen Rechts, Vorbehalt der nationalen Devisenbestimmungen) einzuschränken, werden von den betroffenen Urhebern und Verlegern nachdrücklich Bedenken erhoben. Zur Klärung dieser Bedenken hat der Rechtsausschuß in einer gemeinsamen Sitzung mit dem Auswärtigen Ausschuß und dem Ausschuß für Wissenschaft, Kulturpolitik und Publizistik, an der auch Vertreter des Ausschusses für Entwicklungshilfe teilnahmen, am 8. Mai 1969 elf Sachverständige gehört, darunter insbesondere den Direktor der Vereinigten Internationalen Büros für den Schutz des geistigen Eigentums in Genf, Prof. Dr. Bodenhausen, und Prof. Dr. Ulmer, Direktor des Max-Planck-Instituts für ausländisches und internationales Patent-, Urheber- und Wettbewerbssrecht in München, der auf der Stockholmer Konferenz für die Bundesrepublik Deutschland die Verhandlungen über die Revision der Berner Übereinkunft geleitet hat.

Der Auswärtige Ausschuß und der Ausschuß für Wissenschaft, Kulturpolitik und Publizistik haben sich unter Berücksichtigung der damals noch bestehenden Bedenken des Auswärtigen Amtes gegen eine Ratifizierung des Protokolls in dieser Wahlperiode ausgesprochen und empfohlen, angesichts der bisher zögernden Haltung der meisten anderen Staaten zunächst die weitere internationale Entwicklung abzuwarten. Der Auswärtige Ausschuß hat jedoch angeregt, in einer Entschließung ausdrücklich hervorzuheben, daß er die Bemühungen, den Entwicklungsländern unter Wahrung eines angemessenen Urheberrechtsschutzes den Zugang zu den von ihnen im Interesse eines höheren Bildungsstandes benötigten Werken zu erleichtern, billigt und unterstützt und es begrüßen würde, wenn diese Bemühungen weltweite Anerkennung fänden.

Der Ausschuß für Entwicklungshilfe hat dagegen nach eingehender Abwägung der für und gegen die sofortige Ratifizierung des Protokolls sprechenden

Gesichtspunkte dem Rechtsausschuß die Zustimmung zu dem Protokoll noch in dieser Wahlperiode empfohlen.

Gegen die Ratifizierung der übrigen in Artikel 1 Nr. 1 und 3 bis 7 des Entwurfs genannten Verträge sowie der formellen Bestimmungen der Stockholmer Fassung der Berner Übereinkunft, die nach Artikel 28 Abs. 1 Buchstabe b dieser Fassung gesondert ratifiziert werden können, hat keiner der mitberatenden Ausschüsse Bedenken erhoben. Der Auswärtige Ausschuß hat auch für den Fall einer Vertagung der Ratifizierung des Protokolls die sofortige Ratifizierung jedenfalls der formellen Bestimmungen der Berner Übereinkunft mit den übrigen Verträgen ausdrücklich befürwortet.

Der Rechtsausschuß empfiehlt nach eingehender Beratung, den Entwurf des Zustimmungsgesetzes unverändert anzunehmen, d. h. der Ratifizierung aller Verträge einschließlich des Protokolls betreffend die Entwicklungsländer zuzustimmen.

Maßgebend für diesen einstimmig bei zwei Enthaltungen gefaßten Beschluß waren folgende Erwägungen:

Das Entwicklungsländerprotokoll bedeutet zwar formell eine Verminderung des Urheberrechtsschutzes in den zur Zeit der Berner Übereinkunft angehörenden 20 Entwicklungsländern — nur um diese 20 von über 70 Entwicklungsländern handelt es sich hier —, da diese auf Grund der bisher geltenden Brüsseler Fassung der Übereinkunft zur vollen Schutzgewährung verpflichtet sind. Die Entwicklungsländer haben jedoch eindeutig zu erkennen gegeben, daß sie aus der Übereinkunft ganz ausscheiden würden, wenn ihrer besonderen Lage nicht durch die im Protokoll vorgesehenen Schutzerleichterungen Rechnung getragen wird. Zwei Entwicklungsländer, Mali und Obervolta, haben bereits ihren Austritt erklärt. Die Nichtratifizierung des Protokolls durch die Industriestaaten würde somit im Ergebnis nicht zu einer Erhaltung des Urheberrechtsschutzes in den Entwicklungsländern führen, sondern die Gefahr heraufbeschwören, daß die Urheber in diesen Ländern jeden Schutz verlieren.

Auch die Urheber und Verleger verkennen diese Gefahr nicht. Sie sind jedoch aus prinzipiellen Erwägungen der Auffassung, daß notfalls auch ein völliger Verlust ihrer Rechte in den Entwicklungsländern eher hinzunehmen sei als eine ausdrückliche Billigung der im Protokoll vorgesehenen Einschränkungen des Urheberrechts, die nach ihrer Auffassung zu einer „Zerstörung des internationalen Urheberrechts" führen würde. Im übrigen glauben die Urheber und Verleger, daß ihnen im Fall eines Austritts der Entwicklungsländer aus der Berner Übereinkunft in diesen Ländern jedenfalls der Schutz aus dem Welturheberrechtsabkommen verbleiben würde.

Der Rechtsausschuß vermag dieser Argumentation nicht zu folgen. Er hält die Gefahr einer „Zerstörung" des internationalen Urheberrechts für unbegründet, da es sich bei dem Protokoll um eine klare Ausnahmeregelung zugunsten der Entwicklungsländer handelt, die keinen Einfluß auf das Schutz-

niveau in den übrigen Staaten haben kann. Auch der Hinweis auf das Welturheberrechtsabkommen kann nicht überzeugen. Die Entwicklungsländer, die der Berner Übereinkunft angehören, sind nämlich durch eine dem Welturheberrechtsabkommen beigefügte Zusatzerklärung praktisch daran gehindert, aus der Berner Übereinkunft auszutreten und statt dessen dem Welturheberrechtsabkommen beizutreten. In der Zusatzerklärung ist vorgesehen, daß ein Mitglied der Berner Übereinkunft, das aus dieser Übereinkunft ausscheidet, damit zugleich auch den Schutz aus dem Welturheberrechtsabkommen in den Ländern der Berner Übereinkunft verliert. Damit wird der Schutz des Welturheberrechtsabkommens für ein solches Land weitgehend entwertet. Aber selbst wenn den Entwicklungsländern etwa durch eine Modifizierung dieser Zusatzerklärung, wie sie von den Entwicklungsländern gefordert wird, ein Übertritt zum Welturheberrechtsabkommen ermöglicht werden würde, wäre der dort vorgesehene Schutz noch niedriger als der Schutz des Stockholmer Protokolls. Auf diesen letzten Gesichtspunkt haben Prof. Bodenhausen und Prof. Ulmer in der Sachverständigenanhörung am 8. Mai 1969 ausdrücklich hingewiesen. Der Rechtsausschuß hat sich davon überzeugt, daß das Stockholmer Protokoll, auch abgesehen von der ihm zugrunde liegenden Absicht einer bloßen Übergangsregelung, immer noch einen nicht unwesentlich höheren Urheberrechtsschutz garantiert als das Welturheberrechtsabkommen.

Deshalb trifft es auch nicht zu, daß das Entwicklungsländerprotokoll eine Enteignung oder eine „Entwicklungshilfe auf dem Rücken der Autoren" bedeute. Nicht der deutsche Gesetzgeber würde durch seine Zustimmung zum Protokoll den deutschen Autoren den Schutz ihrer Werke in den Entwicklungsländern nehmen. Es unterliegt vielmehr der freien Entscheidung der Entwicklungsländer selbst, ob und in welchem Umfang sie ausländischen Autoren Schutz gewähren wollen.

Der Ausschuß hat sich eingehend auch mit der weiteren Frage befaßt, ob die Ratifizierung des Protokolls entsprechend den Empfehlungen des Auswärtigen Ausschusses und des Ausschusses für Wissenschaft, Kulturpolitik und Publizistik angesichts der bisher zögernden Haltung der meisten anderen Staaten nicht jedenfalls zurückgestellt werden sollte, um die weitere internationale Entwicklung abzuwarten.

Obwohl das Protokoll 1967 in Stockholm einstimmig angenommen und von neununddreißig Staaten unterzeichnet worden ist, ist es bisher nur von Senegal ratifiziert worden. Bulgarien und Schweden haben es gemäß seinem Artikel 5 vorab für sofort anwendbar erklärt. Außerdem liegt eine Beitrittserklärung des anderen Teils Deutschlands vor. Soweit es sich um die Industriestaaten handelt, ist die bisher zögernde Haltung vor allem auf den einhelligen Widerstand der betroffenen Urheber- und Verlegerverbände zurückzuführen. Namentlich Großbritannien und Frankreich, die infolge der weiten Verbreitung der englischen und französischen Sprache in den Entwicklungsländern durch die im Protokoll vorgesehenen Einschränkungen besonders

betroffen sind, haben bisher keine Bereitschaft gezeigt, das Protokoll zu ratifizieren. Diese Haltung hat wiederum die wichtigsten Entwicklungsländer veranlaßt, zunächst einmal abzuwarten, ob die westeuropäischen Industriestaaten, auf die es ihnen vor allem ankommt, das Protokoll ratifizieren.

In dieser Lage hat die Tatsache, daß Schweden als erster westlicher Industriestaat die sofortige Anwendung des Stockholmer Protokolls beschlossen hat, bei den Entwicklungsländern neue Hoffnungen geweckt. Um so mehr kommt es nach Auffassung des Rechtsausschusses auf die deutsche Haltung in dieser Frage an. Die sofortige Ratifizierung des Protokolls durch die Bundesrepublik Deutschland könnte, wie auch Prof. Bodenhausen in der Sachverständigenanhörung hervorgehoben hat, wesentlich dazu beitragen, daß das mit dem Protokoll verfolgte Ziel einer Verhinderung des Austritts der Entwicklungsländer aus der Berner Übereinkunft doch noch erreicht und damit sowohl ein noch größerer Schaden für die deutschen Urheber und Verleger als auch eine Vertiefung der Gegensätze zwischen den armen und reichen Nationen verhindert werden kann.

Die Entwicklungsländer sind offenbar auch nicht bereit, das Ergebnis neuer Verhandlungen abzuwarten und sich nochmals auf unbestimmte Zeit durch bloße Versprechungen, daß man ihren Bildungsbedürfnissen auf andere Weise Rechnung tragen wolle, vertrösten zu lassen. Sie fühlen sich durch das Verhalten der Industriestaaten, die zunächst dem Protokoll zustimmten, um sie vom Austritt aus der Berner Übereinkunft abzuhalten, nun aber die Ratifizierung verweigern, im Stich gelassen.

Der Ausschuß hält es bei dieser Sachlage für nicht vertretbar, durch eine Ablehnung der Ratifizierung des Protokolls oder auch nur eine Vertagung der Entscheidung, die praktisch als Ablehnung empfunden werden würde, das besondere Vertrauen zu gefährden, das die Bundesrepublik Deutschland in den Entwicklungsländern genießt. Er hält es vielmehr für geboten, abweichend vom Votum des Auswärtigen Ausschusses, der bei seinem Beschluß die Annahme des Protokolls durch den Schwedischen Reichstag noch nicht berücksichtigen konnte, die sofortige Ratifizierung des Protokolls zu empfehlen.

B. Antrag des Ausschusses

Der Bundestag wolle beschließen,
den Gesetzentwurf — Drucksache V/3582 — unverändert anzunehmen.

Der Rechtsausschuß

Dr. Reischl	**Busse (Herford)**
Stellv. Vorsitzender	Berichterstatter

FSC
www.fsc.org
MIX
Papier | Fördert gute Waldnutzung
FSC® C083411

Kolibri 360 GmbH
Ferdinand-Jühlke-Straße 7
99095 Erfurt, Deutschland
produktsicherheit@kolibri360.de